中国社会科学院中国边疆研究所 **厉声 主编**

当代中国边疆·民族地区典型百村调查：**广西卷（第三辑）**

分卷主编：**周建新　冯建勇**

晨曦中的扬美古镇

扬美镇街头的石狗

扬美古镇保留的清代街头禁碑

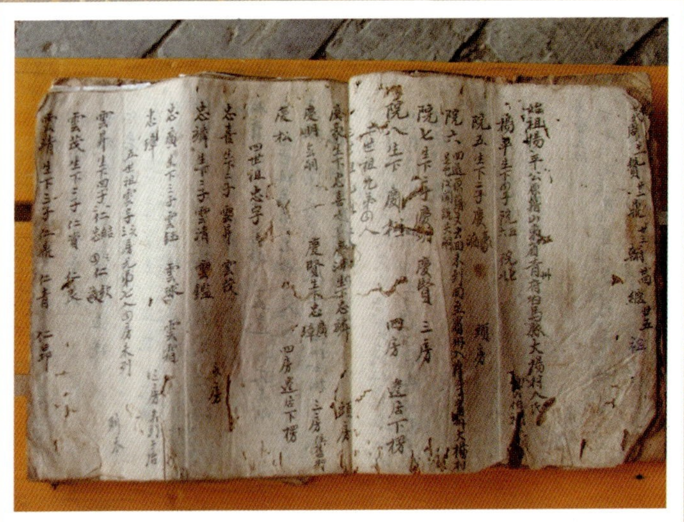

扬美人的族谱

中国社会科学院中国边疆研究所 厉声 主编

当代中国边疆·民族地区典型百村调查·广西卷（第三辑）

在村与镇之间

——广西南宁市江西镇扬美村社会发展调查报告

吕俊彪◎著

SSAP
社会科学文献出版社
SOCIAL SCIENCES ACADEMIC PRESS (CHINA)

“当代中国边疆·民族地区典型百村调查”

总　序

深入实际、开展国情调研，是中国社会科学院肩负的重要科研任务，也是中国社会科学院履行好党中央、国务院赋予的“思想库”“智囊团”职能的重要方式。中国边疆省区占国土面积的60%以上，边疆区情及当地的民族社会调研（边疆调研）是中国国情调研的重要组成部分。正如一位边疆工作者所说：不了解少数民族，就不了解中华民族；不了解边疆，就不了解中国。1983年中国社会科学院中国边疆史地研究中心建立后，特别是1990年以来，一直将边疆调研作为学科研究的重点之一。

2004年，中国边疆史地研究中心承担国家哲学与社会科学基金特别项目“新疆历史与现状综合研究”（简称“新疆项目”）。2006年，中国社会科学院中国边疆史地研究中心牵头，立项开展“当代中国边疆·民族地区典型百村调查”（简称“百村调查”），作为“新疆项目”的子课题。“百村调查”以新疆为重点，在新疆、西藏、内蒙古、宁夏、广西5个民族自治区和云南、吉林、黑龙江3省基层地区同时开展，共调查100个边疆基层村落。调查工作在“新疆项目”领导小组和专家委员会指

导下，由“百村调查”专家委员会暨编委会组织实施。在中国边疆史地研究中心主持拟定的调查大纲框架下，挖掘每个省区的优势，体现各自的特色。

本项目的实施得到了边疆地区各级地方党政部门的支持。首先，调查工作注意与地方党政部门的相关工作衔接、听取意见，在实施调查之前，主动向各级党政部门汇报情况，听取指示和意见。其次，调查组主动让地方各级党政部门了解调研的全过程，在调研过程中出现问题时及时向相关党政部门请示。再次，调研阶段成果和最终成果的副本同时提供给地方党政部门参考。

“百村调查”的调研主题是改革开放30年来中国边疆基层村落的民族社会和经济发展的历史与现状。具体内容包括：乡村概况、基层组织、经济发展、社会生活、民族、宗教、文教卫生、民俗风情等。项目调研的时间是：2007~2008年（资料下限至2007年底或适当延长）。

“百村调查”的调研对象为100个具有典型意义与特色的中国边疆基层村落。课题以基层乡、村两级为调查基点，大致每个省区选择2个地州，每个地州选择1~2个县，每个县选择2个乡，每个乡选择2个村。新疆共调查22个村，其他地区均为13个村（辽宁、吉林、黑龙江以东北边疆为单元，共调查13个村）。调查点的选择要求符合以下三点。

(1) 本地区社会稳定与经济发展中具有典型意义的基层乡和村。

(2) 存在边疆现实政治、社会或经济发展的热点、难点问题。

（3）与20世纪50年代全国边疆民族调查能有一定的衔接。

“百村调查”采取学术调查与现实政治相结合的方法，以社会人类学入村入户调研方法为主，同时关注现实政治、社会与经济发展中的热点、难点问题。一般共性调查与专题专访调查相结合，在一般综合性调查的基础上，选择好专访或专题调研的“切入点”，总结经验与完善不足相结合，在总结各项工作经验的同时，善于发现问题和提出解决问题的对策与建议。调研注重入户访谈和小范围座谈的专访调查。在一般性问卷和统计资料收集的基础上，注重对基层干部、群众典型、教师、宗教人士等特定人员的专题访谈，倾听和收集他们对基层社会稳定与经济发展的看法、意见和建议，形成能说明问题的专访或专题调研报告。

“百村调查”的成果形式分为调查综合报告与专题报告两大类。

（1）调查综合报告：依据大纲规定，撰写有关乡村经济社会等发展状况的综合报告，课题结项后分期公开出版。专题报告及调查资料可以公开发表的，在篇幅允许的情况下，作为附录附在综合报告末尾。

（2）专题报告：内容较敏感、不适宜公开出版的专题报告，集成《专题报告集》，内部刊印。

“百村调查”主编　厉声　谨识

2009年8月25日

目　录
CONTENTS

图目录
FIGURE CONTENTS

表目录
TABLE CONTENTS

序 言
FOREWORD

中国社会科学院中国边疆史地研究中心“当代中国边疆地区基层社会与经济发展典型调研”项目，是一项涉及广西、云南、西藏、新疆、内蒙古、宁夏、吉林等7省区100个村寨的大型调研项目。广西壮族自治区作为中国西南边疆少数民族聚居省区，此次调查共选点13个，主要集中在广西沿中越边界一线的各民族边疆村寨，个别分布在非边境县市。

在中国近现代发展史上，对于边疆地区的关注，主要出现在19世纪末20世纪初。当时的中国边疆地区，在英、法、俄等帝国主义势力蚕食鲸吞下，出现了普遍的危机。边疆危机唤起了中国民众尤其是知识阶层对边疆的关注。20世纪30年代，以“边政”概念为核心，以“边疆民族”为主要研究对象，一批学者对中国边疆尤其是西南边疆地区进行了调查研究，形成了一批成果。但关于中国边疆地区大规模的社会与经济发展调查项目，过去还未见诸报道。如果仅仅从大规模的社会调查活动考虑，新中国成立后的国内各民族社会历史调查活动，与边疆研究的关系才开始密切起来。

20世纪50年代，根据党中央和国务院的部署，国家有关部门在全国范围内进行了大规模的少数民族社会历史调

查，其中也对广西各民族社会历史发展情况进行了全面的调查。当时的调查主要关注的是少数民族社会历史发展状况，之后形成了《广西壮族社会历史调查》（7 册）、《广西瑶族社会历史调查》（9 册）以及苗族、京族、侗族、仫佬族各 1 册，仫佬族、毛南族合 1 册，彝族、仡佬族、水族合 1 册等系列调查成果，1954 年由广西省民族事务委员会编印。那次调查为广西少数民族地区的社会、经济、文化发展起到了重要的推动作用，也为后来的学术研究积累了大量的历史学、民族学、人类学和社会学资料。

与少数民族社会历史调查不同的是，此次由中国社会科学院边疆史地研究中心推动的“边疆百村调研”项目，主要是从边疆学的角度考虑，突出边疆、村落和现实发展状况三个要点，期望通过深入的田野调查，面向中国边疆农村地区，真实反映现实的中国边疆村寨客观发展状况，为国家宏观把握边疆发展现状，构建和谐、安全、富裕边疆提供参考。此次调查虽然并未把少数民族因素作为关键的内容考虑，但由于中国历史上形成的边疆社会人口结构，决定了调查的内容必定要涉及大量的少数民族村寨。因此，广西的调查和全国其他边疆地区的情况一样，包含了大量的少数民族村寨。

进入 21 世纪后，中国西南边疆社会稳定、经济发展、人民安居乐业，广西与全国各边疆省区一样，在社会、经济、文化等方面都发生了巨大的变化，尤其是经济社会进入了快速发展阶段。在现代化、全球化迅猛发展的今天，地处祖国南疆最前沿的广西，有着沿边、沿海，面向东南亚的地缘优势，在中国边疆地区具有重要的不可替代的独特战略地位，是巩固边疆、发展经济的前沿，也是面向东盟、走向世界的前沿。面对现代化进程中广西边疆地区发生的巨大变迁，此次进行的边疆现状调查非常必要，且意义重大而深远，既可以为推进广西各民族的社会进步、经济发展、文化传承提供参考依据，同样也可以为后人积累宝贵的阶段性历史资料，为国家和地方政府部门提供决策参考。这不仅仅是一项科研工程，也是一项德政工程和国防工程。

2007 年，自从接受了此项课题后，我们感到任务光荣、责任重大。作为广西高校的科研人员，承担这项国家社科基金特别项目，我们责无旁贷。为了很好地完成这次任务，真正开展一次边疆地区集体调研活动，在项目开展之初，我们曾多次组织相关人员专门进行讨论研究，制定了详细的工作方案，组织了精干的队伍，保证了项目的顺利实施。

广西调查项目课题组成员主要由广西民族大学教师组成。项目主持人为周建新教授；成员有王柏中教授、郑一省教授、甘品元副教授、吕俊彪副教授、覃美娟馆员、郝国强讲师、罗柳宁助理研究员。另外，由周建新、王柏中、郑一省、甘品元、吕俊彪等牵头组成 5 个调查小组，组织研究生参与调查工作，并分头组织实施。参与调查的研究生有严月华、农青智、寇三军、蒋婉、张小娟、肖可意、刘萍、马菁、唐若茹、钟柳群、黄欢、陈云云、胡宝华、雷韵、黄超、谭孟玲、周春菊等。

中国社会科学院边疆史地研究中心派翟国强和冯建勇两位同志担任广西调查项目协调人，他们为项目的启动、实施和结题发挥了积极作用。广西调查项目整个调查工作的开展，大致可以分为三个阶段：第一次田野调查时间为 2007 年 7 月 ~9 月；第二次调查时间为 2008 年 1 月 ~2 月；

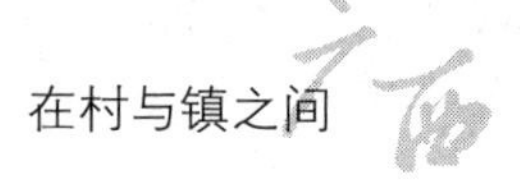

补充调查时间各小组自由安排，大致在2008年7月~2009年10月。

为了彰显本次典型调查写作的特色，根据中国社会科学院边疆史地研究中心的要求，我们非常重视调查视角与写作主线。要求调查一定要有边疆学的视角，要以典型村寨为单位进行调研；对于人口较多的村寨采取以村委会所在地为主要调查点，通过具体点的调研反映出整体的特征；务必着重描写边疆村寨的政治、社会、经济和文化现实内容；写作重点要特别关注改革开放以来广西边疆村寨发展的变化；在完成调查报告的基础上，要同时完成一定数量的研究报告，要有一定的理论分析和科学研究。在调查报告的写作方法上，我们不仅要求有现实地方志的描述，有数字统计和图表展示，也要有民族学、人类学田野个案的访谈，同时兼顾纵向历史的阶段性特征，使调查报告不仅具有一般资料集和地方志的性质，又通过研究报告的形式，将边疆地区现实存在的突出和敏感问题反映出来，以引起国家和地方政府部门的重视。

在调查选点方面，我们从全局考虑，以点代面，遴选有特色、典型性的村寨，尽可能凸显边疆区位、地方文化和发展水平特征。经过多次讨论，我们确定了以下调查点：广西东兴市京族万尾村，广西宁明县明江镇洞廊村，广西凭祥市友谊镇礼茶村，广西龙州县金龙镇横罗村，广西防城港市企沙镇华侨渔业新村，广西大新县宝圩乡板价村、下雷镇新风村，广西那坡县城厢镇达腊村，广西靖西县龙邦镇其龙村，广西环江县下南乡玉环村，广西金秀县长垌乡长垌村，广西百色市右江区龙川镇六能村，广西南宁市江西镇杨美村等13个调查点。确定以上调查点的根据主要

有以下几点。

（1）边境沿线村寨。广西有8个边境县（市、区），我们特意在每个边境县市选择了1～2个调查点，如大新县下雷镇新风村距离边界线仅数百米，沿边公路从村落中间穿过。

（2）民族村寨。广西有12个世居民族，我们选择了若干民族特色鲜明的边疆村寨，既突出了边疆特点，也表现了民族特色，如那坡县城厢镇达腊彝族村寨，那里的白彝文化特色鲜明，受到政府和学术界的广泛关注；我们也选取了个别非边境地区民族村寨，如环江县下南乡玉环毛南族村寨。

（3）经济发展特色村寨。广西各民族村寨经济发展模式不同，发展阶段不同，如以边贸为主发展起来的东兴市京族万尾村，总体发展水平较高，而以农业和旅游为主的大新县宝圩乡板价村发展水平一般。

（4）华侨移民村落。20世纪70年代，广西境内接受了大批归难侨民，建立了一些华侨农场，他们对边疆地区的稳定具有特殊影响。因此，我们特意选择了防城港市企沙镇华侨渔业新村作为典型个案。

经过全体成员两年多的共同努力，本项目在规定时间内顺利完成。整个项目在锻炼队伍，培养新人，积累成果等方面取得了一定的成绩。本人虽然是广西项目负责人，但在整个项目的完成过程中，本人主要是指导，绝大多数写作任务都是由各调查点主持人组织完成的。在课题调研过程中，本人曾多次亲自带领课题组老师和研究生前往田野点调查，进行工作布置和安排。在调研过程中课题组老师和研究生不畏艰难困苦，深入边境一线，走访干部群众，

进行细致调查研究，求真务实，收集了大量的第一手材料，保证了本课题的顺利完成。在此，谨向课题组全体成员表达我个人的敬意和衷心的感谢！

广西调查项目的顺利完成，也凝聚着中国社会科学院边疆史地研究中心全体同仁的心血。中国社会科学院边疆史地研究中心厉声主任、李国强副主任非常关心项目的进展情况，曾于2007年、2008年两次组织人员来广西检查指导工作。研究中心的于逢春、李方两位研究员，也给予了大力支持。广西项目协调人冯建勇同志，对广西卷的所有书稿进行了认真审阅，并提出了修改意见等。在此，谨代表课题组全体成员表示衷心的感谢！

本套丛书广西卷的13个村落材料，由于进行田野调查的时间不完全统一，因此各分册中使用的年度统计截止数据也不完全统一，有截至2007年、2008年的，也有截至2009年上半年的。调查报告中出现的敏感问题访谈，依照学术惯例，我们隐去了访谈者的姓名，但对于一般内容和访谈，都遵循了客观真实记录和描述的原则。对于调查报告中使用的照片，凡涉及个人肖像权的，均征得了个人的同意。由于调查时间的限制以及撰稿人学术背景差异等原因，丛书中难免存在一些不足，望读者批评指正。

周建新

2009年8月11日于南宁

第一章　亦村亦镇的扬美古镇

20世纪90年代以来，全球经济一体化进程的不断加快以及我国城市化建设的迅速推进，使得众多城市周边的一些郊区农村，逐渐湮没在现代化建设的浪潮之中。一些世代以务农为生的当地农民，也开始融入“现代社会”之中，并“快乐”地“享受”着城市化所带来的“幸福生活”。而与之形成鲜明对照的则是，在农业生产的产出效益持续下降的现实境况之下，广大农村地区开始面临青壮年劳动力大量流失、农业经济徘徊不前、传统文化濒临消失、传统社会趋于解体的窘境。

对于一些长期游离于汉文化的“母体”之外、漂浮在少数民族的汪洋大海之中的汉族人聚居的“族群孤岛”来说，城市化对于地方社会的影响无疑是深刻的。文化的差异以及在漫长的历史发展进程中所形成的特殊的族群关系，在一定程度上使得这些地区与外界的经济交往和文化交流处于一种惯常的“隔离”状态，并由此建构了当地社会发展的独特轨迹。20世纪90年代以来，以现代西方文明为蓝本的快速推进的中国城市化进程，进一步加重了这些地区经济与社会发展的“滞后”程度。在急剧的社会转型当中，一些“族群孤岛”的社会结构开始出现“断裂”现象，族群文化的传承与发展举步维艰。对于那些生活在城市周边

地区农村城镇的族群来说，其作为一个文化主体的生存和发展所面临的问题尤为严峻。

本书的研究，拟基于对广西南宁市郊区一个名为“扬美古镇”的汉族人聚居社区的历史发展进程以及当地人社会生活的田野调查，系统描述当地经济与社会发展的现实状况。本书将透过扬美古镇与扬美人的历史渊源关系、地方经济发展状况与传统社会组织的变迁、婚姻与亲属关系的变化、风俗习惯与民间宗教信仰的嬗变、族群关系的演进、文化教育与现代科技事业的发展等地方社会生活内容的研究，分析扬美古镇社区发展当前所面临的一些问题，探寻多民族聚居地区经济与社会发展的可能路径。

一 作为城镇的扬美古镇

从广西壮族自治区首府南宁市溯江而上，经过邕江、左江、右江交汇处的三江口，再沿左江上游上行 30 公里左右，有一座被当地人誉为“千年古镇”的扬美古镇。这座“千年古镇”，以其曾经繁荣一时的商业、保存相对完好的古建筑以及淳朴的民风而享誉南宁市周边地区。扬美古镇及其附近一带农村，据认为早先是壮族人的居住地，秦汉以后才有汉族人随中原王朝的军队进入该地。据相关文献记载，唐宋时期，现今的扬美古镇曾是中原王朝的一个军事据点。明清以后，随着其商业上的繁盛，扬美村逐渐发展成为一个乡村墟市。至清嘉庆年间，扬美村已是当地有名的商埠。及至民国初年，扬美村成为左、右江地区土特产品最为重要的集散地之一，商业高度繁荣。这座镶嵌在壮族人“地盘”之上的“商业明珠”，被时人誉为“小南宁”。20世纪20年代以后，因受地方政权更迭和族群关系的影响，扬美村的商业开始衰落，逐渐从昔日的繁华商埠蜕变成一个“地地道道”的村落。只是由于称谓习惯上的原因，一些当地人仍然称其为“扬美墟”、“扬美街”或者“扬美镇”。1999年以后，为了更好地发展地方旅游产业，当地旅游管理部门“正式”把扬美村冠名为“扬美古镇”。

由于三面环江，扬美村的水路交通较为便利，沿左江水道，上可达扶绥、崇左、龙州，下经三江口转入右江河道可到隆安、田东、田阳、百色等地。而沿邕江顺流而下，则可至珠江流域中下游地区的南宁、梧州、广州等大中城市。

扬美古镇所在一带地区（邕州地区），在唐宋时期是中原王朝与安南、大理等地方势力的接壤地带，军事地位十分重要，素为兵家必争之地。更由于扬美古镇深入壮族人聚居地区的腹地，南下可以直接控制整个左江地区乃至安南，西进可以钳制右江河谷地区，是当时中原王朝外拒安南、大理，内镇以壮族为主的少数民族的重要军事据点。与此同时，扬美古镇本身也具有在冷兵器时代作为一个军事据点所拥有的优越条件。三面环江的扬美古镇，虽然没有“一夫当关，万夫莫开”的险要地势，但由于附近河段水面宽阔而且湾多水深，一般的船只往往难以进入。在陆路方面，扬美古镇周边有青坡岭、雷吞岭、雷石岭、雷隋岭等众多山岭扼守。这些山岭虽然不高，但由于周围地区的地势较为平坦，因此可以俯视扬美古镇及其周边地区，大致也算得上是一个易守难攻的地方。

根据《南宁市军事志》的记载，现今扬美古镇所在地在唐代时就是一个军事据点，宋代以后才逐渐有平民定居。[①] 当地人的口述、族谱记载以及相关史料表明，扬美古镇最初的兴起，似与宋仁宗皇祐年间侬智高反宋事件有着一定程度的关联。而更多的人则把古镇附近建于宋神宗熙宁八年（1075 年）的烽火台，作为支撑此一说法的考古学意义上的证据（见图 1－1）。

图 1－1　扬美烽火台遗址

二　作为村庄的扬美古镇

尽管有关扬美古镇最早的开拓者的说法在当地并不完

① 南宁市地方志编纂委员会编《南宁市志·军事志》，广西人民出版社，1993，第 230 页。

全一致，但更多的当地人认为，最先来到扬美“开发”的应是壮族人的先祖。而扬美古镇周边的雷隋岭、雷吞岭、雷石岭等带有“雷”字的山岭名字，据认为即源自当地的壮语方言。一些当地人说，最先来到扬美村的是刘、罗、陆、李等四姓人家的祖先。他们最初来到此地时，看见这一带山清水秀，白花盛开，于是就为其取名“白花村”。随着北宋皇祐年间狄青平南军的到来，其他姓氏的势力开始崛起，而刘、罗、陆、李等姓氏则逐渐衰落。在如今扬美古镇四大姓氏杜、梁、杨、黄的村民当中，大部分的人都认为他们是狄青平南军的后代，祖先来自“山东青州府白马县”，而一些姓氏的族谱对此也有相应记载。比如，在中山街杨姓人家保存的《杨氏族谱》中，就有“始祖杨平公原籍山东省青州府白马县大杨村人氏”一类的记载（见图 1－2）。

根据扬美村村民委员会提供的资料，目前（2009 年）扬美村全村土地总面积 6.6 平方公里，有耕地面积 5260 亩，其中水田 2500 亩，旱地 2760 亩。扬美村现辖“八街一坡”，即扬美古镇上的振兴街、共和街、临江街、解放街、永安街、和平街、中山街、新民街等八条主要街道与下游对岸的平凤坡。① 全村有 34 个村民小组，1234 户人家，共 5274 人。扬美村的村民绝大多数为操平话的汉族人，只有少数从外地嫁入的妇女为壮族人或者其他民族之人。村民的收入，目前主要来源于农业种植业，另有部分村民在农闲之时经商。1999 年以后，扬美的古镇风貌渐为外地人所

① “扬美古镇”是当地人对扬美村的一种习惯称谓，在本书中，若无特别说明，扬美、扬美镇、扬美古镇等皆是指扬美村（不包括平凤坡）。

图 1-2　中山街《杨氏族谱》

识，在当地政府的大力引导和扶持之下，扬美的旅游业得到了快速发展。晨曦中的扬美古镇（见图 1-3）。

图 1-3　晨曦中的扬美古镇

一些扬美人说，他们的祖先跟随狄青平定侬智高之后，就一直驻扎在这个当时被称为“白花村”的扬美。早先是作为朝廷的军士在这里驻守的，后来因为习惯了这里的生活，他们“干脆”就地解甲归田、娶妻生子，成为扬美古镇的开拓者和守望者。据说，那些来自中原的朝廷军人，因见“白花村”处处清溪环绕，扬波逐流，景色十分宜人，就将村名改成“扬溪村”，后来不知道什么时候又把它更名为“扬美村”。

扬美古镇的历史概况①

扬美始建于宋朝，最初有刘、罗、李三姓②，目前有三十四姓。初期，遍地金婴（樱）盛开白花，因而取名“白花村”，后改“扬溪村”。1054 年，狄青平南，其部下在此安居后，命名为“扬美乡”，至 1922 年一直为南宁市的直属镇。

扬美三面环江，山清水秀。千古繁华的“三角市”，石砌的八通衢，加上“青坡千古秀”③、“雷隋四时春”、“剑插清泉井”、“阁望暮霞云”、“龙潭幽夕影”、“松滩互唤声”、“亭对江流水”、“金沙夜月明”等扬美八大自然景观，以及石奇屋古、民淳风朴的众多人文景观之点缀，如美丽的画卷，是旅游的宝地。清朝年间，扬美古镇尽

---

① 资源来源：杨翰燃撰《扬美历史概况》（手抄本），2002 年 5 月。

② 杨先生所列举的早期扬美姓氏与其他一些当地人的说法或许不同。

③ “青坡千古秀”，与下文的“雷隋四时春”“剑插清泉井”“阁望暮霞云”“龙潭幽夕影”“松滩互唤声”“亭对江流水”“金沙夜月明”等，为当地文人在 20 世纪 90 年代末扬美古镇开发旅游后所确定的八大景点。

得水路交通的优势，迅猛发展，有“扬美小南宁”之美称。

扬美古镇崇文尚德，人杰地灵，人才辈出，还有元宵节放花炮，三月三伐龙船，四月八菩萨出游，五月初一老人节，五月初五龙舟赛等隆重的节日。

三　扬美古镇的历史渊源

扬美古镇上的人家有关其祖先来自“山东”的说法，被认为是有一定“依据”的。根据史料的记载，宋仁宗皇祐四年（1052 年），壮族人首领侬智高与交趾统治集团失和，再三请求内附，但都遭到宋王朝的拒绝。于是，侬智高在四月起兵反宋。至五月，侬军占领邕州（今广西邕宁区），建号“大南国”，自称“惠仁皇帝”，改“元启历”。[①]紧接着，侬智高挥师东进，接连攻克横、贵、龚、浔、藤、梧、封、康、端九州，直逼五府经略使驻地广州。由于围攻广州 57 日而不克，侬智高只好经由清远退回广西。途中，侬军又连破昭州、宾州，十月复据邕州。侬智高于短短数月之间，驰骋两广，连克 12 州，锐不可当，以致大宋朝野震惊，宋仁宗更是“宵衣旰食”。[②] 皇祐五年（1053 年）正月，受朝廷之遣，狄青率部进入宾州，侬智高毫无戒备。上元节次晚，狄青调兵夜袭昆仑关，直扑邕州。侬智高仓促应战，双方在邕州城外的归仁铺展开恶战。是役，侬智

① 《宋史纪事本末》卷三一《侬智高》；《宋史》卷四九五《蛮夷传》。

② 张声震主编《壮族通史》，民族出版社，1997，第 681 ~ 683 页；钟文典主编《广西通史》第一卷，广西人民出版社，1999，第 228 ~ 234 页。

高的军队损失惨重，损失将士5300多人，被俘57人。[①] 归仁铺之战以后，元气大伤的侬智高只好率余部退避大理。至和二年（1055年），侬智高为大理国王段思廉所杀。[②] 侬智高之事平息后，为了加强对广西少数民族地区的控制，宋朝廷诏令狄青分广西为邕州、宜州、融州三路，“以武臣充知州，兼本路安抚都监，而置经略使于桂州，选两制以上官为知州，兼领使事”。[③] 同时增加驻桂各部兵力，留下戍兵“逾二万四千人，以四千人屯邕州，二千人屯宜州，千人屯宾州，五百人屯贵州”。[④] 为了管理羁縻州的60余峒，“镇夷蛮儿数百族”，宋王朝在左、右江地区，“内宿全将五千人以镇之”。此时的广西，已为“西路雄府”。[⑤] 邕州的驻军，在宋皇祐年间狄青平南之后已有相当规模，常年驻军人数达5000之众。而宋元丰年间（1078～1085年），邕州的人口不过5288户，[⑥] 2万余人。若以“民三壮七”的民族人口比例计算，则邕州的居民人口也只有7万人左右，而当时当地的驻军人数却有5000余众，约占居民人口总数的7%，驻军之多由此可见一斑。

除《南宁军事志》中称唐开元中（727年前后）扬美镇与都棱镇（今南宁市邕宁区蒲庙镇）共有700名驻军之

① 《续资治通鉴》卷五三；《宋史》卷四九五《蛮夷传》；《宋史纪事本末》卷三一《侬智高》；钟文典主编《广西通史》（第一卷），广西人民出版社，1999，第236页。

② 张声震主编《壮族通史》，民族出版社，1997，第684页。

③ 周去非：《岭外代答》卷一《边帅门》。

④ 方瑜纂辑《南宁府志》卷二一；徐杰舜主编《雪球——汉民族的人类学分析》，上海人民出版社，1999，第111页。

⑤ 周去非：《岭外代答》卷一《边帅门》。

⑥ 《宋史》卷九十《地理六》

外，《南宁府志》《邕宁县志》等其他地方史志资料对于中原王朝在扬美当地的驻军情况，都没有详细记载。[①] 因此有关早期扬美驻军的其他情况，大多来自民间的历史记忆、推测和想象。虽然如此，扬美作为一个军事据点的事实，却也并非毫无根据。扬美古镇附近的烽火台遗址，即被认为是一个无可辩驳的证据。建于宋熙宁八年（1075 年）的烽火台，在如今扬美古镇金马码头上游约 700 米处的江岸上。这座没有确切名字的烽火台，与附近的三江村烽火台遥相呼应，据说是当年传达军情的主要通信设施。虽然这座已有近千年历史的烽火台饱经风雨侵蚀，但其大致的轮廓仍然清晰可辨。一些当地人说，这座烽火台是如今扬美最为古老的建筑物，是扬美古镇作为一座千年古镇的重要标志物之一。

明代以后，由于南宁一带战事稍少，扬美的驻军也相应减少，而早期那些军人的后代，也大多在扬美或务农，或经商，逐渐远离军人生活。这样，扬美古镇作为军事据点的角色，也就开始逐渐淡出中央政府的视线。

---

① 中原王朝在邕州的驻军，往往根据时势的变化或增或减，其兵力时多时少。如唐长庆四年（824 年）有戍兵 1700 人，大中年间（847 ~ 859 年）增至 3000 人。宋庆历年间（1045 年前后）有厢兵 4000 人，皇祐年间与侬智高作战前总兵力增至 2.4 万人，而熙宁九年（1076 年）只有州土兵 2800 人。南宋初，邕州城内没有驻军，嘉定三年（1210 年）起，左、右江地区有雄边军号、宪司甲军号各 200 人驻守。元大德元年（1297 年），左右两江共有 2000 土军戍守。明清以后，邕州的戍兵逐渐减少，至清康熙三年（1664 年）左右江及郁江河道只有戍兵 400 人，咸（丰）同（治）年间更减至 300 人。参见南宁市地方志编纂委员会编《南宁市志·军事志》，广西人民出版社，1993，第 230 ~ 235 页。需要说明的是，邕州的驻军，未必都在扬美，扬美的驻军往往只是其中的一部分。

不过，扬美古镇独特的地理位置、便利的水路运输条件和特殊的居住人群，却为其后来商业的蓬勃发展打下了良好的基础。

明嘉靖年间，作为一个商埠的扬美镇已初具规模。据郭世重于嘉靖十七年（1538 年）纂修的《南宁府志》记载，“杨美渡”（扬美渡）已成为当时南宁有名的渡口之一。[①] 至嘉靖四十三年（1564 年），扬美（镇）逐渐成墟。[②] 由于水路交通便利，至明末清初，扬美墟已成为左、右江下游地区土特产品的主要集散地之一，是远近闻名的繁华商埠。民国初年，扬美墟的商业十分繁荣，有“小南宁”之称。据《南宁市郊区志》记载，当时已处在鼎盛时期的扬美古镇，前来赶墟的人有 5000 人左右。[③] 虽然也有一些当地人认为这个数据似乎有些“高”（估），但是应该不会有太大的出入。而作为弹丸之地的扬美古镇有如此商、客流量，也足见其昔日的繁华与兴盛。

1922 年农历四月初九，由于时局混乱，扬美古镇遭到据说有六七千人之多的来自其周边地区的“自治军”的洗劫，而迅速衰落，只保留有一些规模较小的早市墟市，扬美古镇也随即蜕变为一个“亦镇亦村”的扬美村（自然村）。此后，镇上的居民，虽然也偶有一些人继续从事商业活动，但更多的人家主要从事农业生产，以种植水稻、蔬菜等粮食作物和经济作物维持生计。

---

① 郭世重纂修《南宁府志》卷三，嘉靖十七年（1538 年）刊本。

② 方瑜纂辑《南宁府志》卷二，嘉靖四十三年（1564 年）刊本。

③ 南宁市郊区地方志编纂委员会编《南宁市郊区志》，方志出版社，2004，第 46 页。

四　扬美古镇的“政治身份”

扬美古镇及其周边一带农村地区，历史上是广西邕宁县属地，目前是南宁市江南区江西镇的重要辖区之一。

扬美古镇所在之南宁市，简称“邕”，现为广西壮族自治区首府，位于广西南部偏西，北回归线以南，介于东经107°19′~109°38′，北纬22°12′~24°02′（地理坐标东经108°22′，北纬22°48′）。[①] 南宁市古为百越（西瓯、骆越）之地，秦始皇统一岭南后置桂林郡。汉时，为郁林郡领方县辖地。三国时期，为吴国地。东晋大兴元年（318年），设晋兴县，此为南宁建制之始。隋时，改为宣化县，归郁林郡管辖。唐时，改称南晋州，后又更名为邕州，据说这是南宁简称“邕”最早的起源。有宋一代，隶属于广南西路管辖。元时，先后改为邕州路、南宁路，“南宁”由此得名。明洪武元年（1368年），改南宁路为南宁府，府治宣化县城。清时，南宁府隶属广西省分巡左江兵备道。民国初年，撤宣化县、南宁府，置南宁县，直属广西军政府。民国16年（1927年），设南宁市政府。1950年1月，成立南宁市人民政府。[②] 目前，南宁市共辖武鸣县、横县、宾阳县、上林县、马山县、隆安县等6个县和西乡塘区、良庆区、邕宁区、新城区、青秀区、江南区、兴宁区等7个城区，土地面积22112平方公里，其中市区面积1799平方公里。南宁市是一个多民族聚居的地区，农村居民当中壮族

---

① 南宁市政务信息网，http：//www. nanning. gov. cn，2008年10月20日。

② 南宁市地方志编纂委员会编《南宁市志》（综合卷），广西人民出版社，1998，第4~7页、第113~120页。

人口较多。2006 年，南宁市总人口 671.89 万，其中少数民族人口 381.7 万，少数民族人口约占总人口 56.81%。少数民族人口总数、少数民族人口占总人口比例均居全国5个少数民族自治区首府城市之首。[①]

扬美古镇所属江南区位于南宁市邕江南岸，现有那洪、江西、吴圩、苏圩、延安5个镇，福建、江南、沙井3个街道办事处，总面积1154平方公里，总人口40.2万人，为南宁市的主要工业区和城市物流中心。[②] 江西镇原为邕宁县管辖，1982 年划归南宁市郊区政府，2001 年 12 月南宁市郊区政府撤销后划入永新区，2005 年 3 月划归江南区。江西镇现辖 10 个行政村，即锦江村、同新村、同华村、同良村、同宁村、安平村、智信村、扬美村、那廊村、同江村。全镇国土总面积 214 平方公里，人口 45251 人，居民以壮族和汉族为主，操白话（汉语、粤语方言）、壮话、平话、桂柳土官话等方言。江西镇的地形以丘陵为主，有耕地 81754 亩（其中水田 40726 亩，畲地 41028 亩），农村人口以种植水稻、甘蔗、香蕉为主业，同时兼种蔬菜、花生、木薯、瓜果、绿化苗木等经济作物。[③]

有明一代，扬美古镇为邕宁县辖地。清中叶，扬美为左江镇驻地，归宣化县所辖。1912 年，扬美古镇所属宣化县并入南宁府。1914 年，扬美划归邕宁县管辖，此后一直为邕宁县辖区。1952 年，扬美村改为扬美镇，1955 年后改为扬美高级（合作）社。1958 年“大跃进”期间，在原来扬美高级合作社的基础上成立扬美人民公社，1962 年改为

---

① 南宁市政务信息网，http：//www. nanning. gov. cn，2008 年 10 月 20 日。

② 南宁市政务信息网：http：//www. nanning. gov. cn，2008 年 10 月 20 日。

③ 参看南宁市江南区江西镇政府《江西镇概况》，2006 年 3 月。

扬美大队。1982年8月，扬美及所在的江西镇划入南宁区郊区。1986年，扬美大队改称扬美村公所。1995年，成立扬美村民委员会。[①] 2001年，扬美村（行政村）并入南宁市永新区。2005年3月，南宁各城区重新划分，扬美村及所属江西镇划入南宁市江南区。

五　扬美古镇的经济地位

明清以降，扬美古镇的商业经济发展迅速，有力地推动了地方经济的发展，当地人的经济生活相对富足。至民国初年，扬美古镇的经济发展盛极一时，并因其便利的水路交通条件、繁华的商业、丰富多彩的社会生活而被时人誉为“小南宁”。由于历史悠久、经济繁荣，扬美古镇曾被一些人称为“广西四大古镇”之一。[②]

与其周边城镇和农村地区相比，扬美古镇的经济发展状况相对较好。不少扬美人自认为是商人的后代，且其祖上一直都“很会做生意”。事实上，在20世纪20年代以前，“亦农亦商”是大部分扬美人家的生计模式，当地人的家庭经济状况良好。当时扬美古镇的商业比较发达，虽然也有部分居民家庭从事农业生产，但从总体上看，商业在扬美产业结构中的比重要高于农业。据当地一名年逾9旬的村民回忆，当时扬美街上有近八成的人做生意，单纯从事农业生产的人不足三成，很多居民都是墟日做小贩，平时

① 杜伯琳：《扬美村志》（未刊稿），2005年9月；南宁市郊区地方志编纂委员会编《南宁市郊区志》，方志出版社，2004，第128～131页。

② 关于所谓“广西四大古镇”的说法比较多，一说是南宁市的扬美古镇、贺州市的黄姚古镇、灵川县的大圩古镇、宾阳县的芦圩古镇，一说是宾阳县的芦圩古镇、灵川县的大圩古镇、桂平市的江口古镇、贺州市的贺街古镇。

做农民。1922 年，扬美古镇发生“四月初九”事件，致使大部分扬美商人外出谋生，扬美的商业自此衰落。而仍然留在扬美的居民，虽然也有不少人继续从事“赶街”（流动商贩）一类的营生，但多数人以务农为生。

在 1949 年以后的近 30 年间，因受国家经济政策的影响，扬美古镇逐渐“发展”成为一个“地地道道”的农村。在此期间，以水稻种植为主的农业生产成为扬美人的主要生计来源。人民公社时期，“以粮为纲”的农业产业政策使水稻种植在扬美人经济生活中的重要地位得以确立。

1978 年以后，我国实行改革开放，扬美人传统的“亦农亦商”生计模式因之迅速复兴。扬美古镇墟市贸易的恢复，带动了当地商业以及土特产品加工的快速发展。以酸菜、梅菜、豆豉加工为主要形式的扬美土特产品加工，在 20 世纪 80 年代中期进入极盛时期，当时扬美酸菜几乎垄断了南宁市区的酸菜市场，土特产品的加工成为当时扬美居民家庭经济的主要副业。与此同时，经济作物的种植亦开始在扬美人的经济生活中扮演着重要角色。西瓜、香蕉、蔬菜以及其他豆类作物的种植成为扬美的支柱产业，而水稻的种植面积则大幅度减少，水稻种植的目的也仅限于提供扬美居民家庭日常的口粮。20 世纪 90 年代以后，大部分扬美古镇的居民家庭以香蕉种植为主，以水稻以及土特产品的生产和加工为辅，同时也有部分居民经商。据当地居民的估计，以劳动力的投入来看，生活在扬美古镇上的人家，大致有八成的劳动力投入到香蕉种植，一成投入到水稻及土特产品的生产和加工，另有一成经商。1999 年，扬美被辟为旅游开发区，与之有直接或间接联系的相关产业，如旅游服务、土特产加工、餐饮等行业，也随之兴起。

第二章 “讲平话”的扬美人

扬美古镇的大多数居民是操平话的汉族人。尽管人口并不是很多，但扬美古镇的姓氏甚众，各姓人氏的组成和来源也较为多样。或许是受到中原文化影响的缘故，长期以来，扬美人崇文尚武，其历代先祖们也留下了一些足以令扬美人引以为豪的功名，因此一些扬美人时常以“名门之后”自居。

一 扬美古镇的平话人

从其母语的归属上看，生活在扬美古镇的当地人属于平话人。平话人据认为是汉族的一个支系。[①] 秦汉以后，随着中原王朝势力的不断扩张，北方汉族人开始陆续迁入岭南地区。这些南迁的汉族人，经过与广西、湖南以及云南等地少数民族的长期交往与融合，至唐宋时期逐渐发展成为一支重要的汉族民系——平话人。平话人因讲平话而得名，[②] 目前国内绝大多数讲平话的人都是汉族人，不过也有

① 袁少芬：《平话人是汉族的一个支系——论平话人的形成发展与平话文化》，《广西大学学报》（哲学社会科学版）1998 年第 6 期。

② 平话的“平”字，目前还没有一致而又满意的解释。有人说是因为这种话的音调平缓，故称平话；也有人说这是平民百姓的话。平话在广西各地的名称并不完全一致，除称“平话”之外，也有（转下页注）

部分壮族、瑶族、侗族、仫佬族人会讲平话。现今讲平话的人，主要分布在广西的桂南、桂北地区，湖南省南部与广西毗连的宁远、道县、蓝山和通道等县的部分地区，以及云南省文山壮族苗族自治州的富宁县等地。[①] 广西是平话人最多的地区，根据张均如、梁敏、袁绍芬等人的估计，广西的平话人口超过 300 万。[②]广西区内讲平话的地区大致上可以分为桂南平话区和桂北平话区。[③] 桂南平话区主要包括南宁市郊区，宾阳、邕宁、横县、上林、马山等县以及左、右江流域的一些集镇和部分村寨；桂北平话主要包括桂林市郊区和临桂、灵川、永福、龙胜、融安、融水、罗城、柳江、柳城、富川、钟山、贺县（州）等地。[④]

平话是扬美古镇的“官方”语言。讲平话的扬美人大多自认为是狄青平南军的后代，其祖先来自“山东省青州府白马县”，这些居民以杜、梁、杨、黄等姓为主，其中杜姓最多，如今已有 30 代。扬美古镇上也有一部分居民认为

（接上页注②）一些地方称为“百姓话”“土拐话”“客话”。南宁市周边一些地区，往往以地名来命名，如“宾阳话”“津头话”“横塘话”“亭子话”“沙井话”“杨美话”等，右江流域和富宁一带则因说这种话的人多从事甘蔗种植业而称之为“蔗园话”。各地自称虽然不同，但他们一般都不排斥“平话”这个统称。参见张均如、梁敏《广西平话》，《广西民族研究》1996 年第 4 期。

① 张均如、梁敏：《广西平话》，《广西民族研究》1996 年第 4 期。

② 张均如、梁敏：《广西平话》，《广西民族研究》1996 年第 4 期；袁少芬《平话人是汉族的一个支系——论平话人的形成发展与平话文化》，《广西大学学报》（哲学社会科学版）1998 年第 6 期。

③ 徐杰舜认为，广义的平话，除桂南平话、桂北平话之外，还应包括五岭话（湘南粤西北、桂东北交界一带的土语）及玉林话，以徐的估算，广义上的平话人口超过 1000 万。参见徐杰舜《平话人研究的现状及走向》，《广西民族大学学报》（哲学社会科学版）2002 年院庆专辑。

④ 张均如、梁敏：《广西平话》，《广西民族研究》1996 年第 4 期。

粤语是他们的母语，其先祖据说来自广东南海县。这部分居民以梁姓为多，至今已有24～28代。虽然平话、粤语都是目前扬美古镇通用的地方性语言，但平话对当地人社会生活的影响更大、使用频率更高，几乎每一个在扬美古镇长大的人，都会讲平话。从某种意义上讲，平话已经成为扬美人最为重要的身份标识和文化符号。

讲平话的扬美人不仅在当地有着久远的居住历史，同时也有着丰富多样的文化表现形式，其在当地经济与社会发展的过程中扮演着重要角色。扬美古镇的平话人在当地的居住历史，据认为已有1000多年。在其漫长的历史发展进程中，扬美人把先前的“白花村”建成了闻名遐迩的、曾经繁华一时的扬美古镇。扬美人亦由此沉淀了许多独具特色的传统文化表现形式。在衣食住行、婚丧嫁娶等方面，扬美人都保有自己的“民族特色”。与此同时，扬美人传统的生计方式、风俗习惯和民间宗教信仰，极大地丰富了扬美古镇及其周边城乡地区的社会生活，并被认为是市场经济条件下发展地方旅游产业的重要资源。长久以来，作为连接城市与当地乡村的桥梁和纽带，扬美古镇在地方经济与社会发展的过程中发挥着重要作用。而世代扬美人的共同努力，不仅促进了地方经济与社会的快速发展，密切了城乡之间的联系，更使得扬美古镇成为当地壮族、汉族等世居民族进行经济与文化交流的重要平台。

二　扬美人的姓氏与人口

根据当地民间人士的统计，20世纪80年代初，扬美镇共有34个姓氏，各姓人口中以杜、梁、杨、黄四姓为多。80年代的人口统计资料表明，扬美镇共有杜、梁、杨、黄、许、胡、邓、孙、莫、麦、曾、陈、施、李、范、曹、卢、周、欧、谢、吴、罗、何、冼、唐、冯、祝、刘、陆、徐、覃、甘、王、赵、张、白、谭、方、孔、劳、丰、雷、翟、班、林等45个姓，其中5人以上的姓氏有32个。[①] 由于人口较少的姓氏多为嫁入扬美的外地女子，因此此统计数据与当地村民的估计比较接近。2007年，在扬美古镇的1107户人家当中，共有29个姓氏，即杜、梁、杨、黄、许、吴、胡、孙、邓、莫、麦、陈、范、欧、曹、施、周、李、谢、罗、唐、冼、曾、祝、何、甘、徐、翟、卢，其中杜、梁、杨、黄四大姓氏的家户数分别为323户、255户、160户和128户，四大姓氏的家户总数占全扬美镇家户数的78.23%。[②]

扬美古镇的杜姓人家，目前有户籍人口1643人。[③] 据一些当地人家保存的《杜氏族谱》记载，扬美杜姓人的祖先有两个支系，一支是宋皇祐年间狄青平南军的后代，主要居住在中山街、和平街、共和街；另一支系早先在广东南海等地谋生，后来到扬美经商并定居于此，现主要居住在临江街、解放街。[④] 梁姓人有四个不同的支系，分别来自山东和广东，现有户籍人口1222人，主要居住在新民街、和平街和永安街。[⑤] 杨姓主要来自山东，有三个支系，有人口664人，主要居住在中山街，也有部分居住在永安街。[⑥] 黄姓有

① 杨翰燃：《扬美古镇历史》（未刊稿），2002年5月。

② 根据《扬美村村民户口簿》（2007年）统计。此处所列示的扬美古镇的村民家庭，不包括平凤坡的127户人家。

③ 根据《扬美村村民户口簿》（2007年）统计。

④ 杜濂章保存《杜氏族谱》（始修年月不详），2007年。

⑤ 梁建钊保存《梁氏族谱》（1963年始修），2005年。

⑥ 杨翰燃保存《杨氏宗支部》（民国16年始修），2006年。

两个支系，分别来自山东和广东，有人口554人，主要居住在解放街、振兴街、永安街和共和街。[①] 扬美古镇的各姓人家，除中山街的杨姓和杜姓、新民街和永安街的梁姓居住较为集中之外，其他各大小姓氏都较为分散（见表2－1）。[②]

表2－1 扬美镇各街道姓氏分布情况（2007年）

单位：户

序号	姓氏	永安街	新民街	解放街	共和街	临江街	振兴街	和平街	中山街	总计
1	杜	16	1	55	49	35	17	79	73	325
2	梁	73	97	10	18	8	10	37	2	255
3	杨	4		9	5	10	2	25	105	160
4	黄	39	1	20	7	11	14	35	1	128
5	许	0	0	0	17	0	33	0	1	51
6	吴	1	0	1	0	0	31	0	0	33
7	胡	0	20	0	0	0	0	0	0	20
8	孙	0	0	0	1	0	0	0	18	19
9	邓	0	0	0	0	9	9	0	0	18
10	莫	0	0	0	15	0	0	0	0	15
11	麦	1	2	0	0	0	7	0	0	10
12	陈	0	0	0	7	0	3	0	0	10
13	范	8	0	0	0	0	0	0	1	9
14	欧	0	0	8	0	0	0	0	0	8
15	曹	0	0	0	0	0	8	0	0	8
16	施	0	0	6	0	0	0	0	0	6
17	周	0	0	0	0	5	0	0	0	5
18	李	0	0	0	2	0	2	0	0	4

① 资源来源：《扬美村村民户口簿》（2007年）、受访者口述及实地调查。

② 资源来源：《扬美村村民户口簿》（2007年）、受访者口述及实地调查。

续表

序号	姓氏	永安街	新民街	解放街	共和街	临江街	振兴街	和平街	中山街	总计
19	谢	0	0	0	0	4	0	0	0	4
20	罗	3	0	0	0	0	0	0	0	3
21	唐	1	0	0	0	0	0	0	2	3
22	冼	0	0	0	3	0	0	0	0	3
23	曾	0	0	0	2	0	0	0	0	2
24	祝	0	0	0	1	1	0	0	0	2
25	何	0	0	0	0	2	0	0	0	2
26	甘	1	0	0	0	0	0	0	0	1
27	徐	0	0	0	0	0	1	0	0	1
28	翟	0	0	0	0	0	1	0	0	1
29	卢	0	0	0	0	0	0	0	1	1
	总计	147	121	109	127	85	138	176	204	1107

资料来源：根据扬美村委会提供的《扬美村村民户口簿》（2007 年）统计。

综合当地人的口述资料以及一些姓氏的族谱记载，大体来说，“祖籍”山东白马县的扬美人，主要居住在中山街、和平街、共和街、解放街等街道，而“祖籍”广东南海等地的扬美人，则主要居住在振兴街、临江街、新民街、永安街等街道。据一些当地人说，扬美人这种居住上的布局，与他们的祖先在此地定居时间的先后以及各自的生计方式有关。“山东白马人”来得比较早，先从军，后务农，因此住的多是依山傍水的地方，离田地也比较近；而“广东南海人”来得晚，多以经商为业，因此其住地往往靠近江岸舟楫容易停泊的地方。

三 扬美人的“祖籍”

扬美人的“老家”，据说主要有两个地方，即所谓的

“山东白马县”和“广东南海县”，都是一些“经济比较发达的地方”。

（一）“山东白马人”

一些扬美人认为他们的祖先来自山东省白马县。持此观点的主要有杜、杨、黄、胡、孙等姓，其中杜姓和杨姓的家户最多，在扬美定居的时间也最长，族谱上有记载的子孙至今已有20余代。

杜姓是扬美古镇家户数最多的姓氏，共有325户，主要居住在和平街、中山街、解放街、共和街、临江街等五个街道，其他街道也有少数杜姓人家居住。虽然一些族谱没有详细记载，但大多数杜姓人家都说他们的祖先来自山东白马县。有意思的是，临江街的一些杜姓人家，虽说他们的先祖是从广东南海县过来的，但他们又说先祖的先祖也来自山东省的白马县。他们说当年他们的先祖随狄青南下广东，住了几代之后，听说扬美这里的生意好做，就过来了。杜姓人才辈出，在扬美古镇的势力一直比较大。20世纪20年代以前，扬美镇上有许多杜姓的大商家，如以加工豆豉发迹的五叠堂主杜和廷等人，曾经名闻左、右江地区。杜家十五代长孙杜元春，为清光绪八年壬午科第六名举人，虽体弱多病，但聪明好学、书艺精湛，素为扬美读书人效仿的楷模。杜姓原先有两个祖祠，逢年过节都有一些人祭祖，但由于缺乏有较大影响力的族长对祭祖活动进行策划，“组织一直比较松散”。1949年以后，杜姓人已少有上规模的祭祖活动。解放街《杜氏族谱》见图2-1。

杨姓也是扬美古镇的一个大姓，主要居住在中山街、和平街，共有160户。据中山街《杨氏族谱》记载，其始

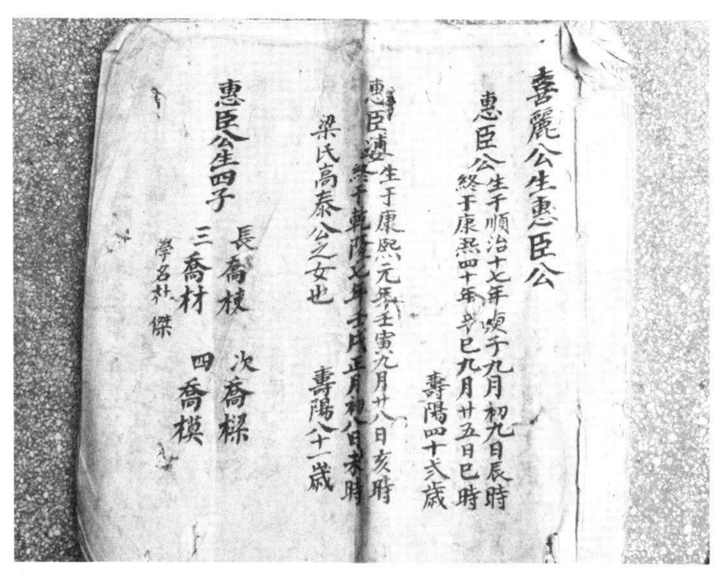
喜麗公生惠臣公
惠臣公生于順治十七年庚子九月初九日辰時
終于康熙四十年辛巳九月廿五日巳時 壽陽四十弍歲
惠臣娶生于康熙元年壬寅九月廿八日亥時
終于乾隆七年壬戌正月初八日未時
梁氏高泰公之女也 壽陽八十一歲
惠臣公生四子 長喬枝 次喬樑
三喬材 四喬模
學名杜傑

图 2－1 解放街《杜氏族谱》

祖杨平公“原籍山东省青州府白马县大杨村”，杨平生四子，其子孙如今已有 26 代。一位杨姓人氏说，他们的祖先从山东过来后，在此地安心戍守，效忠朝廷，而后以耕农、经商为业，与世无争，是故杨姓历史上没有出现什么显赫之人。在《杨氏族谱》所记载的民国以前出生的 23 代子孙中，除十九世祖英华因“办团事”并克胜“长毛贼匪”而被赏予六品军功之外，并没有其他有功名的人。明清时期，扬美共出 48 名举人、贡生和廪生，然而没有一人姓杨。民国以后，杨姓的读书人依然不多，外出做官的人也少，在魁星楼内的“扬美人才榜”上，共有 215 人上榜，而杨姓人氏只有 16 人，仅占“上榜人才”的 7.44％。中山街杨氏宗支簿见图 2－2。

除杜、杨两姓之外，和平街的黄姓、中山街的孙姓、

图 2－2 中山街杨氏宗支簿（族谱）

解放街的部分梁姓等家户较少的姓氏，据说也都来自山东白马县。位于共和街的黄氏庄园，是目前扬美古镇保存得较为完整的私家住宅，黄氏的子孙在重修庄园的碑记中提到，其祖先原先居住在“山东青州白马县”，后来才迁入扬美。

（二）“广东南海人”

相对而言，自称祖先来自广东南海等地的扬美人，其姓氏比较分散，主要有梁、黄、许、吴、邓、莫、麦、陈、范、欧、曹、施、周、李、冼等姓。振兴街的许、曹、黄、吴、李等姓，临江街的梁、周、杜、邓等姓，共和街的莫、许、冼等姓，解放街、新民街、永安街的黄姓、梁姓等，据说其祖先都来自广东南海等地，是明清时期到扬美镇经商的广东商人的后代。这部分扬美人，以梁姓人家为多，至今已有 24 ~28 代。

振兴街的许姓和曹姓人家，据说于明末崇祯年间从广东省南海县东门街来到扬美，如今已有十几代。一些许姓人说，他们的祖上原先是讲白话（粤语）的，从广东过来做生意后，在当地娶妻生子，才慢慢开始讲扬美话，几代人之后在生活习惯上也与其他扬美人一样了。

永安街和新民街的梁姓人家尽管都来自广东南海，却是同姓不同宗的两个支系。据其族谱记载，永安街的梁姓原籍在广东广州府南海县黄鼎同大布村红泥巷，后来才到扬美镇灯笼街设“明三和”店号，入籍广西南宁府宣化县上南六图十冬五甲梁权耀户扬美村梁晚巷居住。至于新民街的梁姓，据说也来自广东南海，不过没有更具体的地址。永安街《梁氏族谱》见图 2 –3。

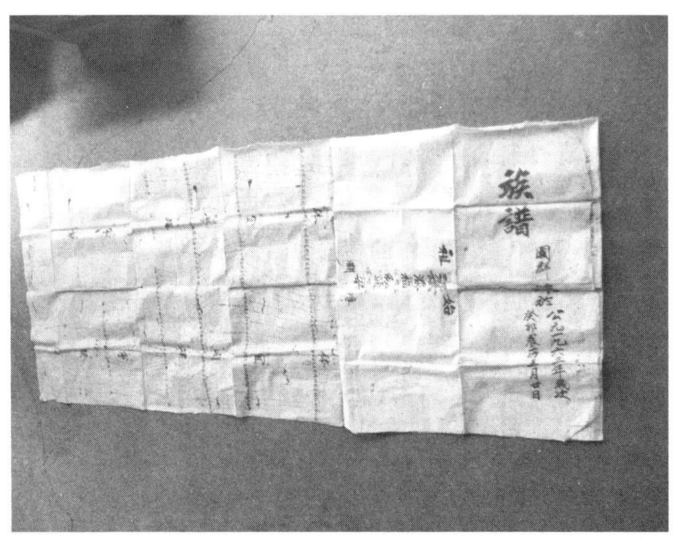

图 2 –3　永安街《梁氏族谱》

共和街的莫姓人说，他们的祖先来自广东南海一个名为“石狗巷”的地方，当年是到扬美来做生意的，后来定居于此，至今已有十四五代。同一街上的许姓人家关于祖籍的说法似乎更有意思，他们说许姓人祖先原来在山东，后来迁到广东南海的石塘口，明清时期再从石塘口迁来扬美。

一般认为，扬美一些人口较少的姓氏，大多来自广东南海等地。由于这些人家大多没有修撰族谱，因此多数人只是“听老人讲”才知道其祖籍何地。

（三）想象的“祖籍”与实在的祖先

为了考证南宁市郊区一些汉、壮族人家谱（族谱）中所记载的祖籍——“山东省白马县”的具体位置，1996～1997年，《南宁市郊区志》办公室曾多次派人到河南、山东等地考察，查阅了大量的史志资料，并对照一些墓碑的碑文进行分析，最后认为，广西各地民间家谱（族谱）所记载的祖籍“山东”并不是现今的山东省。当时所指的“山东”，乃是一个地理名词，实指崤山或者华山以东地区。民间家谱中所提到的白马县，也不在山东省，而是在今河南省滑县一带。由于该地地处交通要冲，为军事要地，相关学者疑为当时狄青平南军的主要集结之地。①

扬美镇关于“山东白马县人”的想象，与秦汉以来尤其是宋皇祐年间的军事移民有关。据史料记载，早期进入广西的中原汉族人，多为军事移民和政治移民，其中又以军事移民为主。汉族人进入广西，始于秦汉。秦始皇二十

① 南宁市郊区地方志编纂办公室：《郊区“山东白马”移民考》，载《南宁市郊区志》，方志出版社，2004，第120～130页。

八年（前219年）秋，秦王朝为了平定南方，“使尉屠睢发率五十万为五军”，分东、中、西三路进军华南。秦军在西路受到了西瓯、骆越人的顽强抵抗，屠睢被杀，并“伏尸流血数十万”。[①] 秦始皇三十三年（前214年），秦军征服西瓯、骆越，置桂林、象郡。由于连年征战，加上自然条件一时难适应，秦军最后留在广西的人数估计不足10万人。[②] 汉元鼎六年（前111年），汉武帝平南越，置九郡，部分守军驻留广西。建武十六年（40年）春，交趾女子征侧、征贰反。十八年（42年）四月，光武帝遣伏波将军马援取道广西远征交趾，次年四月破之，也有大量军队驻扎广西。宋仁宗皇祐四年（1052年）四月，侬智高起兵反宋，皇祐五年（1053年）正月，宋仁宗派狄青平定侬智高，留下戍兵“逾二万四千人，以四千人屯邕州，二千人屯宜州，千人屯宾州，五百人屯贵州。”[③] 有明一代，中央王朝在广西用兵频繁，在广西境内共设有10卫、20千户所，据估计各卫所的兵力人数最多时达到128892名，合家属38万人左右，[④] 移民人数约为土著人口的1/4，主要分布在沿江的军事据点，而以南宁、横州为中心的桂南地区的卫所士卒为1.5万人左右，合家属约4.5万人。[⑤] 从以上史料记载的情况来看，驻扎在扬美古镇的中原军队，虽以北宋皇祐年间

---

① 《淮南子·人间训》

② 葛剑雄等：《简明中国移民史》，福建人民出版社，1993，第99页。

③ 方瑜纂辑《南宁府志》卷二一；徐杰舜主编《雪球——汉民族的人类学分析》，上海人民出版社，1999，第111页。

④ 黄佐：《广西通志》卷三一《兵防五》；广西壮族自治区地方志编纂委员会编《广西通志》，广西人民出版社，1999，第515页。

⑤ 广西壮族自治区地方志编纂委员会编《广西通志》，广西人民出版社，1999，第518页。

的狄青平南军影响至广，但以扬美的军事地位而言，在其他朝代应当也有军队进驻。若以此观之，则扬美人的先祖，应当不只来自“山东白马县”一地，也不只北宋皇祐年间一时。这样看来，“山东白马县”虽非扬美人随意捏造的“祖籍”，但作为将其族源脉络化的一种策略性的记忆安排，扬美人对于故地的想象，或许是不可避免的。这种想象，虽然与正史所记载的所谓历史事实可能存在某些相异之处，但似乎成就了“山东白马人”作为一个“自然群体”的共同追忆。

“广东南海人”的到来，与明清以后外省的经济移民或有一定的关联。外省的经济移民主要是在唐宋以后才开始进入广西的，主要来自广东、湖南两省。早期进入桂东北地区的经济移民，主要来自湖南，而现今梧州、玉林、贵港、钦州等桂东南地区的经济移民则主要来自广东。中法战争以后，广西被迫开放梧州、南宁、龙州三关，大批粤东商人沿江而上，在西江以及左、右江沿岸城镇开铺经商，销售洋货并收购广西土特矿产，以至于形成了“无东不成市”“无市不趋东”商业发展格局。[①] 明清以后“广东南海人”的西进，与扬美镇的兴起，有着相当密切的联系。扬美古镇的振兴街、临江街等街区是“广东南海人”聚居的地方，这些地方紧靠大湾码头、细湾码头和金马码头等扬美古镇主要的货运码头，在20世纪20年代以前是扬美至为繁华的地段。振兴街当时又称正街，是扬美的商业中心；而临江街号称“清代一条街”，也是商人云集之地。大凡运往扬美的

① 广西壮族自治区通志馆编《太平天国革命在广西调查资料汇编》，广西壮族自治区人民出版社，1962；广西壮族自治区地方志编纂委员会编《广西通志》，广西人民出版社，1999，第524页。

货物，都是先到这两条街，然后再转往别处。扬美镇上一些“广东南海人”的后人说，当年扬美的生意十分兴旺，而来自广东的商人则把持了扬美古镇的大半生意。

至于山东人先至广东南海，而后再从广东来到扬美古镇的说法，在某种程度上似乎是一种无据可查的“历史事实”，可能带有一定的攀附性质。这种攀附，或许与扬美的“山东白马人”所秉承的惯常的强势地位有关。中国古代的许多城市（镇），尤其是边境地区的城市（镇），其原初的功能，多以防卫为主要目的，因而大多是先有城，后有市，地方经济的发展往往要服务于皇权统治的需要。与来自中原的掌控着军事权力的“山东白马人”相比，初到扬美的“广东南海人”的地位可能是比较低微的，而且这种地位在一段相当长的时间里，并不会因其财富上的积累而得到明显的提高。事实上，这种攀附现象非但“广东南海人”有之，扬美镇上的壮族人也有。以黄氏庄园为例，相对于来自“山东白马县”的“广东南海人”而言，黄氏对于“山东白马人”的想象和攀附可能有过之而无不及。黄姓的祖先据说是从广西隆安县过来的壮族人，但其子孙也自认为他们的祖先来自“山东省白马县”。当地人说，黄姓的祖先原先是个屠户，出身卑微，凭着他的勤耕苦种、日积月累才逐渐做成黄家的大院子。[①] 其实以黄氏的身家，当年在扬美也算不上是什么殷实大户，只是面积稍大，保存相对完整而已。黄氏人家对于“山东白马人”的攀附，似乎也与两者不对等的社会地位有着一定的干系。

① 据说黄氏庄园是1999年当地发展旅游之后才改的名字。

四 扬美人的“功名”

扬美人常以“名门之后”自诩，一是因为他们祖上的“功名”，二是因为当地人现实的“风雅”。扬美人喜欢把扬美古镇的种种“趣味”与其周边地区的农村进行比较，认为扬美人崇文尚武，祖上“功名卓著”，非一般城镇和农村可以比拟。2000年前后，原南宁市郊区政府有关部门曾组织一批文人编写过《扬美古镇》一书。在书中，作者曾对扬美人的崇文尚武之风，极尽溢美之词：

> 扬美古镇，人杰地灵，崇文尚德，仰美扬美[①]，民风古朴。举人、解元、进士、廪生、太学生等人才迭出；明清古宅、清代古街、魁星楼、古闸、孔庙、禁碑，尽民古镇崇文尚武，仰美扬美的品德……[②]

青山绿水，古庙老街，贤士辈出，无疑是扬美人展示其风雅的“资本”。也由此，一些扬美人认为他们是“名门之后”。这些扬美人说，他们的祖上来自山东和广东，那里是“经济发达地区”，比起广西这个早期的“蛮荒之地”来，显然要“文明得多”。明清时期，扬美古镇作为富商云集之地，崇文尚武之风日盛，出过不少的进士[③]、举人、贡生，清康熙时就有扬美人外出做过知县，民国年间有人做过孙中山的机要秘书和邕宁县知事，因此他们的这种说法也“不是吹出来的”。

---

① 在扬美人日常通用的扬美话和粤语方言里，“仰美”与“扬美”为谐音。此处所谓的“仰”，疑为“敬仰”之意。

② 罗世敏主编《扬美古镇》，广西人民出版社，2003，第3页。

③ 明清时期扬美古镇的10余名进士实为捐班进士。

作为一个商业城镇，明清时期的扬美人对于财富的追求或许是热切的。但那些先富起来的人，似乎并不满足于一时的物质财富的积累。但凡有钱人家，都会敦促其子女勤读诗书，并想方设法获取一些功名，以上慰祖先，下昭后人。

明清时期，扬美古镇出过杨联瑛、杨方礼、梁荣甫、曹言刚等10多名进士。这些进士都是捐班进士，多为有钱人家的子弟。据说20世纪20年代以前扬美古镇的进士屋曾有10余间之多，至今在和平街、中山街、振兴街、临江街，仍然保存有六家，一些人家还保存着较为完好的进士牌匾。根据有关人士的考证，明清时期，扬美古镇共有48人取得了“货真价实”的功名，其中举人11名、贡生31名、廪生4名。[①]

民国期间，扬美古镇也是人才辈出。梁烈亚之父梁植堂曾为广西会党首领之一，班香甫、梁武、黄简初等均为同盟会会员，梁烈亚曾为孙中山的机要员并担任过邕宁县知事，梁瑞甫曾任贵州黔军司令，梁槐三曾任白崇禧秘书。杜遒枝、梁树芬、班日光等毕业于黄埔军校和保定军校，梁树芬曾任南宁警察局局长，而杜、班两人均为国军营长。此外，还有一些扬美人或在国、共两党的军队中担任师长、团长、营长等职，或在广西、四川、贵州等地担任地方行政长官。对于民国时期的扬美古镇来说，能出现如此众多的“文治武功”之人，虽与时势有关，但也是值得荣耀之事。

1949年以后，不少扬美人外出求学、就业，其中亦不乏杰出之士。他们当中的一些人，因为其突出的成就而在当地政界、学界、商界显赫一时。1978年以来，由于成绩

---

① 罗世敏主编《扬美古镇》，广西人民出版社，2003，第78～83页。

优秀而进入大学深造，或出国留学者，据说更是“数不胜数”，大有超越其先辈之势。20 世纪 90 年代以后，扬美人在魁星楼内专门设立一个“扬美古镇人才荟萃”榜，用以昭示镇上一些“有办法的人”，鼓励后生们以其为楷模，日后像他们那样光宗耀祖（见图 2－4）。

图 2－4　魁星楼内的“扬美古镇人才荟萃”榜

临江街被认为是扬美镇“最出人才”的地方。有清一代，人口不足百户的临江街即有五名举人，而廪生、附生、增生、太学生等更是“遍及全街各户”，① 为实至名归的“文人街”。至于其他各街，如金马街、振兴街、和平街、中山街等，也有不少有“功名”之人。在田野调查期间，不少扬美人时常和笔者说起他们祖先的一些“丰功伟绩”，

① 罗世敏主编《扬美古镇》，广西人民出版社，2003，第 25 页。

对于扬美人过去的种种荣耀心存怀念。一些扬美人说，扬美人在过去是出了名的有钱人，因此钱在扬美历来都不怎么值得夸耀，只有读了书，做了官，那才算得上是真正的“有办法”（成功）。一位家住中山街的杨姓村民说，他们家世代都有舞文弄墨之人，在清朝曾经出了一位进士，至今在家里还保存有当时的皇帝赐给的一块进士牌匾。杨说他们家的进士牌匾是全镇“最大的牌匾”，虽然镇上其他人家里也有匾，但至多只有举人匾，“名堂”远不及他们家的大。杨说他的父亲字写得很好，当时在扬美镇几乎无人能及。为了证实父亲的“水平”，杨还把一本他父亲抄写的一本小册子拿给笔者看。这本小册子用小楷抄成，布局错落有致，文字工整，笔迹苍劲有力，其功力非经苦练难以达致。因为字写得好，人又能干，杨的父亲据说曾在国民党军队里做过“大官”。有意思的是，杨说他的父亲也曾做过孙中山的秘书，只是后来因为赌博赢了很多钱，怕出事，才跑回家乡置业做生意。杨说他们镇上的人，有了钱就要送孩子读书，只有读到（了）书，做到（了）官，人家才会买你的账。

第三章　商人后裔的乡村生活

虽然不少扬美人认为扬美古镇的“风水”比较好，是一个十分容易“聚财”的地方，但以其现实的自然资源来看，扬美古镇大体上属于人多地少的乡间小镇，只是由于紧靠左江，水路交通较为便利，加之扬美人“脑筋灵活”和“勤耕苦种”，才有了扬美古镇商业上的繁荣。而扬美古镇的经济发展状况，据认为“一直都很好”。

一　扬美古镇的市场体系

一些当地人说，从“风水”上讲，扬美古镇是一个很容易聚财的地方。扬美的“地盘”三面环江，在地形上宛如一弯明月，而古镇则像是一颗“被托在月弯上的珍珠”，是一块遮风挡雨又聚财的“风水宝地”。扬美古镇附近的河段，因其湾大水深，在明朝时曾得名“大湾”。在陆路交通不发达的年代，扬美人与外地人的交往，主要通过水路，因此扬美的地缘关系，更主要的是一种“水缘”关系。事实上，在20世纪60年代以前，扬美人与平风、宋村、老口等水路交通较为便利地区的汉族人之间的来往，比其周边壮族人的要密切一些。这当中虽然不无文化认同上的关系，但交通条件无疑也是一个十分重要的因素。

扬美至南宁的水路，下则半日可至，上则需一日有余，因而从位置上讲这里是一个极好的歇脚之地。据扬美古镇上的一些老人所说，过去来往崇左、龙州、南宁的外地商船，大多选择扬美作为中途休整、补充给养的地方。与此同时，作为一块汉族人的“飞地”，扬美古镇往往也能使一些过往的商人产生某种安全之感，因而往来左江的客商也大多愿意在此暂作停留。由于出入扬美主要通过水路，因此地理上的邻接关系并没有使扬美古镇与周边村寨结成的一种稳固的地缘关系。一位曾随父兄过太平（今崇左）做生意的扬美老人说，当时扬美人与沿江各大小城镇上的人联系比较多，彼此之间都很熟悉，他们（扬美人）甚至还会讲一些当地的土话。扬美古镇最为重要的码头之一——大埠（见图3-1）。

图3-1　扬美古镇最为重要的码头之一——大埠

据谢祖莘、莫炳奎等人修纂的《邕宁县志》记载，民

国年间，扬美镇墟场贸易的商品以“织品、布匹”等工业制品为主，而其周边城镇如甘墟、陇圩、下楞、金陵、大同、那龙、坛洛等地的墟场，则主要经营“谷米、豆食、家畜”一类的农副产品。[①] 为此，当时扬美人曾以“南宁是银行，下楞是粮仓，扬美是饭堂”来形容扬美作为一个消费性的商业城镇与其他城市、城镇的功能性联系。

如果说一般的小城镇在经济与文化上实现的是“城市之尾、农村之首”的所谓城镇功能的话，作为一个区域性轻工业品集散地的扬美古镇，在20世纪20年代以前的地方商业贸易中实际上充当着“群镇之首”的角色。左江上游崇左、龙州等地以及扬美周边农村的土特产品，往往通过扬美销往南宁市区；而广州、梧州、南宁等大中城市的工业制品，也较多地通过扬美再分销到其周边的农村市场。因此扬美古镇在商业上所扮演的角色在当地可谓举足轻重，非其他壮族人聚居的小城镇所能比拟。尤为重要的是，扬美镇的本身，就是一个轻工业产品的加工基地。

二 产业经济发展

“亦农亦商”是扬美人家最为重要的生计模式。这种与地理环境和资源禀赋有着内在关联的生计模式，形塑了扬美古镇产业经济发展的基本走向。

（一）产业结构的演变

农业、商业、手工业是扬美古镇主要的传统产业。过去的扬美人家，大多以农业生产作为维持家庭生计的基本

① 谢祖莘、莫炳奎修纂《邕宁县志》卷一，南宁大成印书馆，1937年。

来源，在农闲之时以经商和从事手工业生产（包括食品加工、民间工艺品加工等）作为增加家庭经济收入的主要手段。

过去扬美古镇的商业比较发达。虽然大部分居民家庭从事农业生产，但从总体上看，商业在扬美产业结构中所占的比重要远远高于农业。据当地一名99岁的村民回忆，当时扬美街上有近八成的人做生意，单纯从事农业生产的人家不足三成，很多居民都是墟日做小贩，平时做农民。另据清嘉庆年间编撰的《邕宁县志》记载，嘉庆年间，扬美墟日的流动人口有5000之多，而当时的扬美居民不过3000余人，由此我们大致可以推测当时扬美的商业繁华程度。

尽管如此，由于经商是一项风险相对较大的职业，对于那些做“小本生意”的扬美人家来说，适当从事部分农业生产无疑是确保家庭生计的有效措施。扬美地少人多，因而对于土地的利用较为充分，除水稻、玉米、蔬菜、豆类之外，很多扬美人家还利用田头地角、房前屋后种植棉花、水果等，以之作为家庭经济的补充。就其经济功能而言，扬美人的农业生产，一则可以解决家庭的部分口粮，二则可以为扬美人所擅长的食品加工业和纺织业提供必要的原材料。因此，尽管商业较为发达，但农业仍然是扬美经济体系当中不可或缺的组成部分。

大体上讲，20世纪20年代以前扬美镇各行业之间的关联程度是比较高的。扬美镇的商业、农业、食品加工业、纺织业等各行业之间联系密切，形成了较为稳固的产业链。扬美镇各街道之间，各行业之间，乃至于各姓人家的生计方式之间，都有着某种“自然”形成的互补性。这种产业

结构特点，成就了扬美镇作为一个功能齐备的城镇的存在。扬美镇这种独特的业缘关系，一方面巩固了镇上居民的经济生活；另一方面也使得扬美镇对于周边农村在经济的倚赖关系维持在一个相对较低的程度之上。

1922年的“四月初九”事件导致扬美古镇传统的产业结构发生重大调整。“四月初九”事件发生之后，到扬美经商的外地商人急剧减少，而本地的商人也大量外出谋生，扬美古镇的商业自此一蹶不振，经济发展几近停滞，农业生产几乎成为扬美古镇唯一的产业经济存在形式。虽然在1949年以前，扬美古镇的商业和手工业生产有所恢复，但与其兴盛之时相比，已不可同日而语。

在1949年以后的近30年间，农业作为扬美古镇最为重要“支柱产业”而得到一定程度的发展，但其对当地经济发展的促进作用并不明显。由于作为扬美古镇传统产业的个体工商业被视为“资本主义尾巴”而受到压制，而村民家庭从生产大队得到的收入又较为有限，扬美人家的经济收入来源明显减少。

扬美古镇的产业结构在1978年以后逐渐“趋于合理”并为当地人所接受。改革开放政策的落实以及人民公社制度的取消，使扬美人获得了更多的发展地方经济的自主权。自此时起，“赶街”、食品加工、民间工艺品生产等传统谋生方式逐渐恢复。由于商品经济的发展和现代农业生产技术的普及，扬美古镇的产业结构发生了深刻的变化。高效的现代农业、更大范围的商业活动、更大规模的手工业生产，在扬美人的经济生活中扮演着越来越重要的角色。

20世纪90年代以后，由于受到市场经济的巨大冲击，扬美古镇传统的商业、手工业和加工业发展缓慢，一些扬美人家的年轻人于是开始外出务工，虽然村民家庭的经济收入有所增加，但扬美经济发展后劲不足的问题日益突出。1999年，为加快地方经济发展的步伐，南宁市郊区政府决定将扬美古镇列为旅游开发区并组织社会各方力量对其投资建设。旅游业的发展，丰富了扬美古镇的产业结构，并在一定程度上直接或间接带动了扬美古镇的相关行业，如旅游服务、土特产加工等的快速发展。

目前，以经济作物种植为主的农业种植业，经营范围遍及全国各地的商品贸易业，以豆豉、酱油、酸菜、梅菜、沙糕等食品为主的土特产品加工业，以观光游览、休闲度假为主的旅游服务业，已成为扬美地方经济发展的主导产业。而远及广东、福建、江苏、浙江等省的劳务输出，也开始成为一些扬美家庭经济收入的重要来源。

调查实录：卖木瓜丁的中年妇女

（根据陈明君、覃文君2009年7月调查资料整理）

在金马街的食品摊上，我们采访了一位卖木瓜丁等地方特产的中年妇女。阿姨今年45岁了，在1988年，也就是她23岁那年结婚，在当时算是晚婚了。阿姨说他们那个年代的人由于生活贫困，结婚一般不会太早。阿姨有两个小孩，一儿一女，大的是儿子，今年20岁，已经出去打工了，女儿现在他们镇上的江西中学念初一。

现在在村里做农活的基本都是像阿姨这般年纪的中年人。年轻人很少，因为他们很多都到外地工作去了。而他们去的外地，也多为南宁市和广东省珠三角地区。由于南宁市离扬美古镇比较近，而且经济发展得也不错，因此在这些年轻人当中，到南宁市里工作的人似乎更多一些。

说到扬美经济的发展以及当地人的生活水平，阿姨骄傲地向我们介绍道，在20世纪初的时候，扬美当地的居民都是很富裕的，因为当时大家都可以大胆地去做生意。1949年以后，人们就不能像以前那样随意地去做生意了。当时的村民（也叫社员）是不敢轻易在扬美镇上做生意的，就算有人做，也只是做一些豆豉加工生意。因此，扬美古镇的经济逐渐衰退，当地人的生活水平也大不如从前。

阿姨说她特别羡慕我们这一代人。说如今我们这些人不愁吃不愁穿的，生活过得好。而他们那一代人，年轻时候过的日子特别苦。那时候他们的田地很少，种的花生啊玉米啊之类的庄稼，最多也只是够自家吃，没有什么剩余的。那个年代他们不可以在当地做生意，又没有什么其他工作可以做，而只能到生产队里劳动，一年到头根本没有什么收入可言，生活水平很低。20世纪80年代以后，当地的经济条件开始逐渐好转，那时候他们可以自己挑些酸菜步行到南宁市去卖，收入比之前一下子好了许多。

扬美古镇产业经济的发展，经历了漫长而复杂的演变过程。在经历了明清之际的崛起和民国初年的勃兴之后，扬美古镇的经济发展在1922年以后迅速衰落。尽管这种状况在1949年以后有所好转，但是扬美古镇在经济上的真正复兴，还是20世纪80年代以后的事情。此后普通扬美人的经济生活，也发生了深刻的变化。目前，扬美古镇产业经济的发展总体向好。

（二）产业经济的发展

1. 农业（农林牧渔业）

农业是扬美古镇的传统产业。在20世纪90年代以前，当地农业以水稻种植为主。20 世纪 90 年代中期以后，随着大批青壮年劳动力的外出和村民家庭生活条件的不断改善，当地人的粮食需求量逐年下降，扬美古镇的水稻种植面积有所减少，而其他经济作物如香蕉、蔬菜等的种植面积则有不断增加的趋势。根据扬美村村民委员会的统计，扬美古镇现有耕地面积 5260 亩，其中水田 2500 亩，旱地 2760 亩，主要种植香蕉、水稻、蔬菜等粮食作物和经济作物（见图 3－2）。

图 3－2　扬美古镇边上的稻田和香蕉地

（1）水稻种植

扬美人的水稻种植，主要是为了解决村民家庭日常的口粮问题。20 世纪 90 年代中期以来，扬美古镇的水稻种植面积和产量都相对稳定。目前，扬美古镇每季的水稻种植面积多在 1800～2000 亩，亩产 800 斤左右。水稻种植的品种，以杂交水稻为主，一些人家同时兼种少量糯谷。据扬美村村民委员会统计，2009 年上半年，扬美古镇的水

稻播种面积为1850亩，产量为740吨，所产水稻主要为村民家庭自用，只有少数田地较多的人家对外销售（见表3－1）。

表3－1　扬美古镇2009年夏收粮食生产情况

单位：亩，吨

生产单位	粮食作物		早稻		玉米		早花生	
	播种面积	总产量	播种面积	总产量	播种面积	总产量	播种面积	总产量
振兴街	230	92	200	80	30	12	150	30
共和街	275	110	250	100	25	10	120	24
临江街	205	82	180	72	25	10	70	14
解放街	220	88	200	80	20	8	70	14
永安街	330	128	280	112	50	16	200	40
和平街	310	124	260	104	50	20	250	50
中山街	320	128	270	108	50	20	260	52
新民街	230	92	210	84	20	8	80	16
总　计	2120	844	1850	740	270	104	1200	240

资料来源：扬美村村民委员会，2009年8月。

调查实录：扬美古镇的粮食生产

（根据雷世林、林宇乾2009年7月调查记录整理）

扬美古镇的粮食生产，大体上可以实现自给自足。根据我们的调查，在如今的扬美古镇，水稻生产在当地经济中的地位与20世纪80年代以前相比，已是不可同日而语。由于水田较少，稻米的产量和销售价格又不高，“不能来钱”，因此一般的扬美人家，每季（扬美人通常每年种两季水稻）只是“象征性”地种植三四分田的水稻，“够吃就可以了”。扬美人家对于水稻的种植，往往也“因街而异”。总体而言，临江街上的人种得少一些，而中山街上的人就种得多一些。当地人说，这种状况的存在，可能与临江街上人家的经商传统有关。临江街很多人家的先祖，据说都是从广东南海过来做生意的，世代以经商为业，只是20世纪50年代以后才“改行”从事农业生产。1978年以后，临江街上的人家开始重操旧业做生意，不过当时他们主要是在外地“活动”。1999年扬美古镇成为旅游区以后，街上的一些人家开始在镇上经商或者从事旅游服务。当地人平常多在金马街（解放街）和金马广场附近经营小餐馆或摆摊卖食品、工艺特产等“小生意”，从事农业生产的时间较短，投入的人力、物力也相对较少。而中山街靠近农田（地），距离扬美古镇的“商业中心”“三角市”和金马广场较远，加之街上的人家农田相对较多，因而在耕田种地方面的投入较大，其农业方面的产出也相对高一些。

（2）水果种植

扬美古镇的水果种植，以香蕉为主，同时也有一些人家兼种杧果、荔枝、龙眼、黄皮、阳桃等亚热带水果品种。

扬美古镇种植香蕉的“时间”（历史）比较长，据一些村民所说，扬美人“早在”20世纪70年代的人民公社时期，就开始在当时供销社的引导下种植香蕉了。只不过当时香蕉的品种不好，产量不高，对外运输又不太方便，经济效益不是很理想，因而种植的面积比较少。20世纪90年代以后，由于新品种的引进以及陆路运输条件的不断改善，香蕉种植逐渐成为扬美农业经济中的“支柱产业”。事实上，香蕉种植已成为目前大部分扬美村民家庭最重要的收入来源，很多人家都利用占责任田（地）70%～80%的耕

地种植香蕉。由于香蕉不耐涝，因此主要在旱地以及经改造过的水田里种植。目前扬美人家所种植的香蕉品种，以桂蕉六号为主，亩产2吨左右。另外还有一些人家种植品质较好的西贡蕉，产量相对较低，亩产约1.5吨，但销售价格稍高。扬美村民种植的香蕉，主要用于外销，近的销到南宁，远的销往河南、河北、山东甚至东北等地。香蕉的价格依市场行情而定，在销售情况较好的年成，品质、成色较好的香蕉，有时每斤可以卖到一元二三角，而不好的香蕉往往每斤只卖3～4角钱甚至更低。目前，扬美村的香蕉种植面积有2200多亩，年产量为4300吨左右，除少量在本地销售之外，绝大部分的香蕉都销往外地。扬美古镇2009年第二季度水果生产情况统计见表3－2。

扬美人所种植的杧果、荔枝、龙眼、黄皮、阳桃等水果品种，大多利用小块的坡地或者房前屋后的空地，因而种植面积较小，产量较少，当地人也不以之作为一种重要的经济收入来源，一般只是留作自家食用。扬美人对于土地的利用，几近于见缝插针的地步，但凡有可以种植果树的空地，当地人家都会尽可能地种上果树。扬美人所种植的黄皮，在当地颇有一些名气。其“有名”之处，不在于扬美黄皮果本身的口感和味道，而在于当地种植黄皮树的方式。因为多数扬美人家都在住家的周围种植黄皮树，每到夏季黄皮果熟时节，扬美古镇上的大街小巷，随处可以见到随风摇曳的黄澄澄的黄皮果，果香诱人。

表 3 - 2　扬美古镇 2009 年第二季度水果生产情况

单位：亩，吨

生产单位	蕉类				果类						合计	
	种植面积	产量	其中：香蕉		种植面积	产量	1. 龙眼种植面积	2. 荔枝种植面积	3. 芒果种植面积	4. 其他种植面积	种植面积	产量
			种植面积	产量								
振兴街	360	15	350	13	25	30	2	3	0	20	385	45
共和街	270	10	260	9	29	35	4	5	0	20	299	45
临江街	170	6	165	5	15	18	5	0	0	10	185	24
解放街	110	5	160	5	39	42	2	0	25	12	149	47
永安街	300	12	290	12	10	13	0	0	0	10	310	25
和平街	360	15	350	14	23	26	3	0	0	20	383	41
中山街	450	20	435	18	55	61	8	7	20	20	505	81
新民街	200	5	195	4	22	27	4	2	6	10	222	32
总　计	2220	88	2205	80	218	252	28	17	51	122	2438	340

注：蕉类水果的收获季节主要集中在秋季，其他季度的收获量相对较少。

资料来源：扬美村村民委员会，2009 年 8 月。

（3）蔬菜种植

蔬菜种植是扬美村民的传统副业，以种植玉芥菜为主，部分自用，部分加工成酸菜、梅菜外销。20 世纪 90 年代中期以来，扬美人家开始种植四季豆、黄瓜、苦瓜、南瓜、蕃茄等蔬菜。目前，扬美古镇每季的蔬菜种植面积 1300 余亩，产量 810 多吨（见表 3－3）。

调查实录

（根据雷世林 2009 年 7 月调查记录整理）

扬美古镇的蔬菜大多比较便宜，尤其是那些镇上人家生产的瓜类、豆类蔬菜，价格更低。在调查期间，我们每天都要到“三角市”（扬美古镇的菜市场）去买菜，因而对那里的蔬菜价格有比较多的了解。通常，扬美的菜市都是从凌晨 5 点左右开始成墟，大约 8 点半散墟。菜市上的蔬菜，有些是从外地，如南宁等地贩运回来的，价格略高一些，一般的时令蔬菜每斤的价格都在 1～2 元，而其他的冬瓜、苦瓜、茄瓜还有豆角等，都是比较便宜的。最便宜的是苦瓜，每斤只卖到 8 角钱。扬美古镇的市场小，而今年当地人家种的蔬菜又大获丰收，产量比较高，因而基本上都卖不到什么好价钱。尤其是四季豆，几乎没有人要，而扬美人卖到外地去的价格也很低，一般也就是七八角钱一斤，极少能卖到 1 元钱以上一斤的。而至于玉芥菜等，往往只是用来加工酸菜，平常是没有人吃的，价格就更便宜，据一些村民说有时每斤只卖到四五角钱。

（4）渔业

虽然扬美古镇三面环江，镇上分布着众多的水塘，历史上也有一些特殊的族群如疍家人在此地从事以捕捞为主

表 3－3　扬美古镇 2009 年第二季度蔬菜、果用瓜生产情况

单位：亩，吨

生产单位	时令蔬菜		瓜菜类						茄果菜类		菜用豆类		合　计	
			小计		黄瓜		其他瓜菜							
	播种面积	产量	播种面积	产量	播种面积	产量	播种面积	产量	播种面积	产量	播种面积	产量	播种面积	产量
振兴街	30	16	15	15	5	5	10	10	20	12	80	40	145	83
共和街	20	14	13	13	3	3	10	10	15	9	90	40	138	76
临江街	20	14	15	15	5	5	10	10	12	7	60	30	107	66
解放街	20	14	16	16	6	6	10	10	10	6	40	20	86	56
永安街	40	25	37	35	12	10	25	25	35	20	140	70	252	150
和平街	40	25	40	40	10	10	30	30	30	15	150	75	260	155
中山街	45	30	33	33	8	8	25	25	40	20	160	80	278	163
新民街	15	20	10	10	0	0	10	10	15	10	60	30	100	70
总　计	230	158	179	177	49	47	130	130	177	99	780	385	1366	819

资料来源：扬美村村民委员会，2009 年 8 月。

的渔业生产，但是由于所捕捞的野生鱼类产量低、品种少，渔业生产对于扬美古镇的地方经济而言未能成为一个重要产业，当地人至多只是把它作为“改善生活”的一种手段。20世纪80年代以后，扬美古镇上陆续有一些人家开始承包集体的水塘养鱼，但因水质不好，渔业生产的产量不高、品质也不好。90年代以后，一些人家抱着“靠水吃水”的想法，开始尝试在左江河道上安置各式网箱，发展网箱养鱼（见图3－3），取得了较好的经济效益，一时间从者甚众。当地人所养殖的鱼类，以草鱼为主，兼有少量其他成长速度快、肉质较好的贵重淡水鱼类。目前，扬美古镇有养殖网箱21只，渔业生产每个季度的产量在120吨左右，除了主要依靠捕捞而得的少量野生鱼种如赤眼鱼、青鱼之外，当地出产的大部分鱼类都是草鱼（见表3－4）。

图3－3　网箱养鱼

表 3-4　扬美古镇 2009 年第二季度渔业生产情况

生产单位	水产品总产量（吨）							淡水养殖面积（亩）			
	合　计	淡水捕捞量		淡水养殖量				合计	池塘	山塘水库	网箱养殖（箱）
		小计	鱼类	小计	草鱼	鲢鱼	其他淡水鱼				
振兴街	19	0	0	19	4	10	5	14	4	10	0
共和街	13	2	2	11	1	6	4	9	3	6	0
临江街	19	0	0	19	1	10	8	18	8	10	1
解放街	16	3	3	13	2	6	5	13	8	5	0
永安街	12	0	0	12	2	6	4	23	18	5	0
和平街	14	4	4	10	1	6	3	15	5	10	10
中山街	13	5	5	8	1	4	3	15	10	5	10
新民街	14	0	0	14	3	6	5	30	20	10	0
总　计	120	14	14	106	15	54	37	137	76	61	21

资料来源：扬美村村民委员会，2009 年 8 月。

（5）畜牧业

虽然当地人家早有饲养家畜、家禽的传统，但从更为严格的意义上讲，扬美人家饲养牛、猪、鸡、鸭等家畜、家禽的目的，主要是为了自家生产、生活的需要，而以畜牧为业者极少。20世纪90年代以后，中山街有个别村民建有小规模的养猪场，但通常只有五六个猪圈，每户人家饲养生猪的数量也多在50头以下。黄牛是扬美人家耕作的主要畜力，因而几乎每户人家都有饲养。但由于受到饲养条件的限制，大部分农户饲养黄牛的数量都比较少，一般为一两头。1999年以后，为了加强扬美古镇的清洁卫生工作，配合扬美古镇旅游业的发展，当地政府和旅游管理部门出台了一系列优惠政策，对不再饲养家畜、家禽的农户进行现金补贴，从而在一定程度上抑制了当地家畜、家禽饲养数量的增长。目前，在扬美古镇的主要街道，如解放街、临江街、永安街、和平街、共和街等，饲养家禽的人家已经很少，而只是在中山街、新民街、振兴街等距离扬美古镇的“镇中心”稍远的地方，饲养家禽的人家才稍多一些。扬美古镇2009年第二季度牧业生产情况统计见表3－5。

2. 商业

商业是扬美的传统产业。1922年以前，振兴街和“三角市”（见图3－4）是扬美最主要的商业街区。街上的商铺星罗棋布，除有食品行、布匹行、鸡鸭行、鱼肉行、牛行、农具行等“专业市场”之外，还有客栈、当铺、赌场、风流馆（又称“喳喳馆”，妓院）等，商业据说十分繁荣。1922年农历四月初九，振兴街遭到了“自治军”的洗劫，街道被付之一炬，几成废墟，商业发展受到毁灭性打击，而“三角市”的生意从此以后一蹶不振。20世纪30年代以后，

表 3－5　扬美古镇 2009 年第二季度畜牧业生产情况

生产单位	牛季末存栏数（头）	猪肉出栏及存栏				出售和自宰的家禽			
		出栏数（头）	肉产量（吨）	存栏数（头）	其中：能繁殖的母猪数量	合计（只）	肉产量（吨）	其中：肉鸡	
								只数	肉产量（吨）
振兴街	95	100	7.5	160	0	350	5	350	5
共和街	72	0	0	0	0	260	4	260	4
临江街	66	40	3	70	0	180	2.7	180	2.7
解放街	65	0	0	10	0	170	2.5	170	2.5
永安街	109	0	0	0	0	450	6.7	450	6.7
和平街	138	60	4.5	160	15	560	8	560	8
中山街	152	140	9.8	280	75	630	9.5	630	9.5
新民街	61	32	4.3	90	12	320	4.8	320	4.8
合　计	758	372	29.1	770	102	2920	43.2	2920	43.2

资料来源：扬美村村民委员会，2009 年 8 月。

扬美的商业发展稍有好转，但好景难再。20世纪50年代末期，人民公社制度建立以后，虽然扬美古镇私营经济受到严格限制，但由国营供销社主导的扬美商业，还是得到了长足发展，扬美墟市一度成为当地农副产品的主要购销点。1978年以后，扬美古镇沉寂了多年的私营商业得到恢复性发展，但由于附近地区如江西镇、国营金光农场等地农贸市场的快速发展，扬美商业在地方经济中的重要地位有所下降。

图3-4 扬美墟日里的“三角市”

目前，扬美的墟期为三日一墟。前来扬美古镇赶墟的人，多为扬美本地人以及邻近壮族村庄的村民，人数最多时估计有3000人左右。扬美的墟市分早市和晚市，早市一般从凌晨五点左右开市，九点钟收市；晚市从下午四点半开市，六点左右收市。若是墟日，则早市要提前一个多小时开市。早市的香蕉交易比较活跃，一般从凌晨四点就开始交易，六点左右结束。扬美墟市日常的商品交易，以蔬菜、鱼肉类、副食品等日常生活用品和生产资料为主。蔬菜大部分是村民自种自卖，鱼肉类则多来自本村及附近地区，副食品和其他工业产品的主要货源来自南宁市区的一些批发市场，而以游客为销售对象的土特产品，则大部分都由商家自己制作。扬美街上的商业（包括服务业）从业人员，有70～90人，以个体经营为主。大部分商户家里都有耕地，一些商户平日从事农业生产，墟日或者农闲时开店，不过也有少数专职的商户。20世纪90年代以来，随着香蕉种植业的发展，一部分信息灵通、社会关系较多的村民开始充当香蕉交易的中间人，为客商代收扬美村民生产的香蕉。这些人被当地人称作二老板。目前扬美村的二老板，据估计有20多个（户）。随着市场经济的发展，二老板在扬美人的经济生活中扮演着越来越重要的角色。

3. 食品加工业

食品加工是扬美的传统产业。据《南宁郊区志》记载，在古代（明清时期）扬美就有许多食品加工作坊，主要加工酸菜、梅菜、豆豉等土特产品（见图3－5）。[①] 扬美人加工食品的原料，小作坊多为自家种植或从本镇其他务农人家购买，而一些规模较大的作坊，如五叠堂等，则需从其他地方如崇左等地运入。扬美周边壮族农村多以水稻种植为主，加工酸菜、梅菜、豆豉等所需要的原材料玉芥菜、黑豆、黄豆等，当地出产较少，因而与扬美镇在经济上的

---

① 南宁市郊区地方志编纂委员会编《南宁市郊区志》，方志出版社，2004，第46页。

互补性不是很大。扬美的土特产加工以豆豉、梅菜、沙糕（简称“扬美三宝”）为主。豆豉在民国初年曾是扬美的名产，产品远销广东等地，如今加工豆豉的家庭作坊有三家，其中规模经营的只有一家，产品加工的目的据说是为了配合扬美旅游的发展，因为本地人对豆豉的消费兴趣比较低，外销状况也不好。梅菜加工仍是部分扬美家庭的主要副业，目前从事梅菜加工的家庭有23家左右，多是利用农闲时间加工，加工的梅菜主要销往南宁及广东等地。沙糕加工的规模较小，多数家庭加工沙糕的目的主要是用于过年过节时的食用和送礼，另有一些人家外卖，但销量一般不大。

图3－5　扬美人在腌制酸菜

4. 手工业

过去扬美古镇的手工业主要包括纺织业和当地民间生产、生活用品的制造。

纺织业是20世纪20年代以前扬美古镇的一个重要产业。一些扬美老人说，过去扬美街上很多人家里都有织布机，扬美的女人心细，织出来的布细腻、结实，很受当地人喜爱。尽管民国期间也有不少江浙一带的丝绸以及洋纱进入扬美市场，但由于价格相对较高，耐磨性又不如当地的土布，因而其消费群体多是那些做生意的有钱人家，普通农民家庭更愿意选择人工纺织的布料。

1949年以后，随着外来工业制品的大量涌入以及国家政策对民间宗教信仰活动的限制，扬美古镇传统的手工制品受到生产和需求两方面的严重制约，产销几近停滞。虽然20世纪80年代以后扬美古镇的手工业发展稍有起色，一些零星的、家庭作坊式的手工业生产得到恢复，但扬美古镇手工业的真正发展还是在1999年以后。这一时期的生产手工业制品，以旅游工艺品和民间祭祀用品为主。

5. 旅游业

三面临江的扬美古镇，有着秀美的自然风光。一方面，这些自然景观，因为有明代著名旅行家徐霞客的到来而备受瞩目。当地旅游部门从徐霞客的八大景词中，确定了扬美的八大景点，即龙潭夕影（三界庙）、金滩夜月、亭对江流（钟馗庙）、雷峰积翠、阁望云霞（文昌阁）、松滩相呼、剑插清泉（大王庙又称关帝庙旧址）、青坡怀古，并以此招徕各方游客。另一方面，扬美的一些“人文景观”也得到了“较好的开发”。作为一个“千年古镇”，虽然相继经受了“四月初九”、“大跃进”和“文化大革命”的冲击，但扬美的古迹仍然得到较为完整的保留。明代民居（七柱屋）、举人屋、黄氏庄园、五叠堂、临江古闸、清代一条

街、清代古镇碑、清代圩市禁碑、梁烈亚故居、烽火台等古代建筑在1999年以后作为扬美的旅游资源被当地旅游部门广泛宣传，并被开发成新的旅游景点。围绕这些景观，负责扬美旅游管理的相关部门近年来投入了大量的资金进行开发，1999年以后的数年间，扬美的各项旅游配套设施陆续开工建设。目前，扬美古镇内设有商品一条街、美食街、农家乐旅馆等旅游基础设施，配备有旅游观光车（见图3－6）、流动致富车、旅游船等服务设施。据当地旅游管理部门提供的数据，2008年，扬美古镇从事旅游服务的人员接近50人，每年接待国内外游客5万人左右，旅游收入超过300万元。

图3－6　扬美古镇的观光牛车

6. 劳务输出

20世纪90年代以后，由于当地农业生产的产出效益偏低，地方经济发展相对滞后，扬美外出打工的村民逐年增多。外出打工的当地村民以青壮年劳动力为主，打工的地点多在南宁市区以及珠江三角洲地区。长期以来，由于当地的办学条件欠佳，教学质量得不到有效提高，扬美的年轻人初中毕业以后能够顺利考上高中的人并不多，而有机会上大学的人更是凤毛麟角。这成为扬美人外出务工的主要原因。另外的原因可能是，扬美古镇上的很多人家，都不愿意自家的孩子留在村里。是希望他们到外面去“见见世面”，从而加速了青壮年劳动力的外流。据不完全统计，目前扬美村外出打工的年轻人有1700人左右。劳务输出的目的地，1998年以前以珠江三角洲地区为主，而近年来到南宁等附近城市务工的人逐渐增多。

7. 建筑业

扬美古镇的建筑业零散存在。过去从事建筑业的扬美村民，多数情况下都是“兼职”的。这些村民平时或务农，或经商，只是到了秋、冬两季才在镇上帮工（当时的建筑设计和施工管理人员多从外地聘请）。人民公社时期，扬美大队成立一个建筑队，主要负责当地小型建筑项目的施工，而建筑工人主要来自本地。20世纪80年代以后，扬美镇上陆续有一些“包工头”组织部分村民外出承包建筑项目，如到附近城乡地区建民房、修公路等。90年代中期，一些有实力的扬美老板，开始购置轮船和打捞设备，在扬美附近河段从事捞沙作业（见图3-7），但由于一些业主无视当地国土、水利和交通部门的相关规定，在河道上乱采滥挖，不久后捞沙作业遭到禁止。2007年以来，一些业主听信扬美下游河段即将修建拦河水坝的传言，又开始“重操旧业”，在扬美河段一个构成扬美主要旅游景点之一“金沙月

夜”的大沙滩周围继续从事被认为“非法”的捞沙业。一些业主对此的说法是，因为水坝蓄水后迟早会淹没这个沙滩，即使不捞沙，沙滩也不会存在。而由于可以对捞沙船收取相应的管理费，当地主管部门实质上默许了此一“产业”的存在。根据扬美村村民委员会的统计，2009 年 1 ~ 5 月，扬美古镇附近的河段，共有 10 只捞沙船从事捞沙作业，从业人员 40 人左右，收入 40 万元（见表 3 - 6）。

图 3 - 7　活跃在扬美古镇附近江段的捞沙船

总体而言，20 世纪 80 年代以来扬美古镇的农业经济得到了前所未有的发展，从而有效地促进了当地经济的快速增长，并在一定程度上带动了其他产业的发展。目前，以香蕉种植为主要形式的种植业是扬美古镇经济发展的主导产业，而商业、土特产品加工、旅游服务以及劳务输出近年来也得到较快发展。

表 3-6　扬美古镇捞沙业统计表（2009 年 1~5 月）

个体工业调查表（季报）

2009年5月

序号	产品	人数	收入
1	捞沙	5	50
2	捞沙	5	50
3	捞沙	4	40
4	捞沙	4	40
5	捞沙	4	40
6	捞沙	4	40
7	捞沙	4	40
8	捞沙	3	30
9	捞沙	4	40
10	捞沙	3	30

三　扬美人的经济生活

虽然早已从商业繁荣的沿江城镇蜕变为一个“实实在在的”乡间村落，但相对于周边的农村地区，扬美人家的经济生活，总的说来还是比较“好过”（富裕）的。因为无论是生产劳动的强度，还是生产物资和日常生活用品的充裕程度，抑或是衣、食、住、行等方面的条件，扬美古镇上的人家看起来似乎都要比其周边地区的村寨好一些。

（一）经济活动

长期以来，亦农亦商的地方经济特点，造就了扬美人相对安稳、富足的经济生活。尽管在现实的生活当中也有不满意的地方，但大多数的扬美人，尤其是那些年老的扬美村民，对于当地自足、恬淡的乡村生活，还是认为“比较可以的”。

1. 生产

扬美村民日常的生产活动，以农业种植为主。每年农

历的二三月份，是扬美人一年当中最为繁忙的时节。因为，水稻、玉米、花生等农作物的播种以及香蕉的换种通常都要赶在三月中旬之前完成。农历4～6月田间的劳作稍为少一些，这一阶段的农事活动，主要是追（施）肥、扶苗等。由于大多数扬美人家的水稻要种两季，因此，对于当地人来说，每年农历七月份的“双抢”（抢收抢种）时期的劳作比较繁忙，只是如今扬美村民家庭的水稻种植面积一般都不是很大，因而在村民看来“双抢”也不再像过去那样忙碌。扬美人家通常也种一些玉米，但是播种面积比较少，一般是三月份播种，七八月份收割。收获的玉米，主要是用来喂猪、喂牛等，只有少量的甜玉米除外。八月份以后，扬美人家开始陆续采摘逐渐成熟的香蕉，因为有牛车或者拖拉机、摩托车等或传统，或现代的交通工具，这一时期的劳作只是“看起来有点多”，实际上对于长期劳作的扬美人而言，其繁重程度并不是很高，且在多数情况下是“突击性”的。扬美村的香蕉采摘时间比较长，一般从八月份开始，直到十一月份才算结束。采摘过的香蕉树，通常要培土，并施以1～2次复合肥。一些准备加工酸菜的家庭，大多在八月底九月初开始种植玉芥菜，2～3个月以后采收。扬美人家的晚稻主要在十月份收割。过去的收割时间稍长，尤其是人民公社时期，通常要半个多月才能收割完毕。如今由于晚稻的种植面积小，且有便利的农机设备如打谷机等，一般的扬美人家2～3天就可以收完。十一月份以后的工作，主要是施肥并进行一般的田间管理。多数扬美人有早起的习惯。当地人一般在六点左右就起床，然后到地里劳作，八点后回家吃早饭。早饭后再“出岭”（下地），中午十二点半左右回来。午后太阳大，村民一般要休息到下午三四点。下午的劳作时间依季节而定，当地人的习惯，一般都干到天黑为止。20 世纪 90 年代以后扬美人以香蕉种植为主，在具体劳动时间的安排上比过去灵活一些，对于那些兼做生意或者从事其他旅游服务的人来说更是如此。“三角市”周围的店主，以及那些收购香蕉的二老板，一般都起得比较早，尤其是墟日，很多人凌晨三四点钟就开门做生意。因为既要务农又要经商，这些人往往比一般的村民更为忙碌。

调查手记：一个扬美老年妇女的生活

（根据覃丽丽 2009 年 7 月 16 日调查资料整理）

早上，我和明君两人走到临江的美食街上去闲逛，然后在一卖炸鱼的小摊上闲坐下来吃鱼，一边跟小老板聊天，一边观察街上人们的活动。在此期间，我们发现一位看起来年纪较大的老阿婆，静静地坐在炸鱼摊后边的树下。阿婆的面前摆着一个小篮子，篮子里装了些香蕉，还有一些没剥壳的玉米。篮子旁边的地上还摆了一些看起来很精致的小扫把（后来据阿婆介绍，那叫吉祥扫，可以拿来扫电脑、小桌子之类的）。

阿婆个子瘦小，头发斑白，脸上布满皱纹。一股莫名的冲动使我们上前去跟阿婆搭讪，想具体了解一下像这样的老人家到底是过着怎样的一种生活。我们在阿婆旁边的地上盘腿而坐，友好地跟阿婆打招呼。因为我和阿婆都会说白话（粤语），所以我们沟通起来基本不成问题。

阿婆说她共有四个儿子，都是在家务农种地，收入不是很高。村里那些做生意的人家，日子会好过一些。阿婆说的四个儿子，如今已各自成家，并有了自己的小孩。她

最大的孙女，今年已经高中毕业，并已到广东打工去了，而其他的孙子还在读书。

阿婆与其老伴同年出生，如今都已经 74 岁了。阿婆夫妇俩并不跟儿子们一起住，他们早已分家。阿婆平时就是自己出来贩卖一些香蕉、玉米、黄皮果等农产品，希望靠做这些小生意赚点生活费，养活他们自己。

2. 商品交换

作为一个曾经繁华一时的商埠，扬美古镇的商品交换相对于其周边地区的农村而言是较为活跃的。而当地人对于商品交换的参与程度也相对较高。1949 年以后，扬美镇上真正以经商为业的人家日渐减少，在日常的商品交换当中，当地人出售的多是自产的农副产品（如各类果蔬）或者经过加工的副食品（如梅菜、酸菜、豆豉等）以及一些传统的手工制品。而买入的商品，则主要是鱼、肉等生鲜食品以及价格较为低廉的工业用品。在扬美的墟市上，村里的人买卖东西一般很少讲价，据说那是因为村民对于墟市上的行情都比较清楚。一件商品成交之后，村里的人很快就会知道，因而不管是卖主还是买主，都不敢冒然抬高或者降低价格，否则就会失去一大批顾客。由于外来的游客一般都比较喜欢讲价，因而个别店主有时会把一些以外地人为主要销售对象的商品价格标得稍高一些。20 世纪 80 年代以后，随着陆路交通状况的不断改善，扬美的商品交换日趋活跃，当地农副产品和手工制品的销路更广，而当地人购买生产、生活用品的来源和渠道也更为多样。

调查实录：码头上的“生意人”

（根据甘孝波2009年7月调查记录整理）

在扬美古镇一个名为“新埠”的码头边上，有一条所谓的美食街。在美食街的街口，有六七个小食摊。摊主多是一些中老年妇女，偶而也有个别放了学或者放了假的十几岁的小孩子过来帮忙招揽生意。小食摊的主要“业务”是卖炸鱼。摊主们通常是在早上从当地的鱼贩手里买进一些卖相不是很好且价格比较低廉的小鱼，然后对其进行加工、售卖。一般的小食摊，一天可以卖出七八斤左右的鱼。生意好的时候，有时可以卖出十几二十斤，差的时候有可能连一斤鱼都卖不出。暑假是扬美旅游的淡季，又是农忙时节，因而一些摊主会放手让他们的孩子（这些孩子通常都在十三四岁以上）来“经营”食摊，而他们则到田地里去做农活。一些摊主认为，如今读书的孩子大多做不惯农活，怕辛苦，不如让他们学着做点生意。做生意可以跟来自不同地方的人打交道，一来可以增长见识，二来可以锻炼口才，三来还可以赚些生活费。

在美食街的旁边，时常会有一些老年妇女在地摊上摆卖工艺品。小件的工艺鞋、服饰、挂饰以及古钱币等，是她们经营的主要产品。这些产品，除了小部分是她们自己做（编织）的之外，其他的主要是从南宁市区的一些批发点里进货。这些地摊的生意通常都比较“淡”。一些人说，有些摊点有时一天也赚不到十元钱。但老人们闲着也是闲着，不如出来做些生意，权当活动活动筋骨。也有一些老年妇女，不愿如此“守株待兔”，她们挑着一担香蕉及其他时令水果沿街叫买，生意稍好（见图3-8）。

图 3－8　在扬美古镇街头“走街”的妇女

3. 消费

扬美村民的日常消费以食物支出为主。在扬美，一个中等经济条件的家庭，每天的食物支出（现金支出）在 10～20 元。由于大米以及大部分蔬菜等可以自家种植，做饭所用的又是沼气，因此村民家庭在食物方面的开支，主要是购买鱼类、肉类以及少量蔬菜。多数村民的衣着比较简单，因而在这一方面的消费也比较少。据估计，目前扬美村平均每人每年用于服装方面的支出不足 80 元。扬美人的住宅一般都比较宽敞，但不少村民住的是祖传下来的旧屋。20 世纪 90 年代以后，扬美村里建房的家庭逐渐增多。1999 年以后，为了发展旅游，有关部门对村民建房的位置和房屋高度都做了限制，村民建房的进程有所放慢。扬美村民新建的房子，宅基地面积多在 100 平方米以下，目前最高只能建到两层半（即可以有半层的瓦顶阁楼），每栋建筑的投资在3万~5万元。扬美村民平时不经常出行，而出行的地点，也多在南宁市区以及江西镇（墟）等地。扬美街上有4辆旅游班车，每天往返南宁市区，大约两个小时的车程，每人每次收费8元。近年来一些村民家庭添置了摩托车，但大部分村民的主要交通工具是自行车和牛车（主要用于生产和运输）。2000年以后，扬美村一些村民家里安装了电话，不少人还买了手机之类的通信工具，大部分村民家庭每月的电话或者手机话费支出在20~60元。

（二）生活设施

与当地农村甚至于一些小城镇相比，扬美古镇的生活条件“算得上是比较好的”。其实早在20世纪20年代以前，扬美古镇的自然景观、城镇建设、交通条件和各类生活设施，都明显好于其周边地区的城镇和农村。

1. 传统民居

在《徐霞客游记》一书中，明代著名旅行家徐霞客曾对扬美古镇一带的风光有过如此描述：

> （自南宁）曲折转西南十五里，复见有突涯之石，已而舟转南向，遂转而东。二里，上长滩，有突崖飞石，娉立江北岸。崖前沙亘中流，江分左右环之，舟俱可溯流上。又三里，为杨美，亦名大湾，盖江流之曲，南自杨美，北至宋村，为两大转云。
>
> …………
>
> 自南宁来至石埠墟，岸始有山，江始有石；过右江口，岸山始露石；至杨美，江石始露奇，过萧村入新

> 宁境，江左始有纯石之山；过新庄抵新宁北郭，江右始有对峙之岫。于是舟行石峰中，或曲而左，或曲而右，旋背一崖，复襟一嶂，既环乎此，转鹜乎彼，虽不成连云之峡，而如梭之度纬，如蝶之穿丛，应接不暇，无过乎此。①

不过，与其独特的自然景观相比，扬美古镇的建筑其实也毫不逊色。由于历代以来较少遭遇战乱之害，20世纪20年代以前扬美古镇的绝大部分明清建筑保存完好。用当地人的话来说就是，扬美当时的建筑也是“出了名的”。而即使是在“四月初九”事件发生80余年之后的今日，扬美古镇的建筑在南宁周边地区依然享有盛名。

扬美镇上的一些主要商业街道，如振兴街、临江街、金马街（解放街）等，过去都是用青石板铺成的，宽敞、气派，街上的商铺、住屋鳞次栉比，错落有致，蔚为大观。铺设街道所用的青石板，据说是由往来扬美、崇左、龙州等地做生意的当地商人经由水路用货船运入的，而街道则由当地人经年累月铺砌而成。振兴街、临江街这两条主要由“广东南海人”居住的街道在20世纪20年代以前是扬美镇最为繁华的街道。“四月初九”前的振兴街，街道宽约10米，长200余米，街道两旁各式商铺、民宅林立，十分壮观。如果说当年的振兴街是因“热闹”（繁华）而“出名”的话，那么临江街则是以其“漂亮”而广为人知。临江街长约300米，宽约4米，街道全部铺以青石，规整、洁净，地下修有排水道，排水、分洪功能齐备。当地一些老

① 徐霞客：《徐霞客游记·粤西游记三》。

人说，以前的临江街，可以穿着布鞋走在雨后的街上而不至于湿脚，足见其设计者考虑之周到。

扬美的古屋多建于明清时期，青砖蓝瓦，可谓古香古色。古屋多为砖木结构。明代的古屋在建筑材料上以木料为主，砖为辅，至民国初年已所剩不多。而清代的古屋，则以青砖为主，木料为辅，至今仍有大量保存。

明代古屋主要分布在中山街、金马街、振兴街、共和街等处，古屋高约10米，有小阁楼，因房屋的主体框架多由7根木柱做成，又被为当地人称为“七柱屋”。明代古屋的建筑面积多在40～80平方米，布局上以前厅后房为主。民国以后，明代古屋大多坍塌，所存者也多为危房，居者甚廖。

扬美的古屋以清代古屋为主，多聚集在临江街、振兴街、金马街、永安街、新民街等处，其他各街道也有零星分布。临江街因清代建筑较多，故而被称作“清代一条街”。与明代古屋相比，清代古屋的建筑规模相对较大，建筑用料更为考究，庭院开始成为房屋布局的重要组成部分。在现存的清代古屋中，金马街的五叠堂、永安街的黄氏庄园都充分体现了此一建筑特点。

进士屋、举人屋被认为是扬美人最引以为荣的古建筑。这些古建筑的主人，至民国年间已经“走的走”（外迁）、“败的败”（衰败）。但对于扬美人而言，那些看上去破烂不堪的旧屋仍旧是见证他们祖先辉煌成就的实在之物。扬美古镇的进士屋，据说曾有10多家，现今仍保存有6家。不过，这些进士屋大多已经破败，不再住人。至于举人屋，大概是由于多数举人之后已经外迁的缘故，扬美人对此已经没有太多记忆，如今保留较为完好的也仅有一家，为清

道光八年壬午科举人杜元春的后人所建。

五叠堂建于清嘉庆年间，为五进式青砖瓦房，建筑面积约300平方米。若从单间房屋的构建上看，五叠堂的建筑风格与其他街道上的清代建筑并无二致，只是面积稍大，气势更为宏伟一些而已。比较难得的是五叠堂的主人对各进房屋的使用功能的安排。当地老人介绍说，过去的五叠堂以豆豉为主营业务，产品远销百色、龙州以及南宁、梧州、广州等地，生意做得很大。当时五叠堂里的第一进房屋为产品展示区，第二进为会客兼业务洽谈室，第三进为老板的起居室和账房，第四进为产品包装室和成品仓库，第五进为产品加工作坊和成料仓库，在第四、第五进房屋之间的庭院边上开有侧门。一般情况下，生产豆豉的原材料都是从侧门运进，这样就减少了生产加工对其他业务活动的干扰。

黄氏庄园建于清乾隆年间，占地900多平方米，主体建筑由两大部分组成，一为普通的三进式住屋，一为位于其侧的“回”型厢房。房屋的建筑以青砖、坚木、蓝瓦为主，庄园内的住屋高大宏伟，庭院、花木、回廊一应俱全、相映生辉，屋檐上更饰以各式花草图案，整个庄园建筑气派而优雅。

过去扬美一般人家的住房都有两进或者三进，家景好的人家则做到四进，最多的有五进。屋子多以青砖砌成，屋顶盖瓦。一位扬美老者说，以前扬美人为了防盗，一些有钱人家在盖房子时，墙壁往往要砌两层，内、外侧为青砖，中间夹层用黄泥夯实，这样做不仅可以防贼挖墙入室，还能使房屋冬暖夏凉，宜于居住。扬美人家里的屋檐，大多雕龙画凤，窗户上也有各式窗花。住屋的布局，很多人家都是“前有厅堂，后有厨房”，人住厢房，中间有院子。多数扬美人家都会用木板将第一进房子正对门的一间用木板隔成两半，并将对门的一半作为厅堂，旁边开一个侧门进入里屋。扬美人家里的神龛，设在厅堂上方隔出的小阁楼上，拜祭祖先时用木梯从侧边上香。厅堂上一般都摆有一张八仙桌，两侧有太师椅，看上去很是气派，用当地人的话说，扬美的人家“个个都是有模有样的”。

20 世纪 20 年代以前，扬美是商贾云集之地，南来北往的香客纷至沓来，镇上的北帝庙、魁星楼、大王庙、三界庙、钟馗庙等大小庙宇的香火十分兴旺。据说当年的北帝庙（今之孔庙）占地 10 余亩，庙屋有三进之多，庙里有宽敞的庭院，庙堂上立有神像 100 多尊，其堂皇程度非当地一般庙宇所能企及。北帝庙中香客云集，檀香之烟袅袅不绝，虽数里之外亦可闻之。魁星楼又名文昌阁，名取魁星跳斗之掌故，主要供奉魁星及各界文神，同时也是扬美子弟苦读诗书的场所，占地 20 余亩，亦有神像数十尊，其规模及“影响”在扬美仅次于北帝庙。至于大王庙、三界庙、钟馗庙，虽名声不及北帝庙与魁星楼，但也有相当规模，而且各有各的信众，也是长年香火不断。

2. 供水、排水设施

扬美古镇相对完善的供水、排水设施是 20 年代 80 年代以后才兴建的。

1949 年以前，扬美村民的日常饮用水源，为直接汲取的井水、江水。20 世纪 50 年代，为了发展农业生产，地方政府组织扬美人在左江边上修建了一座电力抽水灌溉设施，俗称“电灌站”。此举虽然解决了部分农田的灌溉问题，但绝大多数扬美人的生活用水，仍然需要依靠人力到田间的水井或者江边去挑，很不方便。据一些当地村民所说，当时一些居住在距离水源点较远的村里人家，往往很难娶到称心如意的媳妇，因为姑娘都不愿意嫁到那里去。1995 年以后，扬美村兴建了专供村民饮水之用的抽水机站和水塔（见图 3－9），并铺设了输水管道，村里人的饮水问题才得到解决。不过，这种直接从左江抽取的饮用水，在卫生方面依然存在一些问题。

图 3－9　扬美古镇的水塔

扬美古镇的城镇规划，大多经过扬美先人们的精心策划，因而镇上的排水沟渠一般都较为通畅。只是由于受到技术条件的限制，扬美古镇的排水设施对于居民生活废水的处理方式，通常都比较简单，那就是不经净化而直接将水排放到池塘里或者江里。不过，在居民人口数量相对较少的情况下，这种“自然的”生活废水处理方式，对当地环境的影响并不明显。此外还有一个重要原因，那就是长期以来扬美人家习惯于用自家的厕所来存放日常生活废水。这种做法，一则可以积存一些农家肥，二则可以减少对周围环境的污染。20 世纪五六十年代以后，集体化的农业生产组织方式和化肥的大量使用，在一定程度上降低了当地人对于农家肥的重视程度，致使一些人家把生活用水直接排入池塘或者左江，而几乎没有经过任何形式的净化处理。80 年代以后，随着家庭联产承包责任制的落实和沼气技术的推广，集提供燃料、肥料和处理生活废水功能于一身的沼气池，在扬美人家得到迅速普及，扬美古镇的生活废水对环境保护造成的压力因之得到一定程度的缓解。

3. 电力设施

20 世纪 50 年代中后期，扬美古镇开始建设供电设施。不过，由于供电线路有欠稳定，扬美人家真正享受到电力所带来的种种便利，还是 70 年代以后的事。目前，扬美古镇的电力供应比较正常，除在夏、秋两季由于有雷电、暴雨出现而有暂时的停电现象发生之外，其他时间的供电都较为稳定。1999 年以后，随着旅游业的发展，当地旅游部门还在古镇的各个主要街道安装了路灯，从而使当地人夜间的出行更加方便。

4. 交通设施

由于濒临左江，扬美的水路交通条件较好。无论是通往南宁、梧州、龙州、百色等地，还是到达广州等大中城市，扬美都有较为便利的水路交通。事实上，在 1949 年以前，进出扬美古镇的旅客和各类物资，主要依靠水路运输。一直到 20 世纪 50 年代，扬美镇上还有一些从事水路运输的船家或者商家。此后，扬美古镇的陆路交通发展迅速，并

逐渐取代水路运输。1999 年，在地方政府部门的支持下，扬美修建了通往南宁市区的柏油公路，而当地旅游部门则在镇上的“三角市”附近兴建了公共汽车站，并在古镇的入口处建了一个规模庞大的停车场。

5. 现代通信设施

现代通信设施在扬美古镇的实际应用，大致是在 20 世纪 50 年代中期以后。1956 年，扬美开通了直拨邕宁县（扬美时属邕宁县管辖）的手摇电话，主要用于与上级政府的信息交流。这种电话一直到 80 年代仍然是扬美与外界沟通的主要通信工具。90 年代初，中国电信的程控电话开始进入扬美，并逐渐得到普及，而扬美古镇的移动电话则在 90 年代末取得了突飞猛进的发展，中国移动、中国联通等通信企业先后在扬美兴建了通信基站并开设了营业点，用户数量急剧增加。2004 年，中国电信开通了扬美古镇的互联网业务，扬美与世界的直接交流从此进入一个新的时期。目前，扬美古镇的现代通信设施比较完备，与之相关的各项服务也已比较完善，扬美人与外界的信息交流较为便利。

6. 娱乐设施

扬美人自认为“比较识得（懂得）生活”，这不单是指他们在物质生活方面“安排得比较周到”，同时也包括他们在劳作之余所选择的娱乐方式“比较有趣味”。一些扬美人说当地人少有饮酒取乐的风习，认为那是一种不良生活习惯，而他们的传统娱乐方式，则是听粤剧、下象棋、打麻将等。1949 年以前，听粤剧、唱粤剧，在扬美古镇被认为是一种高雅、“潮流”（时尚）的娱乐方式，因而备受当地人追捧。一些热心的粤剧爱好者甚至还组织成立了一个名曰扬声粤剧团的业余团体，使之成为粤剧爱好者的活动中心。1949 年以后，看电影、打扑克牌（见图 3－10）逐渐成为一种老少咸宜的娱乐休闲方式。20 世纪 80 年代，电视机开始进入普通扬美人家，并迅速成为当地人最为重要的信息来源和娱乐方式。随着互联网的普及，近年来一些青年人尤其是未婚青年人更乐意选择上网看电影、聊天、玩游戏，作为其娱乐的主要内容。

图 3－10　在街头打牌的扬美村民

第四章　村镇秩序的守护者

在其漫长的历史发展进程中，历尽沧桑的扬美古镇出现过众多有着显著的父权社会特点的传统社会组织。近现代以来，这些社会组织的形成与发展，或与宗族有关，或与民间信仰有关，或与商业活动有关，或与当地社会的政治生活有关。

一　传统民间组织

自狄青平南以后，无论是作为一个军事据点，还是作为一个繁华商业城镇的现实存在，扬美古镇一直都在中央王朝派驻的军队或者地方政权机构的掌控范围之内。不过，随着明清以后中原王朝军事力量的撤离，地方政权机构对于扬美镇公共事务的影响力日渐消退。此后，主要由扬美镇上年长者组成的民间组织长老会（又称“老人会”），遂成为扬美古镇最具影响力的社会组织。而以粤东会馆为代表的跨区域的商业组织，也在明末清初之际在扬美古镇出现。这个会馆的设立，在一定程度上加强了扬美与外界的经济联系，并由此促进了扬美地方经济的繁荣。1949 年以后，扬美古镇传统的社会组织逐渐陷于沉寂，而新成立的扬美村党支部、扬美村民委员会则成为扬美古镇公共事务的主要组织者和管理者。目前，扬美古镇的传统民间组织，主要有长老会、宗族组织、商会和传统文艺团体扬声粤剧团等。

（一）长老会

长老会在扬美古镇通常被称为老人会，主要由镇上各街道有威望的老人组成。长老会成员的人数并不确定，一般在十几人至三十几人。据一些地方文本记载，明清以后，由扬美镇上的年长者和民间精英分子组成的长老会在当地拥有较高的威望，其权力据一些当地村民所说“也比较大”。

1949 年以前，扬美古镇一些大型的祭祀活动，通常都是在长老会的组织和协调之下举行的。而各类神职人员虽然平时只是与长老会保持着某种松散的联系，但对于扬美古镇上的公共祭祀活动，则往往会“随叫随到”。长老会同时兼有维持扬美墟市秩序，处罚墟市上行为不轨之人的责任和权力。而为了维持扬美古镇各项公共活动的正常开销，长老会负责向到扬美墟市中做买卖的商贩收取各种“捐税”。此外，长老会还拥有推举产生乡保、各街街长以及正墟、“三角市”等墟市的墟长等人员的权力。在扬美古镇正墟所设立的《通乡士庶设立禁约永远碑记》当中，即有多项条款明示长老会的权力与职责：

> ……众议罚银三两六钱正归庙。其秤务宜司马，如敢抗违，呈官究治。
>
> ……墟长务宜不时严查，不得徇情，一经查出，唯墟长是问……
>
> ……如敢抗违，众议拆毁之外，罚银三两六钱正

归庙。

自后历任乡保务宜照牌竭力办理，不得徇情，如有徇情不得支费渡银。

1949年以后，作为一个传统的民间组织，扬美古镇长老会的社会职能逐渐为新成立的基层社会组织如村党支部、村民委员会等取代。至20世纪六七十年代，长老会的活动几近停滞，直到80年代以后才稍有恢复。目前，扬美古镇传统的长老会以“老年人协会”的“正式名称”出现在当地的社会活动之中，其主要的职能是负责扬美古镇各大庙宇的日常管理，同时兼顾一些大型民间事务的组织和协调工作，如每年农历五月初一举办的“老人节”庆祝活动等（见图4－1）。长老会的一些活动，通常会得到扬美村党支部、村民委员会的支持。

图4－1　扬美长老会（老年人协会）组织的“老人节”活动

（二）宗族组织

扬美古镇各姓的宗族组织虽然古已有之，一些姓氏甚至还修有庄严肃穆、气势雄伟的宗祠或者祖祠。不过，由于内部联系相对松散，加之族中缺少有影响力和号召力的长老，因此各姓宗族大体上处于一种“有关系、无组织”的状态。扬美古镇各姓宗族组织的主要活动内容，大多仅限于祭祖一类的神圣事务，极少干预世俗事务，对族人的约束力并不是很强。每年春节或者农历三月的联宗祭祖，是扬美古镇各姓宗族最为重要的活动之一。除此之外，在扬美人家的婚丧嫁娶等重要民间事项当中，各姓族人之间的互惠互助行为也较为常见。在扬美的各大姓氏中，民国以后就没有明确的族长，族里的人，除了祭祖之外，平日也较少有大规模的集体活动。1949 年以前，一些宗族尚保留有族产，并以其收入作为联宗活动各项开销的来源。如永安街的梁姓祖上即有蒸尝田约 180 亩，其中水田 100 亩左右，旱地七八十亩。这些蒸尝田都用来出租，所收到的租谷主要用于清明节祭祖和二月粮差会的开支。届时各家户 16 岁以上的男丁参加会餐，商议有关租田的事宜，散会后每户人家可以分发一斤左右的猪肉。

20 世纪 50 年代的土地改革，将各姓宗族的蒸尝田全部收归集体所有，宗族组织失去了重要的物质基础。加之政府对宗族活动的种种限制，扬美古镇在此后的 30 多年时间里极少有大规模的宗族组织活动。80 年代中期以后各宗族的活动虽然有所增加，但往往仅限于每年三月初三的祭祖活动，而且这些活动常常是各户人家自发参与的，没有人对其进行“统一指挥”。一位姓梁的村民说，因为有梁氏宗祠（见图4－2），他们梁姓人算是“比较有组织的”了，但没有“族头”，因为没有人愿意做。每年他们那个支系的人家都会去祭祖，这类活动一般都没有人出面组织，只能“全靠大家自觉”。由于姓梁的人家比较多，而且来源不尽相同，因此镇上也有不少梁姓人并不参加他们梁氏宗祠的祭祖活动。至于其他的姓氏，包括杜、杨、黄等大姓人家，都没有“族头”，也没有有组织的宗族活动。很多人只是“听说过”有族谱、祠堂，没有参加过宗族组织的活动。一些杜姓村民说，1949年以后，他们这一姓的人没有组织过联宗祭祖活动。很多五六十岁的当地村民表示，除新民街的梁姓人之外，扬美古镇没有哪个姓的人家有人组织集中去拜过祖，他们在很多时候都是“各拜各的”。

扬美古镇各姓宗族的活动，在20世纪90年代以后稍有

图4－2　扬美古镇新民街的梁氏宗祠

恢复。虽然大规模的宗族活动仍然不多，但出于“慎终追远”的目的，越来越多的姓氏开始挖掘、修撰本姓族谱，一些在“文化大革命”期间被深藏高阁的族谱因此得以“重见天日”。相对而言，人口较多的姓氏，如杜、梁、杨、黄等扬美古镇的传统大姓人家，其族人修撰族谱的热情更高一些，而其他各姓族谱的修撰，则主要由本姓人家之中的“知识分子”和所谓“经济能人”来推动。由于没有固定的族产，各姓人家参与联宗祭祖一类宗族活动所需要的经费，通常都由各户人家“自己解决”。

（三）商业组织

明清时期，扬美古镇的商业组织主要以会馆的形式出现。早期来到扬美的广东商人，出于商务上的需要，在共和街上建有一个粤东会馆。粤东会馆的设立，为初到此地经商以及过往扬美的广东商人提供信息交流上的便利，同时也是扬美商人之间互通有无的一个平台。

民国以后，随着定居此地的广东商人日渐增多，会馆开始衰落。一位许姓村民说，那时大家在扬美镇上都有屋（住所），谈生意直接到家里来就可以了，饮茶、吃饭、住宿都很方便，根本用不着另外再搞什么会馆。作为如今扬美镇上一个粤剧团的主要负责人，这位许姓村民认为他对过去扬美镇上的商会多少还是有些了解的。他说当时广东的老板过来，在扬美听粤剧、唱粤剧都很方便，因为大家都是从那里（广东）来的，戏剧上的共同爱好给广东老板带来了更多的生意。在许姓村民看来，当时的扬美粤剧团是一个很好的“倾（谈）生意的地方”。尽管一些扬美人认为许姓村民的说法未免有些言过其实，但他们也承认，过去喜欢粤剧的人，往往都是一些有钱的广东老板或者他们的后代，而许姓村民就是其中之一。“四月初九”事件以后，因为生意惨淡，扬美古镇的商业组织基本上销声匿迹。

江西镇供销总社在扬美古镇设立的两个供销店是20世纪50年代以后当地最为重要的商业机构。在人民公社时期，扬美供销店专营针织品、百货等日常生活用品，而副食品则由属于小集体的综合店经营。供销店由店员个人入股，当时扬美供销店的店员有三四万元的股金，但相对于三个月就需要160元左右周转资金的供销店来说，这只是一个很小的数目，大部分运作资金都是国家拨给的。供销店除了在扬美销售工业产品及外地的农副产品之外，还收购当地的农副产品，如西瓜、香蕉、番茄、四季豆、萝卜等，当时每个供销店只有一个人，既负责销售，也负责收购。2001年，供销社清退股金，除留下主任、会计、出纳等主要工作人员外，其他工作人员另行安置，供销店原有的铺面向个人承包。

目前，扬美古镇没有正式的商业组织。不过，在扬美古镇及其周边村镇从事商业活动的人家，往往有着自己的营销渠道和社会网络，只是他们与本村（本镇）的其他商户在业务上的往来并不是很多，彼此之间在商业上的合作也不像民国年间那么密切。当地农用物资以及农副产品的购销信息，主要来自村民委员会以及扬美人自家的渠道。在一些扬美人中间，近年来逐渐出现一种基于私人或者亲属关系之上的、临时的商业联盟。这种非正式的商业组织，主要经营当地农副产品如香蕉、蔬菜等的收购与外销业务。扬美人称从事此项业务的当地人为二老板。二老板的主要业务工作，是利用自己的社会资源，为外地商人收购本地农副产品并联系外运，其对于扬美古镇农村经济的发展，起到着重要的促进作用。

二　基层社会组织

在郭世重于明嘉靖十七年（1538 年）纂修的《南宁府志》中，扬美镇所在之地是以“扬美渡”之名出现的，隶属于当时南宁府的上南乡。[①] 而在 26 年之后由方瑜纂辑的《南宁府志》当中，“扬美渡”则成了“扬美墟”，[②] 被纳入南宁府的墟市之列。由于没有地方政权实体，此时的扬美镇似乎只有“扬美墟”之实，而无行政管理体系中的“扬美镇”之名。明末清初，扬美镇设有乡保、墟长一类的职位，但多由镇上居民自行推选，没有实权。事实上，尽管扬美被今人称为“千年古镇”，但其正式的地方政治权力组织的设立，是民国初年的事。当时的国民政府在乡村实行保甲制度，以十户为甲、十甲为村街、十村街为乡镇。扬美镇（乡）时有八村（街），但也以乡制置之，成立扬美乡。[③] 1921 年 9 月，扬美乡自治会成立，由当地富商杜和廷担任议长，与之同时成立的还有扬美警察所、扬美邮政代办所等机构。由于自治会为居民自治组织，没有支配地方财政的权力，且没有兵权，因此对当地居民的号召力较为有限。《扬美惨剧》对于自治会当时的境遇曾有如下记述：“下午七时，议长杜和廷请各殷商到自治会内，议预捐款。捐得甚少，遂解体而散。”而事后扬美人对于自治会在“四月初九”事件中的表现也颇有微词，谓“自治会当事诸人，

① 郭世重纂修《南宁府志》卷三，嘉靖十七年（1538 年）刊本。
② 方瑜纂辑《南宁府志》卷二，嘉靖四十三年（1564 年）刊本。
③ 谢祖莘、莫炳奎修纂《邕宁县志》卷一，南宁大成印书馆，1937 年。

事前不能防患于未然，临危又无策以制变。事后更各自逃生，不遑旁顾，坐令乡里糜烂，亲友鱼肉，岂不大可哀乎?!”事实上，1949年以前，地方官府派驻扬美镇的政权组织是如自治会一类的准地方政权组织，对于扬美镇的公共事务的影响力都较为有限，国家权力对扬美社会的控制也相对薄弱。1922年“四月初九”事件发生之后，迫于各方舆论的压力，当局加强了对扬美的社会治安和其他地方事务的管理。

1949年以后，在扬美古镇各街区相继成立的“互助组”“合作社”“人民公社”“生产大队”“村公所”“村民委员会”等村民组织以及扬美村党支部，成为扬美古镇的基层社会（政治）组织，是当地公共事务的主要组织者和执行者。

（一）扬美村村民委员会

扬美村村民委员会是目前扬美古镇最为重要的基层社会组织之一，是当地村民自我管理、自我教育、自我服务的基层群众性自治组织。村民委员会在扬美古镇的社会生活当中发挥着其他社会组织无可替代的重要作用，是发展农村基层民主、实行村民自治的重要保障。

扬美古镇的“政治组织形式”，在1949年以后曾经历过数次变更。1949年12月，南宁市及其周边地区解放，扬美古镇为人民政府接管。随后，当地成立了以贫雇农为核心的农民协会，并以之作为土改执行机关。1952年，扬美村改为扬美镇。1953年，扬美古镇各个街区的村民相继成立“互助组”“初级合作社”。1955年，撤销“扬美镇”，成立“扬美高级（合作）社”。1958年，在“扬美高级合作社”的基础上，成立“扬美人民公社”。1962 年，“扬美人民公社”改为“扬美（生产）大队”。1986 年，撤销“扬美大队”，成立“扬美村公所”。扬美村每次“政治组织形式”的更改，都是在上级政府的“领导”和“指示”之下，设置了相应的村级行政管理机构。而 1995 年成立的“扬美村民委员会”，被认为是扬美古镇“最正规”的村民自治组织。

扬美村民委员会的成员俗称“村干部”，由当地村民经过民主选举产生，每届委员任期 3 年，工资由上级财政发放。目前，扬美村村民委员会设有主任、副主任、文书、农委主任、妇女主任、计生专干、民兵营长、治保主任等职位。2005 年以后，根据地方党委和政府关于村民选举的相关要求，扬美村的村民委员会主任和村党支部书记采取“一肩挑”的办法，即村党支部书记一职原则上由经过村民民主选举产生的村民委员会主任同时担任。扬美村村委会

图 4－3　扬美村村委会、党员联席会议

干部、党员联席会议见图 4－3。

扬美村民委员会的工作职责，主要是负责村里公共事务和公益事务的组织和管理、村民民主自治建设、村民精神文明建设等方面的工作。

扬美村村规民约

为加强村民社会主义道德和法制观念，维护社会治安，保障经济发展，促进全村三个文明建设和加快旅游开发步伐，根据村民自治法的有关规定，特制定本村规民约。

一、遵守国家法律法规，遵守社会治安、公共安全管理制度，做好安全防范措施。

二、严禁乱搭乱盖建筑物，禁止无证违法建房。

三、爱护花草树木，遵守护林防火安全制度。

四、遵守用电、用水的有关规定，不准擅自乱拉乱接。

五、美化村容村貌，保护生态环境，严禁乱摆乱卖，服从规范管理，搞好公共卫生。

六、提倡晚婚晚育，遵守人口与计划生育有关政策法令法规。

七、讲文明、树新风，讲科学、破除迷信，拒绝“黄、赌、毒”。尊老爱幼，邻里和睦，互相帮助。

八、爱护公共绿地，爱护公共财物，遵守社会公德。

九、坚持村委公务公开，定期张榜公布。

十、讲文明、讲道德、讲礼貌、热情待客、文明经商。

南宁市江西镇扬美村村民委员会

（一）扬美村党支部

中国共产党扬美村党总支部委员会简称“扬美村党支部”，其前身为1949年成立的扬美村农民协会，1952年改为现名。扬美村党支部是目前扬美村最重要的基层社会组织，是扬美村公共事务的主要组织者，现有5名支部委员，其中包括书记1名、副书记1名、委员3名。

扬美村党支部的委员，每届任期3年。扬美村党支部的主要成员，过去多由上级党委任命。2005年以后，扬美村党支部的委员均采取“公推直选”的方式产生。即由扬美村的村民和党员推荐产生扬美村党支部委员候选人，然后进行党内选举，采用直接、差额、无记名投票的办法，选举产生扬美村党支部的书记、副书记和委员。

按照《中国共产党扬美村党支部委员候选人初步人选民主推荐办法》的要求，扬美村党总支部书记候选人预备人选2名，差额1名；副书记候选人预备人选2名（含落选的书记候选人），差额1名；委员候选人预备人选4名（含落选的副书记候选人），差额1名。

中国共产党扬美村党总支部委员会委员候选人初步人选民主推荐办法

一、根据《中国共产党章程》和《中国共产党基层组织选举工作暂行条例》及中央有关规定，制定本办法。

二、经镇党委研究决定，扬美村下届党总部委员会共由5人组成，其中书记1名，副书记1名，委员3名。村党总支部委员会委员候选人初步人选民主推荐由镇党委派人主持。

三、任职条件：

（一）政治坚定，能认真贯彻执行党的路线方针政策，自觉实践“三个代表”重要思想；

（二）思想解放，开拓创新意识强，有较强的组织协调能力；

（三）具有奉献精神，积极为群众办实事，做好事，群众满意率较高；

（四）为人正直，办事公道，作风民主，勤政廉洁，带头遵纪守法，履行村规民约，在村级财务审计过程中没有发现违法违纪问题；

（五）率先垂范，团结同志，善于发挥党员作用；

（六）具有一定文化程度，掌握一定的实用技术，有带头致富和带领群众共同致富能力；

（七）身体健康，具有履行职务所必需的体格。

四、下届村党总支部委员会候选人初步人选的民主推荐时间为 7 月 18 日至 8 月 8 日 17 时止。村党总支部委员会委员候选人初步人选民主推荐分为群众民主推荐和党内民主推荐（印制两种推荐票：群众和党员的推荐票内容相同，颜色不同，推荐票印有全村正式党员的姓名）。群众和党员推荐村党总支部委员会委员候选人初步人选采取等额推荐，推荐的村党总支部委员会书记候选人初步人选 1 人、副书记候选人初步人选 1 人、委员候选人初步人选 3 人。填写推荐票时，请在所推荐人选的推荐意见栏内划“O”，推荐人数不得超过应选人数，等于或少于应选人数推荐有效。每一位群众和党员不能推荐同一人为两项或两项以上职务的人选。推荐工作应当在规定时间内完成。

五、群众和党员的推荐票由镇党委负责收回汇总，收回的推荐票等于或少于发出的推荐票有效，多于发出的推荐票无效，应重新进行推荐。无法辨认、不按规定符号填写的推荐票无效。对无法确认是否有效的推荐票，由镇党委派出的工作组研究决定。

六、根据群众和党员推荐情况，由镇党委研究确定村党总支部委员会委员候选人预备人选，进行考察公示；再由村党总支部委员会召开会议，根据乡党委的考察意见，讨论提出村党总支部委员会委员候选人预备人选，并报乡党委审批后，进行党内选举。

中共扬美村总支部委员会

2005 年 7 月 26 日

据当地一些党员干部介绍，20 世纪 90 年代以来，随着市场经济的发展，扬美村党组织的活动受到的冲击越来越大。由于大批党员外出经商、务工，扬美村党组织的一些活动，有时候难以正常开展。近年来，为了解决这个问题，在上级党组织的支持下，扬美村党支部开始为参加党组织活动的党员发放误工补贴（见图 4－4）。此举虽有利于提高党员参加党组织活动的积极性、活跃党支部会议的气氛，但要从根本上解决党员“开会难召集”的问题，还有许多工作要做。此外，还有一个值得关注的问题就是党员的老龄化问题。由于青年村民多外出务工，最近 10 年来，扬美村党员的老龄化问题日趋严重。目前，扬美村的党员，年龄大多在 45 岁以上，青年党员明显偏少。这种状况的长期存在，对于今后党组织工作的开展，存在着一些不利影响。

图 4-4　扬美村委会为出席会议的村民发放误工补贴

（二）其他村民组织

除了扬美村村民委员会和扬美村党支部以外，扬美古镇“比较正式”的村民组织，还有“扬美村治保委员会”“扬美村综合治理协会”“扬美村人民调解委员会”“中国共产主义青年团扬美村委员会”“扬美村帮教组织”等，这些村民组织在扬美村党支部和扬美村民委员会的领导下开展工作。

“扬美村治保委员会”是协助当地政府维护社会治安的群众性自治组织，并被认为是动员和带领当地民众保卫国家经济建设和人民生命财产安全的可靠保证力量，是一个群众性的治安保卫组织。

扬美村治保委员会的具体任务和工作职责

治保委员会是协助政府维护社会治安的群众性自治组织，是密切联系群众的桥梁和纽带，是动员和带领广大人民群众保卫国家经济建设和人民生命财产安全的可靠保证力量，是群众性的治安保卫组织。治保会的这种性质是我国公安工作路线和我国人民民主专政性质决定的。

一、具体任务

治保会协助公安机关维护社会治安，具体任务是：

1. 协助公安机关向群众进行遵纪守法教育和法制宣传教育。

2. 组织和带领群众进行防盗、防爆、防火、防治安灾害事故为中心的安全防范工作。

3. 检举揭发犯罪分子或其他刑事犯罪分子，带领群众扭送现行犯，协助公安机关和保卫部门保护事故或案发现场。

4. 积极维护本村的治安秩序和要害部门的安全。

5. 协助有关部门对本单位的被判处管制、缓刑、监外执行、假释的罪犯进行监督和教育。

6. 会同有关组织帮助教育有轻微违法犯罪行为的人员。

7. 组织、指导本村治安综治协会开展工作。

8. 协助调解会做好本辖区矛盾纠纷的调处化解工作，防止矛盾激化。

二、工作职责

1. 认真贯彻执行国家法律和治保工作法规、条例，遵纪守法，依法办事，廉洁奉公，保守秘密。

2. 积极向村民宣传国家的法律、法令，提高村民的法

制观念。

3. 组织以预防工作为中心的治安防范工作，对村民进行防火、防盗和防止安全事故的有关知识的宣传教育，发现隐患及时处理。

4. 组织村民互助，检查督促巡逻工作，维护社会治安。

5. 协助公安机关依照法律对被管制、监外执行、假释、缓刑和被剥夺政治权利的犯罪分子进行监督、考察和教育，做好有轻微违法犯罪青少年的教育挽救工作。

6. 向公安部门及时反映治安工作情况，提出意见及建议。

“扬美村综合治理协会”简称“综治协会”，是协助公安派出所、治保会加强扬美村社会治安工作，动员广大群众积极参与社会治安综合治理，组织群众自我教育、自我宣传的群众组织。综治协会在村委党支部、村委会的领导和镇社会治安综合治理委员会的指导下开展工作。综治协会会员从各村民小组以及有关单位按一定的条件，经个人申请或群众推荐、综治协会批准产生。综治协会的主要职能，是负责扬美古镇的治保、调解、帮教、普法、治安巡逻等综合治理工作。

扬美村委会综治协会章程

第一章　总则

第一条：为加强农村民主与法制建设，充分调动广大农民群众和有关人员参与维护社会治安的积极性，依照中共中央、国务院和全国人大常委会《关于加强社会治安综合治理》的两个决定，以及自治区《社会治安综合治理条例》，制订本章程。

第二条：本村综治协会是协助公安派出所、治保会加强本村社会治安工作，动员广大群众积极参与社会治安综合治理，组织群众自我教育、自我宣传的群众组织。

第三条：综治协会在村委党支部、村委会的领导和镇社会治安综合治理委员会的指导下开展工作。

第四条：综治协会会员从各村民小组以及有关单位按一定的条件，经个人申请或群众推荐、协会批准产生。

第五条：村委本级综治协会设会长1人、副会长2人、秘书长1人、会员若干人。

第六条：为便于组织活动，在各村民小组成立综治协会分会，设分会长1人。

第七条：会长、副会长、秘书长、分会长、成员由会员代表大会选举产生。

第八条：综治协会三年进行一次换届选举，选举产生新一届综治协会会长、副会长、秘书长、分会长、会员。

第二章　会员

第九条：凡热心治安工作、思想进步、作风正派、遵纪守法、遵守本章程并经协会批准的本村村民均可志愿参加综治协会。

第十条：会员必须具备下列条件

（一）拥护本协会章程。

（二）有加入本协会的意愿。

（三）热心于社会治安综合治理工作，遵纪守法。

第十一条：会员要积极参加协会的各项活动，向协会提出加强治安工作的建议。

第三章　工作任务

第十二条：调查、了解掌握和分析本村社会治安状况，

研究制订加强社会治安综合治理工作的措施。

第十三条：总结阶段性社会治安综合治理工作，推广工作经验。

第十四条：积极向上级治安综治工作职能部门提出加强治安综治工作的意见和建议。

第十五条：协助村治保会、调委会宣传贯彻社会治安综合治理方针、政策和有关法律法规。

第十六条：协助治安职能部门开展治安防范及各种安全创建工作。

第十七条：积极为治安职能部门提供违法犯罪线索，打击违法犯罪。

第十八条：积极参加本村义务治安防范巡逻。

第十九条：积极协助有关部门帮教本村刑释解教人员和轻微违法人员。

第二十条：协助调解职能部门加强民间纠纷的调处化解工作。

第四章　工作制度

第二十一第：综治协会在会长的领导下开展工作，负责落实协会各种任务，积极协助村“两委”抓好社会治安工作。

第二十二条：建立例会制度。每季度召开一次综治协会成员会议（如遇特殊情况可随时召开会员代表大会），以总结经验、表彰先进、部署工作。

第二十三条：建立健全档案制度和各项规章制度。各种会议、活动要有文字记录，有年度工作计划和工作总结。

第二十四条：建立会员档案名册。

第二十五条：综治协会自觉接受村党支部的领导、村委会的监督。

“扬美村人民调解委员会”是扬美古镇预防、调解民间纠纷，宣传国家法律、法规，教育村民遵纪守法的村民组织。“扬美村人民调解委员会”在扬美村村民委员会和扬美村党支部领导下工作，其主要成员多由村干部担任。

扬美村人民调解委员会工作职责

一、调解民间纠纷，防止民间纠纷激化。

二、通过调解工作宣传法律、法规、规章和政策，教育村民遵纪守法，尊重社会公德，预防民间纠纷发生。

三、向村民委员会、居民委员会、所在单位和基层人民政府反映民间纠纷和调解工作情况。

四、依据法律、法规、规章和政策进行调解，法律、法规、规章和政策没有明确规定的，依据社会主义道德观进行调解。

五、在双方当事人平等、自愿的基础上进行调解。

六、尊重当事人的诉讼权利，不得因未经调解或者调解不成而阻止当事人向人民法院起诉。

七、做好双方当事人调解后的回访工作，严防死灰复燃。

“中国共产主义青年团扬美村委员会”简称“扬美村团委”，是扬美村的青年组织，主要负责扬美村青年团员的发展工作。扬美村团委在扬美村党支部和上级共青团组织的领导下开展工作，目前有团委书记1名，另有组织委员和宣传委员各1名。

“扬美村帮教组织”的工作，主要负责本村刑释解教人员回乡后就业安置的联系工作和报到时的接待工作，并向

刑释解教人员介绍有关政策规定和本乡镇政治、经济和社会发展情况，提出遵纪守法的具体要求。“扬美村帮教组织”受扬美村党支部和扬美村村民委员会领导，其主要成员亦由“两委”委员担任。

扬美村帮教组织工作职责

一、负责刑释解教人员回乡到村就业安置的联系工作和报到时接待工作，给刑释解教人员交待有关政策规定和本乡镇政治、经济和社会情况，提出遵纪守法的具体要求。

二、负责到村、街道和企业介绍解教人员在服刑在教期间的奖惩表现情况，宣传党和国家对刑释解教人员的有关政策，努力做好帮教安置工作。

三、及时对本辖区所有刑释解教人员造册登记，定期明查、暗访，及时掌握刑释解教人员守法情况和思想动态，防止“再进宫”。

四、坚持四项制度，即：对刑释解教人员一月一次法制课教育制度；一季度一次谈话制度，半年一次访问制度；一年一次考察制度。

第五章　“族群孤岛”的婚姻与亲属关系

扬美古镇是当地有名的“经济发达地区”，一些扬美人亦由此认为他们镇上（村里）的婚配形式“比较科学”，而他们的亲属关系看起来也比其他地方的人“更加亲密”。或许是因此之故，世代生活在“族群孤岛”里的扬美人，都尽可能保持汉族人传统的婚配形式和亲属关系。

一　婚姻制度与两性关系

（一）传统的婚姻制度

尽管长期生活在壮族人的“汪洋大海”之中，并在一定程度上受到壮文化的影响，但扬美人在婚姻关系上仍然保持着许多“自己的传统”。在扬美古镇传统的婚姻制度当中，一夫一妻是最为主要的婚配方式。据当地一些老人回忆，虽然过去（1949 年以前）的扬美人在经济生活方面比较富裕，但绝大多数当地人家的男子都是只娶一个女子为妻。尽管偶有个别有钱人家因为子嗣方面的原因而纳妾生子，但这种情况其实并不多见。而扬美人即便有纳妾之举，也大多在外地生活，在镇上纳妾者较为少见。1949 年中华人民共和国成立以后，国家实行男女平等政策，确立了严

格的一夫一妻的婚配制度。

（二）通婚对象与通婚地域

20世纪50年代以前，由于在语言、经济发展以及生活习俗等方面的差异，以“名门之后”自居的扬美人较少与周边地区的壮族人通婚，其通婚范围主要集中在扬美古镇这样一个族群孤岛之中，因此扬美人的“亲戚”（姻亲），大多住在古镇上。由于村里姓氏较多，来源比较复杂，扬美人在村内的择偶范围相对较广，镇内通婚现象较为普遍。

当地居民择偶多以本镇为主。一些人家与古镇之外地区的人通婚，一般情况下也以汉族人为首要考虑对象。据一些扬美老人所说，当地人的这种婚配现象“历来如此”。这种说法与扬美村委会提供的扬美村户口资料大致吻合。以和平街为例，在该街道137对1990年以前结婚的夫妻中，只有11位妇女为镇外嫁入，其中壮族妇女7人，汉族妇女4人。扬美人娶镇外妇女的比例不足结婚妇女的10%，而娶入的壮族妇女也仅占结婚妇女的5%左右。考虑到扬美人与镇外的通婚以娶入为主，尤其是与壮族之间的通婚，几乎只有娶入而没有嫁出，因而大致可以推测扬美人与壮族人之间的通婚应当在10%以下。更为详细的资料表明，嫁入扬美的壮族妇女，主要来自崇左、龙州等南部壮语地区（亦称“南壮”），而扬美周边村寨以及左江西北沿岸地区、邕江以北地区的北部壮语地区（亦称“北壮”）嫁入的妇女则相对较少。一些扬美人说，扬美人这种“肥水不流外人田”的镇内通婚现象在20世纪20年代以前更为明显。扬美人家的迎亲队伍见图5－1。

一些当地人认为，这种通婚现象的存在，与扬美人和

图 5－1 扬美人家的迎亲队伍

周边地区壮族人在语言、经济条件、生活习惯等方面的差异有着密不可分的关系。

语言一直是扬美人区分本地人与周边村寨壮族人的主要标志。扬美人称他们的语言为扬美话。扬美话属于平话的一种。平话被认为是汉语的一种独立的方言，[①] 是南宁市郊区部分汉族人的通用语言。不过对于大多数的扬美人来说，尽管他们并不知晓他们的语言属于何种学术上的语言分类，但判断一个人是不是扬美人，他们只要听听他（她）讲话就懂了——扬美话与当地其他族群的语言之间的差异是显而易见的。1949 年以前，国语在当地的普及率较低，

① 张均如、梁敏：《广西平话》，载《广西民族研究》1996 年第 2 期；袁少芬：《平话人是汉族的一个支系——论平话人的形成发展与平话文化》，载《广西大学学报》（哲学社会科学版）1998 年第 6 期。

扬美人与周边地区壮族人的语言交流又少，因此语言上的区隔是较为明显的。对于当时的扬美人而言，娶一个不懂本地话的女人回家，不仅沟通上存在着诸多现实的障碍，同时还必须承担来自邻人的种种猜疑，这是任何一个自觉体面的扬美男子所不愿面对的。

除语言之外，在婚姻问题上讲究门当户对的扬美人，旧时对周边村寨的壮族人也有一些歧视，一般都不愿意与之通婚。扬美人自认为是“名门之后”，是“有身份的人”，而周边村寨的壮族人不如他们“文明”，男人不勤耕苦种，女人喜欢到处抛头露面，不是可以托付终身的人。如果说这些“门面上的东西”未免还有些玄虚的话，那么扬美人对于经济状况的考虑则是非常实在的。20 世纪 20 年代以前，扬美古镇的商业较为发达，当地人赚钱的门路多，镇上人家的生活相对富裕。而邻村壮族人由于远离墟市，经济相对滞后，田间劳作也多，生活状况与扬美相去甚远。“住得好、穿得靓、有家教”的扬美女子自然不愿下嫁到“乡下的”壮族村寨去，而自认为“有钱”的扬美男子，即使在镇上找不到老婆，一般也都不愿意娶周边村寨的壮族妇女为妻。

生活习惯上的差异，也是扬美人少与壮族人通婚的“借口”。扬美人说，他们日常吃的、住的都与邻村不同。扬美人时常以饮食方式来说明他们与周边村寨壮族人的不同。一些扬美人说，20 世纪 20 年代以前那廊、下楞等村的村民吃得都比较简单，经常是一锅粥吃一整天，一年到头都是白粥、咸菜，一有些钱就喝酒、大鱼大肉吃一顿，饮食习惯不好，因而这些村寨的人都不是很长寿。而扬美人的饮食习惯就好得多，比如，他们吃的东西一般都比较卫生，讲究新鲜、营养，喜欢清淡的口味，一般人家每日都有汤，菜式搭配较为合理，各方面都调理得比较好。扬美镇上的建筑，大多沿袭明清时期的建筑风格，选材、造型、做工都比较考究，住屋也比较宽敞，而邻村壮族人的住宅则要简陋得多。扬美镇上的一些重大节日，如春节、三月三、端午节、中元节、中秋节、重阳节等与邻村壮族人在时间上较为接近，节日的活动内容也大抵相似。但扬美人认为他们的节日过得比较实在，不像壮族人那样一到过年过节就大食大饮，没有节制。

20世纪50年代以后，由于民族平等政策的实施，扬美人与周边地区各族民众的交往日渐增多，一些扬美青年男女得以有更好的机会与外地的同龄人相处、相识并结婚。只是由于历史与现实的诸多方面的原因，扬美人的择偶对象仍然以本镇人为主，而其与外地人通婚的现象并不多见。20世纪90年代以来，随着地方经济的发展以及外出务工人员的逐年增多，扬美人的通婚地域有逐年扩大的趋势，而当地人的通婚对象也更为广泛。

调查实录：扬美人通婚对象与通婚地域的变化

（根据兰婷婷2009年7月对杜姓村民的访谈记录整理）

杜姓村民是扬美村委会的计生专干。在他的办公室里，我们看到墙上工作人员名单上，有相当部分工作人员都是姓杜的。他说，扬美村里有36个姓氏（另有一说是34个），杜姓是扬美古镇的大姓之一。除杜姓之外，村里还有梁、黄、杨等大姓。

过去（1949年以前），扬美人主要在镇内通婚，但由于有些人家在外面做生意，生活条件比较好，与外地人接触

又多，因此扬美镇上或多或少总还是有些人家娶外地女子做媳妇的。1949 年以后的最初一段时间，“上级”不让村里人做生意，而只让他们种田，人多田少的扬美村经济发展较为缓慢，一些人家甚至“连吃饭都成问题”。再加上与外界的接触比较少，当地一些男子娶妻较为困难。

20 世纪 90 年代以后，扬美村与外界的交往日益频繁，人口流动量不断增加，当地人与外地人通婚的现象逐渐增多。据杜姓村民介绍，2000 年以来，从外地嫁入本村的媳妇越来越多。嫁入扬美的女子，多数来自南宁市周边地区的农村，也有的来自横县、扶绥、玉林、博白等地。与此同时，扬美村也有一些女子外嫁。与外地人结婚的青年男女，大多是在外出务工期间认识的。

调查实录：扬美人眼中的族际通婚

（根据周玉梅 2009 年 7 月调查资料整理）

在江边树下乘凉的老伯们当中，有一位老伯看起来还蛮年轻的，估计在 50 岁左右吧。后来经他介绍才了解到，他原来是在观音庙那里工作的，平时会给游客们看相。在与老伯聊天时，我们了解到，现在当地的年轻人一般在 20～25 岁就结婚了。老伯说那是因为年轻人很早就开始出去打工、做生意，跟外面的人接触的机会多，他们相处的时间往往也比较长，彼此之间了解较多，所以容易成“好事”。老伯还说现在的年轻人如果超过了 25 岁还没结婚，到时候就会比较难找到对象。

老伯为我们介绍了当地族际通婚的一些情况。他说：“以前（1949 年以前）我们扬美村上的人是不轻易和外面（周边地区农村）的少数民族结婚的。在我们村周边的那些村，基本上都是壮族的，他们说的话跟我们不一样，（语法上）都是颠倒过来讲的。我们是汉族人，我们的脑子里比较‘封建’，小孩子在很小的时候就开始读书了，因此读书比较多。而外面的少数民族，读书人就少一些。以前那些少数民族的人大多数都是耕田的，家里比较穷，而我们村里的人既耕田又会做生意，因此生活水平相对于他们来说要高一些。在过去，我们这里还被称为‘小南宁’呢。在清朝时期，我们这里是非常繁华、非常兴旺的。以前从钟馗庙一直上去（沿路）到三界庙那边，都有船运输（停泊）的，水上交通非常便利。当然，也有人会从我们村里嫁到外面那些少数民族地区去，但一般嫁出去的这些女人往往都是（生理上）有些缺陷的，好的女子一般都会与本村的男子结婚。反正在我们村有36个姓氏，整个村是有很多杂姓的，姓氏不同的很多都是可以通婚的。”

（三）婚后居住模式与婚姻中的两性关系

在传统的扬美社会中，当地人结婚之后，一般都在男方家居住。除非家道落魄，否则的话扬美男子是极不愿意“上门入赘”到女方居住的。虽然没有人身自由上的限制，但“上门入赘”男子的社会地位无疑是比较低的。在一些扬美人看来，“上门入赘”是一个男人极为无能的表现，而那些“入赘”的男子，也常常为扬美人所不齿。虽然20世纪50年代以后，当地人的婚姻观念已有明显改变，但愿意“上门入赘”的扬美男子仍然比较少，而当地人对于婚后居住方式的传统观念，至今还有着相当程度的保留。

至少从表面上看，男子在扬美古镇社会生活中的主导地位是显而易见的。然而，“男人做主、女人当家”的组合方式，在一些当地人看来是一个家庭幸福美满的重要前提之一。在多数的扬美人家，虽然男人在家里一些重要事务的决策上有着毋庸置疑的话语权，但是女人在日常事务的处理上所发挥的作用也同样是不可忽视的。事实上，扬美人家的“家庭财政”主要由女人主管，在许多家庭事务上，“女人的意见往往就是男人的意见”。而由于长期以来扬美镇上的男子择偶比较困难，在家里“听老婆话”的扬美男子也“比较普遍”。绝大多数生活在扬美古镇的人都认为，当地的两性关系是较为平等的，而这种平等关系在婚姻和家庭生活当中表现得更为具体（见图5－2）。

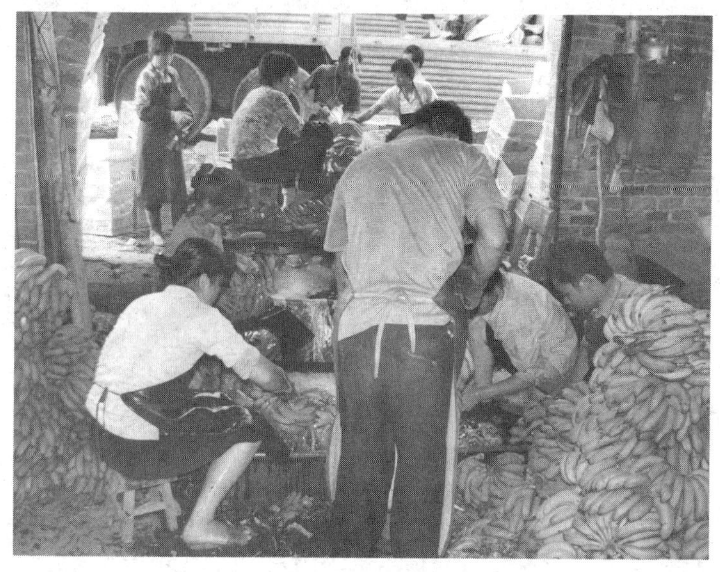

图5－2　一起劳作的扬美村民

二 家庭结构与亲属关系

（一）家庭结构

扬美人在婚后没有生子之前，一般仍与男方的父母同吃住。一些当地人说，20 世纪 50 年代以前的扬美老人，一般都会想尽办法维系大家庭的存续。因此很多扬美人即使已经成家立业，但只要还在镇上居住，一般都与父母同住一处。大多数扬美人向往“多子多福”的家庭生活，这种观念在 50 年代以前表现得尤其明显。据一些当地人所说，以前的扬美人往往是“能生多少就生多少”，而以当时镇上人家的财力，一般人家的子女都会得到较好的养育。

“四世同堂”既是扬美老人的心愿，同时也是许多扬美家庭当时的现实状况。当时的扬美人到了 16 岁左右就开始养家糊口，一些多子女家庭的孩子可能还会更早。扬美地方小，容不下太多做生意的人，因此很多年轻人只好到外地去谋生。由于不少青年男子在婚后相当长的一段时间里都在外地，而其妻儿留在父母身边，因此主干家庭的存在，从某种不完全的意义上讲，也适应了扬美人的这种生计方式。

20 世纪 50 年代以后，虽然大多数扬美人家的子女在分家后仍然同父母住在一起，但在多子女的家庭中，除幼子之外，其他子女会采取一种与父母同住不同吃的居住方式。在扬美古镇，至今仍然可以看到许多人家的厨房里有两三个灶台。扬美人家平时大多“各过各的生活”，但逢年过节或有红白喜事，全家人就会聚在一起。

调查实录：扬美人家的家庭生活

（根据梁彩娟2009年7月17日调查资料整理）

早上，我们沿着江边往孔庙的方向走去，在快要到孔庙的时候，我们看到在一棵大树下有三位老伯在闲坐着乘凉。由于太阳太猛烈，我们被晒得也有些受不了，于是也到树下去坐坐，并跟老伯们闲聊起来，还对其中的一位老伯进行了访谈。

老伯今年68岁了，共有三个女儿、一个儿子，其中，两个女儿跟大儿子都是在当地的沙船工作，媳妇跟小女儿在南宁市工作。老伯共有一个孙女、七个外孙。最大的是其中一个外孙女，今年18岁了，正在读卫校。老伯平时待在南宁的时间比较多，偶尔闷了的话就会回扬美老家看看，跟他的朋友们玩玩，散散心。在老家待着就跟大儿子一起住，去到南宁就和他老伴跟小女儿、媳妇一起住。他说如今他的生活过得还算滋润，也挺安逸的。

我们的调查发现，目前扬美人家的家庭结构虽以核心家庭为主，但又松散地“结合”在一起。许多扬美人家“看上去”有两个或两个以上的小孩。这是由于当地大多数的年轻人都在外地工作、生活，而把他们的小孩留在家里由父母照看。因此，当地剩下的居民多为小孩和中老年人。

（二）亲属关系

按照当地人的说法，扬美人家的亲属关系通常都“比较简单”。原因是当地人大多“知书达礼”，懂得“各就各位”。由于通婚范围主要集中在镇上，扬美人家的直系亲属和旁系亲属之间的来往比较密切，多数人家都“常来常往”，因而当地人的亲属关系总体而言是比较融洽的。

扬美老人一般都比较长寿，在家庭乃至家族中的威望也较高。当地人说，扬美人的经济条件好，又保持较好的生活习惯，心态也比较平和，因而当地的老人历来都比较长寿。目前（2008 年），扬美古镇 80 岁以上的老人共 89 人，约占全镇人口的 1.69%。其中，80～89 岁的有 69 人，90～99 岁的有 17 人，100 岁以上的有 3 人。① 尽管“知书达礼又有钱”的扬美人有尊老扶幼的传统，但不少扬美老人有着较为强烈的自食其力的愿望（见图 5－3）。扬美古镇的老人们似乎没有“退休”的“习惯”，一些人即使到了七八十岁的高龄，也仍然走街串巷做买卖。而老人家做生意时积累的各种“人脉”，其子女往往也都可以继承下来。由于扬美父母对于子女的管教比较严，又往往能够身体力行，因此在家庭和所在家族当中的威望都普遍较高。一位扬美的长者说，20 世纪 50 年代以前说一不二的扬美家长比比皆是，而即便如今，扬美人对于家中长者或者族中长老也仍然相当敬重。

由于扬美人家的亲属大多住在镇上，彼此之间时常“朝见面、晚见面”，因此当地人家与其亲属之间平时的来往，虽然一些“礼数（礼节）”还是必须要做到，但一些繁文缛节之类的“东西”往往可以省去。扬美人家的“礼数”比较多，逢年过节、婚丧嫁娶之时，亲属之间应尽的“礼数”自不必说，而每逢乔迁新居、升学就业、开业志庆等“重要事情”，各亲属也定当随礼庆贺，以尽“亲戚的本分”。

---

① 相关资料由扬美村村民委员会提供。

图 5-3 正在做家务的扬美老人

(三) 婴幼儿抚养

扬美人家对于婴幼儿的抚养是比较"讲究"的。一般而言，婴儿在出生、满月、满周岁之时，当地人家均要烧香敬祖，"告知"其事。20 世纪 50 年代以前，扬美人家对于婴儿出生，还有着许多禁忌。譬如，生人（尤其是男人）不得走近产房、不能清理其家附近的排水沟、产妇不能随便出门"见光"，等等。

过去的扬美人家，"多子多福"的观念较重，多数夫妻要生养三五个孩子，一些夫妻甚至生养十几个孩子。由于生养的孩子较多，待到新生婴儿长到一岁左右、能坐会爬的时候，大部分人家便将孩子日间里的喂食、护理交由家中老人代管。及至孩子年龄稍长，一些有钱人家便教其读书识字，为日后的成长打下基础。

20世纪80年代以后，我国开始实施严格的计划生育政策，人口出生率急剧下降，新生婴儿大为减少，婴幼儿抚养也不像过去那样繁重。由此，扬美人家的婴幼儿多由其父母亲自抚养。除了日常事务上的原因之外，扬美夫妻亲自抚养孩子还有两个方面的考虑。其一，是年轻夫妇往往在婚后不久便选择分家独立生活，老人们有时“不方便”过问婴幼儿养育之事；其二，是育儿观念的问题，一些年轻夫妇认为老一辈人的育儿经验与时代有脱节，一些做法“跟不上形势”，因而越来越多的年轻夫妇更愿意亲自抚养自己的孩子。

（四）继嗣与赡养

在扬美人家传统的继嗣制度当中，有所谓“传子不传女”的“习惯做法”，即只有儿子才有继承其父辈财产的资格和权利，外嫁的女儿一般不会参与财产的继承。一些多子的人家，通常会在儿子结婚生子后分家，分家的做法是儿子们“成家一个分出一个”，从家财（包括田地、房屋等）中分出一份给新成家的儿子。不过，一些外出谋生并在外地成家的扬美男子，大多都是“自立门户”，一般不主动要求分得家产。而作为一种当地人的“习惯做法”，扬美镇上的父母们往往会在外出的儿子结婚时给予一些资金上的支持。

一般而言，与父母同吃、同住的儿子（通常是小儿子）可以继承更多的财产，以作为赡养父母之用。一些扬美人表示，当地人对于这种做法大多“看得比较开”，因为父母生养孩子不容易，而孩子赡养老人也需要付出。尤其重要

的是，扬美人常以“知书识礼”自诩，与父母兄弟“争食（吃）”的人不仅会受人指责，更被视作“没有本事”的人。

虽然没有继承财产的权利，但扬美人家外嫁的女儿或者外出谋生的儿子，均有侍奉祖先、赡养父母的义务。在一些重大的节日，如春节等，子女们都会尽量回到家中与父母团聚。每年农历的三月初三前后，外出（嫁）的儿女大多要回到扬美老家“拜山”（扫墓）。而在平日，那些经济条件较好的外出（嫁）的儿女们，也会给予其父母一定的经济支持，以尽赡养父母的责任。

从某种意义上讲，尽管20世纪90年代以后，扬美人的婚配方式有所变化，但相对松散的家庭结构和较为“直接”的继嗣方式，仍然得到一定程度上的保留。

第六章 “名门之后”的习俗

长期以来，生活在少数民族的“汪洋大海”之中的“族群孤岛”上的扬美人，一方面因在政治、经济上的“优越”地位而竭力保持汉族人传统的生活方式；另一方面其风俗习惯又因受到自然环境和周边地区少数民族社会生活的影响而发生明显改变。这种境况的存在，造就了扬美人一系列独特的“杂合”的生活习惯。但当地人同时也保持着传统汉族社会的一些节庆习俗和人生仪俗。

一 生活习俗

（一）饮食习俗

扬美人以大米为主食。当地人家通常在早、中两餐吃白米粥，晚餐吃干饭。日常的菜肴以新鲜蔬菜、咸菜和猪肉为主。扬美人家所食用的芥菜、白菜、韭菜、空心菜等新鲜蔬菜多为自家种植，而咸菜、肉类、蛋类食物则主要依靠购买。虽然也有少数扬美人家自己腌制酸菜、梅菜、木瓜丁等，但大多数人家日常食用的咸菜都是购买的。扬美古镇目前有十余个家庭作坊加工生产豆豉（见图6-1）、酸菜、梅菜、木瓜丁等，其销售对象虽以外地客商或者旅游者为主，但本地人家也是其重要的客户群体。

图 6-1 扬美人晾晒的豆豉

扬美古镇的特色菜肴，主要有酸菜、梅菜扣肉等。此外，扬美的豆豉、酱油、沙糕等副食品在当地也颇有一些“名气”。

扬美人喜欢吃粥，很多人家每天一大早就煮好满满一大锅白粥，不管有无劳作，饿了就回家吃粥。家里有客人来，也必定要请其吃粥。“到家里食粥”是扬美人时常挂在嘴边的客气话。根据我们的调查，日间吃白粥的惯习，在扬美古镇周边地区的农村广泛存在。一些当地人认为，他们之所以喜欢吃白粥，与当地的气候条件和生产方式有关。扬美一带地区，常年气温较高，田地距离居所又相对较远，白粥不仅容易解渴，吃起来也方便。在扬美村民家庭的菜肴当中，本地生产和加工的梅菜是最常见的。这种腌制的蔬菜干，炒好之后一般都可以保存 5~7 天，而且不会变质，随时可以吃。

20 世纪 90 年代以后，村民的生活水平有所提高，村民平日里也时常买些鱼、肉改善伙食，但量一般不多。逢年过节，扬美人的餐桌常常有大鱼大肉；一些重大节日，如春节，每家每户都要吃干捞米粉①，意思是“有得捞”，图个好彩头。而在一些特殊的节日，如清明节、中元节等，扬美人家则要做一些具有地方特色的食物，如五色饭（见图6－2）等，以作祭祖之用。

图6－2　扬美五色饭

（二）传统服饰

20世纪80年代以前，扬美村仍有一些中年妇女爱穿一种

① 捞米粉是扬美人家喜食的地方性风味食物，具体做法是将米粉放进滚烫的开水中稍焯一下，然后用当地人家烹调专用的铁筛（过去也有人家用竹筛的）捞起，再配以香葱、大蒜、碎肉、酱油以及其他调料，略加搅拌即成。

被当地人称为“唐装衫”的传统服装。如今穿这种衣裳的人已比较少，只有个别老年妇女才穿。目前扬美村民的衣着风格，与周边地区的城乡居民已没有太大差异。由于要时常护理香蕉，扬美村民的衣着一般都比较简单，很多村民即使在冬天也仍然穿塑胶拖鞋，据说穿这种鞋干活比较方便。

（三）传统住宅

扬美古镇保留有不少具有明清建筑风格的民宅。这些民宅都是平房，一般有两到三进（最多的有五进），每进房子中间留有大厅，进与进之间建有小院子。在功能的安排上，第一进房子以会客为主，第二进房子供奉祖先的神位，第三进以后住人，厨房和厕所在后院。20 世纪 80 年代以后，陆续有村民建楼，这些楼房多是庭院式的，中间是天井，一侧是厨房，一侧是卧室，有两层，一楼留一间做厅堂，上面供奉着祖先的神位，平时做会客室。

扬美人传统的民房，屋顶大多盖瓦片，当地人认为这样既可以通风透气又便于排水。20 世纪八九十年代，一些人家开始盖水泥楼房，房顶铺以水泥板。1999 年以后，为了保持古镇原有的建筑风貌，村里对新建房屋的楼层数和外部装修均做了明确规定，并要求各家各户新建的楼房要用瓦顶，因此如今扬美人新建的房屋，都是三层以下的瓦顶房。扬美古镇传统民宅见图 6 – 3。

扬美人家在建新房时，大多会请道公来做“安神龙”仪式。所谓“安神龙”，就是搭建神台以供奉、祭祀祖宗。“安神龙”仪式由道公主持，之前要选好吉时，仪式通常都在早上“做”（举行）。“安神龙”时，道公要在神台上安放三个“龙杯”，房屋的东、南、西、北、中五个方位也都

图6-3　扬美古镇传统民宅

要安放“龙杯”，以起到“镇宅”的作用。与此同时，当地人家新建的房屋，还要请道公在屋子里“压下”一些钱（银）币，据说这样可以辟邪。

二　节庆习俗

扬美人的主要传统节日，有春节、元宵节、清明节、端午节、中元节、中秋节等。每逢重大节日，各家各户都要准备好香火、纸钱以及鸡、鸭、鱼、肉等拜祭祖先以及本街的土地神，同时还要走街串巷，到各个大庙中拜祭各路神仙，求其保佑扬美村风调雨顺、老少平安。

（一）春节

春节是扬美人一年当中最为隆重的节日。不论村里的

劳作如何忙碌、外头（面）的生意如何繁忙，当地人都要停下手头的活计，欢欢喜喜回家过年。当地一些老人说，过去（1949年以前）扬美人过年的“名堂”很多，除了在村里一些公共活动空间（如各大庙宇）举行一系列的拜神（祭神）活动之外，还有许多“细小的礼数（节）”要做。譬如，大年初一拂晓之时，扬美村里的妇女们要到江边或者村头的水井挑回新年里的第一担“新水”，并用“新水”来煮饭；年初一的早餐，要吃捞米粉；出门见到熟人要讲“恭喜发财”之类的吉利话；等等。按照扬美村的习惯，当地人一般不在大年初一的时候到别人家里去做客，拜年通常要到大年初二以后。不过，如今这些习俗已有了些许改变。因为有了自来水，现在的扬美妇女再也不用像过去那样天未亮就起来挑水，而当地人过年的活动较之以往也多了许多。通常，大年初一时，喜欢热闹的村民会聚在扬美希望小学的球场上，参加由村里组织的各式各样的活动，如排球赛、篮球赛、拔河比赛等。这些运动一般都设有奖金，以鼓励优胜的队伍。参赛的是由扬美古镇八条街组成的八支队伍，而奖金则由扬美古镇各个庙堂和扬美村民委员会共同提供。除此之外，村民委员会有时还会组织舞狮队、舞龙队在村里舞龙舞狮，而扬美镇上的扬声粤剧团也会在春节期间演唱一些当地人喜闻乐见的曲目。

（二）元宵节

在正月十五元宵节来临之际，当地人通常会在扬美古镇各条街道的街头挂上一些彩莲和花灯，以增添节日气氛。运去扬美古镇的花灯是一种六角形灯笼，灯身上绘有一些民间传说人物的图案。花灯大多是当地的一些能工巧匠制作的。一些制作精良的灯笼，不仅美观大方，而且能够旋转，令人赏心悦目。20 世纪 90 年代以来，随着工业化生产的灯笼的大量使用，如今扬美古镇元宵节期间所使用的灯笼，大多从外地购进，手工制作的已经很少。

在元宵节的黄昏，扬美人还举办传统的抢花炮活动。抢花炮是深受扬美村民热爱并兼具娱乐性和竞争性特点的传统的集体活动，据说其起源可追溯到明朝末年，距今已有几百年的历史了。花炮又被当地人称为“飞天钻地炮”，外形为一个球体，由地炮和藤条圈构成。抢花炮时，组织者在村里一块平整的空地上，把花炮点燃，花炮升空爆炸后，藤条圈从空中坠落，这时在地面上等候多时的参赛者开始积极拼抢，最终抢到藤条圈者获胜。据当地人讲，按照扬美的惯例，抢花炮的优胜者通常会得到一份资金和一块镜屏。20 世纪 80 年代以后，由于缺少必要的资金支持，扬美古镇元宵节抢花炮活动逐渐减少。

（三）清明节

清明时节，扬美古镇上的各姓房支，通常会组织本房支的各户人家，到其祖先的墓地去祭拜（见图 6 – 4）。其间，当地人也会祭拜各自所属街区的土地庙（神台）。扬美人祭祖，一般并不仅仅限于清明节当天。对于一些生意忙碌的人家来说，把祭祖的日子推迟到清明节后三五天，也是常有的事。扬美人祭祖时，男女均可参加。除了本家的男丁，已经外嫁的女子有时也会在清明时节回娘家祭祖，她们甚至可以把自己的夫婿和子女一起带来。

图 6-4 清明节祭祖的扬美人

（四）老人节

每年农历五月初一的老人节，是扬美古镇最隆重的传统节日之一。到了老人节这一日的傍晚，村里的老人便聚在一起，或饮茶聊天，或共商村中大小事务，其乐融融。一些当地人说，扬美老人节在明朝时就有，并一直留传至今。过老人节时，村（镇）里但凡年龄超过 60 岁的老人，都可以参加以宴饮为主要内容的各种庆典活动（见图 6-5）。而负责组织老人节各项活动的头人，主要由村里面那些年届 59 岁的老人担任。按照惯例，年龄达到 59 岁的扬美人——不管人数多少，名义上都是组织老人节庆典活动的头人，需要参与老人节的各项组织工作。头人的组织工作往往是十分繁重的，因为扬美古镇的老人比较多（目前扬美古镇的老人共有700多人），而参加活动的绝大多数老人，都需要特别细心的照顾。不过，不管轮到谁，头人们都很乐意负责此事，因为这个节日是当地人表达其对于前辈的敬重与孝顺的机会。

图6－5 正在聚餐的扬美老人

除了为老人们提供一个共享天伦的时机之外，扬美的老人节同时还是村里老人共同商议村中大事的盛会。因为在这一天，扬美的老人们能够聚集在一起，在一种相对自由、宽松的氛围中就村里（镇上）的一些重大事项发表个人观点，然后大家集中讨论，最后由老人会统一意见并敦促各方组织落实。

（五）端午节

对于如今的扬美村民而言，每年农历五月初五的端午

节同时还是一个激动人心的传统节日。因为当地人通常都会在这一天举行龙舟比赛。如今扬美古镇上的每条街都会有3~5条龙船（舟），每年过端午节，各街都会派出一条龙舟参加比赛。比赛地点设在新街码头附近的河段上，比赛时间通常在下午。扬美村民对于龙舟比赛有着极高的热情。早上十点左右，村民便开始杀鸡煮饭准备午餐，酒足饭饱之后再一起到河边去观看比赛。扬美古镇的龙舟队据说在当地颇有一些名气。从1997年开始，扬美古镇几乎每年端午节前后都派出龙舟队到南宁、防城港等地参加比赛，并获得过好名次。

在端午节的当日，扬美人家通常会在自家大门两旁的地上插上两根“龙刚木”，以“压邪驱鬼”。与此同时，当地人往往还在小孩子的脖子上挂上一个“香包”，据说这样可以避邪。香包里有艾叶、硫黄和“臭珠”（萘丸），外面绣上各种精美的动物、植物造型。1949年以前，当地人通常还会把一些粽子抛进河里，纪念爱国诗人屈原。

（六）“拜七姐”

20世纪60年代以前，每年农历的七月初七，扬美人家有过“七巧节”的习俗，当地人称之为“拜七姐”。参加此节的一般都是一些未婚女子。按照当地的传说，在七月初七这一天，七仙女会在早、中、晚三次下凡，并在河边戏水游玩。因此，在七月初七这一天，各户人家的姑娘都会聚在一起，在路边“摆台”献手艺。姑娘们做这些手艺（手工艺品），目的是让七仙女能够赞赏自己心灵手巧，并赐给自己一段美好的姻缘。她们做手艺时，也允许男子在旁边观看，让他们评价自己是否符合贤妻的角色。从某种意义上讲，“拜七姐”也是当地青年男女缔结良缘的好时机。过去扬美古镇的商业比较发达，人丁兴旺，“拜七姐”也很兴盛，但“文化大革命”以后，这种习俗就慢慢地不再时兴了。

（七）中元节（鬼节）

扬美人通常把农历七月中旬的中元节称为“鬼节”。在“鬼节”期间，当地人会举行一系列的祭祀活动，以纪念逝去的祖先。

“鬼节”为期三天，即农历七月十三至十五。“鬼节”的各项祭祀“工作”，大致可以分为三个阶段。第一天（即七月十三），接“太公、太婆”；第二天（即七月十四），供奉“太公、太婆”；第三天（即七月十五），送“太公、太婆”。

七月十三，扬美人要准备好“鸡鸭鱼肉”（通常以鸭肉为主）、米饭（糯米饭）、茶酒、“香纸”（香火、纸钱）等到自家所在巷子的土地庙[①]去祭拜，并焚纸烧香，“接回”“太公、太婆”。七月十四当天，扬美人要在各自家里的祭台上摆上丰盛的供品，并烧香祭拜堂上的列位“太公、太婆”，祈求其保佑家人出入平安、生活美满。七月十五，送“太公、太婆”时，除了继续供奉自家的“太公、太婆”之外，扬美人通常还会在门外点香，并撒出一些供品以供奉“路过”此地的“孤魂野鬼”，使之不“打扰”主人家的“安定生活”。

---

① 扬美街上的土地庙，多为神台。

（八）中秋节

扬美人家的中秋节，早先是一个合家团聚的节日。到了这一天，外出的人大多会想方设法回到扬美与家人团聚，一家人吃月饼、赏明月，尽享天伦之乐。20世纪90年代以后，随着外出打工的青壮年村民不断增多，扬美人家的中秋节，已经没有了过去的隆重和热闹。一些村民说，如今很多人家八月十五（中秋节）的主要活动内容，就是吃月饼，过节的味道越来越淡。

（九）重阳节

扬美古镇有一道风景，即所谓的“青坡怀古”，说的是扬美最高的山岭——青坡岭的来历。传说，青坡岭以前是个荷塘，一日，有一对兄妹在荷塘边上玩耍，突遇飞沙走石，一股浓黑的风沙随即把兄妹二人压入地下。狂风过后，原先的荷塘就变成一座高耸的山岭。在山岭的顶部，有两个土堆，当地人认为，那便是那对扬美兄妹的坟了。经过几千年的风风雨雨，如今这两个土堆都没有消失。

扬美人过重阳节，与这一段传说有着密切的关系。每年到了九月初九的重阳节，老人们便会结伴登上青坡岭。一些扬美老人说，如今老人们在重阳节登山有两个目的：一是大家聚集在一起，共同商量和讨论扬美村的发展问题，这一点类似于五月初一的老人节，但是没有老人节的聚餐，也没有头人；二是看一下传说中的兄妹二人的坟有没有消失。

在重阳节这一天，登山的老人都会得到村里送的一份小礼物，里面有沙糕、福寿饼、饮料等。老人们同时还会得到子孙们的祝福。扬美人通常会在重阳节准备丰盛的晚餐孝敬老人，以尽其作为子孙的一份孝心。

三　人生礼仪

（一）出生礼俗

1. 出生礼

扬美人家的婴儿出生以后，按照当地的习俗，主家都要到祖屋“装香”（烧香），“告知”列位祖先家里有婴儿出生之事。如果生的是男婴，主家会在临近婴儿满月之时，向其亲戚朋友以及街坊邻居分发红鸡蛋。据一些扬美老人所说，20 世纪 80 年代以前，扬美人家没有办满月酒的习惯，只是最近十几年来，外出读书、工作的人多了，一些年轻父母喜欢“学”城里人的做法，因而偶尔也会有一些有钱人家以及外出打工的青年男女在其子女出生后办酒席的。

2. “饮灯”

扬美人有“饮灯”的习俗。每年到了正月初十这一天，凡是在过去一年里生男孩的人家，都会到南宁或者在扬美街上买回一个大红灯笼高挂在堂屋之上。正月十五，主家开始“烧灯”，并备办鸡鸭鱼肉一类的酒菜，宴请自己所在巷子的人家，俗称“饮灯”。前来参加“饮灯”的人，一般都要封个红包，红包的金额没有明确规定，少的有 5 元、10 元，多的则有 50 元至一两百元。

（二）传统婚俗

对于扬美人来说，结婚不仅是新婚男女的人生大事，

同时也是关系到他们家庭、家族甚至于他们所在的“一条街”的人家的脸面的大事，因而从来没有人敢马虎了事。事实上，尽管自由恋爱如今已经成为当地人的结识配偶的主要方式，但结婚的“礼数”（礼节）仍不能少，“该做的还是要做”。近年来，扬美人家的传统婚俗甚至被作为一种旅游资源进行运作。2006 年“五一国际劳动节”期间，当地旅游部门按照扬美的传统习俗在当地组织了一场盛大的集体婚礼，吸引了众多外地新人和旅客参加，一些扬美人对此感到颇为得意。

根据扬美的传统婚俗，青年男女从相识到成亲，大致要经过讲媒、定合、择日、过礼、安床、教礼与哭嫁、迎亲、拜堂、宴客、敬公婆、升花、入洞房等过程。

（1）讲媒。过去扬美镇上的青年男女结婚，主要是由父母包办，少有自主选择恋爱结婚对象的自由。当青年男女到了一定的年纪（男孩十四五岁，女孩十二三岁），他们的父母就开始为其物色对象。由于男女双方往往都不知道他们的结婚对象是谁，因此当地人常把这种男女结合方式称为“盲婚”，意即男女双方连脸都未曾见过就结成夫妻了。当父母有了心仪的儿媳对象时（扬美人结婚在形式上多是男方选择女方），便请“命相好”的人为其讲媒。所谓“命相好”的人，是指那些夫妻和睦、白发齐眉、家业兴旺、子孙满堂的人家。请媒人的时候，主家需要送上“利是”，“利是”多为银两，不过也有一些人家送普通礼物。在扬美人看来，做媒人就一定要为男方说好话，极力促成好事。如今扬美人虽然很多都是自由恋爱结婚，但讲媒作为一种“礼数”还是有所保留，也就是男女双方确定关系之后仍然会请“命相好”的人充当媒人，以保证传统结婚仪式的完整。

（2）定合。媒人按照男方家长的意思到女方家中提亲，称为讲合或者定合。如果女方家长有意，便取出女儿的生辰八字交给媒人，由媒人带给男家合对。而后男家请会算八字之人合对男女双方的八字（在扬美，据说过去很多成年人都可以判断八字是否合对）。如果八字相合，即把两人的八字供奉在家里的神台上。此后三日内，如果家中没有不愉快的事情发生，即可认为婚事可成。此时男家再请媒人把糖果、饼干、槟榔等礼物送至女家，告知其可以定亲，当地人称之为定合。

（3）择日。定合之后，男方即请先生择日（亦有一些人家自己参看通书择日的），确定婚期。婚期一般定在农历九月至十一月，也有些人家定在正月至二月，但三月至七月极少有人举行婚礼。

（4）过礼。如果婚期已定，则男方会选定一个吉日将聘礼送到女方家中，聘礼以钱和金银首饰为多，民国期间曾流行送洋纱。过去普通人家的聘礼，送钱的话一般多为一万二千铜仙；如果送洋纱，则有四码约 36 斤。过礼距离婚礼的时间一般都有 2～3 个月，甚至有长达半年的，其主要的目的，是为了使女方可以从容置办嫁妆。

（5）安床。婚礼前数日，媒人即在新房为新人安床。婚礼当天晚上，媒人把米花、花生、铜钱等置于新床之上，让男女小孩在其中争抢嘻闹，讨个子孙满堂的好兆头。

（6）教礼与哭嫁。婚礼前一天晚上，媒人（男性）开始对新郎进行教礼，即教会新郎在婚礼期间如何待人接物、如何接亲、如何进行“三跪八拜”、如何走路、如何坐位等，俗称教牛。而在女方，则新娘在其姐妹或者好友的陪

伴之下“哭嫁”，以唱歌为主，诉说离别父母的苦楚，咒骂媒人“居心不良”，等等。

(7) 迎亲。婚礼当日，男方派出的迎亲队伍在择定的时辰前往女方家迎亲。迎亲队伍由新郎、媒人公（男媒人）、男方亲属中的童男童女以及若干轿夫组成。迎亲队伍一路上敲锣打鼓，唢呐齐奏，气氛热烈。至女方家后，新郎及迎亲队伍即带着礼物（以鸡、糯米饭等食物为主）紧随媒人到女方的祖屋，拜祭新娘的祖先。接亲时辰一到，迎亲队伍即以轿子将新娘以及嫁妆抬（迎）回男家，而女家也会派出送亲队伍相送。途中新娘的双脚不能着地，否则要发“利是”。在此过程当中，新娘的大嫂或亲属中“命相好”的女性成员要背着新娘上、下轿，并为其“撒花”(铜钱和米粒)。当地人说，如今“现代化”了，新娘“入门”可以坐车，如果双方家庭相距不远，甚至还可以步行。

(8) 拜堂。新娘将至之时，男家点燃鞭炮，并组织各方亲友夹道欢迎。新娘“入门”后，媒人公以及男方的母亲或者婶婶等即领新人以及送亲队伍到祖屋拜祭祖宗。新娘在新家稍坐一个时辰，便与送亲队伍一同返回娘家（扬美人多与本村人结婚，来回一般都比较方便)。

(9) 宴客。婚礼期间，主家一般要宴客三天。此时新郎需要到女方家陪客人吃饭，而新娘则到男方家里吃饭。扬美人说，这样的话新郎新娘就有机会认识双方的亲友，便于日后更好地来往。

(10) 升花。婚礼第二天早上，新娘要到男家向家公、家婆敬茶，而家公、家婆则会送首饰、派“利是”给新媳妇。新娘向公婆敬过茶之后，主家接着便请“命相好”的人（贵人）或者道公在堂屋为其举行升花仪式，将女方回礼中的一盆纸做的花钵（见图6-6）“升”至男方家里的高堂之上。

调查实录：扬美古镇传统婚俗——升花

（根据雷世林、梁宏章2009年7月调查记录整理）

所谓升花，就是把从新娘的娘家带过来的纸花钵“升”到新郎家祖屋的神龛之上。花钵里的花，有红、白两种，分别用红色和白色的绢或者纸做成。花共有七朵，五朵白色的花象征男子，两朵红色的花象征女子，取（生子）“五男二女”之意。

升花是扬美古镇传统婚庆仪式当中的重要环节，一般在婚礼的第二天进行，仪式由一位家庭幸福、在镇（村）里德高望重的中老年人或者道公主持。升花前，新郎先把猪头、鸡、果等供品摆到堂屋里的神台上，然后焚纸烧香。紧接着，升花仪式正式开始。贵人一边唱颂词，一边示意新郎拜祖宗、拜天地，然后花钵“升”到祖先的神位（神龛）上安放好。新郎安好花钵之后，贵人随即向前来祝贺的亲戚朋友抛撒谷子和硬币。

升花的仪式内容，以唱为主，即所谓的“道四句”、说好话、“唱升花”。唱词的内容如下：

恭喜你！我来贺喜你笑眯眯！

你点起花烛在堂前，照耀花王列圣先。

壶里茗茶真堂香，先茶后酒敬祖先。

凤凰巴腿在台中，今日吉时来开中。

（开花结果，发达荣华，丁财丰寿）

开得花饭台有酒，斟来上奉敬祖先。

好花好花结果发芽，年生贵子发达荣华，好花合手上房中栽。

栽得花来朵朵开，一盏花莲生百朵，百朵莲花都齐开。
花开又白又有红，儿儿孩孩满堂红。
一盏花朵交给你，勤劳浇水又生孩。
又手抱莲级级上，等到明年抱莲儿。
夫妻齐眉寿到老，携男带女去寻女太。
双双蕉子交与你，放到明年喂孙儿。
你看明年九十月，麒麟送子上门来。
一对夫妻红又颜，灯花结彩送又龙。
燕子交秋转南海，鸡酒闻香我再来。
大家来饮添丁酒，同欢齐猜庆闹梅。
风调雨顺甘蔗好，甜头甜尾甜到心。
禚田种送茨蔬果，全靠新娘巧手栽。

图 6－6　升花仪式上所用到的花钵

（11）入洞房。婚礼第三日，新娘回男家与新郎相聚，婚礼仪式至此结束。

一些扬美人说，结婚不仅是一个人、一对夫妻的人生大事，同时也是一个家庭、一个家族甚至一条街社会生活中的一件大事，因此脸面一定要讲究，没有钱可以做得简单一些，但“礼数”一定要尽到，否则的话不管男家还是女家，甚至他们的子孙后代都会被人说闲话。如今扬美镇上一些外出工作的人，只要他们的父母还在扬美住，结婚酒一般都是要回来办或者补办的，不然的话老人家的心就会“不安乐”。

（三）寿礼

扬美镇一些有钱人家，在家里的老人60岁以后，儿女们通常都要为其办寿宴庆祝一番。而一些特别有孝心的子女，有时还会请来道公为其祝寿。

（四）丧葬习俗

按照当地人的说法，扬美人的丧葬“礼数”通常是比较复杂的。因为主家不仅要尽一番自己的孝心，更重要的是还要让他们的亲戚朋友和街坊邻居们看到他们的这份孝心。丧礼的仪式过程，主要有入殓、报丧、“想极”、“做道”、出殡、“买孝”等。

（1）入殓。按照扬美的习俗，老人去世后，死者的儿女要及时为其穿好寿衣、寿鞋等，然后放在厅堂中间的地板上“打地气”，待尸体变得僵硬之后再放入棺材内。棺材的摆放也有讲究。一般来说，棺材要在厅堂里斜着摆放，男左女右。年过70的老人去世后，家人要在其脸上盖一块红布。

（2）报丧与“想极”。老人去世之后，主家当日就要尽快告知亲戚朋友。到了晚上，众亲友一起到主家去“想极”，即由主家向亲友说明死者去世的经过及原因，共同缅怀死者一生的功德。

（3）“做道”。老人去世后的第二天晚上，主家要请道公为其“做道”，亲戚朋友一起参加。前来出席“做道”仪式的亲友，尤其是妇女，来到主家后，要到棺材前为死者“垫酒”（斟酒）。死者的棺材前面放有一个“粮瓮”，据说是用来盛放死者在阴间的粮食的，因此每个前来吊唁的人都要为往里面夹菜、装饭、斟酒。“做道”时，一般有“开坛请师”（三清）、“到胎神”（介绍死者的生平，也要介绍自己的生平），“超度”（包括念出死者姓名、出生和去世时间、享年几岁）等环节。仪式一般做一日一晚（也有做两日一晚的），从晚上一直到凌晨四点钟。做白事的道公也会得到红包，里面所封的钱的尾数一般为3、6、9。如果死者为女性的话，道公就会念“担经”（从怀孕说起），“担经”的内容如下（节选）：

一月怀胎上娘身，初禀阴阳造分明。
形如草头垂露珠，乾坤孕秀始由根。
二月怀胎在娘身，朦胧血果固元精。
头眩恶心吐口水，气喘喉调孕子刑。
三月怀胎在娘身，始觉方知有孕娠。
行坐视听宜端正，日后婴儿体格清。
四月怀胎在娘身，胎儿受气出娘身。
六甲所上休莫动，然后胎神保安宁。

五月怀胎在娘身，是男是女两边分。
分归左边娘欢喜，分归右边娘叹声。
六月怀胎在娘身，六月方丝长六根。
容颜易改多憔悴，思想百味辛酸甜。
七月怀胎在娘身，七孔九窍已分明。
胎怀惊动娘挂虑，发毛脏腑具固成。
八月怀胎在娘身，面浮脚肿甚难辛。
行藏坐卧多忧虑，恐怕临盆此月生。
九月怀胎在娘身，预安产室向吉星。
有人来请娘不去，恐怕孩儿半路生。
十月怀胎渐渐满，娘在房中叫肚痛。
儿在腹中团围转，扯娘肝肺痛娘心。

（4）出殡。出殡要选择合适的日子（一般是去世后第三日）和时辰。出殡前，死者的亲家要带三牲（鸡、猪、鱼）来祭拜，据说以前经济困难，就用米和豆腐等顶替。出殡时，死者的长子要扛灵旗并扶棺，而其长孙则捧着死者的遗像走在送殡队伍的最前面（据说这是近十余年才有的），一直到墓地。如果路上遇到有桥要过，则其长子需要下跪并放声啼哭，同时燃放鞭炮。送葬的男女要披麻戴孝，不能笑，主家的人不能随便说话，葬礼的大小事务统统交由自己可以依赖的亲友掌管。参加葬礼的人不能随便进出厨房，不能过问吃饭的事情，不能用手触摸粮食，不能洗手，吃饭只能等待负责伙食的人送来。出殡后，主家要为参加葬礼的亲友派发“利是”。

（5）“买孝”。出殡后的第二日，主家要在扬美街的“三角市”“买孝”。早上七八点钟左右，主家带着亲戚朋友

一起来到“三角市”“买孝”。由主家统一派发零钱在街上购买食物，若是时令合适，主家还要为每一个亲友买一根甘蔗回家。按照扬美的风俗，主家“买孝”时，不管主家还是他的亲友，都不能讲价。

死者出殡三日以后，其亲友才可以“铺头洗衫”。扬美人家的“习惯做法”是，死者出殡后的七日内，主家的人每餐进餐之前都要烧香，奉敬死者。至第七日，主家方才可以拆灵台，请人吃饭。而在治丧期间的所有开支，都由主管葬礼活动的亲友负责，主家不得过问财务问题。死者埋葬三年以后，一般都要拾骨再葬，有钱的人家，大多为其祖先立墓碑，扬美人认为这样才够圆满。至于葬礼的开支，以目前扬美的情况来看，多则六七千元，少的也有4000多元，开支通常是没有“规划”的，来多少人就买多少酒菜，而且要好。参加葬礼的亲友一般不送钱，至多只送一两只鸡，因此整个葬礼的负担全部落在主家身上。主家若有其他兄弟，则不管贫富都要平均分担。

第七章　“富贵人家”的民间信仰

对于扬美人来说，无论是经商做生意，还是耕田种地，抑或是读书做官，都是其重要的生计来源和职业选择。而诸事顺利、老少安康、家业兴旺，自古以来也都是扬美人的共同愿望。然而，这种种美好期待在相当多的时候往往只能“靠神仙保佑”才能实现。由此催生了扬美古镇庞杂的民间信仰，一些人甚至认为过去的扬美人“什么都信”。

一　民间信仰

扬美人对于所谓的“天神地鬼”抱有惯常的敬畏之心，他们既崇拜自然，更崇拜祖先。而在一些具有重大影响的民间信仰活动当中，道教、佛教的身影清晰可见。

（一）自然崇拜

过去的扬美人家，比较相信“天神地鬼”，认为树木，尤其是大树是有“法力”的，没事尽量不要去伤害它们。此外，山岭、江河、街道、房屋等，据认为也有其自在的能量，需要趋其之利而避其之害，因而扬美人大多比较相信风水。在传统的扬美社会中，无论是盖新房还是拆旧屋，也不管是修路、搭桥，抑或店面开张做生意，当地人都少不了请人看风水、择吉日。如今，扬美古镇街头的大小路

口都有“石狗”看守，各街区也都建有属于本街人的土地庙。而在逢年过节烧香敬天神、拜土地，已然成为扬美人社会生活的重要内容。

（二）祖先崇拜

作为一个“知书识（达）礼”的族群，扬美人保持着对祖先的高度敬仰。大多数扬美人家的堂屋正中间，都设有供奉祖先的大神龛，上面安放着先祖的神位。逢年过节之时，扬美人都要烧香祭拜祖先，祈求祖先保佑全家老少平安、生活美满。一些扬美人认为，祭拜祖先、祈求祖先保佑是一种“天公地道”（天经地义）的事情，一方面可以表达他们的孝心，另一方面也是做事顺利的重要保证。扬美镇上的民间仪式活动，虽然在市场经济的冲击之下有所变异，但当地人祭拜祖先的“礼数”，据说一直都没有“短斤少两”。尤其是20世纪90年代以来，这些“礼数”越来越“周到”。除了传统的“礼数”之外，如今扬美人家但凡有生儿育女、升学就业、外出经商、升官发财之类的事情，都要到本姓祠堂或者自家祖屋里“告慰”祖先，祈求先祖保佑其平安、顺利。

（三）神灵崇拜

20世纪50年代以前，多数扬美人相信神灵世界的存在，认为神灵对他们的社会生活有着重要影响。当地人崇拜的神灵主要有北帝神、观音、三界圣爷、魁星、土地神、钟馗等，每当逢年过节或者家里有“重要事情”需要办理的时候，他们都会准备酒、肉、香火到庙里去祭拜各路神仙，祈求神灵保佑一家老少平平安安、心想事成。如今的扬美人依然保持着对神灵的敬意，不过一些接受过现代教育的扬美人认为，拜神只是表达一种心愿，而真正要把事情做好，还是要靠自己的“本事”。

二 庙宇

1922年以前，扬美镇庙宇众多，一些庙宇，如北帝庙、魁星楼等，气势雄伟，造型别致，庙中神像林立，香火旺盛。当时扬美的商家和普通村民，逢年过节或者有红白喜事，据说都要到各大庙宇祭拜。而到扬美做生意的各地商人，每每到了扬美古镇，也少不了要烧香拜佛。

（一）北帝庙（孔庙）

北帝庙位于扬美古镇西面的江岸上，始建于明天启六年（1626年）①。20世纪50年代以前的北帝庙，主要供奉北帝神，是扬美古镇香火最旺的庙宇。据说过去的北帝庙是“旺财”（保佑发财）的，并且十分灵验，因而前来庙里进香的各地香客，主要是为了“求财”。在1958年被拆除之前，北帝庙占地十余亩，庙舍有三进，内有前厅、中厅和后厅，花木庭院，幽静而肃穆。据一些当地老人说，当时北帝庙里共有100多尊神像，做工精细，栩栩如生。北帝的神像安放在后厅的正中央，而在它的旁边及庙院两旁的侧道，则摆放着各路神仙的神像。

在1949年以后的50年间，北帝庙里的“封建迷信活动”基本绝迹。1958年“大跃进”期间，因大炼钢铁的需要，扬美镇上的许多古建筑被拆除，砖块用来盖高炉，而木料则充当柴火，北帝庙也未能幸免。

---

① 也有人说建于明万历年间，但具体年份不详。

如今的北帝庙是在1999年重新修建而成的。1998年，为了发展扬美古镇的旅游业，经当地政府批准，扬美人开始兴建北帝庙。新的北帝庙仍然在原庙址上修建，由于资金方面的原因，新庙只建有一厅一室，其建筑面积只有原庙的1/3左右。新的北帝庙于1999年建成完工，为了“与上级领导的精神保持一致”，以便于今后庙里各项活动的顺利开展，一些扬美古镇的民间人士于是将北帝庙改称孔庙（见图7－1）。孔子的塑像于是被当成为庙里的主神接受各方香客的膜拜，而孟子、曾子等人的塑像，也作为辅神安放在孔子塑像的两侧。

图7－1　扬美古镇上的孔庙（原北帝庙）

（二）魁星庙

魁星庙，取自“魁星跳斗”的掌故，庙里供奉着魁星神、文昌帝等各路文神。魁星庙始建于乾隆元年（1736年），位于扬美古镇东北面。据说魁星庙原来的庙址很大，庙里供奉的神像有近百尊，其规模以及香火的旺盛程度在扬美仅次于北帝庙。魁星庙早先是扬美子弟苦读诗书的地方。民国年间，魁星庙的大部分庙舍被拆除，但其主楼得以保留。

魁星庙的主楼又名魁星楼、文昌楼、文昌阁（见图7－2），楼高约15米，共有三层。1949年以前，魁星楼内的一、二层楼分别安放着关公和文昌帝的神像，三楼安放魁星神爷的神像。或许是因为广西革命党人曾在辛亥革命前夕以之作为筹划镇南关起义的会议会址之故，魁星楼在“大跃进”和“文化大革命”运动中都没有受到破坏。20世纪90年代以后，关公神像移到大王庙中安放，而文昌帝的神像则移至一楼，二楼被模拟还原成广西会堂首领们在辛亥革命前夕开会时的会场原貌，魁星神爷的神像依然安放在三楼。

由于魁星神爷和文昌帝“主管”读书求功名一类的“事务”，因而过去的扬美子弟上学读书之前都要来到庙中拜祭这两位“神仙”。20世纪80年代以后，扬美人读书之风再次兴盛，一些扬美父母时常在孩子入学前或者在一些重大考试如中考、高考之前，都会领着孩子到魁星楼里祭拜魁星神爷和文昌帝，祈求二位神爷保佑孩子考试顺利、金榜题名。

（三）三界庙

三界庙（见图7－3）位于扬美古镇的大湾码头附近，濒临左江，据说始建于明代。过去的三界庙址占地近20亩，庙舍共有两进，庙内的厅堂十分宽敞。庙的后堂供奉着三

图 7-2 绿树掩映的魁星楼

界神像，前堂兼作私塾之用。20 世纪 20 年代以前，三界庙前还搭有一个宽大的戏台，供农历四月初八举行庙会时唱戏之用。

三界圣爷是三界庙的主神。一些当地人说，三界圣爷主管天上、地下、人间三界，是村里（镇里）的保护神。过去三界庙的神像共有三组，中间神坛为护国安民、风调雨顺之坛，左边为太岁、千年之坛，右边为招财进宝之坛。神坛的正中央，安放着三界圣爷的坐像，两旁是四大天王的立像。四大天王分别为魔礼青增长天王，掌青光一口，职风；魔礼红广目天王，掌碧琵琶一面，职调；魔礼海多文天王，掌混元珍珠伞，职雨；魔礼寿持国天王，掌紫金龙花狐貂，职顺。左边神坛为执年太岁殷郊、甲子太岁杨任、五谷神殷洪的坐像，右边神坛为财神赵光明的坐像以及招宝天尊萧升、纳珍天尊曹宝、招财使者邓九公以及利市仙官姚少司等迎祥纳福四大正神的立像。

图 7-3　扬美三界庙

与扬美古镇上多数庙宇的命运相似，三界庙在 1958 年“大跃进”期间被拆毁，而与之相关的民间活动也遭到禁止。如今的三界庙为 2006 年重建。新建的三界庙，仍选原庙遗址为庙基，高约 8 米，为水泥砖瓦结构，只有一个大厅。据一些当地老人说，现今三界庙的规模以及内部的摆设，似难以与原来的三界庙相提并论。

三界庙重建碑记

古三界庙始建于明代，其庙背靠旧街，前临江岸，左右牵大、细两湾，远眺孟志山出岫云霭，近瞰夕影龙潭清幽，回眸周边奇石古树，收三面风光，集四方灵气。景观

奇妙，环境幽雅。此即扬美古八景之“龙潭夕影”是也。

惜古庙被毁。其中原因众所周知，无须赘言。在旅游事业快速发展的今天，群众为增添景色，重建庙宇的愿望与日俱增。扬美老协为适应民意和宏（弘）扬风习文化，决定筹资重建三界庙。乡亲及各界人士，闻风而动，踊跃捐款。得于二〇〇六年仲春动工兴建，同年夏告峻，刻碑为记。

（四）大王庙

大王庙位于扬美古镇的东北面，有庙舍一间，原先主要供奉“大王菩萨”。大王庙的修建，与当地民间流传的“剑插清泉”的传说有关（见图 7－4）。相传，明万历年间有一位皇姑在邕州病故。因路途遥远难以将其遗体运回故地，朝廷于是便派人到扬美来择地安葬。正待朝廷来人决定在如今大王庙所在之地安葬皇姑时，突然来了一位身佩宝剑的人，自称“大王菩萨”。“大王菩萨”对朝廷派来的人说，此处地下水甚多，不宜安葬皇姑。京城来的人将信将疑。大王菩萨于是拨出腰间宝剑，用力往地上一插，待其抽出剑之后，只见泉水汩汩涌出。京城来人见状，只好到附近的宋村另择风水宝地安葬皇姑。后来，扬美人把此处称剑插清泉之地，并召集众人捐资修建大王庙。①

民国初年，为了修好扬美的风水，当地人捐资重修大王庙。重修后的大王庙，气势恢宏，灵光闪现。庙前有一块石牌坊，上面雕刻有龙凤、花鸟、鱼虫、蝙蝠等吉祥之物，栩栩如生。庙门两侧有“肃穆龙泉彰美境，巍峨购阙镇青坡”的楹联。庙里正中央有一口大香炉，高一米余，直

① 根据扬美民间传说整理，2005 年 11 月。

径 80 厘米，有四条石脚支撑。炉底下有一眼小井，井中泉水长年清澈，水位四季如一，冬不干涸，夏不外溢。传说此井的水能解治多种当地常见的疾病，比如有体肤红肿等外科症状时，用泉水洗敷，凉至病除；遇有甲状腺病，长期饮用此井之水，久之即可自愈。为保护此井，扬美人还在大王庙里塑起关羽、关平、周仓等人的神像，以其为护庙之神。在其之侧，立有义勇祠，供奉扬美历代义勇之士的灵位。

图 7－4　大王庙内记录“剑插清泉”传说的牌匾

1958 年“大跃进”期间，大王庙被毁。现今的大王庙为 1999 年以后重建，庙里立有关圣帝（关羽）、关平、周苍以及大王菩萨的神像。

（五）钟馗庙

钟馗庙（见图 7－5）位于扬美古镇西边的江岸，依山傍水而建，风景秀丽，气势恢宏。钟馗庙的始建年月不详，有人推测大致建于明末清初之际。一些当地人说，钟馗庙正面相向之处，皆为左江的急流险滩，多有鬼怪作祟，过往船家时有不测，因而捐资修建此庙的目的，主要在于祈求钟馗“主持公道”，驱魔镇邪。按照当地的民间传说，钟馗不仅会“捉”阴间的鬼怪，同时也会惩治阳间的恶人。1940 年 5 月间，有一艘侵华日军的汽艇，在途经钟馗庙前的河段时，被钟馗“捉住”，最后触礁沉没。“文化大革命”期间，钟馗庙因被视为“牛鬼蛇神”而遭到破坏，钟馗神像也被抛入江中。1987 年，扬美人共同捐资重建钟馗庙，并将钟馗神像从江里捞出重新安放在庙里。

图 7－5　扬美钟馗庙

（六）观音庙

1998年重建北帝庙（孔庙）时，为增加扬美古镇旅游的“活动内容”，当地人顺便在北帝庙的旁边修建观音庙，并在庙里安放观音菩萨的神像（见图7-6）。如今扬美古镇的观音庙有庙舍一间，与孔庙相联通。前往观音庙进香的人，多为外地香客。

图7-6 扬美观音庙内景

（七）土地庙

扬美人家把石狗作为他们居所的守护神，因此土地庙里所供奉的神灵多以石狗为主。扬美人通常在各街巷的交汇地带修建他们的土地庙，这些“庙”往往是一座座没有屋顶的地台。石狗立在地台高处的正中间，台前铺水泥，以便于祭拜时摆放祭品（见图7-7）。一些街巷或是因为空间狭小的缘故，只立有一块未经雕琢的石头作为土地神。在扬美古镇的大街小巷，有大大小小土地庙数十座。当地人逢年过节时，一般都要祭拜所在街巷的土地神。而如果家里有“大事”操办，途经其他街巷的土地庙时，通常也要烧香祭拜。

图 7-7　扬美街头的祭台

“大跃进”以及“文化大革命”期间，扬美古镇的庙宇受损极大，除有过光荣的革命历史的魁星楼之外，其余的各大小庙宇都被拆除殆尽。此后，扬美人的宗教信仰发生了深刻的改变。

三　道公与“师傅佬”

扬美人家时常把一些民间仪式的主持者（男性）称为

道公或者“师傅佬”。这些道公或者“师傅佬”平日里的身份是农民，他们像普通的扬美人一样，参加各种农业生产活动并娶妻生子，只是在“有事”的时候才以道公的身份出现。

扬美村民一般不大愿意做“师傅佬”——尽管主持一些民间仪式通常可以得到“利是”。过去扬美古镇的“师傅佬”，绝大多数来自穷苦人家。扬美古镇的“师傅佬”们在成为真正意义上的“师傅佬”之前，往往需要到外地（以南宁市郊区为主）“学艺”，少则三两个月，多则三五年，依其个人的“天分”（天赋）及其与大师傅的缘分而定。

扬美古镇一些传统的民间仪式活动，往往少不了“师傅佬”的参与。事实上，在20世纪50年代以前的一些重大节庆活动中，如菩萨游街、观音诞等，道公是其中最为重要的主持者和参与者之一。而扬美人家婚丧嫁娶的一些重要仪式，也都需要道公主持。

据一些扬美老人回忆，（过去）扬美古镇的“师傅佬”在人数最多的时候曾经有十来个，“文化大革命”期间，几乎所有的扬美“师傅佬”都被迫“改行”，成为自食其力的生产队“社员”。20世纪80年代以后，一些过去的“师傅佬”们又开始“重操旧业”。不过，如今扬美古镇上的“师傅佬”只有寥寥数人，且大多比较年迈，而极少有65岁以下者。因此，每有一些重大的仪式活动时，当地人往往需要到古镇之外去请“师傅佬”前来帮忙。

扬美古镇的一些民间仪式活动深受道教的影响。扬美人所崇拜的“各路神仙”，大多源于道教经书。而各种仪式中的“规矩”和唱词，也多来自道教经典。与此同时，佛教在扬美也有一定影响，在一些丧葬仪式中，时常可以见

到自披袈裟为亡灵超度的“师傅佬”。

除了以民间仪式主持者身份出现的“师傅佬”之外，扬美古镇还有一种帮人看风水的“师傅佬”。看风水的“师傅佬”，有看阳宅的，也有看阴宅的。当地人通常把为阳宅看风水称为“看风水”，而把为阴宅看风水称为“看坟山”。一般而言，为阳宅看风水的“师傅佬”们更受人尊敬一些，毕竟盖新屋、住新居一类的活动是喜事，那是当地人所期待的。在传统的扬美社会中，多数当地人尤其是中老年人，对于民间信仰仪式活动的参与，往往都比较热衷。

四　民间仪式活动

扬美古镇大大小小的各种民间仪式活动，贯穿于扬美人社会生活的各个方面。“日常”的祭拜、各种人生礼仪以及曾经兴盛一时的各大庙诞，是扬美人家传统民间仪式活动的重要组成部分。

（一）“日常”的仪式活动

民国以前，扬美人家经商者甚众。其时，但凡外出做生意的扬美人，都要烧香祭拜祖先，祈求保佑“生意兴隆”“一本万利”。而在扬美本地的人，按照当地的“惯例”，每逢农历初一、十五，也要为祖先上香，求财神保佑。20 世纪 50 年代以后，因经商受到限制，这种“习惯”开始淡出当地人的社会生活。90 年代以后，一些外出做生意的人家，又在逐渐恢复这种风习。

逢年过节之时，扬美人家大多以家庭或者房支为单位，准备丰盛的祭品祭拜土地公等各方神灵以及本家堂上的列祖列宗。不过，据当地一些老人说，如今的扬美人家在举行此类仪式活动时，往往都比较“自由”“松散”，不像过去有那么多的规矩了。

除此之外，扬美人家在遇到“大吉大利”的事，或者家事不顺利的时候，也要请来“师傅佬”为其“消灾纳福”。当地人家在盖新房、“搬新屋”（入住新房）、生意铺面开业等，一般都要请“师傅佬”“帮忙”。而每当扬美人家有人久病卧床不起而又寻医无方，或者家中诸事不顺的时候，也要请到“师傅佬”举行一些据说可以助其消灾的民间仪式。

（二）人生礼仪中的仪式活动

在一些重要的人生阶段，如出生、满月、“饮灯”、升学、嫁娶、寿诞、丧葬等，在条件允许的情况下，扬美人家都要为当事人举行相应的民间仪式，以便让生者“自知”，让逝者“安心”。

扬美人家在婴儿出生、满月以及“饮灯”期间所举行的仪式活动，通常比较简单，一般是备办一些茶、酒、肉、饭等祭品，焚纸烧香告慰堂上先人。升学、寿诞的仪式活动稍为隆重一些。扬美古镇最为隆重的民间仪式活动是嫁娶、丧葬仪式。在举行这两类仪式活动时，通常是“通街的人”（整条街巷的人）都前来参与，因而仪式的场面往往都比较大，参与的人数也比较多。

（三）诞庆

1. 魁星庙诞

每年的农历三月十七，是魁星庙的庙诞。扬美古镇的人家只是“识得”（知道）有这样一个“节日”，一般不举

行集体性的庆祝活动。不过，也有一些有孩子上学读书的人家，通常会在这一天领着他们的孩子到魁星庙里进香，以祈求学业进步或者还谢已经取得的良好成绩。

2. 三界庙诞

农历四月初八，据说是三界圣爷的诞辰之日，扬美人以之为三界庙的庙诞。20世纪20年代以前，每年到了四月初八，扬美人家都要举行盛大的集体庆祝活动。这一日，扬美古镇的众多信士聚集在一起，既庆祝庙诞，也为粮食丰收、生意兴隆、人丁兴旺而祈祷。各方信士在当天上午只吃素而不吃荤，以表示自己的诚意。扬美人有时也会请来“师傅佬”到三界庙里“做法”，以保佑平安。

三界庙诞日，扬美人家除了要集体祭拜三界圣爷之外，还要进行隆重的“菩萨游街”活动①。这里所说的“菩萨”不是平常所说的“观音菩萨”，而是在三界庙里供奉的三界圣爷。相传，三界圣爷以前是天上的“大元帅”，名为“机柙”，是“专门保（佑）平安和发财的”。后来，玉帝派三界圣爷下凡视察民情，并由其代表玉帝管理人间事务。据说“菩萨游街”这个习俗在扬美古镇已经流传了好几百年了。所谓的“菩萨游街”，就是众人抬着三界圣爷的神像在扬美街（村）上绕行一周。四月初八当日，主持整场庆祝活动的长老率领扬美镇上的信众，一起到三界庙里请神。在举行隆重的请神仪式之后，一队敲锣打鼓的信众在前面开道，八个青年男子抬着三界圣爷的神像，在众人的围观之下沿着扬美镇上的各条主要街道游行。随行的信众通常有80～100人，他们当中有的人执灯笼，有的人拿古扇。

① 过去当地人通常把庙里的各位神仙统称“菩萨”。

“菩萨游街”一般从早上九点开始，从临江街出发，先来到“三角市”，然后经过永安街、中山街、新民街、和平街再到共和街。“菩萨”在游行的途中不会进入村民的居所，而只会在“迓圣殿”、土地台、“香亭”等地方停留下来。“迓”是迎接的意思，所谓“迓圣殿”，即是迎接神仙的地方。每条街都会有一个“迓圣殿”。当“菩萨”停下来时，主持仪式的长老便喃唱一段经文，村众随即献上供品并烧香祭拜，以求万事平安。在游过扬美古镇的各条主要街巷之后，游行队伍再将三界圣爷的神像送回三界庙里，并举行简短的送神仪式。

1922年的“四月初九”事件之后，扬美古镇三界庙诞的各种庆祝活动逐渐减少，而当年热闹的“菩萨游街”也随之取消。20世纪80年代以后，三界庙的一些仪式活动有所恢复，但庙诞仪式的隆重程度已然大不如前。

3. 大王庙诞

大王庙的庙诞为农历五月十三。大王庙的庙诞之日，扬美村里的很多人会到庙堂里去上香，同时奉上一些自家准备的供品，表达他们对忠义之人的崇敬之情。村民们通常会在祭拜大王庙里的各位神仙之后，摆上几桌酒菜招待香客，以庆祝庙诞。到大王庙里参加各种庆祝活动的，以村里的中年女性为主，男性村民相对较少。

4. 孔庙诞

孔庙旧称北帝庙，1999年重建之后才改称孔庙。农历八月二十七是孔夫子的生日，于是当地一些长老就把这一日作为孔庙的庙诞。每逢此日，庙里一般会准备一些沙糕、糯米饭、糖果等，供前来孔庙的香客食用。在一些经费充裕的年份，庙里还会准备丰盛的晚餐招待看守各大庙宇的

工作人员（以老年人为主）。

5. 观音诞

观音诞，也是观音庙的庙诞，在每年的农历六月十九。观音诞这一天，扬美的信士们齐聚观音庙，念经、祭拜观音菩萨，然后在庙里一起吃斋。相传，观音乃是妙庄王的第三个女儿，但是不得妙庄王的宠爱。一次不幸中，妙庄王失去了一只眼睛和一条胳膊，三女儿为了不让父亲痛苦和伤心，也不想让父亲知道，于是改头换面，把自己的一眼一臂献给自己的父亲。她的孝心感动了玉皇大帝，于是封她为观音菩萨，让她去救世济民。一些扬美老人说，别的地方崇拜观音大多是因为观音为世为民的善心，而当地人崇拜观音则更是因为她的一片孝心。

6. 土地诞

农历二月初二是一年一度的土地诞。据一些当地人说，这个节日相当于每年的“开春”。在经过春节的休整之后，扬美人家需要着手做好春耕的准备。每当到了土地诞，扬美人家通常会准备鸡、肉、酒水等供品，到他们所在街巷的土地庙或者土地神台去供奉土地公，祈求其保佑在新的一年里风调雨顺、五谷丰登。

7. 谷黄诞

农历六月初六是扬美的谷黄诞。如果说土地诞是“开春”时的祈福，那么谷黄诞就是收获之后的“还福”了。由于此时已有了春种之后的收成，扬美人供奉土地公的祭品相对丰富。他们通常会把鸡肉、新收获的稻谷之类的粮食摆上土地台，并烧香祭拜，感谢土地公半年来对其所种谷物的护佑。或许是由于谷物种植在扬美人的经济生活中占据的地位有所下降的缘故，如今的谷黄诞只有小部分村民家庭举行相应的庆祝活动。

（四）其他民间仪式活动

1. “伐龙船”

扬美人家有一种在农历三月初三“伐龙船”习俗。这种习俗，据说在扬美古镇已经有近千年的历史了。在“伐龙船”仪式中所用到的“龙船”，是一种船的模型。“龙船”的做法，大致是先用木材或竹条做成船身模样，然后用纸或布装饰外表。一些扬美老人说，“伐龙船”的“伐”，带有“敲”“打”的意思。举行“伐龙船”仪式时，扬美的村民们需要先把做好的“龙船”抬到钟馗庙，并在庙里举行一系列祭拜活动。待祭拜完钟馗之后，当地人便抬着“龙船”环绕扬美村外围的主要街道游行一圈。在随行人群中，通常有一个由真人装扮的“蒙蒙高”。此“蒙蒙高”据说面目狰狞，样子十分吓人。在游行队伍行进的途中，街上的人家通常会把用桃叶或艾草做成的小敲把在“龙船”上敲打三下，之后再捧起一把米，连同香纸和敲把一起扔进“船舱”里。游完街之后，村民们把“龙船”抬到江边的龙船埠上并将其烧掉。当地人解释说，这样的做法有避邪消灾之意，表示送走了瘟神、恶魔，保佑扬美人家身体健康、平安快乐。

2. “赶鬼”

过去扬美人家每遇到小孩子受了惊吓，或者家里有人久病难愈，或者做事常有不顺，便认为多是受了鬼魂的侵扰，需要请“师傅佬”前来“赶鬼”。对于一些“情节”较轻的“事”，如小孩受惊等，通常请村里的“师傅佬”做一

些简单的“赶鬼”仪式就可以了，据说一般都比较“灵（验）”。而如果要做一些难度较大的“事”，如久病难愈等，则往往要到外地请来一些“法力”较强的“师傅佬”。据一些老人讲，过去的扬美人虽然也认为有了病就要看医生、要吃药，但并不是什么人家都请得起医生的。因而尽管通过请人“赶鬼”的方式来“治病”的效果并不好，但往往也是不得已而为之的事。如今扬美人的生活水平提高了，当地的医疗条件较之过去好了许多，因而相信“赶鬼”可以治病的人越来越少。最近10年来几乎没有哪户人家再请“师傅佬”来“赶鬼”了。

第八章 汉族“飞地”的族群与族群认同

扬美古镇一带地区为多民族杂居地区。此一地区的世居民族，主要有壮族和汉族，另有部分瑶、苗、仫佬、侗、毛南等少数民族人口居住。作为一块汉族“飞地”，扬美古镇由于所处地理位置比较特殊，加之其族群内部各姓人家的“来源”比较多样，当地的族群关系相对复杂。

一 族群分布

扬美古镇所在的南宁市郊区，主要居住着汉族人和壮族人。据2000年全国人口普查资料，南宁市郊区的总人口为49.44万，其中，汉族人口24.29万，占总人口的49.14%；壮族人口24.68万，占总人口的49.91%。汉族平话人主要聚居于南宁市近郊地区，而壮族人则主要聚居在远郊地区。扬美古镇的周边地区，除平凤、宋村等少数几个汉族村庄外，其他村寨均为壮族人居住。因此，从地理位置上看，扬美古镇婉若一座漂浮在壮族人“汪洋大海”之中的族群孤岛。

（一）汉族人

秦始皇三十三年（前214年），秦王朝平定岭南，置南海、桂林、象郡，推行“以谪徙民，与越杂处”[①] 的民族政策，此为中原人口大量进入广西之始。汉初，赵佗自立为南越王，割据岭南，并采取“和集百越”的方略，使岭南各民族和睦相处。汉武帝元鼎六年（前 111 年），汉王朝平定南越国，析桂林、象郡、南海三郡，以为南海、朱崖、儋耳、苍梧、郁林、合浦、交趾、九真、日南九郡，并置交趾刺史部，总领各郡。为了加强对岭南地区的统治，汉王朝推行“以其故俗治”的民族政策，进一步促进了岭南越人与汉人之间的融合。此后历朝的中原汉人，或因逃避战乱，或因随军南征，或因谋生所致，陆续迁入广西。[②] 现今南宁郊区的汉族人，据认为多是唐宋以后中原王朝留守此地的军人后代，另有部分是明清以后从广东及附近地区进入左、右江沿岸城镇经商的汉族人的后代。

目前南宁市郊区的汉族人，有平话人、广府人和疍家人三个民系，主要分布在南宁市近郊的亭子、沙井、那洪、津头、上尧、安吉、心圩、石埠、江西等乡镇。其中，沙井、亭子、安吉三个乡镇的汉族人口比例最高，分别达到 89.3%、84%、84%（见表 8－1）。此外，南宁远郊的三塘、双定、金陵、坛洛、那龙、富庶等地也有少量汉族人居住。[③]

① 《史记》卷一一三《南越列传》

② 南宁市郊区地方志编纂委员会编《南宁市郊区志》，方志出版社，2004，第 126 页。

③ 南宁市郊区地方志编纂委员会编《南宁市郊区志》，方志出版社，2004，第 126 页。

表8-1　南宁市郊区汉族人口分布情况

单位:%

乡镇名称	汉族人口占总人口比例
亭　子	84
沙　井	89.3
那　洪	58
津　头	75.4
安　吉	84
江　西	59
上　尧	—
心　圩	—
石　埠	—
三　塘	—
双　定	3.8~33
金　陵	—
坛　洛	—
那　龙	—
富　庶	—

资料来源：根据南宁市郊区地方志编纂委员会编《南宁市郊区志》，方志出版社，2000，第126页。

1. 平话人

平话人是南宁市郊区人口最多的汉族民系，约占总人口的90%以上。据当地人的族谱记载，如今南宁市郊区的平话人，多为宋皇祐年间随狄青南征的中原汉族人的后代，祖籍“山东青州府白马县”。平话人以平话为母语，部分人会讲“白话”（粤语）和普通话，当地人在语言以及传统风俗习俗等方面大体相似。南宁市郊区各地农村的平话人，多以务农为业，目前主要种植水稻、玉米、蔬菜以及西瓜、

香蕉、甘蔗等经济作物。此外，另有部分平话人从事农副产品加工以及其他商业活动，其经济发展状况略好于周边地区农村的壮族人。

2. 广府人

南宁市郊区广府人多为广东商人的后代，多数人家认为其祖先来自“广东南海县”。广府人主要聚居于左、右江沿岸城镇，世代以经商为业。20 世纪 50 年代以后，由于受到国家经济政策的限制，绝大部分广府人“弃商务农”，主要从事农业生产。80 年代以后，一些广府人“重操旧业”，在南宁市区及郊区城镇从事商业活动。南宁市郊区的广府人，平时多讲粤语和普通话，一些人会讲平话。

3. 疍家人

疍家人主要聚居于左、右江和邕江河段的江岸，传统上以捕鱼、水运为业，以浮家泛宅为居（见图 8－1）。疍家人据认为自唐代以后就开始进入南宁市郊区的邕江河段，为当地人口最少的汉族民系。1949 年以前，疍家人因被看作为“下九流”之人，社会地位较低，生活贫困，一度备受陆地居民歧视。[①] 1949 年以后，疍家人的各项合法权益得到国家法律的保护，其社会地位迅速提高。目前，绝大部分疍家人已迁至陆上定居，主要聚居在邕江河段的岸边。20 世纪 80 年代以前，南宁市郊区的疍家人平时多讲粤语，只有少量人会讲普通话，如今大多数疍家人会讲粤语和普通话。

---

① 南宁市郊区地方志编纂委员会编《南宁市郊区志》，方志出版社，2004，第 127 页。

图 8-1　疍家人的家（船内）

（二）壮族人

壮族人系百越族群支系西瓯、骆越的后裔，中国古代史籍之于壮族先民的称谓，有“西瓯”“骆越”“乌浒”“俚”“僚”“伶”“俍”“獞”“僮”等，而当地人则自称“布侬”“布夷”“布土”“布泰”“布曼”“布沙”“布雅衣”“布僮”等①，是“广西最早和主要的开拓者”。②

南宁市郊区的壮族人，据认为是古代骆越人的后代，

① 参见张声震主编《壮族通史》，民族出版社，1997，第 4 页；莫家仁、陆群和《广西少数民族》，广西人民出版社，1996，第 10 页；李富强、潘汁《壮学初论》，民族出版社，2009，第 5 页；顾有识、罗树杰主编《中国民族志》，黑龙江人民出版社，2003，第 112 页。

② 莫家仁、陆群和：《广西少数民族》，广西人民出版社，1996，第 6~7 页。

主要分布在南宁市远郊的三塘、金陵、双定、那龙、坛洛、富庶等地，其中双定、那龙两地的壮族人口比例最高，分别达到98.5%和98%（见表8－2）。①

表8－2　南宁市郊区壮族人口分布情况

单位：%

乡镇名称	壮族人口占总人口比例
三　塘	95
双　定	98.5
金　陵	90
坛　洛	67
那　龙	98
富　庶	80
安　吉	16
江　西	41
那　洪	42
津　头	24
亭　子	16
沙　井	—
上　尧	—
心　圩	4～10
石　埠	—

资料来源：南宁市郊区地方志编纂委员会编《南宁市郊区志》，方志出版社，2000，第124页。

当地壮族人是一个以稻作农业为主的族群，传统上“惟知耕作，不事商贾”。近代以来，园圃业、林业、家畜

① 南宁市郊区地方志编纂委员会编《南宁市郊区志》，方志出版社，2004，第124页。

家禽养殖业、渔业以及各种手工业生产有所发展，一些居住在圩镇之上的壮族人家，除了务农之外还从事各种手工业生产和商业经营。劳作归来的壮族人见图8－2。

图8－2　劳作归来的壮族人

壮族人以父系继嗣为主，但宗族观念相对淡薄。过去，壮族妇女在婚后有“不落夫家”的习俗，20世纪50年代以后已基本消失。在壮族人的民间信仰中，有崇拜祖先、崇拜自然的传统习尚，一些地区的花婆崇拜较为盛行。唐宋以后，佛教、道教相继传入，对于当地人的宗教信仰有一定影响，其中又以道教的影响稍大。

当地壮族人的传统节日主要有春节、三月初三歌节、四月初八牛魂节、五月初五端午节、七月十四中元节、八月十五中秋节、十月初十等。餐饮是壮族人过节最为重要的活动内容之一。其中又以春节的“开年”聚餐（各地日

期有所不同）、三月初三歌节和七月十四中元节期间最为隆重。在一些壮族地区，如那龙、双定等地，过去唱山歌的习俗较为兴盛，尤以农历三月初三的歌节最为热闹。在饮食方面，当地壮族人平日以白粥、米饭为主食，节日喜食五色糯米饭、粽粑、糍粑等。每年的三月初三，绝大多数当地人家要做五色糯米饭，而在七月十四各家则要做糍粑过节。

二　族群认同及其变迁

虽然从表面上看，“扬美人”是一个有着浓厚地域性色彩的族群指称，但它内在的多样性远非扬美古镇的地域范畴所能涵括。扬美人的族群认同，较为集中地体现在当地人对于族群的生活地域、历史渊源、语言、生计方式、民间信仰、风俗习惯以及其之于汉文化的归宿感等方面。

（一）扬美人的族群认同

1. 历史记忆与族群认同

如前所述，大多数扬美人认为他们祖先来自“山东青州府白马县”或者“广东南海县”。对于“山东白马人”而言，他们的族群认同，与先祖跟随狄青军队平定侬智高起事的历史记忆有着密切的关联；而“广东南海人”的族群认同，则源于明清以后广东商人西进经商的历史记忆。

1949年以前，扬美古镇上一些人口比较多的姓氏，如杜、梁、杨、黄等，都建有本家姓氏的祖祠，而梁、杜等姓氏的祖祠，甚至还不止一处。扬美人的族群认同，较多地偏重于祖上的记忆，而对于血统关系，却似乎并不十分看重。一些扬美人说，只要在扬美古镇上生活的时间足够长（两代以上），会讲扬美话，与别人不打不闹，在他们看来，都算是“扬美人”了。

扬美人的姓氏多，虽然也有一些宗族组织活动，如一些姓氏每年三月初三会有一些集体性的祭祖活动等，但由于扬美人“不喜欢拉帮结派”，因而各姓之间没有出现过针对其他姓氏的集体性活动，而对于“祖上的事情”，一般也不会细究。一些村民说，不管以前还是现在，也不管你姓什么，只要你愿意在这里住，而且能够“住得下去”，扬美古镇上的人是不会把你当作外人看待的。

2. 地缘关系与地域认同

扬美人对于扬美古镇有着较为强烈的地域认同。在一些扬美人看来，扬美古镇（地理）“位置好”、气候好、空气好、水土好，是一个“旺人又旺财”的好地方。这里与南宁“不远也不近”，过去有水路，如今陆上交通也很方便，既可以在家里耕田种地，也可以到外面做生意赚钱。在当地人的印象当中，扬美是一个“有钱”（经济发达）、“有文化”的地方。在过去（20 世纪 20 年代以前），扬美古镇商业繁华，庙宇众多，名胜古迹“随处可见”，人气十分兴旺，历史上更是人才辈出，其兴旺程度为南宁郊区城镇和农村所难以企及。一些当地人说，扬美处在城市与乡村之间，这里的人与城市生活若即若离，因而生活安定、平静而又不单调。尤其重要的是，扬美镇上的人家，纯朴、善良、勤劳而又不失精明，大多数人知书识礼，尊老爱幼，助贫扶弱，是一些“靠得住”的邻居。对于扬美人来说，扬美古镇是他们在此安身立命的家园。

对于大多数当地人来说，他们对于“扬美人”的认同，在很大程度上与扬美古镇的地缘关系有关。在扬美古镇的

内部，有两个以祖籍作为认同基础的群体，即“山东白马人”和“广东南海人”。从某种不太严格的意义上讲，这两种认同都是地域性的认同，与其地缘关系密切相关。一方面，不管是“山东白马”还是“广东南海”的祖籍认同，其本身就是地域性的；另一方面，就其具体的居住地点而言，这两个群体也有一定的地域性特点——如前所述，“山东白马人”主要居住在扬美镇的下半街，而“广东南海人”则主要居住在上半街。

“山东白马人”之于扬美古镇，被认为是“最有感情的”。当地人认为这主要有三个方面的原因。一是他们的祖先来扬美最早、住的时间也最长。从宋代皇佑年间到如今，少说也有950多年的历史了，虽然以前当兵的人文化不多，没有留下更远的族谱记载，但三四十代应该是有的，时间长了，也就有了感情。二是他们的祖先在扬美勤耕苦种，生男育女，一向都顺顺利利、平平安安，因而觉得扬美是一块养人的风水宝地，并且早已习惯了在此地生活。三是一些人坚信他们是“山东白马人最正宗的”后代，祖上有战功，历代以来都崇文尚武，有着“村佬”们所难以企及的名门家风，因而在扬美生活会感到很荣耀。作为一种“遗风”，下半街的人们对于镇上的公益事业，往往表现得更为热心。以杨翰燃老人为例，自20世纪90年代以来，杨先生每年都参与组织、策划镇上老人协会的各项活动，一些大型的民间集体仪式几乎从不缺席，其所担负的责任重大，却从来不计较个人的报酬问题。杨说，尊祖、祭祖是扬美人的传统，而下半街的人，在这方面向来也都表现得比较积极，因而很受当地人尊敬。一个明显的事实就是，扬美古镇除了三界庙以外的主要庙宇，都集中在下半街。

居于上半街的“广东南海人”对于扬美人的族群认同较为微妙。在我们访谈的对象当中，不少“广东南海人”都强调他们的老祖宗是做生意的，向来都是有钱人家。“四月初九”事件以前，当地的“广东南海人”基本上不怎么种田，而1949年以后耕田种地也是迫不得已而为之的事。他们说，当时“有办法的人”（有本事的人）是不会干农活的，最差也只是走走街。一位杨姓老者说：“我们这里以前的生活好，做生意自由自在，没有什么限制，赚钱很容易。我们和下街的人不同的，他们耕农的比较多，做生意的比较少，因而生活没有我们上街的好。”

3. 语言认同

扬美人的族群认同，其重要现实的“依据”即是语言。尽管不少扬美人会讲普通话、白话，但其对“扬美话”的认同没有因此减弱。事实上，会不会讲扬美话，在相当程度上已成为判断一个人是不是“真正的扬美人”的重要标志。

一些扬美人并不知晓他们的本地语言在“文化人”那里叫平话，而只是称之为扬美话。不过，一些“见多识广”的扬美人说，他们的“话”（语言）与南宁市郊区的一些地方，如石埠、心圩、亭子等地的“话”比较相似，而与周边村寨壮族人的“话”不一样。他们讲的是壮话，只是偶尔能听一些，大多数情况下是听不懂的。一些人说他们的扬美话跟白话（当地人对南粤语方语的统称）差不多，能听懂白话的人基本上都能听懂扬美话，但是需要慢慢适应。扬美人常说，判断一个人是不是扬美人，只要听他说两句话就知道了。就算是附近的平凤坡、老口、石埠等与扬美人交往较多的地方，讲的虽然都是“同一种话”，但其中的差别还是比较明显的。虽然扬美人也会讲一些白话，20世

纪 80 年代以后会讲普通话的人也越来越多，但扬美话一直以来都是扬美街头最常使用的语言。扬美人与邻村的壮族人平时交往不多，与到扬美来赶墟的人在语言上的交流，往往也仅限于讨价还价的时候。扬美人与壮族人之间主要讲扬美话，一些扬美人即使会讲一些壮话，一般情况下也不会轻易讲，因为“怕别人笑（话）”。

4. 业缘关系与生计方式的认同

虽然不少扬美人承认他们的祖先早先是跟随狄青南来的军人，但很多当地人坚信他们的祖先是“做生意出身的”。扬美人一般都很乐意和外地人提起扬美古镇当年的繁华和富有，对其祖先的商业才华极为敬仰，认为擅长经商是扬美人的“特点”，而周边地区的壮族人则主要从事“耕农”。一些扬美人倾向于以生计上的取向来标识他们与邻村壮族人之间的差异。在 20 世纪 20 年代以前，业缘关系对扬美人的族群认同起着举足轻重的作用。一位梁姓村民说，过去的扬美，往往是做生意的人识得（认同）生意人，耕田人识得耕田人。不仅扬美人与邻村壮族人有分别，就是扬美镇上的人，也是有分别的。不过，由于经济上的依赖关系，扬美人之间仍然需要互相“帮衬”（关照）。比如说腌酸菜，一些生意做得比较大的人家，在腌菜时需要较多的人手，单靠自己家里面的人是不够的，因而往往需要请左邻右舍帮工。而一些走街的人家，有时因自家生产、加工的农副产品在品种、数量上的欠缺，也需要从其他人那里进货。过去扬美人去南宁等地走街，因路途遥远，也常常结伴同行，以便在路上有个照应。一些扬美人说，以前当地人做生意，虽然也会不时找一些自己的亲戚帮忙，但一般不大愿意与他们合伙，因为一旦涉及钱的事情，大家就都不好说话，容易得罪人。因而不管走街也好、做生意也好，扬美人大多倾向于和扬美街上一些比较容易合作但又不是很亲或者很熟的人合伙。

作为一个“功能齐全的小社会”，“四月初九”事件以前扬美古镇的农业、手工业、商业等已经形成一条相对完整的产业链。在这条产业链上，各行业之间的关联性已经比较高，因而其经济价值的实现，都离不开其他行业的各种“关照”。从观音庙“退休”后还不时到“三角市”走街的黄育初老人说，不管哪个环节，都要有一些人去做。因为不可能所有的人都去种田，也不可能所有的人都去做生意，各行各业都要有一些分工。所谓“脱鞋人养穿鞋人，戴笠人养撑遮人”，讲的就是这个道理。而从扬美当时的这句谚语中，我们也可以隐约感到由于资源占有上的某些差异，当地的社会分层也是较为明显的。不过，正是这种相互间的“供养”关系，增加了扬美人在经济上的依存性，也由此增进了扬美人之间的族群认同。

5. 民间信仰的认同

过去庙宇众多的扬美古镇，其民间信仰的内容是较为丰富的。对于北帝神、魁星神、文昌帝、三界圣爷、大王菩萨、钟馗、观音、石狗等神灵的崇拜，不仅建构了扬美人庞大的民间信仰体系，同时也建构了当地人的族群认同。在族群认同的“客观特征”逐渐趋同的现当代社会，这些神圣世界的“生灵”，为扬美人的自我想象提供了广阔的空间。

一些扬美人认为，对于神灵的“尊敬”（崇拜），是衡量一个扬美人“文明程度”的重要标志之一。过去做生意的人家一定要“拜”北帝神，读书的人家要“拜”魁星神、文昌帝，耕田种地的人家要“拜”三界圣爷……因此，在

做“大事”之前，扬美人一般都要“拜”一下扬美古镇上的各路神仙，以求其保佑平安、顺利。而这些“习惯”，已然成为扬美人社会生活中的重要组成部分。

6. 风俗习惯的认同

尽管扬美古镇的古屋、古街道、古码头等相对完整，但总体而言，扬美人在衣、食、住、行等方面的内容和方式，如今与其周边城乡地区已比较接近。事实上，在扬美古镇，除少数年纪较大的老年妇女之外，传统服装几乎已无人再穿，更多的当地人尤其是青年人开始向往现代都市人的华丽服饰。当地人日常的饮食习惯较之过去也有了很大的变化，一些人对于一锅白粥吃一整天的“食法”似乎“越来越有意见”。而住在古旧祖屋里的扬美人家越来越少，一些人家的理想家居不再是传统的“四合院”“五叠堂”，而是装备各种现代家居设备的钢筋水泥楼房。至于出行方面，对于扬美古镇人而言已经没有太多“传统”的印记，船只在扬美人社会生活中的地位已有较大幅度的下降，如今只有那些需要过江耕作的人家才配置一两条小木船，大多数人家外出都是乘坐汽车、摩托车一类的现代化交通工具。与此同时，当地人对于传统节日以及各种人生礼仪的重视程度也已大不如前。

不过，扬美人认为，这些外在的现象并不能掩盖当地人在传统风俗习惯上的保守。在他们看来，生活方式的改变，并没有改变扬美人对于当地传统风俗习惯的认同。他们认为，扬美人对于传统节日、人生礼仪以及民间仪式的重视程度，是周边地区的人所难以比拟的。他们说扬美人在衣、食、住方面都比较讲究，这是他们有别于邻村壮族人的地方。而他们的祖先对于其他一些风俗习惯的安排，也往往是“有长远考虑的”。譬如说五月初一的老人节，以前老人们过节最为主要的目的不是为了吃喝玩乐，而是要讨论村里镇上的各项大事；又譬如清明节“拜山”，扬美人拜山的时段很长，从三月初到五月初，历时一个多月，主要是考虑到以前扬美做生意的人多，不一定都能在清明节这一天回到家，时间定得长一些，对大家都方便。一位杜姓扬美人说，扬美当地一些风俗习惯的形成，其实都不是随意的。老祖宗们在“制定”这些风俗习惯时，充分考虑到当地人在时间上的安排和经济上的承受能力，因而得到镇上大多数人家的认同。

在扬美人看来，扬美古镇历来都是讲究礼节的地方，当地人大多衣着体面，食得讲究，住得舒服（适），行得自在，各种习惯“比较科学”，与别人有所不同。

7. 文化心理认同

扬美人自诩为“名门之后”，识书识礼，“有文化”“讲道理”，是“先进的”中原文化的传承者，对汉文化有着一种“与生俱来”的认同感。虽然在语言、经济发展水平、生活方式、价值观念等方面，扬美人与其他地区的汉族人均有一些差异，但多数扬美人对于汉文化的“正统性”深信不疑。曾经辉煌的历史、令人羡慕的现实和看似光明的发展前景，在一定程度上加深了扬美人对于扬美古镇以及汉文化的认同感和归宿感。

读书、识字、做官，或是做生意、发财，此等光宗耀祖之事，不仅是很多扬美人对自己的期许，同时也是他们对后代子孙的期待。渗透着汉文化的价值观的种种道德教化，贯穿于扬美人各个人生阶段。一些当地老人说，这些“教育”，不仅使当地人“识得”（懂得）如何与他人相处，

同时也增强了他们对于汉文化的认同感，从而“识得自己是什么人”。与此同时，在一些扬美人看来，扬美古镇、汉文化的“习惯”（传统），可以给他们一种安定的归宿感，因此很多扬美人都很“安乐”。扬美古镇的人大多长寿，八九十岁的老人很多，这得益于当地人的“安乐”。虽然在经济发展上，扬美古镇“比上不足”（与城市相比），但“比下有余”（与周边地区农村相比）。而扬美人那种“自得其乐”的安逸，则是其他地方的人所没有的。

扬美人的这种心理认同，在与周边地区壮族人的交往当中得到了强化。事实上，很多扬美人表示，他们往往只是在与壮族人的交往当中才知道“自己的汉族人”身份，才更加清楚地“知道”他们与壮族人的“不同”。

（四）族群认同的变迁

1949 年以来，随着当地政治、经济、文化格局的深刻变革，扬美人的族群认同发生了许多重要变化。尽管扬美人对于他们祖先的历史记忆有“越来越清晰”的迹象，一些民间宗教信仰活动在 20 世纪 90 年代以后也有逐渐复兴的趋势，但社会生活的重大改变，使当地人的族群认同出现了一些新的特点。

在语言认同方面的变化是较为明显的。20 世纪 50 年代以来，普通话的推广应用，为越来越多的扬美人提供了学习“国家的语言”的机会。由于普通话是官方语言，“比较正规”，很多扬美人家都期待他们的子弟能“讲好普通话”。一些年轻夫妻认为讲好普通话甚至比会讲扬美话更重要。

如今，接受过现代教育的青年人，热衷于追赶潮流，很多人期待着过上都市人的生活，而较少有人愿意接受扬美人传统的生活方式，其价值观念也因此发生了重大改变。

1949 年以后国家民族政策的实施，对扬美人族群认同的变化有着深刻影响。一些扬美古镇的老人认为，1949 年以后，国家实行的一系列少数民族优惠政策，在促进扬美古镇与其周边少数民族地区经济与社会平稳发展的同时，也使扬美古镇在经济发展上的传统优势不再明显。这种情况的出现，虽然使扬美人的“优越感”受到一定程度的影响，但当地人的族群认同因此变得更加强烈。

20 世纪 80 年代以来地方经济的发展，对扬美人族群认同的变迁产生了双重的影响效果。1949 年以后屡受挫折的扬美经济，动摇了一些扬美人在当地语言、生计方式、风俗习惯等方面的良好的“自我感觉”，并弱化了其原先较为坚定的归属感。20 世纪 80 年代以来快速发展的扬美经济，有效提高了当地人的物质生活水平，并使扬美人的族群认同得到加强。然而，随着市场经济的发展，原先那种温情脉脉的人际关系开始让位于讲求实际的市场通则。一些扬美人认为，如今扬美镇上有些人（在社会生活当中）“只讲钱、不认人”，人际关系跟过去根本没有办法比。

20 世纪 90 年代以来城市化的发展对于扬美人族群认同的侵蚀日趋严重。一些当地人说，90 年代中期以后，越来越多的扬美人到广东珠三角等经济发达地区打工，造成扬美古镇的青壮年劳动力大量外流，而且大部分外出务工人员在成家立业之后选择在其工作的城市生活。在一些向往现代生活的扬美人看来，扬美古镇传统的生活方式已经“过时”，而当地人的“生活观念”又比较“落后”，不能适应现代生活的需要。虽然这些人在逢年过节的时候会不时回到扬美古镇住上几天，但其对扬美人的族群认同感在

不断淡化。近年来，扬美古镇绝大部分青年人在完成学业之后，都选择在外地城市工作和生活，他们当中的大多数对于扬美人的认同，与其父辈相比有着较大的落差。

三　族群关系的演变

或许是由于长期以来在政治、经济、文化发展上的某种强势地位，扬美人的族群认同相对强烈。1949 年以前，由于扬美古镇深入壮族人聚居地区的腹地，成为一块汉族人的“飞地”，其与周边地区壮族人的关系较为微妙。中华人民共和国成立以后，随着民族平等政策的贯彻实施，扬美人与其周边地区壮族人的交往日渐增多，彼此之间的认识和了解不断加深，族群关系相对稳定。

（一）扬美古镇内部的族群关系

正如前文所言，扬美古镇内部有两大族群，一为自称祖籍“山东青州府白马县”的“山东白马人”，主要聚居于“下八街”（下四街），即中山街、和平街、共和街、解放街等处；一为祖籍“广东南海县”的“广东南海人”，据认为是广东商人的后裔，主要居住在“上八街”（上四街），即振兴街、临江街、新民街、永安街等处。从过去扬美人的职业取向来看，“山东白马人”中以“耕田种地”者为多，经济条件稍逊；而“广东南海人”则多以经商为业，另有部分人家从事地方土特产品的加工，家庭经济状况相对较好。虽然扬美人以“扬美话”作为当地的通用语言，但一些“广东南海人”更倾向于使用粤语，过去的“广东南海人”在衣着、饮食方面也更为“讲究”一些。一些当地人认为，“山东白马人”对于地方传统的保持似乎更为热心一些，而“广东南海人”对于“做生意”、“发大财”的期待则更为热切，因而在生计选择上“各有各的想法”。

长期以来，追求“和气生财”的扬美人，以温和善良、勤劳智慧自诩。扬美古镇内部的族群关系，据说向来都比较融洽，镇内各大姓氏的人家“各揾各食”，彼此之间在多数情况都能够相互谅解，“能让则让”。因此，虽然扬美古镇人口众多，“来源复杂”，但镇上的人家能够相安无事。

“广东南海人”生活相对富裕，但对“山东白马人”还是“相当尊敬”的。这一方面是由于“山东白马人”的姓氏、人口较多，又是扬美古镇的开拓者和最重要的建设者，“广东南海人”“不得不敬”；另一方面，或许是更重要的，那就是“山东白马人”诚实敦厚、崇文尚武。而“山东白马人”对于作为扬美古镇的晚来者“广东南海人”也历来以礼相待、“不分你我”。

虽然在过去的扬美古镇，有所谓“脱鞋人养穿鞋人，戴笠人养撑遮人”的说法，但这种“阶级”之间的“剥削”与被“剥削”关系，并不是扬美人经济生活的主流。事实上，由于唇齿相依关系，“山东白马人”与“广东南海人”在经济上的融洽关系确已到了一个难分彼此的程度。在一些当地人看来，没有人帮工的老板做不长久，而没有老板的帮工也不可能有安稳的生活。

（二）扬美古镇与周边地区的族群关系

1. 与汉族其他民系的关系

由于在历史渊源、语言以及风俗习惯等方面有着较为一致的认同，扬美人与扬美古镇周边地区平话人之间的关系较为融洽。明清以后，作为当地农副产品的集散地，扬

美古镇的商品经济较为发达，文化交流相对活跃，逐步发展成为当地平话人经济与文化交流的中心地区。一些当地人说，如今的平风坡（自然村）原先并不属于扬美古镇，1949 年以后政府把它划给扬美管辖，大概也是考虑到扬美古镇在当地的“中心”地位以及平风坡人与扬美人的关系比较好的缘故。

扬美人与当地广府人的交往，主要体现在经济上，尤其集中在商业方面。传统上，广府人多以经商为业，而扬美人也比较期待通过经商来谋求更富足的生活。扬美人所生产、加工的农副产品、手工制品等，主要经由广府人销售到南宁市区及周边城乡地区。而扬美人所经销的轻工业制品，也多由广府人提供货源。20 世纪 80 年代以后，随着当地商品经济的发展，扬美人与广府人的交往逐渐增多，彼此之间的关系也日渐密切。

由于“业务”上的联系比较多，过去扬美人与疍家人在经济上的依存关系较为明显。作为一个以水上捕捞和水上运输为主要生计来源的族群，疍家人对于扬美古镇的经济发展曾发挥过十分重要的促进作用。在陆路交通相对滞后的年代，进出扬美古镇的各类货物，大多依靠船运，因此扬美人与疍家人的经济交往相对较多。20 世纪六七十年代以来，随着现代交通事业的发展以及扬美商业的萎缩，扬美周边地区的航运业逐渐衰退，原先往来扬美古镇从事运输的疍家人大多已到别处谋生。90 年代以后，由于扬美河段的渔业资源不断减少，前来此地捕鱼的疍家人已较为少见。据一些扬美人说，疍家人与他们（扬美人）的关系向来较好，一些疍家人到了扬美古镇，常和镇上认识的人“称兄道弟”，关系十分融洽。

2. 与壮族人的关系

扬美古镇与其周边地区壮族村寨在经济上有着非常密切的关系。长期以来，作为一个地方性经济中心，扬美古镇是当地农副产品和城市工业制品最为重要的集散地。“南宁是银行，下楞是粮仓，扬美是饭堂”的俗语即较为形象地描述了扬美古镇在地方经济发展中的重要地位以及其与当地壮族农村在经济上的依存关系。由于扬美人传统的经商地域，主要集中在左、右江流域的沿江城镇，因此当地人与扶绥、隆安等地壮族人的关系也较为紧密。据说一些扬美人家因祖辈曾在扶绥县的驮卢镇等地经商，至今还有不少亲戚在那里生活。与壮族人的长期交往和“互相学习”，也使得扬美人的一些饮食习惯和其他生活习惯，与其周边地区的壮族人有着某些相似之处。

虽然由于经济发展水平和文化认同上的差异，1949 年以前扬美人与周边地区壮族人之间的关系曾经出现过一些波折，但总体而言，扬美人与壮族人的关系还是比较平稳的。1949 年以后，随着国家民族平等政策的贯彻落实，当地壮族人、汉族人在政治、经济和文化等方面的交往日益增多，彼此之间的认识和了解不断加深，民族关系日渐融洽。一些扬美人在外出上学读书、工作的过程中，有了更多结识壮族人的机会，不少扬美人还与当地壮族人结下了深厚的友谊。

20 世纪 80 年代以来，扬美周边地区的经济取得了长足发展，当地人的物质生活条件有了较大改善，其与扬美人在经济上的差距逐渐缩小，而在其他方面的交流则日益增多。在一些地方政府组织的重大节庆活动中，时常出现扬美人与当地壮族人同台献艺、共享欢乐的动人场面。

第九章 “崇文尚武”之乡

“知书识礼”的扬美人，对文化教育事业向来比较重视，当地历史上出现过众多“进士”（捐班）、举人，令不少扬美人引以为豪。与周边地区的农村以及城镇相比，扬美人的物质生活条件相对较好，其业余文化生活也较为丰富。

一 扬美人的教育

扬美人传统的伦理道德和价值观念，主要在日常生活中通过长辈的言传身教得以传承，当地人的生产、生活知识也多是在家庭或者手工作坊中习得。而现代科学文化知识的普及，则主要依靠学校教育来实现。

（一）传统知识与技艺的教育

扬美人有重文尚武之风，素来重视教育问题。根据当地人的记述，明清时期，扬美古镇共有捐班进士 10 多名，科班举人 11 名，贡生 31 名。1949 年以后有 143 人先后考上国内大专院校，33 人担任地方党、政、军要职。一些扬美人说，扬美古镇这些显赫的“功名”，与当地人长期以来对教育事业的重视有着密切的联系。与此同时，扬美人家较为注重传统生产技术的传承与创新，当地生产的豆豉、酱油等土特产品在左江中上游地区曾经兴盛一时。

扬美人对于传统伦理道德教育较为重视。“知书识礼”，据认为是扬美人家对其子女在为人处事方面最基本的要求。事实上，很多扬美孩子尚在牙牙学语的时候，他们的父母和其他长辈就开始向其灌输一些传统的“规矩”。过去一般扬美人家的孩子到了七八岁的年纪，要到私塾里去学习《三字经》一类的“圣贤书”，而他们在人生的各个重要阶段，也会不断得到长辈们的“调教”，因而他们当中的大多数人都比较“识事”（懂规矩）。20 世纪五六十年代的政治运动对于扬美人传统的伦理道德教育产生了巨大冲击，一些传统的“规矩”被认为是“封建思想”的残余而遭到唾弃。一些老人说，随着当地生产方式和财产分配方式的重大改变，如今的年轻人变得比过去“自由”了。由于在个人生活方面有了更多的自主权，过去那种年轻人对长辈唯命是从的“规矩”也在逐渐改变。不过，在一些重大的民间仪式活动当中，扬美老人们依然具有较大“权威”，年轻人往往“随叫随到”，不得有所怠慢，否则会受到亲戚朋友和街坊邻里的责备。

扬美人传统的农产品生产、加工技术和传统工艺品的制作技术，主要依靠“家传”。由于对经商的期待比较高，过去的扬美人对农业生产并不十分重视。水稻、玉米等扬美传统的农业种植作物，按照当地人的说法，其种植通常不需要什么技术，因此扬美的农业生产也“没有什么特别”。当地人一般都是看到别人种什么自家就种什么，别人怎么种自家就怎么种。“聪明的”扬美人往往是“一睇（看）就识（懂）做”，不用别人怎么教。相对而言，豆豉、酱油、酸菜、梅菜、沙糕等扬美古镇传统土特产品的

加工技术就要复杂一些。由于这些产品通常都是家庭作坊生产的，因此相应的加工技术往往依靠“父传子”或者“师傅带徒弟”的方式进行传承。如果说，扬美古镇传统农副产品加工技术的传承与发展主要依靠男人来实现的话，那么，当地传统的手工制作技术的传承，则主要依赖妇女。一些民间仪式所用到的祭品如“金银纸”（一种纸制祭品）等的制作技术，以及织布、缝衣、纳鞋等比较需要耐心和手工技巧的传统技术，其主要的操持者都是妇女。

（二）现代教育事业的发展

过去的扬美儿童，通常要到七八岁以后才上私塾，而在此之前的教育，当地人一般较少关注。20 世纪 80 年代以后，扬美儿童的学龄前教育逐渐受到重视，但由于没有固定的学龄前教育机构、场所和教师，大多数扬美儿童的学龄前教育，都主要由其父母完成。90 年代以后曾有人在镇上开办过幼儿园，但由于各种原因，开办的时间都不长，这种情况直至 2000 年后才稍有改观。如今扬美的学龄前儿童，大多要先到镇上一所私人开设的幼儿园学习 2 ~ 3 年，待到 6 ~ 7 岁时再进入扬美小学就读。目前，扬美古镇绝大多数的适龄儿童都到扬美小学就读，只有小部分儿童因随父母外出打工而在其工作地点附近就读。当地的孩子在小学毕业后，通常都到 20 公里以外的江西镇初中读书，而若要完成高中的学业，则需要到南宁市内的中学就读。

1. 幼儿教育

扬美古镇的孩子大多在六七岁的时候才上学。而当地的幼儿教育，在2005年以前一般多是在家庭中完成。2006年，一位来自外地的幼教老师在扬美创办了一所幼儿园，开展学龄前儿童教育（见图9-1）。幼儿园的规模不大，总共有三间小教室，另外还有一间寝室。幼儿园现有三位教师，设有大、中、小班各一个，共有学生30多人。幼儿园为学生们提供早餐和中餐，并提供中午休息的寝室。幼儿园的教学内容，多以简单的识字、算数和唱歌为主。

图9-1　扬美幼儿园

调查实录：扬美古镇的幼儿教育

（根据陈明君2009年调查资料整理）

扬美镇上唯一的一所幼儿园设在扬美小学附近。该幼儿园是一位来自外地的幼教老师在2006年前后创办的。这

位老师后来嫁给了一个当地的男子。男子姓吴，扬美振兴街人，结婚后与妻子一起经营这所幼儿园。两人既是幼儿园的主管又是老师。除了他们两个亲自上课管理外还请了一个老师。幼儿园的设施也比较简陋。操场上有一个滑滑梯，教室里有一台老式电视机、一台VCD机、一台破旧的脚踏风琴以及一些旧书籍和小玩具。

我们来访的时候正好是暑假，但由于在乡下同样是农忙时节，一些没空带小孩的家长就把小孩送到幼儿园，因此约有一半以上的学生还照样到幼儿园待着。

据幼儿园的老师介绍，幼儿园可以为学生们提供早餐和中餐，学生们可以在家吃早餐也可以在幼儿园吃。园里通常会买菜回来煮粥给那些没在家里吃早餐的小朋友吃，午餐就都是在幼儿园吃，然后在寝室休息。

小朋友的学费根据年龄大小来收。一岁到两岁半的孩子每个月收180元，两岁半到六岁的孩子每月收150元。这个收费标准是上个月刚刚确定的，比原先高了30块。一些家长觉得学费贵，就不愿意让他们的小孩来了。

吴姓夫妇二人对他们所开设的幼儿园的现状也不是很满意。主要原因是这里的学生太少了，一年比一年少。江西镇上的幼儿园通常都有七八十个学生，而扬美这里如今只有三四十个。生源少，花费又大，收的学费又比外面（江西镇）的低，很难维持。幼儿园不仅要包学生们的中餐，还要特别注意他们的安全，最怕就是孩子出什么事情。吴老师说："像我们这样开幼儿园是不得什么钱的，现在有些家庭宁愿把孩子放在家里都不愿送来学校，我们的生源少，收入也是只够勉强维护日常的开支而已。"

我们看到贴在墙上的一张小朋友的课程表，有语言、做操、户外活动等课程，吴太太说平时差不多是按课程表上课，不过现在学生来得少而且年龄不一，所以就灵活安排了。我们几次到访所看到的景象多数是十几个小孩子在追逐打闹，两个老师坐在升旗台下，目光随着小孩转，不时对着跑远的小孩喊：“XX 不要去那边，回来！”

幼儿园没有规定的上课时间，早上七点半后家长什么时候把小孩送来都可以。现在也不用上什么课，就是玩玩游戏，中午饭后安排小孩睡觉，下午五点之后家长才陆续来接孩子回家。幼儿园的设立，更多是方便了那些没有时间照看孩子的家长。而老师最大的任务就是确保孩子的安全。一些扬美古镇的家长说，幼儿园的设立，在一定程度上解决了家长们没有时间带孩子的现实问题，同时也有利于小朋友打好基础，等上小学一年级的时候就不必从零开始，而是可以直接接受正规教育。

2. 小学教育

民国初年，扬美古镇即有多家私塾，专供各街居民子女读书。1908 年，扬美高小成立，以文昌阁（时为一大庙宇）作为校舍，以全村的屠牛捐充当教学经费。1923 年，扬美小学成立，后来又在 1924 年改为扬美学校。至 1949 年，扬美学校已有 12 个班，学生 400 多人，1953 年更是增加到 800 多人（含部分成年学生）。1968 年，扬美（大队）设立扬美附属中学，后于 1984 年 7 月撤销。1995 年，扬美学校改为扬美希望小学（见图 9－2）。

图 9-2　扬美希望小学教学大楼

调查实录：扬美希望小学的建设

（根据陈明君 2009 年 7 月调查资料整理）

扬美希望小学，这所扬美古镇上唯一的一所小学有着不寻常的发展历程。当地人说，这所小学解放前叫扬美高小，后来又叫扬美小学、扬美学校。这个学校至今已有 100 多年的历史了。小学原来的校舍，也就是现在的魁星楼，如今已经成为历史文物了。1995 年，扬美学校改名扬美希望小学，并重建了校舍。如今的扬美希望小学坐落在魁星楼的后面。学校有一栋三层楼高的教学大楼，每层有六间教室。学校的办公室、阅览室、体育用品室等主要安排在一楼，而二楼和三楼则主要是教室。教学楼的左侧是三排低矮的教职工宿舍，每排有五六间房。此外，教学楼前有两张水泥做的乒乓球桌。

扬美希望小学原校长告诉我们，眼前这个希望小学的建立，还有一段小故事呢。1995 年以前，扬美学校的学生们都在现在的魁星楼里上课，教学场地小、设施少，条件比较艰苦。后来，为了建设新的扬美学校，政府拨了 10 万元，希望工程捐了 5 万元，扬美古镇的村民又捐了部分款项，才建起了如今的新校舍。当时全村的人家，按人头计算每个人捐了 60 元钱。校长说，这个数目对于当时的扬美人家来说可不是一个小数目。有些人家里有六七个人，一下子就要拿出三四百块钱来。一些人家一时拿不出那么多钱来，就把家里的粮食交给村委会做抵押。除了按规定的每人要缴纳 60 元钱之外，一些生活较为富裕的人家和干部家庭还额外多捐了钱。现在学校的操场所用到的地，也是村民捐出来的。在扬美这个地少人多的地方，这可不是小牺牲！一些从扬美搬迁到海外的老华侨在那个时候也特地寄回善款支持教育，还成立了一个基金会，专门奖励考上大学的扬美学子。

老校长说：“如果没有村民的大力支持，那栋教学楼不知道要等多少年才能建得成。刚开始的时候要村民出钱，有些人不愿意，后来是我跟村委的干部挨家挨户去做思想工作，跟大家说明办教育是功在千秋、造福后代的事情。后来大家也都很明白这个道理。因为我们这里传统上都比较重视教育，所以当时村里讲到要办学校，大家都愿意出地、出钱，筹到了资金我们就全民建校。那时我们白天上课，下午放学之后老师、学生还有一些村民都来帮忙盖那栋教学楼。男老师力气大，就做些粗重的活；女老师和一些五、六年级的学生，就帮忙搬点砖头和运点水泥，那时真是辛苦啊！可是，没有一个人有怨言，因为只要一想到

我们的孩子们能在里面读书，再苦也值啊！我们这里人崇文尚武，尊师重道，历来都出了很多人才。明清时候我们这里都出了好多举人——举人街你们去过了吧——进士、秀才就更不用说了，每条街都有人考得上。”说到往事，老校长总是一脸的自豪和幸福。

20世纪六七十年代，扬美学校的小学生人数有800多人。1981年以后，随着计划生育政策的贯彻落实，扬美古镇婴儿的出生率大幅度降低。到了90年代初，扬美学校的生源开始出现明显的下降。现在学校里共有14位教师，11个班（除了一年级只有一个班外，二年级到六年级都分别有两个班），学生人数300人左右。学校的老师介绍说，90年代初，扬美学校每个年级都有三四个班，而且每个班都有50多人。之后学生人数就开始逐年减少，这主要有两个方面的原因：一是落实计划生育后每对扬美夫妇都只能生一个孩子，生源少；二是有些家长把孩子送到外面（镇上或者是市里）读书，从而使生源进一步减少。面对这种情况，学校只好对新生入学制度进行了调整。在扬美古镇，如今只要家长愿意，4岁以上的小孩就可以申请进入扬美希望小学就读一年级。

扬美希望小学的师资力量比较好。目前学校里在职的教师都接受过师范类专业的系统学习和训练，大多数教师都具有师范类专业本科以上学历。教师当中有一部分人是扬美人，平日多在家里吃住。而为了解决那些离家远的教师们的日常生活问题，学校还建了几间专供教职工住宿的瓦房。

扬美希望小学平时十分重视学生与外界的交流与学习。譬如，学校每年都会组织全体师生到南宁市里的一些景点如青秀山、伊岭岩、动物园等地游玩，目的是让学生更多地接触外面的事物。学校认为，让学生到外面增长见识很有必要，而家长们也很支持。

调查实录：扬美古镇的文化教育

（根据黄奕强、梁彩娟2009年7月调查记录整理）

扬美是一个有上千年历史的古城，其文化也在漫长的历史中慢慢沉淀下来，形成了今天文化氛围很浓的扬美古镇。

自古以来，扬美人杰地灵。在魁星楼的二楼，我看到一张记录扬美古镇已故名人的墙板。我数了一下，一共有39人。而另外两块“人才荟萃”的黑板上记载的，则是一些现在有“文化的人”（有较高学历的人）。负责收集记录的杜伯说，现在因为人太多了，所以那些本科毕业没工作的人没记上去。平时他靠在外地工作的人帮忙收集扬美古镇这些“有文化的人”的资料，或者在清明节外出工作的人们回来后，和这些人聊天时收集这些资料。那些在外地工作很久不回来的人就不知道了，所以没有记。等收集够（满）一版之后杜伯才写到墙上去，所以现在关于扬美人才的记录还是会有所缺漏。据杜伯说，以前是用粉笔直接在墙上记的，后来他觉得粉笔记容易被擦掉，于是他改用油漆重新记，而记录所用到的黑板则由镇上的人捐赠或集体出资购买。

在魁星楼的二楼，最著名的是梁德显所题的“文明”两个字。梁德显是临江街上的人，临江街据说是扬美古镇出人才最多的一条街。二楼上还有一些关于孙中山革命事迹介绍的文字和图片。杜伯说，正是因为有了先辈们打下的基础，直到现在扬美古镇还是一个重视教育的好地方。

在扬美，目前只有小学没有初中，因此孩子们小学毕

业以后要到江西镇上的一所中学去读书。据杜伯和前任校长说，扬美以前是没有幼儿园的，直到五年前才有个老师来办。不过也有人说，他们正在上初中的儿子以前读书的时候就有幼儿园了，只是那时候管理没有现在那么到位而已。扬美希望小学的老师们说，以前孩子多的时候小朋友上一年级是有年龄限制的，现在孩子少学校招不到人所以没有限制了。

扬美希望小学的老师们说，学校每年都会组织师生去青秀山、伊岭岩、动物园等地游玩，目的是让学生更多地接触外面的事物。一位扬美希望小学的前任校长还说，让学生到外面增长见识很有必要，而家长们也很支持。很多学生家长表示，他们对扬美希望小学的教学设施、教学方法和教学质量等都很满意。

3. 中学教育

尽管扬美古镇的人家历来崇尚读书，但在20世纪60年代以前，有机会上中学的孩子还是不多的，一般的人往往至多只能读到高小。1968～1984年，扬美曾设有附属中学，但因教学设施和师资力量等多方面的原因，其教学质量并不高，学习成绩稍好的孩子都不大愿意在本地读初中。1985年以后，扬美附属中学被撤销，扬美人家的孩子需要通过中考才能进入江西镇中学读书，扬美古镇的中学生人数急剧减少。20世纪90年代以后，国家开始普及九年义务教育，扬美人家有机会进入中学读书的孩子逐年增多。目前，绝大多数的扬美儿童，在完成小学阶段的学习以后，都可以到江西镇中学就读，一些人在初中毕业后由于成绩优秀而进入南宁市城区的高中读书。

在扬美古镇，一些年轻的家长不仅十分关心孩子们的学习，同时也很注重与孩子们之间的沟通。一位接受过现代教育的年轻家长说，平时她一般都不会给子女太大的压力，子女放假回来她不会主动提及他们在学校的学习情况，而是等待子女主动告诉她。她说，如果她主动问这些事情，容易给孩子压力甚至会使他们产生叛逆心理，因此她往往总是要等到子女说完之后才对一些她觉得有问题的地方提出疑问，引导孩子们朝好的方向发展。

由于当前教育体制方面的原因，目前扬美古镇的中、高级教育仍然存在一些现实问题。一些当地人说，虽然他们的孩子读书都很认真，但并不是每个读书的孩子都有机会读高中、考大学的。一些人家的孩子就算考上了没有钱也读不了。前些年，镇上有个人家的孩子很幸运地考上了高中，但是因为家里经济比较困难而只能转去就读学费较少的中专，后来通过扬美希望小学老师的担保才能继续读高中。

二　扬美人的业余生活

过去扬美古镇的文化体育设施较为欠缺，日常的娱乐活动也相对单一。在劳作之余，和街坊邻里一起聊天、下象棋，或到“三角市”附近听粤曲爱好者唱戏，是扬美人主要的休闲活动内容。而在节庆期间，到镇上的各大庙宇或者其他公共活动场所参与一些热闹的庆祝活动，对于扬美人而言，也是难得一遇的乐事。20 世纪 50 年代末以后，随着人民公社的建立，扬美古镇的集体活动逐渐增多，各种形式的文化娱乐活动层出不穷。因此，尽管各种民间节庆活动大多被禁止，但扬美人的文化生活内容仍然得到不断丰富。当时的扬美人虽然物质生活并不富裕，但精神生活较为充实。20 世纪 80 年代以来，扬美古镇的集体活动逐

年减少，加之90年代以后青年人的大量外出，扬美人的文化生活发生了深刻的变化，看电视、打牌、下棋、听粤曲等，成为当地人平日里主要的娱乐活动内容。1999年以后，由于旅游开发的需要，一些大型的节庆活动被当地旅游主管部门进行“包装”宣传。五一国际劳动节、国庆节期间，由地方政府部门组织的场面热烈的各种民俗活动，在吸引游客的同时，也在一定程度上丰富了扬美人的文化生活。

（一）文化活动场所

北帝庙、魁星楼等庙宇，无疑是过去扬美古镇举行各种重大民间仪式活动最为重要的场所。只是由于这些庄严、肃穆的场所本身并不适合现代意义上的“文化活动”，因此过去扬美人的“文化活动”场所通常会选择街头巷尾的空地或者“闲屋”。“三角市”附近的扬声粤剧团馆址，据认为是20世纪初期扬美古镇最热闹的文化活动场所。20世纪50年代以后，当地人多以晒场或者扬美学校的球场开展一些文化体育活动，只是球场设施大多比较简陋。当时镇上的各条街巷还专门建有一些文化活动室。这些文化活动室，既是生产开会的会议室，也是社员群众开展歌咏比赛一类文化活动的主要场所。20世纪80年代以后由于各生产队的集体活动不断减少，一些文化活动室开始闲置。1999年，为了发展扬美古镇的旅游，当地旅游管理部门在新街码头（新埠）附近修建了一个金马广场，以便于游客观光。金马广场也因此成为扬美古镇新的休闲娱乐场所。

（二）文化团体

在扬美古镇，虽然不时也有一些基于地方政府宣传工作的需要而临时组成的表演队伍，但在当地较有影响的文化团体是扬声粤剧团和扬美龙舟队。

1. 扬声粤剧团

1949年以前，扬声粤剧团是扬美古镇为数不多的文化团体之一。粤剧团的馆址，位于解放街上的“三角市”旁，是一间30平方米左右的房子（见图9-3）。粤剧团的组建，据说已有100多年的历史。早先的粤剧团，是一些到扬美经商的广东商人组织起来的松散的民间文艺团体。组建这个剧团的目的，一是为了谈生意，二是为了自娱自乐。过去的生意人到扬美后，人生地不熟，有个热闹的地方，彼此之间好沟通。加之当时到扬美做生意的广东人多，他们当中的很多人对于粤剧有着某些共同的爱好。此后随着粤剧爱好者们演唱水平的提高和当地人欣赏品味的提升，粤剧团的主要组织者们开始不时请一些外地的粤剧名家到扬美来“传经送宝”，以提高剧团的演艺水平。20世纪60年代以后，扬声粤剧团的活动开始减少，直到80年代以后才有所恢复。目前的扬声粤剧团仍属于民间文艺团体，剧团的组织者和演员都是扬美古镇本地的粤剧爱好者，而剧团平常的活动多是村民们的自娱自乐，没有固定的时间安排，也没有明确的活动经费来源。剧团演唱的曲目，以传统粤剧为主，偶尔也应地方政府的邀请，排演一些现实题材的曲目，宣传党和国家的路线、方针、政策，并由此获取一些经费支持。

调查实录：扬美古镇的粤剧团

（根据陈明君、甘孝波2009年7月调查资料整理）

在扬美古镇的中心街道，即金马街上，有一栋看起来

图 9－3　扬声粤剧团馆址

有些古旧的小楼房。楼房的大门外面，挂着一块牌子，上书：“扬声粤剧团”。据一位当地老人说，这栋楼很早以前就有了，而扬声粤剧团的建立，大概也有上百年的历史了。

晚上八点以后，扬美古镇就开始变得安静下来。不过，在解放街（金马街）上，时常可以看到扬声粤剧团在排练。扬声粤剧团是一个由十几个村民自发组成的粤剧团体，每到夜里，粤剧团里充满了欢声笑语，与扬美周围的宁静形成鲜明的对比。粤剧是我国传统戏剧种类之一，在两广地区有着重要的影响。扬美古镇粤剧独具特色。它的独特之处或许就在于，有些曲目不是用粤语演唱，而是采用当地语言——平话来演唱的。至于曲目的内容，“新的（现代的）旧的（传统的）都有”，且其表演形式灵活多样，因而深受当地人喜爱。

粤剧团里有一个导演、八个演员，并有一个由八个人组成的乐队。除了导演是固定的之外，其他的演职人员都是不固定的。一些当地人说，镇里的人谁都可以加入粤剧团的，只要能胜任就行。

每天晚上吃过晚饭以后，粤剧团的成员们会不约而同地来到粤剧团的小屋里排练粤剧。他们当中的很多人都十分投入，一遍又一遍地练习，直至十一点钟以后才陆续回家。

扬美古镇的村民们白天干农活，晚上就来到粤剧团的小屋子里唱戏、听戏。繁重的田间劳作，看起来并没有影响到他们对于唱戏、听戏的热情。粤剧团一般一年排练一个新戏，若有机会便在来年的春节到其他乡镇的农村进行表演。不过表演的机会一般是不多的，因此剧团的演员们说他们在这里唱戏就是自娱自乐，没有什么特别的目的，也没有什么压力。

几乎每个扬美的成年人都知道镇里有一个扬声粤剧团，他们当中的一些人甚至称得上是粤剧团的积极拥趸。这些拥趸大多都是一些上了年纪的中老年人，他们常常自己搬来小椅子坐在门口边听戏。粤剧团的成员们排练时都很投入，而他们的听众也乐在当中。一些人说，唱粤剧、听粤剧，一则觉得好玩，可以消除日间务农的压力和疲劳；二则可以保持与镇上他人的沟通，建立良好的人际关系。

调查实录：扬美古镇的粤剧导演

（根据陈明君、甘孝波 2009 年 7 月调查资料整理）

7 月 16 日的晚上，我们去看镇上粤剧团的成员们排练粤剧《征袍还金粉》。在排练开始之前，我们可以跟团员们随意地聊天。在粤剧团里，有一位核心人物，也是这部戏的导演——孙老伯。

孙老伯是地道的扬美人，从1962年开始，就一直从事着粤剧这个行业。他的父亲也是从事这个行业的。“文化大革命”之前，孙老伯的父亲在百色市隆安县工作，孙老伯于是就随他的父亲在那边生活，并在隆安的文工团工作，一直到1970年才搬回扬美。孙老伯说他们那个年代的人结婚都比较早，他20岁就已经结婚了，在22岁的时候就有了小孩。孙老伯共有三个儿子，大儿子也是唱粤剧的，在广东工作，经常会到广东的各个城市、香港以及新加坡等地方去演出；二儿子在扬美古镇的旅游管理处做售票员；三儿子则在扬美希望小学里做老师。孙老伯说他现在总共有三个孙子、两个孙女，大孙子那边还生了一个小曾孙。老伯一提到他的那个小曾孙，就特别兴奋，他现在是一个已经做“阿祖”（曾祖父）的人了！

孙老伯如今已是一个70多岁的老者，身体虽然消瘦却精神抖擞。孙老伯年轻的时候是专业粤剧演员，同时也是村里唯一一个受过专业训练的粤剧演员。他退休后回到扬美古镇，开始担任扬声粤剧团的导演。孙老伯不仅教村民唱戏，而且还会自己编戏。孙老伯说他以前是在台上唱戏的粤剧专业演员，如今年纪大了，只能做一些幕后工作，比如编戏、指导大家排戏等。由于专业素养好，孙老伯深得扬声粤剧团成员以及扬美粤剧爱好者的爱戴，大家都尊称他为“师傅”。

近来孙老伯刚编了一出新戏，名叫《征袍还金粉》，戏里面的主要人物有如霜、仲贤、媚珠、孟宏、夫人、伯陵法等人。整出戏分为四场，以汉朝和匈奴的战争为背景，以如霜和仲贤的爱情为主线，通过大财主伯陵的抢婚行为，批判当时贵族仗势欺人的可恶嘴脸，歌颂如霜和仲贤的自由真爱，反映了人们对自由恋爱婚姻的无限向往。整出戏以如霜和仲贤的团圆作结，大致以喜→悲→喜为剧情线索，给人一种自由爱情婚姻痛并快乐着，真爱终究会战胜强爱的愉悦感受，让观客拍手叫绝，连连叫好。

2. 扬美龙舟队

扬美古镇的赛龙舟活动，据说迄今已有300多年的历史。扬美古镇的各个主要街道，都有自己的龙舟队。每支龙舟队都有一至两名组织者，有普通队员二三十人。龙舟队的队员都是扬美古镇上的青壮年男性村民，来自各自生活的街道。他们平时与普通农民一样耕田种地，只是到了端午节前后才组织起来一起训练、比赛。

扬美古镇的龙舟比赛活动，在“文化大革命”期间曾有过短暂的沉寂。20世纪90年代以后，各街道又纷纷开始组建自己的龙舟队。与过去相比，如今扬美古镇龙舟队的物质条件有所改善，每支龙舟队都有3～5条龙舟，相关的训练、比赛器材也比较齐备。

每年端午节期间，扬美古镇的各条街道通常都会派出一支龙舟队参加镇里的龙舟比赛，而扬美村委会则会挑选一些成绩优秀的龙舟队参加区（县）、市一级的比赛。龙舟队平时没有固定的训练、比赛经费来源，但如果能够在村（镇）级的比赛中胜出，并有机会入选扬美古镇代表队，代表扬美古镇参加一些区（县）、市一级的龙舟比赛，那么他们的训练、比赛经费就可以得到扬美村或者江西镇政府的

支持。不过这些经费仍然十分有限。按照一些队员的说法，每天10元钱左右的训练、比赛补贴，只是用来改善一下伙食、补充一些营养罢了。因此，参加龙舟队的目标，更多的是为了本街道的荣誉；而队员在一起训练、比赛，也只是为了“好玩”。

20世纪90年代中期以来，扬美古镇每年都派出自己的代表队参加南宁市在端午节期间举办的龙舟比赛。训练有素且有丰富比赛经验的扬美古镇龙舟队在历届比赛中均有出色表现，佳绩连连（见图9－4）。2002年，实力雄厚的扬美古镇龙舟队代表广西参加由国家体育总局社体中心和中国龙舟协会于当年6月22～24日在湖南省沅陵县举行的全国龙舟邀请赛，扬美古镇因此在广西名噪一时，并被冠以“龙舟之乡”的美誉。

图9－4　扬美龙舟队获得的锦旗

（三）文化娱乐活动

在春节、元宵节、端午节等重大节日期间，扬美人大多会组织一些带有一定娱乐色彩的民间文化体育活动。而在平时，当地人传统的娱乐活动则主要是唱粤剧和下象棋。1949年以后，扬美人的文化娱乐活动稍多。在一些重大节日期间，村委会通常会组织村民开展篮球赛、排球赛、拔河比赛等集体性体育活动，而打扑克牌、下象棋、听（唱）戏则是当地人在劳作之余的重要消遣。20世纪80年代以后，随着收音机、录音机、电视机、影碟机等家用电器的不断普及，扬美人的文化娱乐方式骤然增多，其内容也更为丰富。目前，看电视、打扑克牌、下象棋、听戏是扬美古镇中老年人平日里最为重要的文化娱乐活动，而更多的青少年则热衷于上网聊天、看视频、玩电子游戏、打球等。扬美古镇大规模的群众性体育活动，如篮球赛、龙舟赛等，主要在春节、端午节期间举行。这些活动通常由扬美村委会负责组织，而比赛所需要的各项经费，则主要由古镇上的各个旅游景点提供。

第十章　千年古镇的"现代化"

20世纪50年代以后，尤其是80年代以来，随着我国现代化建设步伐的不断加快，以现代农业生产技术、信息技术和医疗卫生技术为代表的现代科学技术，在扬美古镇得到推广和普及，并逐渐渗透到扬美人日常的生产、生活之中。扬美——这座千年古镇，自此开启了突飞猛进的现代化进程。

一　现代农业生产技术的推广

1. 农业机械与农田水利基础设施建设

现代农业耕作技术大致从20世纪50年代开始进入扬美古镇的农业生产当中。50年代末，伴随着如火如荼的集体化运动，在政府的引导和支持下，现代农业生产设施和生产技术在扬美古镇得到了推广。

农业机械的应用，提高了扬美农业生产的效率。1957年人民公社以后，拖拉机、水泵等现代农业生产设备逐步配备到生产大队。虽然这些设备的数量十分有限，但让千百年来几乎完全依靠人力、畜力进行农业生产的扬美人见识到了现代农业机械在农业生产中的高效率、高质量。一些当地村民说，当时一台拖拉机一天可以犁（好）十几亩田地，"顶几十个人的劳力"，耕地、犁地可谓“又快又深又好”。与此同时，水利基础设施的兴建，为扬美农业生产的稳产、增收提供了重要保障。

农田水利基础设施的建设，促进了扬美农业生产的稳步发展。1957 年，在上级政府的大力推动下，扬美人开始兴建扬美电灌站，并兴修灌溉水渠以及与之相配套的农田水利基础设施。这些水利基础设施的建设，从根本上解决了长期以来当地农业生产“靠天吃饭”的问题，从而使扬美的农业生产获得了稳定、快速的发展。时至今日，扬美人对于那个时代兴修的水利工程之于当地农业生产的重要促进作用依然十分怀念。

2. 现代农用物资的使用

20 世纪 70 年代以来，化肥、农药、地膜等现代农业生产资料的推广使用，使扬美古镇的粮食产量和农业生产效率得到很大提高，并进而推动了扬美农业经济的快速发展。

化肥、农药的使用，提高了扬美古镇农业生产的产量和生产效率。过去扬美古镇农业生产所用到的肥料，以人畜粪便、稻秆灰、作物沤粪等为主。这些农家肥数量少、肥力小，对作物生长的促进作用较为有限，致使扬美古镇农业生产的产量长期徘徊不前。20 世纪 70 年代以后，化肥、农药成为扬美古镇农业生产的重要物资，在水稻、玉米等粮食作物以及蔬菜、西瓜、香蕉等经济作物的生产中得到广泛使用。扬美人早期使用的化肥，以尿素、碳铵（碳酸氢铵）为主，但由于当时的化肥价格相对较高，一般只用在作物生长的重要阶段上。80 年代以后，随着国内化肥市场的快速发展，扬美农业生产所用到的化肥品种逐年增多，用量也不断增加。目前，除传统的尿素、碳铵之外，磷肥（过磷酸钙）、钾肥（氯化钾）、复合肥（磷酸铵、氮磷酸钾）等化肥品种也得到广泛使用。扬美人之于农药的使用大致和化肥同步。20 世纪 90 年代以前，“滴滴涕”（DDT）、“六六六”、“毒杀芬”等是扬美农业生产较为常用的农药。随着当地人对于农药毒性的认识不断加深，加之国家明令禁止使用，如今扬美人已不再使用这些毒性较强的农药，转而使用磷酸酯、一硫代磷酸酯、二硫代磷酸酯等毒性相对较弱的农药。此外，一些劳动力较少的人家，也在尝试着使用酰胺类、二硝基苯胺类等除草剂。化肥、农药的广泛应用，使扬美古镇的粮食单产较之以往有了较大幅度的提高。以水稻生产为例，由于扬美田地的土壤较为贫瘠且时有病虫害发生，因此在没有使用化肥、农药之前，每亩田的水稻产量多在 300 ~ 500 斤，而在 20 世纪 80 年代落实农村家庭联产承包责任制并大力推广使用化肥、农药以后，水稻产量稳步提高，亩产从 300 ~ 500 斤迅速提高到 700 ~ 800 斤，基本上解决了当地人家的温饱问题。目前，扬美每亩水稻平均产量，已接近或者超过 1000 斤。

由于粮食单产面积的大幅度提高，加之外出人口的急剧增加，当地的粮食需求量不断下降。20 世纪 90 年代以后扬美人家开始逐渐减少水稻、玉米等粮食作物的种植面积，而将部分田地用于种植经济效益更好的经济作物，如香蕉、西瓜等。为了保证这些经济作物幼苗的茁壮成长，2000 年以后，作为一种新兴的农业生产物资，地膜在扬美的农业生产中得到了推广使用。由于保温保湿效果好、使用方便且价格低廉，地膜被广泛应用于农作物生长的初期，以保护幼苗的生长。目前，扬美人家在香蕉、西瓜等作物的种植中，都普遍使用农用地膜。地膜的使用，使农作物的成长得到了有效保护，并在一定程度上促进了扬美农业生产的增产、增收。

3. 现代农业生产技术的应用

20世纪60年代以后，现代农业生产技术在扬美得到了较好的推广。市、镇一级的农业主管部门，是现代农业技术的主要推动者。在人民公社时期，上级主管部门还为扬美培养了十余名农业技术员，由其专门负责推广、应用现代农业生产技术，及时解决农业生产存在的各种技术问题。80年代以后，随着人民公社的解体和家庭联产承包责任制的落实，扬美村里不再设置农业技术员的工作岗位，扬美古镇原先的农业技术员或是被抽调到江西镇政府农业技术部门工作，或是专注于自家责任田的生产。

目前，扬美村里一些农业生产的新技术、新品种，主要由江西镇政府派来的农业科技人员进行传授和推广。扬美村委会对于现代农业生产技术的推广普及较为重视。在现今扬美古镇的大街小巷，随处可见有关科技兴农的宣传栏或者标语。当地的村委会干部表示，1978年以来的生产经验，使得越来越多的扬美人意识到，在人多地少的扬美村，想要提高农业生产的产出水平、增加农民家庭的经济收入，必须依靠现代农业科学技术。因此，近年来当地人在农业生产的过程中，特别注重学习先进生产技术，选用优良品种（见图10－1），在施肥方面讲究化肥与农家肥搭配使用，并积极添置各种农业生产机械，努力提高生产效率。

图 10－1　稳产、高产的香蕉品种

二　现代交通事业的发展

民国以前，船只是扬美古镇最为重要的对外交通运输工具。据一些当地的老人回忆，过去进出扬美古镇的船只，大多是一些帆船，下行时顺水而行，而上行的时候则要靠风力、人力拉动。民国初年，一种被当地人称为“火轮”的机动轮船，开始出入扬美古镇，往来于扬美与南宁之间，并可通达梧州、百色等珠江中上游地区的沿岸城市（镇）。20 世纪 50 年代以后，在地方政府的组织和推动之下，扬美古镇修建了通往南宁的乡村公路，拖拉机、汽车、机动轮船等现代交通工具开始广泛出现在扬美人的现实生活当中，并取代传统的运输船只，逐渐成为扬美古镇的主要运输工具。不过，这些现代交通工具的应用，主要服务于集体性的生产、运输业务，扬美古镇普通村民（居民）的出行，仍然以徒步为主。20世纪70年代以后，随着地方经济的发展以及扬美人家庭经济状况的逐渐好转，越来越多的扬美人开始购买自行车，并以之作为日常出行的交通工具。自行车在20世纪80年代以后在扬美古镇得到迅速普及，一些人家拥有不止一辆的自行车。当时的名牌自行车，如产自上海的“凤凰”“永久”等品牌的自行车，尤其受到青年人的喜爱。摩托车、小轿车等机动车辆的使用，在20世纪90年代初期的一些扬美人看来，不仅是所谓的“现代化”的标志，同时也是“有钱”的一种象征。因此，一些家庭经济较好的扬美人家，为了便于出行，都争相购置摩托车。至90年代中后期以后，拥有摩托车的人家不断增多，扬美古镇基本实现了摩托车的普及。据当地人粗略统计，目前扬美古镇约有80%的村民家庭拥有一辆以上的摩托车，多数村民出入扬美均以摩托车为首选的交通工具。近年来，也有少数富裕人家开始购置小汽车，但多用于商业活动。

相对而言，扬美古镇现代公共交通事业的发展起步稍晚。直至20世纪80年代初，扬美古镇才开通到南宁的班车。由于当时往来于南宁与扬美之间的旅客不多，因此班车的车次较少，通常每天只有一到两趟，只是到了春节一类重大节假日，运营方才会适当增加发车的车次。20世纪90年代，随着地方经济的发展以及当地旅游开发步伐的不断加快，在地方政府和相关旅游管理部门的大力扶持以及当地民间力量的积极参与之下，扬美古镇的现代公共交通事业迅速兴起。自此以后，扬美古镇发往南宁的班车车次大幅度增加，并新增了往来南宁与扬美之间的专线游船。目前，扬美古镇有6辆班车投入运营，每天有12趟左右的班车发往南宁。一般情况

下，从每天早上八点三十分到下午四点三十分，差不多每隔一个小时扬美古镇就有一趟班车发车，无论是当地人还是到扬美古镇的游客，其出行都极为方便。扬美古镇便利的公共交通见图 10－2。

图 10－2　扬美古镇便利的公共交通

三　现代信息技术的普及

电话、电视、电脑等信息技术在扬美古镇的推广与普及较为迅速。20 世纪 50 年代末，因公务需要，上级政府开通了江西镇到扬美古镇的手摇电话。此后由于受到“大跃进”和“文化大革命”的冲击，扬美古镇信息技术的发展较为迟缓。直至 90 年代初，扬美古镇才开通了通往外界的有线电话。与此同时，移动电话开始进入扬美古镇寻常人家，不少家庭经济条件较好而又向往时尚生活的年轻人纷纷购买手机，以便于与亲友之间的联络。目前，中国电信、中国联通、中国移动等主要电信企业均在扬美古镇建设有通信基站并开设有相应的营业站点，当地人在电信方面可以享受到较为便利的服务。

如果说电话极大地方便了扬美人家与外界的联系的话，那么电视、电脑技术的普及，则使扬美人的眼界更为开阔。20 世纪 80 年代开始，黑白电视机逐渐成为扬美人家了解外部世界的主要窗口，尽管当时的电视机只能收到少数几个地方电视台的节目。90 年代以来，彩色电视机、有线电视节目进一步丰富了扬美人家的闲暇生活，看电视一时成为当地人最主要的娱乐方式。目前，扬美古镇已普及数字电视，电视节目的画质、内容等得到极大改善。

虽然电脑在 2000 年前后才开始进入扬美古镇，但由于互联网技术突飞猛进的发展，近年来电脑已成为一些扬美人，尤其是扬美的年轻人社会生活的重要组成部分。不过，除了少数人以之作为收集、发送信息的重要工具之外，电脑对于大多数的扬美人而言，基本上属于一种时髦的电子消费品。目前，扬美古镇开有一个约有 20 台电脑的网吧，其主要的服务对象是当地的青少年。而一些家境稍好的人家也开始购买电脑，以便于其子女了解更多的现代信息技术。此外，近年来与电脑技术相关的一些衍生类电子产品，如 MP3、MP4 等娱乐产品，也在扬美古镇的年轻人中间逐渐得到普及。

现代农业、交通、信息技术的推广应用，促进了扬美经济与社会的全面发展，并在相当程度上改善了扬美人的物质生活条件，丰富了当地人的精神生活，增进了扬美古镇与外界的信息沟通和文化交流。

四 医疗事业与环境卫生

（一）医疗卫生事业的发展

扬美古镇医疗卫生事业的发展，经历了一个漫长而艰辛的过程。1949 年以前的扬美人家，但凡家中有人生病，如果看上去不是十分严重，一般都是请街坊邻居当中略懂一些医药知识的人帮忙抓一把草药应付，而那些经济条件较好的人家，则会到镇上的中药铺里就医。只是由于当时的医疗条件较为有限，镇里的药铺通常也只能医治一些比较常见的疾病，而至于那些当地无力医治的病人，有钱人家尚且可以雇船请人运到南宁市里的药店或者医院治疗，经济条件一般的人家则往往只能听任病情的发展了。

20 世纪 50 年代以后，尤其是人民公社时期，扬美古镇的医疗卫生事业取得长足进步。1949 年扬美古镇解放后，新成立的人民政府对卫生事业的发展极为关心，一些当地的流行病、常见病大多得到较好的预防和控制。人民公社时期，扬美古镇成立了大队一级的医疗队，并从村民当中选派一些思想品德好、接受能力强的青年男女到南宁市里的卫生学校系统学习现代医疗技术，学成回村后由其担任医疗队里的“赤脚医生”，由生产队计算他们的“工分”。据说这些赤脚医生们“什么病都可以看”，是一些“全科医生”。虽然他们的医疗技术与专业医生相比尚有一定的距离，但由于这些人都是本乡本土的人，待人诚恳、热情，工作积极，而且易于沟通，因此深受扬美人欢迎。除了常见疾病的医治之外，赤脚医生们还肩负着卫生防疫的宣传工作，对各项疾病预防措施的贯彻落实发挥了关键性的作用。赤脚医生们在麻风病、小儿麻痹症及各种流传病、传染病预防，开展爱国卫生运动，培养村民良好的卫生习惯等方面，做了大量卓有成效的工作。赤脚医生的出现，使扬美古镇的医疗卫生状况大为改观，当地人看病难或者有病无医可看的问题得到了有效解决。20世纪80年代以后，随着人民公社的解体，来自上级政府部门的经费、人员支持越来越少，医疗队的工作举步维艰，一些赤脚医生开始另谋出路。至80年代末，原初意义上的扬美医疗队已从扬美人的社会生活中消失，取而代之的是一些赢利性的诊所。虽然如今扬美古镇的医疗条件已有了较大改善，诊所医生（见图10－3）的医疗技术也有所提高，看病就医也比较方便。但一些当地人对于扬美医疗队的解散还是感到十分可惜，他们对于当年的赤脚医生们仍然心存感激。

图10－3　扬美古镇的乡村医生

妇女儿童的健康问题是扬美医疗卫生事业发展的重要内容。在扬美人看来，妇女的健康和儿童的成长关系到扬美古镇的未来，因此当地人“历来”都把妇女儿童的健康问题放在家庭生活的首要位置。1949 年以后，随着当地医疗卫生条件的日趋完善，扬美妇女的健康状况不断改善，婴儿出生率逐年提高，人口增长速度逐渐加快。20 世纪 80 年代初，为了控制人口增长，实现人口与经济、社会、资源、环境的协调发展，进一步促进家庭幸福和社会进步，当地政府严格执行国家的计划生育政策，并视之为减轻妇女负担，增进妇女健康、提高妇女地位的有效途径。自此时起，提倡晚婚、晚育、少生、优生、优育的计划生育，成为当地医疗卫生事业发展的一项重要组成部分。此后，组织本村育龄妇女定期进行生理健康检查，督促育龄夫妻采取有效措施进行避孕、节育，切实做好计划生育工作，成为历届扬美村党支部、村民委员会常抓不懈的工作内容。而为了把计划生育工作落到实处，扬美村“两委”还组织制订了与之相关的“村规民约”。

江西镇扬美村委会计划生育村规民约

计划生育是我国的一项基本国策，自觉实行计划生育是每个公民的权利和义务。计划生育村民自治是依照《中华人民共和国村民委员会组织法》的规定，实施计划生育“自我管理、自我教育、自我服务”的自治行为。依照计划生育政策，结合我村实际情况，特制定以下村民自治公约。

一、广大村民应自觉遵守和维护国家颁布的计划生育各项方针、政策，自觉实行计划生育。

二、全体村民必须自觉遵守本村计划生育自治章程中所规定的各项条款，认真履行章程中规定的权利和义务。

三、村民应积极主动参加人口理论学校开展的计划生育的各种培训和服务活动。

四、已婚育龄妇女必须按规定参加乡村医务人员组织的一年四次的生理健康检查，如有特殊情况，需提前向村委会请假，并于5日内到镇计生服务所补检。村委会有权对不参加检查的夫妇每少一次收取50元违约金。

五、符合生育条件的夫妇，必须按规定领取《服务手册》或“生育证”后才能怀孕生育，生育孩子后10天内要主动报人口管理员登记。生育后按时采取长效避孕措施，如不按时落实长效避孕节育措施的，由村委会收取违约金500～1000元。如出现计划外怀孕的，必须采取补救措施，终止怀孕，否则由村委会收取违约金3000元。

六、外出务工的群众必须主动到镇计生办办理《流动人口婚育证明》，同时向村委交纳200元的计划生育押金。必须服从现居住地的计划生育管理，属康检对象的已婚育龄夫妇，必须按时参加当地计生部门康检活动，每年每季度把康检情况寄回村委会存档，如有违约，由村委会收取违约金50元一次。

七、村民不能留宿外来人员在本家超服、躲生、超生，如有违约，则由村委会收取违约金1000元。对外来人员，按《广西壮族自治区人口与计划生育管理办法》给予处罚。

八、村干部、计生专干不宣传计划生育政策法规，不及时提供避孕药具，不做发放药具或术后随访工作的，扣发村干部、计生专干全年福利、补贴，情节严重的，按程序给予辞退。

九、村民有权监督本村的计划生育工作，对躲生、超

生、抢生的人员可以向村委会或镇计生办检举，经检查属实，将对检举人奖励200元。

十、村委会收取的违约金，必须用于本村计划生育事业，专款专用，不得挪为他用，做到计划生育村务公开，接受村民监督。村民所交的押金，村委会必须妥善管理，不得挪作他用，全额由村委会存入本人的银行账户，存折由村委会保管，到期无违反计生政策和违约现象的，押金如数退还本人。

十一、本村规民约于2002年1月18日通过全体村民代表讨论。

十二、本村规民约于2002年1月23日报镇政府备案。

江西镇扬美村民委员会

2002年1月23日

目前，扬美古镇共有3家诊所，可以满足村民的基本医疗需要。如今扬美人较为常见的病症是胃病，而患这种病的人多是成年男子。当地医生认为，这些人患病与其平时不注意饮食有较大关系。但总的来说，大多数的扬美人生活习惯较好，因而长寿的人比较多。扬美人积累有一些专治地方常见疾病的民间偏方，这些偏方有一定的治疗效果，因而深得当地人信赖。不过，如今扬美古镇的年轻人比较相信医生，有病就要看医生已逐渐成为一种共识。

近年来，新型农村合作医疗制度在扬美古镇得以顺利推行。自2007年当地政府推行新型农村合作医疗制度（当地人简称为“新农合”）以来，扬美村民积极参与，目前已有90%左右的村民投保参加新型农村合作医疗保险。新型农村合作医疗制度的推行，在一定程度上解决了当地人看病难、看病贵的问题，解除了扬美村民社会生活的许多后顾之忧。

调查实录：扬美古镇的诊所

（根据周玉梅、覃丽丽2009年7月调查资料整理）

扬美古镇上一共有3家诊所。其中一家为集体出资经营的卫生所，以西医为主。另外两家为私人诊所，其一家为西医诊所，另一家为中医诊所。

集体出资的卫生所，目前由一位“村医”负责经营。这位“村医”前些年在外地学习了一些西医知识，取得了执业资格，回来后便经营起如今的这个卫生所。“村医”的工资，由上级政府下发，每月360元工资，卫生所的其他收支，由他自负盈亏。卫生所的主要职责，是负责村里的疾病预防和医疗保险等方面的工作，如今扬美村民的流感、乙肝等流行病的预防接种工作都由这个卫生所完成。卫生所里有头孢氨苄、冲剂等简单的OTC药品，也就是病人可以根据说明书上的介绍自行使用的药。这些药品从种类和数量上看基本可以满足村民日常的看病需求。诊所里的药品通常由店主自己进货。店里有为伤员包扎伤口和打吊针的地方，不过如果遇到大的手术，如阑尾炎手术和分娩之类的护理，则需要到江西镇上或南宁市的大医院里就医。虽然如今的医疗条件比较好，但一些村民说，他们中的很多人往往都是在迫不得已时才到卫生所来寻医问药，平时一般不太愿意在这方面花钱。因此，卫生所内的药品多为OTC治疗性药物，而保健类药品较少甚至几乎没有。

私人诊所有两家，一家经营西医，一家经营中医。

经营西医的这家诊所从店面和设施上看比集体出资经

营的卫生所整洁、干净。店面有一个专门开辟的房间供医生诊断病人用。医生穿白大褂而不是便装，给人一种比较正规和专业的感觉。这家诊所为一对夫妻所开，他们从南宁市中医学院毕业之后回到扬美开诊所养家糊口过日子，已有六七年的时间。诊所内的药品不论从种类还是数量上看都比卫生所多很多，但也都以治疗性药物为主，很少看见保健品。这里的收费比卫生所稍贵，但也在村民可以承受的范围之内。诊所的医生说，由于他们的诊所是私人诊所，政府对其没有什么照顾而且各方面的要求非常严格。

私人开设的中医诊所就在西医诊所的对面，也是由一对夫妻共同经营。店主夫妻原先是学医时的同学，从广西中医学院毕业后一起开诊所，到如今他们的诊所已经营了20多年。店主的孩子现在正在广西中医学院学医，准备回来“子继父业”，接手这个铺面。这家诊所主要治疗西医难以解决的一些疑难杂症，收费通常比西医诊所便宜，来看病的病人60%为成年人或老年人，40%为小孩。诊所的草药主要是从南宁市里的一些规模较大的药材公司进货，同时也采用一些本地生产的药材。

（二）环境卫生状况的变化

虽然如今的扬美古镇已不再是那种严格意义上的城镇，而扬美人也早已成为地地道道的农民，不过当地人对于城市生活方式的向往，以及他们对于环境卫生的重视，看起来与城市人并没有明显的不同。

扬美古镇的各条大街小巷，干净、整洁、幽静，环境十分优雅。镇内遍种各式绿树，如黄皮果树、杧果树、榕树等，几乎随处可见。而在一些民居附近的空地上，更是绿树成荫。扬美人喜欢在树下放置一些大块的石板、石墩等，每至劳作之余，便三五成群聚集于此，纳凉、聊天，自得其乐。

大部分扬美人家都有属于自家的庭院。一些人家喜欢在自家房前屋后种植黄皮果树、杧果树等，一则可以绿化遮阴，为自家的生活添加几分情趣；二则可以不时地吃到时令水果，可谓两全其美。一些扬美人说，当地人家的家居环境向来较好，因为扬美人一直以来都比较讲究卫生。20 世纪 90 年代中期，上级政府推广沼气技术，扬美古镇的绝大部分人家都修建了沼气池，当地人的家居环境以及扬美古镇的环境卫生得到了进一步的改善。由于生活污水（除洗衣液以外）大部分都归集到沼气池中，扬美人家日常对外排出的污水极少。从某种意义上讲，沼气池的建设，不仅较好地解决了扬美人家的燃料问题，使之减少对柴草的依赖，同时也为农业生产提供了难得的农家肥料。而更加重要的是，沼气池的修建，使当地人的生活污水得到了较好的处理，从而在一定程度上减少了对环境的污染。

自从 1999 年当地开始发展旅游业以来，扬美古镇的公共卫生设施不断得到完善。目前，扬美古镇共有四个公共厕所，在镇里的各条主要街道上，每隔 30 米左右通常就会有一个垃圾箱。当地村民的环保意识也比较强，街道上很少发现有垃圾乱扔的现象。不过，由于当地人仍然使用牛车运载货物或者搭载观光客人，大街上不时还会出现一些“绿色垃圾”，值得庆幸的是这些“绿色垃圾”通常都会得到及时处理。

目前，扬美古镇的卫生状况总体较好，只是在生活垃圾的处理上还存在一些亟待解决的现实问题。如今扬美古

镇安排有专职人员从事清洁卫生工作，有效地维护了各大街道的环境卫生，但对生活垃圾的处理方式比较简单，通常就是直接焚烧。这种处理方式所带来的后果之一，便是空气污染越来越严重。一些当地人说，如今扬美古镇的地面虽然是干净了，但空气质量不如以前好了。

第十一章 “文化名镇”的梦想与现实

亦村亦镇的扬美古镇，虽然曾经有过繁盛一时的商业经济，但从严格的意义上讲，它实际是一个不断发展的乡村社区。与中国其他农村地区一样，在经历了20世纪跌宕曲折的社会转型之后，当地人的社会生活发生了深刻的变化。而在经济全球化不断推进的当今世界，着力于打造“文化名镇”的扬美古镇，其社区发展也面临着一系列机遇与挑战。

一 社区发展的总体状况

1949年以后扬美古镇的社区发展，虽然遭受过“大跃进”“文化大革命”等运动的冲击，但经过30年的改革开放，目前总体状况较好。20世纪50年代的土地改革，实现了当地人耕者有其田的愿望。人民公社时期的集体化运动，虽然在一定程度上限制了私人工商业的发展，但使扬美古镇早先较为严重的贫富分化现象得到了有效的抑制，各种社会矛盾得到缓解，地方经济平稳发展。80年代以后，随着农村家庭联产承包责任制的落实，扬美古镇的农业生产力得到了解放，农业经济迅速发展，当地人的家庭经济收入状况得到较大改善。90年代以来，社会主义市场经济政

策的推行，为扬美古镇产业结构的调整铺平了道路，地方经济发展重现生机与活力。

在经济发展方面，自1949年以来，扬美古镇逐渐从“亦农亦商”的小城镇经济向社会主义市场经济过渡。由于受到自然条件的限制，扬美人发展出一种“亦农亦商”的生计模式。这种生计模式对于扬美人家来说至关重要，因为单纯的农业耕作在人多地少的扬美实际上很难维持正常的生计。在人民公社时期，扬美人这种传统的生计模式经受了严峻的考验并且曾经一度沉寂。20世纪80年代以后，这种生计模式虽然得到一定程度的恢复和发展，并且至今仍然存在于一些扬美人家的家庭经济之中，但由于不能很好地适应社会发展的需要而难以为继。90年代以来，随着我国社会主义市场经济的快速发展，扬美古镇的经济逐渐融入更大范围的经济体系之中，传统的“亦农亦商”的生计模式开始为以市场为导向的生计方式所取代。

在生活方式方面，扬美人的社会生活逐渐从相对单一的传统生活方式向多元化的现代生活方式转变。“日出而作，日落而息”的生活方式，虽然并不能涵盖扬美人传统生活的全部内容，却是过去扬美人生活方式的真实写照。对于扬美人而言，农忙时节下地，农闲时节走街做生意，偶尔有空之时听听戏、下下棋，已经成为一种相对稳固的生活习惯。这种平静而恬淡的生活，在20世纪80年代以后发生了巨大的变化。由于地方经济的发展以及村民家庭收入的不断增加，扬美人在衣、食、住、行、娱乐等方面的条件得到了较大改善，生活内容也日渐丰富。随着交通状况的不断完善以及广播电视、互联网技术的普及，扬美人与外界的经济、文化交流不断增多，其生活方式受外来文化的影响也在不断加深，多元化的现代生活方式正在逐渐形成之中。扬美古镇鸟瞰见图 11－1。

图 11－1　扬美古镇鸟瞰

在传统文化的保护与发展方面，扬美人正从无意识的保守传统逐渐发展到有计划的开发利用。对于 1949 年以前的扬美人来说，传统文化的传承与发展，是增强族群认同、维持地方社会秩序的重要方式，因此对于传统的坚守，在很大程度上是当地人社会生活当中一种“自然而然”的需要。20 世纪六七十年代，许多扬美古镇的传统文化场所被拆除，一些传统的生活方式被禁止，传统文化受到严重冲击。80 年代以后，一些传统的文化表现形式对于扬美人社会生活的重要意义重新得到肯定，并因此而得到了较好的恢复。随着市场经济的发展，传统文化的商业价值在 20 世纪 90 年代中后期的扬美古镇逐渐受到当地人的重视，以文

化保护带动旅游产业的发展，并以此促进地方经济的全面发展，开始成为扬美人的共识。而通过对一些独具特色的传统文化进行有计划地开发和利用，使之产生更大的经济效益和更好的社会效益，则被视为扬美传统文化保护和发展的重要模式。

在社会生活方面，扬美古镇开始从依靠传统的伦理纲常来规范和约束当地人行为的社区管理模式，逐渐向依靠国家法律法规治理社区的方式转变。在现代国家制度真正建立以前，在“天高皇帝远”的扬美古镇，主要依靠传统的伦理纲常来规范和约束当地人的行为。而作为社区主要的社会组织，“长老会”在1949年以前的扬美古镇的社会生活中发挥着重要作用。1949年以后，尤其是20世纪80年代以来，随着社会主义法制建设的不断完善，扬美古镇的社区治理，主要依靠国家的法律法规，通过村民自治的方式实现。扬美村村民委员会作为当地村民“自我管理、自我教育、自我服务的基层群众性自治组织”，通过民主选举的方式产生，是当地村民在社会事务中进行民主决策、民主管理、民主监督的主要执行者。

在文化教育方面，扬美人的教育正在从传统的以追逐“功名”为主要目的的应试教育向讲求实效的素质教育转变。“知书识礼”的扬美人向来重视本村（镇）子弟的教育问题，虽然也有一些扬美人家对于子女教育的期待并不高，只要“不会因为不识字而被人骗”就可以了，但是更多的人家还是希望自己的子女能够通过读书、应考以获得更好的个人发展空间。因此，在20世纪90年代以前，以追逐“功名”为主要目的的应试教育在扬美古镇教育事业的发展当中较为突出。进入21世纪以后，由于国家逐渐取消了大学毕业生的包分配制度，通过读书追逐“功名”的目的越来越难以实现，扬美人的教育观念开始发生转变，讲求实效的素质教育逐渐得到当地人的共识。与之相对应的是，扬美古镇的教育基础设施建设越来越完善，当地人接受教育的时间更长，村民的文化素质得到普遍提高。

二 社区发展规划

对于扬美人以及当地政府来说，如何在村与镇之间，在发展特色产业与保持农村经济平稳发展之间，在市场经济发展与传统文化保护之间，选择一条比较稳妥的进路，促进扬美古镇经济与社会的全面、健康发展，多年来一直是他们高度关注并积极探索的问题。

20 世纪 80 年代以来，随着改革开放的不断深入，扬美古镇的经济发展取得了显著成效，当地村民的物质生活水平明显提高。尤其重要的是，20 世纪 90 年代末以后，有着厚重历史文化内涵的扬美古镇的旅游价值，逐渐得到包括扬美村民在内的社会各界的认识和肯定，并成为南宁市郊区重点开发的旅游景区。十多年来，扬美古镇的旅游业稳步发展，有效地推动了扬美农村产业结构的调整和地方经济与社会的全面发展。虽然扬美古镇的社区发展目前仍然存在着一些一时难以解决的问题，但当地政府和村民对于其发展前景仍然相当乐观。

或许是受到行政隶属关系频繁调整的影响，扬美古镇的社区发展目标和建设规划方案在最近十余年来曾经多次变更。不过，社区发展的指导思想大体上还是比较一致的，而其计划采取的措施也基本着力于以下几个方面，即加大旅游业的开发建设力度，加快农村产业结构的调整步伐，

加强农业基础设施建设，加快农业富余劳动力转移的步伐，着重发展文化体育事业，加强农村法制建设等。

根据《扬美村2005至2010年发展规划》，扬美古镇社区发展的指导思想，是以“农业增效、农民增收”为核心目标，通过市场导向和科学技术的发展，进一步优化产业结构，促进扬美经济与社会的全面发展，建设农村小康社会。

扬美古镇的规划者认为，加强招商引资工作，做好扬美新村和扬美农贸市场的开发建设，进一步完善古镇古建筑的保护和修缮，加快旅游产品如地方特色农副产品和手工艺品的开发和挖掘工作，鼓励村民积极参与当地旅游业的发展，是现阶段扬美经济与社会发展的中心内容。他们认为，只有加强扬美古镇旅游业的发展，才能更好地推动当地农村产业结构的调整，才能因地制宜发展地方特色产业，转移与安置农业富余劳动力，真正实现“农业增效、农民增收”的发展目标。

扬美村2005至2010年发展规划

为加快我村农村经济建设步伐，切实增加农民收入，从根本上解决好“三农”问题，努力实现农村经济跨越式发展，推动我村建设小康社会的发展进程，根据上级党委、政府有关部署，结合我村实际，特制订扬美村2005至2010年发展规划如下。

一、指导思想

以“三个代表”重要思想为指导，认真贯彻落实党的十六届三中全会精神，以农业增效、农民增收为核心，以市场为导向，以科技进步为支撑，继续优化农村经济结构，促进农村经济社会全面发展，全面完成上级党委、政府确定的农村发展目标，建设农村小康社会。

二、发展目标

（一）国民生产总值：2005 年 1500 万元，比上年增长 7.1%；2006 年 1605 万元，比上年增长 7%；2007 年 1717 万元，比上年增长 7%；2008 年 1837 万元，比上年增长 7%；2009 年 1965 万元，比上年增长 7%；2010 年 2102 万元，比上年增长 7%。

（二）农民人均纯收入：2005 年 2730 元，人均增收 100 元；2006 年 2830 元，人均增收 100 元；2007 年 2930 元，人均增收 100 元；2008 年 3030 元，人均增收 100 元；2009 年 3130 元，人均增收 100 元；2010 年 3230 元，人均增收 100 元。

三、途径和措施

（一）加大旅游开发建设力度

一是抓好扬美新村和农贸市场开发建设，加强对古镇古建筑的保护和包装，努力打造扬美旅游品牌，如文化一条街、明清建筑一条街等。

二是加大招商引资力度，在加强对现有景点建设的同时，不断开辟新的旅游项目，建设集休闲、娱乐、观光、购物于一体的综合性旅游区。

三是加强对群众的教育和引导，努力提高村民素质，增加参与旅游开发的意识。一要不断挖掘扬美传统的手工艺，打造永安民俗工艺一条街；二要发扬扬美的传统美食，做大美食一条街；三要不断丰富农家乐项目内容，吸引更多游客走进农家；四要努力改变传统小食品加工业分散生产和经营的状况，抓集中规模生产和包装宣传，提高产品

的品位。

（二）加快产业结构调整步伐

一是大力发展主导产业，稳定 3000 亩香蕉种植面积，不断引进优良品种，加强对农民的实用技术培训力度，提高科技含量。

二是引导农民利用冬闲田抓好秋冬种，以科技为依托，以市场为导向，在抓好品种更新换代的同时，加强对本村流通队伍的培育，确保农产品销路畅通。

三是因地制宜发展特色农业及养殖业，继续加大对韭黄菜种植、网箱养鱼等的扶持和指导力度。

（三）加大农业基础设施建设

一是千方百计筹集资金，搞好平凤坡、永安街的道路硬化建设。

二是抓好振兴街 2000 米、平凤坡 3000 米三面光水利建设。

三是抓好生态文明建设，主要是沼气池、化粪池建设及永安街、平凤坡的生态文明建设。

四是抓好古镇环境卫生的长效管理。

（四）加快剩余劳动力转移步伐

一是加强对农民的技能培训，提高就业技能水平。

二是加强组织管理，健全劳务输出网络，收集劳务需求信息，开辟剩余劳动力转移新途径，争取每年劳务输出 100 人以上。

（五）加快发展文化体育事业

一是抓好扬美扬声粤剧团的建设，通过请专家前来培训等形式，努力提高剧团成员的素质，提高剧团整体演出水平。同时，争取上级领导及各界人士对剧团的支持，不断完善道具、乐器的配备，并抓好剧团接班人的物色与教育培训、工作。

二是成立扬美龙舟协会，加强对龙舟队伍的组织和管理，打造扬美龙舟品牌。

（六）加强法制建设

一是大力开展普法教育。培养广大农民的法制意识，增强广大农民的法制观念。

二是加强调解工作，及时化解群众之间的矛盾纠纷，保持全村每年“三无”，即无“三大纠纷”案件发生、无群众性械斗、无上访事件，努力打造平安扬美。

扬美村村民委员会

2005年8月30日

虽然扬美古镇的社区发展规划，在更多的情况下是在上级政府的指导下制订完成的，但这些规划实施的内容对于当地的普通村民而言并不陌生。一些人甚至认为对于扬美古镇发展规划的一些想法，比上级政府可能还要“更实际”一些。譬如在农村富余劳动力转移的问题上，他们认为所谓的“技能培训”、建立“劳务输出网络”之类的做法，往往只是“说起来比较好听”而已，实际上的效果并不理想，还不如结合扬美古镇传统的产业特点，在当地多办一些劳动力密集型的食品加工厂来得实际。

三 社会主义新农村建设

1949年以后，尽管绝大多数扬美人在职业身份和政治身份上都已成为无可辩驳的农民，然而习惯了“城镇”生活的扬美人，似乎并不愿意把扬美古镇视为一个农村社区，

更不愿意把自己“降格”为农民。在他们当中的一些人看来，农村、农民总是与低下的经济收入与社会地位、简陋的生活条件、单调而封闭的社会生活等紧密地联系在一起。这些想象所催生的社会后果之一，便是扬美人的自我定位长期摆荡在“城市人”与“乡下人”之间，而扬美古镇的社区发展，也在城镇与乡村之间徘徊。

事实上，由于受到国家发展战略的影响，在20世纪50年代至80年代初期，扬美古镇的乡村化发展趋势是十分明显的。这一点较为突出地体现在产业结构调整、职业限制、社区生产生活设施建设以及包括粮食分配在内的地方社会福利等方面，而当地人也不得不接受“农民”的身份定位。随着农村联产承包责任制的落实以及地方商业经济的发展，80年代中期以后，扬美古镇的商业、食品加工业等产业得到恢复性发展，从事商业活动的扬美人逐渐增加，而农业生产的劳动力投入则逐年减少。或许可以这样说，商业和食品加工业的发展，重新唤起了扬美人在社区建设中的城镇化冲动。如此，做生意、赚大钱，发财致富，在钢筋水泥混凝土筑起的所谓“小洋楼”里，享受现代科学技术所带来的舒适与便利，过上和城市人一样的现代生活，成为一些扬美人的“奋斗目标”。然而，这种冲动并没有使扬美人真正实现他们的城镇梦。小规模商业贸易以及手工作坊式的食品加工所产生的微薄利润，虽然可以改善扬美人家的经济收入，但难以满足他们发家致富的期待。于是，向来被扬美人所“鄙视”的农业生产，仍然苦苦支撑着当地人现实的经济生活和地方经济的缓慢发展。而由于生计上的关系，那些居住在现代化的洋房之中，享受着现代城镇生活的扬美人家，也仍然过着“日出而作，日落而息”的乡村生活。在更多的时候，在宽敞的扬美村道上行驶的是缓缓行进的牛车而不是飞驰而过的汽车，而一些扬美人家新盖的小洋楼，往往因为其“时尚”的建筑风格与原有古建筑迥然相异而成为扬美古镇上极为突兀的钢铁构建物。扬美人的生活，显然无法擦去乡村的印记。

这种生活方式内在的紧张关系，事实上使扬美古镇的社区发展陷于一种难以自拔的困境之中。虽然20世纪90年代随着扬美古镇旅游业的发展，这种困境有所缓解，然而并没有从根本上厘清扬美社区发展的总体思路。

2005年10月，中国共产党第十六届中央委员会第五次全体会议通过了《中共中央关于制定国民经济和社会发展第十一个五年规划的建议》，提出要按照“生产发展、生活富裕、乡风文明、村容整洁、管理民主”的要求，扎实稳步推进社会主义新农村建设。2006年3月，根据此一建议所编制的《中华人民共和国国民经济和社会发展第十一个五年规划纲要》（简称“‘十一五’规划纲要”）在十届全国人大四次会议上通过。《“十一五”规划纲要》明确提出，要坚持统筹城乡经济社会发展的基本方略，在积极稳妥地推进城镇化的同时，推进社会主义新农村建设，并把发展农业生产力作为建设社会主义新农村的首要任务。

《“十一五”规划纲要》关于建设社会主义新农村的若干批示精神，为扬美古镇社区发展远景目标的确立指明了方向。长期以来饱受发展目标模糊不清之苦的扬美古镇，似乎找到了适合自身发展的道路。事实上，20世纪90年代以来，扬美古镇的社区发展，大体上是按照“生产发展、生活富裕、乡风文明、村容整洁、管理民主”的基本要求，来实现当地人建设小康社会的迫切愿望的，他们所担忧的

只是乡村社会在国民经济发展中的地位问题。从某种意义上讲，社会主义新农村建设目标的提出，在较大程度上解除了扬美古镇在发展路径上的困扰，坚定了当地人扎根农村、积极发展农村经济的信心和决心。

2006年夏，根据建设社会主义新农村的要求，在上级政府的倡导下，扬美古镇对其社区发展规划进行了调整。在新的发展规划中，特色农业、旅游业的发展得到了更多的重视，而居民区建设、社区生活设施建设等也成为扬美古镇社区发展的重要内容。按照规划，未来5~10年，扬美古镇将在青坡岭下规划建设一个功能齐备的现代化居民住宅小区，建设规模为1000套居民住宅，建成后可使扬美古镇的每户人家都有一套以上的新住宅。与此同时，将对现有住宅进行修缮，以适应扬美旅游业发展的需要。2006年底，为改善扬美古镇的旅游环境，由南宁市公路运输管理处投资的扬美古镇客运站正式开工建设。该客运站计划总投资50万元，按照四级客运站场的标准设计，具备候车、调度、售票等功能。客运站占地约4亩，候车室可以容纳200人同时候车。扬美古镇客运站于2008年建成并投入使用，是目前南宁市唯一一个村级客运站。江西镇政府组织扬美村民参观当地社会主义新农村建设的“样板村”见图11-2。

一些扬美村民委员会的干部认为，近年来，扬美古镇的社会主义新农村建设取得了显著成效。由于社区发展目标比较明确，扬美古镇的产业结构调整进展顺利，特色产业发展迅速，地方经济发展后劲十足。与此同时，在地方政府和扬美人的共同努力之下，扬美古镇的生产、生活设施建设得到高度重视，当地的交通、通信条件日臻完善，

图 11－2 江西镇政府组织扬美村民参观当地社会主义新农村建设的“样板村”

环境卫生状况不断改观，村容村貌得到有效整治，村民的民主意识逐步确立。

四 社区发展面临的主要问题

1978 年以来，扬美古镇的社区建设成绩斐然。然而，在从计划经济向社会主义市场经济转型的过程中，在经济全球化的浪潮冲击之下，有着久远发展历史的扬美古镇，其社区发展也面临着一些亟待解决的现实问题。

1. 社区发展定位不明，产业布局与地方经济社会发展的现实状况结合不够紧密。尽管在一些当地人的记忆中，扬美古镇是一个有着悠久历史的商业城镇。然而，在 20 世纪 80 年代以前，扬美社区发展的总体定位，无疑是一个有着良好发展前景的社会主义新农村。80 年代以后，在加强

小城镇建设的政策导向下，扬美人和当地政府在扬美古镇的发展规划问题上进行了一些有意识的调整，城镇建设得到了更多的重视。然而，随着90年代以来南宁周边地区旅游业的兴起，扬美古镇的发展定位，开始偏向于旅游景点的建设，并在地方政府和旅游管理部门的支持下，投入大量资金发展旅游产业。由于在产权归属、旅游管理以及营业利润分配等问题上，各方意见难以统一，扬美古镇的旅游业发展困难重重。由于社区发展没有一个明确的定位，过多的不确定因素使得扬美古镇难以形成合理的产业布局，而在发展过程中一些急于求成的做法，则使本来就缺少长期规划的产业布局变得更加急功近利，与地方经济社会发展的现实状况相脱节。

2. 产业结构调整进展缓慢，地方经济发展相对滞后，村民家庭收入长期徘徊不前。1949年以后，以水稻种植为主的农业生产迅速成为扬美经济发展的重要支柱。这种产业布局上的特点，虽然在20世纪80年代以后稍有调整，但扬美经济对于农业的高度依赖关系一直没有明显的改变。90年代以后随着市场经济的发展，扬美古镇的产业结构调整取得了一定成效。商业、手工业以及劳务输出增加了当地村民的家庭经济收入，而香蕉以及其他蔬菜瓜果等经济作物的种植，成为大部分扬美村民家庭主要的收入来源，并在相当程度上促进了扬美经济的发展。然而，由于受到土地资源、生产技术以及市场销售等诸多方面因素的影响，扬美古镇的经济发展速度在2000年以后开始放慢。虽然旅游业的发展，促进了扬美古镇的基础设施建设，并对当地产业结构的调整有着重要影响，但是由于该产业的发展过于依赖外来投资，当地人的参与程度不高，因而其之于地方经济发展的促进作用并不明显，能够从旅游业获得较好收益的村民家庭并不多。事实上，由于农业生产停滞不前，产业结构调整进展缓慢，除了一些家里有人外出经商的人家之外，扬美人家的经济收入近年来没有明显的增长，当地农民的年人均纯收入长期徘徊在2500~3000元。而与其周边城乡地区相比，扬美古镇的经济发展也已经开始出现滞后现象。

3. 农村资本大量外流，农业劳动力的老龄化现象日趋严重，农业发展举步维艰。由于最近十余年来，农业的投入产出比率偏低，国家一些支农惠农政策又难以真正落实到位，扬美古镇的农业投资略显不足。当地农民家庭在农业上的资金投入，主要集中在种子、化肥和农用物资等方面，而在农田基本设施建设上的投资则相对不足。由于农村资本外流现象较为严重，目前扬美古镇的农业生产，能够维持现有规模已属不易。尤其值得关注的是，近十年来随着青壮年劳动力大多外出务工或者经商，扬美古镇农业劳动力的老龄化现象十分突出。事实上，目前从事农业生产的扬美人，绝大多数都是50岁以上的中老年农民。如何在土地资源有限、农业资金投入不足、劳动人口老龄化现象日趋严重的境遇之下，确保农业生产的可持续发展和农民收入的稳步提高，是扬美古镇经济与社会发展需要解决的现实问题。

4. 基础教育相对滞后，师资力量不足，教学质量有待提高。扬美人素有崇文尚武的传统，对于本村子弟的教育问题向来比较重视，而当地的基础教育也有过一度辉煌的历史。然而，20世纪90年代以后，随着市场经济的发展，当地基础教育的发展面临着前所未有的严峻考验。基础教

育中“重硬件、轻软件”的发展思路，成为扬美教育事业发展的重要障碍。作为扬美古镇最主要的基础教育机构，目前扬美希望小学的校舍、运动场地以及其他学习、生活设施（备）等硬件设施的建设，尽管仍然存在一些难以令人满意的地方，但就其规模、质量而言，无疑是其他历史时期的教学设施所无法比拟的。然而，扬美希望小学师资力量的配备，难以满足日益多元化的教学需要。更由于在管理制度等方面存在的问题，扬美古镇基础教学的教学质量近年来有不断下滑的趋势。

5. 村民的自我管理意识相对淡漠，村民自治制度建设有待进一步加强和完善。1949 年以后，随着社会主义制度的建立，传统社会组织对于当地社会的管理职能，逐渐让位于新生的无产阶级政权。在传统社会组织的社会控制力明显减弱，而社会主义法制建设还在不断完善的过程中，当地村民相对淡薄的自我管理意识却没有很好地建立起来。一些扬美人认为，传统的伦理道德对于规范村民的社会行为有着重要的促进作用，即使在“依法治国”的现代国家制度当中也仍然有其难以取代的社会意义，但一些祖上的“规矩”在“文化大革命”期间被打破之后没有得到很好的恢复，致使一些自我管理意识较为淡薄且“缺少教养的人”难以得到较好的社会劝诫，当地向来良好的社会风气也因此而受到侵蚀。因此，在现阶段如何进一步完善村民自治制度，加强村民自我管理，营造有序、和谐、融洽的社会环境，对于扬美古镇的社区发展而言，有着重要的现实意义。

6. 民族文化的保护和发展过分追求经济效益，一些传统文化表现形式不断被异化。20 世纪 80 年代以来，一些扬美古镇传统的文化表现形式逐渐得到恢复，而其所蕴含的经济价值也开始为当地人所注意。90年代以后，随着扬美古镇旅游业的快速发展，一些传统的民族文化表现形式陆续得到“开发、利用”。孔庙、观音庙、大王庙、三界庙等庙宇相继建成，而传统婚俗、手工艺品、民族风味食品等非物质文化遗产也逐渐被作为吸引各方游客的重要旅游资源进行“开发”。然而，由于这些试图“以开发促进保护”的民族传统文化“保护”方式，过分追求经济效益，以至于当地传统文化的保护和传承出现诸多异化现象。

7. 各族群之间的经济与文化交流有待加强，族群关系需要进一步改善。1949年以来，扬美古镇与其周边地区的族群关系相对稳定，各族群之间政治、经济、文化交流不断增多，彼此之间的认识和了解日益加深。然而，由于扬美人与扬美古镇周边地区的壮族人在语言、生活方式、价值观念等方面存在一些较为明显的差异，相互间的认同还有待进一步提高，族群关系仍然需要进一步改善。事实上，族群认同上存在的这些问题，直接影响到当地人与壮族人之间的通婚、经济交往和文化交流，这种状况的现实存在，不利于当地经济与社会的健康发展。

调查实录：扬美古镇旅游业发展面临的问题

（根据甘孝波2009年7月调查资料整理）

在扬美古镇上，从事土特产加工的人家共有23户，大约有70人。其中包括生产扬美“三宝”—— 豆豉、梅菜、沙糕的一些人家。不过，产量上一定规模的沙糕和豆豉作坊较少——沙糕作坊只有2个，而豆豉作坊只有1个。之所

以说它们是上一定规模的作坊，主要是指他们的产品可以批发给镇上的一些小摊出售，也有部分产品批发到南宁市里的食品店里出售。这些作坊的技术大多都是世代传承的（主要通过父子相传的形式），老板和小工都是亲戚，是名副其实的“家族生意”。除了“三宝”的生产和加工，在扬美古镇，很多人家还会腌制木瓜干、萝卜干等。一些人家腌制的木瓜干、萝卜干，一部分留给自家食用，另一部分拿到市场上卖。也有些人家是专门做来卖的，顾主大多是外地来的游客。

除了土特产加工之外，当地人竹编的小扫把、小鸡笼、小簸箕等，也是颇具民间特色的工艺品。这些工艺品大都是六七十岁的老年妇女做的。在扬美街上，经常可以见到三三两两的老人围坐在一起，一边拉家常，一边编织这些工艺品。

一些扬美人说，虽然这些传统的土特产品和工艺品并不是很赚钱，但在扬美这样一个古镇里面，如果没有这些东西，恐怕也就没有那个“古”味了。虽然如此，扬美古镇的土特产品和工艺品的加工制作，还是存在着一些现实的问题。镇上几家卖土特产品的摊主都表示，当地人很少想过要把这些东西拿到外面（南宁）去卖。原因很简单，当地人做生意的本钱少，不敢生产太多，担心卖不出去。因此，虽然也有一些人家腌制的梅菜远销广东等地，但是扬美古镇里大部分生产土特产品的作坊，其产量通常都不是很大，一般只够在扬美卖就可以了。在与现民兵营长访谈时，我们得知当地官方对于特产这一问题的看法。营长告诉我们，扬美的特产都是手工做的，不上规模，也不上档次，不大可能拿到外面去卖，因为那里对食品的卫生要求很高。手工做的东西，一般都不怎么卫生的，因此根本上不了市区里面的超市。

在工艺品的营销方面，同样也存在着一些现实问题。在扬美古镇的主干道——金马街上，只有一两家“有点模样”的工艺品店。店里的商品主要是去南宁进的，没有什么特色，价格也比较高，因此无论是对当地居民还是外地游客而言，都没有什么吸引力，销路很窄。而扬美民间的手工艺品，一般也只有在路边的简易小摊上才能买到。做买卖的通常都是一些不大会讲普通话的老年妇女，很难与游客有较好的沟通，因而生意不是很景气。而当地的工艺品，也因此失去了很多卖点。

尽管在社区发展的过程中存在着诸多亟待解决的现实问题，但当地人对于扬美古镇的未来依然充满信心。他们认为，只要能够理顺各方面的关系，进一步明确扬美古镇的发展定位，不断完善基础设施的建设，大力保护、挖掘和开发扬美古镇丰富的旅游资源，加强对地方特色产业的扶持力度，扬美古镇的发展必将拥有一个美好的明天。

附　件

附件一　扬美小学校史（1924～1985）

扬美小学校址设在文昌阁（包括社王庙、花王庙），于民国13年才开始改为学校（村中原来的高小和初小分别借用其他宗祠和庙堂作为校舍。高小在民国7年成立，以全村的屠牛捐为经费）。（学校）最初只有一班高小，以后逐渐发展到两班高小。当时也是新学制，设有国文、算术、英语、公民、自然、历史、地理、卫生、农业常识、图画、音乐、体育等课程。校长是由县里派来的，姓文名济。（文济）来了大约一年以后（民国14年），为了扩充校舍，他领导学生把庙里原有的魁星、文帝、关帝、社王、花王等像捣毁。杜式洲（即杜源）任校长时（民国15年至19年），已增到四班高小。他设法兴建三间较为简陋的教室，把村中原有的几班初小搬进来，于是成为完全小学。当时还扩大了学生的活动场所，添置球类、秋千、摇摇板、沙池等体育用具，并且开始招收女生。每年10月10日的晚上都举行提灯游行，以庆祝辛亥革命取得胜利。当时学校办得比较出色，教学质量有所提高，部分学生毕业后，能考上南宁一中或女三中，因而远近村庄（如桥板、大陆、三江、笼山、那左、刘村、凌村、大滩等）都有青少年前来就读。直到那廊成立完小（后来搬去大同圩）后，各村学生才陆续转学，民国 23 年底已全部转完。从民国 24 年至 34 年，校长是由镇长兼任的，因当时是搞“三位一体”（即镇长兼民团大队长和校长），这对抓教学会产生一定的影响。

1945 年抗日战争取得胜利后，学生人数和班数增长比较快。到解放前夕，我校已有 12 个班，学生 400 多人，以大王庙作为分校。

从 1952 年起，再次有三江、那左、笼山、那廊、智信的几十个学生前来我校读高小。1954 年，那廊和智信成立完小，这两处的学生才转学回去。1964 年，同江开始成立小学，三江、那左、笼山的学生随即转回同江完小读书。当时我校师生敲锣打鼓赠送 20 套课桌和两块黑板（一大一小）到同江去，使他们的高级班能及时开班上课。

解放初期，我校有学生 500 多人，但到 1953 年，由于农民在土改后得到翻身、生活有所改善，因此，入学人数突然增加到 800 多人，成为学生人数最多的一年，于是设立三个分校（大王庙、杜氏宗祠、孙屋油榨场）才能容纳。教师数也增加到接近 30 人。当时开展学习苏联先进教学经验，学习五级记分法。我校杜金生老师在教学上取得显著效果，学生成绩提高相当快，县里教育科曾派陆有诚同志前来深入了解情况，并由杜老师总结教学经验。从 1954 年起，建立教研组，开展公开课、集体备课、互相听课等教学活动，以提高教学质量。在学生中开始建立少先队组织，定期开展中队活动和大队活动，从而培养儿童具有“五爱”思想，以及机智勇敢的良好品质；重视学生的体育锻炼，设有篮球、乒乓球、双杠、爬杆、滑梯、摇摇板、沙池等活动场所。教师还指导学生分组（故事组、舞蹈组、歌咏组、科技组、体育组），开展有意义的课外活动，活跃学校生活；逐步健全教师的政治和业务学习制度，使教师的思想觉悟和教学水平不断得到提高。

1958年教师带领四年级以上学生到智信搬运铁矿石，1959年师生又参加大办农业，开荒种红薯。另外，还到田野拔禾草头，卖给纸厂得200多元。在这段时间里，本来书本知识（就）学得很少，但大家从中学到一些实际知识，也为国家和人民献出一把力。在所谓“三斤鸡干部”的困难时期里，我校教师吃苦耐劳，始终坚持教学工作，为建设祖国不断输送人才。1965年我校师生利用劳动课或调课的办法帮供销社切萝卜，得工钱800多元，以及帮粮站运砖、运沙，得工钱100多元，从而使我校勤工俭学又增加收入共约1000元，后来用作建校开支。

在1954年以前，有小学毕业需要考初中的就自己到南宁投考。1955年我们江西乡开始建立中学，此后考生均由老师带领。1955～1958年，我校考生成绩是比较好的。毕业生升初中，除1960年是由学校评定，1967～1976年是由贫下中农代表评定外，其余毕业生均采用投考方式来录取。1960年以后，我校考生成绩起起伏伏，不够稳定，处于中游状态。1968年开始设立附中，后因各方面条件不足，且利少弊多，而于1984年7月完全撤销。1979年春节办幼儿班，此（后）每年都毕业两班、招收两班。

在党的十一届三中全会的鼓舞下，我校全体师生大力开展“五讲”“四美”“三热爱”的活动，进一步健全对学生成绩的考核制度，建立学籍表，人手一本《学生手册》，对学生的学习与纪律提出严格要求，并要求经常以《小学生守则》来对照自己，使他们能在教师的指导下逐步走上正轨。

学校还建立日志部，由值日教师负责检查和登记各班的出勤、学习、纪律、做操、卫生等情况，评比出名次，并于当天下午集队时对全体学生总结出好人好事，或是指出需要改进的地方，使学生能朝着正确道路迈进。

健全教师的政治与业务学习制度，不断提高教师的思想觉悟与教学水平，建立高低年级语文、数学教研组，以教学大纲和新教材为依据，研讨教学方法，互相取长补短；开展公开课，推广教学经验；近年来还开展“腾飞杯”的教学竞赛活动，有力地推动教学质量的提高。

每学期开学初，教师分别制订出学校工作计划，班主任、语文科、数学科计划，以及教研组和少先队活动计划。在学期结束时，还分别写出总结。教师在授课前写好教案，做到有计划、有步骤地进行教学，由教导处定期检查。学校还为每个教师建立档案，以提升教师的责任感。

近几年来，学生的思想品德不断提高。在学习上能专心听讲，积极回答问题，完成作业；旷课、迟到、早退现象基本绝迹，不再出现打群架现象，拾到东西能主动交公；按照学校布置，每周星期六中午，由组长带领打扫自己所在的街巷，有的学生还主动帮助五保户担水、洗菜，得到村委会和群众的好评。还有最（更）令人敬爱（佩）的，就是有几位舍己救人的好学生，使溺水儿童获救。计有梁善培同学（男，和平街人）在池塘里抢救一个四五岁的儿童；杜少玲同学（女，和平街人）在河边救过杜柳芳；杜家礼同学（男，解放街人）在河边救过杜家雄（现读二年级）。

我校毕业生升学率和升学人数已有所提高。1983 年升学 32 人，升学率为 52%；1985 年升学 27 人，升学率为 30%；1986 年升学 28 人，升学率为 42%。

学生体质也有所加强。曾荣获 1977 年“六一”学区体运会女生乒乓球第三名；1981 年同期女子接力赛第三名；1982 年 10 月 13 日江西学区少先队成立 33 周年列队检阅比赛第二名；1984 年“六一”体运会那廊赛区男子跳远、女子跳远、女子接力、女子乒乓球均荣获第一名，女子速跑、男子跳高、女子跳高均荣获第二名。

总的说来，扬美小学的教育质量正在不断提高中。

撰写人：杜濂章

单位审稿人：梁如林

1987 年 2 月 22 日

扬美小学历任校长任职时间（1924 年创办至 1985 年底）

姓名	任职时间	备考（注）	姓名	任职时间	备考（注）
文　济	1924 年至 1925 年	开始创办学校	梁兆璐	1944 年春至 1944 年夏	
青廼荃	1925 年至 1926 年		许日生	1944 年秋至 1944 年冬	
杜式洲	1926 年至 1930 年	开始成立完小	杜宜雄	1945 年春至 1945 年夏	
黄　驺	1930 年至 1930 年		杜紫涛	1945 年秋至 1946 年夏	
雷盛爵	1931 年春至 1931 年夏		杜　桓	1946 年秋至 1946 年冬	
周辅才	1931 年秋至 1931 年冬		杜　馨	1947 年春至 1947 年夏	
甘以才	1931 年冬至 1932 年		杜杰潜	1947 年秋至 1948 年夏	
李秀夫	1932 年至 1933 年		梁荣生	1948 年秋至 1949 年夏	
蒙步英	1934 年至 1934 年		黄悦桂	1949 年秋至 1950 年冬	
梁少卿	1934 年至 1935 年	三位一体	林紫涛	1951 年春至 1952 年秋	
雷　荫	1935 年至 1936 年	三位一体	滕石秀	1952 年冬至 1957 年秋	
苏正尧	1936 年至 1936 年	三位一体	谢鼎中（学区党支书）	1957 年冬至 1962 年秋	拆社王、花王、大王等庙，建五间教室
梁汉南	1937 年至 1937 年	三位一体	石　心	1962 年秋至 1969 年春	建九间教室，三间房
杜沛英	1937 年至 1938 年	三位一体	杜伯茂（共产党员）	1969 年春至 1972 年秋	建两间坭砖教室，二房（已倒塌）
周森南	1938 年至 1939 年	三位一体	蒙民彪（共产党员）	1972 年秋至 1977 年秋	
梁少居	1941 年春至 1941 年冬	三位一体	廖锦志（共产党员）	1977 年秋至 1980 年春	建三间教室，二间房
邓文韬	1942 年春至 1942 年夏	三位一体	邓祖安	1980 年春至 1981 年秋	
陈振骠	1942 年秋至 1942 年冬	三位一体	胡永柱（共产党员）	1981 年秋至 1984 年秋	修长校门前一带路基
马武彰	1943 年春至 1943 年冬	三位一体	杜武河（共产党员）	1984 年秋至 1985 年秋	
			梁如林（共产党员）	1985 年秋至 1985 年冬	置花盆，砌花坛，美化校园

制表：杜濂彰　　　　日期：1987 年 2 月 22 日

附件二　南宁市江南区江西镇扬美村委会关于扬美古镇旅游开发的现状及今后发展的几点建议

扬美现隶属南宁市江南区江西镇管辖的一个行政村。1999 年旅游开发以来，为提高扬美的知名度，故沿用了明末清初“扬美古镇”这个称谓对外宣传。1999 年南宁首届国际民歌节期间，南宁市人民政府于 11 月 14 日在金沙滩举办了“龙腾盛世贺千禧”活动，从而拉开了扬美古镇旅游业新的历史编（篇）章，每逢“五一”“十一”旅游黄金周和节假日,分别举行大、中型活动，2003 年 8 月 16 日获“中国绿城——南宁十大景观”之首。5 年多来，旅游设施不断完善，吸引了中外游客前来旅游观光，特别是 2004 年 11 月首届中国 - 东盟博览会期间举办的“扬美古镇——中国民俗风情游暨联欢活动”，吸引了 100 多名外国友人前来参加，从中给扬美带来了一定的经济效益和社会效益。现就扬美古镇旅游开发的现状及今后发展方向提出几点建议。

一　基本情况

扬美古镇位于南宁市的西部，距离南宁市中心 38 公里；地处左江下游，三面环江，丘陵地形；总面积 6.6 平方公里，耕地面积 5260 亩，其中水田 2500 亩、旱地 2760 亩；总人口 5277 人，分居八街一坡，34 个村民小组，1234 户，34 个姓氏，以杜、梁、杨、黄为大姓；辖区内居住多为汉族，语言以平话为主。水、陆交通十分便捷。水路经邕江上游至三江口处入左江约三公里便到；公路分别有沙井、西乡塘两条柏油公路直达；南昆电器化铁路经过扬美，设有扬美火车站，距离南宁南站约26公里（南宁南站—金鸡站—江西站—扬美站）。经济以种植水稻、香蕉、蔬菜和养殖业为主，1999年旅游业开发后，发展家庭加工业、小手工业和服务行业。当地有“三角市”，每天早上有贸易集市，三天一圩，日赶圩人数达3500人次。

二　文化内涵

“扬美古镇”始建于宋代，曾用名“白花村”“南溪村”“扬美镇”，明末清初是一个繁华商埠，曾有“小南宁”之称。“扬美古镇”文化底蕴深厚，有很多人文景观和古代建筑物，如明代民居（七柱屋）、举人屋、黄氏大院（黄氏庄园）、五叠堂、清代青石板街、清代古镇碑、清代圩市禁碑等。明代著名旅行家徐霞客亲临扬美并为扬美提出八大景词：龙潭夕影（三界庙旧址）、江滩夜月、亭对江流（钟馗庙）、雷峰积翠、松滩相呼、剑插清泉（大王庙又称关帝庙旧址）、阁望云霞（文昌阁）、青坡怀古。沿左江岸边留有八个古水埠（码头）：新街尾埠、大湾埠（古商埠码头）、细湾埠（钓鱼码头）、金马埠（又称大埠）、那晚埠、梯云埠、杜屋埠、龙船埠（瓦窑埠）。1982年以来广西电影制片厂和国内影视摄制组先后在扬美摄制《杜鹃声声》《红岸》《耳光响亮》等20多部影视片，《我们的父亲》2005年3月8日在扬美开机。龙舟是扬美传统的民间体育活动项目，八条街都有赛龙舟的习惯，现有龙舟36条，村里每年端午节坚持举办传统龙舟赛。2003年扬美代表南宁市参加北海

"中国网通杯"龙舟争霸赛获冠，2004年农历五月，分别组队参加南宁市、防城港等民间龙舟赛，在南宁赛区荣获桂冠，至此，扬美已获龙舟赛六连冠。2004年10月代表南宁市参加中国－东盟博览会国际龙舟邀请赛荣获男女龙舟第二名。扬声粤剧团组建10多年来，50多名队员坚持每晚9点至11点集中统一排演，逢年过节为村民义演，大大地丰富了村民的文化生活。

三 基础设施

主要街道、巷道已铺青石板，路面已水泥硬化，沿路两旁绿化美化，在生态停车场—金马街—临江街—黄氏庄园主要旅游线路安装路灯33盏，建有公厕5座，垃圾中转站1个，建有荷塘月色10多亩，修建1.6公里环村路；建有6000多平方米生态停车场1个；商品一条街占地1000多平方米，设有20个摊位；美食街占地2000多平方米，设有38个摊位；有豪华班车4辆，旅游观光车（牛力）15辆；有餐厅4间，小食摊点20个，专营扬美"三宝"（豆豉、梅菜、沙糕）和纪念品流动致富车30辆；开设"农家乐"11家，沙糕作坊2个，豆豉作坊1个，梅菜、酸菜、辣椒酱加工360多户。

四 队伍建设

现成立有扬美古镇景区管理部，配有环境保洁员10人，治安联防队员5人，收费员4人，景点导游员2人，工资从旅游门票收入中支付。

五　社会经济效益

2002年以来来当地旅游的国内外游客倍增，2003年大年初一生态停车场停车47辆；2004年大年初一生态停车场停车127辆；2005年大年初一生态停车场停车多达163辆；每年“五一”“十一”黄金周生态停车场日停车有360多辆；2004年4月18日前南宁—百色车次，扬美火车站落客有800多人。每逢节假日、双休日，南宁—扬美开有“明日号”“星岛号”“星宇号”旅游船。近年来，几乎每天都有外国游客到来，每天少则4人，多则20人。

六　领导重视

开发旅游业以来，曾到扬美古镇视察的区、市领导有李兆焯、曹伯纯、刘奇葆、李纪恒、潘琦、袁凤兰、林国强、黄汉明、封家骧、谢泽宇、杨宏博、赵波、韦玲、苏如发、卢丽芬、唐济武、肖莺子、林明、阮丕涯、赵富林、杨基常、李克、梁冠文、李康、黎梅松、于开金等。2004年8月16日，自治区党委副书纪、原南宁市委书记李纪恒同志到扬美古镇调研时提出“六保持、六做大”，即保持扬美人文景观，做大扬美人文景观；保持扬美生态环境，做大扬美生态环境；保持扬美古老建筑，做大扬美古老建筑；保持扬美故事，做大扬美故事；保持扬美美丽，做大扬美美丽；保持扬美民风，做大扬美民风。

七　存在问题

扬美古镇旅游开发还存在以下七点问题。

（1）旅游资源挖掘力度不够，有些旅游品牌开发、打造、包装、推出不力。

（2）缺乏旅游规范化管理，旅游资源破坏严重，乱建乱搭现象得不到有效的遏制，措施不力。

（3）旅游管理部门人员到点指导少，工作态度欠佳。

（4）旅游开发力度不够大，工作透明度不够高，没有很好地带动当地群众参与其中。

（5）旅游业发展初始阶段，村民在经济上仍得不到实惠，看不到利益所在。

（6）工作脱节，造成镇、村干部工作被动，有时无从入手。

（7）资金投入跟不上，花钱投入的项目个别不符合发展要求。

八 几点建议

对扬美古镇旅游开发有以下八点建议。

（1）尽快完善落实扬美古镇旅游领导机构。

（2）加大扬美古镇包装，斥资打造、修整景区、景点，如打造文化一条街、步行购物街、影视基地、娱乐活动场所、会议中心、度假村等。

（3）加强旅游资源和环境保护，及时制止乱拆乱搭，并对总体建筑进行布局。

（4）提高扬美“三宝”产品包装质量，促进加工业和小手工业的发展。

（5）“五一”“十一”黄金周及节假日推出招标包干。

（6）组织部分党员、干部群众走出去，学习外地的成功经验。

(7) 加大招商引资、集资力度。

(8) 加快扬美新村建设，规范市场管理，保护古老建筑。

南宁市江南区江西镇扬美村委会

二〇〇五年四二十六日

附件三　广西南宁市江南区江西镇扬美村大事记

• 据《南宁市军事志》记载，现今扬美古镇所在地在唐代时即为一个军事据点，宋代以后才逐渐有平民定居。

• 最先定居扬美的是刘、罗、陆、李等四姓人的祖先。初时，取名“白花村”，后改名“扬溪村”“扬美村”。在如今扬美古镇杜、梁、杨、黄等四大姓氏村民中，大部分人认为他们是狄青平南军的后代，此外也有部分村民是明末清初到扬美经商的广东商人的后代。

• 据郭世重于嘉靖十七年（1538 年）纂修的《南宁府志》记载，“杨美渡”（扬美渡）已成为当时南宁有名的渡口之一。至嘉靖四十三年（1564 年），扬美逐渐成墟。

• 有明一代，扬美古镇为邕宁县辖地。

• 清中叶，扬美为左江镇驻地，归宣化县所辖。

• 民国元年，扬美古镇所属宣化县并入南宁府。

• 1914 年，扬美划归邕宁县管辖，此后一直为邕宁县辖区。

• 1922 年，“四月初九”事件发生，扬美古镇迅速衰落，只保留有规模较小的早市墟市。

• 1949 年 12 月，扬美解放。

- 1952 年，扬美村改为扬美镇。
- 1955 年，扬美镇撤销，改为扬美高级（合作）社。
- 1958 年“大跃进”期间，在原扬美高级社的基础上成立扬美人民公社。
- 1962 年改为扬美大队。
- 1982 年 8 月，扬美及所在的江西镇划入南宁区郊区。
- 1986 年，扬美大队改称为扬美村公所。
- 1995 年，成立扬美村民委员会。
- 2001 年，扬美村（行政村）并入南宁市永新区。
- 2005 年 3 月，南宁各城区重新划分，扬美村及所属江西镇划入南宁市江南区。

参考文献

［1］《淮南子》

［2］《宋史》

［3］《宋史纪事本末》

［4］《续资治通鉴》

［5］周去非：《岭外代答》。

［6］黄佐：《广西通志》，嘉靖十年（1531年）刊本。

［7］郭世重纂修《南宁府志》，嘉靖十七年（1538年）刊本。

［8］方瑜纂辑《南宁府志》，嘉靖四十三年（1564年）刊本。

［9］徐霞客：《徐霞客流记》。

［10］杜伯琳：《扬美村志》（未刊稿），2005年9月。

［11］杜濂章保存：《杜氏族谱》（始修年月不详），2007年。

［12］葛剑雄等：《简明中国移民史》，福建人民出版社，1993。

［13］顾有识、罗树杰主编《中国民族志》，黑龙江人民出版社，2003。

［14］广西壮族自治区通志馆《太平天国革命在广西调查资料汇编》，广西壮族自治区人民出版社，1962。

［15］李富强、潘汁：《壮学初论》，民族出版社，2009年版。
［16］梁建钊保存《梁氏族谱》（1963年始修），2005。
［17］罗世敏主编《扬美古镇》，广西人民出版社，2003年版。
［18］莫家仁、陆群和：《广西少数民族》，广西人民出版社，1996。
［19］南宁市地方志编纂委员会编《南宁志·军事志》，广西人民出版社，1993。
［20］南宁市江南区江西镇政府：《江西镇概况》，2006年3月。
［21］南宁市郊区地方志编纂委员会编《南宁市郊区志》，方志出版社，2004。
［22］南宁市地方志编纂委员会编《南宁市志》（综合卷），广西人民出版社，1998。
［23］谢祖萃、莫炳奎修纂《邕宁县志》卷一，南宁：南宁大成印书馆，1937年版。
［24］徐杰舜：《平话人研究的现状及走向》，《广西民族学院学报》（哲学社会科学版）2002年院庆专辑。
［25］徐杰舜主编《雪球——汉民族的人类学分析》，上海人民出版社，1999。
［26］扬美村村民委员会：《扬美村村民户口簿》，2007年12月。
［27］杨翰燃：《扬美古镇历史》（未刊稿），2002年5月。
［28］杨翰燃保存《杨氏宗支部》（民国16年始修），2006。
［29］袁少芬：《平话人是汉族的一个支系——论平话人的形成发展与平话文化》，《广西大学学报》（哲学社会科学版）1998年第6期。

[30] 张均如、梁敏：《广西平话》，载《广西民族研究》，1996年第4期。

[31] 张声震主编《壮族通史》，民族出版社，1997。

[32] 中共江南区江西镇扬美村党总支部：《扬美村基本情况汇报》，2008年3月30日。

[33] 广西壮族自治区方志编纂委员会编《广西通志》，广西人民出版社，1999。

后记

2008年初，受“当代中国边疆民族地区典型百村社会与经济发展调查”项目组的委托，笔者到广西南宁市郊区江西镇扬美村（扬美古镇）进行实地调查研究。由于在此之前的2005～2006年，为了完成博士学位论文《财富与他者——广西扬美古镇的商品交换与族群关系》的写作，笔者到扬美古镇进行过为期一年多的田野调查，因此这次调研工作开展得十分顺利。此后不久，由于扬美村村民委员会进行换届选举，相关调查工作略受影响。2009年7月，笔者再次组织调查团队到扬美古镇进行了为期半个月的调研工作，对扬美人的社会生活进行了较为全面的考察。

基于在扬美古镇进行田野调查所取得的大量第一手材料，本书对扬美古镇这样一个介于村与镇之间的乡村社区的历史渊源关系，地方经济发展，社会组织的变迁，风俗习惯及民间宗教信仰的嬗变，婚姻与亲属关系的演变，族群关系的发展，现代科学技术的普及之于当地社会生活的影响，以及扬美古镇的社区发展所面临的问题等诸多方面，进行了较为详尽的描述。

广西民族大学民族学专业2006级、2008年级的部分本科生参加了在扬美古镇开展的调研活动。其中，陈明君、甘孝波、梁宏章等同学参与了本书第三章、第六章和第七章部分内容的写作，周玉梅、雷世林、黄奕强、林宇乾、梁彩娟、覃丽丽、黄庆林、覃文君、兰婷婷等同学提交了对本书写作具有重要参考价值的调研报告。

本书的写作和出版，得到了中国社会科学院边疆史地研究中心“当代中国边疆民族地区典型百村社会与经济发展调查”项目的资助，得到了广西民族大学民族学与社会学学院、广西南宁市江西镇扬美村民委员会的大力支持，得到了扬美村党支部书记梁渊以及原扬美村委会干部杜献碧、杜献伦、杜靖初、杜伯琳、杜腾芳以及杨翰燃、黄绍新、许日华、杜保宗、梁善生、杜濂章等扬美村民的热心帮助。在此，笔者代表调查组所有成员对于他们的支持和帮助表示衷心的感谢。

吕俊彪

2010 年 8 月

图书在版编目(CIP)数据

在村与镇之间：广西南宁市江西镇扬美村社会发展调查报告／吕俊彪著. -- 北京：社会科学文献出版社，2018.6

（当代中国边疆·民族地区典型百村调查. 广西卷. 第三辑）

ISBN 978-7-5201-1497-4

Ⅰ.①在… Ⅱ.①吕… Ⅲ.①农村调查-调查报告-南宁 Ⅳ.①D668

中国版本图书馆 CIP 数据核字（2017）第 240114 号

当代中国边疆·民族地区典型百村调查：广西卷（第三辑）

在村与镇之间

——广西南宁市江西镇扬美村社会发展调查报告

著　　者／吕俊彪

出 版 人／谢寿光
项目统筹／宋月华　范　迎
责任编辑／范　迎　吴良良

出　　版／社会科学文献出版社·人文分社（010）59367215
地址：北京市北三环中路甲 29 号院华龙大厦　邮编：100029
网址：www.ssap.com.cn
发　　行／市场营销中心（010）59367081　59367018
印　　装／三河市龙林印务有限公司

规　　格／开　本：889mm × 1194mm　1/32
印　张：8.375　字　数：186 千字
版　　次／2018 年 6 月第 1 版　2018 年 6 月第 1 次印刷
书　　号／ISBN 978-7-5201-1497-4
定　　价／198.00 元（共 4 册）

本书如有印装质量问题，请与读者服务中心（010-59367028）联系

主　编　厉　声

副主编　李　方（常务）　李国强

编委会成员（按姓氏笔画排列）

于　永　于逢春　马品彦　方　铁　王利文　厉　声　冯建勇
毕奥男　许建英　孙宏年　孙振玉　李　方　李国强　张永攀
周建新　孟　楠　段光达　倪邦贵　高　月　崔振东　翟国强

中国社会科学院中国边疆研究所 **厉声 主编**

当代中国边疆·民族地区典型百村调查：**广西卷（第三辑）**

分卷主编：**周建新 冯建勇**

跳公节场景（唐若茹摄，2007）

白彝女性服饰（钟柳群摄，2007）

达腊第一家小卖部（钟柳群摄，2007）

跳公节上的“七师”（钟柳群摄，2008）

达腊彝族跳公节场地（钟柳群摄，2007）

典型的达腊彝族民居（钟柳群摄，2007）

宗庙“竹枝堂”（甘品元摄，2007）

宗堂前转舞的妇女（钟柳群摄，2008）

中国社会科学院中国边疆研究所 厉声 主编

当代中国边疆·民族地区典型百村调查·广西卷（第三辑）

金竹彝村

——广西百色市那坡县城厢镇达腊村达腊屯调查报告

甘品元◎著

SSAP
社会科学文献出版社
SOCIAL SCIENCES ACADEMIC PRESS (CHINA)

“当代中国边疆·民族地区典型百村调查”

总序

深入实际、开展国情调研，是中国社会科学院肩负的重要科研任务，也是中国社会科学院履行好党中央、国务院赋予的“思想库”“智囊团”职能的重要方式。中国边疆省区占国土面积的60%以上，边疆区情及当地的民族社会调研（边疆调研）是中国国情调研的重要组成部分。正如一位边疆工作者所说：不了解少数民族，就不了解中华民族；不了解边疆，就不了解中国。1983年中国社会科学院中国边疆史地研究中心建立后，特别是1990年以来，一直将边疆调研作为学科研究的重点之一。

2004年，中国边疆史地研究中心承担国家哲学与社会科学基金特别项目“新疆历史与现状综合研究”（简称“新疆项目”）。2006年，中国社会科学院中国边疆史地研究中心牵头，立项开展“当代中国边疆·民族地区典型百村调查”（简称“百村调查”），作为此特别项目的子课题。“百村调查”以新疆为重点，在新疆、西藏、内蒙古、宁夏、广西5个民族自治区和云南、吉林、黑龙江3省基层地区同时开展，共调查100个边疆基层村落。调查工作在“新疆项目”领导小组和专家委员会指导下，

由“百村调查”专家委员会暨编委会组织实施。在中国边疆史地研究中心主持拟定的调查大纲框架下，挖掘每个省区的优势，体现各自的特色。

本项目的实施得到了边疆地区各级地方党政部门的支持。调查工作注意与地方党政部门的相关工作衔接、听取意见，首先，在实施调查之前，主动向各级党政部门汇报情况，听取指示和意见。其次，调查组主动让各级党政部门了解调研的全过程，在调研过程中出现问题时及时向相关党政部门请示。再次，调研阶段成果和最终成果的副本同时提供给地方党政部门参考。

“百村调查”的调研主题是：改革开放30年来中国边疆基层村落的民族社会和经济发展的历史与现状。具体内容包括：乡村概况、基层组织、经济发展、社会生活、民族、宗教、文教卫生、民俗风情等。项目调研的时间是：2007~2008年（详见建设）。

“百村调查”的调研对象为：100个具有典型意义与特色的中国边疆基层村落。课题以基层乡、村两级为调查基点，大致每个省区选择2个地州，每个地州选择1~2个县，每个县选择2个乡，每个乡选择2个村。新疆共调查22个村，其他地区均为13个村（辽宁、吉林、黑龙江以东北边疆为单元，共调查13个村）。调查点的选择要求有3点。

(1) 本地区社会稳定与经济发展中具有典型意义的基层乡和村。

(2) 存在边疆现实政治、社会或经济发展的热点、难点问题。

（3）与20世纪50年代全国边疆民族调查能有一定的衔接。

“百村调查”采取学术调查与现实政治相结合的方法，以社会人类学入村入户调研方法为主，同时关注现实政治、社会与经济发展中的热点、难点问题。一般共性调查与专题专访调查相结合，在一般综合性调查的基础上，选择好专访或专题调研的“切入点”，总结经验与完善不足相结合，在总结各项工作经验的同时，善于发现问题和提出解决问题的对策与建议。调研注重入户访谈和小范围座谈的专访调查。在一般性问卷和统计资料收集的基础上，注重对基层干部、群众典型、教师、宗教人士等特定人员的专题访谈，倾听和收集他们对基层社会稳定与经济发展的看法、意见和建议，形成能说明问题的专访或专题调研报告。

“百村调查”的成果形式分为调查综合报告与专题报告两大类。

（1）调查综合报告：依据大纲规定，撰写有关乡村经济社会等发展状况的综合报告，课题结项后分期公开出版。专题报告及调查资料可以公开发表的，在篇幅允许的情况下，作为附录附在综合报告末尾。

（2）专题报告：内容较敏感、不适宜公开出版的专题报告，集成《专题报告集》，内部刊印。

“百村调查”主编　厉声　谨识

2009年8月25日

目　录
CONTENTS

图目录
FIGURE CONTENTS

表目录
TABLE CONTENTS

序言
FOREWORD

中国社会科学院中国边疆史地研究中心“当代中国边疆地区基层社会与经济发展典型调研”项目，是一项涉及广西、云南、西藏、新疆、内蒙古、宁夏、吉林等7省区100个村寨的大型调研项目。广西壮族自治区作为中国西南边疆少数民族聚居省区，此次调查共选点13个，主要集中在广西沿中越边界一线的各民族边疆村寨，个别分布在非边境县市。

在中国近现代发展史上，对于边疆地区的关注，主要出现在19世纪末20世纪初。当时的中国边疆地区，在英、法、俄等帝国主义势力蚕食鲸吞下，出现了普遍的危机。边疆危机唤起了中国民众尤其是知识阶层对边疆的关注。20世纪30年代，以“边政”概念为核心，以“边疆民族”为主要研究对象，一批学者对中国边疆尤其是西南边疆地区进行了调查研究，形成了一批成果。但关于中国边疆地区大规模的社会与经济发展调查项目，过去还未见诸报道。如果仅仅从大规模的社会调查活动考虑，新中国成立后的国内各民族社会历史调查活动，与边疆研究的关系才开始密切起来。

20世纪50年代，根据党中央和国务院的部署，国家有关部门在全国范围内进行了大规模的少数民族社会历史调

查，其中也对广西各民族社会历史发展情况进行了全面的调查。当时的调查主要关注的是少数民族社会历史发展状况，之后形成了《广西壮族社会历史调查》（7 册）、《广西瑶族社会历史调查》（9 册）以及苗族、京族、侗族、仫佬族各 1 册，仫佬族、毛南族合 1 册，彝族、仡佬族、水族合 1 册等系列调查成果，1954 年由广西省民族事务委员会编印。那次调查为广西少数民族地区的社会、经济、文化发展起到了重要的推动作用，也为后来的学术研究积累了大量的历史学、民族学、人类学和社会学资料。

与少数民族社会历史调查不同的是，此次由中国社会科学院边疆史地研究中心推动的“边疆百村调研”项目，主要是从边疆学的角度考虑，突出边疆、村落和现实发展状况三个要点，期望通过深入的田野调查，面向中国边疆农村地区，真实反映现实的中国边疆村寨客观发展状况，为国家宏观把握边疆发展现状，构建和谐、安全、富裕边疆提供参考。此次调查虽然并未把少数民族因素作为关键的内容考虑，但由于中国历史上形成的边疆社会人口结构，决定了调查的内容必定要涉及大量的少数民族村寨。因此，广西的调查和全国其他边疆地区的情况一样，包含了大量的少数民族村寨。

进入 21 世纪后，中国西南边疆社会稳定、经济发展、人民安居乐业，广西与全国各边疆省区一样，在社会、经济、文化等方面都发生了巨大的变化，尤其是经济社会进入了快速发展阶段。在现代化、全球化迅猛发展的今天，地处祖国南疆最前沿的广西，有着沿边、沿海，面向东南亚的地缘优势，在中国边疆地区具有重要的不可替代的独特战略地位，是巩固边疆、发展经济的前沿，也是面向东盟、走向世界的前沿。面对现代化进程中广西边疆地区发生的巨大变迁，此次进行的边疆现状调查非常必要，且意义重大而深远，既可以为推进广西各民族的社会进步、经济发展、文化传承提供参考依据，同样也可以为后人积累宝贵的阶段性历史资料，为国家和地方政府部门提供决策参考。这不仅仅是一项科研工程，也是一项德政工程和国防工程。

2007 年，自从接受了此项课题后，我们感到任务光荣、责任重大。作为广西高校的科研人员，承担这项国家社科基金特别项目，我们责无旁贷。为了很好地完成这次任务，真正开展一次边疆地区集体调研活动，在项目开展之初，我们曾多次组织相关人员专门进行讨论研究，制定了详细的工作方案，组织了精干的队伍，保证了项目的顺利实施。

广西调查项目课题组成员主要由广西民族大学教师组成。项目主持人为周建新教授；成员有王柏中教授、郑一省教授、甘品元副教授、吕俊彪副教授、覃美娟馆员、郝国强讲师、罗柳宁助理研究员。另外，由周建新、王柏中、郑一省、甘品元、吕俊彪等牵头组成 5 个调查小组，组织研究生参与调查工作，并分头组织实施。参与调查的研究生有严月华、农青智、寇三军、蒋婉、张小娟、肖可意、刘萍、马菁、唐若茹、钟柳群、黄欢、陈云云、胡宝华、雷韵、黄超、谭孟玲、周春菊等。

中国社会科学院边疆史地研究中心派翟国强和冯建勇两位同志担任广西调查项目协调人，他们为项目的启动、实施和结题发挥了积极作用。广西调查项目整个调查工作的开展，大致可以分为三个阶段：第一次田野调查时间为 2007 年 7 月 ~9 月；第二次调查时间为 2008 年 1 月 ~2 月；

补充调查时间各小组自由安排，大致在2008年7月~2009年10月。

为了彰显本次典型调查写作的特色，根据中国社会科学院边疆史地研究中心的要求，我们非常重视调查视角与写作主线。要求调查一定要有边疆学的视角，要以典型村寨为单位进行调研；对于人口较多的村寨采取以村委会所在地为主要调查点，通过具体点的调研反映出整体的特征；务必着重描写边疆村寨的政治、社会、经济和文化现实内容；写作重点要特别关注改革开放以来广西边疆村寨发展的变化；在完成调查报告的基础上，要同时完成一定数量的研究报告，要有一定的理论分析和科学研究。在调查报告的写作方法上，我们不仅要求有现实地方志的描述，有数字统计和图表展示，也要有民族学、人类学田野个案的访谈，同时兼顾纵向历史的阶段性特征，使调查报告不仅具有一般资料集和地方志的性质，又通过研究报告的形式，将边疆地区现实存在的突出和敏感问题反映出来，以引起国家和地方政府部门的重视。

在调查选点方面，我们从全局考虑，以点代面，遴选有特色、典型性的村寨，尽可能凸显边疆区位、地方文化和发展水平特征。经过多次讨论，我们确定了以下调查点：广西东兴市京族万尾村，广西宁明县明江镇洞廊村，广西凭祥市友谊镇礼茶村，广西龙州县金龙镇横罗村，广西防城港市企沙镇华侨渔业新村，广西大新县宝圩乡板价村、下雷镇新风村，广西那坡县城厢镇达腊村，广西靖西县龙邦镇其龙村，广西环江县下南乡玉环村，广西金秀县长垌乡长垌村，广西百色市右江区龙川镇六能村，广西南宁市江西镇杨美村等13个调查点。确定以上调查点的根据主要

有以下几点。

（1）边境沿线村寨。广西有8个边境县（市、区），我们特意在每个边境县市选择了1～2个调查点，如大新县下雷镇新风村距离边界线仅数百米，沿边公路从村落中间穿过。

（2）民族村寨。广西有12个世居民族，我们选择了若干民族特色鲜明的边疆村寨，既突出了边疆特点，也表现了民族特色，如那坡县城厢镇达腊彝族村寨，那里的白彝文化特色鲜明，受到政府和学术界的广泛关注；我们也选取了个别非边境地区民族村寨，如环江县下南乡玉环毛南族村寨。

（3）经济发展特色村寨。广西各民族村寨经济发展模式不同，发展阶段不同，如以边贸为主发展起来的东兴市京族万尾村，总体发展水平较高，而以农业和旅游为主的大新县宝圩乡板价村发展水平一般。

（4）华侨移民村落。20世纪70年代，广西境内接受了大批归难侨民，建立了一些华侨农场，他们对边疆地区的稳定具有特殊影响。因此，我们特意选择了防城港市企沙镇华侨渔业新村作为典型个案。

经过全体成员两年多的共同努力，本项目在规定时间内顺利完成。整个项目在锻炼队伍，培养新人，积累成果等方面取得了一定的成绩。本人虽然是广西项目负责人，但在整个项目的完成过程中，本人主要是指导，绝大多数写作任务都是由各调查点主持人组织完成的。在课题调研过程中，本人曾多次亲自带领课题组老师和研究生前往田野点调查，进行工作布置和安排。在调研过程中课题组老师和研究生不畏艰难困苦，深入边境一线，走访干部群众，

进行细致调查研究，求真务实，收集了大量的第一手材料，保证了本课题的顺利完成。在此，谨向课题组全体成员表达我个人的敬意和衷心的感谢！

广西调查项目的顺利完成，也凝聚着中国社会科学院边疆史地研究中心全体同仁的心血。中国社会科学院边疆史地研究中心厉声主任、李国强副主任非常关心项目的进展情况，曾于2007年、2008年两次组织人员来广西检查指导工作。研究中心的于逢春、李方两位研究员，也给予了大力支持。广西项目协调人冯建勇同志，对广西卷的所有书稿进行了认真审阅，并提出了修改意见等。在此，谨代表课题组全体成员表示衷心的感谢！

本套丛书广西卷的13个村落材料，由于进行田野调查的时间不完全统一，因此各分册中使用的年度统计截止数据也不完全统一，有截至2007年、2008年的，也有截至2009年上半年的。调查报告中出现的敏感问题访谈，依照学术惯例，我们隐去了访谈者的姓名，但对于一般内容和访谈，都遵循了客观真实记录和描述的原则。对于调查报告中使用的照片，凡涉及个人肖像权的，均征得了个人的同意。由于调查时间的限制以及撰稿人学术背景差异等原因，丛书中难免存在一些不足，望读者批评指正。

周建新

2009年8月11日于南宁

第一章　基本情况

那坡县行政上隶属广西壮族自治区百色市管辖，位于广西壮族自治区西南边陲，地跨东经105°31′至106°5′，北纬22°55′至23°32′，地处云贵高原余脉六韶山南缘，东部及东北部与行政上同属百色市的靖西县相连，南部及西南部与越南社会主义共和国高平、河江两省接界（那坡县平孟口岸距越南高平48公里，距越南首府河内200多公里），西部及西北部与云南省富宁县接壤。东从坡荷乡照阳关起，西至百都乡白云山止，横宽直线距离38公里；南自平孟镇汤那山起，北至城厢镇卡腊山止，纵长直线距离67公里。国界线长206.5公里，是广西陆上疆线最长的县之一。那坡县面积2231.11平方公里，辖9个乡（镇），总人口19.56万人，世居有壮、汉、瑶、苗、彝5个民族，少数民族约占全县人口的95%。

城厢镇是那坡县城所在地，是全县政治、经济、文化中心，距百色市254公里，距南宁市405公里，距云南省昆明市700公里。东与龙合、定业乡相接，南与坡荷、德隆、那隆乡相接，西与云南省富宁县毗邻，省道324线与平百公路（百大—平孟线）在境内交会，是西南地区出海重要通道和通往东盟各国的重要交通枢纽。全镇总面积368.3平方公里，管辖26个村和3个社区，有276个自然屯，324个村民小组，其中，石山村14个村，155个自然屯，165个村民小组，分

别占全镇村、屯、组的48.2%、51.16%、50.12%。这里聚居着壮、汉、苗、瑶、彝等5个民族，总人口51448人，其中，农业人口39684人，非农业人口11764人。

达腊村是城厢镇下辖的一个行政村，位于北纬23°22′，东经105°45′，全村有10个自然屯，14个村民小组，居住着彝、壮、汉3个民族，人口1570，家庭户357。达腊屯是村委所在地，位于城厢镇西南部，距那坡县城14.5公里。

第一节　自然资源

一　地貌

那坡县地处云贵高原余脉六韶山南麓，属中山地形。西北地势较高，向东南倾斜，以德隆坡为南北分界线。南部岩层向西南和东南倾斜，北部岩层向北倾斜。境内，北部石山重峦叠嶂，中部、南部土山连绵起伏。城厢镇北部及坡荷、龙合、定业等乡，以石灰岩构成的喀斯特地貌为主。南部包括德隆、百合、百南、平孟、下华、百省、百都、那隆等乡（镇），以土山为主，杂有山石。

达腊屯坐落在滇、桂两省（区）边界六韶山脉800多米高的巴当山（又名圆盘山，巴鲁山）半山腰，坡陡超过45度，表层为黄土，表层下为山石，属高寒山区。

二　气候

那坡县属于亚热带季风气候，一年四季受极地气团、热带气团和赤道气团的影响，天气变化无常，但仍有春、夏、秋、冬四季之分。如按5天滑动平均气温低于10℃为冬天，10℃～22℃为春、秋天，22℃以上为夏天，则平均每年春天有89天，夏天有95天，秋天有118天，冬天有63天。一年二十四节气中的物候也相对明显，当地某些植物在具体节气上大体呈如下现象：

节气名称	植物现象
立春	桃、李开花，竹笋破土
雨水	柑、橙、荔枝开花
惊蛰	百草回芽，南部扁桃开花
春分	茶油树开花，南部木菠萝（天菠萝）开花
清明	桐油树开花
谷雨	枇杷成熟
立夏	酸梅成熟
小满	西瓜成熟
芒种	李子成熟
夏至	荔枝成熟
小暑	早稻成熟
大暑	木菠萝、桃果成熟
立秋	晚稻播种，蔬菜种植
处暑	小麦、油菜等作物播种
白露	中稻成熟
秋分	柚子成熟，晚稻抽穗扬花
寒露	桐果、茶果成熟
霜降	晚稻成熟，柑、橙成熟，杉木、八角种子成熟
小雪	甘蔗甜透
大雪	八角开花
冬至	枇杷开花

小寒大寒　蜡梅开花

按海拔高度不同，那坡县大致可分为三个气候区。(1)低山气候区：海拔500米以下，年平均气温在20℃以上，日平均气温大于或等于10℃，夏长冬短，光照充足，极少霜，为炎热河谷气候。(2)中山气候区：海拔500~1000米，年平均气温17℃~20℃，年平均气温等于或大于10℃，四季较分明，时有霜雪。(3)高山气候区：海拔1000米以上，年平均气温低于17℃，冬寒夏温，霜雪常见。

城厢镇平均海拔793.6米，属中山气候区，年均无霜期332天，平均日照时数1379.3小时，年均降雨量1421.8毫米，年均气温18.8℃（见表1-1），昼夜温差较大，常年温和湿润，四季如春，素有“天然空调”之美誉。

表1-1　那坡县城厢镇年均气温情况①

单位:℃

	1月	2月	3月	4月	5月	6月	7月	8月	9月	10月	11月	12月	年均气温
城厢镇	10.8	12.6	16.7	20.5	23.1	24.1	24.6	23.9	22.1	19.1	15.4	12.1	18.8

达腊屯位于城厢镇西南部，坐落在滇、桂两省（区）边界六韶山脉巴当山半山腰，海拔800多米，属中山气候区，年平均气温介于17℃~20℃，日平均气温大于或等于10℃，最低气温出现在1月，最高气温在7月，四季分明，清爽宜人。早晚温差大，时有霜雪，常年多雾。夏季早晨云雾缭绕，整个山村呈现仙境般美景；冬季雾多难散，有

① 那坡县志编纂委员会编《那坡县志》，广西人民出版社，2002，第67页。

时连续数日能见度不足 100 米（见图 1－1）。

去年腊月我父亲去世，前后 20 多天都不见太阳，全村都被雾笼罩着。今年大雾也多，最近一星期以来整个上午都是雾。这个时候，我们有好衣服都不敢穿出来，好比羽绒服、大毛衣之类的大件都存放柜中，担心穿着挨潮发霉，洗衣服晒在屋外也要一星期甚至十来天才干。①

图 1－1　云雾中的达腊屯

达腊屯常见的自然灾害有以下四种。

（1）旱灾：达腊屯干湿季节分明，每年 10 月至次年 4 月，降水量偏少，“望天田”遭遇旱灾，村民的日常生活和农业种植受到极大的影响。2007 年修建“那坡—百都”公路，村中的灌溉水管被挖断，许多家庭只能在田地里种植耐旱的玉米。2010 年旱灾相当严重，许多家户无法种植稻谷，到次

① 来自村民 F（女，55 岁，彝族）访谈。

年初春只能购买大米度日，少数家庭依靠政府救济。

（2）山洪：每年的5~7月是达腊屯的雨季，降水相对集中，年降水量超过1520毫米。大量的雨水引发塌方阻塞道路、掩埋良田，甚至村民屋前屋后的菜地也被雨水刷平。每年的山洪，一直困扰着当地村民的日常生活、农业生产。

（3）冰雹：每年的7~8月，达腊屯又面临着冰雹的打击。当地的冰雹大的如成人拳头般，小的也像拇指般大小。大的冰雹威力极强，可损坏屋顶的瓦片和田地里的庄稼，甚至将果树的叶子全部打落。说起冰雹，许多村民都记忆：2006年达腊屯下了一场好大的冰雹，全屯里的八角树和茶油树无一幸免，叶子几乎全被冰雹打掉，以致2007那一年，达腊人往年经济收入所依赖的八角和茶油颗粒无收。

（4）兽害、虫灾：20世纪70年代以前，达腊屯周边的山林常有黄猄、野猪等出没。当田里的玉米苗刚长出畦面时，黄猄便会咬断幼苗；待到玉米结苞后，野猪又来。野猪不光吃玉米苞，连玉米秆也不放过。因此，每年农作物成熟之际，屯里都会组织青壮年外出打猎以更多地消灭黄猄、野猪，同时组织队伍日夜看守田地。20世纪90年代后，也许是荒地、林地的减少，达腊屯黄猄、野猪之类的野兽几乎消失了。除了兽害，达腊屯粮食作物如水稻、玉米等多少都被螟虫、稻飞虱、虫等侵害。为了保证粮食收成，村民每季度要给水稻或玉米喷药1~2次。此外，部分村民在田间和山头制作稻草人，并且在它们身上挂上铜铃等发声的器物。微风吹过，铃铛的声响可能会吓跑鼠类虫兽。

三　水资源

达腊屯的水资源全靠季节降雨，其次就是山间田头凹地积水，因此达腊屯的饮水、灌溉一直都比较困难。1966年12月，国家出资28万元，城厢公社组织全公社群众兴建田湾水库，到1969年11月该水库竣工。田湾水库位于达腊村的田湾屯，水源引自下华河一级支流、坡芽河二级支流的源头。水库坝高22.4米，坝顶长110米，库区集雨面积为2.2平方公里，总库容52万立方米，有效库容42万立方米。[①] 田湾水库的建成，基本满足了附近村屯村民饮用、农业灌溉问题。达腊屯离田湾屯约11公里，且要翻山越岭，达腊屯村民们的饮用水一直得不到田湾水库的"关照"。20世纪80年代以前，达腊屯村民日常生活用水基本上来自季节雨水。80年代以后，达腊屯部分家户自行购买塑料水管引导山中溪水使用。相对于雨水，饮用山间溪水比较安全健康，但溪流受诸多因素的影响，每年自10月起至次年5月都处于枯水期，山间溪水无法保证，村民们只能饮用村中的"井水"（见图1－2）。所谓"水井"，在达腊屯不过是山脚的积水坑，由于村民来往走动、牲畜粪便的横流，"水井"中的水极不卫生。达腊屯的"水井"有两口，分别位于村尾和村完小学校门口。水井的容量有限，枯水期时每天能供应的通常在3～4担（每担两桶）。"近水楼台先得月"，居住在"水井"附近的村民也必须每天凌晨三四点起床排队抢水，否则就得和其他村民一起到离村约2公里外的水塘挑水。这个水塘是一个积水坑，原来作为灌溉田地的备用水，但到枯水期，这个水塘就成为村民生活用水的唯一来源。枯水期时，达腊屯家家户户精打细算，都非常节约用水，许多

① 广西那坡县志编纂委员会编《那坡县志》，广西人民出版社，2002，第170页。

家庭一个月才洗一次衣服，一个星期也洗不上一次澡。

图 1-2 达腊屯枯水期喝的“井水”

1997 年 6 月，中国政府与世界银行合作中国西南扶贫项目资助那坡县在那坤屯兴建了一座饮用水水池，水池于 1998 年 6 月投入使用。那坤屯离达腊屯约 5 公里，通过水管铺设基本解决了达腊屯的人畜饮水问题。但好景不长，1999 年 10 月，因深埋于地下的水管破裂，维修费用需要约 2 万~3 万元，而维修资金始终没有到位，自 2003 年起，那坤水池再也无法供应达腊屯。此外，1999 年底，西南扶贫项目资助达腊村修建地头水柜，以用于灌溉。达腊屯大部分村民以缺少土地、劳动力或配套资金为由没有配合开工。当时达腊屯兴建田头水柜的仅四户，他们是王月飞、梁卫星、梁廷风和王月光。那坡县城厢镇政府提供的“广西彝族社会发展情况调查表”中的数据显示，2010 年，广西西北部地区出现严重旱灾，达腊村屯几乎缺少饮用水，涉及人口 1500 多人，当地村民和学校师生只能依靠城厢镇政府派车送水度日。最近3年，达腊屯不断有家户恢复引导山泉水或山间溪水的做法，以解决饮水用水问题。如今走进达腊屯，不经意会看到各家户的“水具”：厨房门口堆放着大小不一的水桶或水缸，道路间纵横着竹管或塑料管的“水路”，山脚下或路边水泥制成的“水柜”。

四　物产资源

（一）经济树木

达腊屯的经济树木主要有杉木、枫树、桐树、八角、茶油树、竹子，2006年以前全屯曾拥有林地约100亩，现在不足80亩了。

1. 杉木

2006年以前，杉木是达腊屯各家户经济收入主要来源之一，那时各家户的坡地或旱地都保留有少量的杉木，这些杉木多是20世纪六七十年代生产队种植留下来的。杉木的生长期较长，但由于生活比较困难，从2006年底开始，村民陆续砍伐销售。如今，屯里少有成片的成年杉木林，成片的多是3~4年树龄的杉木。

2. 八角

八角也是达腊屯各家户主要经济收入来源之一，但村民种植的八角树不成片，而是散落在田间或空地上。如果不计新垦荒地，目前全屯拥有八角地估计不足20亩。2010年，那坡县为增加彝族村民经济收入，曾免费提供八角树苗给达腊屯，但多数村民领到树苗后置之不理，原因之一就是没有合适的山地。

3. 茶油树

一直以来，茶油树都是达腊屯经济收入的主要来源，许多家户至今仍保留有茶树地。2006 年修建那坡—百都二级公路，达腊屯的茶树地大都被征地砍伐了。目前全屯茶树地大概有 30 亩。

4. 竹子

达腊屯的竹子主要有金竹、淡竹。

（1）金竹

金竹竹竿高 2 ~ 8 米，新竿为嫩黄色，后渐为金黄色，各节间有绿色纵纹，叶绿，少数叶有黄白色彩条。竹竿色彩鲜艳，黄绿相间，一眼望去，如根根金条上镶嵌着块块碧玉，清雅可爱。金竹在达腊屯不多，集中在达腊屯宗祠前和跳公场中，当地人对其特别珍惜，平时喜种植而不愿砍伐。

（2）淡竹

当地人称淡竹为“绵竹”，竹竿高 6 ~ 18 米，梢端微弯，新竿呈蓝绿色，密被白粉；老竿呈绿色或黄绿色，节下有白粉环。竿环及箨环均稍隆起，箨鞘淡红褐色或淡绿色，箨叶带状披针形。每每山风吹来，竹叶摇曳飘动，婀娜多姿。达腊屯淡竹多种于宅旁或路边，村民偶尔砍伐制作捻泥竿、晒竿、瓜架、簸箕等农具，亦可编织凉席。对于淡竹，达腊村民也极少砍伐，除竹林能防风、绿化环境外，淡竹更能防止水土流失。

（二）水果

达腊屯的水果较多，有梨、柿子、核桃、李子、桃子、芭蕉和枇杷等，结果最多的要数梨。几乎家家户户都种有梨树，且每年都果实累累。达腊屯海拔较高，梨果成熟期较晚，多在9月间，果实糖分多，极其甜爽。由于村民们疏于管理，梨树虫害比较严重，许多果实尚未到成熟期就已被虫蛀而逐渐腐烂。因此，梨树在当地一直不能成为经济树木，梨果只是村民日常生活的解渴果之一。

（三）药材

据村民讲，当地药材品种不多，主要有金银花、车前草、雷公根、灯笼草、黄姜等，但要说名贵当属女贞（见图1－3）。达腊屯女贞为红果女贞，又称红果冬青，树高5～7米，常绿灌木，嫩枝及花梗呈紫红色，叶和果均呈椭圆形，枝头红果累累。女贞药用价值高，具有降血脂、抗动脉硬化、抗肝损伤、利尿、止咳、缓泻、抗菌等作用。在达腊，仅有3家种有女贞树，每家3～5棵不等，但每年也有1000元左右收入。

图1－3　达腊的红果女贞树

第二节　建制沿革

据《那坡县志》记载：古为百粤地，秦属象郡。宋皇祐五年（1053）在感驮岩（位于县城东北面的后龙山下，今那坡县人民公园内）始置衙门，名为镇安峒；宋政和四年（1114），镇安峒改为镇安州。至元二十九年（1292）升为镇安路，辖那坡、靖西、德保、天等、大新等县地。明洪武二年（1369），明王朝以镇安路驻地僻远、废路，将镇安府治从感驮岩迁到废冻州（今德保县），改为镇安府。土府岑天保奏请以次子岑志英分管那坡，改为小镇安。清乾隆三十一年（1766），总督杨延璋上书，报小镇安巡检岑绳武年幼无知，长期废弛政事，请革其世袭之职。从此改设流官、置通判，称小镇安厅，光绪十二年（1886）改称镇边县。民国时期沿用镇边县。1949 年 12 月至 1951 年 6 月，镇边县属龙州专区管辖。1951 年 7 月，镇边县属百色专区管辖。后来，县人民政府“鉴于‘镇边’这个名词有反动统治边区人民与侮辱邻国的含义，同时为表示与越南革命领导人胡志明革命时期‘同志加兄弟’之睦邻友好关系”①，于是报请中央人民政府。1953 年 4 月 23 日，经政务院批准，镇边县更名睦边县。10 月 3 日，广西省人民政府批复，自 10 月 27 日起将镇边县改为睦边县，属广西壮族自治区百色专区。1956 年 3 月 2 日，睦边县改属广西壮族自治区百色地区。1958 年 1 月 25 日，睦边县改属百色专区。但如今县名那坡，来历颇有趣闻。1958 年 1 月，中共中央在南宁

① 那坡县名来源探说，那坡在线 2008 年 6 月 22 日。

召开会议，毛主席表扬了睦边县那坡屯农业生产合作社1957年中稻一造800公斤。1965年1月20日，经国务院批准，县名改为那坡，一直到今天。“因毛泽东一句话而改名为那坡县，这在全国2800多个县中绝无仅有。”[①] 不过，更多的当地人相信自己的县名是“坡上的田”的意思，源自城厢公社“那坡”大队。“那”壮语是“田”的意思，而那坡大队的“那坡”，壮语就是“高地的田（梯田之意）”。1971年，那坡县改属百色地区。2002年6月，那坡县改属百色市。

那坡是典型的“老、少、边、穷”地区，是广西28个国定贫困县之一，是“滇桂黔石漠化”片区之一，是国家扶贫开发重点县。“2011年，实现国民生产总值12.94亿元，人均6046元，全社会固定资产投资完成20.89亿元，财政收入1.1亿元，首次突破亿元大关，农民人均纯收入3042元。”[②]其各项主要经济指标均列全广西、百色市末位。根据广西按年纯收入2300元以下的贫困标准识别统计，截至2012年6月，那坡县贫困农民共29632户，115399人，其中城厢镇7828户，30380人。[③] 至今，当地还流行这么一句话：“全国解放时，我们在打仗；全国改革开放时，我们在站岗；全国过小康时，我们在喝汤。”[④] 虽然自2008年以来，国家大力实施“兴边富民”基础设

---

① 那坡县人民政府网。

② 蓝树东：《倡廉兴边　全面推进我县党风廉政建设》，那坡县人民政府网。

③ 甘国锋：《那坡县农村贫困现状调查及对策研究》，广西扶贫信息网2012.10.23

④ 《那坡县志》记载：1949年12月27日睦边（那坡）县城和平解放。汤指当地人自嘲喝的玉米粥。

施建设大会战，那坡县农民生产生活条件得到较大的改善，农民减贫能力得到较快的提高，但是，由于基础条件差、自然环境恶劣等原因，那坡县农民脱贫致富任重道远。

城厢镇是那坡县县城所在地，是全县的政治、经济、文化、交通中心，驻地镇玉街，海拔739米。清朝时为厢坊里，民国初年为中区，民国21年（1932年）称城厢乡。1950年称城厢乡人民政府，1951年改称第一区人民政府，1958年称城厢人民公社，1962年称城厢区公所，1968年复称城厢人民公社。1980年，从城厢公社划出城厢、那赖、者庙3个大队成立城厢镇。1984年10月，原城厢公社、城厢镇合并，称城厢镇。全镇总面积368.2平方公里（城区5.57平方公里），1990年至今该镇管辖26个村、3个社区，有276个自然屯，324个村民小组。

达腊村是城厢镇管辖的26个行政村之一。达腊村位于城厢镇西南部，地处云贵高原的东南端。达腊屯为达腊村的村部所在地，是那坡县彝族居住较集中的几个村屯之一。达腊村原属隆平村管辖，1980年，该村从隆平村划分出来成立达腊村。1986年称达腊村公所，1992年改为达腊村民委员会，直到今天。达腊村管辖达腊、天保、规管、规从、那坤、田湾、田万、念毕、规磨、大平共10个自然屯，14个村民小组，行政村设在达腊屯。

第三节　道路交通

达腊屯坐落在滇、桂两省（区）边界六韶山脉800多米高的巴当山半山腰，山高坡陡，1950年以前全是羊肠小道，不通公路，交通极为不便，达腊人运输全靠人扛肩挑和马驮。解放后，党和政府拨出专款修建公路，陆续连接了那坡至周边各县甚至云南省的交通。如今，那坡—百都公路就经过达腊屯。

那坡—百都线衔接百古干线，途经隆平、达腊、岩那、那隆、红泥、弄江、规卜、塘昔等村，全长52公里，由县交通局负责设计和组织施工，抽调城厢、百都民工，以民工建设和国家补助的方法修建。公路分段修建，1964年利用民族经费30万元修那坡县城至坡平段，1971年10月投资32.9万元修百都至坡平段，1972年5月全线竣工通车。不过，由于公路修建时间较长，到20世纪90年代，每每雨季，沿线多段路面被泥水冲垮，通行极为不畅。1998年10月，中央拨专项经费修复那坡—百都线，属于广西“边境建设大会战”项目，2004年底通车，路面为麻油石渣。因山体滑坡不断，不到2年，公路就凹凸难行了。尽管如此，因公路从达腊屯中间偏东北穿过，村民陆续沿路修建房屋，前后有20余家。这条麻油石渣路，如今变成村民日常出行最为重要的道路，是目前达腊屯中最正规、最宽、最平整的大路。

2006年，中央又拨出专款修复那坡—百都线。此次修复，公路干道不再依照此前路线，而改从达腊屯口山下经过。该路于2008年5月彝族“跳公节”前通车，属二级路，柏油路面，相当平坦。这条二级道路从县城路经达腊屯后过那隆、百都乡，之后直达云南省富宁县城。如今，每天都有从那坡县城出发的班车专线到达腊，还有那坡至富宁9趟、那坡至百都5趟客车经过达腊屯，平均10分钟就有一趟客车经过。如今，达腊村民站在自家门口，就可以乘车出行。

关于达腊屯名之由来，当地老人说："达腊，彝语声译转写，指四通八达之意，因村坐落在通往各处的岔路口旁，故名。"

截至2013年1月，达腊屯村民拥有双排座汽车2辆、"柳微"车1辆、三轮车3辆，80%以上家庭都拥有摩托车。

第四节　人口状况

达腊村共10个自然屯，14个村民小组，居住着彝、壮、汉3个民族，总户数357户，总人口1562人，劳动力436人，其中外出务工266人。达腊、念毕两个彝族屯共有150户，633人；规管、规从、那坤、田湾、田万5个汉族屯共有159户，724人；天保、规磨、大坪3个壮族屯有共48户，205人（见表1－2）。①

表1－2　达腊村人口结构

单位：户，人

屯名		户数	人口	男	女	劳动力
达腊	一组	21	94	49	45	31
	二组	13	49	28	21	18
	三组	23	97	51	46	36
	四组	19	70	31	39	25
天保		21	88	46	42	30
规管		37	156	79	77	37
规从		27	112	64	48	37
那坤		30	159	79	80	40
田湾		41	191	108	83	42
田万		24	106	58	48	30

① 数据由腊村村主任李康德提供。

续表

屯名		户数	人口	男	女	劳动力
念毕	一组	38	167	75	92	43
	二组	36	156	73	83	40
规磨		16	76	40	36	16
大坪		11	41	23	18	11
合计		357	1562	804	758	436

作为达腊村的一个自然屯，1949 年以前达腊屯人口户数从未超过 100 户，否则就会有“瘟疫”①。1949 年前，那坡县彝族人口约 500 人，其中达腊屯 49 户，266 人。20 世纪 80 年代，那坡县彝族人口共 1270 人，其中达腊屯有 56 户，335 人（1982 年全国第三次人口普查数据）；到了 1996 年，达腊屯有 67 户，300 人。2001 ~ 2006 年，达腊彝族的户数与人口见表 1 - 3。

表 1 - 3　2001 ~ 2006 年达腊屯各村民小组人口统计②

单位：户，人

年份	达腊一组		达腊二组		达腊三组		达腊四组	
	户数	人口	户数	人口	户数	人口	户数	人口
2001	19	77	12	53	21	90	18	78
2002	19	77	12	54	21	88	18	78
2003	19	77	13	49	21	88	18	76
2004	18	85	13	48	22	94	18	69
2005	18	86	13	47	22	96	18	68
2006	18	87	13	50	22	98	18	68

① 达腊屯人达腊村小学原校长梁毅说当地曾流传这样的说法。

② 数据由那坡县城厢镇政府提供。

截至2012年底，达腊屯家庭户数为76户，人口总数为317人，性别、年龄、结构具体见表1-4。

表1-4　2012年达腊屯人口年龄分布①

单位：人

年龄段	0~6岁		7~15岁		16~20岁		21~40岁		41~60岁		61~70岁		71~89岁		90岁以上	
性　别	男	女	男	女	男	女	男	女	男	女	男	女	男	女	男	女
人　数	18	15	30	29	28	20	38	35	40	32	6	9	3	12	0	2
合　计	33		59		48		73		72		15		15		2	

值得一提的是，截至2012年底，达腊屯90岁以上长寿老人有2人，即苏桂荣，女，生于1915年11月；王秀莲，女，生于1920年。达腊屯主要姓氏有梁、黎、王、李、方、苏、罗、黄、颜、科。

① 数据由达腊村主任李康德提供。

第二章 农村基层组织

中国基层组织，包括设在镇（办事处）和村一级的各种组织，主要是指村级组织，其包括基层政权、基层党组织和其他组织三个部分。中国共产党执政以来，中国基层组织经历了新中国成立初期、人民公社时期和改革开放新时期三个不平凡的历程。

（1）新中国成立后，中国共产党迅速在全国农村展开了农村基层组织的创建工作，主要创建了两类组织：一是农村基层党的组织和政权组织，各乡建立党委组织，各村建立党支部组织；二是农村经济组织，最先创建的是互助组，后又创建了初级社和高级社。

（2）从 1958 年下半年开始，中国农村进入了人民公社时期，国家取消乡镇政府，乡镇党委改为公社党委，乡镇人民委员会改为公社社务委员会。人民公社实行统一领导、分级管理制度，一般分为公社管理委员会、生产大队、生产队三级。生产大队是分片管理的单位，生产大队（村级管理组织）设党支部（或总支）、大队委员会、民兵连、妇代会、团支部等组织。生产队是基本的、独立的核算单位。

（3）1978 年中国开始实行改革开放，在农村逐步推行家庭联产承包责任制；1983 年解散人民公社以后推行撤社建乡，明确基层组织主要有村党组织、村民委员会、村团支部、村

妇代会、村民兵连及“两新”组织（“新的经济组织”和“新的社会组织”）。达腊村是1978年从城厢镇隆平大队分出来成立的，目前管辖着10个自然屯，14个村民小组。自2008年以来，达腊屯每年都开展彝族传统“跳公节”活动。2009年，那坡县将达腊村列为“文化示范点”。

第一节　历史沿革

1949年以前，国民党实行保甲制，对那坡县少数民族进行严格管控，征收各种税费。据《广西省农村调查》记载，民国21年（1932），镇边县（今那坡县）向民众征收的赋税条目繁多，除田赋以外还有各类附加税，如团枪费、义务教育费、县公路费等，造成当地少数民族生活普遍贫困。1947年下半年，中国共产党派卢太华、龙建文、梁贵廷、许文等人到达腊村一带开展革命工作，吸收当地青年农民参加党组织。1948年下半年，国民党强征达腊屯20匹马作为军用，如果不交马就得交2000块光洋，这激起了达腊屯彝族及周边壮族群众的极大愤怒。共产党员许文、廖华、刘包、黎克胜等人带领达腊屯、念毕屯80多人，拿起粉枪等武装攻打县保安队及乡民团。这次战斗获得胜利，并成立了滇桂黔边区游击总队第二支队，由廖华、刘包担任队长。

1949年11月下旬，达腊村一带获得解放。1952年9月到1953年春，达腊屯进行土地改革。1955年10月，达腊村成立有两个初级社：一是黎克光、梁绍安领导的，二是黎日升（彝族）、兰宽明（汉族）领导的。1956年1月，初级社合并成了高级社——隆平社，并成立了管委会，成员有12人，其中彝族6人、汉族5人、壮族1人，梁绍安（贫农、彝族）任主任，黎克光（雇农）任生产主任。全社分10个生产队，其中达腊屯彝族为第一、第二队。1958年8月，成立那坡人民公社，达腊屯属于那坡人民公社隆平大队达腊中队。1978年从隆平大队分离出来成立达腊村，村部设在那坤屯。1986年称达腊村公所。1992年改设达腊村村民委员会，一直到今天。[①] 2007年，村委搬迁到达腊屯。2009年4月，达腊村村委会办公场所在达腊屯竣工，这是一栋二层的钢筋混凝土楼房，资金由“兴边富民”项目提供，由那坡县民族事务局负责监督实施（见图2－1）。

图2－1　达腊村委办公楼

第二节　政权组织

一　达腊村党总支

农村基层党组织是党在农村工作的基础，是贯彻落实

① 广西壮族自治区编辑组：《广西彝族、仡佬族、水族社会历史调查》，广西民族出版社，1987，第13页。

党的方针政策、推进农村改革发展的战斗堡垒，是领导农民群众建设社会主义新农村的核心力量。1978年从隆平大队分离出来以后，达腊村一直设有党组织，并与村民委员会同期换届选举。目前，全村设立党总支部1个，党支部6个（念毕、规磨、田湾、那坤、达腊、规管）。2012年中共党员总数37人，其中男30人，女7人。党员中少数民族26人（彝族21人，壮族5人），汉族11人；年龄在30岁以下的4人，31~45岁的9人，46~60岁的18人，60岁以上的6人；大专以上3人，中专、高中5人，初中22人，小学以下7人。达腊村党总支党员分布见表2-1。

表2-1　达腊村党总支党员分布状况

所在屯	姓名	性别	民族	年龄	文化
达腊屯	黎美连	女	彝族	60岁	高小
	方继红	男		48岁	初中
	鲁连凤	女		58岁	高小
	王月飞	男		56岁	高中
	颜志锋	男		44岁	初中
	黎云举	男		50岁	初中
	梁卫星	男		45岁	初中
	梁桂仙	女		44岁	初中
	黎日兆	男		60岁	初中
	梁廷支	男		58岁	高小
	方卫东	男		66岁	中专
	苏梦梅	女		25岁	大学
	梁春蜜	女		26岁	大学
	方卫红	男		60岁	中师

续表

所在屯	姓名	性别	民族	年龄	文化
天保屯	陆章坤	男	壮族	49岁	初中
规管屯	张德耀	男	汉族	63岁	初中
	兰宽树	男		63岁	高小
规从屯	李方春	男		58岁	初中
那坤屯	姚正普	男		72岁	初中
	姚正武	男		63岁	高小
	申建华	男		58岁	初中
	申太东	男		28岁	初中
田湾屯	匡一猛	男		31岁	初中
	匡新文	男		43岁	初中
	匡孙阳	男		37岁	初中
田万屯	李康德	男		45岁	高中
念毕屯	梁政辉	男	彝族	58岁	初中
	苏玉新	男		56岁	初中
	科秀练	女		49岁	高小
	梁政高	男		48岁	高小
	苏玉锋	男		54岁	初中
	苏胜锋	男		38岁	高中
	苏晓琼	女		26岁	大学
规磨屯	黄忠实	男	壮族	62岁	初中
	陆国盛	男		51岁	初中
	黄元丰	男		38岁	初中
大坪屯	陆威成	男		48岁	初中

如果从1978年算起，先后有5人担任达腊村党总支书记：第一任李斌，男，汉族，高小毕业，1978年1月至1984年1月，任期7年；第二任姚正普，男，汉族，初中毕业，1984年2月至1994年2月，任期10年；第三任黎云高，男，彝族，高中毕业，1994年3月至1997年4月，任期3年；第四任王月飞，男，彝族，高中毕业，1997年5月至2011年7月，任期14年；第五任苏玉锋，男，彝族，初中毕业，2011年8月换届选举上任至今。达腊村党总支工作职责，历届村领导都将《中国共产党农村基层组织工作条例》挂在村委办公室墙上。

附1　村党支部的主要职责

（一）贯彻执行党的路线方针政策和上级党组织及本村党员大会的决议。

（二）讨论决定本村经济建设和社会发展中的重要问题。需由村民委员会、村民会议或集体经济组织决定的事情，由村民委员会、村民会议或集体经济组织依照法律和有关规定做出决定。

（三）领导和推进村级民主选举、民主决策、民主管理、民主监督，支持和保障村民依法开展自治活动。领导村民委员会、村集体经济组织和共青团、妇代会、民兵等群众组织，支持和保证这些组织依照国家法律法规及各自章程充分行使职权。

（四）搞好支部委员会的自身建设，对党员进行教育、管理和监督。负责对要求入党的积极分子进行教育和培养，做好发展党员工作。

（五）负责村、组干部和村办企业管理人员的教育管理和监督。

（六）搞好本村的社会主义精神文明建设和社会治安、计划生育工作。

最近5年来，达腊村党总支党员组织活动已初步形成制度化：各党支部每2个月开展一次组织生活，学党章、缴纳党费；党总支一年开一次党员大会，上党课，学习党的文件、评议党员、做好工作总结等。

达腊村自然条件比较恶劣，村民生活相对困难，年轻人初中毕业大都外出务工，留守在屯寨里的多是中老年人、妇女及小孩，村干部几乎“后继无人”。为此，达腊村党总支非常重视培养村委后备干部，尤其是扶持少数民族干部，并且制定出一套适合本村培养发展干部的行之有效的规定，具体如下：

附2　达腊村委会后备干部人选及培养的规定

1. 对象和要求：本村的后备干部年龄须在35周岁以下，初中文化程度以上，思想表现好，政治性强，具有开拓精神和较强的工作能力，能带领本村群众脱贫致富，遵纪守法的本村党或团员青年。

2. 培养目标和措施：（1）本村每年保持有3～5名的后备干部，村党支部按照党的干部路线，坚持“任人唯贤”和“德才兼备”的标准培养后备干部；（2）本村后备干部必须在年内参加村党支部及上级组织的各种学习和技术培训15天以上，坚持以自学为主，不断提高思想政治觉悟、文化水平和工作能力；（3）后备干部必须遵纪守法，遵守本村各种规章制度，如发现违法乱纪者，取消其后备干部

的培养资格；（4）后备干部必须努力工作，听从村党支部和村委会的安排，年内每季向党支部书面汇报一次思想和工作情况，努力完成后备各项工作任务；（5）村党支部必须把培养后备干部作为一项政治任务来抓，列入本村工作重点，执行班子成员“人盯人”培养后备干部，为本村培养一支年轻化、革命化、知识化、专业化的后备干部队伍，为党和人民输出人才。

上一届村党总支，就明确考核5人为村后备干部人选，具体见表2－2。

表2－2　达腊村后备干部登记名册①

姓　名	性别	年龄	文化水平	政治面貌	现任职务	培养职务
梁卫星	男	36岁	高中	党员	团支书	村支书
申太松	男	34岁	初中	团员	组　干	村主任
邱新球	女	33岁	初中	团员	村　民	妇女主任
李唐安	男	33岁	初中	团员	组　干	村团支书
匡新阳	男	30岁	初中	团员	组　干	治保主任

因外出务工人员流动大，年轻人又不太安心扎根村中工作，村干部在“断层”，因此后备人选年龄具有灵活性。目前重点培养的后备干部仅有1名：苏胜锋，男，38岁，念毕屯，彝族，高中毕业。② 2012年，村党总支发展预备党员2人，培养入党积极分子3人。随着改革开放浪潮的冲击以及对经济发展的关注，达腊村村民对本村后备干部尤其是

① 来自达腊村委“后备干部花名册”。组干即村民小组干部中组长或副组长。

② 由达腊村主任李康德提供。

村支书的要求越来越高，希望村支书具备经济致富头脑，勇于开拓，充当领头人带领群众增加经济收入以改变村屯贫穷落后面貌。这两点如今已成为达腊村村民选举村支书的衡量标准。

二　达腊村民委员会

村民委员会是由村民选举产生的群众性自治组织，是村民自我管理、自我教育、自我服务的基层群众性自治组织，负责管理本村的公共事务和公益事业，调解民间纠纷，协助维护社会治安，向人民政府反映村民的意见、要求和提出建议。

1992 年，达腊村成立村民委员会，全称是那坡县城厢镇达腊村村民委员会。《中华人民共和国村民委员会组织法》规定：村民委员会成员必须由村民直接选举产生，每 3 年选举一次，村委会成员不属于国家干部。据村民说，1984 年以前达腊生产大队的队长、副队长等干部职位多由上级指定或任命，这种状况一直持续到 1992 年。1992 年以后，达腊村按照《中华人民共和国村民委员会组织法》规定每 3 年就换届选举一次，而每一次村民委员会领导的选举产生必须要有至少 2 名候选人，由村民在代表大会中提名。每逢换届选举工作之际，城厢镇政府工作组和村党支部在达腊村各屯寨走家串户。首先进行“民意调查”，了解上一届村委会成员的工作情况，收集村民对村干部的意见和建议；其次实地考察各屯寨经济生产、治安、计划生育等工作状况，综合评估上一届村干部是否称职；最后，约谈由村民代表大会选出的各候选人，了解其思想动态和任职态度。村委选举采取不记名投票的方式，镇工作组成员将选票下发到村委会，村委主任再将选票按各屯的选民人数分发给各村民小组组长，由他把选票发放到各家各户，随后再由组长回收，由镇工作组与村民小组组长统计选票，统计结果在村委会公示。现任领导班子成员是 2011 年 8 月换届选举上任的，班子成员见表 2－3。

表 2－3　现任达腊村村干部简历

姓　名	职　务	政治面貌	民族	文化水平	现所在地
苏玉峰	村支书	中共党员	彝族	初中	念毕屯
李康德	村委主任	中共党员	汉族	高中	田万屯
匡孙阳	村委副主任	中共党员	汉族	初中	田湾屯
陆章坤	治保主任	中共党员	壮族	初中	天保屯
科绣练	妇女主任	中共党员	彝族	初中	念毕屯
梁国飞	团支书	团　员	彝族	初中	达腊屯

按照当地政府的说法，村委干部分二类，工作职责与要求各不相同，其工资待遇也有所区别。村支书、村主任、村副主任属全脱产的正式干部，每天都安排其中一人到村部值班；而其他成员如村治保主任、妇女主任、村团支书属于半脱产的副职，有工作任务才“上班”。村干部的工资，由城厢镇政府负责发放。据达腊村计划生育工作女干部 L 提供的数据，2007 年，达腊村村干部月工资分别是村支书和村主任 200 元，村副主任 190 元，其他成员 100 元。到 2010 年，村干部月工资略有提高，村支书、村主任 400 元，村副主任 300 元，其余成员 150～180 元不等。据现任达腊村支书苏玉峰提供的数据，目前达腊村村干部月工资为：支书 615 元、主任 610 元、副主任 575 元；团支书、妇女主任、治保主任各 362 元，而且已经实现按月发放。

三　村民小组

村民小组是中国农村最基层的行政编组，直接管辖的对象为农户。达腊村有14个村民小组。各小组长都是由本组中有威望，有责任心，正直踏实的人担任。他们不脱离生产劳动，主要负责协助村民委干部管理全村生产、生活等相关事务，如负责小组人口管理、计生宣传等。2005年前，每个村民小组长一年可获得60元的补贴，此后这一补助制度被取消。

达腊屯现有4个村民小组，分别设组长（见表2-4）。

表2-4　现任达腊屯村民小组组长简历

姓　名	所在组	出生年月	民族	文化水平
王月飞	一　组	1956年12月	彝族	高　中
科大坤	二　组	1949年	彝族	小　学
黎元军	三　组	1966年10月	彝族	初　中
颜志锋	四　组	1967年11月	彝族	初　中

四　其他政治组织

（一）共产主义青年团

达腊村的共产主义青年团成立于1994年，第一任团支部书记为梁卫星（见图2-2）。梁卫星具有高中文化，敢想敢干，工作中努力革陈除旧，在统一青年思想、组织青年向团组织靠拢等方面起到了积极作用。在“五一”劳动节和“五四”青年节等节庆活动中，梁卫星带领团支部组织开展了乒乓球比赛、棋类比赛等文体活动，丰富了村中青

年人的娱乐生活。在梁卫星任职的8年时间里，达腊村的团建工作成效显著，团支部在青年人心中具有较高的威信。2005年，梁卫星退出达腊村委工作，专心照顾家中老人。梁卫星任职时，达腊村团支部制定有详细的工作计划。

附3 1997年达腊村团支部工作计划①

1. 在上级团委和村委的领导下，宣传党的路线方针政策，同一切危害改革开放，危害国家、集体的违法行为做斗争，把我村的各项工作搞上去。

2. 把发展新团员作为重要工作抓，今年5名，争取8月底完成。

3. 调配团支部班子，把个别年龄偏大且又不大发挥作用的团支书、团员及时调整，并在8月底上报镇团委。

4. 今年我村团支部推荐优秀入党工作，每个支部一名，年底完成。

5. 团费收缴，团内的教育制度、评议制度的制定，争取8月底完成。

6. 选举团干，配正副书记各一名，组织宣传委员一名，体育生活委员一名，名单如下：颜志锋、黎元军、方文军、梁国昌、梁卫红。条件：年轻化、知识化、专业化。

7. 制定团员花名册、管理制度、交费花名册。

每一年的“五四”青年节前后是达腊村发展团员的重要时期。此时，团支部在全村各屯宣传团组织，号召适龄青年入团。有意向入团的村民可向团支部递交申请书。2000

① 来自梁卫星笔记。

年后村里年轻人多外出打工，入团的人数大为减少，团组织活动难以开展。据统计，达腊村现在册团员 57 人，现任团支书为梁国飞，彝族，达腊屯人。

图 2-2 唐若茹和梁卫星合影

（二）妇女代表大会

农村妇女代表会（简称“农村妇代会”）是妇女联合会在农村的基层组织，是党和政府与农村妇女联系的桥梁和纽带，其实行代表联系群众制度，接受同级党组织和上级妇女联合会的领导。达腊村现任妇女主任是念毕屯的科秀练，女，46 岁，彝族。据科秀练介绍，最近几年，达腊村妇女代表大会的工作主要抓两点。

一是组织妇女学习计划生育法律法规。为了更好地控制人口数量，提高人口素质，使人口增长与经济、社会、环境、资源发展相协调，达腊村结合本乡实际情况成立了人口学校。人口学校邀请县、乡医生、专家对育龄群众及

流动人口开展青春期、新婚期、孕产期、育儿期、中老年期“五期”教育，普及人口与计划生育基本知识，从而进一步提高广大群众的人口意识，增强其实行计划生育的自觉性。

二是每年组织对已婚妇女进行生殖健康检查。主要是深入家户对新婚、孕妇和节育妇女进行检查并跟踪服务，同时配合上级卫生站开展的计划生育宣传活动。2002 年以来，村妇女代表大会协助村委会建立了达腊村已婚妇女登记卡，登记卡详细记录了各家户计划生育情况。

> 可惜的是，现在由于村内妇女忙于农活或家务，有的外出打工，村妇女代表会基本上没有时间单独组织妇女开展学习。①

第三节　村务工作与规章制度

一　村务管理

村务管理即村庄公共事务的管理，其基本内容包括村级政治组织依据什么形式权力，怎样做出决定，怎样付诸实施等。为了扩大基层民主，保证人民群众直接行使民主权利，推进农村基层民主建设，密切党群干群关系，促进农村改革发展和稳定，推动农业、农村经济与农村社会的全面发展与进步，1998 年 4 月中共中央办公厅、国务院办公厅联合发布《关于在农村普遍实行村务公开和民主管理

---

① 来自科秀练访谈。

制度的通知》，要求农村基层组织推行民主管理。在达腊村，村党支部与村民委员会合二为一，可以说是两块牌子一套人马，“两委”共同讨论决定涉及全村的大小事务。为此，达腊村委制定了一系列管理制度，保证村务管理有法可依、有理可据。

附 达腊村村民委员会工作职能

1. 教育、组织村民认真贯彻执行党的路线、方针、政策，自觉遵守国家的法律、法规。

2. 向村民会议或村民代表会议负责并报告工作。

3. 完成镇政府布置的行政、经济等工作任务。

4. 维护村民合法权益和利益，教育引导村民履行公民义务。

5. 组织村民发展经济，做好本村生产的服务协调工作，促进农村生产建设和社会主义市场经济的发展。

6. 管理本村集体所有的土地和其他财产，教育村民爱护公共财产，合理利用资源，保护和改善生态环境。

7. 办理本村公共事务和公益事业，调解民间纠纷，维护社会治安。向上级政府反映村民意见、要求和建议。

8. 做好优抚抚恤、救灾救济、五保供养等社会保障工作，开展移风易俗活动。

9. 发展文化教育，普及科技知识，促进村与村之间的团结、互助，带领群众开展社会主义精神文明建设。

达腊村委所管辖的10个自然屯之间的距离较远，且山路崎岖，不利于村干部集中办公。各村干部除了负责完成各自职责内事务外，还须协助村委管理其所在屯的其他事

务，即实行分片管理。传统上，他们将10个自然屯按照地理位置就近将达腊屯、天保屯划为一片；那坤屯、规从屯、田万屯、田湾屯划为二片；念毕屯、规磨屯、大坪屯划为三片。平时主要用电话联系，临时事宜集中到村主任家开会，一旦上级有任务下达则集中村委会全体成员讨论，分工落实。最近5年来，达腊村村委工作已经形成制度化：各屯一般性日常事务分片由村干部处理；凡涉及全村重大村务，必须召开党总支和村委会会议集体讨论决定；“两委”干部在会上充分讨论，最后由书记和村主任根据讨论情况拍板定夺。若是特别重大的村务，如村屯基础设施建设、流行性疾病预防等工作，必须由村“两委”和村民代表联席会议决定。根据村务的重要性和紧迫性，村委还要邀请城厢镇干部列席参与讨论指导。在这类重要村务的决策过程中，主要由村“两委”提出方案，与会人员充分讨论，并认真听取村民代表的意见，最后达成一致意见和制定可行方案。一旦做出了决策，就转入决策的执行阶段。村委干部碰头会每月召开一次，主要讨论落实镇政府下达的各项中心工作任务，如新农合、农村低保、危房改造工作进展等。从笔者抄录的村委会议记录本上2003年达腊屯甲电线路改装事宜的纪要，就可以清楚地看到达腊村村务管理过程的民主化。在广西实施中越边境基础设施“大会战”的惠及下，1998年达腊屯通电。但到了2003年，线路老化断路。县政府正实施农网改造，但经费有限，经村委会讨论，决定达腊屯村民人均交纳170元钱作为购买光缆线经费不足部分。当时，大部分村民家庭贫困，无法在短时间内拿出这笔钱。鉴于此，时任村支书、家住达腊屯的王月飞向银行贷款5万元，但贷款利息由村民分摊，以下是当时会议记录。

附　达腊村村务运作会议记录摘要①

达腊村达腊屯甲电线路改装会议情况（2003 年 7 月 23 日）

1. 时间：2003 年 7 月 23 日

2. 地点：达腊屯

3. 会议主持：村支部各组干部

4. 会议内容：

（1）改装达腊屯线路

（2）分箱

（3）集资买各箱总表、安装费、安装人员伙食费

（4）群众大讨论

5. 会议结论：同意分箱、集资

6. 外出务工家户担保人员

7. 集资情况：

达腊一组 16 户 ×55 元 =880 元

达腊二组 23 户 ×55 元 =1265 元

达腊三组 36 户 ×55 元 =1980 元

总集资 4125 元

8. 总支出

（1）变压器修理费 3300 元、车费 70 元

（2）安装人员伙食费 27 元

达腊村委工作一向注重计划性、条理性，2012 年村委

① 村务会议记录来自时任达腊村村支书王月飞工作笔记。

完成的工作主要体现在：①组织达腊屯彝族群众开展一年一度的“跳公节”活动；②分片包干收缴新农合；③宣传农村低保政策并开展审核工作，收缴率94%；④做好五保村管理工作；⑤落实危房改造3户；⑥主抓达腊屯芭蕉芋种植示范点109亩，亩产6000市斤，每斤0.5元，收入32万元，仅此项人均增收316.3元；⑦种植软枝油茶600亩；⑧实施老油茶林低产改造1500亩；⑨做好社会矛盾纠纷排查和调处工作；⑩做好计划生育工作；⑪做好村屯及道路交通安全督查工作。这些工作内容，群众最满意的有新农合，解决了群众看病难、看病贵的问题；扶持引导群众种植芭蕉芋，增加了农民收入。另外，村委完善了妇女之家、新家庭文化屋、农家书屋、民族文化传习中心等设施，增添了一批有关种植养殖农业技术、文化科普等方面的书籍，放在书屋内供村民借阅（见图2-3）。

2013年村委行政工作的重点是：继续搞好新农保和新

图2-3　设在达腊村委办公楼下的农家书屋

农合工作，以彻底解决困难群众看病难问题；争取在上半年完成田湾至念毕4公里屯级水泥道路硬化任务，解决念毕彝族群众行路难的问题；继续争取上级帮扶安装从坡背后引水源到口角坳达腊储水池的水管，以彻底解决达腊彝族群众饮水困难的问题；搞好畜牧防疫工作，确保畜牧业生产发展。[①]

在增加农民收入上，村委采取了如下措施：继续以订单农业的方式，争取上级的扶持，大力发展种植芭蕉芋，扶持发展养牛和养鸡，实施油茶低改项目，不断增加农民收入；继续组织农村剩余劳力外出务工，增加经济收入。

二　治安工作

农村社会治安，不仅是一个重大的社会问题，而且关系社会的稳定。社会治安不好，人民群众不能安居乐业，不仅影响党和政府在人民群众心目中的形象，而且影响全面建设小康社会的进程。20世纪90年代之前，达腊村民依照民族伦理和传统村规民约，彼此安静和谐地生活在一起。即使偶尔出现一些不快事宜，家族长辈或村屯里有威望的老人出面调解，不快事宜也得到顺利解决。老人都说：50～70年代达腊屯只出现过2对夫妻吵架动手，除此之外没有发生什么治安问题。然而，随着青壮年外出务工人员的逐年增多，加之山地纠纷、财产分割、观念价值等因素的不断介入，近年达腊村不断出现打架斗殴、夫妻不和、家庭赡养等问题，给乡村社会的稳定带来很大的隐患。根据城厢镇派出所提供的数据，2000～2006年，达腊村发生

① 由达腊村主任李康德提供。

过的违法事件如表 2 –5 所示。

表 2 –5　2000 ~2006 年达腊村违法事件登记①

时　间	姓　名	所在屯	违法事件
2000 年 7 月	黎　某	达　腊	殴打他人致伤
2002 年 1 月	王　某	规　管	殴打兰某致伤
2002 年 1 月	罗　某	规　管	殴打兰某致伤
2002 年 4 月	梁　某	达　腊	殴打梁某致伤
2002 年 4 月	黄　某	达　腊	用斧头砍伤王某
2006 年 2 月	苏　某	达　腊	偷盗摩托车
2006 年 4 月		达　腊	酒醉打死爷爷

当然，达腊村也成立有社会治安机构，即达腊村治保会和调解委员会，成员多是达腊村干部以及各个村民小组的组长。日常村民之间若发生纠纷，村民一般都会先通知村委干部出面调和，如果解决不了则会上报；治保会和调解委员会成员会根据事件严重程度，依据国家法律和达腊村的村规民约进行调解。

附　关于调解规管土地纠纷情况②

（2005 年 2 月 4 日）

1. 纠纷双方：甲方韦秀英　乙方吴昌伦

2. 事情起因：甲方 2004 年强行耕种了乙方的责任地，2005 年乙方不同意甲方耕种并于 2005 年正月初七自己种粮

① 涉及隐私需要隐名。

② 来自时任达腊村村支书王月飞工作笔记。

食作物，正月初十甲方把乙方种下的粮食铲除并重新翻土种植。由此造成纠纷。

3. 调解结论：甲乙两方按原土地分配，各种各的。如一方不服调解自行违反的，后果自负。

三 村务公开

村务公开是指村民委员会把处理本村涉及国家的、集体的和村民群众利益的事务的活动情况，通过一定的形式和程序告知全体村民，并由村民参与管理、实施监督的一种民主行为。1994 年 11 月，中共中央下发了《关于加强农村基层组织建设的通知》，要求各地广泛开展依法建制、以制治村、民主管理活动，提出要抓好“村务公开”制度建设：“凡是涉及全村群众利益的事情，特别是财务开支、宅基地审批、当年获准生育的妇女名单及各种罚款的处理等，都必须定期向村民张榜公布，接受村民监督。”村务公开是人民群众评判农村党风政风好坏的一个重要标志，也是加强基层民主政治建设、政权建设和党风廉政建设的一个基础性工作。达腊村两委一贯执行中央要求，在村委办公楼门前墙上设立公示栏，定期公示如下事务。①党务：入党积极分子、党员缴纳党费情况等。②村务：新农合收缴、农村低保、种粮直补、特困户粮食补助、危房改造指标及补助等。③计生：计划生育补贴、准生证名单及妇女接扎情况等（见图 2－4）。④财务：财务收支、征用土地和宅基地审批、优抚和救灾救济款物发放等。这些事务基本做到每季度公示一次。

图 2－4　村务公示之“计生”栏

四　村规民约

村规民约是村民群众在村民自治的起始阶段，根据本地的实际情况，依照村民集体的意愿，经过民主程序制定的规章制度，涉及本村的社会秩序、社会公共道德、村风民俗、精神文明建设等内容，是村民自己的“小宪法”，是村民共同认可的“公约”，是村民实施村民自治的基本依据。达腊屯彝族自古就有村风民俗、做人伦理、社会秩序、治安管理等方面的约定俗成，并且随着时代的发展不断充实并得到弘扬。

附一　达腊村村规民约（2007 年）

为了维护社会秩序，保护国家、集体、个人的财产不受侵害，经全体村民民主讨论通过，特立此公约，凡在我村范围内的所有村民受本村规民约的制约。

一、爱护国家、集体财产，不准侵害群众利益，严禁偷盗拔撬，违者视情节轻重，分别处理以下罚款。

1. 偷家禽畜者除按数量赔偿失主损失外，每只罚款30～50元或1～2倍。

2. 故意损坏或偷他人瓜果、甘蔗、豆类、蔬菜、玉米、稻谷者，除如数赔偿原主外，按每斤罚款1～3元。

3. 偷捡他人桐果、八角、油果等农副产品的，除按偷得的数量赔偿原主外，处2～3倍的罚款。

4. 以其他方式窃取他人池塘中鱼类，除如数赔偿失主外，按每条处罚5～10元。

5. 故意伤害他人牲畜的，视伤轻重，除赔偿损失外，每头罚款50～100元。

6. 严禁放禽畜践踏他人农作物，包括各种苗木、果树等，违者除按照价赔偿损失外，另罚款1倍。

二、遵守国家法令，维护社会公德，凡犯有下列行为者，分别给予处罚。

1. 聚众赌博者，除没收全部赌具、赌款外，情节轻微的罚款30～70元，情节重的送公安机关依法处理。对提供赌场、赌款的罚款70～120元。

2. 辱骂他人、调戏妇女、耍流氓、扰乱公共秩序者，罚款20～50元。

3. 寻衅闹事、打架斗殴而造成他人受伤住院的，除支付伤者医疗费和误工费外，罚款50～100元。

4. 撕毁保持期内的政府各种布告、广告、宣传材料者，罚款10～15元。

5. 严禁在责任田地内取土打砖瓦、起房葬坟，违者除责令搬迁外，按每平方米罚款50～100元，情节严重者交由土地管理部门依法处理。

6. 严格执行计划生育条例，违者按条例处罚。家长必须送适龄子女上学读书，不准重男轻女，凡有适龄子女而不送上学读书的，责令父母每年交扫盲基金费60元。

附二　达腊屯自来水管理公约

由世界银行扶贫资金扶助兴建的达腊屯自来水工程于1998年底正式投入使用，村民从此彻底告别了缺水的历史。为了使自来水设施不受破坏，保证全体村民持续正常的生活用水，经全体村民反复讨论，制定本公约。

一、成立供水设施管理领导小组，领导小组由7人组成，设领导1人，副组长2人，成员4人。组长由村委会干部担任，副组长由村、社干部担任，成员由村完小教师及村民组成。领导小组的职责是共同管理与本公约相关的一切事务。

二、由领导小组组织全体村民推举2名具有一定管理技术水平、办事公道、群众公认的村民作为供水设施管理员。管理员的职责是：定期巡视、检查、维修供水设施，随时修复损坏的设施，保证正常供水；从节约出发，合理调度供水，制止村民违约行为；负责收取水费，每半年向村民张榜公布水费收支情况。定期向村民汇报管理情况，并自觉接受群众的监督。管理员任期三年，期满后由村民大会再进行选举产生。

三、自来水只供人畜饮水之用，为了确保人畜饮水，任何单位、个人不得引用自来水灌溉田地、蓄水养殖水产等。

四、水源、水管、蓄水池都是保证供水的重要设施，人人有责加以重点保护，任何单位和个人未经领导小组的许可，不得在附近从事有损于供水设施的活动，包括开发、生产、建设等活动，属于牲畜造成的损坏，由其主人承担完全责任。

五、用户按用水量交纳一定的水费，具体交纳数额视情况一年一定。水费只收现金，不收实物。水费的使用范围是：1～2名管理员的报酬；供水设施即水源、水总管、蓄水池的维修费及材料费；供水设施更新改造的储备金；必要的工具购置费。

六、用户必须自觉按每半年交纳一次水费，逾期满一个月不交的，每个月加收5元的滞纳金。滞纳金单独立账，并只限于作为今后供水设施更新改造的储备金，不得挪作他用。

七、供水设施维修办法

1. 水源、水总管、蓄水池维修的工作量在2个工作日（每个工作日每人以8小时计，下同）以内的由管理员义务维修；工作量在3个工作日以上的，由领导小组安排用户轮流投工投劳维修，上述所投工日均属义务投工，不计报酬。所需材料费用从维修储备金中列支；进户分水管的维修点所投工作量在3个工作日以上的由用户支付给维修员一定的报酬，所需材料费用由用户承担。

八、奖惩办法

1. 奖励：凡检举、揭发他人故意损坏和盗窃供水设施行为的，奖给100～200元的奖金。

2. 惩罚

(1) 故意破坏和盗窃供水设施的，一经查实，除责令当事人赔偿损失和修复外，还要处以损失部分折款

10倍的罚款，其他破坏行为均按“村规民约”从严处罚。

(2) 用户的水管、水龙头漏水、渗水，水表损坏或计量失常等情况，要及时报告管理人员进行维修。不及时报告维修致使水管泄漏，造成全屯或局部用户缺水的视其浪费的情节程度，处50~100元的罚款。

(3) 原有的古井仍属全体村民所有，人人有责加以保护，使之保持原状，任何人不得占为己有或改变其供人畜饮水的用途。故意破坏古井的，除责令其修复外，视其破坏的情节程度，处100~200元的罚款。

九、上述所罚款项，作为供水设施更新改造的储备金，不得挪作他用。

十、本公约自2000年1月1日起施行。

五　计划生育工作

经过多年总结，达腊村村委会通过设立专门机构、安排专职人员、建立健全规章制度，使国家计划生育政策规定得到贯彻执行，计划生育工作始终处于良性运行。

（一）机构

达腊村村委会成立有计划生育工作领导小组，主要是宣传和贯彻党和国家的计划生育方针、政策、法规，制定计划生育村规民约；制定本村人口与经济发展规划目标，完成上级下达的人口与计划生育工作各项任务；定期研究本村人口与计划生育工作，审核生育申请，对本村人口进行计划管理；定期向镇党委、政府汇报本村计划生育工作，接受上级的监督检查。村委会下设村计划生育协会（见表2－6），协助村计划生育工作领导小组（见表2－7）开展工作，主要负责村中计划生育的宣传工作和各种报表统计等文书工作。

表2－6　达腊村计划生育协会成员

职　务	姓　名	备　注
会长	苏玉峰	村支书
常务副会长	李康德	村民委主任
副会长	匡孙阳	村民委副主任
秘书长	科绣练	村计生专干
副秘书长	梁国飞	团支书
理　事	科绣练、陆章坤、梁国飞、颜志锋、杨正华、黎元军、梁廷支、方卫东	

表2－7　达腊村计划生育工作领导小组

组内身份	姓名	村委会中所任职务
组　长	苏玉峰	村支书
副组长	李康德	村民委员会主任
成　员	匡孙阳	村民委员会副主任
	陆章坤	治保主任
	梁国飞	团支部书记
	科绣练	妇女主任

（二）专干人员

村级计生专干是农村计划生育工作的管理员，达腊村

计生专干是村妇女主任科秀练兼任。负责处理村具体的计生工作，完成上级交给的计划生育相关任务，及时掌握全村育龄夫妇的生产、生活和生育情况，关注他们术后的身体状况。同时，达腊村在各村民小组中配备一名人口管理员协助计生专干开展工作。

附三　村民小组人口管理员的工作职责

1. 宣传贯彻执行党和国家的计划生育政策、法规，贯彻落实上级的计划生育指标，当好宣传员。

2. 掌握本组育龄夫妇避孕节育情况，动员和帮助群众落实节育措施。了解、掌握并按时上报本组人口出生等情况，当好信息员。

3. 监督搞好凭证生育，帮助群众实行计划生育。

4. 带头少生快富，并且关心育龄夫妇的生产、生活和生育上的问题，做群众的贴心人，当好服务员。

5. 负责本组群众的避孕药具发放和管理，当好药具发放员。

6. 完成本村党支部、村委会领导和村计生专干交给的计划生育有关任务。

（三）工作制度

多年来，达腊村委制定并执行计划生育例会、计划生育政务公开两项工作制度。计划生育例会制度规定每月至少举行一次计生例会，及时汇报计生人口数字，交流总结计生工作等。而计划生育政务公开制度明确计生信息是村务公开的一项内容，和村务同步公开，让村民对准生对象、人口出生登记以及违反计划生育政策案件处理等情况一目了然，进而宣传计划生育政策法规。

（四）村规民约

附四　计划生育村规民约

一、每个村民自觉按《计生条例》规范生育节育行为，若违反《条例》计划外生育的，除按《条例》规定处罚外，还负担村委会组织村民到少生未富户进行义务劳动的一次性伙食费。

二、已生育一个孩子或两个孩子以上（含两个孩子）的育龄妇女，自觉按计生管理要求按时落实放环或结扎措施。

三、符合妇检的育龄妇女，要自觉接受每年的四次妇检。

四、计划外怀孕的妇女必须自觉落实补救措施。

五、15 岁以上村民要积极参加人口与计划生育基础知识教育。

六、19 岁以下的未婚青年，父母要教育女子不早婚，不非法同居，不未婚怀孕和生育。

七、未婚男女青年要自觉响应晚婚晚育号召，结婚要登记，生育要申请。

八、退出婚育期的妇女要争当计生义务宣传员，主动教育子女、亲戚和邻居执行计划生育。

九、以上条款，望各村民遵照，违者则按《广西壮族自治区计划生育条例》给予从严从重处罚。

十、本村规民约从颁布之日起执行。

第三章 经济发展

达腊村有 10 个自然屯，全村耕地面积 1301 亩，主要收入来源是种养业和外出务工。2012 年经济总收入 144.54 万元，其中农业收入 84.74 万元，林业收入 19.9 万元，牧业收入 30.8 万元，运输业收入 9.1 万元；农民人均纯收入 2681.53 元，与全县农民人均纯收入 4000 元相比，少 1318.47 元。[①]

第一节 农业

达腊村在海拔 800 米以上的土山坡，属高寒山区，2012 年，全村耕地面积 1301 亩，其中水旱田 373 亩，旱地 928 亩，人均耕地面积 0.83 亩；全村粮食播种面积 1877 亩，年产量 33.85 万公斤，扣除饲料用粮，人均有粮 130 公斤；年经济总收入 144.54 万元，其中农业收入 84.74 万元。

一 土地

据史料记载：1916 年以前，达腊屯彝族村民通过开荒，家家户户都有一定数量的田地。后来，汉族地主来

① 由那坡县政协提案办黎日东主任提供。

到达腊地区经营赌场。起先，彝族人并不常光顾赌场。为了招揽生意，汉族地主邀请彝族男性到赌场去喝酒，几次来往后，这些彝族男人就学会了赌钱。在赌博过程中，彝族男人们很快就输光了钱，只能被迫变卖自家田地。到了1929年，达腊屯大部分彝族村民家庭没有了田地。土地改革之前，达腊屯大部分田地被规崇屯两户汉族地主杨世斌和杨世显占有。此外，木棉屯汉族地主刘振德、交利屯汉族地主田韦宏、毛坪屯汉族地主倪端、规古屯壮族地主何开源、何开发以及安上屯汉族地主刘老优等都在达腊屯有一定土地。在当时达腊屯45户彝族中，除了3户富农、3户富裕中农和3户中农外，其余都是贫雇农，共有田14.3亩、地85.5亩。而到了1958年，情况有所好转，达腊屯彝族村民拥有水田22亩、旱田70亩、畲地161亩。此后，达腊屯不断开荒，尽管经常出现水土流失自然灾害，但到1982年实行家庭联产承包责任制时，达腊屯有旱田88亩、畲地321亩、水田5亩。到2006年，达腊屯有旱田100亩、旱地155亩。① 2010年达腊屯总人口为306人，人均旱田面积为0.33亩，旱地面积为0.51亩。

现在人口数量有所变动，但人均田地和2010年时相差不大。②

达腊屯地势较高，多是土山。近年来，由于山上树木被砍伐严重，村民又不断开荒，一直种到了山顶，当地水土流失相当严重。可耕土地，越往山上土层越稀薄，营养越少。至于梯田，实属“望天田”，只能依靠雨季拦截水

① 广西壮族自治区编辑组：《广西彝族、仡佬族、水族社会历史调查》，广西民族出版社，1987，第40页。

② 来自达腊屯三组黎组长访谈。

流灌溉一时，因此达腊屯的粮食收成不稳定，产量也不高。

二　生产工具

关于生产用具，达腊屯老人都说从解放前到今天并没有太大变化，即使外边流行一些新式农具，在达腊屯也极为少见。因为达腊位居高寒山区，地少田小，坡陡地旱；而最近10年来，有些新垦荒地离村屯4~5公里远，山路崎岖。值得一提的是，在达腊屯，彝族村民使用的生产工具改变最大的就是由木制工具变为铁制工具。新中国成立前，达腊屯彝族村民不会制造铁制农具，所使用的铁制农具一般到那坡县城或靖西县去购买。大约在1940年，有个铁匠来到达腊屯，为村民们制作了大量的铁制农具。1958年，那坡县供销社在达腊屯设立代销点，村民随时可以买到所需的农具。当代达腊屯彝族村民使用的生产工具主要有犁、耙、锄、刮、镰刀、柴刀、斧头、背篓、石磨等，其形状与解放前所使用的变化不大。

1. 犁

犁是达腊彝族村民开荒、犁田地的主要工具之一，由铁质犁头与木质犁架两部分组成。犁头重约7斤，以前村民使用的犁多是买来犁头自己用较硬的木头做犁架，现多为买现成的铁犁。

2. 耙

耙以前使用的耙全部用木制作，配上牛，用来耙田。耙身长2尺，齿长3~4寸。当代村民所使用的耙身宽2尺5寸，齿长9寸，且多为铁制，坚固耐用。

3. 锄头

据彝族老人介绍，以前所用的锄头锄口宽最多是 2 寸 5 分，长 5 寸，因太小很不好用。当代的则改造为宽 4 寸，长 8 寸，锄头铁重约 3 斤，柄长 3 尺。彝族居住地区山高坡陡，土壤含有沙石，黏性不大，不适于牛耕，这种锄头是他们较常用的农具。

4. 刮

达腊山区草芒多，刮是当地常用的农具之一。过去不论贫穷富贵，家家户户备有一把刮子。以前的刮子刮口很小，最多宽 4 寸，长 3 寸，使用时非常吃力，刮草不多，深挖困难。当代的较大，刮口宽 6 寸，长 6 寸，重 3 斤，柄长 2.5～3 尺，能刮土深 1～2 寸。刮子主要用于玉米中培土、平整土地和起畦种菜、茶油树刮割杂草。

5. 镰刀

镰刀有两种，一种是有齿镰刀，一种是无齿镰刀，形弯似梳。有齿镰刀重约 4 两，柄长 2～3 寸，主要用于割禾，用时轻快灵活。无齿镰刀重约 1 斤，主要用于砍草、砍树枝，也可以用于削破竹片做农具。

6. 柴刀

柴刀分砍柴刀和割草刀。砍柴刀长约 1 尺，刀面宽 1.5 寸，刀尖略成弧形，重约 2 斤。割草刀长约 1.2 尺，刀面宽 1.2 寸，刀尖处弯度较大，易于勾割草。

7. 斧头

斧头宽 3 寸，长 5 寸，重约 3 斤。1949 年前此农具较贵，都是富裕农户才有。斧头主要用于砍伐树木、打柴。

8. 背篓

背篓根据大小用途可分3种。一种日常用于捡猪草、背粮食等，是3种背篓中形状最大的，圆口、方底，口宽1尺8寸，底宽1尺2寸，高2尺，两根背带由棕皮加工搓制而成，柔软耐用。另外两种可看作是背篓的改革，一种主要是播种时用于放粮食种子，如玉米、黄豆等；另一种叫刀娄，是三种之中最小的，主要放刀具。这两种使用时均是把绳子围于腰间，方便取种子或刀。

9. 石磨

石磨全用石头做成，是传统的粮食加工工具，达腊屯现仍有村民在使用，有大磨、小磨之分。大磨用人拉，小磨用手推。大磨专磨玉米，一般用两人拉磨，一人掌管米粒。石磨主要用于磨玉米，把玉米剥成颗粒后放入石磨磨成粉状，做成当地的特色食品玉米粑。

10. 碾米机

过去达腊彝族村民稻谷脱粒都是用木碓或木臼，如今部分村民家已购买碾米机，插上电就可以轻轻松松碾米，不再像过去花一天时间才舂不到100斤米。

11. 碾粉机

碾粉机具有与石磨相同的功能，也是插上电即可把米或玉米碾成粉，村民在做玉米粑或其他需把米或玉米碾成粉的食物时无须花费较多的时间与劳动力。

12. 打谷桶

其形状四方（也有长方形），上宽下窄，四周站着4个人同时可以往桶里打伐，有些谷桶用2尺宽、4尺长的竹席围在两边防止谷子溅出桶外。

13. 风车

新中国成立前，达腊屯彝族村民扬谷糠和谷渣都是利用簸箕与自然风。1958 年，那坡各个乡的各小生产队和屯都配备一两架风车，但因做得不好，农民不喜欢用，还是用簸箕与自然风扬谷。

达腊屯村民使用的部分农具如图 3－1 所示。

图 3－1　达腊屯村民使用的部分农具

三　粮食作物

达腊屯的农作物有稻谷（以中稻为主）、玉米、三角麦、黄豆、饭豆、红薯和杂豆等；蔬菜有圆白菜、萝卜、四季豆、南瓜、黄瓜、大白菜、芋头等。达腊屯村民主要以稻谷为口粮。达腊屯虽属高寒山区，但常年光照相对充裕，一年可以播种三季稻谷。但这里的村民主要种植的是中稻，时间大概是 7 月下旬，这个季节雨量充沛。其次播种较多的是玉米，一直到 20 世纪 90 年代，玉米仍是村民的主食，现在成为村民自酿酒水的主要原料，多余的用作饲料。再者就是小麦（三角麦），20 世纪

90年代前各家户都有播种，将其作为主食之一。目前仍有个别村民播种小麦，但只是用作酿酒或换换口味而已。

在达腊屯，粮食产量都不高，一是地质土壤决定；二是村民习惯播种老品种，总觉得新品种口感不对劲；三是村民不太愿意使用化肥，担心有限的田地被污染。长期以来，达腊屯村民种植作物主要依靠牛、猪、马等牲畜粪便，其中牛粪为主要肥料。土改前，达腊屯基本没有厕所，后来政府在推广农业技术时宣传人粪作为农作物肥料的巨大作用，村民才开始在村中建厕积肥。如果粪便短缺无法保证农作物施肥，村民会就地取材利用田地里原有的禾秆和烂草皮发酵充作肥料，这就是农家肥。当地传统的耕作模式，因常年遭受虫害和自然灾害的侵扰，稻谷的产量较低，亩产一般在400斤左右。20世纪90年代中期以后，村民认为人便畜粪养分充足，但太臭太脏又不便搬运，渐渐地少用了这些农家肥，村民逐步接纳各种化肥以及喷药杀虫技术。如今稻谷亩产能达到700~800斤，大米成为村民主食，部分家庭甚至还有余粮出售。不过，目前仍有个别家庭播种稻谷使用农家肥，说这些稻谷是自家食用的。

当前的达腊屯，各季度都有不同作物收获：春季有春三角麦；夏季有早黄豆、杂豆；秋季有早中玉米、中稻、旱谷、红薯、中晚黄豆、饭豆、秋三角麦。表3-1、表3-2、表3-3反映了2010年达腊屯各季度农作物生产状况。

表 3－1　2010 年达腊屯各季度的农作物播种面积①

单位：公顷，吨

季节	春季	夏季	秋季
播种面积	8	51	366
总产量	320	1530	72550

表 3－2　2010 年达腊屯粮食产品生产情况

单位：公顷，吨

品种	中稻	旱谷	春三角麦	早黄豆	早中玉米	中晚黄豆	饭豆	红薯	秋三角麦	杂豆
播种面积	100	23	8	39	155	43	10	52	6	12
总产量	42000	2300	320	1170	27900	860	100	1560	120	360

表 3－3　2010 年达腊屯蔬菜产品生产情况

单位：公顷，吨

品种	大白菜	圆白菜	瓜类	生姜	萝卜	芋头	蒜头	四季豆	芭蕉芋
播种面积	4.5	4.5	5	5	10	38	2	10	40
总产量	1350	1350	1000	250	1000	3800	40	500	800

四　农事季节安排

据史料记载，新中国成立以前，达腊地区一年内的农

---

① 表 3－1、表 3－2、表 3－3 来自“2010 年达腊村经济作物生产情况统计表”。

事安排如表 3－4 所示。

表 3－4　新中国成立前达腊屯农事季节安排①

月　份	内　容
正　月	翻田、翻地、积肥，准备春耕，挖棉花地与芋头地
二　月	继续翻土，准备下种玉米，种早玉米与三角麦、金豆、芋头，修水沟、育秧苗（旱秧苗）
三　月	种玉米，育秧苗，种棉花、黄豆，犁田、耙地，准备插秧
四　月	培土玉米，插秧，收三角麦，种旱谷，耘黄豆、棉花
五　月	继续耙田、犁田、插秧，培土玉米，种小米、红拜，耘早稻
六　月	耘田、砍天边、整理水沟，下种三角麦、种玉米、收黄豆、种黄豆
七　月	刮茶山、收玉米、种红薯，种三角麦
八　月	刮茶山、桐果，收玉米，拾棉花
九　月	收稻谷（包括旱谷），修路（收稻谷路），收小米、红拜、黄豆、饭豆、米豆等，刮茶山，拾棉花，种碗豆、青菜
十　月	拾茶果、桐果，种小麦，收稻谷，修田基，翻土
十一月	拾茶果，榨茶果，打草盖屋，打柴，砍烧荒山，收南瓜、红薯、芋头，翻土过冬
十二月	翻土过冬，妇女绣花织布，修建新旧房屋，砍烧草芒

新中国成立 60 多年来，达腊地区的地理环境、气候都发生了诸多变化，而作物品种的改良、播种技术也在不断更新，彝族村民一年内的农事安排变更如表 3－5 所示。

① 广西壮族自治区编辑组：《广西彝族、仡佬族、水族社会历史调查》，广西民族出版社，1987，第 42 页。

表 3-5　1949 年后达腊屯农事季节安排①

月　份	内　容
正　月	翻土
二　月	种玉米，翻旱谷地
三　月	给玉米培土，种旱谷、花生
四　月	给玉米培土，收黄豆（早）
五　月	插秧，整田埂
六　月	种黄豆（中晚）
七　月	收玉米，种黄豆（中晚）
八　月	收旱谷、打谷，刮茶油地
九　月	收茶果、榨油，犁地，打柴
十　月	犁地，打柴，修建房子
十一月	犁地，打柴，修建房子
十二月	种黄豆（早）

对比表 3-4、表 3-5 的农事季节安排，可以明显发现一些作物已经退出了达腊地区。曾经因为贫困，棉花是当地人织布裁衣的重要原料。如今的彝族村民已不再种植棉花，村民的衣服、棉被都可以直接从市场购买。

第二节　经济作物与养殖业

一　经济作物

达腊村的经济作物有八角、茶油、杉木和旱藕四种。据城厢镇提供的数据，2010 年，村中八角的种植面积达 525 亩，人均占有 0.34 亩；茶油种植面积 409 亩，人均占有

① 表 3-5 的内容来自钟柳群、唐若茹与当地多位村民访谈的总结。

0.27 亩；杉木种植面积600 亩，人均占有0.39 亩。从2011 年起，政府号召村民广种旱藕，2012 年旱藕种植面积约600 亩。

（一）八角

那坡县是中国“八角之乡”，八角一直是那坡县广大农村地区重要的经济林木，全县推广种植八角历史可追溯到人民公社时期。当地的八角主要用于提炼茴油。茴油是用八角树枝、叶、果做原料蒸馏而成，气味芬芳、留香持久，是食品、药品、高级化妆品、糖果、酒类的珍贵香料和原料。提炼茴油的主要步骤是将八角树的枝叶、树皮或果实装入蒸馏锅，用蒸馏锅产生的混合蒸汽作复馏水层的热源，从复馏锅输出的混合蒸汽经冷凝、冷却后进入油水分离器分离出茴油和水层，水层返回复馏锅进行复蒸馏。当地达腊村没有八角茴油提炼加工厂，村民只是采摘果实晾晒出售。

达腊屯大批种植八角开始于1980 年，1993 年县政府发动“灭荒山运动”，大力扶持群众种植八角，那时候家庭均有约3 亩八角地。根据用途不同，八角种植方法也有所区别。若依靠八角叶来提炼茴油为目的种植的，当地人称作“叶用林”，每亩种植八角树300 ~ 500 株。树苗种植的第三年开始修剪枝叶，待枝叶茂盛便采摘晒干出售给加工厂提炼茴油。一般情况下，50 公斤的八角枝叶，只能提炼出0.5 公斤的茴油。这种“叶用林”的种植方法，每亩八角地获益150 元左右。若依靠八角果实来提炼茴油为目的种植的，当地人称作“果用林”，每亩种植八角树约50 株，生长期较长，等待果实成熟才能有收获。这种“果用林”种植方法，每亩八角地获益500元左右。2009年受到中国－东盟博览会的推动，茴油价钱创历史年新高，每斤涨到约80元。见到市场上茴油价格如此高，2009年达腊屯村民开垦荒地，掀起种植八角的高潮。到2012年底，达腊屯人均拥有八角地1.2亩。

（二）茶油

茶油树是多年生常绿灌木，茶油籽是茶油树的种子，是世界四大木本油料之一。茶油易被人体消化吸收，经常食用能降低胆固醇，抑制和预防冠心病、高血压等心脑血管疾病，是一种纯天然绿色保健食品。茶油树喜温暖与阳光，对土壤的条件要求并不苛刻，位居高寒山区的达腊屯，多属荒山、丘陵，尤其适合种植茶树。而且，茶油树的生长不需要太多护理，每年只需除草、施肥一次即可。每年的8～9月，是茶油收获的季节，但达腊村民并不是上树摘茶油籽，而是习惯等待茶油籽成熟落地后再去收捡。

茶油是达腊村民主要的家庭日常食用油，如有多余才会出售，其曾经也是村民主要经济收入来源之一。每逢茶油收获季节，商贩就进村收购茶油。2008年，当地茶油的收购价格是25元/斤；2009年跌到10元/斤。此后，达腊种植茶油树的家庭渐渐少了，前两年政府免费提供树苗都有些家庭不愿意种植。“现在达腊这里的茶油树，基本属于老树咯，也基本是保障家庭日常食用油不用去买”，达腊完小方卫红老师说。

（三）杉木

种植杉木是达腊村民增加家庭收入的一条重要途径

(见图 3-2)。杉木生长的周期较长，一般是 15 年左右才能砍伐出售。在杉木种植的头 3 年，达腊屯村民在树苗间种植农作物，如玉米和大豆等。20 世纪 80 年代中期，政府号召村民种植杉木，鉴于杉木的经济效益见效较慢，当时多数村民反应平淡。在达腊屯，第一个种植杉木的应该是梁卫星一家，时间是 1983 年，一共种植了 1750 株，当时每株树苗 5 分钱，成活率达 60%。到 1989 年，梁卫星再种下 500 株树苗，此时一株树苗已涨到 2 毛钱。2005 年，梁家砍伐第一批杉木，卖得 1400 元；2006 年砍伐第二批，卖得 1950 元。原村支书王月飞介绍："本屯老些的杉木已基本砍伐卖完了，如今看到的杉木基本上是新开垦荒地种植的，还需等待 10 年左右才能有所收获赚钱。"从 2008 年开始，达腊村民又陆陆续续地种植杉木了。

图 3-2 达腊屯杉木

达腊屯的杉木多是外地商人前来收购，时间多在每年 5~6 月，有时候春节前也收。砍杉木前，村民和外地老板谈好价钱。一旦价格确定，收购木材的商人到林业站办理砍伐相关手续，然后请来工人，村民无须自己动手。达腊屯原有一户人家做木材生意，后因本钱少竞争不过外地商人就放弃了。

（四）旱藕

旱藕是2011年以后达腊村家庭经济收入的一大支柱（见图3－3）。旱藕（又名姜芋、芭蕉芋、食用美人蕉），株高1.5～2米，叶互生，长50～70厘米，宽15～20厘米，叶面鲜绿色，叶背紫色，叶片形如荷叶，椭圆而大。旱藕根部块茎含有丰富的钙、磷、铁，17种氨基酸和维生素B、C，鲜藕淀粉含量达24.3%。久食旱藕，可健脾胃、降血脂、清肠道、益血补髓、清热润肺、防止肥胖。近年来，旱藕食用、药用价值受到关注，且伴随旅游业的盛兴更是名扬大江南北，身价日高。2012年，那坡县农业局号召农村种植旱藕，采取订单合同形式，村民种植，农业局负责收购。

图3－3　达腊屯村民种植的旱藕

2012年达腊屯有20户村民响应号召种植旱藕，估算共有100亩。村民王光台，50岁，全家6人种植5亩旱藕，收成7吨左右，价格是0.5元/斤，收入可观。2013年1月，笔者在达腊屯看到王家门口堆满旱藕，村委办公楼门前公路堆放着袋装的藕“山”，许多村民还忙着去采收旱藕。

村委办公楼村务公示栏上，还张贴着那坡县农业局的“通知”。

附　通知

达腊屯各协议种植芭蕉芋农户：

我局目前按照协议回收芭蕉芋，要求各个协议种植芭蕉芋农户于1月26日（农历腊月十五）前采收完备，并将芭蕉芋搬放在村部易方便收购装车，不得延误，超过规定期限县农业局不再回收，如不按时采收后果自负。

特此通知

那坡县农业局（盖章）

2013年1月14日

二　养殖业

达腊屯的养殖，以家庭为单位，主要有牛、猪、鸡、鸭。

（一）牛

牛一直是达腊屯村民重要的生产工具，也是家庭经济的主要来源之一。在达腊屯，每个家庭都养牛，少则一头，多则三四头。达腊的牛，主要是黄牛，头短小，额宽阔，颈细长，耳垂大，由腰到臀肌肉发达，臀端椭圆，肌肉丰满，毛色一般为黄色、褐色，耐粗耐热，行动敏捷，善于爬山。正值壮年的耕牛，是彝族村民犁田耕地的好帮手。据老人说，每年农历七月十七是牛王节，村民让牛在家休息，并把牛厩收拾得干干净净，垫上厚厚的软草，用最好的牧草和饲料喂牛，感谢牛为耕作付出的辛劳。但一旦衰老时，村民便将它带到市场卖掉。出售一头牛，可以得到2000元左右收入，这对当地村民来说是很可观的收入。

（二）猪

达腊村民一直都养猪。改革开放前，达腊村家家户户杀猪过年或制成腊肉留待日后农忙招待客人。另外，彝族村民通过养猪出售赚钱维持家用。他们养猪基本不买饲料，都是用自家多余的米谷，还有就是房前屋后的红薯、菜叶。尽管外出打工者增多，但达腊村80%以上家庭还是养猪的，一般是1~3头不等。在村民眼中，凡养有超过3头大猪的，算是富裕家庭了。每年年底，各家都把猪带到市场出售，顺便买回下一年的幼猪。

（三）家禽

达腊屯的鸡鸭数量不多，主要是供家庭食用。由于居住“干栏”式木房，结构相连，一旦某家家禽感染疫病，便会迅速蔓延到其他家户。因此，达腊屯一年内总会碰上家禽瘟疫1~2次，真正到年底有着活过整年的鸡鸭的也不多。因为缺水，现在达腊村民不太养鸭了。2009年，达腊屯一村民在村屯山下公路边建立了养殖场，但由于技术、资金有限，养殖场一直不见起色，至今场地还闲置着。

2010年达腊村畜牧业生产情况如表3-6所示。

表3-6 2010年达腊村畜牧业生产情况

单位：头，只

种　类	黄牛	猪	鸡	鸭
达腊一组	36	22	50	20
达腊二组	37	16	60	30
达腊三组	35	22	56	22
达腊四组	45	18	65	30

第三节　旅游业

跳公节，又名跳弓节，是那坡县彝族村寨的传统节日，主要在城厢镇的达腊、念毕、者祥3个屯和下华公社的坡伍屯举行，为期3天。传说有一位彝族的祖先，曾率领彝人在保卫疆土的战斗中被敌人围困在大山竹林中，情况十分危急。后来他们依靠全族人的智慧，以竹子弓箭，攻其不备，获得大胜。当凯旋时，族人的热烈庆贺，演变成跳公节，被后人沿袭为俗，至少有上千年的历史。这也是达腊彝族竹子崇拜的由来，因此彝族村落都种植大量竹子，而且不轻易砍伐。每年农历四月初十左右，达腊村彝族都在达腊屯进行跳公节活动。2006年，那坡县将跳公节申报成为广西壮族自治区非物质文化遗产，决定从2007年开始每年都在达腊屯举办跳公节活动，达腊屯旅游业开始兴起。5年来，达腊屯村民初步品尝到了跳公节带来的好处，一些传统民族手艺得到恢复并发扬光大。

一　编竹器

达腊彝族村民崇拜金竹。达腊屯周围的竹子种类很多，除了金竹外，还有绵竹、楠竹、苦竹。各种竹子因为质量不同，被村民编织成不同的生活用具或具有民族特色的工艺品，然后出售给游客。偶尔在达腊屯走走，你会不经意看到有村民正在编制竹器。

二　织布绣衣

服饰是各民族独有的心理状态的视觉符号，具有很强的身份认同和内聚性。达腊屯彝族服饰具有鲜明的白彝特征。他们的服装包括五色（白、黑、紫、蓝、绿）缠头头饰，女性还有银质项圈和挂饰，上衣为白色，男性多为白色马夹，辅以五色装饰。女性主基调为白色，领口、袖口、衣边辅以五色装饰，下装为男裤女裙，以黑色为主，腿上有白色缎带缠腿，女性还有一条树皮做成的绿色挂线花腰带，脚穿花鞋。每当节日、婚丧、祭祀等重大场合，所有族人盛装出席，具有很强的视觉冲击力。

过去，达腊屯彝族村民的服饰从原料到成衣均为家庭生产制作，每个家庭的女性都擅长纺线织布，缝制衣服更是不在话下。一般情况下，一个妇女一天可织布 2 派（两手伸开的最大距离为 1 派）。心灵手巧的妇女在织布时用不同颜色的线相互交错，织出有颜色和图案的布，这样做出来的衣服更加鲜艳有特色。不过，曾有一段时间，村民生活相对宽裕，都习惯到市场上买衣服。调查中了解到，达腊屯 40 岁女性基本上都还能独立制作本民族服装，但 40 岁以下，尤其是在外打工的年轻女子，她们小时候曾见过长

辈制作服饰略有所了解，但基本上已不能独立制作。除遇节日、喜事等情况外，在日常生活中村民已经很少有人穿民族服装，而终日穿着民族服装的都是60岁以上的老妇人，但也不超过10人。尽管如此，每一个达腊人都保持一套或几套民族服饰。小孩出生后，家中老人都要给刚出生的孩子亲手缝制或找亲戚朋友帮助缝制1~2套民族服装，等待孩子长到十四五岁参加民族传统节日时穿戴。方阿姨说，现在屯里的年轻人都不再重视学习织绣了，多年以后这项民族技艺或许会在年轻一辈失传。

方阿姨，今年55岁，高中毕业后跟朋友学做民族服装。自懂事起，她就和大人学习针织绣花，1973年高中毕业跟朋友学会了织绣技术。她擅长绣各种图案，是达腊彝族绣花、制衣的能手。1982年，新疆来的游客到达腊屯看跳公节，买了一套彝族服装带回新疆。方阿姨看到了彝族传统服饰的商机，从此一有空闲就缝制民族服饰，节日时设点摆售。制作一套民族服饰，从织布到图案刺绣，大约需2个月的时间。方阿姨一年内最多也只能卖出2套成品，一套服饰价钱约700元人民币。2011年，方阿姨为某单位赶制了11套彝族服饰，非常辛苦。2008年以来，越来越多的达腊妇女重新拾回纺纱织布制作民族服饰的技艺，大部分家庭还购买了传统的织布机（见图3－4）。

三　制靛染布

彝族村民制作民族服饰，都需要蓝靛染布。蓝靛染布工序繁多复杂，大致如下：先把蓝靛草放在蓝靛池（缸）里浸泡3~4天，让蓝靛枝叶充分腐烂；清除池中还未腐化

图 3－4　织布机

的叶渣，将调配好的石灰水倒入浸泡蓝靛草的靛池；工人立即用木齿耙或相似的工具打靛（即不停地搅动蓝靛水）1～2个小时，让蓝靛水与石灰充分融合，水面出现紫红的泡沫；约12个小时沉淀过后，把靛池中的上层清水清除，再把靛池中的腐化靛装进木桶、缸中沉淀形成染料靛泥。染料靛泥制作完成后，根据需要加上水、少量的白酒等制成染布的蓝靛水，最后将白布反复浸泡在蓝靛水里染制，晒干后叠放在专用的平滑的石头上，用专用的木槌捶平抛光，此后就可以制作出裁剪衣服的布料。20世纪80年代以前，达腊妇女基本上是自己制作蓝靛。达腊屯制作的蓝靛品种色彩不多，如今大家一般还是到云南的坡弓、那随等地购买。蓝靛除用于制作传统服饰外，现在也成为达腊屯民俗表演的一个节目。

四　酿酒

达腊屯彝族村民多喜欢喝酒，不管是节日、红白事还是平日劳动回到家里都喜欢喝点自家酿的酒水。达腊彝族村民自酿的酒水品种较多，有米酒、玉米酒、红薯酒、木薯酒、芭蕉芋酒等。当地人的酿酒技术十分娴熟，各家都有一整套酿酒工具，酒量大的家庭每个月需酿 2～3 次酒。达腊彝族村民流行喝玉米酒，其酿制过程大体如下：先把玉米碾碎后煮熟，将其放到竹垫上晾干；待玉米渣凉了，村民掺入适量酒饼搅拌均匀，然后放入大缸内封存；待 15 天以后酒缸散发出香醇味，就可以蒸馏取酒了（见图 3－5）。蒸熬一锅酒一般需用 15 斤玉米，每锅出酒约 12 斤。玉米酒外观呈黄色，澄清透明，酒味醇香，味道甘甜，酒的度数在 30 度上下。如今的达腊村民，多用“土茅台”玉米酒招待游客。有些游客也购买玉米酒带回家，邀请亲朋好友一起品尝。

图 3－5　彝族村民在蒸玉米酒

五　农家旅馆

自2007年起，达腊屯每年都举办跳公节活动，越来越多的学者、游客慕名前来研究和游玩。但由于自然条件的先天不足（如缺水）、村屯交通卫生的落后，迄今为止达腊屯仍然没有农家旅馆。一些学者或游客很希望在达腊屯过夜，在享受质朴的自然田园风光的同时，亲自体验彝族农户的生活。也有各方面条件相对好的家庭，曾接待过游客过夜，从游客口中得知山外世界的一些情况。2012年8月，那坡县政协提案办主任、达腊人黎日东执笔，以那坡县民政局名义上报百色市政府《认真贯彻落实民族政策，促进彝族经济社会发展》，就达腊屯的交通、居民饮用水、景点增设、旅馆筹建等问题提出了解决思路。

第四节　商业经济

达腊屯所在地道路崎岖，雨季多有坍塌。百都公路通车前，达腊屯村民日常用品都是步行到县城购买，非常不便。随着经济好转，1997年5月，达腊村民梁国芬老人在儿子的帮助下，在达腊小学后墙旁、宗祖庙堂前搭建了约10平方米的小木屋，开设了达腊屯第一家小卖部。梁国芬老人当时已60多岁，也有儿子分别在那坡县城、南宁市当干部做生意。他也曾到过百色、南宁和儿子共同生活，但不习惯，遂回到达腊屯。老人习惯了做工，闲不住，儿子们就帮助他开设了小卖部。之所以选择小学附近，是因为这里学生较多。因为达腊村民家庭日常生活的酒、油，基本能自酿自产。梁国芬老人商店里，除出售啤酒、洗衣粉、肥皂、盐等物品外，陈列摆卖的多数是零食。据梁国芬老人说，他经营小卖部，平均每月收入有300元左右，但寒暑假期间的收入相对少些。到2009年底，达腊屯共有小卖部4家。2010年11月，梁国芬老人去世，他经营的小卖部也随之关闭。截至2013年1月，其他3家的小卖部仍在经营。

此外，夏季农忙时节，白天偶尔会听到汉族商贩在达腊屯中走村串户叫卖猪肉或豆腐的吆喝声（见图3-6）。

图3-6　走村串户外来卖猪肉的小伙子

第四章　婚姻与家庭

达腊村彝族婚姻过去习惯实行族内婚，重舅权，重女方亲戚，流行入赘婚。到了21世纪，传统的达腊村彝族婚姻有些仍在延续，但更多的已经发生了变化。

第一节　婚姻

一　姑舅表婚

在达腊村彝族中，一个人生命周期中第一个改变人生轨迹的就是婚姻。当地人没有举行成年礼的习俗，婚姻被视为一个人成年的标志。

曾经，达腊彝族有姑舅表婚的习俗，即舅家生的女儿优先与姑家的儿子结婚。舅家的女儿出生后，姑家立即送上亲手织的尿布给婴儿使用。舅妈生下女儿后的第一餐吃的是姑家送来的鸡。第三天，姑妈送去一套黄色的小衣服表示订亲，表示以后舅家的女儿就是姑家的媳妇。从此以后，姑家逢年过节需拿猪肉一挂（2～3斤）到舅家，每年的四月初十还要送2斤糖。若姑家日后因其他原因提出退婚，只需通知女方即可，舅家无须退还姑家之前送的礼物；若由女方提出退婚，则需把姑家之前送的礼折成现金归还。

若家中仍完好地保留着姑家送来的礼物，则要直接退回。退婚后，双方的男婚女嫁各不相干。达腊屯朗头[1]梁卫星介绍道：如果某人家中有祖辈是另一家的姑父，那么这个家的某个男孩需娶对方家一个女儿。不难看出，达腊彝族的姑舅表婚可以在上下代之间延续，彝族通过这种婚姻方式不断维系巩固亲属关系，提防双方关系的疏远。达腊屯朗头王月光的婚姻是姑舅表婚（见图4－1）。不过，类似王月光姑舅表婚的传统习俗，在20世纪60年代以后出生的人中就少见了。出生于达腊屯的梁卫星，年少时父母也曾为他定下了舅家的女儿婚约，但后来他并没有和舅家女儿结婚。

案例4－1　王月光婚姻

王月光，1956年12月出生，彝族，现任达腊屯村民小组一组组长。他说小的时候，父母从家里拿了一套黄色的小衣服送给舅家，为他个人提亲订婚。后来，他们两个年轻人就遵从老人们定下的婚约结婚了。

图4－1　王月光夫妇

① 朗头，又称“邦朗”，是达腊屯民族事务活动的主要执行者。

案例 4－2　梁卫星婚事

梁卫星生于 1967 年，高中毕业，彝族。梁卫星有四个兄弟，兄弟年少时，父母都为他们订了亲，其中梁卫星的未婚妻就是他舅舅的女儿。梁卫星的舅舅也是达腊屯的人，定亲时，梁卫星的父母给舅舅家送去了亲手织好的尿布，随后过年过节时都送猪肉和糖等作为礼物。小学毕业后，梁卫星到县城读初中，之后又读了高中。由于梁卫星长时间在外，舅舅家认为女儿已经到了结婚的年龄，但男方还在读书，于是就提出解除婚约。退婚的时候，舅舅家退回了 60 块钱，两家的关系似乎也因此受了影响。以后的日子里，两家的来往不如以前频繁，有时候舅舅酒后还会说是梁卫星几兄弟看不起他们家了，所以就没结成亲家。梁卫星和妻子是自由恋爱结婚的，女儿正在读高中。在访谈过程中，我们问梁卫星是否愿意为女儿定亲，梁回答说愿意，但前提是对方的文化程度要和女儿相当，否则就没得商量。

二　入赘

达腊村彝族盛行“有子送终”，一些没有儿子的家庭会觉得低人一等，于是要为女儿举行入赘婚，让女婿为自己送终，这是传统彝族入赘婚在延续。在达腊，入赘现象并不少见。多女户的家庭因没有儿子送终，因此习惯为女儿招婿入赘，其余女儿按正常出嫁；一些有儿有女的家庭，因儿子年龄尚小，父母也要为女儿招婿入赘，帮忙打理家中事务。还有，一家之中只允许有一个男子当家即可，若大女婿无法承担这一责任，那么父母就会再招婿顶替，而

大女儿夫妻则要独立门户去生活，但这样的情况极少发生。

愿意入赘的男性，多因其家中兄弟太多，父母无法为每个儿子盖房娶妻；也有一些人是因为中意女方家庭、与女方感情深厚而自愿入赘。按照当地的风俗，入赘婚礼的程序十分简单，男子只需带上肉和酒到女子家中吃一顿饭就算是结婚了，而女方不需给男方家任何彩礼，所生子女随夫姓。入赘的家庭并无规定要由妻子掌握家中大权，而是根据各自家庭的实际情况和夫妻双方的性格而定。入赘婚的家庭，在女方父母未过世时，家中摆放女方家的祖先牌位；一旦女方父母过世，则可供奉男方家的祖先。

案例 4－3　上门女婿

王大叔今年 58 岁，育有 4 个女儿，两个女儿已经结婚，其余两女在外务工，未婚。由于家中没有儿子，王大叔为大女儿举行了入赘婚，二女儿正常嫁到本屯另一户人家。大女婿是本屯人，父亲去世早，家里共有兄弟姐妹 6 人，全由母亲一人抚养长大。大女儿和女婿是自由恋爱，入赘前征求双方长辈的意见，双方家长同意后举行婚礼。结婚那天，女婿按照习俗从家里带几斤肉和几斤酒过来吃了一餐饭，算是成亲。如今大女儿夫妻感情一般，偶尔会发生争吵。王大叔觉得这些都是年轻夫妻间的事了，老人不应干涉。如今，家里已由年轻夫妻当家，若遇重要事情，王大叔与妻子只是给建议，但决定权在孩子的手中。

梁国芬今年 75 岁，育有 6 个女儿，老人为大女儿与三女儿举办了入赘婚。大女婿是外地人，家里有姐、弟、妹各一个，由于家庭原因自愿上门。大女儿夫妻都在那坡县城上班，平常很少有时间回家照顾父母和料理农活，于是老人又为三女儿举行了入赘婚。三女婿是达腊屯人，与老人家是邻居，家有兄弟姐妹10人，其中兄弟6人，三女婿排行老大。由于家中儿子太多，三女婿的父亲到梁国芬家提出让老大入赘的想法。梁国芬夫妻见老大干活老实、人品也好，不抽烟、少喝酒，于是就同意了这门亲事。老人们决定了，并取得年轻人的同意后，就算定下了这门亲事。男方家庭还送来120斤肉、120斤酒和120斤米用于举办婚事，还给了200元的礼金，但梁国芬老人没要。女婿过来时，带了家里分得的3分田和3分地，其余财产物资都没要。如今，在梁国芬老人家，家中事务主要由三女儿夫妻商量，最后由女方做主，二老只是给予建议，一般不决定。现在三女儿夫妻感情很好，不吵不闹。逢年过节时，大女儿夫妻都会回来一起过。由于与三女婿父母家是邻居，因此过年过节时也会喊亲家一起来吃饭，两家农忙季节或者办喜事时都互相帮忙。

三　通婚圈

历史上，达腊彝族极少与外族通婚。达腊彝族村民的姻亲地域不会超出达腊村，年轻人多在本屯内部联姻，屯外联姻也多是与同属达腊村彝族的念毕屯。无论是嫁入或婚出，达腊彝族通婚的范围都十分狭小，且通婚的对象主要是彝族人。究其原因，一是达腊彝族生活于大山深处，交通不便，难有机会与外族接触；二是固守自己的风俗习惯。达腊屯与壮族的天保屯山水相连、地域相邻，但也只是维持友好关系，难以进展深入沟通。据达腊完小退休校长梁毅说：“从前达腊屯彝族曾和天保壮族有过通婚，但具体时间已无法追溯了，属于老辈又老辈的事情了。”不过，有些达腊老人说：“解放初期土改将达腊屯家庭划分为雇农、贫农、中农和富农等几个等级，似乎增多了一道壕沟，实行改革开放前各个阶级之间很少出现通婚。”

时过境迁，随着交通的便利与青年人外出务工人数的增多，达腊屯逐渐打开了与外界交流的窗口，年轻人通婚范围也随之扩大。达腊彝族女子跨省、跨县外嫁，越来越多的达腊小伙子从外地娶回媳妇。其中从云南富宁县嫁过来的女子有4人。相邻的天保屯壮族的女子也有1人愿嫁到达腊来，彝壮两民族开始通婚。

案例4－4　外来媳妇

李阿姨是云南富宁县板伦乡龙阳村人，1996年与达腊屯黎姓彝族人结婚。1996年，达腊屯有村民做木材生意，去云南富宁县招搬木工，李阿姨就是这批搬木工中的一员。李阿姨还记得第一次到丈夫家，房子很小，是一间仅有一层的低矮木房。丈夫家的条件比较艰苦，因此两人结婚时都没设宴办酒席。婚后，夫妻二人一起外出打工赚钱，终于在2002年建起了现在居住的上下二层结构木房。趁着乔迁新房的时候，两人把结婚酒席也一并补上，亲戚朋友都来参加。

李阿姨是云南富宁县板伦乡木腊村人，1990年嫁入达腊彝族颜姓人家。1987年，颜大叔初中毕业后到云南富宁县的亲戚家帮忙做工（颜大叔父亲先后娶了两个老婆，均是云南富宁县人），随即认识了李阿姨。颜大叔说，1986～1992年达腊屯结婚的，很少有人办证登记，所以当时他也没有领取结婚证，后于1992年补办，婚礼是与大女儿的满月酒一起操办的。李阿姨说，娘家生活习惯与达腊彝族差不多，但达腊的生活条件比娘家好些。而且这里离娘家也很近，只需6元钱的车费，再走1个半小时路。如今逢年过节，夫妻俩都会带子女回娘家至少住上一个晚上再返回。

四　婚姻观念

在彝族过去的婚姻中，长辈定亲代办、干预包揽、舅爷定夺，对子女婚事影响较大，也给子女带来不快。而到了当代，达腊彝族人的婚姻观念已经改变，年轻人自由程度高了，老辈人的想法也在与时俱进。在访谈中，笔者曾问梁卫星是否愿意为女儿定亲，梁回答说愿意，但前提是对方的文化程度要和女儿相当，否则就没得商量。而王月光也并没有为自己的子女订婚。

案例4－5　子女的婚事

村医方卫东的儿子今年30岁了，3年前，方卫东曾为儿子寻找合适的对象，但儿子都不满意。渐渐地，父母也觉得儿子年龄大了，婚姻大事只能由其自己做决定，于是让儿子自己去挑对象。方卫东还有一个女儿，也到了谈婚论嫁的年龄。作为父母，他们明白达腊的生活条件比较艰苦，但仍希望女儿能够在村内找到合适的对象。一来女儿若有事情，父母可以随时帮忙；二来父母想念女儿时，她也能随时回家看望。不过，方卫东夫妇二人心里明白，婚姻的事情还是依年轻人自己的想法。

五　婚嫁礼俗

过去，达腊彝族流行姑舅表婚的习俗，达腊苏、鲁、颜、王、梁、黎、科、李、方、黄十姓氏之间几乎都有姻亲关系，但多是同屯异姓之间联婚，同姓结婚的非常少见，大概15年前有过1例。如今的达腊彝族年轻人，主要通过自由恋爱及媒人介绍两种方式寻找自己的伴侣。媒人介绍只是双方认识的一个途径，能否结亲成婚则要看双方之间的感情。不过，直到今天，达腊彝族村民有些传统的婚嫁习俗依旧得以延续。

（一）小礼

小礼指由媒人带几斤猪肉、10～20斤酒到女方家提亲。一般而言，女方父母通常不会爽快地答应婚事，他们多以“女儿年龄小、不懂事”之类的话作为推辞，而媒婆则以“娶回去了会好好对待、好好教”等话应对。双方经过讨论后，若女方父母同意亲事，就要和媒人喝酒。

（二）大礼

小礼送过后，男方家需在本年内送上大礼。大礼需要媒公媒婆共4人送去。这4人一般是男方的姑姑和姑父以及一对本姓夫妻。大礼包括一盘花菜、20斤酒、4包糯米（2斤/包）、1挂猪肉（2～3斤）以及自家织的布（够对方母亲做一件上衣）。随着时代的发展，大礼的数量有所增加。男方家带去的礼物有一盘花菜、一条狗、4包煮熟的糯米（2～4斤）、一块猪肉（4斤）、10斤酒、24掐自家织的布（手掌伸开手指最长度为一掐）；礼金由原来60～120元提到 1000～2000 元不等。到女方家后，媒公媒婆需向女方家所有到场的亲属敬酒，男性亲属由媒婆倒酒媒公双手递上，女性亲属则由媒公倒酒媒婆双手递上。女方亲属会故意说："我们家孩子还小，不会做工，不会做饭做菜，吃饭烫嘴巴了还哭。你们娶回去了可别见怪……"媒公媒婆要应对说："不用怕，到了家我们自己教，能进我们家门我们就非常高兴了。"媒公媒婆要尽量说好话。在女方家，媒公媒婆要用带去的食物自己动手做饭做菜，上桌后，要向女方亲属敬酒夹菜，这时候媒公媒婆通常被女方亲属灌酒。

送大礼这天，媒公媒婆还要与女方父母商讨结婚的日期、礼金数额以及需要置办的嫁妆。如今，女方家所置办的嫁妆有缝纫机、衣柜、木箱、床架、棉被（双铺）等，家境好的还会送女儿彩电、冰箱、碾米机等电器。若女儿嫁的地方不通电，父母还会在嫁妆中加上发电机。

（三）送嫁饭

婚礼前的三四天，女方请两名伴娘和男方家的一位妹妹，到所有亲戚家各吃一餐饭，称送嫁饭，以示对女方的敬重。每家亲戚在女方离开时，必须给每人送一包糯饭。

（四）婚礼

结婚当天，男方家需办酒席请亲戚朋友喝喜酒。过去接新娘时，男方要送去 40 斤酒、40 斤米以及 40 斤肉，如今已增至 120 斤酒、120 斤米、120 斤肉，家境好的会送 200 斤酒、200 斤肉、200 斤米，以及礼金。接亲的队伍除了新郎外，还有 4 位媒公媒婆、几个青年、本屯中最年长的女人和"八仙"随行。年长的女人走在迎亲队伍的最前面，

寓意新郎新娘的生活将像这位老人一样长寿。“八仙”是吹奏乐器的队伍，共有4人，其中2人吹“八仙”，2人吹大号。到了女方家，新郎新娘需在女方家神台前上香拜祖宗。二人双双跪在神台前，由腊摩向祖宗禀报今天的喜事。随后新郎新娘坐在神台前的桌子下方，舅舅坐上方。舅舅会送给新郎一张头帕，并帮其带上；给新娘一套首饰，包括耳环、银项链和金项链等，若经济条件富裕的，还会送电视和收音机等电器。舅舅送来的首饰如果有耳环、银链、金链会放在碗内，待新郎新娘喝完酒，站在旁边的七老（“七师”们的妻子）用牙齿鉴定首饰的真假后交由舅娘帮新娘戴上。舅娘帮新娘戴首饰的同时还会念一些吉祥的话，如：夫妻高过河罗天……，老少和乐多财旺（音译）。最后，舅娘还给新郎新娘各戴上一条红纱，过去是自家织的红布，或者邦在腰上或者挂起来，男左女右。

出门时，新娘穿着民族服装由哥哥从房间背至门口或楼梯，若迎亲队伍有马，则把新娘扶上马，没有马则走路。新娘由两个女孩（当地人称老同）送嫁。到了男方家，新娘直接进新房，由“老同”在房内陪同并伺候饭菜。

新娘到新郎家时，新郎家的主人、客人在桌旁等候，送亲队入席才能开宴。女方娘家要出席迎亲酒。岳父或岳母祝词：“姑娘已到你的家，祝你们白头到老。”

男方家的酒席之后，新人们并排坐在桌前接受舅舅、媒公媒婆和亲戚们的礼钱。新人要喝完碗里的酒，才能接受礼金。除了亲戚们的礼金外，送嫁来的“老同”也会得到少量的礼金。

（五）回门礼

婚礼的第二天晚上，新人需回女方家还礼。还礼的礼物有 2 斤肉、2 包糯米、4 ~ 5 斤酒，由媒公媒婆陪同前往。如今的礼品数量有所增长。回到女方家，新人要给家里的祖宗上香，告诉他们新人回来还礼。

（六）生育习俗

20 世纪 50 年代以前，达腊彝族人都是在自家生育孩子，由村屯民间接生婆接生，因此产妇、婴儿死亡的情况时有发生。产妇在整个月子里，要在火塘边席地而卧。火塘终日不灭，以防风湿。人民公社时期，政府在村里设立卫生所，规定禁止村医为产妇接生；实行计划生育政策后，政府还为孕妇定期体检、免费接生，极大地保障了妇女儿童安全。在达腊村彝族，妇女生育婴儿后还要进行一些传统的习俗。

1. 坐三朝

妇女产后的第三天称为“坐三朝”。这天，产妇家里需捉一条狗绑在家门口，请来腊摩在门口对着狗念经。经文的大意是夫妻结婚生孩子了，生男生女都一样，要好好抚养。腊摩念完经后便把狗放生。随后，家里杀一只鸡摆在神台上，再请腊摩念经禀告祖先家里添丁，并祈求祖先保佑。念经完毕后，家里要准备碗清水，放上柚子叶，意为保住婴儿的魂。仪式完成之后，产妇家庭开始吃饭。

坐三朝这天，产妇家需邀请舅舅和姑爷一起来，大家在饭后要一起给孩子取名。按照当地的习俗，男孩的名字由舅舅来取，女孩的名字则由姑爷取。名字取好后，家人给产妇端来一碗酒，告诉她孩子的名字。若母亲同意就喝一口酒，若不同意就不喝酒，大家再继续取名，直到母亲满意为止。前来吃饭的亲戚朋友会适当给新生的孩子一些礼金。

2. 满月酒

达腊屯的婴儿满月酒选择在满月的前后两天举办，彝族认为满月当天摆酒会让婴儿生病。满月这一天，亲戚朋友应邀前来吃饭祝贺，并送上婴幼儿用品作为礼物，表示美好的祝愿（见图 4－2）。孩子的外公外婆一般送来背带、4 包糯米、4～5 斤酒，主家则以一只猪脚、2 包糯米、2 斤酒作为回礼。

图 4－2　达腊彝族人家的满月酒

3. 一周岁生日

在达腊屯，孩子的周岁生日也会隆重庆祝。家里准备一只熟鸡、4 个酒杯、4 双筷子、五色糯米、花菜、红鸡蛋在神台拜祭祖先，并请来腊摩念经。随后邀请亲戚朋友前来家中吃饭。酒席途中，大家给孩子一些零用钱买小零食和笔墨。

第二节　家庭

达腊的彝族村民，家庭观念极为浓厚，极少有离婚家庭。当然，达腊屯也有离婚现象，多是男方造成，或者是丈夫长期在外地工作很少回家，也有的丈夫酗酒成瘾辱骂妻子，最后经过双方协议离婚。2007 年 7 月调查中，笔者随机询问了 25 位村民对离婚的态度，其中 19 位村民认为夫妻之间若没有感情，还是离婚好；3 位村民认为即使夫妻之间没有感情也不应该离婚；还有 3 位村民认为离婚是一件伤风败俗的事情。

一　家庭结构

家庭结构是指家庭成员的构成及其相互作用、相互影响的状态，以及由这种状态形成的相对稳定的联系模式。家庭结构包括两个基本方面：①家庭人口要素，家庭由多少人组成，家庭规模大小；②家庭模式要素，家庭成员之间怎样相互联系，以及因联系方式不同而形成的不同的家庭模式。2012 年，达腊屯家庭户数为 76 户，人口总数为 316 人。根据家庭的代际层次和与亲属的关系，我们把达腊屯家庭分为四类：①核心家庭，即由父母和未婚子女所组成的家庭，有 27 户，占总户数的 35.5%；②主干家庭，即由父母和一对已婚子女，比如由父、母、子、媳所组成的家庭，有 33 户，占总户数的 43.4%；③联合家庭，即由父母和两对或两对以上已婚子女所组成的家庭，或者是兄弟姐妹婚后不分家的家庭，有 4 户，占总户数的 5.3%；；④其他家庭有 12 户，占总户数的 15.8%，其中包括由母亲与未婚子女组成的不完整家庭有5户，家中只有祖、父、孙三人的家庭1户，未婚独身男子一人的家庭3户，离异男女的家庭3户。

案例4-6　达腊彝族家庭缩影

（1）方阿姨家中共有四口人。丈夫过去曾在达腊屯做木材生意，最近几年主要在那坡县城做生意，方阿姨平时做民族服装或民族饰品，节日时摆卖，也接受定做民族服装，因此家庭经济情况较好。家中有坡地3亩、八角30亩。住房是两层水泥房，建造时花了9万多元。家中有电视机、洗衣机、冰箱、消毒柜、手机、摩托车等物品，家具齐全。方阿姨大女儿现就读于广西师范大学，小儿子今年高中毕业。

（2）梁国芬老人是达腊彝族“七师”的首领，在集体化时期曾做过生产队干部。老人共有6个女儿，如今生活都不错。大女儿是入赘婚，如今夫妻二人都在那坡县城工作，大女婿在那坡交通局，大女儿在检察局；二女儿远嫁湖南；三女儿招上门女婿，现与梁国芬夫妇生活；四女儿外嫁，现夫妇在广西南宁做生意；五女儿外嫁，现在那坡烟厂工作；六女儿外嫁，现在那坡物资局工作。

老人家为典型的扩大家庭，家中有梁国芬夫妇、三女儿夫妇、大孙女、孙子共6口人。三女儿在2002年~2005年任达腊村妇女主任。家中大小事由三女儿夫妇商量，三女儿在家中较有决定权。家中的收入源于梁国芬老人经营的小卖部以及三女儿夫妻种粮食、经济作物，打工和做些小生意等。由于之前家里人口多，有旱田2.5亩、旱地2.5亩，村里修第一条路时，被征用后只剩7分田。后来经过自己开荒，现在家里有水田、旱田共2.1亩，旱地13.5亩，八角3亩，杉木4亩。原有茶油树两片，每年可得300多斤茶油，近两年修新路征用山地，现剩下茶油树2亩，玉米地、八角地都被征去不少，得到补偿费1.3万元。家中于2004年建了三层的水泥房，有电视机、冰箱、洗衣机、电话、手机。大孙女今年初中毕业，孙子在达腊完小就读。

（3）梁廷芳老人，早年曾在广州叶剑英部队培训学习。老人常说起这段经历，并引以为豪。解放初期在那坡下华乡当生产队干部，后来返回达腊屯照顾家庭。三年前由于身体原因从“七师”组织中退出来。老人的大儿子曾任那坡县民政局局长，现在外地工作；二儿子住在隔壁，务农；三儿子在百色当高中老师；四儿子现任那坡人大办公室副主任；五儿子梁卫星曾任达腊村团支书、治保主任；大女儿嫁在本屯方姓人家。如今，梁廷芳夫妻和儿子梁卫星同住，同时还有梁卫星残疾的姑姑一起，家中共有6口人。梁廷芳老人已经丧失了劳动能力，妻子今年82岁，主要负责家中农活，如锄地、种玉米、种菜等；哑姑即梁卫星姑姑，先天性聋哑，从小生活在家中没有出嫁，平日帮家中找猪草、喂猪；梁卫星患有癫痫病，极少外出打工，平日负责家中重活，如砍柴、收八角等；梁卫星妻子常年在外打工，是家中主要的经济来源；其女儿今年初中毕业，读书时获得嘉宝莉集团赞助，现由该企业老总资助在广东读高中。家有1.47亩旱田、1.47亩旱地、2亩八角，由于缺乏劳动力，旱田已给别人耕种。家中有电视机、冰箱（梁卫星四哥家送的旧冰箱）、电话等。

（4）季阿姨是云南省富宁县人，1996年嫁入达腊。丈夫有5个兄弟姐妹，前3个均为大妈所生（丈夫父亲娶过两个老婆），还有一个姐姐、一个弟弟。小妈生了两个小孩，

大孩子自1997年外出打工没有回来过，也没有任何音讯；小孩子自从父亲过世后跟随母亲改嫁回云南。现在家中有季阿姨夫妇、儿子及三弟夫妇与他们的儿子，共6口人。三弟夫妻带着儿子常年在外打工，春节才回来一次。两兄弟尚未分家，家里住房是季阿姨夫妇婚后打工赚钱盖起的二层结构木房，现在季阿姨丈夫与三弟夫妇外出打工，计划盖起水泥房后分家。家有旱田、旱地、坡地各1亩。家中有电视机、DVD机、烘干机、电话等。

（5）苏阿姨丈夫几年前去世，现在家中共3口人，大儿子今年17岁，现在湖南打工，小女儿12岁，现在达腊完小上六年级。家里有7分旱田、8分旱地，4亩坡地、6分茶油地，八角树60棵。家中经济收入主要是靠种田，大儿子刚外出打工。亲戚主要是农忙季节帮忙。由于丈夫过世早，家里有什么重大事情，苏阿姨多是找娘家人帮忙。苏阿姨说，以前丈夫在世时，换届选举时村委都会送选票到家里，丈夫过世后就没有参加过村干部选举。

（6）梁绍安，2010年生，达腊彝族上一任腊摩。大女儿与小女儿已出嫁，二儿子与三儿子已分家。梁绍安现在与二儿子一起生活，还有一个孙子，共3人，儿媳生下孩子后离家出走。家中经济收入主要来源于梁绍安做腊摩的微薄收入以及儿子种田卖粮食、打短工等。

二　家庭关系

家庭关系是指基于婚姻、血缘或法律拟制而形成的一定范围的亲属之间的权利和义务关系。家庭关系依据主体为标准可以分为夫妻关系、亲子关系和其他家庭成员之间的关系。传统的彝族婚姻中倚重舅权、偏重女方亲戚。2007 年调查中，我们分别从夫妻、亲子、婆媳关系的角度理解达腊彝族的家庭关系。在 34 名村名访谈（见图 4－3）中，有 16 人回答夫妻关系很和睦，11 人回答比较和睦，7 人回答夫妻关系还可以，偶有争吵；有 10 人回答家中父子关系很融洽，有说有笑，15 人回答家中父子关系比较和睦，9 人回答家中父子关系一般——有事商量、没事少说话。

婆媳关系对家庭和谐有重要影响，由于彝族成婚后兄弟多分家，婆媳共同成为一个家庭的不到户口总数的一半。在婆媳关系上，34 名村民中回答婆媳关系很融洽、有说有笑的有 8 人；回答比较和谐的有 14 人；认为婆媳关系一般的有 6 人；回答说存在矛盾、有争吵的有 6 人。

图 4－3　钟柳群在问卷调查

三　分家与养老

（一）分家

婚后分家的现象在达腊屯较为普遍。在访谈的34名村民中，有31人认为“大家庭难管理，经济账不好算”。当地村民普遍认为兄弟多，成家后家庭关系也随之增多，其中之一如处理不好，兄弟感情就受到伤害，分家是解决家庭矛盾的最好方法之一。结婚的儿子一旦有了孩子，父母都会主动提出分家，家中的财产和田地由父母做主与众兄弟平分，父母所得的田地将并入他们跟随的儿子家庭。家中的老房子或留给老大居住，或留给小儿子居住，排行中间的儿子一般另建新房。在达腊，分家后的兄弟之间的关系一般都维持得较好，彼此没有因为分家问题而相互仇视。调查期间，我们也注意到达腊屯分家的一个现象：20世纪70年代初以前出生的婚后村民，几乎都与兄弟分家；而70年代末出生的村民中，多数人常年在外务工，自己的孩子留给父母照看而没有分家，这是扩大家庭在达腊屯占有相当分量的原因。

与此同时，在达腊屯，婆媳关系并不是分家的主要原因，调查的34名村民中只有3人说分家是婆媳问题引起的。

（二）养老

一般来说，老年人养老应该随老人的意愿。达腊彝族的旧习中并没有明文规定说父母老了必须由哪个儿子负责养老，但长期以来的行为习惯似乎已成为一个潜在的养老原则。彝族分家时，家中的老房子留给老大或老幺，父母似乎“故土难离”跟随居住在老房里的儿子生活，父母很少选择和排行中间的儿子一起生活。

实行计划生育后，彝族夫妻只能生育两胎。对于自己的老年生活，这些新生代的中青年父母又有着自己的想法。纯女户的家庭多希望能够与女儿一起生活养老；纯男户的家庭希望由儿子轮流照顾；只生育有一个儿子的家庭觉得应该要与儿子一起生活。也有个别村民认为自己一个人能养老，实在不行就到村敬老院去。

2010 年底，那坡县政府在达腊屯建成了“城厢镇达腊口角联合敬老院”（见图 4 -4），这是一栋上下各 12 间房的二层楼房，2011 年 1 月开始接受来自达腊村、口角村的孤寡残障老人。目前该院入住有 5 人，其中女性 1 人，74 岁，彝族，也是入住敬老院中年龄最大者；而年龄最小的是 46 岁。5 人中，汉族 2 人、壮族 2 人、彝族 1 人。2013 年 1 月 26 日，通过入住敬老院的潘昌文老人的介绍，笔者知晓了敬老院的一些状况。

> 我是 1954 年 8 月 8 日出生的，规从屯人，汉族，低视力，属二级残障，一直未婚独身。我 2011 年元旦那天到这里来，政府免费提供给我们这些老人睡觉所需的被子、蚊帐和洗漱提桶，不收我们水电费，没有什么专门的管理人员。如果生病，就电话请来老家亲戚送去县城医院，我们看病的钱自己出，政府也没有给我们。平时我们吃饭，都是由靠近我们敬老院的梁国洪家负责，政府每月给每人 300 元，一日三餐，伙食费每天 10 元，梁家人任由我们吃。现在政府管我们这些人，好喔，要不我们的生活难以安排。我希望政府

再管管我们这些人的生病医疗问题，如果能这样我会更加满意。再有，入住都快两年了，我们敬老院门前空地一直没有铺上水泥，凸凹不平，这事政府干嘛就不管管呢？一到雨天，我们出门就困难了，晚上也不敢出门走走。我是汉族，这里是彝族，我只能听懂一些彝话，讲不顺，也怕他们笑，所以我平时都是在敬老院附近走走，或者坐在楼道看看来往车辆行人，很少到他们家串门，尽管他们也有人邀请我去。

图 4－4　城厢镇达腊口角联合敬老院

四　劳动分工

彝族是个勤劳的民族，无论男女老幼，只要能出工，都会下地劳动。人民公社时期，天一亮，男男女女就下地劳动，约 10 点回来吃早饭，稍作休息又出工。下午 3 点回来吃午饭或把午饭带到田地里去继续劳动，直到天黑才收工回家，晚上 9 点左右才吃晚饭。在分工上，男女还是有区别的。

（一）劳动分工

1949 年前，达腊屯的妇女不会犁田、耙地，男人不会拔秧、插秧，因此男女在耕作与家务劳动中分工明显。种水稻时，男的负责犁田、耙地，女的负责拔秧、插秧；玉米下种时，男的开行，女的下种、施肥。1949 年后，尤其是合作化以后，旧的分工习惯有了改变，男人开始学插秧，女人学犁田、耙地。20 世纪 80 年代以来，屯中男女之间仍存在分工，男人负责犁田、耙地、铲地、玉米开行、背谷桶等较重的农活；妇女则做些稍轻松的活，如放肥下种、拔秧、锄田头地边草、织布等。这些分工不是绝对的，若男人开完行也会帮助妇女下种、施肥；在收稻谷时男人也可以割禾，妇女也能打谷子。在家中，老人与小孩会主动做些力所能及的事，如老人割猪草、喂猪、带小孩、做饭等，小孩则割猪草或放牛等。但夫妻家庭内分工在彝族非常明显，早晚厨房内忙碌的都是主妇，露台上洗衣服的也是女性。

例　王秀明[①]忙碌的一天（2009 年 6 月 23 日）

5：30	煮早餐	6：40	剩饭喂狗
6：00	刀切猪菜	7：00	喂猪
6：20	清洗猪槽	7：20	早餐
6：30	打扫院子	7：40	洗碗

① 腊摩梁廷支妻子。

7：50	出门帮工	18：30	煮猪食、喂鸡鸭
11：10	摘菜回家	18：40	剥洗瓜苗
11：20	喝稀饭	18：55	喂猪
11：35	洗衣服	19：10	烧菜
12：10	出门帮工	19：55	围桌晚饭
16：20	挑回薯藤	20：40	烧水
16：25	喝稀饭	21：10	指导孙女洗漱
16：40	水洗猪圈	21：30	坐回餐桌喝酒
16：55	水冲厕所	21：45	照看孙女睡觉
17：15	出门	22：15	收拾餐桌洗碗
17：40	买回豆腐	22：40	洗澡
17：50	采摘瓜苗	23：05	看电视
18：10	生火晚饭	23：20	睡觉
18：20	劈柴火		

达腊屯田地少，收入来源少，外出务工渐渐成为村民提高家庭收入的主要途径。如今，随着外出务工的人越来越多，达腊屯又出现了一种新式的分工。若说旧式分工的范围以田地事宜为主，那么新式分工的范围则以家庭为主，可被称为内外分工，即一个家庭内夫妻两人一人外出打工赚钱，一人留在家里做农活以及照顾老人与小孩。至于夫妻二人谁外出打工，谁留家里，则由各个家庭具体情况决定，多是男性外出打工，女性留家里照顾家庭。夫妻一方外出务工，留在家中的另一方自然担起全部的农活，于是旧式的分工渐渐被取代。在那坡县城务工的村民，在农忙季节也会回家帮工，尽可能减轻家中的负担。

案例 4-7　梁卫星夫妻分工

我老婆常年在外打工，也只能如此，我父母年纪太大了，都 80 多岁了，我哥他们在县城工作，按时上下班，他们也没有空。我原来在村委工作，就是因为家里老人需要照顾。我也很愧疚老婆在外打工，很辛苦的，但又有什么办法？女儿在广东读书，虽说有企业资助，但我们作为父母就得给她零用钱尽到做父母的责任啊。再说两个老人偶尔打针吃药也得用钱。我原来是说要出去打工的，但老婆觉得万一老人有什么万一，她就不好方便护理咯，而且也没有足够力气扶持老人家。我们现在联系只能靠手机，但她经常加班，有时也没有说上几句话，唉……

（二）帮工

每当农忙季节，因为工多或劳动力不足，达腊彝族村民都有相互帮工的习惯。这种帮工分为两种：一种是重体力活，如收玉米、稻谷或是建房，由于前来帮助的人需付出较多的体力，主家会相应地在招待的饭菜上提高档次，并且在帮工的当晚和次日早上都要请客吃饭；另一种是轻体力活，如种黄豆、剥玉米粒、晒稻谷等，只需要在帮工当晚请客一次就可以了。前者多为男性，后者多是女性。

五　舅权

舅权，即舅父权。舅父，也称舅舅、舅公、舅翁，是母系家族中的兄弟辈人，亲族中称“娘家门上的人”，是娘家的全权代表。在达腊彝族，舅公在家族事务中有着举足轻重的地位，在亲族间的红事白事抑或家产评断，都少不

了舅公的身影。在达腊屯，舅公的权威体现在以下四个方面。

第一，彝族姑舅表婚，姑家的儿子需娶舅家的女儿。舅舅一夜之间成为自己外甥的岳父，舅舅权力得到提高，地位更加稳固。

第二，每逢春节、三月三、跳公节、七月十七等重大节日，外甥必须送肉或民族传统食品（菜花）等到舅家。定下姑舅表婚后，姑家自当年起每年需往舅家送礼。

第三，姑家女儿外嫁时，舅舅的意见非常重要。男方家送来小礼和大礼时，一定请舅舅前来吃饭。结婚当天，舅舅给姑家女儿送礼金是整个婚礼的重头戏。婚宴上排席，舅须坐大位；鸣炮开席时，要待舅舅举箸，他人才能动筷。

第四，舅舅在丧葬仪式中还是一个不可或缺的重要角色。达腊彝族村民认为如果没有舅舅送死者，亡魂是不会去阳州的。丧歌唱到夜深舅舅就开始打酒，这时候全家都要下跪并痛哭，向舅舅讨钱财。原因是死者生前所经历的大事都离不开舅舅，结婚、起房都曾向舅舅讨过酒、讨过钱。今日人已死，请舅舅打丧酒，也是最后一次向舅舅讨钱，一过丧日就不能再讨钱了。若没有舅舅则要请堂舅过来举行上述仪式。

第三节　亲属关系

一　亲属关系

历史上，彝族盛行姑舅表婚，一向优先族内婚、同质婚。由于地处大山深处，经过历代通婚结姻亲，达腊屯中的10个姓氏之间，彼此都拥有或远或近的亲属关系。

在达腊屯的宗族庙堂，案台上祭奉着苏、鲁、颜、王、梁、黎、科、李、方、黄10个姓氏的高祖。达腊村完小退休校长梁毅说："达腊屯的土地是由科、梁、王、黎四家先辈开辟的，他们每到一个地方就插旗占地，向外人表明这是属于他们的地盘。任何人如果要在旗帜范围内耕种，必须征得4个家族的同意才行。达腊屯的其余姓氏是他们4个家族祖辈先后招来为其耕种土地的，包括隔壁壮族人的天保屯，他们先辈两三代前就是达腊四大姓氏从德保县招来耕种田地的。"

案例4－8　方卫东家的亲属关系

村医方卫东这一代人与村中各个姓氏（除李、颜以外）都有亲戚关系。

梁姓：妹妹及女儿嫁入梁姓不同家户。

黎姓：上一代家中有女性亲属为黎姓。

王姓：上一代家中有女性亲属为王姓。

苏姓：妻子姓苏，是姑舅关系。

黄姓：也是姑舅关系。

科姓：同堂、同祖宗，妻子姐姐嫁入科姓。

鲁姓：儿媳姓鲁。

二　亲属称谓

达腊彝族的亲属称谓较为简单，与汉族侧重父系系统，而母系亲属关系疏远的情况差别较大。以下是达腊彝族祖辈、父辈、我辈三代的亲属称谓。

爷爷、外公、姑丈：[pou]

奶奶、外婆、姑妈：[pai]

爸爸：[pa]

妈妈：[ma]

伯父、姨父：[to]

伯母、姨妈：[nou]

叔叔、小姨丈：[vaη]

婶婶、小姨：[jaη]

舅舅：[pakaη]

舅妈：[makaη]

哥哥、姐姐、姐夫：[vei]

嫂嫂：[me]

弟媳：[jaη]（同婶婶）

弟弟、妹妹、妹夫：[ηe]

堂/表兄、姐：[vei]（同哥哥、姐姐）

堂/表弟、妹：[ηe]（同弟弟、妹妹）

儿子、儿媳、女儿、女婿：[a]

侄儿、侄女：一般喊家里给起的小名

第五章　民族与宗教

达腊全村有10个自然屯共1570人，主要有汉、壮、彝3个民族，各民族居住区域有间隔，各民族仍然保留着自己特有的风俗习惯，彼此和睦相处。

第一节　民族

一　来源

据《那坡县志》记载，汉朝时期，彝族系孟获部落，由滇黔随军征战而流散至此。8～10世纪，今云南巍山一带，出现了由红彝统治的政权，建于南诏，并受唐朝封为云南王。彼时，其不仅统一了云南，还扩展到四川、贵州和广西的部分地区。白彝是被统治的阶层，因不堪忍受红彝的奴役，于唐朝后期陆续外逃，有的逃到云南东部的广南、富宁及广西西林、隆林、那坡境内。逃到那坡的这部分，初时在感驮岩洞居住。在宋皇祐年间（1049～1054）建立镇安峒前，已迁到达腊、念毕、者祥等地，一直到今天。[①] 那坡彝族民间流传着关于本民族来源的民间传说。那

① 广西那坡县志编纂委员会编《那坡县志》，广西人民出版社，2002，第102页。

坡的彝族祖先是从云南迁来的，之所以迁到达腊等高山地区，是因为受战乱逼迫，而当地的壮族已占据了平地，彝族唯有迁往高山地区。在那坡县和云南等地的白彝中间还流传着《铜鼓歌》，其中对于民族的迁徙有一番描述。歌词道：“……彝家先辈人，居住在昆仑……祖辈养牛马……游牧度光阴……相互间争夺，四处去奔波……来到雪山下，争地斗你我……来到邛海边（四川凉山），又会孟获公，只因大火灾，来到滇池旁，又因争地皮，四处去逃散……来到大箐里，饥饿实难挨……来到都梦寨（云南境内），三年又搬迁，越岭到代讨（云南广南），客族遭歧视，免侵离家园，进入到交趾（越南），异族来驱赶，无奈分路逃；一路到桂西，一路转回去……”[①] 广西百色起义纪念馆的梁玉珍认为，《铜鼓歌》中关于那坡彝族从云南迁来的内容是可信的，尤其最后四句分别指的是那坡白彝、红彝和西林、隆林的黑彝和四川凉山的彝族。可惜的是，《铜鼓歌》中并未唱出彝族迁徙的具体年代。

在达腊屯，彝族村民对于自己的来源也有两种说法。[②]

第一种说法源于当地的彝族老人黎光明。老人说当地彝族祖先是从云南普天出发，经过普梅、拉杆、拉常、拉文、上野、下野、郎恒、马拔、镇安府，最后到达腊定居。

第二种说法则由达腊彝族黄文和老人提供。老人说达腊的彝族祖先是从四川、贵州那边迁过来的。他们由四川出发，经过贵州，过云南富宁，然后从板仑、龙迈、龙洋、

---

① 梁玉珍：《广西那坡彝族源流及民俗考察》，《广西民族研究》2002年第2期。

② 广西壮族自治区编辑组：《广西彝族，仡佬族，水族社会历史调查》，广西民族出版社，1987，第13页。

木腊、念引、者祥、达腊、念毕、百都、坡报，这样一路分散下去。

按照广西师范大学王光荣教授（彝族，达腊屯人）的说法，那坡县白彝、红彝，其先祖曾在四川的邛都（今大凉山地区西昌一带）、贵州的乌蒙和云南的滇南等地区繁衍生息，后来陆续向各地迁徙。在迁徙的路线、原因和进入广西的时间（朝代）上，有可能是：①三国蜀汉时期的孟获（彝族首领）是云南的广南、富宁和广西的那坡一带彝族先祖，传说诸葛亮在今天云南大理州府所在地下关市擒拿孟获后，彝民从这里逃散往广西那坡和云南富宁、广南及腾冲等地的大山林里定居；②唐代有相当一部分彝族人，自红河中游（当时叫“步头”）一带向广西的那坡和隆林、西林等地迁徙。[①]

关于彝族先民如何历尽艰难，向南迁徙到如今的达腊屯，彝族《铜鼓歌》就有记载，节录如下[②]：

彝家先辈人，居住在昆仑。祖辈养牛马，游牧度光阴。
过了几代人，人群渐增多，翠绿草地上，你争我又夺。
阿谷的后裔，人少势力薄。争夺斗不过，四处去奔波。
大雪山脚下，居住三五代。部落又相斗，兵祸又到来。
一支彝家人，背上大铜鼓，辗转朝南来，来到滇池旁。
昔日亲骨肉，今日各一方。大唐那时代，战火又燃遍。
彝族遭排挤，人马分两边，进入交趾地，暂住一时期。
才过三年多，保乐下新旨，异族人客居，重金买地皮。

① 王光荣：《彝族何时始迁广西？》，《中南民族大学学报》（人文社会科学版）1986年第1期。

② 王光荣：《〈铜鼓歌〉的启示》，《民族艺术》1987年第1期。

彝家穷苦人，谁能买得起？彝家苦难多，个个泪汪汪。
夜看北斗星，转头向北方。一路朝北来，落脚驮岩边。
喝口清泉水，再议建家园。感驮岩四周，荒滩平地多。
开田栽青秧，辛勤来耕作。田肥禾苗壮，八月稻花香。
九月好收成，彝家唱欢歌。有年闷热天，大雨倾盆落。
平地遭水灾，处处涌浊波。逼得彝家人，搬迁上山坡。

二　民族结构

达腊全村有10个自然屯共1570人，居住汉、壮、彝3个民族，其中达腊、念毕两个屯主要是彝族，有150户，640人；规管、规从、那坤、田湾、田万5个屯主要是汉族，有159户，730人；天保、规磨、大坪三个屯主要是壮族，有48户，197人。

三　民族关系

达腊村10个自然屯居住着汉、壮、彝3个民族，历史上封建统治者实行阶级压迫歧视少数民族，造成民族之间相互猜疑和不信任，加上崇山峻岭的隔阻，达腊地区各民族之间少有联系。新中国成立后，中国共产党和人民政府主张民族团结、平等、互助，民族之间消除隔阂，相互友好往来。20世纪60年代中期兴建的田湾水库和反复修建的那坡县城至百都的公路，都是抽调达腊地区各民族民工合力奋斗的结果，凝聚着民族团结的情谊。在达腊完小就读的各年级小学生中，汉、壮、彝三个民族一直一起同桌学习，课余相互玩耍打闹，彼此和睦相处。

达腊屯与壮族天保屯山水相连，道路相通，相隔不过

300 米。据当地人说："天保屯壮族是彝族老祖们从德保县招工过来耕种田地的，德保壮族人刚到达腊时，壮、彝两个民族的房屋相靠，也记不得是什么时候有壮族房屋发生了火灾，他们重建房屋时才搬到我们达腊屯现在隔壁山边的天保。与彝族的房子间的距离变远了，但壮族筹建房屋时我们彝族先辈都帮工支助。"直到今天，达腊彝族屯和天保壮族屯的田地相邻交叉，区域划分并不是以民族成分来界定。2007 年以前，当跳公节只是达腊屯彝族自筹自办时，每年天保壮族都会捐款集资，每户出 5 块钱、2 斤大米前来观看活动。平时，彝族、壮族在路上相遇，彼此也会相互招呼，甚至闲聊。不过，达腊彝族极少与其他民族通婚，包括与相近的天保屯壮族人。"没有姻亲关系作为桥梁，或许就是达腊彝族与壮族之间往来较为平淡的原因？"①

在达腊，一直以来村民之间都有帮工的习惯。每逢农忙时节，村民便以家庭为单位自由组合起来相互帮工。这类帮忙不需要钱财报酬，主家只需在劳动当晚为大家准备伙食即可，少数富裕的农户还会备上好酒好菜。近年来外出务工增多，留守家里的劳动力短缺，彝族、壮族之间都会相互帮工。2005 年，达腊彝族小伙子娶回了天保壮族姑娘，他们是外出打工时相恋的。

传说，达腊村彝族和云南省富宁县彝族有共同祖先，一直以来两地彝民保持着密切联系，一直保持有婚姻牵线，也一直有女性嫁到对方村屯。无论红事白事，还是过年过节，抑或帮工支助，只要对方招呼一声即可。

---

① 来自达腊小学原校长梁毅访谈。

案例5－1　云南亲戚鲁保贵（2012年12月24日）

我是第一次看到大学教授，那么冷的天你还跑到这里山沟沟来。你问我从哪里来，告诉你我从云南富宁那边过来，坐摩托车过来的，差不多3小时吧。我爸小时候是这里长大的，前几天我还在广东做工呢，我爸电话说这里有亲戚搬入新房，我就请假过来咯。我们一共过来十几个人，门外正在烤火的多数是我们那边过来的，看来今晚是没有地方睡觉了。不过，现在都已经是半夜了，哦，还真是差不多1点钟了，我们等会还有2个仪式，那些师公唱喃差不多了。你问我听得懂是吗？不是很懂，但知道大概还要做什么程序，这跟我们那边差不多，我们搬入新居也要做这些东西。我们等会还得参加跳舞，这是给亲戚祝福呀，必须的。我们那边后天也有亲戚搬入新房，我们请你去吧，看看我们那边。我们那边条件要比这里好些，水泥都通到家门口了，你要是过去我保证有地方给你睡觉，不像这里他们都不管你的。我给你留电话号码吧，后天你要是过去就给我电话。你要是过去，我就让你给我儿子拍张照片。你笑我什么，你以为我骗你呀，我儿子都4岁多咯，我今年24岁，我老婆比我小4岁多。我们那边结婚都比较早，不动手早就没有老婆讨咯。我是上门的，我岳父你也见过了，就是早上给你敬酒的那位，他还不到40岁呢，他那年代结婚比我还要早。后天，要过去哦，给我儿子拍张照片，不一样的，大学教授呀，好有福气的，我初中都没有读完。这里的亲戚有很多都念大学，这比我们那边强，我希望我儿子以后多读些书，超过我们夫妻两个……

第二节 民俗

彝族是一个有着悠久历史和独特文化的民族，达腊地区的彝族一直保持着自己独特的文化传统，无论是建筑、饮食、服饰，还是节日、祭祀、歌舞，都具有鲜明的民族特色。

一 服饰

达腊屯彝族属白彝支系，服饰多是自种棉花，自己纺线、织布、染色制成，喜好白、黑、青、蓝、紫红等色，染料多为当地盛产的植物板蓝根。达腊服饰可分为节日服饰与日常服饰两种，而以节日服饰最为丰富多彩，分女子服饰、男子服饰、麻公服饰和祭师服饰等4种。

（一）女子服饰

达腊彝族村民服饰最具特色的便是女子服装。上身由两件套构成，内件是以方格图案为底绣有配锡铸图案的肚兜。肚兜系在脖子上，并有一条由红、白、黑、蓝等颜色绣成，长至臀部的彩带，彩带尾部用红、黄、蓝、绿毛线结成流苏。外件服装有白色、蓝色、藏青三种颜色。衣长及脐眼，平领，正开襟，无衣扣，正襟两旁及袖口均绣几何图案并缀有小锡片。下身是黑色的大筒裤，裤长及膝。小腿用方形长布绑扎并留出点缀的彩色线团。头上包裹头巾，通常是内层裹浅色方格布条，外层裹黑色布条。方格布条的尾部有彩色的流苏点缀，黑色布条则是黑色流苏。腰间围一个树皮制作的腰圈，过去是用铁做的腰圈。树皮腰圈为黑色，腰圈外装饰有两条宽1寸左右的彩带。妇女首饰主要有耳环、手镯、项圈等（见图5-1）。

图5-1 彝族的民族服装

彝族妇女服装的各种装饰都有不同的意义。据朗头黎日兆介绍，古时候彝族妇女能征善战，彩带引以用来勒住敌人的脖子；长头巾可以用来捆绑敌人的手脚，并将敌人吊起来或捆绑在木桩上；胸口锡铸的三块方形牌可以防止敌人的弓箭或长剑穿破胸口；腰圈可以挂箭；小腿的绑带有利于保护腿部不受草木的刺伤；等等。达腊彝族妇女挂在脖子的项圈是用银打造的，目的也是保命。

白色的民族服装多是年轻女孩及中年妇女穿，老年妇女多穿蓝色、藏青色。达腊彝族妇女服饰的做法主要有以下三个步骤：先绣衣服正面及袖口的花纹（见图5-2）；再缝衣边，并把绣好的花纹缝在裁剪好的衣服布料上；最后把裁剪好的衣料缝合成衣服。

绣衣服花纹的线主要有紫色、白色、黄色、紫红色、青色5种颜色。上衣除了绣有花纹外，还装饰银片。妇女服装的裤子主要为全黑布料，裤脚有白色或花纹装饰，制作简单，只需把织好的布料裁剪缝合即可。

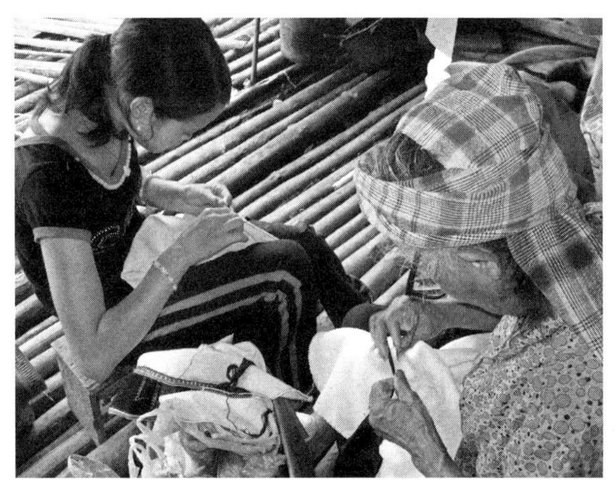

图5-2　彝族妇女在绣花纹

（二）男子服饰

达腊彝族男性服饰较为简单，一般是白上衣、黑裤子，也有做黑色的上衣。男子上衣也有两件，里件长袖，外件是褂子，正开襟，前面左右缝有12个对称口袋，当地老人说这是彝族先民用其作为武器袋。两边衣襟分别缝上带子代替纽扣。褂子正面用蓝色线围出方形。男子同样头裹两层头巾，与妇女相似，只是布条尾部没有点缀的流苏。

（三）麻公服饰

麻公服是节日着装，由礼帽、上衣、彩巾等组成。礼帽由竹篾编制，白布包裹，饰以锦带，锦带长约2米，尾端

串珠，贴银片或锡冠。上衣为黑色绣花甲衣，开胸无扣，衣袖短而宽大，袖口用白布续图案，衣襟边缘各镶入一排银（锡）片，腋下开叉处镶有约 12 厘米宽的白底绣花片，彩巾用黑白两种土布作底质，绣有龙凤图等寓意吉祥的花纹图案，钉银饰品，尾端留长流苏。麻公妈服则用蓝靛染成的蜡染衣制成长衫，长衫上绘有日、月、星、辰等图案，彝家称之为龙凤图。这套服饰只在跳公节或火把节穿着。此外，40 岁以上的妇女正常死亡时亦穿着入棺。

（四）祭师服饰

祭师服里面是黑色长衣长裤，外套一蓝色长衫，据当地人说这一长衫是他们的祖先孟获所穿过的衣服。外加一件袖口有羽毛装饰的金黄色小背心。左肩披绣有图腾图案的彩巾，右肩披方格巾。头系白色布巾，扎成圆形，外戴一顶由细竹篾编成，桐油过面的圆形斗笠，俗称“圆顶东篷”。帽子顶端套有一条贴有锡冠并绣有花纹图案的锦带，沿帽檐一直垂到腰间。脚穿黑色布鞋。

二　食

达腊彝族以大米、玉米为主食，辅以红薯、芋头、小米、鸭脚粟等。族人喜爱喝酒，家家户户自己酿酒。当地村民自酿的玉米酒，醇香爽口。当地独具特色的食品，有糯米花、玉米粑、花菜。

1. 糯米花

每逢过年过节，达腊彝族村民多做糯米花。具体的做法是：将浸泡后的糯米分份，分别放入由枫叶、红蓝草、黄花等提取的黑、红、黄等染料的液汁中浸泡，着色后，放入蒸笼中蒸出黑、红、黄、白、紫等五色饭，出笼后混合拌匀即可。糯米花可直接食用，也可以用猪油煎过再吃。

2. 玉米粑

过去玉米粑是达腊彝族村民的主食，做法是用石磨把剥好的玉米粒磨成粉状，如果是新鲜玉米经过碾磨后成浆状，用玉米外层的叶子包好或不用包直接放入锅中蒸熟即可食用（见图5－3）。这种做法的玉米粑味道香甜，据说还能健胃消食。把玉米碾碎成浆煮玉米稀饭也是一大美食，出锅的玉米粥呈淡黄色，十分浓稠，口感极佳。

图5－3　彝族村民在磨玉米浆

3. 花菜

过年和待客时，达腊彝族还有一种叫“花菜”的特色食品，祭祖、待客、定亲、娶亲都会做花菜（见图5－4）。花菜也叫“迎祖菜”，有碗装、盘装、簸箕装，视不同场合用不同的装法，菜肴以黄豆芽作底，中间放豆腐（自己做）、粉丝，虾米铺面，也有村民以煎蛋作顶花。用料不同，象征的含义也不同，如放上虾米，那是表达缅怀先人，据说彝族祖先在河边居住过，饿时下河捞鱼虾充饥。

图 5-4　彝族村民的花菜

在食物方面，普通彝族村民没有太多的禁忌。腊摩和萨喃不能吃山上野生动物的肉，这会导致念经不灵验，因此只能吃家禽家畜。以前女人不能吃狗肉，部分村民认为吃狗肉相当于吃妈妈的肉。现在已经没有这一禁忌了。

在饮食礼仪方面，节日时，“七师”单独坐一桌（见图5-5），别人不得加入。家里若有贵客或舅舅来吃饭，必须邀请他们坐上座。老人在年节受邀到家吃饭时，还要说一些客套话，如“你们杀大猪请我吃饭，我就不客气了”。在调查期间，笔者跟随主家前去祝贺一位老人生日。入席给老人敬酒的时候，一位阿婆就告诉我们除了说些祝语外，还必须说一句“我们是空手来的，是来帮您喝酒的”。

三　住

达腊地处高山，村民所居住的房屋都建在山坡上，房

图 5 - 5　乔迁新居宴席上的"七师"

屋多为竹木结构，木枋瓦顶的"干栏"式建筑，下层圈养牲畜，中层住人，上层放谷物（见图 5 - 6）。从侧面开门，一般一层有三四道外门，并设通向竹制阳台的门。由木梯踏上人居住的正门对面，围着一排长长的房间，内设床铺。厅堂正中靠卧室的板墙前，设一高长方桌，为祭祖神台，神台前是餐桌。厅堂的右边设火塘，靠竹制阳台的耳房为闺女房。截至 2012 年 12 月，达腊屯仍有 41 户家庭住在竹木"干栏"老房里。这些老房基本搭建于 20 世纪 50 年代初期，低窄潮暗，多属危房。

20 世纪 80 年代末 90 年代初，达腊屯兴起旧房改造，保留"干栏"主体结构，拆掉房子四周木头墙壁改为砖砌，门窗换成金属材料，有的屋顶仍保留瓦盖。改造后的砖瓦"干栏"楼多为两层。这样的旧房改造方法，目前达腊村仍有一些家庭在效仿。截至 2012 年 12 月，达腊屯拥有砖瓦"干栏"楼 14 家。

进入 21 世纪，达腊屯村民开始盖起钢筋水泥楼房，这

图 5－6 达腊彝族的“干栏”

完全颠覆了祖辈传统的“干栏”住房的形式，当地人称之为新楼房（见图 5－7）。新楼房用料全部是钢筋水泥，以铝合金制窗，完全按照现代城市家居住宅来建，造价在 10 万元左右。这一类房屋一般起 2～3 层，房间根据家庭需要布局。猪圈和牛圈不再像旧式房屋一样设置在建筑底层，而是另择远处而建。达腊屯第一栋新楼房是方阿姨家，三层结构，这是因为早些年，夫妻俩经营木材生意，比较富裕；其次是梁国芬老人家，其子女和女婿多在外经商或在那坡县城当国家干部，条件相对比较好。截至 2012 年 12 月，达腊屯拥有新楼房 21 家，在建 3 家。

四 节日

在达腊村彝族，几乎每个月都有节日。

图 5－7　达腊彝族新盖的楼房

（一）正月开年节

开年节，是彝族新的一年开始举行的第一个重大活动节日，时间与汉族春节同期。年前，达腊彝族各家各户都会去找柴火回来，放到屋子炉灶上方的架子上。其实说“偷柴”更为形象，偷别人家的并且不能让任何人发现，若是发现有人偷自家的柴火也不能出声，悄悄地走，不让偷柴火的人知道被自己看到了。找柴寓意“找财”，通常是象征性的找几根柴火回来，并不会大量偷别人家的柴。

大年三十之前，家里必须买好所有过年要用到的物品，并准备好年初一的青菜。初一当天，不可以洗青菜以及煮青菜，否则来年会受穷。从初一到初七都不能做工，初八才可以动工。达腊彝族村民崇拜祖先，年三十这一天还要在家中设神台拜祭。

当大年初一的第一声鸡鸣响起，彝族人们开始互相拜年，初一在本屯拜年，初二到屯外拜年。拜年时拿上一盘花菜或一挂猪头（2~3斤）、鞭炮、一斤酒。拿花菜和酒去拜年，主人家两个粽子作为回礼；拿一挂猪肉去，主人家回礼一只鸡，主人将鸡从笼里放出来让客人去抓，而不是把鸡装好放在笼子里边让客人带走。如果客人不要，主人会亲自送到客人家里去。

拜年的客人有亲疏之别，亲的客人如三代之内的一定要吃了饭再走。如去舅家拜年，则一定要吃一餐饭才能走。拜年还有早晚之分，第一个去拜年的最吉利。初一当天村民们还会带上酒和钱，到腊摩家占卜家庭这一年的吉凶。腊摩穿好法衣，在家中堂摆上大方桌，桌上摆一盆花菜、4个粽子、9杯酒、9双筷子及法袋（内装各种占卜用具），按来客的先后顺序占卜。占卜时主要用卜签，还要一边唱《惦祖歌》和《占卜歌》。腊摩要为每户占卜三轮，共九次，逢双次数越多，表明越吉利。三轮均逢双者表示大吉大利，受卜者要当场对腊摩及寨神寨祖大加恭维。

正月初八过“开年节”，也称“起头年”，是达腊特殊而重大的日子。在这一天里，达腊开始当年全寨性的族祭活动，同时还要选出当年的“麻公爸”及打鼓的村民。初八的上午，四个朗头拿一把小秤到各家各户收一斤酒、一块钱和二两腊肉，并记好账。下午两三点，朗头到跳公场喊众人，告诉大家今天是起头年，家家户户到宫堂来看自己的运气，挑选“麻公爸”及打鼓的人，并请“七师”来念经。朗头们在宫堂门口摆一张大桌，放上9杯酒、9双筷子，把收来的腊肉切成36块，摆成4行，每行9片。下面摆5块腊肉，每块20厘米长。之后腊摩开始布阵念经，朗头们则组织本屯已婚男子按年龄大小的顺序，站在腊摩周围。腊摩拿出卜签开始占卜，因为怕犯祖师，要用卜签在左右肩膀各打三次，然后把占卜用的山竹散开，对其呼气三次，并清点桌上的酒杯和肉的数量正确后，就开始念祭祖词："大年的今年，大月的今月，大日的今日……"然后按身边列队顺序，分别为他们占卜，先占卜选出打鼓的，后选"麻公爸"。方法与正月初一在家为各家各户占卜相同，即一面念经，一面掰卜签，一人掰三回，三回当中若有两次逢双，即表示当卜者被选上了麻公。若只有一次逢双，甚至三次中都没有逢双，则说明当卜者这年没有资格当麻公，腊摩要改卜其他人。占卜选出打铜鼓的人与两个"麻公爸"后，"七师"与刚当选的打鼓人以及"麻公爸"就开始分享桌上的酒和肉。

麻公分为"大麻公"和"小麻公"，当选麻公的基本条件是配偶要双全，而且要在占卜中胜出。当地男子认为当选麻公是成熟和得力的标志，每个已婚男子都要争当一回麻公。当选者认为当年运势极好，当天晚上便宴请屯中亲朋好友，来不及请的外村、外屯亲友就约好他们于二月初十的时候来喝酒，届时远近亲朋会给麻公送来各种礼物。达腊彝族每个男性村民都有机会通过占卜当上麻公，由麻公主持民族传统节日喝酒节及跳公节。麻公在节日当天穿的衣服由众姐妹缝制，并且在节日当天由众姐妹帮忙穿上。在整个节日当中，麻公的众姐妹都需帮忙准备饭菜招呼客人以及在节日活动中负责为麻公打伞及前后护卫。另外，麻公主持节日当天，参与活动、送礼的人越多越能显示出麻公的人脉。因此，当上麻公的男子，其姐妹都会过来帮忙。也有的人，腊摩为他们连卜 3 年都不中，他们只好自认"倒霉"，认为这是在屯中很丢面子的事。从此以后这些人

要吹9年的芦笙，再也没有资格当选麻公。

开年节期间，腊摩还要占卜选定当年“打铜鼓”的人，被选定的人负责挂铜鼓和保管铜鼓。被卜之中人的家视为大喜，亲朋好友同样送礼来贺。调查期间，达腊村民都反映：“文化大革命”之前，达腊屯每个姓氏的宗族都有一两副铜鼓，一大一小，大的称母鼓，小的称公鼓，“文化大革命”期间全部被毁。“文化大革命”结束后，县统战部重新拨款988.9元，帮达腊彝族再次购买回6副铜鼓，梁姓一副、黎姓两副（认为黎姓人是分属两个不同祖宗的子孙）、颜姓一副、李姓一副、王姓一副。经过很多波折，目前达腊屯较为完好的只剩一副铜鼓（见图5-8）。

图5-8　2008年跳公节上的钟柳群、唐若茹、“七师”部分成员与“公”铜鼓、“母”铜鼓

正月初九“打黄金”，实质是打猎的意思。新选出的小麻公每人准备一包花菜、一包熟饭，并带一条狗随朗头到三叉路口打猎。以前朗头拿枪射到猎物后，把猎物分到各户。如今封山育林，禁止打猎，达腊彝族同胞就改为杀一只鸡，由“麻公爸”象征性地把肉分到各家各户。

正月初十，村里男性村民不论年纪大小都拿米到“麻公爸”家，已婚男子给4斤，未婚者给1斤，家里最小的男孩给2斤。“麻公爸”用这些米来酿酒，在二月初十请全村村民到家里喝酒。

（二）补年节

二月初十是达腊彝族的“补年节”。传说过去彝族男子在外打仗，春节时未能赶回家与家人团聚，等回到达腊后已经是农历二月了，故在二月补过年。从那以后达腊彝族定下二月初十为“补年节”。

二月初十喝众人酒，麻公要用“开年节”时从各家各户拿来的米粮酿好的酒，供这一天全屯男子饮酒，菜肴则由“麻公爸”自己准备。中午12点朗头打锣喊众人到“麻公爸”家吃饭，大麻公请腊摩，小麻公请萨喃。“麻公爸”摆一只鸡和一盆花菜在神台上，还要摆一张桌子单请腊摩和大舅喝众人酒，并准备两碗熟肉，一碗现吃，一碗送给腊摩。大舅要在桌上靠神台的一边摆9个酒杯，用自己带来的酒斟满，供祖先享用。在“麻公爸”家的中堂摆“七师”的饭桌，“七师”饭桌的右边摆七老（“七师”之妻）和“麻公爸”的舅娘、“麻公爸”之妻、打铜鼓人的妻子的饭桌，左边是四个朗头和村干部的桌子，中堂之下是“麻公爸”、吹芦笙的人（彝族叫央巴）和打铜鼓的人的桌子，其余屯中众人可随意坐10人一桌。开始吃饭之前，“七师”

站起来，向“麻公爸”敬酒，并一同敬主神、宗族人、姑爷和朗头，向众人说：“大年的今天，‘麻公爸’辛辛苦苦，酿酒杀猪，准备好酒好菜，请我们众人来。有喝不完的酒，吃不完的饭，可你们还没有得吃，我们已得吃了，多谢东家了！”又对朗头们说：“朗头是众人的爸爸，你们辛苦了。你们到群众家，家家走，又讨酒，又讨肉，使我们今天过成节了。”众人喝到第4杯酒时开始喝赶牛酒，换杯喝干，后打双酒，这时腊摩念：“刚才喝单酒，单酒喝不醉。现在打双酒。麻公四季平安，不要梦见鬼怪，样样平安。”完了开始念经。朗头则到各桌去交代：“今天喝大众酒，酒不够问麻公，肉不够问麻公，喝醉吃完不要闹架，不要打架。”朗头每讲一句，就敲一下锣，还叮咛众人：“从今天起，牛马不准乱放，不准践踏禾苗。”酒宴结束，腊摩率众人到宫堂，打开宫堂之门，屯中“七师”和腊摩一同进入庙内，用花菜代表全屯人祭祖之后，大家来到跳公场，腊摩和萨喃向祖先叩拜，并作法事。最后央巴（吹芦笙的人）和麻公带领众人跳芦笙舞和铜鼓舞，每种舞跳9圈，要跳足3轮祭祀活动才算结束。

补年节的第二天（农历二月十一），主要是举行铜鼓礼仪式。由于铜鼓和芦笙是本民族的标志，当地彝族除禁忌期外，逢年过节和其他喜庆活动都少不了这两样乐器，少不了跳铜鼓舞和芦笙舞。每年负责挂铜鼓、管铜鼓的人自然以此为荣。农历二月十一，当年占卜选中打铜鼓的主家请腊摩和萨喃为自己主持铜鼓礼。早上开始第一道祭礼，铜鼓主人要在跳公场挂好铜鼓，摆好祭品后，腊摩便将一碗酒泼洒到铜鼓上，然后，手持卜签念唱《铜鼓歌》。主家的亲朋把各种各样的礼品，摆到铜鼓周围。其中以舅爷派亲属的礼品为最重要，姑丈派亲属、同族派亲属和其他亲朋的礼品次之。这些礼品，一半用于当天各户代表就地吃午餐，另一半则是退场时送到主人的家中。晚上，腊摩、萨喃和众乡亲又被主人请到家中，举行第二道祭礼仪式。当晚，主人将铜鼓挂于堂屋，腊摩再一次用一碗酒泼洒到铜鼓身上。接着为这一家念唱敬祖歌，禀告这家历代祖宗大喜临门——为全屯人挂铜鼓，并说明是这家人福大命大才能担起这一重任。与此同时，祈祷本家祖宗保佑，让主家老小日后生活更加美满幸福。腊摩念完敬祖歌，主家摆席设宴，招待四方亲朋，酒过三巡，开始举行挂彩仪式。挂彩仪式，即各派亲朋将事先准备好的黑、白、红、蓝布赫头巾、花格巾全部披挂到铜鼓上，把铜鼓罩得严严实实，只看得见一对吊绳和两条木叉。此间，腊摩滔滔不绝地唱出主家举办铜鼓仪式到家贺礼的客人姓名、礼品及作用，主人派人根据腊摩的唱词，把送礼人姓名和礼品记在本子上。当腊摩念唱完毕，主家动手把这些布片、头巾等，顺着吊绳稍微往上移，然后用另一条绳子将它们吊起，使之稍微离开铜鼓（不能马上取下来），然后请铜鼓手敲铜鼓。腊摩带领众人手牵手，围绕堂屋跳铜鼓舞。腊摩和“七师”跳数圈后回到酒席，其余人可以继续跳。这时，主家的同堂和姨表亲属便携同主家一面唱酒歌，一面向腊摩、萨喃、“七师”和其余成员敬酒，向他们道谢，气氛甚是浓烈。

（三）妇女节

农历二月初十也是达腊彝族的妇女节，又称妇女会。屯里所有的妇女按年龄分成几个组，每个组的妇女都轮流主办一年的妇女会。其余妇女就在妇女会这一天带上菜、

酒到主办妇女会的妇女家聚餐。这一天妇女可以不用带小孩，由家里男人带。妇女会一般在晚上聚餐，她们单独在一桌，不让任何男人加入，男人们就在旁负责上饭菜、添酒等工作。妇女们可以吃饭喝酒、闲聊、对歌直到晚上十一二点，之后从主办妇女会的人家中出来再去同年打铜鼓的人家里继续喝酒、对歌、跳舞，一直娱乐到天亮。如果有不想玩乐到天亮的妇女，可以在打铜鼓人家里喝酒后回家。一年一度的妇女节，是达腊彝族唯一专门属于妇女的节日，达腊屯妇女倍感珍惜，每年这一天，她们都狂欢开怀。这个节日的设立，体现了彝族对妇女的尊重，是对妇女一年到头辛苦劳累的肯定。

（四）上坟节

达腊彝族的上坟节，与汉族、壮族的清明节类似。要蒸五色糯米饭，宰杀鸡鸭，同家族的人一同上山祭祀祖先。

（五）跳公节

这是达腊村彝族特有的节日，最为庄严、隆重。“跳公”彝语“孔够”，“孔”即欢乐欢庆，“够”是祈祷祝福的意思。跳公节，是纪念孟获、孟优、孟达、孟伶4位祖先而形成的节日习俗。据彝族同胞说，远古时代他们的祖先为了生存而抗击外敌入侵，“麻公爸”（古代战将）带领全族青年驰骋沙场，陷敌重围时藏身金竹林里，取竹为弩，箭无虚发，击退围困之敌，于四月初凯旋。为了纪念这次胜利，彝族各屯举行庆祝活动。之后，各屯将凯旋日子定为跳公节，时间在每年农历四月初三至初五或四月初七至初十。达腊屯每一年举行跳公节的时间是农历四月初七至初十。2006 年以前达腊彝族自筹操办。2007 年，跳公节被列入广西壮族自治区非物质文化遗产，那坡县政府每一年都在达腊屯隆重举办活动，而且规模越来越大，引来四面八方的客人，其已成为那坡县对外宣传的亮丽名片。这 4 天，达腊屯举行祭祀祖先、欢庆胜利、祈求丰收的盛大纪念活动，具体安排如下。

四月初七的活动以敬祖和山神为主。中午过后，朗头敲锣打鼓喊众人到宫堂前集合，由“七师”中除腊摩、萨喃外五师中一人向祖先念诵经文，并用法器在空中挥动表示扫除一切不好的东西，祈求祖先保佑节日的顺利举行，这一过程便是敬祖。敬祖活动之后，由腊摩、萨喃带领众人，带上酒、活鸡、碗、筷等祭祀用品，到村尾草坪的一棵大树下敬山神。山神是过去打仗在外牺牲的族人，敬山神的目的是希望逝者在跳公节这天别来捣乱，同时还祈求他们的庇佑，使得节日顺利进行。大家将竹子做的山神台放在大树下，摆上活鸡一只、酒四碗和筷子四双。随后，腊摩和萨喃坐在山神台前对着活鸡念经作法。第一次念完经文后，将鸡杀死摆放原处继续念经作法，再次念完经文后，把杀死的鸡去毛煮熟，之后又是第三次的念经作法。敬山神需经过生、死、熟三祭才算完成。敬完山神还要将山神送走。整个仪式结束后，由朗头把煮熟的鸡肉分成若干份，让“七师”和活动中打铜鼓、吹芦笙的人享用。

四月初八的活动是在跳公场欢歌起舞，这个活动由麻公夫妇带领。首先，大小麻公分别请腊摩、萨喃到自家念经，向祖先汇报“吃麻公”这个莫大的荣耀。念完经文后就是由腊摩组织采良种仪式，即首先派人到山上去摘些松枝或杉木枝，在唱过酒歌后分发给众人插到头上或仪式道

具上。获得良种被当地村民认为是一种福气，以后会家宅兴旺。待众人都插上良种之后，就在大小麻公夫妇的带领下到跳公场围着金竹欢歌起舞。整个过程中，除了天黑后腊摩念经祭祖或吹芦笙的人累了休息之外，众人都不停地跳各种各样的民族舞蹈，气氛热烈而欢快。在这一天的活动中，众人也会被邀请到大小麻公家吃饭喝酒，麻公夫妇为这个节日专门杀鸡、酿酒，准备大量的酒菜供众人享用。朗头们在这个时候就会要求众人在节日喜庆的日子里相互谅解，不能吵架、打架等。

四月初九，来观看达腊彝族跳公节的人们早早地从四面八方赶来，在跳公场附近形成了一条热闹的集市，销售各种各样的日用品、食物。这一天开始的仪式与第二天一样，都是请腊摩、萨喃到家念经。念经完后，众人就到跳公场唱歌跳舞。2006 年的跳公节，达腊彝族村民在广西师范大学王光荣教授的指导下，排练了一场盛大的歌舞，村民们也给前来参加跳公节的游客表演了传统的五笙舞、木鼓舞、铜鼓舞等节目。直到太阳落山，游客们仍不愿离去。而达腊彝族村民又回到宗祖宫堂前继续自己传统的庆祝仪式，念经文、唱歌、跳舞、放炮，最后祭祖。把这些都举行完，众人才各自回去休息。

四月初十，节日已经接近尾声。在这一天傍晚，腊摩、萨喃主持求雨及狩猎仪式，众人在麻公夫妇的带领下也加入活动。麻公夫妇的姐妹家人拿着事先准备好的模仿古代狩猎制作的工具，随麻公夫妇进入求雨及狩猎仪式中。求雨及狩猎仪式一直持续到天黑，最后一个仪式是喊魂，达腊彝族人认为经过几天的大肆庆祝，灵魂会因为受到惊吓而游离出身体，需经过喊魂把受惊的灵魂喊回身体，这样就不会得病。喊魂仪式完毕后，众人就相互道别各自回家。

跳公节有专门的场地，即宫堂和跳公场。宫堂也称子宫堂，传说过去是将军的营房，坐落在跳公坪北角，是一间大约9平方米大的仿古房屋。宫堂平时关闭门窗，钥匙由朗头王月光保管。宫堂内，主要供奉达腊彝族10个姓氏的祖先。1949年以前，女人和没有当过“麻公爸”的男性都不能进入宫堂拜祭。现在达腊屯的宫堂，建于1998年，由那坡县政府拨款资助。宫堂前的金竹是20世纪80年代国家恢复举办民族节庆后种下的，之前的金竹在“文化大革命”时期已被挖走。跳公场位于达腊彝族村民住所的西南方向，占地约1000平方米。跳公场周围种满金竹，是2002年由时任那坡民族局副局长梁国军带领村民种下的。

（六）禾苗节

禾苗节，又称“鬼还节”，在每年农历五月十六。在禾苗节之前，朗头们召集全屯村民聚集宫堂，提醒大家要提前一天打好水，准备好柴火，舂好米。禾苗节这天，村民们集资买一头牛宰杀祭祀祖先，希望他们能保佑这一年风调雨顺、五谷丰登。祭祀由腊摩主持，其他村民禁止进入宫堂，否则将被罚支付买牛钱。祭祀完毕后，每家每户来一个人分享祭祀的牛。禾苗节过后，当地农事进入繁忙时期，因此禾苗节结束后麻公会把铜鼓、芦笙封存起来，以便让大家专心生产。铜鼓和芦笙，一直要封存到九月才能开封。过去封铜鼓是挖坑埋在地下，现在封铜鼓是用绸带裹好悬挂于打铜鼓的人家里。铜鼓、芦笙封好后，若屯里有红白事需要用到铜鼓、芦笙时，则需打50元封包费并经

过“七师”同意方可开封使用。禾苗节当天，屯里的小孩不准哭，大人们不准做家务活。

（七）牛王节

牛王节在农历七月十七。相传彝族在旧社会被称为“倮倮族”，含有歧视之意。彝族无田、无地，靠给有钱人打工卖力生活，住着茅草房，一日三餐很难吃到肉，除非到河边捉鱼虾。为了打牙祭，大家决定在农历七月十七这一天，全屯的人家凑钱买牛宰杀，用大锅煮牛肉，饱餐一顿。七月十七这天，全屯人围坐在大锅旁。一个刚生产完的妇女很想吃牛肉，于是就伸手去夹，结果在用手拉扯牛排的时候，手臂打中婴孩，婴孩当场死去。后来七月十七日被定下来作为彝族的传统节日，称“牛王节”或“牛皇节”。如今，牛是达腊彝族重要的劳力，村民舍不得杀牛，都去市场买牛肉。每年的七月十七这一天，达腊屯彝族同胞都会安排丰盛的菜肴，不仅保留这一天吃牛肉的传统，还杀鸡宰猪，饮酒庆贺。

（八）新米节

新米节是达腊彝族村民喜迎丰收的日子。新米节没有固定在哪一天，从农历八月初一算起，哪天是龙日就在哪天过新米节。村民认为自己一年到头为稻谷的生长辛勤劳作，终于在八月有了收成，于是在新米节这一天不仅要祭拜祖先，感谢他们的庇佑，同时也借机犒劳自己。新米节这天，各家将新打下来的6棵稻谷插在神台上，男人们到河里捕鱼，女人们则挖新鲜的竹笋回来祭祖。除了祭祖外，各家门口还要摆放一些饭菜敬各路鬼神。节日当天，村民一改以往热情好客的习俗，不相互往来吃饭，据说被人家吃了来年谷子收成会不好。

在达腊屯，至今仍在延续农历八月不能动土、不能建房、不能结婚等习俗。八月，可以说是达腊彝族一年内最为安静的时期，只有到了九月才可以办喜事。九月初一这天，腊摩和萨喃率先过节。初一早晨由腊摩做饭，请来“七师”、本宗族的人和自己的舅舅到家中作客吃饭；晚上则由萨喃宴请。腊摩和萨喃在这一天要准备4簸箕的糯米粑供来客享用。大家围在一张桌子旁喝酒，当喝到第四杯酒的时候，就开始打单双酒。腊摩和萨喃则念经：“九月节，九月过头节，九月过尾节，腊摩过头节，众人过尾节。九月做九件，十月做十件。”表示在九月大家可以放心操办大事，一切会顺利如意。其余“七师”在九月初二、初三过节，其他人家在九月初八以后过节。

（九）打靶节

打靶节又称聚魂节。当地人认为，人每到一个地方，魂魄就会在此停留。在田里干活时，魂魄就在田里；在水里玩，魂魄就在水里，故要在聚魂节这天将在外飘荡的魂魄召集。每个家庭在这一天会准备一簸箕糯米粑、一斤肉，杀一只鸡供祖神，并将一碗放有柚子叶的清水放在神台上聚魂。

（十）喝酒节

喝酒节在农历十月初十，习俗与二月初十相同，都是由大小麻公酿酒、做饭菜邀请本屯男性村民到家中喝酒。

五 庆祭

（一）庆生

在达腊村，彝族村民自60岁开始就要庆生，60岁做福，70岁做寿，80岁做康，90岁做宁。庆生当天，家里会准备酒菜，宴请亲朋好友与“七师”相聚一堂。

（二）乔迁新房

1. 建房习俗

某家决定起房子后，自己先选好一个地方，再请腊摩来占卜房址、方位、屋向，确定下来后就举行清基仪式。主人提供家人的生辰八字，请腊摩推算“八字”图。通过占卜，腊摩会确定动土清基时间，工匠开工日期，立柱、安梁的时辰，以及入宅贺喜的时间。

新房动工前，主人在东、西、南、北、中5个方位插上香火，同时摆上1碗米、4杯酒、4双筷子，先由腊摩用锄头在地上象征性地锄几下，再由户主模仿腊摩的动作和方向锄几遍。此后，7天之内户主家可以正式清基。

主人选择木工师傅时，要把候选的几个木工师傅与主家成员的八字交由腊摩核对，如彼此之间八字不合，则要另请木工。起房的各个阶段的时辰、房址和木工师傅确定下来之后，就可正式动工。在建造的过程中，最重要的一步就是立柱安梁。在立柱前，主家在要立柱的地方摆一张桌子，上面放大米、酒、硬币作祭品，祈求祖神保佑平安，再由腊摩对柱子念经做法，之后众人齐心协力把4排柱子举起来。下一步便是安梁。由两个小伙子把染红的上梁木抬到底楼中心的横架三脚架上，请腊摩为红梁念咒词，之后用棕绳把梁徐徐吊起，一直吊上柱顶，有人在柱顶接应。吊上梁时，工匠要在场指挥，两头保持平稳，不可一高一低。腊摩会一直在那里一面看着上梁，一面继续念咒词，大意是祈祷安梁顺利进行。

上梁安好后立柱就算完成了。这时房屋已经有了骨架，接下来只需要把木料和竹子加上去，新房就可以逐渐完工。新房建好后，主家要安排全体来帮工的乡亲在新屋吃早饭。

2. 乔迁新居

房屋盖好后，主人乔迁之日必须邀请亲朋好友到新家来做客，更重要的是要请腊摩来主持祭祀仪式。腊摩站在竣工的新屋门前念一段咒词，大意是新屋落成，主人即将进屋，土气、石气要收敛，让主人安然无恙。随后，腊摩举着火把带领家中所有成员入屋。达腊人举行乔迁新屋仪式一般是在竣工仪式当天进行，也有的是为了准备筵席工作的需要，另择时间举行乔迁新屋仪式。主家请来姐夫、妹夫、姑爷等人，人人着盛装，敲铜鼓，念铜鼓诀，1 人领唱，8 人合唱。唱罢落座，先饮主家酒，依次喝父母的酒、兄弟的酒、姑爷的酒、姐夫妹夫的酒。在喝酒的过程中，由 1 人上屋顶开一洞，吊一小箩到桌面上讨姜片，姜片越多说明喝酒的人越多。主家的姐妹拿一捆白布绕屋内所有柱子一圈。屋顶上的带子绕到铜鼓面上将铜鼓吊上去再放下来，以示对自己兄弟新居的衷心祝贺。几日后白布才被解开，送给主家。

达腊彝族乔迁新居仪式步骤大体如下：敬土地爷—拦阻鬼神—迎接灶王—祭祀祖先—亲友贺礼—鸣炮用餐—姑

舅送礼—长辈唱贺—姑辈送菜—亲人唱词—众人围舞。①

（三）丧葬

彝族老人去世后，达腊人都会举行追悼活动。达腊彝族村民认为，人死后灵魂有三个：一个在家，一个在坟里，一个在阳州②。

依据死者的死因，家属选择不同的丧葬仪式。若是非正常死亡或是没有结婚就死去的男性，家里会请腊摩念诵几段咒词，就将尸体埋入土中。腊摩将死者的灵魂送往山上岩洞中，用牛头、苦荞、豆种作祭品。这类人“不舂米得吃豆饭，不拔草得吃乔饭”，被认为不吉利。这样的死者不能每年给他上坟，除非家中牲畜不安或有其他异常状况发生才上坟。

如果是因为年纪大而自然死亡，家人则依据家庭条件和死者在世时的影响，为其操办葬礼。在死者咽气后，家中主事人就马上要用报纸或布盖住宗族神台，让祖宗收起目光，不要看死去的人。之后再向族人、兄弟、姑爷报丧。大家来到死者家中，合力将死者连同其生前睡的床抬到灶上。将死者放在灶上，有“在哪出生就在哪死去”的含义，因为在达腊小孩生下来时也是放在火灶上的，也要拿布遮住神台。接下来，用热水为死者洗头、净身。死者是女性要帮梳头，是男性要帮剃头。将死者身体洗干净后，要换上新衣服、鞋和袜。与此同时，死者家派人去请腊摩来主持各种葬礼仪式，腊摩接受邀请后，第一件事是为主家占

① 根据梁廷支访谈归纳。

② 村民认为，阳州是专管死人的地方，是一片黑暗的沙漠。

卜确定入殓时间。

一般来说，未到入殓时间，腊摩和“七师”其余成员都不会去死者家中。到了一定的时辰，主家开始打铜鼓，放鞭炮，向全屯人宣布家中有人去世。入殓时辰到后，死者家属将死者抬进棺材。主家的女儿将一块白布放进棺材，并在死者嘴里放一块硬币（一角或一元），表示有金有银，让其放心离去。然后把棺材抬到中堂竖放，腊摩站在棺材左边念经。主家开始杀猪、杀牛，请“七师”到主家坐桌，桌上摆9双筷子、9个酒杯敬神，另外再给“七师”每人一个杯子、一个碗。腊摩念经的内容主要是回顾死者生平，从死者出生、结婚、起房、养儿说起，念经的同时还用脚打拍子，萨喃配合腊摩，腊摩先说，萨喃后跟着重复腊摩的说辞。整个仪式为了让在场的人知道死者一生辛劳，众人则向死者默哀话别，死者家属哀声恸哭，令人潸然泪下。

达腊彝族极为尊重舅权，有俗语：“天上雷公，地上舅公。”意为天上雷公权力最大，地上舅公权力最大。在丧葬仪式中，大舅是一个不可或缺的角色。若没有舅舅，就请堂舅来送葬。准备抬棺材时，大舅要用一把刀砍在棺材的木架上，并念：“生死告别，死者某某，送你送到阳州，你去有路去，不要怀念家；死鬼断根，死病断根，你去有土埋，送你送到阳州去，阳州好风光，千年万代不回头。”

把死者择吉地埋后的当天，吃过早饭，中午死者亲戚就去修坟。家中主事人回来后杀一只鸡，把鸡头朝神台方向摆放。若死者有孙子则把鸡腿、鸡头插在竹片上，表示死者儿子从此可以吃鸡头，顶替死者在家中的地位，孙子可以吃鸡腿，并把所有参加丧礼的人喊来家中吃饭。家中主事人和姑爷还要给大舅5元或10元钱，作“开车费”。

死者死后满一个月，家中要杀鸡摆在神台上，再次请原来参加丧礼的人来吃饭；满一年，杀一头小猪到坟山为死者开墓门。父母亲死后不到年底家中不准唱歌、猜码[①]。凡有家人去世（不论老小），该家大年三十晚不准做油炸食品，不能到别人家拜年。达腊彝族实行“二次葬”，死者死后3～6年，待尸体腐烂后可以开棺，由姑爷动手收金坛（捡骨），立牌纪念，以一头猪祭死者。若原坟地好就继续使用，不好就请风水先生另择地。

纵观达腊彝族丧葬过程，大体包括报丧—洗身—入棺—吊丧—奠祭—出殡。另外，达腊彝族村民认为坟地的位置与家族的兴衰有必然的关系，坟地择选是一件非常讲究的大事。当地流传有关择选坟址的一段口诀：

> 青龙不怕万丈高，只怕白虎抬头望。
> 青龙高，代代有文武，白虎高，代代穷。

口诀中“青龙”指坟左边的山，“白虎”指右边的山。左山高，右山低是上好坟地，达腊彝族村民认为选中这样的地必然保佑族中代代兴旺。

第三节　宗教

在达腊，彝族对老人去世后的追悼活动极其隆重，强烈地表现出彝族对祖先崇拜的重视，主要表现为重葬仪与崇尚祭祖。他们保留着龙虎图腾，固守“腊摩、萨喃”等“七师”日常生活场景的传承。

---

① 猜码，相当于划拳。

一　图腾崇拜

图腾崇拜是早期人类的一种宗教信仰的现象，是将某种动物或植物等特定物体视作与本氏族有亲属或其他特殊关系的崇拜行为，是原始宗教的最初形式。一般表现为对某种动物或植物的崇拜，这些被当作图腾的动植物均成为忌物，除特殊需要外严禁杀食砍伐。图腾也是祖先崇拜的一部分，平时都要举行崇拜仪式，以促其繁衍。达腊彝族的图腾崇拜，主要有竹、龙、虎等。

（一）竹崇拜

在达腊屯彝族宗祖宫堂前，有一块约2丈见方的土地种着兰竹，竹丛四周砌石块，外绕以高约丈许的竹栅栏，严禁砍伐毁坏。每逢跳公节，村民就举行祭竹大典，搭建祭台，由毕摩[①]诵经，跳公（领舞者）率村中男女跳祭竹舞。他们认为，兰竹荣枯有关本族兴衰，故须举行隆重祭典，否则会遭厄运，甚至全族灭绝。他们还相信本族与竹有血缘上的联系。从前，孕妇临产时，丈夫或兄弟要砍兰竹一根，截取竹筒，待婴儿生下後，将部分胎盘和血装进筒内，筒口塞以芭蕉叶，吊在兰竹上，以示他们是兰竹的后裔。在这里，竹筒象征女性生殖器，竹节即为男性生殖器官。[②]

---

① “毕摩”是彝族人对本民族民间祭司的总称。

② 刘晓燕：《彝族“竹”崇拜探究》，《广西民族大学学报》（哲学社会科学版）2005年第6期。

（二）龙崇拜①

龙是中华民族的象征。达腊彝族人也将龙定为自己的祖宗，认为自己曾经是神龙后代，尤其是方、梁、黎和李等姓氏，以龙为图腾。据说，姓梁、姓李的家族还有一个他们祖先与龙的故事。在达腊，不少的风俗、道具均有着龙的痕迹。就装束而言，妇女的胸围（胸围过去被称为龙皮）及其尾带，也做成龙的形状，刺绣着各种花纹，缝贴着各种银、锡亮片，在阳光的照射下，闪烁着耀眼的光芒。胸围的尾带连接胸围上两个顶角，翻过肩膀，相靠于后颈，顺着后背下垂至大腿，达腊妇女说是表示龙的尾巴。

（三）虎崇拜

在达腊屯，王、黄、罗、鲁、科等姓氏多以虎为图腾，他们祖先也有关于人、虎结缘的传说，日常生活中明显表现出对虎的崇敬，神台上，他们都贴着一张虎像，加以供奉。当地大祭司腊摩，就是彝话音译之称谓，原意为母虎。自从腊摩被立为祭司以来，他们全是男性，放弃了原先母性的含义，而直取义于虎祖，以示其虎威。彝族好养猫，除了防鼠外，更主要是以猫代虎，用猫象征本家祖宗。习惯上又将猫、虎易称，即把猫称虎（彝语叫“腊”），把虎称猫（彝语叫“妙”）。达腊彝族村民对家猫十分尊重，老猫分娩或购回新猫，都要择日举行入户仪式，请来“贝帕”

① 王光荣：《彝族的龙虎图腾》，《广西师范学院学报》（哲学社会科学版）1988 年第 4 期。

（师公）或族老，抱着准备入户的猫，站立在楼梯脚或大门外，念颂一段经词，请示这家主人让这只猫入户。主人怀抱着猫原地转三圈后将猫放在火灶上方，让它面朝火灶，剁碎半熟的肉混饭喂它。待猫安定下来后，宾主才共进晚餐。席间，宾主尽量说些吉利的话，目的是让祖宗听到后乐意就位，为本族本户祛邪攘灾，发挥虎的威力，保佑人畜安康。直到今天，达腊彝族仍然保留着猫入户仪式和以虎象征祖宗的观念。

二　腊摩与“七师”

（一）腊摩

毕摩是彝族人对本民族民间祭司的总称，不同的彝族支系和不同的彝语方言区，有不同的谐音与他称。在广西彝区，多称“腊摩”“萨喃”“毕帕”“卑目”。在达腊村，彝族同胞习惯上将大毕摩称为腊摩，二毕摩称为萨喃。毕摩是由古代彝族祭司、巫觋毕摩创立和传承的一种世袭文化方式，是彝族文化的精髓和核心，自古以来是各地彝族人民共同的精神寄托。

历史上，统治阶级对中国广大农村地区推行过保甲制予以管控，但在边缘地区，其社会有着自己独特的管治方式。在达腊地区，彝族村屯的内部生产、生活、节日等就是由腊摩组织管理的，腊摩有权决定本民族的重大事宜，如祭祀祖先、筹办民族节日活动、传承民风民俗、判定制裁本民族内部违反民族习惯的行为等。腊摩在彝族社会发展进程中，扮演着一个不可或缺、举足轻重的角色。

（二）“七师”

1. 腊摩

腊摩是达腊村彝族大祭祀，熟背彝族传统经文，娴熟掌握各种节庆和不同场合的祭祀流程。这些经文里记载着彝族许多重要的典故和历史，是彝族人传承本民族文化的重要载体。由于彝族经文都是口口相传，有资格担任腊摩的人已经非常少见。达腊村现任彝族腊摩是梁廷支，为第六任（见图5－9、表5－1）。

案例5－1　腊摩梁廷支

梁廷支，今年62岁，父母早亡，其妻王秀明21岁时由梁的姑妈出面做媒成婚的，现育有2男2女（另有一子于1980年8月份被洪水夺走生命）。早年夫妻生活艰辛坎坷，婚前王秀明上山砍柴被滚石压伤左大腿，乡亲多以为无法治愈。两位年轻人没有放弃，奔波那坡、百色等地求医，终于治愈，但也欠下一大笔债，后来初中刚毕业的二儿子、现任村委团支书的梁国飞只能外出打工。梁、王婚后一直寄宿在亲戚家，两三年就得搬家一次，生活漂泊不定。夫妻不怨天地，并互相鼓励，勤奋劳动，养育子女。随子女逐渐长大，家里终于在2002年花费1.5万元购买建材并在亲友帮助下建成了自己现在居住的2层砖瓦房。如今，儿女都已成家，也有了1个孙子和2个孙女，全家幸福美满。

梁廷支是上一任腊摩梁绍安的侄子，2007年3月婶婶去世，叔叔也86岁高龄，按规定要从腊摩位置上退下来。梁廷支只读到小学二年级，但老实好学，自小跟着叔叔学习腊摩的经文和相关法事的做法。腊摩经文没有文本，梁廷支只能死记硬背，空闲时自己描字练笔。2007 年底，经“六师”、朗头和屯中村民的推举，梁廷支接任颜善才腊摩职位成为达腊彝族新腊摩，他算是第六代腊摩。

图 5-9　唐若茹、黄欢与梁廷支夫妇、孙女合影

表 5-1　达腊屯历任腊摩姓名①

姓　名	性别	任职时间
梁亚线	男	1945 ~ ?
梁国真	男	1956 ~ 1968
黎克明	男	1968 ~ 1982
梁绍安	男	1982 ~ 2007
颜善才	男	2007 全年
梁廷支	男	2008 ~ 至今

2. 萨喃

萨喃是达腊村彝族次祭祀，“七师”中排行第二，与腊

① 由梁廷支提供。

摩一起负责念经祷告。现任萨喃为颜善才，生于 1938 年，小学文化，2005 年成为萨喃。颜善才 1979 年成为“麻公爸”，1980 年打鼓。2000 年开始拜上一任腊摩梁绍安为师学习念经。他回忆道：“当时拜师送了 3 斤猪肉、4 斤酒、4 包糯米（每包约 2 斤）以及 12 块钱。拜师主要是学念经文。白天在家做工，晚上就要到师父家学习。由于没有文本，全由师父口把口地教。”老人表示，如果不劳动做工，认真静心学习 2 年左右，这些经文也许就可以背熟。颜善才之前的两任萨喃，年纪不大却接连因病去世，很长一段时间达腊屯内都没有人愿意接替做萨喃，那时候萨喃一职只能由“七师”成员轮流担任。颜善才最初也不愿意加入“七师”，后经王光荣教授和广西大学罗树杰教授几番劝说后，才下定决心接受萨喃这一职位。

3. “biao mang”①

biao mang 在“七师”中排行第三，是管理“七师”事务的负责人，原来是由梁国芬担任。梁国芬生于 1932 年，小时候家里兄弟多，经济困难，没有读过书。1949 年后曾读过夜校，20 世纪 50 年代就已经是“麻公爸”，90 年代后打鼓，1996 年加入“七师”。梁国芬的芦笙演奏得很棒，是公认的达腊屯中吹奏芦笙最好的老人之一，可惜 2010 年去世了。现任“biao mang”是方卫东。

案例 5－2　biao mang 方卫东

我 1945 年出生，1968 年毕业于百色民族卫校靖西分校。毕业后曾当过生产队记分员、出纳。70 年代后到那坡

---

① “七师”中排行 3～5 的称呼，无法用准确汉字，只能用彝音标注。

卫校进修，回来后一直在达腊村卫生所任驻村医生，负责村屯群众看病事宜。村卫生所已经被撤消了，不过，我有时仍得协助县防疫局从事防疫工作。2009 年加入“七师”，总觉得这样的事情是我们彝族老祖传下来的，应该去做，也是积德的一种吧。

4. “bie qiang”

bie qiang 在“七师”中排行第四，主要负责在腊摩与萨喃身后跟念经文，现任李元华。李元华生于 1948 年，没有读过书。他 50 岁成“麻公爸”，1999 年加入“七师”。

5. “pang yi”

pang yi 在“七师”中排行第五，负责监督祭祀等活动进行时的具体细节。现任黄永结，生于 1948 年，1974 年成“麻公爸”，2007 年打鼓，成为“七师”成员已有 10 年。

梁国忠是“七师”中的第六师，今年 51 岁，小学文化。40 岁时成“麻公爸”，2005 年打鼓，2006 年成为“七师”成员，也是达腊屯中很会吹芦笙的长者之一。“七师”中第五师和第六师主要负责监督活动开展各项工作的执行。第“七师”主要负责除腊摩、萨喃外其余五师的饮食（腊摩和萨喃的饮食由两位“麻公爸”负责），但目前没有人选，“七师”暂时也不考虑配备。

腊摩与萨喃象征着彝族祖先战时英勇的将军，其余五师则是少将。举行各种活动时，一般都由腊摩与萨喃在前带头，并全程负责念经祷告。经文分 30 多种，主要有逢经、遇经、木经、生经、肉经、古经、照太阳经、魂经、层经、良酒经、重经、护经、卑经、努经、柳经、咬经、好纳经、兰竹经、背经、仲经、鲁经、足经、汉宝经、敬羊牛经、

木山经、曾因经、少问经、康经、天经、苏经等，不同的场合念不同的经文。相对周围村屯，达腊屯腊摩经验丰富，熟悉经文，时常被附近壮族、苗族村屯邀请去念经祷告。

（三）法事安排与道具

在达腊，没有人能说清楚“七师”一年中的工作量，“七师”身份“半法半农”，平时更多的时间要为村民做事。村民家里若有红、白事甚至闹病、遇凶兆等，都会请腊摩或萨喃念经、祷告、去邪。如乔迁新居，请他们去祈福；有人生病了，他们就去喊魂赶鬼去邪；若有人遇到不吉利的事，也请他们去驱邪；鸡、狗上屋顶或蛇进屋了，他们也被请去念经喃默。腊摩和萨喃大部分时间，就这般“消磨度日”，相反家中农活就被耽误了。而每每念经做法事，时间较长，有的甚至要持续 2～3 天，所以那些符合“七师”条件的村民会以年事已高、体力不支为由不加入“七师”。

案例 5－3　黎云天家喜迁新居（2012 年 12 月 25 日）

你（笔者）问我（黎）乔迁新居干嘛那么辛苦？我这房子是平房，小了一些，但能建起来实在不易。我们夫妻外出打工多年，没挣什么钱。我这房子资金来源可以说是四处八方，自己一点积蓄、亲戚帮朋友借、政府危房补贴，等等，也用了差不多 4 万元，这还不包括人工费，我们这里有互相帮工的习惯，所以，还是挺高兴的，就按照传统请来亲戚朋友闹闹新房咯。我也知道“七师”在我这里连夜喃经唱跳两天了，他们年纪又大，但我不请他们来对不起祖宗啊，这是我们的传统，也是他们的工作吧。他们这么唱唱跳跳念念经，我老祖才知道我们这些后辈在做什么呀。昨晚你也看到了，我那些云南亲戚都来了，云南亲戚过这里来可要3个小时的，这么冷的天，坐摩托车的哦。

附　达腊屯腊摩萨喃主要法事安排

正月初八：起头年到弓场念经，给众村民测算新一年的命运、运气；抽签占卜选“麻公爸”、打鼓的人。

二月初十：腊摩、萨喃分别到大小“麻公爸”家里祭神台念经，并开始着手准备二月初十喝酒节事宜。

二月十一：打鼓。

四月初十：腊摩、萨喃负责主持整个跳公节活动的祭祀、念经、祷告。

五月十六：封乐器铜鼓、芦笙。

九月打靶节：腊摩、萨喃过九月初一，分别做早、晚饭请“七师”其余的成员、朗头以及自家的舅舅、姑爷；开乐器铜鼓、芦笙。

十月初十：腊摩、萨喃分别到大小“麻公爸”家里祭神台念经，并开始十月初十喝酒节（同二月初十）。

腊摩和萨喃做法事时，不停地在唱喃经文，同时还要使用不同的道具，常见有4种。

1. 山竹

山竹原称辽竹，后改为山竹，共有36根。那坡境内没有那种竹子，腊摩、萨喃使用的山竹全是从云南砍回来的。山竹主要用于敬山神、占卜凶吉、“麻公爸”抽签及打鼓的场合（见图5－10）。

图5－10　山竹

2. 剑

剑主要用于敬山神的场合和驱赶邪气。已经退休的梁毅校长说，以前腊摩和萨喃做法事时使用的剑是很锋利的铁剑，如今达腊屯腊摩、萨喃使用的是市面上可购买的能伸缩的铝剑。颜善才说，现在使用的剑由王光荣教授购买。

3. 铃铛

铃铛主要在念经、祷告、选“麻公爸”时使用，也用于为病人驱魔叫魂。以前使用的铃铛是铜制的，现在用的只是普通的小铃铛。

4. 花伞

腊摩、萨喃各有一把花伞，主要是在某些场合如跳公节念经时由专人撑着。

（四）任职资格与接班人

达腊“七师”事情多，工作量大，时间不确定而且具有连续性，身体不好的话会难于承受，这些成为有些人不愿意加入“七师”原因。即便如此，“七师”的选拔，在当地也是一件严肃而重大的工作，条件还是挺讲究的。

能成为“七师”成员者，原则上本人是彝族，曾当过本民族的“麻公爸”、打过鼓①、夫妻双全，而且父母已过世的老年男性。此外，还得有过拜师学道的经历，跟师父背诵经文，临摹法仪。达腊彝族村民还特别强调“七师”成员配偶的健康状况。他们认为，“七师”是帮忙做好事的，不能落单，“七师”成员一定要求夫妻双方都健在。若妻子过世，该成员必须保证两年之内再婚，才可以保留自己在“七师”的位置，否则要退出“七师”。

如有“七师”成员退出，该位置就由村里年龄最大、夫妻健在并当过“麻公爸”、打过鼓的村民填补登位，在正月初八这天宣布成为“七师”新成员。成为新“七师”者，需要请全屯村民喝酒。“七师”成员之一李元华回忆：“当初自己进入‘七师’，自家酿了酒，还从市场上买回猪肉请全屯人吃饭，大约花了200多元。”

案例5－4　腊摩梁廷支的苦恼

达腊屯中的年轻人愈发不感兴趣“七师”的工作，连我儿子也不太关心，老祖流传的文化真让人担心，到今天我都不知道接班人在哪里呢？

三　朗头

朗头，又称“邦朗”，是达腊屯民族事务活动的主要执

① “麻公爸”与打鼓是达腊彝族成年男子必经的一个节日名称的音译，当地习惯称负责这两个节日的人为“麻公爸”和“打鼓的”。

行者。“七师”商定好活动事务的程序以及所需物品后，朗头就去负责具体操办落实。现在每一年的跳公节，包括到县城购买猪、鸡等祭品以及雨伞、纸扇、草帽等用具，每项活动每一道仪式前的人员召集，活动现场秩序的维护，等等，无一不需要朗头来落实。

一直以来，达腊屯彝族的朗头都是每年选举出来的，由本民族的成年男子轮流担任。20 世纪 90 年代后，许多男性村民外出务工，朗头固定由村中对民族节日较熟悉的黎日兆、王月光、梁卫星和梁见波四位村民担任。与“七师”相似，朗头的职务属于长久性，若其中成员去世，再从村民中挑选适合者担任。

附　朗头简历

黎日兆：1952 年出生，初中文化。他说他担任此职位已经有好几十年了。

王月光：1957 年出生，高中文化。高中毕业后在达腊屯代销店卖杂货。20 世纪 80 年代任达腊村电影放映队队长。1995 年停放电影后一直在家务农。

梁卫星：1967 年出生，高中文化。1994 年开始当村干部，先后任村团支书、治保主任，同时兼任达腊屯护林员，直到 2005 年达腊村村干部换届选举后从村委中退出。

梁建波：1962 年出生，初中文化。

第六章　教育卫生

第一节　教育

一　家庭教育

家庭教育一般是指家庭中的成年人对未成年孩子进行教育的过程，其目标主要是在孩子进入社会接受学校教育之前，保证孩子身心得到健康发展，内容以品德教育为主，引导孩子养成良好行为习惯，目的是教会孩子如何“做人”。

在达腊彝族家庭日常生活中，父母或其他年长者很注意通过一些细节如节日、礼仪、祭祖、故事等对子女及其他晚辈言传身教。

勤俭持家，这应该是达腊彝族村民在儿女不同的成长周期中不断灌输的一大内容。彝族人民深深懂得，勤俭两字为“治生之道”，为“发家致富之本”，而懒惰与奢侈浪费则是败家害人的祸首。在达腊彝族家中，留传不少名言佳话，如：“会节约的有饭吃，会珍惜的有衣穿”；“君吃断理饭，臣吃捐税饭，腊摩吃祭场饭，工匠吃匠粮，长命又百岁，会吃不会做，必定不长命”；等等。

在达腊，彝族的特殊生活习俗和重大民族传统节日中，酒是必不可少的。彝族自古有“无酒不成席，无酒不成礼”的习俗，通过有关酒的习俗礼仪可看到彝族礼尚往来、对待亲朋的道德伦理观念和生活准则。彝族在婚嫁喜庆场合要唱“酒礼”，逢年过节要喝“转转酒”，特别是走亲访友或有客来家时，更是开怀畅饮，兴致所至还放声高歌。2012年12月28日晚，知道笔者第二天要回到那坡县城去，腊摩梁廷支全家盛宴款待，刚落座餐桌，腊摩拿起酒对笔者唱道[①]（敬酒歌）：

阿哥兄弟你
好酒好比蜂蜜甜
好酒下肚肚不饿
好语记心心不变

到了晚上，小学方卫红老师来电话说他开车回县城的家，笔者就搭上便车到县城。出门时，腊摩爱人王秀明装满一碗酒端到我嘴边，开口唱道（送客歌）：

客家到我没有吃
等后不说背后言
过后不说背后语
讲了背后人伤心

笔者注意到，站在她旁边的11岁的孙女梁美妮也小声跟唱着。笔者笑问他们的迎客歌，腊摩爱人又开腔：

---

① 梁家人彝话咏唱，笔者汉译。

阿哥兄弟到我家
没有吃来没有喝
只有等来冷茶饭
等来又是空气凉

达腊屯人、现人大办公室主任梁国军回忆说：

小时候爷爷对我们这些孙子的教育很是严格，平日里不许沾酒，不能吸烟，只有在过年过节时才能陪老人家喝一小杯。在家的日子要主动帮助长辈分担家务，上学回家都要帮父母干活。

案例6－1　成长中的秋芬[①]

梁秋芬，1991年出生，是朗头梁卫星的独生女，家中有爷爷、奶奶、姑婆、爸爸、妈妈六口人。爷爷今年82岁，脚部瘫痪，已丧失劳动能力；奶奶83岁，只能做一些轻农活；姑婆80岁，先天性聋哑。爸爸患有先天性癫痫病，长期靠药物控制病情，能干一般的体力活，但由于要照顾家中三位老人没能外出打工赚钱。家中的经济来源和秋芬的学费主要靠母亲常年在海南打工赚取。

虽然母亲常年不在身边，但秋芬已经习惯了。还在屯里上小学时，秋芬就主动帮家里分担家务，放学后要先去割猪菜，再回家准备一家人的饭菜。

2004年，香港嘉宝莉集团通过那坡县民族局联系扶贫事宜，选中了秋芬作为资助对象，每年资助学杂费250元。

① 根据梁秋芬访谈整理。

2004年8月，秋芬参加了嘉宝莉集团在人民大会堂召开的“民族团结助学活动”启动仪式。在北京，身着彝族民族服装的秋芬，引来不少记者的采访，秋芬向记者介绍了自己家乡丰富多彩的传统文化，引起了许多人的兴趣。随后就有北京的记者亲自到达腊屯观看跳公节，并拍摄了影视作品。2007年8月，秋芬再次参加嘉宝莉集团在西安召开的助学活动，并作为贫困生代表在大会上发言。秋芬表示自己一定要在大会中表达自己对嘉宝莉集团全体领导员工的感激之情，将《感恩的心》唱给自己的恩人们听。

彝族注重礼仪，是十分讲究礼仪的民族。达腊屯流传这么一个顺口溜《无教养的仔》：

无家教的仔，父母早死，无人管教，不懂道理，不文明，家里客来不喊客，客来不应客，客来不喊狗；无家教的仔，不通理的仔，不文明的仔，屙屎路堪下，臭气向上臭；无家教的仔，屙尿路堪上，尿水流路间，人人过路人人骂，人人过路人人丢；爹不教的仔，娘不教的仔，养仔养当狗，养狗帮看家，养狗摇尾巴；养仔不成仔，养仔养当牛，养牛得耙田，养牛得犁地，养牛靠生产，养仔养笨仔，懂得不养仔。

彝族把自己的品行修养作为人生最重要的一课。达腊彝族家庭习惯用祖先的规定来教育子女，严格规范本民族的道德标准和行为习惯：

达腊人见面要互相问好。如果是晚辈，见面时要主动报上自己及上辈人的姓名；如果遇上亲戚，还要记背家谱，弄清彼此间的辈分。

串门时切勿敲门，一般在离家较近的地方，向主人家问“你家有狗没有?”或“你家狗拴好没有?”主人家就会知道有客人在门外招呼。达腊彝族讨厌什么招呼都不打就直接闯进屋的人，认为这样做没修养，不尊重别人。

达腊人讲究长幼之礼：长辈入室，晚辈须让座；长辈在场，晚辈不得插嘴；长者幼者在一堂，长者应居上座；长辈面前，不得口出狂言秽语，不与长辈嬉笑戏闹。

达腊彝族人在两个地方特别讲究，一是火塘（见图6-1），二是神台，晚辈必须遵守传统一些规定：

传统“干栏”房到厅内，彝族村民就设有火塘。达腊地处高寒山区，过去被子少甚至没有，人们只好围着火塘睡觉。火塘是煮饭烧菜的地方，又是全家人吃饭、谈天、休憩和待客的场所，火塘成为彝族传递文化的场所。坐在火塘边，彝族村民要按规矩安排：不管到哪家，哪个方位，在火塘边只要是客人就要坐在门开的方向，门的背面方向是主人的位置，火塘的上方是长辈和比较受尊敬的老人坐的地方。而下方是妇女们坐的，负责加柴和做饭。同时，不允许从火塘上跨过、从围着火塘坐的人面前跨过，禁止妇女从火塘或火塘上烧的柴火上跨过。

在达腊屯，笔者发现许多家庭的神台上或抽屉内，都放有家谱。传统的彝族人，在家很讲究父子连名系谱。老人都说：在彝族居住地区，当彝人之间见面问及具体的姓名时，如果一方背诵家谱，回答家支、分支、父亲的名字再加上自己的名字，并算出是否同一个祖先，甚至能准确

图 6-1 达腊彝族村民家中的火塘

算出辈分，认准祖辈父辈或谁兄谁弟之间的秩序，那么他肯定会得到其他人的尊重，食宿肯定没问题。在达腊，偶尔也会看到彝族孩子练习背诵自己家谱的现象。

二 学校教育

（一）历史缘起

达腊村设有一所完小，位于达腊屯中央，创办于 1913 年，最初名为“同化村私塾学校”，是全县第一所少数民族私塾学校。私塾学校的老师是从镇边县城过来的壮族人，学生人数在 15 名左右。私塾教材采用《三字经》《百家姓》《千字文》《幼学琼林》《声律启蒙》《四书》《五经》《唐诗三百首》《古文观止》《左传》等古籍，课桌椅由学生自备。初入学的学童主要是朗读背诵古文，教师重点对两年学龄以上的学生讲解字义及指导作文。私塾老师的待遇不均等，年俸最高的有 200 银圆，最低的 30～50 银圆，由学董负责提供。也有学生从家中带些粮食作为学费，或是由学生所在家庭轮流奉养①。上课时，老师对照课本用汉字念，用壮话解释。解放后，私塾更名为“达腊村完小”，1951年改为公办。

解放初期，达腊完小是一间茅草屋，20世纪70年代改建为长形的瓦房，分隔成6个教室；2000年5月，香港中业教育机构有限公司资助新建教学楼，当年11月竣工使用。教学楼建设期间，在校学生被分散到村民家中上课。

（二）校舍设施

达腊村完小占地面积2882平方米，校舍占地594平方米，有2栋三层的钢筋混凝土大楼，分别是教学楼和学生宿舍楼，其中教室6间面积350平方米，学生宿舍9间面积271.8平方米，设有各类功能室，具体如表6-1所示。

表6-1　校舍建筑面积分配情况

单位：平方米

	教室	办公室	宿舍	食堂	活动场地	楼梯	厕所	各类功能室			
								图书阅览室	少先队科技活动室	体育器材室	教学仪器室
面积	350	32	271.8	34	576	116	34	32	32	32	32

另外，学校有一个小食堂，是1988年县政府出资兴建；2006年，广西大学工会捐建水池一个；普及九年义务教育

① 广西那坡县志编纂委员会：《那坡县志》，广西人民出版社，2002年，第551页。

期间，达腊完小的共建联系单位——那坡县民族局捐建了一对篮球架。学校安装有广西壮族自治区教育厅赠送的农村远程现代教育卫星接收设备一套，配有电脑、打印机、DVD 机各 1 台，电视机 2 台，还购有一些教学仪器，学校藏书 1050 册。老师办公室也设在仪器室内。一有安排学生观看远程教学节目，老师只能腾出地盘，学生也要自带椅子。而上下课铃声，是由值班教师敲打半节钢轨发出的。达腊完小见图 6 - 2。

图 6 - 2　达腊完小

（三）师资力量

截至 2012 年 12 月，达腊村完小在职教师 5 人，其中壮族 3 人，彝族 2 人；男性 4 人，女性 1 人。学校设校长 1 人，为赵致仁老师；教导主任 1 人，为方卫红老师。学校教师基本情况如表 6 - 2 所示。

表 6－2　达腊村完小教师基本情况

单位：元

姓　名	性别	民族	出生年月	参加工作时间	文化程度	职称等级	工资
赵致仁	男	壮	1970.4	1990.12	大专	小学高级教师	2100
方卫红	男	彝	1952.12	1969.1	初中	小教 1 级	2496
莫福班	男	壮	1970	1995	大专	小教 1 级	2200
梁容菱	女	彝	1978.10	2001	大专	小教 1 级	1500
蔡焕权	男	壮	1977		大专		1850

在那坡县，城乡学校教学条件相差较大，广大农村、边缘山区普遍缺乏优秀教师。多年来，县教育局大力推行“轮教制”，城乡学校之间实行教师定期交换教学，企图达到均衡教育的目的。2008 年 9 月，王智勇老师（教龄 17 年，彝族，小教一级）调离达腊村完小，同时调入蔡焕权老师。实际上，即使是农村学校教师，同工不同酬依然存在，达腊村完小梁容菱因为是代课教师，工资就少许多。同时，村委在学校旁边特地划出一块空地，供达腊村完小老师课余时间耕种，以补贴生活。

方卫红老师说：“按规定，我已到退休年龄了，过完年就该结束教师学校生活了，但我现在还没有接到通知，校长也不知道谁要来接替我。”

（四）学生概况

达腊完小招收全村适龄儿童入学。每学年开学前，村委会领导和学校老师分片包管，四处张贴宣传标语，深入村屯家访，给适龄儿童的父母发送入学通知单，大力动员适龄儿童入学。村委会“村规民约”规定：“家长必须送适龄子女上学读书，不准重男轻女，凡有适龄子女而不送上学读书的，责令父母每年交扫盲基金费60元。”并狠抓适龄女生入学及在校女生的控辍保学工作。从2003年起，达腊完小适龄儿童入学率为100%，辍学率为零。

截至2012年12月底，全校在校生33名、学前班14名（见表6－3）。

表6－3　2012～2013学年度达腊完小各年级学生人数统计

单位：人

一年级	二年级	三年级	四年级	五年级	合计	女童人数
6	8	5	6	8	33	22

达腊完小有住宿生16人（见表6－4），每生住宿费收取10元/学期，费用所得主要用于维修学生宿舍。住宿生每周五晚上放假回家，周日返校。

表6－4　2012～2013学年度达腊完小住宿学生分布统计

单位：人

一年级		二年级		三年级		四年级		五年级	
男	女	男	女	男	女	男	女	男	女
0	2	2	1	1	2	2	2	2	2

达腊完小没有配备专职学生食堂工作人员，住宿生每日三餐以及农村学生补助的午餐都是由当天值日老师负责。达腊完小5名教师，轮流负责每天学生伙食。住宿生每学期需交500斤柴火，或交30元钱由学校领导向当地村民购买，不住宿的学生需交住宿生的1/3。

（五）教学安排

达腊完小住校的学生早上6：30起床，洗漱后便早读；

7：40开始做半小时的早操；8：10分上第一节课，每节课40分钟，课间活动10分钟；一个上午共3节课，中午11点便放学；中午午休至14：00；14：30开始上第一节课，共上4节课；17：30放学；晚上19：00~20：00晚自习；21：00就寝。

从校长赵致仁处得知，学前班和一年级的学生采用双语教学，即老师上课时先用普通话讲一遍课文，再用彝族语言解释刚才所说的课文。某些部分，老师还会用当地的壮话再复述一遍。通过这种方式，老师逐步引导学生熟悉并掌握汉语。经过4个学期对汉语的认识和运用，二年级和三年级的学生已基本上熟悉汉语教学。

达腊村完小实行农村义务教育，各年级开设课程严格执行国家规定（见表6-5）。

表6-5　达腊村完小2012~2013学年度上学期教师工作安排

姓名	职务	年级及科目	周节数	兼管
方卫红	教导主任	一年级语文、品德与生活、安全；四年级数学、美术、社会、综合；全年级科学	25	会计、后勤、总务专干
梁蓉菱	教师	二、三年级语文、品德与生活、安全；五年级数学、美术、信息、综合；全年级音乐；少先队辅导员	26	出纳、少先队辅导员、数学教研组长、后勤管理员
蔡焕权	教师	四年级语文、品德与安全、综合、信息；二、三年级数学、美术；全年级体育	26	语文教研组组长、卫生监督、财产管理
赵致仁	校长	五年级语文、品德与安全、综合、信息；一年级数学、美术	27	安全、德育、纪律监管、全面工作、党支工作

从赵校长处还了解到，达腊完小的老师们，除完成规定的教学任务外，还非常重视学生品德的修养和良好习惯的培养。学校制定了严格管理制度，每月一次组织学生学习《小学生日常行为规范》，每周举行一次升旗、降旗仪式，设置有班队会、思想品德课，通过红领巾广播室、班级黑板报、少先队活动等多种渠道对学生进行宣传教育。由于学生分散居住，道路复杂，因此安全教育常年狠抓不懈。

附　学校安全教育三字经

1. 交通安全

违章车，超载船。
不搭乘，避祸害。
公路上，不打闹。
循规行，秩序好。

2. 游泳安全

凡游泳，大人陪。
深险地，莫乱闯。
防潜水，练游泳。
学救助，要提倡。

3. 卫生防疫

吃熟食，忌生水。
讲卫生，是良方。
小零食，慎购买。
流行病，重预防。

4. 防火安全

遇火灾，烟雾熏。
湿毛巾，口鼻蒙。
身着火，地上滚。
安全道，急逃生。

5. 用电安全

裸露线，勿乱碰。
宿舍内，禁电器。
遇触电，不要近。
切电源，要及时。

6. 汛期安全

暴雨天，雷电闪。
避高架，离大树。
路上行，防塌方。
河水涨，莫强渡。

7. 防震安全

床桌下，墙角边。
待救援，急躲避。
捂口鼻，护头颈。
抓机会，进阔地。

8. 其他安全

危旧楼，勿靠近。
危险品，要远离。
上下楼，靠右行。
防踩踏，莫拥挤。

附　学校卫生区域责任制

一年级清扫商店到能家商店路段，大门通道及四年级教室左侧空地的纸屑及杂物。

二年级清扫厕所阶梯、厕所通道和垃圾坑通道。

三年级清扫学生宿舍楼走廊及阶梯。

四年级清扫办公室和教学楼走廊及楼梯。

五年级清扫教学楼、学生宿舍楼后水沟。

备注：

1. 大扫除安排在每周星期一下午第三节进行，每次大扫除由各年级班主任负责监督，确保劳动安全和区内卫生。

2. 操场每天安排一个年级在早读之前清扫完毕，由值日教师检查，确保校园清洁卫生。

3. 内宿值日生每早起床后负责清扫宿舍和体育室门前空地，由舍长负责检查。

达腊村完小

实施九年义务教育后，达腊屯学生基本没有辍学的了。2006 年以前，达腊完小曾有 2 名学生因家庭贫困而辍学：

案例6－2　达腊完小辍学情况

2004～2005年，达腊完小一名六年级女生辍学。原因是该女生的父母向同村一中年男子借钱而无力偿还。中年男子希望娶该女生为妻来抵债，女生父母表示同意并让女儿停止上学。达腊完小的教师知道后上门对父母进行思想教育，同时也为该女生寻得资助其继续读书的好心人。但是女生的父母仍顽固不通，最后该女生服从父母的安排出嫁。

2005～2006年，达腊完小一名五年级的男生辍学。该男生家中有父母以及一个妹妹。父亲常年多病，家中只有种田的微薄收入。该男生认为自己长大了应该外出打工负起家庭生活的担子，于是决定辍学外出务工。

从2001年起，社会上的单位和个人不断开始资助达腊完小彝族的学生（见表6－6），加上国家实行九年义务教育后，学生的家庭负担减轻了很多。学生每个学期只需交作业本费即可。此外，每个学生每学期还可获得65元的杂费补贴。从2009年开始，国家给达腊完小的学生每月225元补助，所发补助用于学生中、晚两餐。

表 6-6 2001~2006 年达腊完小学生受助情况①

单位：人

年　份	单位或项目	资助人数	金　额
2001~2006	爱德基金会“重返校园”活动	10	金额不明
2002~2003	那坡县 77 个贫困村特困生捐助项目	12	每人每年 80 元
2002~2004	中国南车集团	14	每人每年 80 元
2002~2006	世界宣明会那坡项目办	人数不祥	金额不明
2003	那坡县干部职工捐款项目	12	共 180 元
2004	那坡县义教助学金项目	人数不祥	每人 80 元
2004~2005	那坡县 77 个贫困村特困生捐助项目	7	金额不明
2004~2005	那坡县“第二批贫困村全县干部职工捐资助学项目助学金”	51	每人 80 元
2005	国家提供免费教科书	11	教科书费用 60 元

与此同时，达腊村完小还很注意对学生思想品德的培养，督促学生每学期给捐助人写信，汇报小学生活的情况。

附　感谢信

尊敬的叔叔、阿姨：

您好！首先祝你身体健康工作顺利！

我是一个贫困的留守儿童，父亲、母亲常年到他乡打工，奶奶有病，生活也不能完全自理。我在达腊村完小四年级上学，家中只靠爸爸支撑，是您给了我们全家欢乐，

① 资料来自“达腊完小学生受助情况登记表”。

表 6－7　城厢镇达腊村教育基本情况统计

项目数据学年度	基本情况				班级、学生数									适龄儿童入学情况						适龄少年入学情况			小学辍学情况			15 周岁人口教育情况					17 周岁人口教育情况			校舍生均	图书生均	教师情况			
	总人口数	自然屯数	校园占地面积	校舍面积	班数	合计（不含学前班学生）	一年级	二年级	三年级	四年级	五年级	六年级	学前班	7至12周岁人数	女	已入学 计	已入学 女	入学率 计	入学率 女	13至15周岁人数	初中阶段在校生数	初中阶段入学率	上学年初在校生数	学年内辍学人数	辍学率	15周岁人数	完成人数	完成率	文盲人数	文盲率	17周岁人数	完成人数	完成率			教职工数	专任教师合格率	校长岗位培训合格率	另有代课教师
2007～2008	1547	10	2882	956	5	50	10	11	8	9	0	12	17	90	40	90	40	100	100	68	64	94	58	0	0	28	28	100	0	0	30	26	86.6	19.12	19.5	4	100	100	1
2008～2009	1549	10	2882	956	6	50	13	11	10	6	10	0	24	83	36	83	36	100	100	65	62	95	50	0	0	21	20	95.4	0	0	24	23	95.8	19.12	19.5	5	100	100	1
2009～2010	1544	10	2882	956	6	57	12	14	7	8	6	10	23	94	40	94	40	100	100	53	51	96	50	0	0	19	18	95	0	0	28	27	96.4	16.77	17.1	5	100	100	1
2010～2011	1507	10	2882	956	4	31	6	8	12	0	5	0	21	103	45	103	45	100	100	49	48	97.9	57	0	0	25	25	100	0	0	21	19	90.5	30.8	33	3	100	100	1
2011～2012	1488	10	2882	956	4	31	8	6	6	11	0	0	23	103	47	103	47	100	100	39	39	100	31	0	0	9	9	100	0	0	19	18	95	30.8	33	3	100	100	1

尤其给予学习生活上的帮助是很大的，您的话语也给了我力量，我心里不知有多激动。

我一定要听您的话，发奋学习并怀有一颗感恩的心，学有所成，回报您的关爱，为家庭，为社会做出贡献。

此致

敬礼！

您资助的人：城厢镇达腊村完小校四年级　　赵庆冲

2013 年 01 月 22 日

达腊屯小学升初中的入学率较高。自 2003 年起，达腊完小毕业生的初中入学率为 100%，共有 43 名完成初中教育。不过，“当他们升初中后，住宿费、伙食费以及各种费用有所增加。在与外界接触的过程中，一些孩子的思想容易被外界因素影响，最突出的问题是不安心读书，想外出打工挣钱。因此达腊屯能够顺利完成初中教育的人并不多，能考上高中的人就更少了”。[①] 据不完全统计，自解放以来，达腊屯有 1 人考上大学（见表 6－8），广西师范大学王光荣教授是典型，现在正在读大学的不少于 10 人。

表 6－8　1949 年以后达腊屯接受高等教育名单[②]

姓　名	学　校
王光荣	中南民族大学
梁国军	那坡师范学校
梁国胜	广西柳州工人大学
梁国辉	巴马民族师范学校

① 来自方老师访谈。

② 2012 年 12 月 25 日笔者访谈多名村民统计，人名及人数可能不准确

续表

姓 名	学 校
梁平龙	百色师范专科学校
梁卫锋	广西农业大学
方廷锋	广西电电视大学
苏梦梅	玉林师范学院
梁春密	桂林电子科技大学
梁屿芳	河池学院
梁海钢	南宁民族师范学校
方舒	广西外语学院
黎晓东	广西财经学院
梁卫东	广西民族大学
梁桂英	右江医学院
方秀金	右江医学院附属卫生学校
梁思彝	右江医学院附属卫生学校
方洪樱	百色学院
梁溶溶	广西师范大学
梁栋梁	玉林师范学院
方梦媛	南宁文艺干校

第二节 卫生

1949年以前，达腊屯的卫生保健事业极其落后。由于屯中没有专业的医生，村民习惯求助毕摩用求神送鬼的方法治病。1949年以后，党和政府十分重视彝族地区的卫生保健事业，已做到县县有医院，区区有卫生所、保健站，乡乡办起医疗点，实行合作医疗制度。

一 传统医疗

据资料记载，1949 年前，部分村民生活困苦，缺乏衣服、棉被、蚊帐等生活用品，加上卫生条件差，如全村均未修建厕所，人民习惯喝生水，医疗条件不足等，导致当地常有疾病流行。达腊屯常见的病症以发冷、拉稀、上吐下泻、肚子痛、头痛居多。清朝光绪末年，达腊屯连续三年流行痢疾，180 多人死亡。当时全屯 80 多户，全家死去的有 20 多户。国民党统治时期，平均每年有 6 ~ 9 人死于这些疾病。解放前，达腊屯没有医生，村民生病了也无从找药吃。而且过去村民迷信鬼神，认为生病的人是因为被鬼神附身了，所以通常是请腊摩、萨喃驱邪送鬼。

以前，彝族因对疾病的认识不够，常将其与信仰联系在一起。正因为如此，他们常常在得病后请来道公作法，驱除病魔。在为病人驱魔的时候，道公除了念一大串的咒词外，还会在病人身上找一些部位，通过摸脉、点穴以判断病人的病情，然后决定用什么方法治疗。常见的治疗方法有针挑、刮痧、拔罐和打灯草。打灯草是选择病患的某个穴位，用拇指摁灭灯芯油灯，趁烫按到选定的那个穴位上，让余热顺着病患者的某条经络，冲击病痛部位，以促使病痛痊愈。从客观角度来讲，尽管道公的角色具有迷信色彩，但其所使用的一些治疗方法是中医的传统方法。除道公外，达腊屯还有一两个被称作“神婆”的人，擅长用烤鸡蛋的方法替人占卜看病，她们从烤出的鸡蛋外壳裂纹中看出病人因什么致病，病人往往根据她们占卜的结果找药或采取一定措施来使自己恢复健康。

除了求助于宗教人士，普通村民在长期的生产生活中，特别是在与恶劣的自然环境做斗争的过程中也积累了丰富的医药知识，对内科、外科、妇科、儿科、针灸等都有自己行之有效的治疗办法。村民擅长运用山野的常见草药，如鱼腥草、女贞子、雷公根、两面针、车前草，或涂或煎，治愈常见的病痛。如今，这些方法在屯中仍有流传。若仔细询问村民治病的过程，大家很难说出个所以然，但他们的确从老一代人那学到了很多民间医学知识。

二　现代医疗

方卫东是达腊屯村民，1968 年从百色民族卫校靖西分校毕业，在那坡卫校进修一个月后回到达腊村卫生所当医生。卫生所的另一个女医生不是达腊屯人，但家离达腊屯不远。两人负责整个达腊村的医疗事务。药品医疗器具都由那坡县卫生局拨款购买，世界银行捐助过一个听诊器、救生包。村民来卫生所就医，看病卖药所得利润归医生所有，每月工资由县卫生局发放。

2004 年，达腊村卫生所由于药品不足等原因撤销，所里两位医生分别回各自屯，但仍共同管理达腊村医疗事务。整个达腊村被分成两大片区，一个医生分管一片。人们若是生病就到老医生方卫东家里来看病。一般的小病，人们会在方医生的指导下用药，或到县里抓药；若得的是大病，则必须到县城医院就诊，村里的医疗条件是不可能进行诊治的。

2007 年 3 月，达腊村开始实施新型农村合作医疗，每人每年缴纳 10 元，划入家庭账户，用于支付门诊费用补偿。新型农村合作医疗补偿标准分住院补偿、重大疾病住院补偿以及门诊补偿等。补偿最高金额为：一年内累计门诊补

偿资金不超过家庭账户金额；一年内累计住院补偿资金封顶线为4500元；一年内累计重大疾病补偿金和封顶线补偿金两项合计不超过40000元。

合作医疗实施初期，大部分村民对合作医疗没有信心，并认为其最终难以落实，因此全屯仅有1/3的人参加。第二次在2008年4月，由于村委会加大了对合作医疗的宣传力度，因此当初拒绝加入的村民都纷纷加入。

附　那坡县新型农村合作医疗（摘要）

1. 住院治疗中的药品费、手术费、住院费、化验费、检查费等都可以纳入补偿范围。按照规定，乡镇卫生院住院补偿比例是65%；县级医疗保健机构住院补偿比例是40%；县以上医疗保健机构住院补偿比例是30%。特殊检查项目住院补偿比例：县级25%，县级以上10%。

2. 慢性病的治疗费用，如高血压、糖尿病、慢性胃炎、甲亢、类风湿、慢性肝炎、结核病等的费用可以得到补偿。

3. 住院分娩费用。只要是住院分娩（顺产），一次性就补偿100元，若发生妊娠合并重大疾病、剖宫术、产前产后抢救的费用较大时也作为补偿范围。

4. 门诊费用。2007年那坡县新农合基金划入家庭账户每人每年10元，农民可累计门诊发票到城乡镇合管办报销，直到报完家庭账户余额为止。

5. 若农民是重大疾病（以符合县有关资料规定条件为准），住院费一年内累计超过10000元的，可由个人提出申请，待城厢镇调查核实材料，县合管办审核批准后按45%～60%的比例给予补偿。

新型农村合作医疗制度为村民的身体健康和生命质量提供了保证。正是这一惠民制度的诞生，达腊屯的医疗卫生情况有了现代意义上的保证。如今，方医生仍每月从县里拿到30元的工资。没有了卫生所，方医生的主要工作是负责防疫重大疾病、流行病和妇幼工作；在有重大疫情，如“非典”“禽流感”等发生的时候向村民宣传预防措施，并向上级报告村里的疫情；在流行性脑脊髓膜炎、流行性感冒等疾病流行的时候，上级也会电话通知方医生督促村里做好预防工作；上级有新的疫苗时负责通知家长带儿童去防疫站接受疫苗防治；所负责管理的片区有妇女怀孕了要上报有关部门；帮助推算产妇预产期，产妇生产后要进行三访，分别是3天一访、14天一访、28天一访；协助防疫站进行防疫工作。每年城厢镇来到达腊村宣传计划生育时，方医生还陪同他们走家串户了解情况。另外，一些日常小病如感冒、拉肚子、发烧等还可以到方医生家里开药。他家的医疗设备主要有听诊器、一次性针筒，还可以测血压和胎音。以前还备有简易的外科医疗器材以及接生器材，现已没有了。

实际上，现在达腊村民的医疗已基本上依靠县城或乡镇各家医院，方医生已经转变为上级卫生主管部门各类指示精神的传达者和执行者，以及对村民的健康做基本的保护。

第三节 文化

彝族是一个有着悠久历史的民族，留传下来许多传说、故事，创造了一批优美的歌舞，这些构成了彝族特有的文化特质。达腊屯有着自己独特的故事传说。

一 民间传说、故事

（一）跳公节来历的传说

传说古时候，部落交战频繁，一年春节前，彝族人的一支军队与敌人交战，因寡不敌众，几乎全军覆灭。将领麻公急中生智，命令大家摘下高筒帽子，藏身于金竹丛中，敌人追来，看见高筒帽子，弄错了方向，转移主攻目标。麻公及其部下获得了喘息的机会，后以金竹为弩，奋起反击，结果箭无虚发，节节取胜，终于击败了敌人，于次年农历四月初凯旋。为了庆祝胜利，补度春节，并惦记金竹之恩，大家把从阵地带来的金竹栽种在一块平地中央，周围编上篱笆，保护起来，视为神竹圣地。人们敲起铜鼓，吹起葫芦笙，拉起二胡，环绕金竹，载歌载舞，世代相传，沿袭成为当今这个欢庆胜利，缅怀祖先业绩，祈求风调雨顺、五谷丰登的跳公节。又传，达腊彝族人是从金竹中生出来的，是金竹孕育了达腊彝族祖先并由此开创了彝家的一切。达腊人对金竹有很深的崇拜之情，所以后人于跳公节时都要祭金竹。

（二）达腊彝族的来源[①]

达腊彝族人的故乡是云南普天普梅。普天普梅是彝族世代生活栖息之地，随着时间的推移，彝族中逐渐出现了

---

① 朗头黎日兆口述，钟柳群整理。

贫富分化，其中一部分彝族由于贫穷受到歧视，被赶出普天普梅，这部分人就是达腊彝族的祖先。被赶出普天普梅后，这支彝族人迁到那坡赶驼银。在赶驼银住了两三年后，当地人指着河里的倒影说，倮倮族的祖先都掉进河里了，你们不能在平地住，你们赶紧跑去山里住。于是达腊彝族祖先不得已就迁到现在的达腊屯居住。当时的达腊屯所在山头还是一片深山老林，尚未通公路，那坡县也没有卖盐巴的，达腊彝族祖先只能走去田东、田阳县买盐巴。山里还有蟒蛇、野猪、黄猄等野兽出没。达腊彝族祖先只得请瑶族、苗族的人来帮忙对付这些野兽，后来这些人就留在达腊开荒、砍树、起房子，达腊彝族就从原来的5～6户发展壮大到如今的70多户。

（三）金竹妈妈①

传说很久以前，有位朴实勤劳的中年单身汉，乳名叫阿旺，住在岜当山脚下。山里人烟稀少，生活艰苦，山里人靠上山开荒种地、打猎谋生。一天，阿旺上山开荒，收工回来路过一道河，河水中有金竹不偏不倚正碰到他的左腿，便奇迹般地停住了。阿旺几次提腿想跨过去，岂知那金竹好像很有灵性，滴溜溜地随着阿旺的腿打转，就是不肯离去。阿旺感到十分奇怪，仔细一看，见金竹长得漂亮，萌生恻隐之心，他顺手将那金竹捞起来，带回家里，放在堂屋里，每天闲暇之余，经常拿来抚摸欣赏。不知何故，自从带回金竹，家中好像添了个伴，日子没有往常那么寂

① “金竹妈妈”及后面的4个民间故事系雷韵、黄静2010年8月到那坡县彝族补充调查时，那坡县博物馆黄生馆长提供自己收集整理的那坡彝族传说故事。

寞孤独了，清闲沉闷时，情不自禁地拿起金竹舞弄抚摸。天长日久，竟对金竹产生了眷恋之情，甚至连晚上睡觉还带上床抱在怀里。说来也奇怪，日子过得久了，那根金竹依旧青翠如初，像刚从山上砍来一样。更令阿旺奇怪的是那根金竹像人一样，越长越大越好看，这下阿旺更痴爱这根金竹了。一天晚上，阿旺怀里的金竹突然滑动起来，弄得阿旺怎么也睡不着，他索性起身抱着金竹坐在火塘边，边抽闷烟，边痴情地看着金竹出神，失口说起傻话来："金竹呀金竹！你要是个人该多好，与我相依为命共过日子才好呢！"说完，心里捉摸，金竹虽好，但放在家里闲着没用，不能随身相伴，太可惜。阿旺编织手艺很好，心想倒不如把金竹破开编个漂亮腰箩，白天装饭带在身边，相伴上山做工，晚上装衣服放床上相伴睡觉，形影不离不是更好么（由此有了流传至今的习俗，彝族情侣送纪念品，最亲的是男的编个腰箩送给女的，以示定亲）。想到这里，一时心血来潮便拿过砍刀，刚想动手破竹，谁知刀口刚碰到金竹竿，那条金竹竟"啪啦"一声，自个儿裂成两半，从金竹里掉下 5 个小娃仔来，一落地便嘤嘤哭叫。阿旺见此情景，一时慌了手脚，不知所措。一开始，他不想理睬这些娃仔，想拿扫帚扫出屋外了事。但见这 5 个娃仔长得十分可爱，哭声牵动着阿旺朴实慈爱之心，便舍不得丢开，赶忙胡乱扯了几块旧布片，细心地把他们一个一个包好放到床上，再煮点玉米稀饭喂他们。对于破了的金竹，再不忍心拿来用做他用，便细心地再把它合拢，埋在屋外菜园里。几天以后，金竹竟长出青翠秀丽的金竹笋来。这下，更加引起阿旺的眷恋，他把这无比眷恋之心倾注到孩子身上。自打那时起，孤独的阿旺因有了 5 个小孩而感到无比的欣慰。他每天起早贪黑，尽心抚养着孩子。5个孩子在阿旺的精心养育下，一天天长大，开始学走路说话了，个个聪明伶俐，活泼可爱。他们刚刚学会讲话开口头件事便是缠着阿爸问阿妈，看着孩子渐渐长大懂事，能帮助父亲做活了，父子情深，做父亲的对孩子不能没有个交代。于是，在八月十五晚上，阿旺召集5个小孩，到菜园金竹丛边围坐，仔细地把遇上金竹，痴恋金竹，情破金竹的前前后后，讲给孩子们听，并深情地对孩子们说："阿爸一生孤单，老天爷保佑，生你们的是金竹妈妈……"阿爸的话，触动了孩子们的孝心，从此他们不再缠着阿爸问妈妈了，更加体贴孝顺阿爸。

日子过得真快，5个孩子都长成了身强力壮、勤劳勇敢的好后生，他们通情达理，尊敬阿旺，屋里屋外的活计，全由5兄弟操持料理，阿旺不再操心劳累了。阿旺总算舒心地松了一口气，到老享上了清福。光阴流逝，阿旺已年过花甲，由于一生劳累，身体衰弱多病，自己估量不久于人世了，心中亦喜亦忧。喜的是自己有了5个儿子养老送终，一生有个安慰；忧的是孩子们年纪还轻没经验，尚未成家立业，放心不下。一天晚上，阿旺老人趁着月色明亮，高兴地带着5个孩子，到菜园金竹丛边围坐谈心，思亲怀旧，他深情地对孩子们说："我的好孩子呀！已与你们兄弟相依为命，活了大半辈子，这是阿爸的福气啊！如今，你们都已长大成人，我高兴得很。年岁不饶人，阿爸不可能和你们厮守一辈子，往后你们每人，都得有长远的志向，各显其能，安家乐业才好。"5个兄弟异口同声地说："好阿爸，你劳心累身把我们抚养长大，深恩不忘，你老人家的嘱咐，我们会认真地去做。"看着5个诚实的孩子，阿旺根据各个

孩子的个性，分别给他们分了工：老大编竹器去卖；老二种棉纺纱织布做衣裳；老三上山打猎兼饲养；老四打铁做家具；老五学石匠加工。分工完毕，阿旺一再叮嘱说："人以食为天，大家首先要种地长粮食，有粮饱肚子，什么都好办。一生要勤劳，不偷懒，讲义气。要记住，生你们的是金竹妈妈，你们永远不要忘记她……"

阿旺给5个孩子分完工后，不久便离开了人世。5兄弟按照阿旺生前的嘱咐，分散到各地谋生，根据各自的手艺，分别得到了发展，繁衍成为青彝、白彝、黑彝、红彝、花彝等5个彝族支系。他们安居乐业，生儿育女，创造出丰富多彩的民族文化。彝族同胞不管到哪里居住，房前屋后，菜园边都种有金竹，并精心护理，每年还举行具有民族特色的跳公节活动，以示对祖先的祭祀和敬仰之情。①

（四）孔雀姑娘

吉祥山下彝族寨，有个好后生，名字叫阿扎，长得虎气，聪明又伶俐，勤劳朴实。过去的山寨，九里十弄，数彝寨最穷。那年山寨发瘟疫，来势很凶，民间缺医少药，难于控制治疗，死了不少人，阿扎家的爹妈和兄弟姐妹都不能幸免，丢下孤苦伶仃的小阿扎，全靠隔壁孤寡老阿妈抚养长大。穷人的孩子早当家，懂事的阿扎，人穷志不穷，为人忠厚老实，勤劳勇敢。他很感激老人的养育之恩，诚心诚意服侍老人。阿扎每天起早贪黑地劳动，上山开荒种地一大片，老天不负有心人，来年秋天，收获一大堆玉米、狗尾粟、大南瓜、竹豆、芋头、红薯……堆满了堂屋，他

① 来自黎克明（彝）口述。

总是选最好的献给阿妈。寒冬腊月他上山打猎，打得山猪、豹子、黄猄、马鹿、野鸡等山货，杀好了，先割好的肉敬奉给阿妈。每天出门做工前，他总先劈好柴火，挑满缸里的水给阿妈后才出门。晚上睡觉前，不管怎么劳累，都打洗脚水给阿妈，然后才离开。阿扎几十年如一日伺候老人家，在彝寨里众人皆知，传为佳话，人们都称赞阿扎人品好。

光阴催人老，年岁不留情，阿妈越来越老了，身体衰弱，一天不如一天。眼看着阿扎孤单一人里里外外忙活，阿妈心里实在很着急，总是念叨阿扎，想着多好的一个后生，难为他一片好心肠，要是能有个好姑娘做媳妇，做个伴，帮个手，该多好呀！可是，旧社会娶亲，父母包办，只认钱财不看儿郎，穷人家的单身汉怎能讨到媳妇呢。这件事不单阿妈心里挂念，连寨子里的老人们也同样关心，就是谁也无法帮忙，拉不上红线呢。

又是新的一年来临，开春动手种庄稼，阿扎又忙开了，孤身一个青年，里里外外都由他一个人去做，阿妈已年过花甲，老眼晕花，走动很不方便，还要阿扎费心服侍。阿扎一天忙到晚，劳累得人都憔悴了，脸也被太阳晒黑了。老实巴交的阿扎，从没叫过一声苦，不喊一声累，一心想着赶季节多耕种，来年争个好收成，更好地孝敬阿妈。慈善的阿妈，见阿扎忙里忙外，有时连饭都顾不得煮，咬着生红薯充饥就出工了，心里实在过意不去。于是，每天等阿扎出工了，便偷偷地抽空过来帮阿扎煮好饭菜，然后盖在锅灶上，让他回来吃。开始，阿扎收工回来，打开锅盖想煮饭，见饭菜已煮好，心想，这肯定是隔壁阿妈帮煮的，十分感激老人家的关怀体贴。年轻人害羞，不好当面感谢

老人，心里有话口难开，只有暗暗在行动上更加尊敬服侍老人。

仲夏是农活大忙的季节，阿扎又忙着上山种旱谷，孤单一人种一大片山坡，够他忙活了。有一天，等他埋头锄完地，已是时过正午，还没有回家吃中午饭，觉得又累又饿。他放下锄头，想到坡上金竹林边休息一下，顺便找些竹笋和野果吃，无意中发现茅草丛里有两个十分漂亮的彩蛋，和家里的鸡蛋那么大，他越看越爱，心想拿回家让母鸡孵，说不定会孵出小鸡来。于是，他高兴地拿自己的头巾小心包好彩蛋，带回家中放到鸡窝里，每天收工回来休息时，常到鸡窝边看彩蛋解闷。不知过了多久，隔壁阿妈和阿扎两人之间，莫明其妙地产生了猜疑：家里扫得干干净净，锅里煮好的饭菜怎么比以往更好吃，脏衣服也洗干净叠放好，这肯定都是隔壁阿妈做的，可为什么以前就没有？这太劳累人了。他想劝告老人不要操烦那么多，但总不好意思开口，其实，阿妈也有她的困惑。原来，有一天早上，阿妈身体不太舒服，起身晚了点，正打算到阿扎家帮他煮饭，哪知道开门进去，发现堂屋已收拾得干干净净，饭菜也煮好了盖放在锅里，还热气腾腾。老人疑心阿扎这娃仔好精灵，怕我操烦劳累，自己赶早起来煮好饭菜才出工，这不更劳累了吗，想劝他又不好开口。但连续这样下去总不行，老人放心不下，决定起床更早点去帮阿扎煮饭菜，再趁机劝告他，不要自己煮了，好让他放心去做工。但是几次都发现，阿扎还是很早就出门做工去了，从来不耽误，阿妈心里有事睡不着，总想着法儿关照这小后生。

一天早上，阿妈睡不着，但还躺在床上养神，知道阿扎出门去做工不久，便听到阿扎家里有姑娘在低声细语，还听见操持家务的响动。老阿妈惊疑地想，阿扎独身一人，早出晚归地忙活，家里哪来的闲人勾引姑娘来串门谈话呢？好奇之心促使老人要探个究竟，虽然老眼晕花，但她还是从自家隔板缝中看见了阿扎家的一切。这么一看，老阿妈高兴得心里乐开了花。这两个姑娘是谁家的？自己怎么没见过，难道是仙女下凡，或者是外地来的？不管怎么样，这总是好事。阿妈心想，阿扎这娃仔聪明伶俐，年轻人心眼多，瞒着我老人，表面装老实正经，暗中偷偷留了哪家姑娘来帮工，可能不想让我知道。转念又想，机会难得，如果阿扎能娶得其中一个来做媳妇，该多好哇！我老人家也就放心了。想到这里，老人决定找个时间，向阿扎问清楚，催他早点拿定主意，不要错过良机。事有凑巧，一天正逢梅雨，农事稍闲，阿扎早收工回家，又忙着帮阿妈挑水、扫地、劈柴火。阿妈趁机搬了个板凳，乐哈哈地坐在阿扎旁边，旁敲侧击地问："阿扎呀！你成天忙里忙外，还来帮我操持家务，实在让我过意不去。现在我这把老骨头还能动，活要是太忙，你就不必为我包揽那么多了吧。"阿扎听了，有些不好意思地答道："阿妈说过头了，我人笨手脚不灵，成天在外瞎忙，家里全烦你老人家关照。你每天为我打扫堂屋、洗衣，还煮好饭菜给我，我阿扎实在过意不去，帮你做点事算得了什么？"阿妈听了，心里觉得好笑。心想这娃仔什么时候学乖巧了，明明家里留了两个妹仔来帮工，还故意讲客套话。她便装着生气的样子说："你别讲客气话了，你嫌我老人手脚笨，煮饭菜不好吃，我已很久没有帮你煮了，别讲空话气我了。"阿扎一听，觉得老人生气了，很难为情，真诚地说："阿妈你别生气，我人穷理短，但我没有讲空话，敢对天发誓，要是阿扎讲半句假

话，天打五雷劈，不是人！这些日子，我早出晚归忙活，家里如果没有你老人家收拾，哪里像个家。你为我洗衣做饭、扫堂屋，这一切我永远不会忘记的。”阿妈见阿扎傻乎乎地认真起来，这股老实劲更使老阿妈感到奇怪，便忍不住挑明直说了：“你这娃仔还想瞒我，家里那两个姑娘是谁，你以为我不知道。”阿妈这么一说，阿扎更是丈二和尚摸不着头脑，发瞢了，急火火地说：“没有哇，家里哪来的姑娘，我没见过，难道我阿扎骗你老人家不成?”这么一来，阿妈也觉得玄乎了。于是，她将自己亲眼看到的情景，一五一十地讲给阿扎听，两人都觉得很奇怪，为了证实这件事，阿妈出主意让阿扎找个机会窥探一下真情。商量好之后的一天，阿扎早早起来，临出门时，故意高声对隔壁阿妈说：“阿妈呀！今天我上山给玉米松土可能回来得晚，请你老人家别惦记啊!”说完便关门出工去了。其实阿扎哪里去做工，他出门后走到寨边，便抄小路折转回自家屋后，偷偷爬上屋顶，掀开茅草，伏在屋顶偷看屋里的动静。不一会儿，想不到的奇妙景象出现了，只见鸡窝里突然冒起一股烟雾，朦胧中出现两位美似孔雀，妙如仙女的姑娘，从鸡窝里跳出来，阿扎看得呆了，见她们手脚灵巧地清扫堂屋，收拾家具，洗衣做饭，动作十分麻利，有条有理。又听见她们窃窃私语，那个穿花白衣服的姑娘长得更漂亮些，她对穿花红衣服的姑娘说：“姐姐，阿扎这个人很诚实，我们熬够日子再让他知道不迟，今天他一定做工到天黑才回来，我们可以多待一会儿再回窝。”红衣姐姐听了扑哧一笑，逗趣地对妹妹说：“你呀！对阿扎有意思，就留下吧，我可先走了。”阿扎在屋顶听得真切，心慌了，心想，多好的姑娘，我不能再让她们走了。于是他便不假思索，急忙从屋顶跳下来，一手抓住穿花白衣服姑娘的手不放，惊得那位穿红衣的姐姐，慌忙中变成一只孔雀飞走了。阿扎眼疾手快，忙把鸡窝里两只空蛋壳，丢到火塘里烧了，并诚恳地对姑娘说："好心的阿妹，既然不嫌我阿扎穷苦，为我操持家务这么长日子，就留下来吧。"姑娘羞红了脸，深情地对阿扎说："多谢阿哥一片好心，我俩是金竹妈妈的孩子，妈妈见你诚实勤劳却孤单，特意叫我们来陪伴你的，等到斋戒的日子够了，才让你知道，想不到你先发现了，又烧了蛋壳，阿姐飞走了再也不回来，我也回不去了。"阿扎一听，高兴得蹦起来，拉着姑娘的手，在堂屋中跳起弓弓舞。狂欢过后，姑娘冷静下来，难为情地说道："我们这么提前相认，事先没有跟妈妈讲，犯了戒，山神爷爷会处罚我们的，怎么办才好呢？"阿扎一听，也觉得不妥，沉思一下，动情地说："我们请隔壁阿妈做媒证婚，拜过山神爷爷，然后接金竹妈妈过来，一起服侍老人家，这样不就两全其美了吗！相信山神爷爷会成全我们的。"就这样，孔雀姑娘与阿扎结为伴侣，繁衍子孙后代。[①]

（五）智斗土司

春风吹万里，好事传千里，孔雀姑娘和阿扎成亲的消息，像春风吹过那样纷纷扬扬，在彝族寨里一时传为佳话，传遍三乡五村十八寨。不单彝族同胞高兴，连邻近的外族兄弟姐妹也感到稀奇，人们走马灯似的前来祝贺看热闹。在这喜庆的日子里，阿扎家热闹非凡，男女老少欢聚一堂。白天闹场唱山歌，晚上堂屋中央齐跳公弓舞，老人祝福好

---

① 来自黄宗华口述。

姻缘，青年祝贺幸福长。大家敬佩阿扎为人讲义气，也羡慕阿扎好福气，阿扎声望高了，名声在外了。

自古以来，悲喜相伴，真是福兮祸所伏，祸兮福所倚。阿扎的喜事却惹恼了嫉妒者，本地土司知道后，心里很不舒服。这昏庸霸道的土司爷，凭着世袭官位，称王称霸，贪财好色，鱼肉乡里。听到阿扎讨了个漂亮姑娘，心里很不服，自认为是土司，什么都要比平民百姓高一等，家里尽是百里挑一的富家女、官家婆，难道还比不上你穷小子的老婆漂亮？开始他半信半疑，便派管家去探听虚实。这个管家也是个专做坏事，惹是生非，仗势欺人，压榨百姓的“老狐狸”。他混在热闹的人群中，因为没人理睬他，先是一肚子闷气，后来在阿扎堂屋中，亲眼看到孔雀姑娘那婀娜多姿的身段，含情脉脉的笑脸，令他眼花缭乱，如醉如痴，使他更加嫉妒。回去便添油加醋地告诉了土司，土司听了管家的谗言，色心发痒，垂涎三尺。本想依仗权势派人强抢过来，但又得假装斯文，不好意思蛮干。他想穷小子笨头笨脑，老实巴交定能随便摆弄，我明是想抢占漂亮的老婆，但还要摆个正人君子，论道理和你斗计谋，你没头脑必定输，我就可以名正言顺地把孔雀姑娘抢过来。主意拿定，土司即叫管家传话，决定3天后，在高山坡上摆擂台，要和阿扎讲理斗智谋。立下规章，阿扎若斗赢了，让给他8座大山、9处牧场，并立他为彝王。若是阿扎斗输了，没名声不配娶美女，乖乖把孔雀姑娘献给土司。消息传出，村寨百姓都知道了，都背后骂土司心狠毒，都为阿扎担忧。阿扎听到了，心里又气愤又难过，怕有理说不清，斗不过土司。孔雀姑娘见阿扎愁眉苦脸，便追问缘由，阿扎只好把土司传话摆擂台的事，一五一十地说出来，难为地说：“我是个庄稼汉，头脑笨，怎么斗得过土司呢?”孔雀姑娘安慰他说：“有理走遍天下，无理寸步难行，到时候你把金竹叶插在头巾里，衣袋里装上头发丝和鸡毛，只管去，不要怕，到时要说的话，要做的事都会想出来。”

第三天，阿扎按孔雀姑娘说的去赴约，只见土司和管家坐在擂台上，还请来村寨长老陪坐，家丁、打手站立两旁，好不威风，来看热闹的人山人海。正午时辰一到，鼓手敲响铜鼓，管家宣布打擂台开始，叫阿扎进台中央对话。众人让开一条道，阿扎昂首阔步，镇定自若地走进场中，人们提心吊胆，担心阿扎斗不过土司，替阿扎捏着一把汗。人们气愤土司依势压人，于是都全神贯注地观看这场戏。管家张开母鸭嘴高声喊话：“天下同一理，门当户对成双配，阿扎犯乡规，穷汉要娶美女不成体统，土司爷正人君子讲仁义，公开摆擂台论理比高低，谁赢了谁在理，按章法办事，大家可作证。”

擂台开始，土司站起来傲慢地先开口讲：“官家管百姓，章法听不听?”阿扎坦然地回答：“得道多助，失道寡助。”土司进而一逼：“富贵配美女，天生最合理。”阿扎据理冷笑反驳：“空吃白赖货，母鸡配肥猪。”阿扎这一反驳，气得土司脸红瞪眼，蛮横地讲大话：“天生人才地生宝，官家田地有多少，你能说得出?”阿扎毫不示弱，随口也问：“勤恳劳动才有用，牛耕田地踩脚印，你可数得清?”土司哪里答得出，急得团团转：“良田万亩坐，天下富贵讲身价。”阿扎听了，轻蔑地大笑道：“三年不种地，饿死脸朝天。”

人们听了阿扎有理有力的答辩，开心地大笑，为阿扎战胜土司而喝彩。土司气得红了脸，说不出话来。可是，

他还不服输，乱使坏主意，只想难倒阿扎就是赢，便无赖地说："算你阿扎乖巧嘴巴硬，有本事有能耐，白天敢摘马蜂窝，算你赢。"阿扎一听，确实难为起来。心想土司真狠毒，乱出坏点子了，一时哪里去找马蜂窝呢？正当他六神无主左右为难时，伸手摸口袋想抽烟，无意中摸到几根头发丝和鸡毛，心里一亮，计谋也想出来了。他随手从旁边草丛里抓几只蟋蟀捏死，用头发丝系上鸡毛捆在蟋蟀身上，再系在竹竿上，把竹竿插在地上，真是灵验，没多久，山坡那棵大树上正好有个马蜂窝，有几只马蜂飞来觅食，叼走了蟋蟀，白鸡毛轻飘飘地连着头发丝拖在后面，变成了信号，跟着马蜂飞到蜂窝。马蜂叼蟋蟀进窝，头发丝拖着鸡毛却把蜂窝口堵死了，马蜂一时出不来。勇敢机灵的阿扎，冲出人群，三下两下爬上树去摘下马蜂窝，顺手摔给台上的土司。这一摔，蜂窝裂了，惹怒了的马蜂一起飞出，疯狂地围叮土司和管家，叮得他们鼻青脸肿，疼痛难忍，狼狈不堪地逃回家。但恶毒的土司不甘心失败，他依势压人，诬蔑阿扎捣乱，下死命令，限阿扎3天之内，把对面青山染成黑山，做不到就判死罪。这下阿扎也觉得难做了，那么大的山又怎么能染黑呢？阿扎难过地把这消息讲给孔雀姑娘听，请她想办法。孔雀姑娘胸有成竹地安慰阿扎道："吉人自有天相，有心计的人难不倒。"她教阿扎头天在坡脚砍草分火路，顺着山坡下横砍一道点火路，山坡两边砍光隔火线，防止大火蔓延到别的山上；第二天晒草；第三天点火。西南角下点一处，火一点着便可借风烧光整座山的杂草，便可以把青山染成黑山了。然而，阿扎太粗心了，忘记了孔雀姑娘的交代，一时高兴，随便到处点了几把火。这一来，火顺风势到处蔓延开了，火苗越过了分火线，烧到另外山坡。阿扎一看心慌了，怕烧坏了别山的树林，急忙去灭火。这一着急，原来彝族老祖宗相传下来的长披风和长上衣，竟被阿扎脱下拿来扑火给烧光了，黑长裤也被烧了一大截，变成了黑短裤。好在北边山口长着一片金竹林，竹竿光滑，竹叶细又高，不容易着火，才挡住了蔓延的火苗，没有烧到别的山坡。指定的山坡总算顺利烧完，青山确实一下子变成了黑山。阿扎一看高兴极了，不顾光着上身和被烧剩的黑短裤，忙跑回家向妻子说："山真染黑了！山真染黑了！"孔雀姑娘看着他的模样，又心痛又好笑，爱怜地说："托山神爷爷保佑你赢了，只是你太不小心，衣服也给烧了，要永远记住这个粗心的教训，今后就按这样穿着打扮吧。"孔雀姑娘给阿扎重新缝制衣服，除掉原来的黑长披风，把黑上衣、黑长裤，改变成长袖白上衣、黑短裤。从此，桂滇边区彝族同胞的衣着，变成了长袖白衣、黑短裤的民族服装特色，世代相传至今，与其他地区的彝族同胞服饰不大一样，别具一格，就是这个原因。①

（六）金戈铁马

古时候，有年一场暴雨酿成山洪暴发，把住在山里的彝族同胞，连人带屋统统淹没，人们家破人亡，流离失所，非常凄惨。只有居住在半山腰上的一户人家没有受到洪水冲击。

这家里有一位善良的老母亲，和一对勤劳的年轻夫妇，他们注重乡情，很讲义气，山洪暴发时，日夜奔走抢救受难同胞。洪水过后，他们热情地扶助受灾乡亲，帮助乡亲

---

① 来自黎克胜口述。

安排好生活。不料，祸不单行，皇帝和土司不仅不关心受灾群众的疾苦，反而贪图享受，官家与土司勾结，要从民间选美女进宫。他们选来选去，选中这家漂亮媳妇，不管愿意不愿意，强拉着送上京城，还趁机抢劫财物。母子俩势单力薄，斗不过官家，媳妇被抢走了，家产也被掠光了。面对人财两空，母子俩坐在火塘边，伤心地哭了三天三夜。尤其是老母亲，想到媳妇被抢，家产被掠光，往后日子怎么过，哭得死去活来，把眼睛都哭肿了。年轻力壮的儿子，遭受这一打击，痛定思痛后，觉得这不平的世道非推翻不可。几夜之间，不知哪方神明点化，年轻人变得明智坚强起来，他不再灰心丧气，发誓要打倒昏王、斗垮土司，为天下百姓讨个公道。他不声不响离家出走了七天七夜，回来时变得剽悍顽强，沉着坚定，常与朋友私下商量。这些，老母亲看在眼里，想在心头，看来儿子想要干大事了。老人家心里既高兴又担心，但她不想当面说破儿子的想法，只能暗暗祈祷神灵保佑儿子成功。一天，儿子突然从山上带回来一蔸金竹，种在自家屋边菜地里，精心浇水护理，金竹长得快，不多久就长出青翠壮实的一丛竹笋来，枝枝像长矛。儿子十分高兴，做工更加勤快，每天上山做工都要带柴火回家存放，家务一切安排妥当。一天晚上，儿子悄悄地对母亲说："阿妈咪哟，打明天起，我要到外边去求师学艺，家里已安排妥了，存放的柴火够用到我回来，你老人家独自在家一些日子，待我学到本事后回来，再服侍你好吗?"母亲眼看身边唯一的亲骨肉，就要离开自己出远门，吉凶未卜，未免心里难过，有点舍不得。但见儿子壮实英武，想着前段时间的痛苦处境，想到儿子一定有什么大事要办，她深知儿子的性格，拦是拦不住的，也只好同意儿子出远门。第二天早起，儿子背起包袱告别母亲上路了，但出门不远，又转头回来，神秘地对母亲说：“阿妈咪，菜园里头种的金竹，长不到120天是砍不得的，你要记住，我不在家，哪个要来砍，你都不要答应啊！”老母亲没有盘根问底，只管点头答应了。

儿子走后，老母亲孤单一人在家过日子，光阴过得飞快，一晃就过了九九八十一天，那天天气晴朗，老母亲坐在自家屋前做针线活，忽然听见对面山路传来“咔嚓”一声，接着听到有人喧哗，她举目望去，只见一个光秃着脑袋，身材肥胖的人，活像只冬瓜，从轿子里骨碌滚到路边，一帮人正手忙脚乱地把他从路边扶起来。原来抬轿子的木杠拆断了一根，轿翻人落了。只见那光脑袋的人开口大骂几声，接着朝老母亲住的房子方向比比画画。不一会，一个管家模样的人，跑到老母亲的屋前，开口说：“喂！老婆子，我家老爷的轿子断了一根抬杠，你家屋边的金竹，给我一根，我们付钱买。”原来这帮人是城里来的大官员，要到乡下一个财主家赴宴，路过此地，抬轿子的木杠断了一根，要找一根来替换。老母亲记着儿子出门时嘱咐的话，便轻淡地对面前陌生人说：“竹子还小，长不到120天不能砍。”“嘿！你这老东西，真不认抬举啊！你竟敢拗老爷的命令。”那管家狐假虎威张口骂起老母亲来，想叫轿夫强行抢要。“哎呀呀！你急吼什么？”光秃脑袋从后面走过来，他怕惹出事耽误时间，摆出一副宽宏大量的样子，对管家说：“山里土婆不懂理，和她瞎吵没用，好好同她讲个价钱，我们给她就是，赶路要紧，别误事。”“是的！老爷。”管家卑躬屈膝地点头，转身对老母亲连哄带逼地说：“嗨！老太婆，你这金竹白长没用，卖了还得钱。我只要一根，

给你一吊钱，不会亏你吧。”“我儿子不在家，他交代谁也不能砍，不卖。”老母亲说。“不卖？我给你再加十吊钱，只要一根，总算高价付钱，可以吧？”光秃脑袋急得亲自出面讲价，管家又在旁边威胁说：“老爷大方，给你十吊钱够赏脸了，得钱不懂要，等会讲不好别怪我们不客气咯！”

老母亲见他们人多，恐怕他们蛮不讲理，硬闯进去乱砍，就更难保住这丛金竹了，又觉得一根金竹卖十吊钱不算少，给儿子存点钱也好，就勉强答应卖给一根，让人进菜园去砍。没料到，管家叫一个轿夫拿刀进去砍金竹，突然听到那轿夫大惊叫喊：“大老爷！大管家！怪事了，你们快来看呀！”众人闻声涌上去一看，都惊呆了。原来砍下的金竹自行爆裂，从每节金竹筒里掉下来几十个古怪的人马形白俑，还在跳动。光秃脑袋一看惊慌起来，觉得这家土婆可能搞什么妖魔法术作弄人，一气之下，就不管三七二十一，命令打手们，把那丛金竹统统砍下来，并且把金竹一根根从头破到尾。这么一来，秘密全暴露了，每根金竹里都藏有许多骑马模样的武士白俑，个个身披盔甲，手持长矛刀，肩挎弓箭，样子十分威武，只可惜还很嫩软，眼睛还没有睁开，不能施展武功。光秃脑袋看了，惊慌地喊道：“不得了啦！出妖怪了，这家倮婆（对彝族贬称）正在窝养着千军万马，成心造反啦。你们看，这些家伙在金竹里若待够月日，养精蓄锐，就要成为真人真马，真刀真枪，见风就长，杀将出来锐不可当，那时我们还不全都死在他们手里。趁现在它还未足时日，赶快把它们毁了。”经光秃脑袋这么一说，管家即刻叫人放火把金竹丛全烧，还大骂老母亲一顿，然后仓皇弃轿离去。老母亲听了刚才光秃脑袋这么一说，又见金竹全被烧光了，才明白儿子临走前说

“金竹不到120天不能砍”的道理。可等她明白，已经晚了，她伤心地流下了眼泪，觉得对不起儿子。

过了一段时间，儿子回来到家，一听老母亲伤心地说出事情原委，他匆匆忙忙跑进菜园里，眼看着一堆金竹灰烬，暗自伤心流泪，气愤难忍。不知是感到太可惜，或是被金竹神力吸引，他在灰堆旁边蹲下来，用手小心地扒开灰烬，发现在灰层下面，长出几根刚破土出来的鲜嫩小竹笋。他欣喜若狂，忙找来树枝和藤条，把小竹笋围上两道篱笆作保护，精心施肥浇水。三五天后，这些小竹笋就长到二三尺高，而且结实粗壮，生机勃勃。儿子看着竹笋成长，内心转忧为喜，更加精心护理。又过了七八天，竹笋长得更加壮实粗大，儿子暗下决心，吸取上次的教训，他把这些竹笋统统割下来，慢慢地剥掉外壳，小心地腌在大坛子里，陈放在房里隐蔽处。安排妥当后，他又要出远门谋事去了，临走时，又一再叮嘱老母亲：“不过120天，不能随便揭开坛子盖。”儿子走后，老母亲心有余悸，成天提心吊胆地惦记着儿子，总想儿子收藏的坛子里究竟是什么？但一直也不敢去碰那只腌竹笋的坛子。时间已过了三个月，女人毕竟疑心大，耐不住性子，越疑越注意，心里成天想念儿子便又想到房里坛子。到了101天，怪事出现了，坛子里突然冒出一股臭味，满屋难闻，老母亲开始还忍住，故意不去看它。可是到了第三天，这臭味更大了，坛子里还传出响动声音，她这回实在是按捺不住了，猜想这娃仔又搞什么鬼名堂，腌一点竹笋也那么神秘，一定是不懂做又怕丑，才用假话哄骗我，难怪又臭又响，肯定是发虫变坏了。这么一想，好奇心大，便不顾儿子交代，进房子去揭开坛盖一看，哎呀，真不得了，朦胧中看不清楚，只见坛

子里全是涌动着的白蛹蛆，奇形怪状，看了令人恶心。她心里骂儿子不懂腌竹笋，肯定是密封不紧通风变坏了，觉得这臭烂的东西不能留在家里。于是，烧沸了一锅开水，倒进坛里。过后不久，正是120天整，儿子回来了，找不见坛子，听老母亲一说，又坏事了，当场难过得昏厥过去，几天几夜醒不过来，第三天深夜好不容易才回了神。老母亲日夜守候在床边，见儿子醒了，才着急地问他，为何这样伤心。儿子到了这时候，心知自己秘密准备的大事不能成功，也就没什么保密了，才心痛地如实告诉母亲："坛子里的那些白蛹蛆，同先头的金竹里的白俑一样，都是金竹神灵指点，要我暗中培育，秘密准备的金戈铁马，做率众起义之用，酝酿不到120天不成材，你没记住我的交代，随便乱开坛盖坏了事，想不到事情最终坏在不认真恪守信用的自家人手里，大事办不成了。"老母亲听了儿子的陈述，才如梦初醒，明白儿子的用意，可事到如今，后悔也无用了。儿子因为伤心过度，病倒了，而且病情一天一天加重，临终时伤心地对老母亲说："阿妈咪呀，我不行了，恕儿子不孝。世道不平，我们彝家苦难多，儿子立志办事不成，对不起祖先和乡亲父老。没脸见人呀，儿子先走了，要记住，金竹是彝家的保护神，希望后人永远记住金竹情。"说完话，便含恨离开了人间。

后世人懂得自己的祖先中有这么一个立志办大事的人，凭借金竹神灵的指点，秘密策划金戈铁马搞起义，非常敬佩。为了缅怀祖先英灵，纪念金竹的神圣，彝寨家家户户都种金竹，以表达彝家对祖先和金竹的尊敬崇拜。①

---

① 来自黄文合口述。

（七）马鹿角的故事

1. 上山当公鹿

相传很久很久以前，巴当山下有一对夫妇，恩爱和睦，勤俭持家，日子还算是过得温馨美满。夫妻俩生了两个男孩，家里更加欢乐。日常夫妻俩勤快操持，农忙一起干活，农闲丈夫上山打马鹿，妻子在家织布、料理家务。然而，日子长了，免不了出现拌嘴怄气，无意中出了怪事。丈夫天天起早贪黑上山打猎，没有空手回家过，可是，丈夫每天所打的马鹿、野猪、飞鸟，全都是公的，没有一只是母的。本来这是丈夫生性仁慈，对雌性有特殊的宽容，不忍下手，打猎时专打公的。可是，妻子不解其意，反而耻笑丈夫，说："你天天上山打猎，专打公鹿，不打母鹿，偏心了，是否和哪个母鹿相好……如果公鹿被你杀绝了，马鹿不是要绝种了吗？到那时，你上山当公鹿去传宗接代吧。"言者无意，听者有心，妻子的刻薄话深深地刺激了丈夫，彝家汉子生性犟直又害羞，心里很委屈。当晚，他彻夜难眠，一气之下，第二天天刚蒙蒙亮，便悄悄丢下妻子和两个男孩，赌气离开家，真的到山上当公鹿去了。妻子不见丈夫回家，这才察觉到自己失言气走了丈夫，可后悔已来不及了，茫茫深山林海，到哪里去找丈夫呢？没办法，她只好自己养育两个男孩，盼望丈夫回心转意早日回家。

两个男孩渐渐长大成人，开始懂事了。孩子从来未见过爸爸，天真幼稚的哥俩，常常问妈妈："妈咪呀！我见别家都有爸爸在，我们家爸爸去哪里啦，我好想爸爸。"妈妈经不住孩子多次追问，也觉得孩子长大懂事了，该让孩子知道爸爸的去向了，便如实地告诉孩子："你们还小的时

候，爸爸就上山到老林里当公鹿去了。”

2. 爸爸的鹿角

听了妈妈的话，两个孩子感到十分惊异，骨肉亲情牵动了思念之心，便闹着要上山去把爸爸找回来。妈妈没有反对，为他们做了爸爸爱吃的糯米糍粑，让孩子上山去找爸爸，并把他们送到路口，深情地指着远处高山，告诉孩子：“以往你爸爸就上那边山上打猎，你们就到那里去找吧。”兄弟俩带上干粮，沿着妈妈指的方向找去。他们走呀走呀，不知走了多少路，走过多少座山，山那么高，林那么密，茫茫一大片，不见爸爸的踪影，不知爸爸到底在哪里，兄弟俩急得边哭边喊：“爸爸呀！你在哪里？跟孩儿回家吧。”儿子深情的呼唤在山林间回荡，慈善的山林土地公公，被真挚的童声感动，现身出来指点，告诉兄弟俩：“你们要找爸爸，不但要有诚心，而且还要有勇气，要爬上那座最高的山，砍下那崖壁上边的金竹来做弓箭。等到傍晚，你们站在山顶朝南方射箭，看箭头飞落到哪里，你们就到哪里找爸爸。”兄弟俩依言而行，爬上那座高山，砍下坚硬的金竹竿，就地做好弓箭，等到太阳下山，兄弟俩合力拉弓搭箭，“嗖”一声，金竹箭滴溜溜地朝南飞去，直落到对面深谷的密林里。兄弟俩看准了箭落的地方，高兴地直往那追去。爬呀攀呀，一直赶到天将黑，兄弟俩才找到箭落地点。只见密林深处有一片小平地，平地上燃烧着一堆火，柴火已烧掉了一大半，火堆中还埋了几节芭蕉心。兄弟俩估计人还没回来，便急忙动手扒开火堆，把芭蕉心拿出来，换上妈妈做的三个糍粑埋进火堆里，再把火烧旺。兄弟俩为了不惊动爸爸，而且也想先观察爸爸的模样，他俩爬上旁边树杈上等了许久，才听见密林深处传来沙啦啦的响声，由远而近，接着出现了一个直立着走路，头上长角，身上长毛，人不像人，马鹿不像马鹿的怪物。怪物双手捧着野果、野菜朝火堆走来，放下东西，先扒开火堆想找芭蕉心吃，可是芭蕉心不见了，见到三个香喷喷的糯米糍粑，这是他在家时最爱吃的东西，高兴得说："天有缘，埋个芭蕉心变成了糍粑，很久不得吃了。"便狼吞虎咽地吃起来，柔软香甜的味道，一时让他联想到家里的妻子和两个小孩，亲情依依，他后悔自己赌气跑出来。怪物一边吃一边流下了伤心的眼泪，仰天叹息。兄弟俩在树上看得真切，认定这个怪物一定是爸爸了，趁着爸爸低头往火堆里找食时，突然从树上跳下来，一下子抓住怪物头上的两个鹿角不放，伤心地哭着喊爸爸，劝爸爸回家团圆。骨肉之情油然而生，怪物紧紧搂住两个孩子，父子三人抱头痛哭一场，真是难分难舍。可是爸爸想着自己的模样，又灰心了，任凭孩子怎么哀求，也难回心转意，说什么也不愿跟孩子回家。他难过地对两个孩子说："人生别斗气，爸是后悔莫及了，当初不该赌气离开家，流浪深山林海里吃惯了野果草根，人都变样了，怎么好回家见人呢。难得你们一片孝心，我见了已心满意足，你俩兄弟回家服侍妈妈吧，叫她今后也跟人别斗气。"说罢，割下自己头上的两支鹿角，每支鹿角绑上一根藤，交给兄弟俩每人一支鹿角，交代说："老天爷保佑，你们自己回去吧，爸爸也没有什么东西送给你们，送你们每人一支鹿角，你们把它牵回去，一路上要注意，鹿角到哪里停住拉不动，你们就在哪里安家，往后日子会好过的。"爸爸说完话，趁天黑一转身便消失在深山密林里不见了。两兄弟察觉到再去追已追不上，黑灯瞎火的可到哪里找，心想爸爸变了样难以回心转意了，再追也没用，无

可奈何，只得遵照爸爸的吩咐，牵着鹿角往回走。

3. 鹿角定缘分

兄弟俩牵着爸爸送给的鹿角回家，走出了深山密林，来到山坡旁一家寡妇屋边。他俩觉得实在太累了，腰酸腿痛口又渴，便把鹿角放在门旁，进屋讨口水喝。喝完水谢过主人，兄弟俩出屋才发现两支鹿角不见了，急忙到处寻找，才看见两根藤露在外面，鹿角却已钻下地去了。兄弟俩急忙抓着藤条拉，可是越拉鹿角钻得越深，怎么拉也拉不上来。他俩商量决定顺藤挖地找回鹿角，因为挖地就要破坏寡妇的屋基，只好在山坡边新地方另起一所新房给寡妇住。兄弟俩盖好新房子后，跟寡妇说明道理，寡妇见两兄弟善良又勤快，又见新起的房子比旧的还好，也就乐意搬进新屋去住了。兄弟俩就在寡妇的旧屋基里，顺着藤条挖地找鹿角。挖呀挖呀，白天黑夜不停地挖，真奇怪，越挖藤条越移动，不单挖完了寡妇的旧屋基，连整个山坡都被挖遍了，但只见藤条不见鹿角，挖出了一大片肥沃田地来。看着这片新挖的肥沃土地，兄弟俩十分高兴，这才想起爸爸的吩咐，便决定就在这里安家种地。兄弟俩砍来金竹、割来茅草盖起新房子，又回家把母亲接来住下。兄弟俩便在这片田地上勤劳耕种，辛苦了一年，种了一大片糯芒谷，生长得很好，长出的谷穗像狗尾巴那样又长又粗，沉甸甸的，丰收在望，兄弟俩高兴地开始收割了。古时收糯芒谷是剪穗的，剪完谷穗就算收完了。可是奇怪得很，这片糯芒谷今天剪完谷穗，明天又长出新谷穗来，收几茬都收不完。兄弟俩发愁了，芒谷收不完，掉在田里霉烂了多可惜呀。兄弟俩不顾劳累，半夜三更还在田里辛勤收谷，这事感动了土地公公，他亲自上天宫，请七仙女下凡来帮兄弟俩收谷子。七仙女听了这事也羡慕人间真情，便下凡来帮两兄弟收谷子。她们真神奇，每剪一穗谷子就用口水点一下谷杆，谷穗就不再长出来了。七仙女下凡来帮忙收谷子，兄弟俩十分感激，又见她们个个长得如花似玉，手脚勤快灵巧，特别是第七个仙女年轻美貌，婀娜多姿，引得弟弟痴情了，成天和她在一起收谷谈心。第七个仙女也觉得弟弟人品好，热情又勤快，真是人间难得的好儿郎，两人含情脉脉，心照不宣地暗自倾心。弟弟生性机灵，心想要能留住第七个仙女在人间，娶她为妻该多好。弟弟细心观察，发现七个仙女每天天刚亮，就从天上飞下来，脱下翅膀藏到田边草丛里就去帮忙收谷。傍晚天将黑，各人又插上翅膀飞上天去，留也留不住。帮工已七天了，眼看谷子就要收完了，七个仙女就要回天宫不再下来了，弟弟心里很着急，决计留住第七个仙女不放。这天中午，趁仙女们忙着收谷，弟弟悄悄把第七个仙女的翅膀藏了起来。天黑了，六个仙女各自插上翅膀，飞回天宫去了，唯独第七个仙女找不到翅膀，无法跟姐姐们飞回天宫，无可奈何地留在了人间，加之自己也眷恋人间真情，便和弟弟回家结成了夫妻，享受人间快乐。

4. 天地情缘分

第七个仙女留在人间，和弟弟结为夫妻后，倒是恩爱非常，享尽人间天伦之乐，加之生了两个男孩，家庭更欢乐了。两个小孩很乖巧，夫妻爱如掌上明珠，每天轮流在家看管小孩。奇怪的是，爸爸在家小孩不哭不闹，妈妈在家时小孩则哭闹不停，到底为什么呢？第七个仙女很疑惑。有一天，第七个仙女因小孩哭闹，实在哄不过来，便生气地质问小孩：“为什么爸爸在家你们不哭，妈妈在家你们老

是哭呢?”小孩幼稚地照实说:“爸爸在家时,常拿一件很好看的东西给我们玩,我们高兴就不哭了。妈妈你没有好东西给我们玩,我们闷了才哭。”第七个仙女觉得奇怪,盘问到底,并叫小孩带她去看那件东西,当她看到竟然是自己的翅膀时,心里立即气愤了,原来是丈夫把它藏起来了,又私下拿给小孩玩,觉得丈夫不真诚,欺骗了自己,这么多年久住人间,也思念天宫的姐姐、娘娘,得了翅膀何不趁机回天宫去。虽然去意已定,临走时又留恋两个可爱的小孩,但又思念天宫亲人,真是左右为难,最后还是决定先回天宫,便对两个小孩说:“爸爸回来要问妈妈,你们就直说妈妈回天宫去了。”同时还交代两个小孩:“如果爸爸骂你们,千万别哭,即使他用木棍打也不要哭,唯独用帚把打才哭。到时你们走出晒谷台,我在天宫就懂得了,我放下三条线来接你们,其中两条红线、一条绿线,你们兄弟俩就抓住红线往上爬,就可以到天宫见妈妈了。”交代完毕,第七个仙女洒泪展翅飞回天宫去了。丈夫收工回家不见了妻子,就问小孩:“你妈去哪里了?”小孩老实地回答:“妈妈飞上天去了。”爸爸听了一惊,着急地跑去看,翅膀果真不见了,说明妻子真的飞走了。一时难过,生气骂小孩泄露了秘密,但不管怎么骂小孩都不哭,越骂越气,顺手抓起小木棍就打,可是小孩还是忍着痛不哭,想再用力打怕伤了小孩,便又随手抓起门边帚把来打。说也奇怪,两个小孩反而伤心地大哭起来(彝族民间引此为忌:帚把是驱邪除污之物,是克星,禁用帚把打人,视为不祥之兆)。两兄弟边哭边走出晒台,第七个仙女在天宫听见孩子们的哭声,知道出事了,马上放下三条线到人间。两个小孩看见天空有线吊下来,记着妈妈的交代,每人马上抓住一条红线边哭边爬上天宫去。爸爸正在气头上，见小孩哭着跑出晒台，开始时并不理睬，只坐在火塘边抽闷烟，后来一听小孩哭声越来越高越远，觉得不对劲，急忙跑出晒台一看，不得了，小孩已抓着红线爬上天去了。一着急，看见眼前还有一条绿线在摆动，不管三七二十一，也急忙抓住绿线爬上去追。三父子先后都到了天宫，亲人团聚自有一番甜蜜欢乐。但是，天上、人间礼节不尽相同，终有互不相适之处，天长日久，各方都难尽情意，丈夫执意要回人间，第七个仙女又一时不能再下凡，无法挽留，只好再放下绿线送丈夫回人间。临别时交代丈夫，让丈夫仍抓住绿线往下滑，到地面后摇线三下，天上便知已到地面了，天上好把线剪断，以免旁人偷爬。想不到丈夫刚滑到半空中，突然有一只饿急了的老鹫飞过来啄他，为了躲避老鹫的啄扑，左右躲闪变成了摆动了绿线。第七个仙女在天宫见绿线摆动，以为丈夫已回到人间，便把绿线剪断。可怜半世姻缘空赴去，丈夫从空中摔下来，跌得粉身碎骨，血洒大地，染红了田垌的星星草，其至今仍星星点点开白花，直照天空以表思念。七仙女和两个小孩，还不知道他已经死了。

5. 害人终害己

第七个仙女和两个小孩留在天宫，有个修炼未成的恶魔，妖性未改，好吃人肉，见人间两个小孩到天宫中，很想吃掉他们，但又碍着第七个仙女的面，不敢轻举妄动，便自认是小孩的老外公，找机会亲近，设法哄小孩外出玩耍，以便伺机吃掉他们。第七个仙女深知恶魔心毒手辣，但又不好当面揭穿，只好暗中保护孩子。她给两个小孩每人缝了一件“红灵兜”穿在身上，邪魔就不能靠近，一靠

近就发出亮光刺手。恶魔气极了，便想出坏主意害死两个小孩，因为只要人死了“红灵兜”便会失灵，就可以吃肉了。他先指使两个小孩去砍树开荒，想让他们累死。可是小孩有“红灵兜”保护，神力大。两兄弟按照老外公吩咐，上山砍了几天树，就开得一大片荒地。但老外公又突然变卦，说两兄弟砍错了，叫他们把砍倒的大树再立起来。这就难了，树砍倒了怎么能立起来再活呢？兄弟俩想不通去向妈妈讨教，第七个仙女知道是老外公刁难，便安慰孩子说：“不要紧，勤恳的孩子会得到保佑的，我给你们每人一条红线，去把砍倒的树一根一根绑起来，然后站到地边一拉线，树就全部立起来了。”兄弟俩按照妈教的方法去做，真的又把被砍倒的树全部立了起来，而且恢复了原貌。第二天，老恶魔偷偷去看，见了大吃一惊，心想这两个小孩真了不起。但他仍不服输，又出坏点子，假惺惺地佯装不懂，对两个小孩说：“你们去砍树开荒已有 12 天，估计砍倒的树已干枯，我们明天去烧火，烧完好种小米和鸭脚粟。”两兄弟又把上山烧火的事告诉妈妈，第七个仙女一听心里明白，笑着对两个孩子说：“不要紧，这也是教你们，凡事多动脑想。你们先到地边把拉树的红线一剪断，树就倒下枯了。”同时还给小孩每人一根针，交代说：“如果外公和你们上山去放火烧荒地，他叫你们到地头去等，你们照着去做。到了地头后，每人屙一泡屎，然后把针插在屎上，就可以回来了。”第二天，老外公真的带两个小孩上山烧荒去了。上到山顶，老外公对两个小孩说：“你们两个在上边地头等，不要乱走，我到下边看地，好放火烧。”老恶魔讲完了，自己便往山下走，阴险地怪笑，自以为计谋得逞。“山顶没地方躲避，我在山下点火往上烧，大火非把他们烧死不可，到时烧死了好吃肉。”他下到山脚便点起大火，火势很猛，直往山顶烧。两兄弟见势不妙，想到妈妈的交代，趁大火未烧到之前，在地头每人屙了一泡屎，然后把针插上屎下，避开火苗跑回家了。老恶魔在下边还不放心，边烧边喊：“外孙呀！在上边不要乱走开，等外公啊！”上边也有小孩声音回答：“外公请放心，我们等着呢。”问一声答一声，其实，两兄弟早跑回家了，在屎上插的针是第七个仙女给儿子的替身符，麻痹了老恶魔。火烧了大半天，才把一片荒地烧完，老恶魔再叫喊，不见答应了，以为两个小孩被火烧死了，得意地狂笑着：“毛小子，这回看你们还能躲，烧死了没有？”他忙爬到山顶找肉吃，找来找去，见地头有两堆烧黑了的物体被火灰盖着，以为是两个小孩被烧焦了剩下的肉团，高兴地捡起来就往嘴里塞，吃起来有臭屎的味道，自言自语说：“凡人肉屎臭，凡人肉屎臭，不好吃。”老恶魔吃光两堆屎，得意地回家，谁知两个小孩平安无事，这才知道上了当，气得干瞪眼说不出话，心想人肉没吃成，倒吃了人屎！更加怀恨在心，但表面仍装没有事。时光过得真快，转眼到了中元节，老恶魔借口过中元节要祭山神，驱邪消灾，叫两兄弟到黑风洞请牙延婆（彝语魔女）来跳“牙摩”，顺便借她的锣鼓来敲。黑风洞是吃人妖精牙延婆住的地方，凡人到那里十去九不回，老恶魔是想借牙延婆的毒手害死两兄弟。两兄弟把情况告诉了妈妈，第七个仙女听了并不反对，还鼓励两兄弟只管去，不要怕，只要随机应变，保你们平安回来，并如此这般交代了一番，然后又给每人各带一把针在身上，就让兄弟俩到黑风洞借锣鼓去了。两兄弟到了黑风洞，一看真是黑呼呼阴森森的一个洞，十分可怕，进洞道路七拐

八弯，遍地碎骨陈尸残骸，腥臭难闻。进到洞中央，便看见牙延婆卷曲着身子睡在石台上守着锣鼓，青面獠牙，两眼深绿，长发蓬松，横生两只大耳朵，真是可怕极了。兄弟俩壮着胆子上前打招呼，说明老外公叫他们来借锣鼓，请牙延婆去跳“牙摩”。牙延婆一听，心里明白，看着两个白嫩小孩，暗自得意地想老恶魔真够有情义，给我送好吃的来了。她佯装好心地说：“你老外公想乐一乐，我也想去凑热闹。你们在这里等一下，我到里面去换身衣服就来，我们大家一起走。”其实，牙延婆是到里面去磨利她久不得吃肉的老牙，好来咬死两个小孩。兄弟俩警惕性高，趁牙延婆未出来，赶紧就地插好两把针，轻轻拿起锣鼓就跑出洞了。牙延婆哪里知道，还用好话哄骗想稳住两个小孩，边磨牙齿边喊：“甥仔呀！听话，等婆婆换好衣服一起走啊！”外边插的两把针照样应声：“唉！我们等着呢！”等牙延婆磨好牙齿出来，才发现两个小孩不见了，气得发疯，急忙出洞追赶，追了半天仍不见人影。两兄弟拿着锣鼓跑了很久，来到大河边，恰逢涨水很难蹚过河。弟弟机灵，开口试探说：“要是水少些就好过河了。”说来也怪，这话真灵验，河水真的少多了，两兄弟赶快过了河，在岸边坐下来休息。哥哥高兴地说：“要是河水又涨回去该多好，牙延婆就无法过河追我们了。”果然，河水真的又涨了起来。两兄弟一高兴，忘记了警惕，在河边敲起锣鼓来玩。牙延婆听见锣鼓声，真的追来了。但见河水涨得老高，没法过河，她只好隔河用好话高声问起两兄弟：“小外甥呀！水这么大，你们怎么过的河呀，讲给婆婆好过去。”弟弟聪明，想着用计淹死这个害人精，便回答说：“我们是坐着锣鼓浮过河的，你要过来，没有锣鼓，得要两只水桶绑在你的两只大耳朵上，就可以浮过河了。”牙延婆不知是计，心又急，真的拿两只水桶绑在自己大耳朵上蹚水过河，还暗自高兴，心想等我过了河，就把你们这两个小子吃掉，够一顿饱餐。但她哪料到，淌到河中间，一个旋涡扑过来，河水灌满了两只大水桶，直把牙延婆压得头朝底脚朝天，沉下河里淹死了。除掉了祸害，两兄弟高高兴兴敲锣打鼓回来。老恶魔听见了感到奇怪，想这老妖婆怎么变得仁慈了，不但不吃人，还借给锣鼓。但他魔性不改，嫉恨更深，心想靠别人不行，还得自己动手。他装着十分高兴的样子，对两兄弟说："你们真乖，能借得锣鼓来了，我明天带你们上山玩滚鼓好不好。”两兄弟觉得奇怪，就去问妈妈，第七个仙女心中有数，话不明说，送给两兄弟每人一支定身针，教儿子动脑筋，顺着老恶魔的心意去见机行事，保证好玩。两兄弟听了妈妈的话，心领神会。第二天，两兄弟扛着大鼓，跟着老外公上山玩滚鼓去。上到山顶，老恶魔对两兄弟说："你两人钻进大鼓里去，我帮你们封好鼓底，鼓一转动就响，很好玩。”其实，他是想从山顶把鼓滚下山脚，让两兄弟在滚动的鼓里不闷死也得撞死。两兄弟早有思想准备，进到鼓里，立即把妈妈给的定身针，钉入鼓壁上用手抓住不放，这样做，鼓滚人不滚，平安无事。老恶魔哪里知道其中奥妙，还以为这样做两个小孩肯定逃脱不了，必死无疑。他封好鼓底，就狠心地一脚把鼓踢下山坡去，他在山顶敲着锣看热闹。大鼓顺着山坡轰隆隆地直往山脚滚去，等鼓滚到山脚地边，老恶魔才跑下山，打开鼓底一看，以为两兄弟滚死了，谁知两个小孩竟然笑哈哈地从鼓里钻出来，还说很好玩呢。老恶魔有点不相信，认为鼓滚得不够有力，要他们扛鼓上山顶再滚一次。两兄弟也不推辞，还十分高兴，照样扛鼓上山顶再滚一次。老恶魔认真封好鼓底，特意把鼓推到最高最陡的坡顶上，下狠心用力往下踢。鼓滚得更快，抛得更远，轰隆隆声响彻山谷。老恶魔深信这回鼓滚得那么高，抛得那么远，两个小孩必死无疑了。可是，当他下到山脚打开鼓底看时，两个小孩仍是笑哈哈地从鼓里钻出来，还高兴地说比头一次更好玩。这可把老恶魔弄懵了，好奇地问两兄弟在鼓里感觉怎么样。弟弟回答说："这鼓真好，外滚里不滚，响声像唱歌，真好听，不信你试试看。"老恶魔鬼迷心窍，觉得牙延婆的鼓有法术保护，我不妨也玩玩看。于是，他叫两兄弟把鼓又扛上山顶，然后自己钻进鼓里，叫他们封好鼓底，也从山顶往下滚。这一来，老恶魔的报应来了，因为他没有定身针保护，鼓滚下坡的震动，直把老恶魔撞得鼻青脸肿，眼睛翻白，最后闷死在鼓里了。

6. 恩怨自分明

经过斗智斗勇的一段磨炼，又除掉了害人精，第七个仙女觉得两个孩子长大懂事了，凡人不可久留天宫，便打发他们下凡找父亲去。临行时，第七个仙女送给兄弟俩每人一包饭和一只鹅，叮嘱他们到人间后，首先要学会有耐性，等到鹅叫时才能开包吃饭。交代完毕，仍放两条红线送兄弟俩下凡。兄弟俩下到人间，不知爸爸在哪里，逢人便问，有路照走，不知走了多少时辰，肚子开始饿了，都想吃饭，但是鹅又没有叫，记着妈妈的话，谁也不敢吃。哥哥心急嘴馋，顶不住，就偷偷用手指捏鹅的屁股，鹅被捏痛了叫起来，他马上对弟弟说："我的鹅叫了，吃饭吧。"弟弟认为两只鹅同时叫才对，便对哥哥说："我的鹅未叫，不能吃，等我的鹅叫了，再吃吧。"哥哥不听，自己开包想先吃，但打开来一看，竟是一包屎，恼火地丢在路边，路边马上长出一丛磨菇，后人称为“饭包”。兄弟俩再走一程路，弟弟的鹅叫了，弟弟才打开饭包，里面全是香喷喷的好饭菜，中间还夹着闪光发亮的金元宝。弟弟不忍心自己一个人吃，便分给哥哥一起吃。吃完了又一起赶路，走呀走，走到河边想过河，看见芦苇丛中有两个小竹排，哥哥出主意对弟弟说：“竹排有两个，我俩各撑一个竹排，分头去找爸爸。我往上游找，你往下游找，找见爸爸再相会。”弟弟觉得有道理，于是两兄弟就此分手找爸爸去了。

哥哥开始以为往上游好走，谁知逆水行舟很吃力，划不了多久就累了，便把竹排靠到河湾里，自己躺下乘凉去了。河湾石壁上有个岩洞，洞里住个妖精，见哥哥人长得结实健壮，便想调戏，她摇身一变变成了美女，装得羞答答的出来勾引他。哥哥贪图享乐，被妖精勾引到岩洞里寻欢作乐，住下享受，不再想去找爸爸了。

弟弟顺水直下，沿途查访，总找不到爸爸的踪影。一天天黑，他来到河边一个小村庄，想到村里去查访，顺便讨饭吃，便把竹排靠在岸边。可是进村一看，家家关门闭户，冷冷清清，不见一个人影。只好又往回走，见村边有一个打谷槽翻盖在地上，他实在太累太饿了，便在打谷槽上坐下休息。可是刚坐下，屁股突然刺痛得很，觉得奇怪，起身便把谷槽翻起来看，这才才发现，原来谷槽里躲着两个姑娘，在里面用针来刺他。弟弟问她们为何躲在谷槽里，姑娘解释说：“村里最近来了头熊精作怪，把人和牲畜都抓到山洞里关起来弄死吃掉，没被抓的都跑出村外躲起来。我们才刚跑出村，见有人进来，怕是碰到妖精，才急忙躲到谷槽里。后来听见你坐在谷槽上休息，怕你不知情，妖精来了被抓去就不好了，所以才用针刺你，让你早点离开，避免灾难。”弟弟向来心地善良，见义勇为，人又机灵，一听有妖精作害，很是气愤，决心要打死妖精为民除害，便向两个姑娘说：“我肚子饿了，希望能弄点饭，吃饱了有力气，好和妖精斗。”姑娘既高兴又担心地说：“椿米煮饭不难，只是妖精一听到声音，一看见火光就又来抓人了。”弟弟一听反而高兴地说：“这样正好，免得我去找它。你们只管椿米做饭，动作快些，我吃饱了好打妖精。”姑娘急忙椿米烧火做饭，弟弟刚吃饱饭，妖精真的来了。弟弟急忙把谷槽翻盖，让两个姑娘躲好，一时间来不及找武器，临时从火灶里抽了一根烧着火的柴火棍，抡起来就和妖精打斗。妖精力气大，弟弟一时没法打败它，但妖精怕火烫着，不敢抓人。弟弟哪肯放过妖精，他动作快，不断从火灶里抽柴火棍，拿火烧妖精。直斗得黑夜里火星飞舞，人吼妖嚎。人妖大斗一场，两边都打累了，停下来喘气，熊妖靠在谷槽边，弟弟怕它发现谷槽里有人，急忙开口说：“你口渴了，那边有一片甘蔗地，你可以去找点吃的。”熊妖确实又累又饿，便说：“算你这个人心直，今晚我斗不过你，吃不到人肉，我先吃甘蔗去，晚些时候再来斗。”熊妖一走，弟弟赶紧叫两个姑娘出来商量，说：“熊妖斗不过走了，只因我手上没有刀，没能打死它，留着它以后还是祸害。你们设法找一把刀给我，我要跟踪杀死它，为民除害。”两个姑娘急忙跑到村里找了一把锋利的砍柴刀来，又把剩下的饭菜拿来给弟弟吃饱。弟弟吃饱饭，带上砍柴刀，顺着熊妖一路吃甘蔗丢下的渣，一直寻到山洞。进洞里一看，真不得了，只见洞内横七竖八地躺满了死人和牲畜，靠里边石台上有几只小熊仔，傻乎乎地看着来人。弟弟假装问道：

“你们爸妈去哪里了？”小熊仔回答说：“爸到村里去抓人，妈到寨里去抓牛、马、猪、鸡，拿回来给我们吃。”弟弟观察洞里四周，除了死了的人和牲畜外，什么都没有，石壁上倒挂有一根怪棒，一头红，一头绿，便问小熊仔：“这是什么？”小熊仔说：“这是生死棒，用红头指就死，用绿头指就活。”弟弟一听喜上心头，心想，这东西真好，我不妨试试。他突然跳过去，伸手抓过生死棒，用红头向小熊仔一指，果真灵验，小熊仔马上倒地死了。弟弟高兴极了，他想：“一不做二不休，我何不用绿头救活人和牲畜。”于是便调转棒头，用绿头指向死人堆和牛、马、猪、鸡，真有效，死人和死牲畜全部真的活了。大家得救了，都向他跪拜，感谢救命之恩。弟弟顺便叫大家放火烧了妖精洞，赶着牛、马、猪、鸡回家。熊妖发现岩洞起火，急忙跑回来，半路被弟弟碰上，用生死棒红头一指，立即倒地死了。大家看熊妖被消灭了，更加感激弟弟的恩德，高兴地抬着他回村，想让他做庄主。原先那两个姑娘，见他是个好后生，也热情挽留他。村里老人看在眼里，就帮他做媒说亲，任他挑选一个做媳妇。盛情难却，弟弟也想有个安身之处，但他是个诚实忠厚之人，想起还没找到爸爸，又想念哥哥，便对两个姑娘说：“十分感谢，好心人的情意我都领了，我还有个哥哥，等我把哥哥找回来再决定吧，如果有心明天傍晚到三岔路口等。”两个姑娘十分高兴，第二天等到太阳刚下山，换上新衣服，姐姐穿红，妹妹穿绿，依时来到三岔路口去会有心人。

弟弟离开了村庄，沿河直往上游找哥哥，走到河湾处，看见一个古怪的女人，在河边洗衣服。弟弟认出她洗的头巾曾是哥哥戴的，估计哥哥一定在这里，便礼貌地向前探

问哥哥在哪里。那女人侧脸打眼角看了弟弟一眼，不答话，只用手指崖壁上的岩洞，弟弟便想进岩洞去看个究竟，女人硬拦住不让他爬上去。两人争吵起来，女人力气小，斗不过弟弟，又急又气地现出了原形——原来是个蛇妖。她嘴里吐着火红的舌头直向弟弟扑来，弟弟一看是妖精，毫不迟疑，急忙用生死棒红头一指，蛇妖当场死了，跌下河里随水漂走了。弟弟爬上岩洞，见哥哥满脸污黑，懒散地睡在石台上，见弟弟进来，才懒洋洋地起身问弟弟："你怎么知道我在这里呢？"弟弟说："我看见河边有个女人洗头巾，我认出那是你的头巾，问她又不答话，只用手指山洞，我想上来看她又不让上来……"哥哥急忙问："那你怎么又上来了，她怎么没上来？"弟弟随口说："我把她杀死了，跌下河随水漂走了。"哥哥一听伤心地说："那是我老婆啊！是你的嫂子呀！怎么把她杀了？"弟弟听了知道哥哥中了妖术了，落到这般地步，既好笑又可怜，才解释说："你中妖术了，它不是人，是蛇妖变的，现了原形留不得，我才杀了这个祸害。"哥哥还是难过地说："我不管，你这样做，这回我没有家了，怎么办呀！"弟弟安慰说："不要紧，我替河边村子除了妖怪，他们感谢挽留我，还帮说亲。村里有两个姑娘，人品好，又漂亮，我是来找你回去，我们兄弟俩各娶一个不是很好吗？"哥哥是个贪婪的人，听说又有姑娘，也就乐意跟弟弟走了。兄弟俩撑着竹排回到河边村口，远远就看见穿红绿衣服的两姐妹，站在三岔路口等，弟弟用手指着说："那边两个姑娘，她们是来等我们的。"哥哥很高兴，但他私心重，想先抢好的，远看穿红的显眼好看，便提议说："我们兄弟不好争，最好来个比赛，哪个先到就娶穿红衣的。"话一说出，自己就先跑上去，一把拉过红衣服的姐姐不放。弟弟有意让哥哥，在后面慢慢跟上来，和穿绿衣服的妹妹亲热地打招呼。四人手拉手回村里，当晚就由村中父老做媒主婚，拜堂成亲，两兄弟从此有了个家。

7. 善恶终有报

两兄弟结婚后还住在一起，哥哥这才发现妹妹原来比姐姐更漂亮，人又温顺，心里很忌妒，暗中想谋害弟弟，自己独霸两姐妹。弟弟心里还念念不忘寻找父亲，一有空就出去查访。哥哥什么都不想了，他懒得做工，专门上山打鸟玩耍。有一天，哥哥在山上打鸟，发现一个深坑洞，黑漆漆地看不见底，哥哥计上心来，打算利用这个深坑洞陷害弟弟。他精心设计，砍来树叶杂草虚盖洞口，然后把打的鸟拔毛撒在洞口四周。伪装好后，回来就对弟弟说："山上有个地方晚上有很多鸟，今晚有大雾，鸟来得更多，你去打些鸟回来尝尝。"弟弟相信了哥哥的话，不知是阴谋诡计，天将黑，也没给妻子留个话，便独自一人上山去了。到了哥哥指定的地方，确实看见很多鸟毛，天黑雾又浓，看不太清楚，就按哥哥所说走进铺树叶杂草的地方想坐下来，哪知道"哗啦啦"一声响，连人带草掉下深洞去了。深洞四周又陡又滑，一片漆黑，怎么也爬不上来，到这时他才醒悟到是哥哥狠心设计陷害他，但后悔已来不及了。过了几天，哥哥不见弟弟回来，估计弟弟肯定掉进洞里出不来了，便心急如火地逼着妹妹同居。妹妹也看出哥哥的狠心肠，怕他蛮横，只好推托说："人死了要守孝，斋戒三七二十一天，才能消灾脱难。日子长着呢，急什么。"暂时避过哥哥的纠缠，她关闭家门，伤心地等了三天三夜，仍不见丈夫回来。家里没有别人，只有一只自家养着相伴守

门的九尾猎狗，取名叫“阿九”。她伤心地对阿九说：“阿九呀阿九，我养你这么久了，吃我家饭看我家门，主人三天不回来了，一定有灾难，你有情义就帮着去找吧。”狗通人性，真的点点头。出门嗅着弟弟的脚印找上山，真的发现主人掉在深洞里了，它急得在洞口汪汪大叫。弟弟在洞底听见自家的狗在上面叫，大声喊：“阿九呀阿九，我被人谋害掉到洞里了，你救我上去吧。”阿九听了，便把尾巴伸入洞里，让主人抓住尾巴爬上来。可是，人重狗尾小，抗不住拉，一连拉断了八条尾巴，还是上不来。弟弟不忍心再拉了，难过地对阿九说：“难为你了，九条尾巴让我拉断了八条，剩下一条留给你赶蚊子吧。我现在太饿了，你先回家拿些饭给我吃，然后再另想办法。”阿九听了马上跑回家，围着女主人低声哀叫。妹妹一看阿九断了八条尾巴，心想丈夫可能掉到洞里上不来，人还活着，肚子一定饿了。但哥哥在家盯得紧，不敢自己去送，怕暴露了反而不好，便用芭蕉叶包好饭菜，放在阿九前面，阿九很懂事，摇摇尾巴，张嘴叼着饭包直往山上跑去，到了洞口把饭包丢下洞里给主人吃。弟弟边吃边想，怎么上去呢？想呀想，突然记起百鸟捡谷的事，心想何不再求百鸟一次？打定主意，但苦于在洞底叫喊声音小传不出去。他灵机一动，想做个竹哨来吹，哨音尖传得远，百鸟可以听得见。他对阿九说：“全靠你帮忙了，回家要一把尖刀，一节金竹管来，我自有办法。”阿九听话，又跑回家，围着女主人叫，妹妹给什么都不要，老看着桌上那把尖刀，妹妹只好拿给它。阿九真的用嘴含着尖刀，摇着尾巴带妹妹进菜园里，把刀放在金竹丛边，妹妹一看便懂得想要金竹，于是砍了一节，用绳子把刀和竹管捆好，阿九叼起竹管和尖刀，又跑上山，丢给洞里的主人。弟弟拿到刀和竹子，便叫阿九躲到洞边石缝处休息等着，自己削竹做哨子。竹哨做好了，他憋足气用力一吹："哩！哩！哩！哩哩哩！"。竹哨一响，百鸟真的从四面八方飞来，围着洞口吱吱叫。弟弟在洞底大声喊："我被人陷害掉下洞里上不来，求大家帮忙救我上去。"百鸟一听，齐往洞底飞，天鹅脚长当楼梯，孔雀尾长当扶手，老鹰翅膀硬，托着屁股往上飞，其他鸟儿在旁边帮着扶，大家齐心合力，托的托，拉的拉，拥的拥，硬是把弟弟从洞底拉出了洞口。人得救了，百鸟闹着向弟弟要纪念品，弟弟没办法，对大家说："我现在只有一把尖刀、一个竹哨，不好分，这样吧，我把刀和竹哨往空中抛，哪个捡到哪个要。"他把两件东西往天空一抛，竹哨轻抛得高，被老鹰在高空叼走了，洋洋得意地在高空吹起来（以后老鹰经常爱在高空啼叫，人们说它是吹竹哨耍威风）。尖刀重先落地，啄木鸟眼快抢先安在了嘴上，用它来啄木找害虫吃。其他鸟没抢到有意见了，吵吵嚷嚷又想把弟弟推下洞里，弟弟感到不妙，急忙叫阿九出来帮忙。阿九听到喊声，忽地从石缝里跳出来，露出牙吼叫，吓得百鸟一慌张，全都飞散了，弟弟和阿九才回了家。因为掉在洞里挨饿，身体弱，又怕哥哥看见了再谋害，弟弟不敢公开进家，便暂时躲到牛棚里住。妹妹也怕哥哥察觉加害，暂时不敢往来，每天趁着喂鸡鸭偷偷送饭菜给弟弟吃。她一个大碗，下边放菜上边盖饭，偷放在牛槽边，又不敢交代，借着叫鸡喂食提醒弟弟："咕！咕！咕！吃上边扒下边，扒开有新鲜。"（以后鸡习惯了，变成现在鸡食米总爱边食边用爪找新鲜的吃。）

过了一段时间，弟弟身体恢复了，趁哥哥不在家，弟

弟才公开露面走进家。哥哥从外面回来，突然见到弟弟在家，大吃一惊，假装好奇地问："怎么回来了?"弟弟也装着不在乎地回答说："山上的洞里可真好，里面金银财宝多得很，还有现成的好吃的，一辈子保管用不完，改天我再去捡些来用。"哥哥一听，财迷心窍，觉得弟弟老实，想他掉在洞里这么多天没饿死，这说明真的有好吃的，再说还有这么多财宝，何不趁他刚回来还未去，抢先去拿，保管享受一辈子，管他义气不义气。当晚便趁夜色偷偷上山，到洞边看不清楚洞口盖着的树叶杂草，不小心一脚踩空掉下洞里去了，没人去救，再也上不来了。

后人编出个民谣：

天地同德理，善恶终有报。
人生靠正气，祸福自分明。

二　舞蹈

彝族能歌善舞，凡节日活动及一切大小节庆（如婚嫁、起新房）都要跳舞。特别是在跳公节，人们更是要尽情地欢跳各种不同的舞蹈，如芦笙舞、鼓舞等。而在各个舞蹈里，根据器乐的不同调子（或敲打法），其舞步、舞姿又各异，呈现出欢乐或悲哀的场景。铜鼓舞有12种舞步。总之，彝族舞蹈表现了彝族人民的喜怒哀乐，表现了战争、生产和生活等不同的内容。自2010年以来，达腊村民的说唱舞蹈，在腊摩梁廷支的带领下，不时受邀到云南、贵州、广西百色市、柳州市、南宁等地表演，好评如潮。

三　民歌

彝族不但能跳，而且善唱民歌。达腊人唱的民歌，按不同的场合、内容，分请客歌、酒歌、哀歌等。其歌唱方式有对唱、合唱、独唱以及一人领唱众人和声等多种唱法。唱歌时，开头一般都有“嗯”一个长音，然后再唱词。当众人合唱时，多是在最后二句随和。

四　乐器

乐器主要有葫芦笙和铜鼓。葫芦笙由五根竹管组成，当地彝族又称之为“五声”（见图6－3）。葫芦笙的使用较为普遍，无论是节日、起新房或红白喜事，都吹奏葫芦笙。葫芦笙的吹奏多与跳舞结合在一起，边吹边跳。吹葫芦笙的人被称为央巴。据介绍，葫芦笙共有12个调式。

图6－3　2008年跳公节上的葫芦笙

专题一　达腊白彝社区参与旅游发展初步研究

民俗旅游是少数民族地区经济发展的主要方向之一。目前，对民俗旅游的研究主要集中在社区参与式旅游发展方面。在那坡达腊白彝，民俗旅游被提到了当地经济发展的日程上。

一　那坡县达腊白彝民俗旅游资源分析

（一）达腊白彝民俗旅游资源特色

旅游资源是指能够吸引游客产生旅游动机，并可能被用来开展旅游活动的各种自然、人文客体或其他因素的总称，它是旅游业发展的基础。对游客的吸引力是旅游资源实用价值和基础性的主要体现，也是判别事物是否是旅游资源的重要依据。在达腊白彝的调研中，我们总结了该民族所拥有的可以进行开发的旅游资源，主要有以下 4 个方面。

1. 民族服饰

达腊白彝村民服饰最具特色的是妇女的服饰，其穿上后既有军人飒爽的英姿，艳丽的花纹又透露着女性的娇媚。达腊白彝妇女服饰都是手工制作，现在达腊白彝仍有妇女制作民族服饰。

2. “干栏”建筑

达腊白彝大部分居民的家宅仍是“干栏”式三层结构的木房，最早的木房建于20世纪50年代，距今已有半个多世纪。除了屋顶为瓦外，整个房子原料全为木与竹子。房子底层圈养牲畜，中间层住人，上层存放粮食。独特的居住方式充分体现了人与环境相适应的生活方式以及达腊白彝先民的智慧。在连绵群山之中，绿林围绕的一片独特建筑，带给游客世外隐居的生活意境。

3. 民族食品

过去，由于条件制约，达腊白彝村民的粮食有限，但是聪明勤劳的达腊白彝村民运用仅有的粮食制作出许多美味可口、独具特色的食品，如糯米花、玉米粑、花菜等。另外，达腊白彝村民都非常喜好饮酒，特别是当地村民制作的玉米酒，醇香爽口，也是当地饮食的一大特色。

4. 传统节日及舞蹈、酒歌

传统节日离不开舞蹈与酒歌，达腊白彝一年中最隆重的节日是农历四月举行的跳公节，过去这个节日举行九天九夜，现在也要庆祝三天。达腊白彝的历史记忆、传统文化都在这个节日里得到充分展现，节日中不但表演反映白彝祖先生活、生产的传统舞蹈及酒歌，还会给游客重现古人的求雨、狩猎仪式。

（二）达腊白彝民俗旅游开发限制

1. 传统节日举办时间

达腊白彝传统的民族节日跳公节是在每年的农历四月

初十前后，与国家规定的长假时间都不合，并且当地又是以跳公节作为旅游开发的主打项目。因此，到达腊观看跳公节的游客的地域范围及人群都很受限制。

2. 旅游资源非优区

旅游资源非优区是指在特定地区内，没有国家级和世界级的知名风景名胜区，缺少标志性旅游景点，并且旅游景点的丰度和密度均不够，难于形成优秀旅游产品的现象。在此处利用旅游资源非优区来概括那坡县旅游业的现状是很贴切的。在百色旅游网中，对那坡县的旅游宣传集中在那坡黑衣壮。那坡黑衣壮在旅游界确实具有很高的知名度，但是，就整个那坡县来说，其还是属于旅游资源非优区。全县已开发的旅游资源丰度不够，并且旅游资源之间的交通尚不完善，从外地到那坡县路途遥远，那坡县不通火车，从南宁市乘坐快班客车到那坡也需 7～8 个小时。这些都降低了该地区旅游资源的吸引力。

3. 村落内部条件差

达腊白彝的村落环境是当地发展旅游业的一大限制，村落内除了宫堂及跳公场外没有任何公共设施，且路况及卫生条件差。如达腊白彝需要开发当地更多的旅游资源，形成社区型旅游景点，村落环境的这些制约因素必须解决。

4. 缺乏服务意识

达腊白彝居民对当地进行旅游开发抱有浓厚的热情，也积极参与各项活动。但是，当地人在意识到旅游开发给他们带来经济效益的同时，也过分追求利益的回报，在对外宣传当地旅游资源方面，缺乏服务意识。据达腊完小校王智勇老师说，群众思想落后，村干部很难发动群众做事。王光荣教授曾建议跳民族舞蹈给来采访的记者拍照，好让外界了解达腊白彝，把民族特色文化打造成为品牌。但是，村民关注的是报酬，给记者拍照先谈的是钱。

5. 缺乏人才

达腊白彝的民族节日从村民集资筹办、“传统文化知识与农村发展”项目组资助到如今成立传统文化发展基金会对节日收支进行专项管理，在这一发展过程中，达腊白彝村民都感觉到在开发当地民俗旅游中人才的缺乏。现留在屯内的一批达腊居民基本都是中老年人，具有高中文化水平的不足10%，并且村民与外界接触少，虽然都有希望本村发展的想法，但是没有能带领村民致富的人才。

6. 缺乏资金

进行民俗旅游开发，特别是贫困地区的民俗旅游开发，需要大量资金的投入，用于改善当地的村落环境，以及进行基础设施建设、交通建设等。那坡县是国家级贫困县，达腊村又是那坡县的贫困村，现在从那坡县县城到达腊村已修建了一条新路，只需半个小时就可从那坡县城到达腊。但在改善村落环境、基础设施建设方面仍需要大量资金投入。

7. 政府开发尚未落实

达腊白彝民俗旅游已经列入那坡县重点建设的旅游项目，但是截至笔者调查结束，当地政府对达腊白彝的民俗旅游开发仍没有具体的行动，由政府主导对达腊白彝民俗旅游进行大规模开发近期内是不大可能的事。

二 达腊白彝社区参与发展现状

（一）达腊白彝民俗旅游发展

达腊白彝以跳公节作为其主打的民俗旅游项目，因此近年来跳公节的发展历程也就是其民俗旅游的发展过程。

过去，达腊白彝举办跳公节都是由村民集资。在 2004 年，由于“七师”中萨喃职位无人担任，无人成为“麻公爸”以及资金上的问题，跳公节当年停办。2004 年年底，由广西民族大学与香港社区联合组成的“传统文化知识与农村发展”项目组到达腊村开展田野活动。从 2004 年底到 2006 年，“传统文化知识与农村发展”项目组对完善与发展达腊白彝跳公节等相关传统文化做了大量工作，如完善“七师”组织、解决乐器不配套的问题、帮助制作彝经光碟、资助举办跳公节、倡议成立传统文化发展基金会并督促该组织整理传统文化，另外还组织村民代表到那坡县有关部门座谈，商谈达腊白彝的民俗旅游开发等。达腊白彝在“传统文化知识与农村发展”项目组的协助下，跳公节已经实现了资金上的自我运转，这对过去依靠村民集资举办节日的达腊白彝村民来说，民俗旅游带来的经济效益已摆在了眼前，极大地调动了村民对民俗旅游开发的积极性，这对当地发展民俗旅游来说，无疑是一项优势。达腊白彝发展民俗旅游还有一大优势就是对民族传统文化极为关注的“七师”、朗头以及传统文化发展基金会，这些村民及组织都是举办跳公节的民间力量，也是当地发展民俗旅游的一大保障。在“传统文化知识与农村发展”项目组活动期间，那坡县政府已经在县人大会议上正式宣布把白彝民俗旅游作为那坡县重点建设的旅游项目之一。这是达腊白彝民俗旅游发展的重大起点，纳入那坡县旅游规划对达腊白彝的民俗旅游发展来说无疑是最佳的出路。

（二）社区参与现状评述

以“传统文化知识与农村发展”项目组在达腊白彝的活动来分段，达腊白彝社区参与民俗旅游发展可以分为两个阶段。一是项目组到来之前的义务性参与。之所以用义务性来概括当地社区居民的参与主要是因为在项目组介入之前，当地的跳公节活动全由社区集资，没有明显的经济收益，社区居民参与节日活动没有任何的报酬。而且跳公节还只是作为一个传统仪式来举办。跳公节的主角是“麻公爸”，在跳公节活动中，“麻公爸”须花费上千块钱的支出。据梁卫星说，男性村民到了一定年纪不当“麻公爸”，会遭村民非议，被看不起。因此可以说参与节日活动对当地居民来说具有一定的义务性。社区居民基于社区舆论不得不参与节日活动。二是项目组到达腊白彝后，对其民族节日活动的举办做了许多相关工作。项目组不但解决了达腊白彝举办跳公节的实际困难，它的成果还包括以下三个方面：第一，通过发动村民共同商议、协力举办跳公节，增强了当地群众的凝聚力，促进了村民对自身文化的理解、保护、发展意识；第二，帮助举行跳公节集体活动，进一步扩大了达腊传统文化的影响力；第三，开发村民的自我管理、发展能力，使村民对发展当地传统文化资源有更清楚的认识，认识本地资源特点，寻找因地制宜的发展路子，以及在发展上如何争取外界力量的帮助。因此，可以把项目组到来后达腊白彝社区参与称为主动性参与，主要体现

在以下三个方面：第一，在项目组的协助下，村民发请帖邀请自治区、百色市和那坡县有关单位参加跳公节，并请求县政府加快达腊旅游点建设；第二，村民制作传统服装、学习传统舞蹈的积极性空前高涨，村民自觉修复织布机，年轻人学习传统服装的制作、传统舞蹈、铜鼓的击打和五笙的吹奏方法；第三，成立传统文化发展基金会，规范跳公节各项资金的管理及使用，以保证跳公节活动资金充足、顺利举办。

社区参与旅游发展除了在管理决策上的参与外，还可以在生产、服务方面参与。根据对达腊白彝社区参与发展现状的分析，达腊白彝社区参与发展的困境主要表现在以下四个方面：第一，社区居民文化水平低，留在社区的居民多为中老年人，他们承担起社区的农业耕种，在管理方面的经验很缺乏，参与能力有限；第二，参与群体不均衡，达腊年轻人大多外出务工，导致参与当地旅游开发的多是中老年人，其中又以 50 岁以上的人居多，参与群体极不均衡，当地旅游开发缺乏创新及干劲；第三，社区居民收入水平低，在参与投资方面缺乏资金；第四，缺乏服务技能，根据调查，达腊只有三家小卖部，在今后的旅游发展中，社区居民要全方位参与，必须进行服务技能培训。

三　达腊白彝旅游开发对策

达腊白彝开发民俗旅游有广泛的群众基础，利于进行社区参与式开发。在对当地进行旅游开发时，除了参照各地区经验及相关研究成果做充足的准备外，还应充分利用当地社区参与度高这一有利条件，调动社区居民参与到旅游开发中来。把社区发展与旅游发展统筹起来，充分考虑各方面利益关系，使社区参与成为旅游发展的内在动力及稳定力量。

（一）达腊白彝民俗旅游发展初探

1. 以民族风情体验为主体进行旅游开发

达腊白彝民俗旅游开发首推当地传统节日跳公节，但是仅以跳公节作为民俗旅游项目会使当地旅游资源的吸引力降低。达腊白彝的“干栏”式住宅、风味独特的民族食品、优雅的居住环境，这些都可以成为吸引游客的旅游资源，并且适合开发全方位的民俗旅游，让游客在节日中体验到当地的居住、饮食等风情。

2. 形成区域旅游模式

那坡县民俗旅游以黑衣壮最为出名。2007 年 7 月，广西旅游规划设计院工作人员到那坡县开展新农村建设规划，在实地勘查和了解当地的黑衣壮民俗旅游资源后，对那坡县的旅游建设提出了指导思想并确定了旅游的主题、定位及目标。达腊白彝应该抓住这个机会，与黑衣壮景点连成一片，共同打造区域旅游模式，提高当地旅游资源的吸引力。

3. 形成以政府为主导的旅游开发管理模式

我国各地民族旅游发展中普遍实施政府主导型旅游发展战略，在对民族旅游进行规划、发展、管理过程中，政府在农村的各项工作也得到了有效的实施。徐赣丽在《民俗旅游村的政府管理刍议——以广西龙胜为例》一文中，通过对广西龙胜县龙脊景区内三个民俗旅游村的实证研究指出，旅游业的某些特殊功能有利于政府目标的实现，并分别从政府发展农村文艺、落实民族政策、更新农民观念、扶贫工程、保护传统文化等五个方面论述了其观点。证明政府参与民俗旅游开发，使旅游管理与其他工作形成良性互动，从而有效开展各项日常工作。在旅游业发展中，政府职能实现经济上的目标，也能借此实施自己的政治文化政策。据达腊白彝当地居民说，曾有旅游公司到当地进行考察，但最后没有投资开发。以达腊白彝现有的旅游资源及环境状况，应以政府为主导来进行旅游开发，在基础设施建设、环境改造方面都需政府出资协助。由政府主导进行旅游开发，还可以改善目前达腊村民委的管理现状，有利于村委职责的履行。

（二）社区参与困境的对策

达腊白彝社区参与旅游发展的积极性很高，参照黄华对社区参与旅游发展问题的总结，达腊白彝由于社区居民素质较低，在参与面、参与深度等方面都很受限制，表现出黄华所总结的参与面欠广、参与素质不高、参与效益有限、参与机制不成熟等问题。提升社区居民的参与能力是一个长期的工程，应纳入社区旅游规划中，在旅游发展中实现社区居民参与能力及旅游发展的双赢。根据孙九霞和保继刚对阳朔世外桃源以及西双版纳傣族园的研究中所总结的经验，达腊白彝提升当地社区居民的参与能力须在以下几个方面下功夫。

首先，传播参与式旅游发展理念，增强社区居民参与意识，深化居民对参与发展内涵的认识。除了参与发展给社区居民带来经济利益、提高生活水平、改善社区外观外，参与式发展对社区全面发展还起到促进作用，如拉近社区与外界的联系，提高社区居民谋求自我发展的能力，促进社区整体水平的提高。

其次，加快培养社区旅游人才，包括决策管理能力的培训及服务技能的培训。缺乏旅游人才是达腊白彝民俗旅游开发及社区参与发展的主要障碍之一。只有加快培养社区旅游人才，才能做到在旅游发展中广泛、深入的参与；也只有培训出大量拥有高水平服务技能的社区居民，才能真正参与社区旅游，为社区旅游发展服务。

再次，制定合理的社区参与机制。要使社区参与在旅游发展中充分发挥功效，除了调动社区居民的参与积极性外，还须制定科学合理的社区参与机制，能够使社区居民全方位参与旅游开发以及在参与中提升自身的能力。另外，合理的参与机制也是预防社区、景区利益冲突，平衡社区、景区双方利益关系的有效途径。

最后，制定公平合理的利益分配方式。孙九霞和保继刚在对阳朔世外桃源景区实例研究的总结中谈到，发展旅游业，社区、景区和政府之间是永久的利益相关者。即使目前提出的所有要求都满足了，在日后的发展中，新的要求和利益关系还是会产生。因此，在社区参与旅游开发之初就应根据旅游地的实际情况制定公平合理的利益分配方式，只有这样才能避免旅游发展为社区、景区、政府等各方面利益冲突所阻碍，从而影响到旅游的长期、稳定发展。

专题二　习惯法在达腊彝寨社会秩序中的作用

所谓习惯法，就是在阶级社会以前，符合全体社会成员的要求，为社会全体成员所制定、所认可的一种历史形成的习惯约束力量。它没有用文字规定下来，对社会成员一视同仁，为社会全体成员所遵守。在调查中我们发现，这一概念可以延伸得更广。习惯法不仅形成于“阶级社会以前”，在漫长的封建时代甚至在新中国成立之初，这片适合习惯法生长的土壤中仍然生长出具有民族特色的果实。所以我们可以更加准确的定义习惯法为“一定区域的特定人群在其长期的生产、生活过程中，自然形成或逐渐养成的一些为其成员所默认、遵守并具有约束力的行为方式和生活准则，如以禁忌、规矩、规则、碑文、规约等形式体现的社会规范的总称”。本书把习惯法之外的所有规范称为“非习惯法”，其中包括国家宪法、一般法律、行政条令和地方法律法规等。在少数民族村民的意识中，属于国家法范畴的规范形式有基层国家政权机关为了贯彻、执行国家法而制定的规范性文件。

一　达腊习惯法的内容

（一）达腊生产习惯法

达腊彝族在其长期的生产劳动中，形成了许多习惯法规则，有关于农业生产帮工的，也有关于牲畜养殖和酿酒方面的。这些习惯法规范并促进了达腊彝族的生产活动的发展。

1. 帮工的习惯

达腊帮工习俗由来已久，村中各家相互帮工情况很普遍。一般来说，主人家决定要请人帮工之前，会预先与对家谈好时间和所需人数，并在帮工的日子提供饮食，表达感谢之情。

2. 养殖的习俗和规矩

达腊彝族人对养殖十分重视。由于当地经济并不发达，猪、牛是家庭重要的收入来源，所以对于牲畜的选种和买卖都有讲究。对牛的选种，达腊人有一句口诀："头花尾不花，不死败家财；头花尾也花，钱财在中间。"意即选牛要选牛头、牛尾都有旋花的，这种牛必定生长得强壮，有力气干农活，卖时也能得个好价钱；若是选了只在牛头有花，而尾部无花的牛，那么必定难以成活，或是下崽的时候十胎也会有九胎不成活，这样的牛是不能给农家带来经济效益的。

另外，卖鸡和卖马也有规矩。在达腊人看来，"卖鸡不卖笼，卖笼一世穷；卖马不卖笼，卖笼败家财"。卖鸡和马时不可将笼子一并卖出去，因为笼子是自家生财的宝物，今后还要用笼子饲养牲畜来赚钱，所以做买卖时要特别注

意，否则就要受穷一辈子。

3. 编竹器

达腊彝族是一个极崇拜金竹的民族，金竹是达腊人的祖先，所以在当地不可乱伐竹子，否则会被认为是对祖先不敬，但是用老竹子编制竹器和盖房子是允许的。达腊屯周围生长着茂密的竹林，当地人很早就利用竹子编制各种不同用途的竹器，如睡觉的席垫，晒粮的竹垫，装粮食的屯箩，劳作时背的刀篓，采猪菜、摘玉米时用的背篓，用途不同，竹器的样式也不同。但是有一点，在达腊，编竹器被认为是男人做的活，女人不做，也没有能力学会如此复杂的手工活，所以在达腊从不见女人动手编制竹器。

4. 酿酒习俗和饮酒规矩

酒在彝族的生活中占有十分重要的位置，酒是彝族人民表示礼节，遵守信义，联络感情必不可少的饮料。

我国许多民族都有以酒待客的习惯，在达腊屯，男女老少都特别喜好喝酒，如有贵客到访，敬酒是起码的礼仪。主人头一次向客人敬酒，客人是必须要接受的，否则会被认为是不礼貌的。头一次喝酒要喝两碗以上，也有四碗、八碗的喝法，视客人的酒量而定，并不勉强。在这方面，达腊敬酒的习俗似乎又表现出人性化的一面。

（二）达腊村寨习惯法

达腊彝寨是一个由四个大姓宗族和若干家庭组成的同一民族成分的社会生活共同体。在村寨整体的层面上，为了维护村寨利益和秩序，形成了各种规约惯例，这里归纳为村寨习惯法。在达腊，有梁、黎、颜、方四大姓氏，另外还有李、王、苏、鲁、科、方、黄等姓。2007 年统计全屯共有303人，71户。姓氏间和睦相处，长期以来相互通婚，屯中各家几乎都有或远或近的亲戚关系。各姓氏平时联系紧密，一呼百应，在重大的节日有组织的举行庆祝活动，同族人遭受灾难时会相互援助。

1. 偷盗

过去，在尚未有正式的村规民约时，按达腊彝族的习惯法，对偷盗的惩罚是如果所偷盗的物品价值小则偷一罚十，所偷盗的物品价值大则偷一罚百。偷盗的人除了须赔偿被盗主人相应的倍数外，还必须把所偷的物品挂在脖子上在全屯走两圈，到每一户门前大声认错，让村民都知道自己的行为并告诫下一代不能这么做。20世纪80年代以后，这个习惯法不再坚持，而是依靠村规民约处罚偷盗行为。

2. 纠纷处理规矩

腊摩是彝族最早的自发的公众领袖，产生于母系氏族社会的晚期。腊摩是人神合一的特殊人物，在民间主持各种祭祀仪式，在达腊彝民中有极高的威信。

对村民之间的摩擦和纠纷，腊摩利用通神的“神威”，不偏不倚，秉公处置，所以彝民对腊摩还是尊敬和信赖的。例如，夫妻吵架，女方往往会向腊摩哭诉，腊摩即作为双方的调解员，腊摩做出的不成文的判决就是神圣的旨意，不遵守则要受到神灵的处罚。因为在结婚时腊摩就是婚嫁的主持人，客观上为新婚夫妻起了见证的作用，也自然成为日后生活的祖护人和精神支柱。解放后腊摩经过改造，逐渐淡化了鬼神观念，不再从事迷信活动，只是从事一些岁时、婚嫁、入宅寿诞和葬礼等风俗仪式。

3. 生活互助的习惯规矩

彝族习惯法还规定，无论哪家遭受重大灾害，村中德高望重的长老都会要求大家出钱出力，帮助受灾人恢复生活。达腊绝大部分人家居住在“干栏”木房中，木房最怕火灾。解放前，有哪家房屋失火，村中长老都要号召大家帮助其修建房屋，并轮流送饭送衣。也有受灾的人自己挎篮到各家各户行乞，所到人家看到来人即明白是受灾之人，不必多言，自然会给米给面，伸出援助之手。

（三）达腊家庭习惯法

1. 舅权至上

达腊有民谚：“天上雷公大，地上娘舅大。”达腊彝族是一个极尊重舅权的民族，在日常生活中，吃饭要请舅舅坐在上座中间的位置，在许多其他方面也都表现出对舅权的重视。节庆、婚丧等大事中都有以舅为先、为尊的规定。

2. 分家、赡养的习惯法

达腊彝族20世纪六七十年代初出生的一代村民都早已分家，而80年代出生的一代人，夫妻、兄弟多外出打工，常年在外，家中只有父母以及孙辈，这种情况下许多扩大家庭都尚未分家。分家必然涉及家庭财产的分配。在达腊彝族，一般家中兄弟都有孩子了才分家，分家时家中财产通常由父母兄弟平分，父母分得的田地归负责赡养他们的儿子。房子则一般由老大住，老大不住则老幺住，中间的兄弟不能住。其余兄弟另起新房时，老大或老幺需帮忙。分家后赡养父母的方式，各个家庭根据具体情况而定。一般父母健在的，父亲随老大生活，母亲随老幺生活，也同样不与中间的儿子生活。分家、赡养的分配一旦决定，如无特殊情况，就永远不能够再改变。

3. 两次过年

达腊与别的地方不同，一年有两次春节，一次是正月的春节，一次是农历二月的“补年节”。

春节是我国各民族传统的重大节日，彝族也同样以这个节日作为当年第一个重大活动。在正月里重要的日子有初一、初八、初九。二月初十，是达腊的“补年节”。据说由于彝族先人常年在外打仗，本来想在春节时赶回来过年，但由于路途太远，错过了过年的时间，回到达腊时已经是二月初十，从那以后达腊定下二月初十过春节，后来相沿成习，称“补年节”。

（四）达腊婚姻习惯法

1. 姑舅表婚制度

姑舅表婚的习俗，即舅家生的女儿需优先考虑与姑家的儿子结婚。达腊的姑舅表婚可以上下代延续，不断维系这种亲属关系，防止双方关系疏远。

2. 达腊彝族婚俗

从 20 世纪 60 年代开始，达腊彝族便没有了姑舅表婚的习俗，村民多是同屯异姓之间联婚。达腊有苏、鲁、颜、王、梁、黎、科、李、方、黄十个姓氏，各姓氏之间几乎都有姻亲关系。现达腊彝族村民主要通过自由恋爱及媒人介绍两种方式寻找自己的伴侣。达腊彝族村民结婚需经过四道程序：小礼、大礼、婚日、还礼。

3. 入赘习惯法

达腊屯素有招婿上门的习惯，招上门女婿的家庭一般

家中全是女儿，老人没有儿子送终，所以招婿上门。据老人介绍，招上门女婿的家庭，长辈未过世前家里供奉女方家的祖先牌位，一旦女方父母都过世则换成男方家的祖先牌位，供奉男方家的祖先。

除以上习惯法外，达腊屯在丧葬方面还讲究选坟基时需左山高右山低，这才是风水宝地；在生活禁忌上，达腊彝族妇女是不吃狗肉的，吃狗肉等于是吃自己母亲的肉，还有女性早上梳头时不能让男性看到，看到了会使男性倒霉；在建新房时，需请腊摩观风水，主家提供家人生辰八字给腊摩推算“八字”图，通过占卜，确定动土清基时间，工匠开工日期，立柱、安梁的时辰，以及入宅贺喜的时间，等等。

二 达腊习惯法的特征

（一）民主性

达腊彝族的习惯法是全民族成员在长期生产、生活和社会交往中共同确立的行为规范，其目的主要是维护本民族整体利益和社会秩序，因此达腊习惯法具有民主的特性。在国民党统治时期，那坡县少数民族群众一直受国民党反动派和地主阶级的残酷压迫和剥削，当地的腊摩既作为巫师，也是屯中公认的领袖，腊摩利用自己通神的特殊地位和依照祖祖辈辈传下来的习惯法管理屯中的事务，树立了极高的威信。屯中人人平等，大家都遵守长期留传下来的规矩，否则就要受到制裁。

（二）民族性

达腊彝族的习惯法是当地彝族特有的心理和意识反

映，其中凝聚了强烈的民族情感，也受到彝族居住环境、经济生活、社会状况等因素的影响。达腊的习惯法渗透在生活的方方面面，并且由于历史经历和长期的发展道路与其他民族也不相同，所以和其他民族相比是存在差异的，也正是这些差异成为达腊彝族区别于其他民族的标志。由于长期以来居住于高山，受外界影响不大，当地彝族形成一定程度的文化中心主义，体现在本民族一些带有迷信色彩、自我中心主义色彩的习惯在今天仍有顽强的生命力。

（三）地域性

长期以来，达腊彝族在生活的各个方面确认了本地区、本民族的习惯法，所做的规定都是符合当地生产生活和社会关系的，每一条习惯法都隐含着背后的历史缘由和特殊的民族经历，当地的习惯法带有浓厚的乡土气息和感性色彩。所以达腊的习惯法只在该地区被遵守，超出该民族和地区范围就会失去效力。

（四）稳定性

彝族习惯法是一种从民族成员生活、生产中形成的内在秩序，与彝族人的需要有着天然的契合。习惯法蕴含着彝族浓厚的共同心理感情。彝族每一个成员从出生到成年直至死亡，无处不在习惯法的约束之中，受习惯法的浸染熏陶，同时一直学习和处处模仿，进行内化和强化。这种潜在的影响及长期积淀，使得彝族习惯法更具有稳定性和不可抗拒性。

（五）具体性

达腊彝族的习惯法源于生活，是彝族人在生活中的亲身感受。总体上看，达腊习惯法虽然覆盖面广，却不成系统，与国家法纲领性的特征相比，它更多地体现出一种生动、直接、形象、分散的特征。达腊的习惯法意在表达自己的民族情感和维护基本的对于真、善、美的追求，这在大量的民间谚语和传说、神话中得以体现。它存在于人们代代口头传播或是以身作则的传承方式当中，无文字记录，所以人们只能在生活细节中体会和学习，把隐含在行为之后的潜在含义挖掘出来。

（六）神威性

达腊习惯法还依靠神的权威支持，具有神威性。彝族通过习惯法对本民族宗教仪式、活动、节日等进行规范，加强了群体成员的神圣感。在宗教信仰方面的习惯法强化了神秘力量的存在，任何违反者都将受到报复和惩罚，从而实现彝族社会的稳定与公平。

在婚俗、丧葬和节庆中，人们更是遵守习惯法开展庆祝或祭祀仪式，因为婚丧是人生的大事，人们希望得到神灵的护佑。达腊习惯法的神威性还体现在纠纷解决方面，社会的需要和人们的神灵观念决定了在过去的社会历史条件下尊重神灵的裁判是重要的。

三　习惯法的作用

（一）政治方面的作用

政治生活是构成村寨社会生活的重要方面，在不同的历史时期，习惯法都以各种各样的方式对村寨的政治生活产生影响。

乡镇等基层机关由于具有直接面对基层的特殊性，其在行使职权时，不但要考虑国家法律和上级的要求，而且要考虑工作的实际效果。因此，熟悉和利用习惯法就成为基层干部开展工作和处理相关问题的基本工作技能。

在达腊，有依据国家法建立的现代组织，如党支部、村委会、妇代会等；还有由习惯法建立起来的“七师”组织。“七师”作为达腊历史上沉积下来的制度，它的功能在今天已经发生了很大的变化。以前，腊摩是众人自发选举的领袖，管理族中一切事务。现在，“七师”的作用范围已经大大缩小，仅限于参与民族重大节庆的决策和筹备、红白喜事的主持人，其对村屯政治和经济发展都不再插手，完全由党支部和村委会决定。凡是二者管辖范围的交叉地带，“七师”组织一般只是给村委提意见或建议，之后由党支部和村委会做出最后决定。

可以说，达腊习惯法在政治领域的影响已经弱化，习惯法在村务的处理上没有过多干涉国家组织的运作，仅扮演了一个补充、辅助的角色。在党支部或是村委会的选举以及村民纠纷的处理过程中，习惯法已经不再处于主要地位。这是因为，党支部和村委会的成员也是生活在习惯法环境中的村民，他们的行为价值判断和选择标准也受到习惯法的约束。现在习惯法在达腊彝民生活中，各个领域中的影响力强弱程度是不同的，政治领域恰恰是其最弱的部分。

（二）经济方面的的作用

任何民族的生存和发展要解决的基本问题就是物质的

生产。达腊的农事安排既体现了农业发展的程度和种养方面的特点，也体现了达腊人顺从天意、勤劳耕作的品质。在土地、山林、草地的承包、转让、赔偿事宜中，尽管政府为保证这类重要的经济关系的稳定和合法性，从形式上要求严格按照国家法律来操作，但是习惯法也会介入其中，影响着当地人的价值判断和行为选择。

（三）婚姻方面的作用

婚姻方面是少数民族村寨中受外来文化影响最小的部分，也是传统习惯法保存得最好的部分。达腊彝寨的婚姻习惯法规定一夫一妻制，禁止有妻再娶的行为；在结婚范围方面认可了在不同历史时期的不同规定，如娃娃亲、姑表婚、入赘婚等；在婚姻程序方面规定了俩乃自由制度和订婚、结婚的呈现，和风俗习惯与禁忌，另外还规定了婚后新娘宗族亲属关系、夫妻平等关系、夫妻财产共有与特有的关系。实际上，中国少数民族基本上都有依据民间法来规范婚姻关系成立和解除的条件，即必须按照传统的程序、标准缔结或解除婚姻，违反习惯法的婚姻关系，即使符合国家法的规定，也不会得到村寨社会的承认和保护。

专题三　达腊彝族跳公节的变迁

跳公节是达腊屯最盛大的民族节日。这一节日以及与其相关的民间传说、故事和民间歌舞等一起构成了这一文化盛事的文化特质。

一　跳公节的传说

达腊彝族存在崇拜金竹的信仰文化。金竹是达腊彝族的祖先，每年农历四月初十举办的跳公节，就是为了纪念金竹。跳公节由正月初八选出来的两位麻公主持，带领村民跳民族舞蹈，以纪念他们的祖先。关于跳公节，有一个传说，并且也是当地男女老少都知晓的，讲的是他们祖先英勇战斗的故事。

传说远古时候，达腊彝族从未超过 100 户，人口很少，常常遭到外族的欺负，这些外族人侵占他们的土地，抢夺他们的财产。后来，达腊彝族的祖先在麻公的带领下走出家门与这些外族人做斗争。达腊彝族祖先由于人数少最后寡不敌众，被逼退到一大片茂密的金竹林里。敌人大队人马追赶到金竹林外，被眼前一望无边的金竹林挡在外面，大刀、长矛都使不上劲，发出的弓箭不是碰到光滑的金竹竿滑落就是被严密的金竹枝叶所网罗。达腊彝族的祖先在金竹林的掩护下得以喘息，躲过了即将全军覆灭的危险。

毫无办法的敌人派人马封死了竹林出口，想要把达腊彝族的祖先们活活困死在里面。被困在金竹林的彝族祖先，由于没有粮食果腹，被饿倒在金竹林，领队的麻公看到这种情况，只好派其中一个族人到四周寻找食物。这个族人没走多远就看到一些金竹下边长了许多鲜嫩的金竹笋，因为不知道这些金竹笋是否能食用，于是他掰了几根带回给麻公。麻公尝了一根竹笋，发现不但清甜可口，而且还真的能填饱肚子。这个发现顿时让达腊彝族祖先惊喜万分，他们纷纷站起来寻找金竹笋。有了竹笋充饥，达腊彝族祖先又开始考虑如何冲出敌人的围堵。他们把挺拔坚硬的金竹砍下来，削成锋利的长杆，并用金竹削制了大量的竹箭。达腊彝族祖先带着用金竹制作的武器趁敌人兵力麻痹松懈时，冲出了金竹林。一直以为达腊彝族祖先在金竹林饿得奄奄一息的敌人在突然冲出的彝族祖先面前不堪一击，最后被打得落荒而逃。大获全胜的达腊彝族祖先为了纪念金竹在危难之时的救命之恩，每人就地挖一棵金竹带回家乡，种在房前屋后。另外，还选择寨中的一块好场地，由麻公在场中央亲手种下一丛金竹，用篱笆围起来，并把场地定为每年庆祝战争胜利的跳公场。每年农历四月初十跳公节，村民们身着节日盛装在麻公的带领下，围绕着金竹丛载歌载舞，缅怀祖先，祝愿本民族世代兴旺发达。

也有故事说，达腊彝族的祖先是从金竹中跳出来的。传说很久很久以前，在一个山坡上，长着一棵金竹。这棵金竹长得与别的金竹不同。有一天，金竹突然爆开，从里面走出一对有手有脚的人来。这对人后来生下了四个儿子。这四兄弟长大后各奔东西，其中一个来到了现在达腊彝族村民居住的地方，并在此地扎根繁衍后代。为了纪念祖先出生于金竹，达腊彝族村民世代都在农历四月初十举办隆重的庆典，围绕着金竹庆祝本民族的诞生。

二　节日中主要人物

跳公节的领导人物是麻公，或称“麻公爸”，象征古代战争中的英雄。麻公分为大麻公和小麻公，当选麻公的基本条件是配偶要健在，而且要在占卜中胜出。当地男子认为当选麻公是成熟和得力的标志，每个已婚男子都要争当一回麻公。当选者认为其当年运势极好，当天晚上便宴请屯中亲朋好友，来不及请的外村、外屯亲友就约他们于二月初十来喝酒，届时远近亲朋会给麻公送来各种礼物。每届麻公都要在二月初十和十月初十请全屯的人来家中喝酒。也有的人，腊摩为他们连卜三年都不中，他们只好自认“倒霉”，认为这是在本屯人前很丢面子的事。从此以后这些人要吹九年的芦笙，再也没有资格当选麻公。

朗头梁卫星说，当麻公需要一笔较大开支。在二月初十喝酒节，全屯所有男性村民交米 1 ~ 2 斤，供麻公用于酿酒，在二月初十请全屯所有男性喝酒；同时麻公还需买肉招待。四月初十，由麻公主持跳公节，需购买花伞、新衣服等用品，以及招待自家亲戚朋友，这也是一笔大开支。十月初十也是喝酒节。这三个节日，麻公平均每次需花 1000 元左右。一些村民认为，当麻公是民族传统，花这么多钱当麻公，值得不值得都得做。男性村民到了一定年纪不当麻公，会遭村民非议，被看不起。

三　跳公节的发展

（一）发展历程及变化

跳公节是那坡彝族的传统节日，其中又以达腊屯最为隆重。达腊彝族老人说，跳公节自古便有，是一代代留传下来的。到今天，达腊跳公节在许多方面都发生了变化。

达腊完小退休校长梁毅说，过去达腊屯附近的田地都被彝族祖先占有，并招汉族、壮族等民族的人过来耕种。达腊彝族的开山祖先共有四个姓氏，每个姓氏都有一个跳公场，由于本民族的人口太少，于是也招外族人同来庆祝跳公节。那时候达腊彝族的祖先非常富有，跳公节都是跳九天九夜的，其中节日办几天，欢送客人又跳几天。跳公节期间每天杀一头大猪，这些大猪都是耕种他们田地的外族人送来顶替租金的。后来，由于达腊彝族的田地逐渐减少，每年举办跳公节就只能靠村民集资，每家每户都捐一些米、酒、肉。那时达腊彝族跳公节在周边的村屯还是非常出名的，附近壮族、苗族、瑶族的人都非常支持达腊彝族举办跳公节，也会捐赠一些米、酒、钱。

“七师”梁国方说，过去附近各村屯的村民对达腊彝族跳公节还有这样的说法：达腊跳公节不跳，天都不下雨。达腊彝族跳公节在农历四月初十，适逢当地种旱谷的时候。梁国方解释说，有些年达腊跳公节不办了，真的很少下雨了。“文化大革命”时期，跳公节曾经停办了10多年，直到20世纪80年代国家政策准许恢复民族节庆后才继续举办。1993年，达腊彝族接到县领导指示在当地节日三月三、中秋节时到县里表演彝族民族舞蹈。平孟乡搞开发时，达腊彝族派出 20 人的表演队伍，事后每人得到 20 元劳务费。虽然村民生活贫困，但是大家都尽力筹办跳公节。2004 年，“七师”中萨喃职位无人担任，无人当麻公导致跳公节停办。2004 年年底，广西民族学院罗树杰教授及多名研究生到达腊进行“传统文化知识与农村发展”调研。在该项目组的资助下，达腊彝族村民颜善才上任成为固定萨喃，同时达腊彝族村民开始重新举办跳公节并成立了专门的传统文化发展基金会来管理跳公节的各项收入支出，规范跳公节的经费管理，确保每年跳公节有充足的筹办基金。从 1949 年到现在，达腊彝族跳公节的变化主要有以下两个方面。

第一，节日活动方面变化。在节日举办方面的变化主要有以下几个方面：一是节日举办的时间，过去举办跳公节要九天九夜，现在只办四天，时间上明显缩短了许多；二是节日活动用具，过去跳公节中骑马、战斗的表演都是用真的马以及大刀、长剑等，现在节日活动中用竹竿代替马，用塑料的长剑代替古代战争中使用的剑，另外，腊摩、萨喃使用的工具也都与过去很不相同；三是舞蹈音乐，过去节日活动中人们跳的舞蹈有 10 多种，音乐也有 10 多种，而现在由于考虑到远道而来的游客时间有限，只跳 5 ~ 6 种。

第二，管理上变化。过去跳公节主要由“七师”及朗头负责筹办，现在虽然“七师”及朗头也都还在为跳公节服务，但是有了分工。“七师”成员均年事已高，他们只能按传统做法为跳公节的筹办提供指导，而对现在跳公节在如何吸引游客、如何宣传本民族传统文化方面，只能靠朗头、村里面的一些文化程度较高的村民以及在外工作的村民。另外，过去有关跳公节的开支即便也由朗头负责，但

是远没有现在成立传统文化发展基金会规范。这些变化无疑都是为了迎合发展本民族传统文化的需求而出现的。

（二）精英力量

一个社区，不管其发展程度如何，在社区生活、生产等方面都会存在一个或几个甚至几十个对该社区各方面发展能够施加影响甚至是处于领导位置的人物，这些人物就是社区精英。社区精英指的就是那些在某方面拥有比一般成员更多优势资源，并利用资源取得成功，为社区做出了贡献，从而使他们具有了某种权威，能够对其他成员乃至社区结构产生影响的社区成员。严格来说，我们本次所调查的达腊屯社区完全符合要求的不多，但是在达腊屯存在这么一些人，他们为达腊屯民族文化传承、发展做出了自己的努力，这是毋庸置疑的。在此，我们借用社区精英来定位他们，以对他们为达腊社区所做努力表示肯定。

推动跳公节发展的精英力量主要是“七师”、朗头以及民族传统文化发展基金会的成员。这些人同是达腊屯民族文化的传承与发展的支柱。特别是其中的腊摩梁绍安、朗头黎日兆，在传承传统文化中不遗余力。梁绍安是目前达腊屯彝经知识最丰富的村民，曾任腊摩多年，2007 年由于妻子过世从“七师”中退出。在任期间，梁绍安收现任萨喃颜善才为徒，传授彝经知识，弥补了达腊屯“七师”多年萨喃位置空缺的遗憾。由广西民族大学与香港社区伙伴联合组成的“传统文化知识与农村发展”课题组在达腊屯开展活动期间，在课题组成员的协组下，梁绍安把自己的彝经知识全部录制成光碟，供村民学习。朗头黎日兆同时也是达腊屯传统文化发展基金会的成员，由于“七师”成员大多年事已高，无法完整地叙述本民族丰富多彩的传统文化。而黎日兆作为民族节日的具体操办人，在操办民族节日中积累了丰富的传统文化知识。在课题组开展活动期间，那坡县人民政府已经在县人大会议上正式宣布把白彝民俗旅游作为那坡县重点建设的旅游项目之一，达腊彝族作为那坡县白彝民俗旅游的重点地区逐渐为外界所关注，许多想了解达腊彝族民俗的记者、学者纷纷向黎日兆打听当地彝族的传统文化，其成了对外界宣传本民族传统文化的媒介。

另外，为达腊彝族传统文化做宣传介绍的还有另一位重要人物——王光荣。王光荣教授是达腊彝族人，1945 年出生，自幼对民族传统文化、工艺有极大兴趣，少年时期喜欢听人讲故事、唱山歌、学跳民族舞蹈、吹拉民族乐器等，15 岁开始采录民歌，搜集整理民间故事，对彝族腊摩吟诵的诗词有极大的兴趣。1985 年调入广西师范学院工作后，其以桂西北少数民族文化艺术研究作为主攻方向，尤以彝族民间文艺、民俗、民族风情为主要研究课题，发表学术论文上百篇，专著、合编、文学作品若干。《彝族歌谣探微》是其第一部专著，在书中梳理了彝族歌谣的源流、类别、分布，探索彝族歌谣格律与形式，评价彝族创世古歌、抒情长诗、叙事长诗，论述了彝族歌谣中的图腾信仰、审美价值、艺术手法等；《通天人之际的彝巫“腊摩”》是王光荣教授的第三部研究专著，也是一份融文学、文化、宗教等于一体的田野考察报告，对作为民族文化主要传承者的彝族腊摩进行了深入的论述，揭示了腊摩在彝族人们的生活、生产中所发挥的重要作用；《中国广西彝族文化摭论》是王光荣教授对彝族文化进行研究的综合性专著，书

中对广西彝族历史、神话、歌谣、信仰和艺术等都有较为精辟的论述。在王光荣教授有关彝族研究的学术论文、专著等作品中都有对那坡县达腊彝族的介绍，另外，王光荣教授还亲自带领外地学者、记者、游客等到达腊彝族观看跳公节并对当地传统文化进行详细的解说。2004～2006年，由广西民族大学与香港社区伙伴联合组成的“传统文化知识与农村发展”项目组在达腊彝族活动期间，王光荣教授也积极参与其中。可以说，达腊彝族民族传统文化的发展，王光荣教授功不可没。

（三）外部力量

达腊彝族跳公节曾两次停办。第一次是在“文化大革命”时期；第二次是在2004年，由于“七师”中萨喃职位无人担任、无人当麻公，因此无法举办。第二次停办后得到了广西民族大学与香港社区伙伴联合组成的“传统文化知识与农村发展”项目组的支持与推动。自2004年年底到2006年，“传统文化知识与农村发展”项目组对完善与发展达腊彝族跳公节等传统文化做了大量工作，如完善“七师”组织、解决乐器不配套的问题、帮助制作彝经光碟、资助举办跳公节、倡议成立文化发展基金会并督促该组织整理传统文化；另外，还组织村民代表到那坡县有关部门座谈，商谈达腊彝族的民俗旅游开发等。项目组不但解决了达腊彝族举办跳公节的实际困难，它的成果还包括以下几个方面：一是通过发动全村村民共同商议、协力举办跳公节，增强了当地群众的凝聚力，促进了村民对自身文化的理解、保护、发展的意识；二是帮助举行跳公节集体活动，进一步扩大了达腊传统文化的影响力；三是开发村民的自我管理、发展能力，使村民对发展当地传统文化资源有更清楚的认识，认识本地资源特点，寻找因地制宜的发展路子。

（四）发展现状

现在，达腊彝族村民对当地传统节日跳公节普遍有较为深刻的认识，都认识到跳公节是珍贵的传统文化，是本民族的精神财富。大家都积极参加跳公节集体活动，都觉得传统文化的传承不是可做可不做，而是应该做的。2006年，达腊村向县政府要求加快达腊旅游点建设，并发请帖邀请自治区、百色市和那坡县有关单位参加跳公节，当年参加达腊跳公节的单位和媒体记者较以前增加了许多，给达腊捐资的现金数额也达到2150元。那坡县县长及县旅游局、县民族局、县委宣传部等多家单位都送来了贺礼。达腊彝族跳公节初步形成一个自我积累、自我发展的机制。村民初步感觉到传承传统文化、开发传统文化的甜头，更加自觉承担朗头分配给的任务。另外，那坡县人民政府已经在县人大会议上正式宣布把白彝民俗旅游作为那坡县重点建设的旅游项目之一，村民对比充满了期待。村民自觉修复织布机，年轻人开始学习制作传统服装、跳传统舞蹈，以及铜鼓的击打和五笙的吹奏方法。村民都普遍认识到只有继续保持自身的传统文化特色，才能得到政府的重视和吸引外地游客，于是制作传统服装、学习传统舞蹈的积极性空前高涨。

参考文献

1. 广西壮族自治区编辑组：《广西彝族、仡佬族、水族社会历史调查》，广西民族出版社，1987。
2. 金尚会：《中国彝族文化的民族学研究》，中央民族大学博士学位论文，2005。
3. 李晓莉：《云南直苴彝族婚姻家庭调查与研究》，民族出版社，2007。
4. 云南省编辑组：《四川广西云南彝族社会历史调查》，云南人民出版社，1987。
5. 左玉堂等编《毕摩文化论》，云南人民出版社，1993。
6. 王光荣：《通天人之际的彝巫“腊摩”》，云南人民出版社，1994。
7. 王光荣：《中国广西彝族文化摭论》，香港天马图书有限公司，1996。
8. 斯蒂文·郝瑞：《田野中的族群关系与民族认同——中国西南彝族社区考察研究》，广西人民出版社，2000。
9. 王明东：《彝族传统社会法律制度研究》，云南民族出版社，2001。
10. 顾有识、罗树杰主编《中国民族志》，黑龙江人民出版社，2000。

11. 广西那坡县志编纂委员会：《那坡县志》，广西人民出版社，2002。

后 记

《金竹彝村》脱稿了。首先感谢广西民族大学民族学与社会学学院院长周建新教授，本书就是他承担中国社会科学院中国边疆史地研究中心“当代中国边疆地区基层社会与经济发展典型调研”项目（国家社科基金特别项目）的子课题“任务”之一，也是他多年来对我学术上关心与帮助的又一见证。

本书调查与写作，经历了以下几个阶段。

1. 2007 年 7 月 20 日 ~8 月 11 日，本人带领 2006 级民族学专业研究生钟柳群、2007 级社会学专业唐若茹在广西那坡县达腊彝族村开展田野调查，共计 23 天。3 人大致分工如下：本人负责村寨概况，外联县民族局、那坡镇等政府机关；钟柳群负责经济生计、家庭婚姻、社会组织等；唐若茹负责村务管理、科教文卫、风俗习惯等。

2. 2007 年 8 月 ~10 月，整理田野笔记，撰写初稿。提交初稿雏形具体是：本人的“概述”；钟柳群的“经济发展、社区精英、家庭婚姻、社会组织、专题一”；唐若茹的“政治机构、村务管理、教育文化科技卫生、社会习俗、专题二”。

3. 2008 年 11 月 ~2008 年 12 月，本人断断续续校改着“初稿”，其中的纠结是背景资料的重复堆积与现实素材的粗糙缺漏。

4. 2009 年 6 月 22 ~ 24 日，本人又与唐若茹、2008 级社会学专业研究生黄欢到达腊屯补充调查。此后，本人“统稿”着全书。

5. 2009 年下半年，本人与钟柳群、唐若茹分别修订“初稿”，其间听取采纳了周建新教授诸多意见。

6. 2010 年 4 月起，2008 级民族学专业研究生雷韵进行全面梳理后呈周建新教授审阅，周又提出修改意见。

7. 2012 年 12 月 24 ~ 29 日，本人又到达腊屯进行补充调查，此后重新撰写了全书（不含专题一、二）。

我们先后多次到那坡县那坡镇达腊村达腊屯进行调查，每每得到了那坡县党委组织部、县人大办、县政府办、县政协、民族事务局、交通局和那坡镇政府、达腊村中心小学、达腊村委会等部门和领导的大力支持、帮助。而达腊屯村民的热情合作，使我们能够顺利完成田野调查工作。特别值得一提的是，2007 年时任那坡县组织部部长的陈玉荣同志为我们到达调查点前做了许多协调工作，县人大办公室梁国军主任、县政协办黎日东、县民族事务局牙祖文书记及劳大伦局长、镇政府办梁袁凤等领导、同志为我们联系各部门、查找资料、安排住宿等工作提供了热心帮助，原达腊村支书王月飞、村民梁国星、“朗头”王月光、村退休小学校长梁毅、腊摩梁廷支等无偿安排食宿并提供其他后勤保障，使我们的调查工作及书稿整理得以完成。同时，在田野调查和本书的写作过程中，还得到了广西民族大学王柏中、秦红增和广西大学罗树杰等教授的鼓励指导。现在，本书终于定稿，再次谨向上述提及的所有人士，以及达腊屯全体彝族村民表示衷心感谢！

最后，特别感谢中国社会科学院中国边疆史地研究中心给予的技术与财力支持，感谢中国边疆史地研究中心厉声主任的提挈！感谢冯建勇老师、李方老师多次审稿并耐心提出宝贵意见！感谢社会科学文献出版社各位编辑的辛苦付出！

必须指出的是，由于水平有限，调查写作拖延多年，本调查报告肯定存在诸多的失误与不足，敬请专家、读者批评指正。

甘品元

2013 年 4 月 15 日

图书在版编目(CIP)数据

金竹彝村：广西百色市那坡县城厢镇达腊村达腊屯调查报告 / 甘品元著. -- 北京：社会科学文献出版社，2018.6

（当代中国边疆·民族地区典型百村调查. 广西卷. 第三辑）

ISBN 978-7-5201-1497-4

Ⅰ. ①金… Ⅱ. ①甘… Ⅲ. ①农村调查-调查报告-那坡县 Ⅳ. ①D668

中国版本图书馆 CIP 数据核字（2017）第 240115 号

当代中国边疆·民族地区典型百村调查：广西卷（第三辑）

金竹彝村

——广西百色市那坡县城厢镇达腊村达腊屯调查报告

著　　者 / 甘品元

出 版 人 / 谢寿光

项目统筹 / 宋月华　范　迎

责任编辑 / 范　迎　吴良良

出　　版 / 社会科学文献出版社·人文分社（010）59367215

地址：北京市北三环中路甲 29 号院华龙大厦　邮编：100029

网址：www.ssap.com.cn

发　　行 / 市场营销中心（010）59367081　59367018

印　　装 / 三河市龙林印务有限公司

规　　格 / 开　本：889mm×1194mm　1/32

印　张：8.25　插　页：0.125　字　数：182 千字

版　　次 / 2018 年 6 月第 1 版　2018 年 6 月第 1 次印刷

书　　号 / ISBN 978-7-5201-1497-4

定　　价 / 198.00 元（共 4 册）

主　编　厉　声

副主编　李　方（常务）　李国强

编委会成员（按姓氏笔画排列）

于　永　于逢春　马品彦　方　铁　王利文　厉　声　冯建勇
毕奥男　许建英　孙宏年　孙振玉　李　方　李国强　张永攀
周建新　孟　楠　段光达　倪邦贵　高　月　崔振东　翟国强

中国社会科学院中国边疆研究所　**厉声　主编**

当代中国边疆·民族地区典型百村调查：**广西卷（第三辑）**

分卷主编：**周建新　冯建勇**

金滩

十万尾村哈亭

京族生态博物馆

项目名称	类别	级别
京族哈节	民俗	国家级
京族独弦琴	民间音乐	广西壮族自治区级
京族鱼露	传统手工艺	广西壮族自治区级
京族喃字	民间文学	防城港市级
京族服饰	传统手工艺	防城港市级
京族风吹饼	传统手工艺	东兴市级
京族天灯舞	民间舞蹈	东兴市级
高跷捞虾	民俗	东兴市级
耙螺	民俗	东兴市级
京族传统叙事歌	民间文学	东兴市级
京族哈歌	民间文学	东兴市级
京族民歌	民间文学	东兴市级
京族围箔	民俗	东兴市级
京族史歌	民间文学	东兴市级

京族各级非物质文化遗产一览表

博物馆中的老式独弦琴

六百年情人树（相思树外包榕树）

七万尾村村委会

八万尾村村务公开栏

中国社会科学院中国边疆研究所　厉声　主编

当代中国边疆·民族地区典型百村调查·广西卷（第三辑）

日久他乡是故乡

——广西东兴市江平镇万尾村调查报告

郝国强　蒙秋月　黄静◎著

SSAP
社会科学文献出版社
SOCIAL SCIENCES ACADEMIC PRESS (CHINA)

“当代中国边疆·民族地区典型百村调查”

总序

深入实际、开展国情调研，是中国社会科学院肩负的重要科研任务，也是中国社会科学院履行好党中央、国务院赋予的“思想库”“智囊团”职能的重要方式。中国边疆省区占国土面积的60%以上，边疆区情及当地的民族社会调研（边疆调研）是中国国情调研的重要组成部分。正如一位边疆工作者所说：不了解少数民族，就不了解中华民族；不了解边疆，就不了解中国。1983年中国社会科学院中国边疆史地研究中心建立后，特别是1990年以来，一直将边疆调研作为学科研究的重点之一。

2004年，中国边疆史地研究中心承担国家哲学与社会科学基金特别项目“新疆历史与现状综合研究”（简称“新疆项目”）。2006年，中国边疆史地研究中心牵头，立项开展“当代中国边疆·民族地区典型百村调查”（简称“百村调查”），作为此特别项目的子课题。“百村调查”以新疆为重点，在全国新疆、西藏、内蒙古、宁夏、广西五个民族自治区和云南、吉林、黑龙江三省基层地区同时开展，共调查100个边疆基层村落。调查工作在“新疆项目”领导小组和专家委员会指导下，由“百村调

查”专家委员会暨编委会组织实施。在中国边疆史地研究中心主持拟定的调查大纲框架下，发挥每个省区的优势，体现各自的特色。

本项目的实施得到了边疆地区各级地方党政部门的支持。首先，调查工作注意与地方党政部门的相关工作衔接、听取意见，在实施调查之前，主动向各级党政部门汇报情况，听取指示和意见。其次，调查组主动让各级党政部门了解调研的全过程，在调研过程中出现问题时及时向相关党政部门请示。再次，调研阶段成果和最终成果的副本同时提供地方党政部门参考。

“百村调查”的调研主题是：改革开放30年来中国边疆基层村落的民族社会和经济发展的历史与现状。具体内容包括：乡村概况、基层组织、经济发展、社会生活、民族、宗教、文教卫生、民俗风情等。项目调研的时间是：2007～2008年（资料下限至2007年底或适当延长）。

“百村调查”的调研对象为：100个具有典型意义与特色的中国边疆基层村落。课题以基层乡、村两级为调查基点，大致每个省区选择2个地州，每个地州选择1～2个县，每个县选择2个乡，每个乡选择2个村。新疆共调查22个村，其他地区均为13个村（辽宁、吉林、黑龙江以东北边疆为单元，共调查13个村）。调查点的选择要求：

(1) 本地区社会稳定与经济发展中具有典型意义的基层乡和村。

(2) 存在边疆现实政治、社会或经济发展的热点、难点问题。

（3）与20世纪50年代全国边疆民族调查能有一定的衔接。

“百村调查”采取学术调查与现实政治相结合的方法，以社会人类学入村入户调研方法为主，同时关注现实政治、社会与经济发展中的热点、难点问题：一般共性调查与专题专访调查相结合，在一般综合性调查的基础上，选择好专访或专题调研的“切入点”——总结经验与完善不足相结合，在总结各项工作经验的同时，善于发现问题和提出解决问题的对策与建议。调研注重入户访谈和小范围座谈的专访调查。在一般性问卷和统计资料收集的基础上，注重对基层干部、群众典型、教师、宗教人士等特定人员的专题访谈，倾听和收集他们对基层社会稳定与经济发展的看法、意见和建议，形成能说明问题的专访或专题调研报告。

“百村调查”的成果形式分为调查综合报告与专题报告两大类。

（1）调查综合报告：依据大纲规定，撰写有关乡村经济社会等发展状况的综合报告，课题结项后分期公开出版。专题报告及调查资料可以公开发表的，在篇幅允许的情况下，作为附录附在综合报告末尾。

（2）专题报告：内容较敏感、不适宜公开出版的专题报告，集成《专题报告集》，内部刊印。

“百村调查”主编　厉声　谨识

2009年8月25日

目录 CONTENTS

图目录
FIGURE CONTENTS

表目录
TABLE CONTENTS

序 言
FOREWORD

中国社会科学院中国边疆史地研究中心“当代中国边疆地区基层社会与经济发展典型调研”项目，是一项涉及广西、云南、西藏、新疆、内蒙古、宁夏、吉林等7省区100个村寨的大型调研项目。广西壮族自治区作为中国西南边疆少数民族聚居省区，此次调查共选点13个，主要集中在广西沿中越边界一线的各民族边疆村寨，个别分布在非边境县市。

在中国近现代发展史上，对于边疆地区的关注，主要出现在19世纪末20世纪初。当时的中国边疆地区，在英、法、俄等帝国主义势力蚕食鲸吞下，出现了普遍的危机。边疆危机唤起了中国民众尤其是知识阶层对边疆的关注。20世纪30年代，以“边政”概念为核心，以“边疆民族”为主要研究对象，一批学者对中国边疆尤其是西南边疆地区进行了调查研究，形成了一批成果。但关于中国边疆地区大规模的社会与经济发展调查项目，过去还未见诸报道。如果仅仅从大规模的社会调查活动考虑，新中国成立后的国内各民族社会历史调查活动，与边疆研究的关系才开始密切起来。

20世纪50年代，根据党中央和国务院的部署，国家有关部门在全国范围内进行了大规模的少数民族社会历史调

查，其中也对广西各民族社会历史发展情况进行了全面的调查。当时的调查主要关注的是少数民族社会历史发展状况，之后形成了《广西壮族社会历史调查》（7册）、《广西瑶族社会历史调查》（9册）以及苗族、京族、侗族、仫佬族各1册，仫佬族、毛南族合1册，彝族、仡佬族、水族合1册等系列调查成果，1954年由广西省民族事务委员会编印。那次调查为广西少数民族地区的社会、经济、文化发展起到了重要的推动作用，也为后来的学术研究积累了大量的历史学、民族学、人类学和社会学资料。

与少数民族社会历史调查不同的是，此次由中国社会科学院边疆史地研究中心推动的“边疆百村调研”项目，主要是从边疆学的角度考虑，突出边疆、村落和现实发展状况三个要点，期望通过深入的田野调查，面向中国边疆农村地区，真实反映现实的中国边疆村寨客观发展状况，为国家宏观把握边疆发展现状，构建和谐、安全、富裕边疆提供参考。此次调查虽然并未把少数民族因素作为关键的内容考虑，但由于中国历史上形成的边疆社会人口结构，决定了调查的内容必定要涉及大量的少数民族村寨。因此，广西的调查和全国其他边疆地区的情况一样，包含了大量的少数民族村寨。

进入21世纪后，中国西南边疆社会稳定、经济发展、人民安居乐业，广西与全国各边疆省区一样，在社会、经济、文化等方面都发生了巨大的变化，尤其是经济社会进入了快速发展阶段。在现代化、全球化迅猛发展的今天，地处祖国南疆最前沿的广西，有着沿边、沿海，面向东南亚的地缘优势，在中国边疆地区具有重要的不可替代的独特战略地位，是巩固边疆、发展经济的前沿，也是面向东盟、走向世界的前沿。面对现代化进程中广西边疆地区发生的巨大变迁，此次进行的边疆现状调查非常必要，且意义重大而深远，既可以为推进广西各民族的社会进步、经济发展、文化传承提供参考依据，同样也可以为后人积累宝贵的阶段性历史资料，为国家和地方政府部门提供决策参考。这不仅仅是一项科研工程，也是一项德政工程和国防工程。

2007 年，自从接受了此项课题后，我们感到任务光荣、责任重大。作为广西高校的科研人员，承担这项国家社科基金特别项目，我们责无旁贷。为了很好地完成这次任务，真正开展一次边疆地区集体调研活动，在项目开展之初，我们曾多次组织相关人员专门进行讨论研究，制定了详细的工作方案，组织了精干的队伍，保证了项目的顺利实施。

广西调查项目课题组成员主要由广西民族大学教师组成。项目主持人为周建新教授；成员有王柏中教授、郑一省教授、甘品元副教授、吕俊彪副教授、覃美娟馆员、郝国强讲师、罗柳宁助理研究员。另外，由周建新、王柏中、郑一省、甘品元、吕俊彪等牵头组成 5 个调查小组，组织研究生参与调查工作，并分头组织实施。参与调查的研究生有严月华、农青智、寇三军、蒋婉、张小娟、肖可意、刘萍、马菁、唐若茹、钟柳群、黄欢、陈云云、胡宝华、雷韵、黄超、谭孟玲、周春菊等。

中国社会科学院边疆史地研究中心派翟国强和冯建勇两位同志担任广西调查项目协调人，他们为项目的启动、实施和结题发挥了积极作用。广西调查项目整个调查工作的开展，大致可以分为三个阶段：第一次田野调查时间为 2007 年 7 月 ~9 月；第二次调查时间为 2008 年 1 月 ~2 月；

补充调查时间各小组自由安排，大致在2008年7月~2009年10月。

为了彰显本次典型调查写作的特色，根据中国社会科学院边疆史地研究中心的要求，我们非常重视调查视角与写作主线。要求调查一定要有边疆学的视角，要以典型村寨为单位进行调研；对于人口较多的村寨采取以村委会所在地为主要调查点，通过具体点的调研反映出整体的特征；务必着重描写边疆村寨的政治、社会、经济和文化现实内容；写作重点要特别关注改革开放以来广西边疆村寨发展的变化；在完成调查报告的基础上，要同时完成一定数量的研究报告，要有一定的理论分析和科学研究。在调查报告的写作方法上，我们不仅要求有现实地方志的描述，有数字统计和图表展示，也要有民族学、人类学田野个案的访谈，同时兼顾纵向历史的阶段性特征，使调查报告不仅具有一般资料集和地方志的性质，又通过研究报告的形式，将边疆地区现实存在的突出和敏感问题反映出来，以引起国家和地方政府部门的重视。

在调查选点方面，我们从全局考虑，以点代面，遴选有特色、典型性的村寨，尽可能凸显边疆区位、地方文化和发展水平特征。经过多次讨论，我们确定了以下调查点：广西东兴市京族万尾村，广西宁明县明江镇洞廊村，广西凭祥市友谊镇礼茶村，广西龙州县金龙镇横罗村，广西防城港市企沙镇华侨渔业新村，广西大新县宝圩乡板价村、下雷镇新风村，广西那坡县城厢镇达腊村，广西靖西县龙邦镇其龙村，广西环江县下南乡玉环村，广西金秀县长垌乡长垌村，广西百色市右江区龙川镇六能村，广西南宁市江西镇杨美村等13个调查点。确定以上调查点的根据主要

有以下几点。

（1）边境沿线村寨。广西有8个边境县（市、区），我们特意在每个边境县市选择了1～2个调查点，如大新县下雷镇新风村距离边界线仅数百米，沿边公路从村落中间穿过。

（2）民族村寨。广西有12个世居民族，我们选择了若干民族特色鲜明的边疆村寨，既突出了边疆特点，也表现了民族特色，如那坡县城厢镇达腊彝族村寨，那里的白彝文化特色鲜明，受到政府和学术界的广泛关注；我们也选取了个别非边境地区民族村寨，如环江县下南乡玉环毛南族村寨。

（3）经济发展特色村寨。广西各民族村寨经济发展模式不同，发展阶段不同，如以边贸为主发展起来的东兴市京族万尾村，总体发展水平较高，而以农业和旅游为主的大新县宝圩乡板价村发展水平一般。

（4）华侨移民村落。20世纪70年代，广西境内接受了大批归难侨民，建立了一些华侨农场，他们对边疆地区的稳定具有特殊影响。因此，我们特意选择了防城港市企沙镇华侨渔业新村作为典型个案。

经过全体成员两年多的共同努力，本项目在规定时间内顺利完成。整个项目在锻炼队伍，培养新人，积累成果等方面取得了一定的成绩。本人虽然是广西项目负责人，但在整个项目的完成过程中，本人主要是指导，绝大多数写作任务都是由各调查点主持人组织完成的。在课题调研过程中，本人曾多次亲自带领课题组老师和研究生前往田野点调查，进行工作布置和安排。在调研过程中课题组老师和研究生不畏艰难困苦，深入边境一线，走访干部群众，

进行细致调查研究，求真务实，收集了大量的第一手材料，保证了本课题的顺利完成。在此，谨向课题组全体成员表达我个人的敬意和衷心的感谢！

广西调查项目的顺利完成，也凝聚着中国社会科学院边疆史地研究中心全体同仁的心血。中国社会科学院边疆史地研究中心厉声主任、李国强副主任非常关心项目的进展情况，曾于2007年、2008年两次组织人员来广西检查指导工作。研究中心的于逢春、李方两位研究员，也给予了大力支持。广西项目协调人冯建勇同志，对广西卷的所有书稿进行了认真审阅，并提出了修改意见等。在此，谨代表课题组全体成员表示衷心的感谢！

本套丛书广西卷的13个村落材料，由于进行田野调查的时间不完全统一，因此各分册中使用的年度统计截止数据也不完全统一，有截至2007年、2008年的，也有截至2009年上半年的。调查报告中出现的敏感问题访谈，依照学术惯例，我们隐去了访谈者的姓名，但对于一般内容和访谈，都遵循了客观真实记录和描述的原则。对于调查报告中使用的照片，凡涉及个人肖像权的，均征得了个人的同意。由于调查时间的限制以及撰稿人学术背景差异等原因，丛书中难免存在一些不足，望读者批评指正。

周建新

2009年8月11日于南宁

第一章　京族地区概况

第一节　自然概况

一　地理位置

我国京族主要聚居于广西东兴市江平镇辖区内的京族三岛一带。京族三岛因岛上居民以京族为主而得名，包括万尾、山心、巫头三个浅海岛屿。江平镇距东兴市 17 公里，距防城港市 50 公里，距广西壮族自治区首府南宁市 170 公里。

京族三岛位于北纬 21°33″，东经 108°08″，在江平镇东南，呈“品”字形分布。其中山心岛位于江平镇城区东约 6 公里，地处江平河入海口；巫头岛在江平镇城区的南面，距江平镇城区约 5 公里；万尾岛出海最远，距江平城区约 9 公里。京族聚居的其他村寨，如谭吉、红坎等村，也多在江平镇政府所在地附近。

万尾、山心、巫头三岛是由海水冲积而成的沙岛，海拔较低。其中巫头、万尾两岛的平均海拔只有 8 米，山心岛的平均海拔稍高，在 10 米左右。万尾岛在三个岛屿中面积最大，为 13.6 平方公里；山心岛面积最小，只有 3.37 平方公里。20世纪60年代以前，京族三岛与大陆没有陆路可通，但由于海水较浅，离大陆又近，退潮时可徒步往来。1971年，京族三岛各族民众的“围海造田”取得成功，京族三岛才得以与大陆连成一片。

山心村位于东兴市东部，距市区20公里，交通便利。全村总面积3.37平方公里，耕地面积1396亩，沿海滩涂面积2500亩。山心村属亚热带季风气候区，树木四季常青；年最高气温为37.9℃，最低气温为3.4℃，平均气温为21.5～23.3℃。

巫头村位于东兴市东南部，与越南万柱隔海相望。全村总面积5.4平方公里，耕地面积2229亩，海岸线长3.9公里。巫头村既沿海又沿边，海洋资源十分丰富，盛产对虾、海蜇、沙虫、青蟹、花蟹等海产品，年海洋捕捞量1万多吨。此外，巫头村旅游资源丰富，拥有“南国雪原”“万鹤山”“京族哈亭”等景点。由于交通便利，环境优美，又与万尾金滩旅游区相毗邻，每年到此观光休闲的游客达上万人。

万尾村地处东兴市南部，与越南隔海相望。全村总面积13.6平方公里，有15公里长的黄金海岸线，耕地面积3695亩。村委会管辖3个自然村，23个村民小组。万尾村南面有长约6公里的沙滩，因其沙质呈金黄色，20世纪90年代以后被命名为“金滩”。

山心、巫头、万尾三个海岛的土质不同。山心岛的土质相对比较肥沃，土壤层相对较厚，适宜种植红薯、花生、玉米等粮食作物，水源充足的田地还可栽种水稻。巫头岛内土壤层较薄，水分也较少，中部以含泥层为主，不宜种植水稻，但可以种植花生等经济作物。万尾岛的滨海地带以含泥层为主，颜色由灰白色到灰褐色，个别坡地以泥沙层为主，多种红薯、玉米等。总体而言，京族地区的地面径流相对较少，土地干燥，农业生产主要靠天吃饭。

二　气候

京族地区属亚热带气候，夏天较长，冬天较短，全年没有霜冻。全年的最高温度为34℃，最低温度为3.4℃，平均温度为21.5～23.3℃。京族地区多季风，每年9月至第二年1月为东北季风期，风力一般为4～7级；4～7月为西南季风期，海面风浪大。每年7～10月有台风，其余月份多是偏东风或者偏南风，风力多在3级以下。

京族地区全年降雨量较大，年降雨量在1300～2700毫米。其中每年的6～8月降雨最为集中，降雨量约占全年降雨量的一半，而1月、12月的降雨量相对较少。京族地区每年1～4月的“开春”时节低温阴雨天气较多，空气湿度较大，海上常有浓雾。

三　物产资源

京族地区濒临北部湾，有丰富的海洋渔业资源和盐业资源，此外还有部分农业、林业和矿产资源。

（一）渔业资源

京族地区的渔产品主要有鱼类、介类、螺类等。据统计，京族地区附近海域有青鳞、赤鱼等浅水上中层鱼类和中下层鱼类的墨鱼、石斑、季母、鲨鱼、鲈鱼等700多种，其中经济价值较高的有200多种。此外，还有沙虫、螃蟹、贝类等多种海产。

1. 鱼类

京族地区附近海域的鱼类主要有青鳞鱼、赤鱼、鲨鱼、马鲛、黄泽鱼、骨鱼、鱿鱼、墨鱼、鲫鱼、石斑、季母、鲈鱼、条鱼、水鱼、少阳鱼、苍鱼、芒鱼、浪随鱼、石岩鱼、马母鱼、齐鱼、兰刀鱼、沙鱼、沙针鱼、银鱼、木马鱼、滚子、风黎、硬尾、硬头角、金草、龟鱼、龙利、花碟、海鳝、门鳝等。

2. 介类

京族地区的介类海产品主要有青蟹、花蟹、扁蟹、石蟹、狮子蟹、拜天蟹、虾、玳瑁等，其中又以花蟹、青蟹为多。

3. 螺类

京族地区出产的螺类主要有鹦鹉螺、车螺（文蛤）、白螺、红螺、连螺、含珠螺等。

20 世纪 90 年代以后，由于渔业捕捞技术不断改进，外来捕鱼人口不断增多，京族地区传统的海洋渔业资源呈逐年减少之势。而与此同时，海水养殖、海蜇加工等相关行业发展迅速，缓解了因过量捕捞而对当地渔业生产带来的冲击。目前，海蜇、对虾、车螺等已成为当地最为重要的海产品。

（二）盐业资源

京族地区的盐业资源较为丰富。据调查，京族地区附近海域的海水含盐量较高，一般在 30.09% ~33.91%，比较适宜制造食盐。[①] 1949 年以前，盐业生产在京族地区的经济生

① 马居里、陈家柳主编《京族——广西东兴市山心村调查》，云南大学出版社，2004，第 13 页。

活中曾占有一定的位置，约占其经济总量的3%。[①] 目前，山心、巫头、谭吉等地均有盐田，其中山心岛有盐田20多公顷，巫头岛有盐田20多公顷，谭吉有盐田30多公顷。

（三）农作物

我国京族人世代以海洋捕捞为业，农业生产历来都只作为其经济生活的一种补充，因而当地农产品的种类不多、产量也不高。目前，京族地区的主要农作物有水稻、玉米、红薯、花生等。

（四）林业资源

京族三岛一带地区的树林，多以防风固沙以及修建房屋为主要目的，一般不轻易砍伐。在果树方面，主要有龙眼、荔枝、菠萝、芭蕉、黄皮果、阳桃、柑子、柚子等，产量不高，所产水果以自食为主。

（五）矿产资源

在万尾岛和巫头岛有钛矿、磁铁矿、独居矿、锆石英和玻璃砂，在竹山的滨海地层中也有铁矿、磁铁矿、独居矿、锆石英等，由于储量不大，开采较少。

第二节　历史沿革

一　京族族源

京族，古时因居住在交趾一带，有人称之为“交趾人”

① 《京族简史》编写组编《京族简史》，广西民族出版社，1984，第28页。

或“交人”，后因唐代于该地设置安南都护府，又有人称其为“安南人”或“唐人”。京族是今越南社会主义共和国的主体民族，在越南自称“越”或“京”。“京”是指居住在京畿（即今越南首都河内市，旧称升龙、龙飞）的人，而居住在京畿之外山区的人则被称为“蛮”。[①] 现今居住在我国广西境内的京族人，主要是16世纪以后陆续从越南迁入我国境内的，距今已有400多年的历史。

京族是我国西南边疆地区人口较少的跨国民族。我国的京族人在1958年以前统称为“越族”，1958年5月成立广西东兴各族自治县时正式定名为“京族”[②]，取“心向北京”之意。关于京族的形成，国内学者普遍认为，现今中国、越南两国京族人的祖先是远古时期分布在我国东南部的骆越人。[③] 在《越南古代史》一书中，越南学者陶维英认为，骆越人是古代越南北部越族的一个分支。[④] 根据中国学者范宏贵的考证，大约在公元前1世纪至2世纪，就有骆越人在红河三角洲定居，主要从事农业生产。后来骆越分化成两个支系，平原地区的骆越人形成如今的越族（京族），而在山区的骆越人则成为芒族。[⑤]

---

① 阮振余编唱，苏锡权作字喃，苏维芳收集、整理、翻译《京族史歌》（未刊稿），2002。

② 《京族简史》编写组编《京族简史》，广西民族出版社，1984，第6页。

③ 周建新：《中越中老跨国民族及其族群关系研究》，民族出版社，2002，第29页。

④ 陶维英：《越南古代史》（上册），刘统文、子钺译，商务印书馆，1976，第195页。

⑤ 范宏贵：《越南民族与民族问题》，广西民族出版社，1999，第78页。

根据我国京族地区各族群众的口述资料以及相关的文字记载，一般认为聚居在广西东兴市江平镇沿海一带的京族人是16世纪开始陆续从越南的涂山、春花、宜安、瑞溪等地迁入我国境内的。万尾村京族人保存的清光绪元年（1875）订立的乡约中有如下记载："承先祖父洪顺叁年贯在涂山，漂流出到……立居乡邑，壹村贰村，各有亭祠。""洪顺"是越南后黎封建王朝的年号，洪顺三年相当于我国明朝武宗正德六年，即1511年。由此可以推算，迁来万尾的部分京族，已有400多年的历史了。[①] 另据被认为是最早迁来的刘、阮两姓族人追述，他们的始祖原住在越南吉婆（译音），后迁至越南涂山沿海以打鱼为生。一次偶然的机会，他们在北部湾追捕鱼群来到巫头岛，看见岛上荒无人烟，周围又有较好的渔场，便决定在此地定居，至今约有十六七代了。若以每代25年计算，至今也有400多年，这与乡约中的记载是相符的。[②] 从语言上看，有些姓氏的京族人的先祖是越南太平省人。从家谱上看，有些京族人原先是中国的汉族人，迁入越南后逐渐融入当地社会，成为越族，而后又转至现今广西东兴市江平镇的山心岛等地居住，成为京族。[③]

二　行政区划

我国京族人的聚居地区在秦以前为百越地的荆州南境，汉至东晋为合浦郡合浦县地境，南北朝时期属南朝交州、

① 《防城县志》编纂委员会编《防城县志》，广西民族出版社，1993，第44页。

② 《京族简史》编写组编《京族简史》，广西民族出版社，1984，第7页。

③ 范宏贵：《越南民族与民族问题》，广西民族出版社，1999，第300页。

安州。隋开皇十八年（598）改安州为钦州，唐天宝元年（742）改钦州为宁越郡，后又复改为钦州。宋为安远县地，隶属广南西路。元属钦州路。明属廉州县，隶雷州府，后复为州，府隶广东布政司。清光绪十四年（188），钦州升为直隶州。①

1887年以前，现今的京族三岛一带就有越人居住。1888年冬，清政府在京族所在地区设防城县，属钦州府管辖，至民国年间，均为广东境地。1949年12月～1951年2月，京族地区所在防城县属广东省管辖。1951年3月～1955年6月划归广西省。1955年7月～1965年7月划入广东，至1965年8月复又划归广西壮族自治区。②

1912年后，防城县分为东南、东北、西南三个区，京族地区时属西南区。当时县以下设立区公所或镇公所（京族地区属江平区公所），下属各村建立保甲制度。1949年5月，防城县人民政府成立，将全县分为东、西、南、北四个行政区，京族地区所在的江平镇属南区管辖。1951年春，东兴镇筹建县级东兴市，南区改称二区。1952年东兴市撤销，江平改称第四区，1955年又改为江平区。1957年7月，经国务院批准，十万大山僮族瑶族自治县从防城县分出，1958年5月更名为东兴各族自治县，江平区为东兴各族自治县所辖。同年12月1日，防城县、东兴各族自治县合并为“东兴各族自治县”。1959年2月，江平区改名为江平公社。1978年，11月，东兴各族自治县改名为“防城各族自

---

① 《防城县志》编纂委员会编《防城县志》，广西民族出版社，1993，第1页。

② 《防城县志》编纂委员会编《防城县志》，广西民族出版社，1993，第1页。

治县”，县府从东兴镇迁至防城镇。[①] 1996 年，县级东兴市成立，江平镇归东兴市管辖。

东兴市（县级市）位于防城港市南部，现辖东兴、江平、马路三个镇，与越南广宁省海宁县水陆相连，是我国通向东南亚的水陆门户。江平镇位于东兴市东部，东与防城区江山乡交界，东南濒北部湾，与越南广宁省芒街县隔海相望，西同东兴镇接壤，北和防城区那梭镇相邻。

三　村寨的历程

万尾岛位于广西东兴市江平镇的东南面，三面环海，陆路可以由谭吉岛或者巫头岛直通江平镇城区。万尾岛与越南芒街的万柱岛隔海相望。万尾村位于万尾岛上，是一个京族人聚居的海边渔村。如前所述，万尾村京族人的祖先，从 15 世纪开始就陆续从越南的吉婆、涂山等地迁入我国境内，是万尾岛上最早的居民。据当地人介绍，最初来到万尾岛的京族人有黄、刘、裴、武、杜、梁、苏、阮、龚、吴、罗、武 12 个姓，只有一二百人。后来人口才逐渐增多，至今已有 7000 多人口（2010 年），当然，不包括外来人口。

万尾村原指万尾岛中部京族人居住的万尾自然村，因位于万尾岛的中部，故又被当地人称为“中间村”。1949 年以前，万尾村曾称“福安村”“福安邑”，由于该村的村民以京族人为主，因此又被称为“安南村”。20 世纪 50 年代初期，当地人认为“安南村”的称谓带有某种歧视性的含义，故要求改称“福安村”。1952 年以后，“万尾村”取代

---

① 《防城县志》编纂委员会编《防城县志》，广西民族出版社，1993，第 4～8 页。

“福安村”，并使用至今。

有关万尾村京族人来源的说法，除了一些人根据万尾村清代乡约的记载所进行的推测之外，当地也有人认为他们的祖先是先到附近的巫头岛，而后才到万尾定居的。

万尾村村名的来历，很多人认为与镇海大王的传说有关，即取自蜈蚣精的尾部形成之意，但这一说法未能很好地解释“万尾”之“万”的含义。事实上，“万尾”的“万”，在当地人的书写习惯中，原先是带有“氵”旁的，至今也仍然有人沿用这一写法。20 世纪 90 年代中后期电脑在当地普及使用之后，由于普通电脑操作系统的汉字字库没有此字，一些人索性以简化的“万”字取而代之。一位万尾村的民间人士认为，把“万尾”这一村名与镇海大王为民除害的故事联系在一起，虽然并无不可，但多少有些牵强附会之嫌。他认为，有“氵”旁的“万尾”之“万”字，不仅它的繁体字的字形与汉字的“湾”字比较接近，而且在当地的粤话方言中，“万”与“湾”的发音也极为相似。因此，他认为“万尾”就是“湾尾”，“万尾”的实际含义应是“海湾之尾”。他认为这样的解释既体现了万尾岛地形上的特点，同时也指明了万尾岛的地理位置。

1952 年底，万尾京族自治乡成立，辖万尾、万东、万西 3 个自然村，由防城县第二区（江平区）管辖。1958 年，万尾大队成立，由江平人民公社管辖。20 世纪 80 年代以后，相继成立的万尾村公所、万尾村村委会等都将万尾岛上的 3 个自然村划入其管辖范围。

万东村和万西村是汉族人与京族人杂居的自然村，因分别位于万尾自然村的东部和西部而得名。1949 年以前，这两个村的村民以汉族人为主。50 年代以后，万尾岛上汉族人与京族人之间通婚逐渐增多，万东、万西的京族人口也在不断增加。①

案例1-1　村民记忆中的万尾村

（根据2010年5月对LHB的访谈记录整理）

LHB，男，34岁，万尾村村民

原来我们这个村是没有汉族的，就只有我们京族，原住民族就是我们京族人。在清朝进行区域划分以后，这个地方归中国管理。汉族人有钱就买了地，相当于地主，就移民到了这个岛上。但是以前我们京族人把这个岛是作为一个寨子来居住的。

我们这个岛原来是个孤岛，原岛的面积大概还要往外走六七十米，即还要往海的方向走六七十米，那都是陆地，还有树林的。那时候树很茂密，也都很大，解放以前，都还是很大的树。后来经过大的台风之后，大海把我们的原住面积给吞噬了。在我们这边有路出去是在中国解放以后，中国共产党领导填海造田，就有了我们的路还有水田。就在进岛的那个海堤那里，一路过去都是种水稻的地方。也就是在解放以后，我们这里才有了种植水稻的水田。以前我们这里都是以捕捞为主，我们是渔民，原来我们京族人都是给汉族人打工的。我们京族人在这个寨子里居住，一共有东、南、西、北四个门，都是用灌木还有荆棘围起来。围着那个岛做寨子，相当于一个椭圆形。在如今京岛大酒店那边就有一个出海的大门。回来之后，寨子里的人就把

① 周建新、吕俊彪等：《从边缘到前沿：广西京族地区社会经济文化变迁》，民族出版社，2007，第30～32页。

城门打开，那个船是可以开进来的。到我这个店（如今观海台右侧的“踏浪吧”，距海滩约有10米），这里原来都有一个航道，很宽、很大。它围起来是陆地，但是有一条水沟，那个水沟很深的，那个船就可以进来。

原来我们万尾村不叫万尾村，叫福安村，是跟法国在领土上有冲突时划分的。原来越南是法国殖民地，法国统治他们的时候就跟我们中国边民经常有冲突。但就因为疆土划分不清，引起了很多冲突。现在，1号碑那里都记载了，就是在竹山那里。那时候我们这个地方归广东管，属于广东钦州，原来钦州那个权力还蛮大的。1979年以后是属防城管，原来我们是属于防城县，防城各族自治县，到了防城港市成立以后就属防城港市。

第三节　交通物流

东兴市北距南宁市170公里，东距北海市185公里，南距越南下龙市180公里，有防东二级公路和南防高速公路、南防铁路连接，与越南公路干线相连。江平镇全镇面积为238.5平方公里，海岸线长38公里，辖区内有谭吉港、京岛港等沿海港口，可直接通往中国和越南各大港口。

一　陆上交通

20世纪70年代以前，万尾岛是一座孤岛，与大陆没有公路相连，万尾人居住在岛的一边，而要从另一边去东兴，只能等退潮的时候步行过去。村民并不是每天都可以过去的，只有在“合水”（符合水期）的时候才能过去。按照当地捕鱼使用的水期表，“一眼水”涨潮少，退潮也少，路面都不一定能够看见，等到“七眼水”的时候，涨潮大，退潮也退得远，是通行的最好时机。不过，还是有许多当时所不能预测的因素会给村民出行带来危险。比如，起南风会使涨潮来得比平时快；而北边的十万大山下雷阵雨，积水也会流入海中，使水位迅速上涨；等等。此外，气温、海洋气流等也会影响涨潮的时间和水位的高低，因此有些人往往就在回来的路上被涨起的潮水吞没了，再也不能回来。

1971 年围海造田之后，这种情况基本消失。万尾岛在没有修路之前，路面全是沙子，连摩托车也开不了。1993 年，当地政府投资修建了进港（京岛港）公路，并在村内修建了水泥路，万尾岛的交通状况得到了较大改善，岛内开始出现了摩托车、三轮车、面包车、客车、出租车、小轿车等现代交通工具。随着经济状况的好转，万尾村平均每户人家都有 1～2 辆摩托车，个别生意人还购买了小轿车。万尾人在岛内活动，一般都是乘坐三轮车，大多数情况下一元钱就可以到达岛内各处。目前已开通公共汽车直达东兴市区。此外，在各村镇之间，可以乘坐小型面包车，随上随走，相当方便。

二　水上交通

水上交通工具也得到一定程度的改进。以前本地人要去越南做边贸，只能利用竹排，来回一趟需要一两天。后来有了机动竹排，足足缩短了一半时间。1998 年万尾村就开始有人购买快艇，以满足经商的需要。最近几年，一些经常出海的年轻人相继购买了卫星导航系统，这种设备除了可以准确定位之外，还可以计算与目的地的距离，并根

据当时的速度计算出到达的时间。有了这种设备的帮助，在海上作业就不用担心迷失方向了。

第四节 人口状况

一 人口发展

京族是中国南方人口较少的少数民族之一。2000 年第五次全国人口普查资料显示，京族人口共有 22517 人，占少数民族人口总数的 0.12%，其中男性为 11328 人，女性为 11189 人，男女性别比约为 101.24%。男性人口较多集中在 5~9 岁、10~14 岁和 15~19 岁三个年龄组，而女性则多集中在 10~14 岁、15~19 岁和 30~34 岁三个年龄组。

2000 年京族人口的出生率、死亡率、自然增长率较之 1990 年都有明显下降的趋势。2000 年京族人口出生率、死亡率、自然增长率分别为 17.50%、3.05%、14.45%，而 1990 年京族人口出生率、死亡率、自然增长率分别为 32.75%、5.44%、27.31%，三项指标分别下降 15.25、2.39 和 12.86 个百分点。

二 人口分布

我国的京族人口主要分布于广西壮族自治区东兴市江平镇的京族三岛一带沿海地区，少数散居在广西各地以及全国其他各省、自治区、直辖市。根据《中国民族人口资料》的统计，广西是全国京族人口最多的地区，居住在广西境内的京族人口有 20123 人，约占全国京族人口的 89.37%；其次是贵州省和云南省，分别有 641 人和 508 人，约占全国京族人口的 2.85% 和 2.26%。京族人口在全国各省、自治区、直辖市的分布情况如表 1－1、图 1－1 所示。

表 1－1　京族人口分布情况

序号	地区	人口	备注	序号	地区	人口	备注
1	北京市	22		15	山东省	7	
2	天津市	1		16	河南省	17	
3	河北省	29		17	湖北省	42	
4	山西省	4		18	湖南省	46	
5	内蒙古自治区	13		19	广东省	285	
6	辽宁省	6		20	广西壮族自治区	20123	
7	吉林省	1		21	海南省	123	
8	黑龙江省	36		22	重庆市	27	
9	上海市	6		23	四川省	38	
10	江苏省	90		24	贵州省	641	
11	浙江省	51		25	云南省	508	
12	安徽省	28		26	陕西省	9	
13	福建省	67		27	甘肃省	7	
14	江西省	278		28	新疆维吾尔自治区	12	

说明：本表数据根据《2000 年人口普查中国民族人口资料》① 整理，未包括港、澳、台地区的人口统计数据，其他未提到的省份没有京族人迁入或未登记身份。

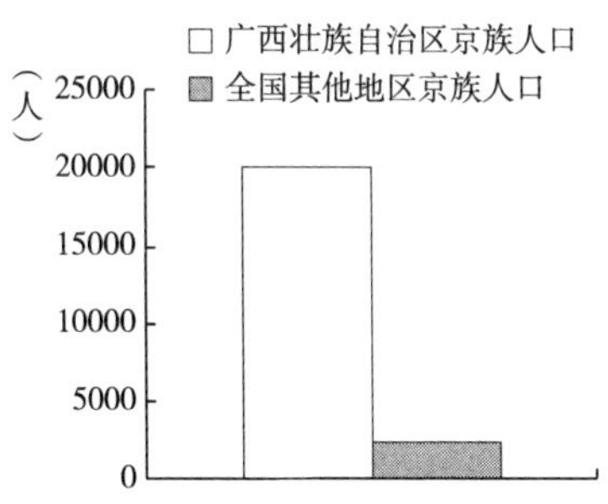

图 1－1　广西与全国其他地区京族人口比较

① 国家统计局、国家民族事务委员会：《2000 年人口普查中国民族人口资料》，民族出版社，2003，第 1390～1439 页。

广西境内的京族人口主要分布在东兴市的万尾、山心、巫头、谭吉、红坎、恒望、寨头、米漏、瓦村、三德等村以及东兴市区和江平镇政府所在地。大多数京族人口主要居住在沿海农村，近20年来在当地城镇及其他县、市居住的京族人也逐渐增多，但仍然以京族三岛为主。

万尾村村委会管辖3个自然村，23个村民小组，1195户。万尾村常住人口4430人，外来流动人口将近4000人。岛上居住有京、汉、壮、瑶等民族，其中京族人口占全村总人口的95%。[①]

三　职业与知识结构

京族是个非农业人口比重较高的民族。2000年第五次全国人口普查的统计数据表明，非农业户口人数约占京族总人口的38.05%，比各少数民族非农业人口占总人口的平均比例高出24.73个百分点。

京族接受正式教育的人口总体偏低。根据2000年第五次全国人口普查的统计，6岁及6岁以上的京族人口中未上过学的为1391人，占该年龄段总人口的6.83%；接受过大学专科、本科教育的人口为1093人，占该年龄段总人口的5.37%；受过研究生教育的为21人，占该年龄段总人口的0.10%。

① 相关统计数据由广西东兴市江平镇万尾村村委会提供，2010年5月。

第二章　政权建设

第一节　基层组织建设

一　村委会

村委会是在国家法律规定的范围内，由村民自我管理、自我教育、自我服务的群众性自治组织。它具有法人资格，受镇政府的指导和村党总支部的领导。

万尾村村委会管辖万东、万尾、万西 3 个自然村，由 7 名成员组成，在编的村干部[①]主要有支部书记、主任、副书记、副主任、民兵营长、妇女主任，其余两人是江平镇下派的村用人员，分别主管计生与农业技术工作。除此之外，2008 年村委根据中央有关部门制定的《长效机制意见》接收了两名大学生村官，主要负责协助村长的各项工作。村干部的工资由两部分组成：一是万尾村村委发的每月 600 元的工资；二是集体经济分红。镇聘村用人员的工资分为两部分：一是万尾村村委所发每月 400 元的村级工资；二是江

① 在编人员，是指已经纳入该单位的人事编制，属于有编制的人员。在编与非在编人员福利待遇一样，但工资基数不一样。

平镇所发每月550元的镇级工资；年终还有2000～3000元的奖金。大学生村官何帅、杨建标（汉族）的工资每月为500元左右。万尾村现任村委会的村委干部基本情况如表2－1所示。

表2－1 万尾村村委干部职务一览①

姓名	职务	民族	文化	年龄	政治面貌	参加工作	工作职责	备注
苏明芳	支部书记	京族	高中	53岁	党员	1988年	主持村委全面工作	在编人员
吴敬锋	主任	京族	高中	30岁	党员	2005年	管理本村属于村农民集体所有的土地和其他财产，主持本村基础设施建设	在编人员
武雄胜	副书记	京族	中专	33岁	党员	2000年	协助书记主持全村工作	在编人员
黄玉芳	副主任（农技员）	京族	初中	58岁	党员	1976年	推广农业技术，教授农民科技致富	镇聘村用人员
赵何郑	民兵营长	京族	高中	41岁	党员	1989年	建立和巩固民兵组织，做好征兵工作	在编人员
叶春英	妇女主任	京族	高中	39岁	党员	1989年	教育引导本村妇女优生优待，做好计划生育工作	在编人员
郑成就	计生专干	京族	高中	55岁	群众	1989年	宣传计划生育各项政策法规，统计婚育情况并向上级汇报	镇聘村用人员

① 本表由广西东兴市江平镇万尾村村委会提供，2010年5月。

在2001年以前，万尾村村委会是一栋两层的老式楼房，后在国家资金的资助下，村里重新修建了今天的村委会办公楼。现今的村委会位于哈亭左侧，是一栋二层的水泥钢筋混凝土楼房。一层有5间办公室，共9处办公点（从左至右）：①妇委会；②东兴市江平镇万尾村青年文化活动室（爱民固边阅览室也在其内）；③共青团江平镇万尾村支部委员会；④东兴市江平镇万尾村人民调解委员会（其中包含有主任室、调解办公室、治保会议室）；⑤民兵治保室。二层有4间办公室，共7处办公点（从左至右）：①书记室；②党员妇女活动室；③党员电教播放室；④万尾村农民成人教育技术学校、江平镇万尾村人口学校、党员干部现代远程教育终端接收点、中共江平镇万尾村党校合用一个办公室。在二楼书记室旁边有一块电子挂牌，上面显示天气信息以及村务，这为村民提供了便利。村委会门前有一片空地，种植着百年车辕树、南国相思树、三岛同辉榕（这棵树的树叶有三种颜色，同祖同根，三色相应，意味着巫头、万尾、山心三岛欣欣向荣，三岛同辉，共同进步）。

万尾村村委会工作制度

一、办理本村公共事务和公益事业，调解民间纠纷，协助维护社会治安，向人民政府反映村民意见、要求并提出建议。

二、村委会在党的领导下，依据党的路线、方针、政策和国家的法律、法规，讨论制定本村各项事务。

三、村委会每年至少召开两次村民代表会议，向代表报告工作，接受监督。

四、积极宣传宪法、法律、法规和国家政策，教育村民依法履行应尽的义务，爱护公共财产，维护国家和集体利益。

五、村委会成员每月至少坚持学习两次，村民小组长学习一次。

六、协助乡人民政府管好、用好土地，搞好计划生育、文教卫生、乡村建设，完成本村的国家税收和粮食收购等各项任务。

七、完成上级交给的其他任务。

万尾村村委会于2005年8月5日制定了3年的任期目标：力争在2008年之前，村民人均纯收入达5700元，村集体企业收入达15万元。并且在这3年之内要为村民解决好4件事：人畜饮水问题；每年为村民铺设村道3公里；完善村医疗卫生设备；引资开发万尾直江垌种养基地。2010年5月中旬，从村支书苏明芳口中得知，现今村民人均收入已超出7000元，自来水通往每家每户，村中4条主干大道均为水泥路，医疗点有3家，药店4家。各项公共设施较为完善，村民生活富庶。

二　村民小组

村民小组，是人民公社解体后以村为单位的自治组织，其主要负责经营、管理属于村民小组的集体土地和其他财产，进行集体劳动。

万尾村共有23个村民小组，其中的12～17组属万尾自然村。12～15组由阮兴富作为拉网捕鱼组长，组织组员进行浅海捕鱼；16组、17组两组由阮贤生作为拉网捕鱼组长。12～17组均由京族人组成，没有一个汉族人（见表2－2）。村民小组长由村民选举产生，由年纪稍长、德高望重的人担任。村民小组长不属于村委会成员，故没有工资，一般给予少量补贴，补贴标准依照当地的经济发展水平而制定。按照规定，万尾村的村民小组长每月有50元的补贴。

表2-2　万尾村各村民小组组长名单①

村民小组	组长姓名	民族	主要工作
12	阮兴华	京族	浅海作业
13	杜振秀	京族	边贸海产收购加工
14	黄玉芳	京族	种植
15	杜忠强	京族	边贸
16	苏世勇	京族	边贸
17	苏春发	京族	海产收购、竹排修造

三　村民各项权力会议制度

（一）村民会议制度

村民会议是村民自治的权力机构，有权讨论并决定村内的各项重大问题，具有选举权、设置权、监督权、建章立制权和决策权。这些权力主要体现在有权选举、罢免村委会成员，对本村的村规民约和自治章程有制定和修改的权力，并有权讨论决定本村发展规划和年度计划。村民会议制度体现了劳动人民当家做主的社会主义民主制度，为村民行使自己的合法权益提供了保障，从而有利于推选出维护集体利益的村委委员。

会议初始，清点参会人数，确保会议的有效性；村民就主持人提出的议题进行讨论，议题内容包括选举或罢免

① 该表由东兴市江平镇万尾村村委提供。

村委会成员、制定修改村民章程、审议村委会各项工作等与村民切身利益相关的重大问题；随后采取无记名投票方式进行表决，结果当场公布。

（二）村民代表会议制度

村民代表会议是村民会议授权的议事决策机构，由村民推选的村民代表、村委会成员组成，代行村民会议的部分职权，讨论决定村民会议授权的事项。

万尾村村民代表会议每季度至少召开一次，参会人数必须超过代表总数的2/3，这在人数参与上体现了公平原则。并且，村民代表大会对村干部报酬标准和集体劳务补贴进行讨论并做出决定，这样村民在经济收入与开支方面真正起到了决定作用。会议的主要程序与村民会议大致相同。

（三）村民代表联系户制度

村民代表联系户是指由村民代表通过走访的形式，倾听群众呼声，了解村情民意。村民代表每个季度至少向上级村民代表会议提出一条民情信息、一个议案、一个村民关注的问题；村民代表向下级传达村民代表会议的决议、决定，并组织和带领联系户执行有关决议、决定。该项制度能很好地把村民与村民代表大会联系起来，形成“上有政策，下知晓；下有民情，上听到”的良好循环模式。

四　万尾村党支部

江平镇万尾村有党支部1个，共85名党员，其中女性党员有13人。京族族属的党员占总数的97.6%，只有2名是汉族。据一份电脑打印出的党员花名册，万尾村有 85 名党员，后转出 2 名党员，已故 2 名党员，另新加入退伍的阮界民与 2 名村官何帅（女）、杨建标（汉族），以及吴敬瑞（汉族）。党员的年龄（截至 2010 年）在 25 ~ 85 岁，年龄跨度很大。党龄最大的是 78 岁的孙华殷，他 20 岁入党，有 58 年的党龄；党龄最小的是 40 岁的武卫军，他 2008 年入党。万尾村党支部设有支部书记、组织委员、宣传委员、纪律委员 4 个职位。党支部书记主要负责主持党支部的日常工作；组织委员在党支部委员会的集体领导下，分工负责党支部的组织建设工作；宣传委员在党支部委员会的集体领导下，分工负责党支部的思想建设工作；纪律检查委员主要负责党员的党纪党风，检查并监督党员执行党的政策情况，办理处分党员的具体手续，受理并向支部委员会和上级党组织传递党员的申述。

（一）党员干部的远程教育

万尾村党员的生活多姿多彩，党支部为了增强党员干部服务群众的能力，推动社会主义新农村建设，建立了“党员干部现代远程教育站点”，使之形成“让农村党员干部经常受教育，使人民群众长期得实惠”的有效载体。其编号为 Dj45068100031，负责人是村支部书记苏明芳。在党员电教播放室放置了电视以及信号接收器，每周的远程教育内容和时间，负责人会在“远程教育节目预告栏”上通知，并组织单位人员收看，若遇到重要节目内容需临时播出，则利用电话、短信或其他方式通知党员群众，个性节目直接通知到信息需求人。该站点播出的内容分两种：一是党员干部关于服务群众的课程，这种课程需围绕党委、政府中心工作，结合党员干部群众的生产生活需要，且每月组织学习培训活动不少于1次（其中，理论学习不少于一次），每次学习时间不少于2小时，若请假需经村党委书记同意，实行专人考勤制度；二是农民提高农业生产技术的课程，镇党委、村党支部结合万尾村的实际情况并深入了解村民的需求意向，制定出适合村民进行各项相关渔业、旅游业的培训计划，使参加培训人员每人掌握一至两门实用技术。每月进行培训后，需及时记录观看后的反映情况，收集党员干部群众对节目的各方面需求，于当月30日通过报表、互联网、电话、邮件等形式上报市委组织部，反映本月收看的计划、时间、方式、内容、场次、人数、方位、主要做法、主要收获、收看中存在的主要问题等。由于设备贵重，党委落实“六防三管一洁”措施。“六防”是防盗、防火、防潮（常通风换气，梅雨季节每天开机2小时）、防尘、防晒、防雷击（设备使用后，按键复位，关总闸）；“三管”是加强对设备设施、教育资源、学用活动的管理；“一洁”是确保站点环境整洁，室内严禁吸烟。2009年4月24日，万尾村党支部在村委会2楼会议室播放了“百名新型农民”电视节目《琴声·人生》，讲述的是京族独弦琴传承人苏春发的演奏艺术人生。

（二）双强双带

党组织还号召一批年轻有为的党员在生产技术方面帮扶较困难户，为帮扶对象寻致富之路。“双强双带”指的是围绕社会主义新农村建设和加快北部湾经济区的发展目标而建设的一支“政治素质强，发展能力强；带头致富，带领群众共同致富”的农村党员干部队伍。即采用“科学+

网站＋基地＋农家课堂＋党员”的新型培训模式，力争在3～5年内，实现“四个迈上新台阶”：农村基层组织建设迈上新台阶；村级经济发展和村级财力积累迈上新台阶；农村党员干部的“双强双带”能力迈上新台阶；农民致富步伐迈上新台阶。现今万尾村的人均收入已有7000元以上，多数村民从事海上作业。外来务工人员不熟悉海上作业，多经营商店、超市、小贩生意等，收入比不上京族人民。

从表2－3我们可以看到，村支书苏明芳带头帮扶家庭年人均收入较低的黄胜英，平日苏明芳帮其联系海蜇销售的出路，帮助他提高海蜇加工的各项技术，从而使黄胜英一家总收入逐年增长，年人均收入增长25%。其余党员带头帮扶的贫困家庭也能达到年人均收入增长6%～12%（见表2－3）。

表2－3　万尾村党员“双带”承诺公示一览①

单位：元

双强双带党员	致富项目及经济状况	带富对象		带富措施	承诺致富目标		
		姓名	家庭人均收入（2005）		2006年人均收入	2007年人均收入	2008年人均收入
苏明芳	海蜇加工年纯收入3.8万元	黄胜英	2500	2006年：资金扶持捕捞业 2007年：市场信息扶持海产品加工	3000	3500	4000

① 该表由江平镇万尾村村委提供。

续表

双强双带党员	致富项目及经济状况	带富对象		带富措施	承诺致富目标		
		姓名	家庭人均收入（2005）		2006 年人均收入	2007 年人均收入	2008 年人均收入
黎昌友	经商年纯收入1 万元	冯发强	3200	2006 年：资金扶持搞旅游业 2007 年：市场信息扶持经商	3500	3800	4200
郑贤喜	养殖年纯收入3.5 万元	郑爱军	3000	2006 年：资金扶持对虾养殖 2007 年：技术扶持对虾养殖	3200	3500	4000
韩吉业	海蜇加工年纯收入4.3万元	韩吉成	3200	2006 年：资金扶持加工场 2007 年：技术扶持海产品加工	3500	3800	4200
武明志	经商年纯收入3.5 万元	阮贤业	3200	2006 年：资金扶持捕捞业 2007 年：市场信息扶持海产品加工	3500	3700	4000
谭家绩	渔船修造业年纯收入2.5 万元	吴启旭	2500	2006 年：资金扶持购买捕捞工具 2007 年：技术扶持修造业	2800	3200	3500
黄严冬	海蜇加工年纯收入3.5万元	陆　升	3300	2006 年：技术扶持海产品加工 2007 年：资金扶持建加工	3500	3800	4200

五　民兵组织

民兵是中国共产党领导下的不脱离生产的群众武装，是中华人民共和国武装力量的组成部分，是中国人民解放军的助手和后备力量。《中华人民共和国国防法》规定："民兵在军事机关的指挥下，担负战备勤务、防卫作战任务，协助维护社会治安。"可见，基层民兵的职能已逐渐转变为单一的治保职能。

（一）万尾村治保会成员及职责

万尾村治保会全称为万尾村治安保卫委员会，是群众自治性治安保卫组织，是党和政府管理群众治安秩序的桥梁。万尾村设立治保会1个，委员6人，其成员均来自村委及村民，与广大村民联系密切，易于发现情况和问题，便于组织群众应对随时出现的治安问题。治保主任由赵何郑担任，与江平镇第二警区警长崔开源挂钩联系工作，崔开源和黄玉芳兼任治保会副主任，成员还有陈福文、武雄胜（村党支部副书记）、郑贤就（计生专干）。治保主任主要是主持治保工作，同时还需对违法青少年进行集中帮教，平日对居民户口、身份证进行管理。

万尾村治保会职责

一、宣传、教育群众，增强法制观念和安全检查等群防群治工作，落实防盗、防火、防破坏和防其他治安灾害事故的安全防范措施。

二、及时向政府及公安机关反映敌情动态和有可能危

害社会治安的民间纠纷和现实苗头，并协助政府和有关部门做好教育疏导工作。

三、对有违法犯罪行为的人进行帮助、教育、监督、考察。

四、协助公安机关保护作案现场，积极提供破案线索，对现行违法犯罪分子进行控制或扭送公安机关。

五、协助公安机关管理人口、租赁房屋，协助派出所申报出生、死亡，迁入、迁出登记和人口统计、居民身份证管理。搞好外来人口登记工作，加强对外来人口和出租屋的管理工作。向政府及公安机关反映群众对社会治安管理工作的意见、建议和要求。

（二）依法治村各种普法小组

由于万尾村与越南芒街隔海相望，日常边贸往来频繁，关系较为复杂，抓好治安、普法工作对村委而言尤为重要。村委会还设置了以“依法治村”为主题的各种小组来确保村内安定，增强村民的法律意识，如普法领导小组、调解领导小组、宣传小组、治安小组、帮教小组。普法领导小组主要负责全村法律普及的各项事宜；调解领导小组主要负责调解各种纠纷，协助司法部门防止矛盾激化；宣传小组主要负责宣传国家的法律、法规；治安小组主要负责村内秩序稳定，打击违法分子，保护村民合法权益；帮教小组主要负责掌握刑释解教人员的基本情况，引导他们合法经营。

第二节　工作制度及村规民约

一　有关村务各项制度

（一）村务公开制度

为保障群众的知情权，根据有关法律法规，结合万尾村实际，村委制定出该制度。

村务公开的具体流程是：村委会依法提出公开的具体方案，其方案应涉及财务、村民自治事务、协助上级办事的政务三个方面；村委公开监督小组对此方案进行审查、补充、完善，再由两委（支委、村委）联席会议审查，然后召开村民代表大会讨论；每季度首月的中旬村委便在村委会一楼的黑板公开栏及时公布信息（集体财务收支情况每月公布一次），群众可提出意见，村委在10日内给出回复，最后对公开资料进行存档。群众对村务公开的满意度若低于85%，村委就要及时提出整改措施。

从表2-4中，我们可以看到村务公开的即时性、项目的具体性，大到村委会任期三年的目标，细到五保户所获大米的斤两数，都在村务公开栏中有所体现。村务公开栏真正做到了政府办公的透明化，接受全村村民的监督，在一定程度上确保了村委办事的公正、公平、公开。

表2-4　万尾村村务公开栏（2001年1~3月）

村委会三年任期目标	财务收支情况	救灾救济款物发放情况	人口与计生情况
一、对生产总值达到9920万元，年增长率25%，其中农业产值7300万元，年增长20%。	上期结存 34035.87元 本期收入 18480.00元 其中：一、上级拨款 7930.00元；	一、五保存对象 罗周贵：630元 大米：15公斤 梁兴就：630元 大米：15公斤 高永裕：630元 大米：15公斤	出生人数：36人（男19人，女17人） 初婚人数：15人

续表

<table>
<tr><th>村委会三年任期目标</th><th>财务收支情况</th><th>救灾救济款物发放情况</th><th>人口与计生情况</th></tr>
<tr><td rowspan="6">二、集体经济收入达到 15 万元，年增长 25%。
三、农民年均收入达到 6000 元，年增长 25%。
四、为村民办好以下三件实事：1. 为解决人畜饮水问题，增设自来水管道 4500 米；2. 解决村民行路难问题，硬化村道 5 公里；3. 争取项目加围我村海堤、涵洞等水利设施</td><td>上期结存
34035.87 元</td><td></td><td rowspan="3">死亡人数：11 人
女扎 5 人，放环 7 人，人流 1 人
村干部未违反计划生育政策</td></tr>
<tr><td>本期收入
18480.00 元</td><td rowspan="9">二、五保对象
黎文佳：249 元
大米：15 公斤
黎文胜：249 元
大米：15 公斤
罗周梅：249 元
大米：15 公斤
冯满宪 249 元
大米：15 公斤
冯满松 249 元
大米：15 公斤
杜福文：249 元
大米：15 公斤
莫权德：249 元
大米：15 公斤
莫秀辉：249 元
大米：15 公斤</td></tr>
<tr><td rowspan="3">其中：
二、发包收入
8500.00 元；
三：其他收入
2050.00 元</td></tr>
<tr><td>重大村务和村民提案公开</td></tr>
<tr><td rowspan="3">一、争取款项加固我村海堤；
二、加强推进新农村建设工作，积极向上争取资金</td></tr>
<tr><td>本期结余
14310.90 元</td></tr>
<tr><td rowspan="2">年度工作计划及完成情况</td><td rowspan="2">村干部补贴报酬</td></tr>
<tr><td></td></tr>
<tr><td rowspan="2"></td><td rowspan="2">16950.00 元</td><td>其他：发展党员情况</td></tr>
<tr><td>2009 年吸收大学生村官 1 名，培养退伍军人 1 名</td></tr>
</table>

（二）村务民主决策制度

为避免村务决策的失误，增强决策人员的责任意识，保障农民的决策权，根据有关法律法规规定，结合万尾村实际，村委制定出该制度。

有关村务的各项决策需经过层层表决、修改，避免执行中存在错误，其具体流程是：党组织、村委、村集体经济组织、1/10村民联名或1/5村民代表联名提出方案（该方案包含的内容如村集体的土地承包和租赁、集体举债、集体资产处置、村公益事业经费筹集和建设承包等），方案提出后由村党组织统一议案，结合“两委”讨论出具体意见，并公布会议决议；再由村委将方案提交给村民会议或村民代表会议，听取村民代表的意见，按照《村民会议和村民代表会议议事规则》规定的参会人数、表决人数、表决形式来表决方案；最终由村民监督执行该方案。

（三）村务民主听证制度

为了规范村级事务的民主决策，推进决策的科学化和民主化，提高决策水平，结合万尾村实际，村委制定出该制度。

本村1/10村民或者1/5村民代表提出与自身利益密切相关的重大事项，如土地的承包和租赁、集体企业改制、集体资产处置、村干部报酬等，村党支部、村委会应筹备举行听证会。村委公开监督小组审核听证会的议题和内容，并向村民公布举行听证会的时间、地点、议题和规则，书面通知参加会议的人员。会议由村党支部书记或村委会主任主持，对村民提出质疑的问题，听证会委员要做出答复。有争议的问题需进行表决，最后做好记录存档，并向村民公开会议结果。

二　村干部管理相关制度

（一）民主评议村干部制度

为加强对村干部的考评管理，建立奖优罚劣的激励机制，充分调动村干部的积极性，根据有关法律法规和政策规定，制定本制度。

民主评议一般每年进行一次，在每年的 12 月或次年 1 月进行。开会时，主持人首先报告参加评议会议的人数，宣布评议会议开始，且会议的人数必须超过应到会人数的 2/3，方能生效。村党组织班子成员、村委会成员、村集体经济组织班子成员、村民小组长以及享受由村民或集体承担误工补贴的其他村务管理人员开始作述职报告。根据参会人员的意见，由村支书和村委会主任代表作述职报告。若参会人员对评议对象一年来的工作进行评价或质询，其可进行解释或答复。然后，参会人员填写“民主评议测评表”，对评议对象进行无记名测评，再由工作人员当场收回测评表，当场计票，并宣布测评结果。有关村党组织成员的测评表和测评结果上报上级党委。会议结束后，根据民主评议结果，不称职票数达到 50% 以上认定为不合格，给予批评，并限期改正。评议结果要与村干部的聘用考核和补贴（工资）标准直接挂钩。

（二）财务管理制度

为加强村级财务管理，推进村级财务工作制度化、规范化、透明化，根据有关法律法规规定，结合本村实际，制定本制度。

村级财务由村民主理财小组代表村民进行管理，其小组成员由村民会议或村民代表会议从村务公开监督小组成员中推选产生，设组长 1 人，副组长 1 人，成员 1 ~ 3 人。民主理财小组参与制定本村集体经济的财务计划，有权检查、审核财务账目及有关的经济活动事宜，有权否决不合理的开支。民主理财小组每月清理一次财务收支事项，并在村务公开栏上公布，若村民对账目提出质疑，其有权委托民主理财小组查阅、审核财务账目，并要求得出解释。

（三）村务公开民主管理工作考评制度

为加强对村务公开和民主管理工作的考核，推进制度规范化、程序化建设，不断提高村务公开和民主管理工作的质量和水平，根据有关法律法规和政策规定，结合万尾村实际，村委制定出该制度。推进村务公开和民主管理是考评民主制度示范村、“五个好”村党组织的重要内容，也是村干部奖惩的重要依据。

每年对村务公开民主管理工作进行一次考评，按照“加强领导、建立机构、五规范、四民主、一满意”要求逐项考评，考评工作由乡镇党委、政府具体组织，并制定出具体的考评纲领。考评 3 天前向村民发布考评公告，考评组通过个别访问、召开座谈会、现场观察、查阅资料等形式，对一些基本情况进行实地调查，然后召开考评会议，参会人数必须达到应到会人员的 2/3 以上，会议方为有效。开会时，由村委会主任代表村委会做村务公开工作报告，若参会人员有疑问，需给予答复。参会人员填写“村务公开民主管理工作民主测评表”，当场计票，并宣布测评结果。最后由主持人提出今后工作要求。

三　村规民约

为了维护社会治安，使人民群众有一个良好的生活环境，根据万尾村实际，村委会制定《万尾村村规民约》。

万尾村村规民约

1. 严格土地管理审批制度。严禁滥占国家、集体土地（含沿海荒地、林地）建私房或作他用。违者处予每平方米7～20元罚款。

2. 不准破坏水利设施（含排灌沟渠、水闸、海堤等），违者除赔偿损失外，并处以10～200元罚款。

3. 各农户必须保持农田排灌沟渠畅通。凡不按时清理自己（田四周沟渠）而影响他人排灌的，由村委会追究其责任；屡次拖拉或不完成的，由村委会收回。

4. 严禁滥伐和偷盗、毁坏集体或私人林木（含树枝和海榄树）。违者按树干、树枝分别处以1元、50元罚款，情节严重的扭送公安机关处理。

5. 不准在公共交通要道设置路障和毁坏道路，违者处以20～300元罚款。

6. 坚决打击在集体或个体户的房屋、养殖塘和场地进行盗窃、投毒等破坏活动。违者除按价值赔偿被害者损失外，并处以50～1000元罚款。造成重大损失的交由公安机关惩处。

7. 严禁在影响护岛、护林工程的地方取沙、挖土或淘矿，违者处以30～200元罚款。

8. 严禁任何偷盗和诈骗行为，违者除追回原财物，并处以3～10倍罚款外，还要写书面检讨30份张贴各自然村、村委会、自家门口及村内繁华地段。引进和窝藏盗犯、代销赃物的，以盗论处。

9. 严禁破坏水产资源，不准在海、沟中炸鱼、毒鱼、电鱼，违者处以20～300元罚款。

10. 不准无理取闹，严禁聚众斗殴，更不准擅自招引闲散人员介入村中民事纠纷。违者除责成书面检讨外，还处以 50～200 元罚款。情节严重的，交由司法机关惩处。

11. 严禁各种赌博和变相赌博行为。违者除没收赌具、赌款外，并处以 50～1000 元罚款。窝赌和为赌博提供方便的，以赌论处。

12. 爱国家，爱集体。坚决完成上级分配的各项工作任务。凡有意拖欠或抗拒不缴纳上级按政策规定下达的各项费用及粮物的，除批评教育外，还给予必要的行政制裁。

13. 坚决禁止嫖娼卖淫活动，违者处以 50 元以上 500 元以下的罚款。

14. 坚决打击封建活动，凡利用封建迷信骗取他人财物的，除没收道具外，并处以 30～200 元罚款。

15. 狠狠打击破坏生产的盗窃行为。凡在陆地上盗窃他人网具、机具及其他生产工具的，除追回原物外，视被盗时间长短处以 100～1000 元罚款。再次盗窃的，加倍处罚。

16. 渔民在作业时拾到的网具，应在当天内上报村委会，5 天内没人认领的归拾者所有。拾者不报，按盗窃论处。

17. 维护教学秩序，禁止在学校范围内高声喧哗和做其他影响教学的行为，不得损坏校内门窗、花草、树木和侵占学校场地，违者处以 10～200 元罚款。

18. 保护生态环境，人人有责。不得在村中树林和沿海防林带打鸟，违者处以 50～100 元罚款。

19. 在本村范围内从事经营性质的铺、摊、店一律实行门前四包（即包秩序、包治安、包文明、包卫生）。违反门前四包规定的，视情节轻重，第一次处以 50～100 元罚款，重犯者责令限期离开本村。

20. 凡户口不是本村的人员（含外国人员）来村探亲访友或从事经商、劳动就业需留守本村的，属探亲访友的报所在自然村干部备案，属经商或劳动就业的要到村委会报告备案，其劳务管理除按有关规定外，并一次性缴纳治安保证金50元（离村时无违法行为可退回）和治安管理费50元，违者不准在本村从事经商和劳动就业。

21. 维护社会治安，人人有责。对违法者，坚决严惩不贷；对检举揭发者，将罚款的40%作为奖励，并为举报人保密。

以上村规民约，与法律有同等效力。

第三节　计生工作

一　计划生育政策

我国早在20世纪70年代就开始推行计划生育政策，其是我国必须长期坚持的一项基本国策。计划生育是指提倡晚婚、晚育，少生、优生，从而有计划地控制人口。

万尾村村委严格执行国家计划生育政策，奖惩分明，广泛宣传优生致富的道理。正如村支书苏明芳所说：“计划生育是我国的一项基本国策，也是我们京族同胞奔向小康的金翅膀。我们京族本来就没有多生的观念，加上计生国策宣传多年，已入耳入脑，要过好生活就要少生，应该说计划生育是帮助京族奔向小康的较好途径。”万尾村在镇派计生专干的协助下，于2010年3月获得了“东兴市2009年人口和计划生育工作先进村（居）”的奖牌。江平镇计生局为了鼓励“少生优生”，依据国家现行的人口与计划生育法律法规对镇辖村实行计划生育奖惩制度，相关制度规定如下。

> 农业家庭依法生育一个孩子并领取了“独生子女父母光荣证”的，孩子满 18 周岁时，独男户奖励 1000 元，独女户奖励 2000 元；符合二孩条件的，只生一个孩子的家庭，一次性奖励 2000 元……退休时提高退休金 10%……这些家庭在孩子年满 18 周岁前每年都可领取 120 元保健费，家长在年满 60 周岁时，每年可领取 600 元扶助金。
>
> 如果违法生育子女的，按照政策规定对当事人分别按违法行为被查出时的上一年城镇居民人均可支配收入或者农村居民年人均收入的以下倍数征收社会抚养费：
>
> 1. 违法生育一个子女的，按 3 ~ 5 倍征收；
> 2. 违法生育二个子女的，按 5 ~ 7 倍征收；
> 3. 违法生育三个子女的，按 7 ~ 9 倍征收；违法生育四个子女以上（含四个）的，按上述标准计征类推。

如 2007 年东兴市农民违法生育 1 个子女的，按 2006 年该市农民人均收入 3571 元计算征收社会抚养费 21426 ~ 35710 元；该市城镇居民违法生育 1 个子女的，按 2006 年该市城镇居民人均可支配收入 10184 元计算征收社会抚养费 61104 ~ 101840 元。被依法征收社会抚养费的人员是国家公务人员的，还应当依法给予行政开除处分，其他人员还应当由其所在单位或者组织给予纪律处分。

现行 2010 年的人口与计划生育的法律法规规定：夫

妻双方均为一千万以下人口少数民族的，经批准可以有计划地安排生育第二个孩子，但生育间隔时间不得少于4周年。2000年第五次全国人口普查资料显示，京族人口共有22517人，属一千万少数民族行列之内。同时，居住于万尾村10年以上，且持有边境居民证的家庭，同有生育二孩的权利。

近年来，万尾村人口计划生育工作在上级计生部门的指导下，以“三好一满意”（“三好一满意”指的是宣传、执法、科技服务好和群众满意的计划生育政策）为标准展开。村委会深入开展宣传人口与计划生育基础知识、生殖健康知识，通过一系列优质服务，促使村民普遍树立起婚育新风尚，转变婚育观念。同时，村委会为了使计生工作有效进行，开展了“阳光计生行动”，以完善人口和计划生育政务公开，让权力在阳光下运行，增强计划生育基本国策的执行力和公信力，促进社会和谐。

首先，开展“婚育新风进万家”活动，更新村民的婚育观念。人民群众因受到长期封建社会生育观念的影响，多子多福、传宗接代等观念根深蒂固。以苏明芳为组长的计划生育优质服务领导小组在活动中就“少生优生”“生男生女顺其自然”“女儿也可以传宗接代”进行广泛宣传，引用其他村中的典型例子，把文明、进步的婚育新观念带入村中。领导小组平时利用文化室、人口学校及图书角，组织开展育龄群众读书读报活动，交流心得体会。每逢节假日和重大社会活动日，小组会开展生动活泼的文艺表演，进行计划生育宣传。有时，小组甚至会在庭院较大的小组组员家中开展“文化大院”活动，针对有普遍性、苗头性的话题，组织开展“婆婆座谈会”“媳妇座谈会”“丈夫座谈会”等，目的是增进村民之间的相互交流，解除群众在计划生育中的思想顾虑。

其次，万尾村地处中越边境，又是旅游开发区，近年来外来人口大量涌进，给计划生育工作带来困难。村两委一班人以“包片分干，责任落实”的工作方针，开展调查摸底和到户宣传，以落实计划生育的各项措施。村民可以通过123456“阳光热线”进行咨询、投诉和反映意见，增强计生小组成员工作的积极性，建立群众监督的长效机制。对于长期外出务工、经商的流动人口，镇政府亦出台了相关的管理办法。年龄在18～49岁在外务工、经商三个月以上的人员，需持有效证件到镇计生服务站办理“流动人口婚育证明”，每年需到乡（镇）计生办审一次，满三年重新换证。

再次，帮扶计划生育贫困户脱贫致富也是万尾村计划生育工作的一项新任务。针对村中个别计划生育户生活条件不好的情况，村两委班子研究决定开展“计划生育一帮一”活动，帮扶计划生育贫困户致富。活动的一方是少生优生致富户，另一方是计划生育贫困户。通过“一帮一”扶助贫困户使其脱离贫困，解决温饱，逐步过上好日子。例如，计划生育小组长苏明芳率先通过海蜇加工项目投入10000元资金帮扶黄永奎一家，使其家庭年收入从2001年的6000元增长至2004年的12000元；妇女主任叶春英通过海产品加工项目对冯良娟一家进行帮扶，投入资金为5000元，使其家庭收入从2001年的2000元增长至2004年的7000元。类似此类帮扶的小组成员共有10人，帮扶的计生户家庭成员3～6人不等，主要是通过海蜇加工、海产品加工以及海水养殖三个项目对计生户进行经济上的

扶持，使其脱离贫困，走出一条少生优生的致富之路（见图 2-1）。

计划生育“三结合”帮扶计划一览表

帮扶责任人	帮扶计生户	家庭人口	[illegible]	帮扶资金	[illegible]年计划收入	[illegible]年计划收入	[illegible]年计划收入	[illegible]年计划收入
苏明芳	黄永奎	3	[illegible]	10000元	6000元	8000元	10000元	12000元
冯良坤	李仁伟	5	[illegible]	10000元	6000元	8000元	10000元	12000元
黄玉芳	阮世胜	4	[illegible]	8000元	4000元	6000元	8000元	10000元
[illegible]	李仕艺	[illegible]	[illegible]	6000元	3000元	5000元	7000元	9000元
[illegible]	[illegible]	[illegible]	[illegible]	6000元	2000元	5000元	7000元	9000元
[illegible]	[illegible]	[illegible]	[illegible]	5000元	2000元	3000元	5000元	7000元
[illegible]	[illegible]	4	[illegible]	5000元	2000元	3000元	5000元	[illegible]
[illegible]	[illegible]	6	[illegible]	5000元	2000元	3000元	5000元	7000元
[illegible]	[illegible]	5	[illegible]	5000元	2000元	3000元	5000元	7000元
[illegible]	[illegible]	4	[illegible]	5000元	2000元	3000元	5000元	7000元

图 2-1　计划生育三结合帮扶计划

最后，鼓励育龄妇女少生优生，对于适合进行避孕措施的计划生育户，将计划生育服务手册和计生节育避孕用品免费送到家中，并实行节育随访，积极、主动、有效地采取避孕节育措施，提供孕情、环情检测服务。

据万尾村 2009 年的节育报表统计，万尾村使用各种避孕方法进行节育的有 777 人，其中女性节育的有 395 人，男性 17 人，女性节育占节育总方式的 51%。除此之外，298 名女性通过放置宫内节育器、25 人通过口服及注射避孕药、25 人使用避孕套、17 人使用外用药进行节育，人工流产的有 2 人，未算入节育方式中。据《2009 年万尾村人口与出生情况报表》统计，村中已婚育龄的妇女有 904 人，一孩出生人数为计划内 36 人，其中男孩 19 人；二孩出生人数为计划内 36 人，其中男孩 23 人；多孩出生的只有一个女孩，同属计划内。总体生育情况符合国家标准。

二　生育观念

20 世纪六七十年代，受几千年封建思想的影响，“早结婚，早生子，早省心，早享福”的观念在村民的脑海中根深蒂固。许多村民在 15～16 岁就已经成家。大家对村中 20 岁以上未婚的青年人常常投以异样的目光。80 年代以后，受现代教育和计划生育政策的影响，许多青年的思想观念开始发生转变。“重男轻女”的风气在村中亦有所减退，许多父母认为“生男生女都一样，我们都一样爱”，但前提必须是家中要有男孩。

第四节　社会主义新农村建设

2005 年 10 月，中国共产党十六届五中全会通过了《中共中央关于制定国民经济和社会发展第十一个五年规划的建议》，提出要按照“生产发展、生活富裕、乡风文明、村容整洁、管理民主”的要求，扎实推进社会主义新农村建设。万尾村在这一方面做出了许多成绩。

一　道路建设

由于万尾村是一个由海水冲积而成的沙岛，整个村子的道路绝大部分都是由沙子铺盖而成。1977 年以前，村中没有一条公路，沙子的阻碍性极大，不利于车辆通行，人们在村中只能通过马、驴或手拖车来运载重物。1977 年，万尾村修筑了谭吉村至万尾村的乡村公路，这是万尾村第一条通向外界的乡村道路，全长 4 公里，属于四级沙土路。

1991 年，广西交通厅支前办公室支出 87.4 万元铺筑江平街至万尾南海码头柏油路，全长 8.52 公里。[①]

20 世纪 90 年代，村支书苏明芳号召村中的经济能人捐款修路，为万尾村旅游景区发展做一份贡献。在村民的协助下，借助京族地区旅游开发的机会和国家的民族专项资金扶持，万尾村共修建了 4 条主干大道，分别是：1993～1994 年修建的中心大道，全长 1 公里；1994～1995 年修建的民族大道，全长 7.3 公里；1996～1997 年修建的环岛路，全长 4 公里；1997～1998 年修建的进港大道，全长 7.2 公里。

江平镇万尾村新农村建设示范点第九组新村道路于 2009 年 11 月开工建设，2010 年 1 月完工。该村道为水泥混凝土路，长 310 米，路面宽 5 米，厚 18 厘米。在《2010～2015 年东兴市人口较少民族基础设施项目建设万尾村规划表》中，万尾村村委会明确规划了在 2015 年之前，将投资 30 万元建设 17～19 队的屯级马路，其长 1 公里、路基宽 5 米、路面宽 4 米，受益人口达 650 人。

二　环境卫生

2009 年中央财政补助地方农村改厕项目启动，2010 年东兴市开始部署农村改厕工作。该项目将江平镇作为试点，万尾、巫头、山心三个行政村符合申请条件的 1000 户厕改户每户将获得国家财政补贴资金 500 元，提前完工的农户还将获得 50～200 元不等的奖励。[②]

---

① 《防城县志》编委会编《防城县志》，广西民族出版社，1993，第 298 页。

② http://www.dxxxc.gov.cn/，最后访问时间：__________。

万尾村成为旅游景区后，江平镇镇政府重视该村环境卫生的整治。该村共有垃圾桶 80 个，分为可回收物品垃圾桶和不可回收物品垃圾桶。垃圾由环卫工人运到垃圾中转站。万尾村垃圾中转站有 3 个，东、西、北边各有一个。村中并未设垃圾处理站，所有的垃圾统一运往东兴市处理。

除了村中的环境卫生外，万尾村还重视海岛环境的建设。万尾岛位于江平镇的南面，该岛的东南和正南面是一片细沙海岸，常遭狂风恶浪侵袭，以前因无护岸设施，陆地面积日渐缩小。鉴于此，1960 年，万尾村群众沿海岸边种植了约 120 米宽的护林带，收到一定的效果。1987 年，经广西壮族自治区水利电力厅同意，万尾村采用护岸型重力式浆砌石堤，直至 1990 年完成护岛海堤。护岛海堤全长 6428 米，平均高度 4～4.6 米，受益人口 3369 人，保护耕地 5472 亩。[①]

三 水电建设

防城县人畜饮水最困难的地区是京族三岛，因为岛上全是沙质土，地层淡水水位下降，水质变咸变涩，改革开放初期水利厅开挖的井已无法正常供水，造成人畜饮水难。[②] 政府对此十分重视，自 1982 年起，为了使村镇接轨，万尾村村委按照规定使用民族经费建立自来水工程，共投资 16 万元，把自来水管道接到村中，从根本上解决了村民饮水难的问题，改变了村民需要到三四公里外的谭吉村挑

① 禤德焕、严其章、李权春、陈琪芳：《防城县志》，第 216 页。

② 禤德焕、严其章、李权春、陈琪芳：《防城县志》，第 216 页。

水吃的局面。

据当地老人介绍，1978 年改革开放以来，小水电发电厂输电线路架设到万尾岛。从开始通电至今的 30 多年间，电网发展从无到有、从有到大，为当地海水养殖、海产品加工、旅游业发展以及京族群众生活的改善提供了电力保障。据当地养殖户介绍，以前村民主要依靠柴油机为对虾增氧，成本较高；现在全部改用电动机器为对虾增氧，费用缩减到之前的 1/10 左右，大大节省了成本开支。可见，电力的发展不仅给村民的生活带来了便利，而且大大增加了村民的收入，节省了劳动力。

第三章　经济发展

第一节　经济发展概况

万尾村村民世世代代以出海捕捞为生。自1958年广西壮族自治区成立以来，该村村民自力更生围海造田，依托邻海优势，发展水产养殖业。50多年来，万尾村从单纯的渔业生产，发展为工、农、林、渔业并举。目前，京族群众的收入主要来自旅游、边贸、捕捞、水产品加工、餐饮服务等产业，人民生活水平得到显著提高，2010年人均纯收入超过7000元。如今走进万尾村，只见一栋栋小洋楼整齐地排列在道路两边，部分人家门前还停放着崭新的小轿车。万尾村京族村民的生活正发生着巨大的变化。

30多年前，万尾村还是一个落后的小渔村，村民长期依靠海洋捕捞为生。由于海边土地的碱性大，不能种粮食，村民常常要走上十几公里到周边山区，用捕捞来的鱼虾与农户换粮食。20世纪60年代，政府实施填海造田工程，一则将万尾、巫头、山心3个海岛通过拦海大堤与陆地连接起来，交通开始便利；二则使农田面积成倍增加，农业生产开始形成规模，解决了村民的粮食问题。

如今，凭借万尾村沿海、沿边这一优越的地理条件，一部分村民开始发展滩涂养殖、海产品加工等产业；一部分村民则利用会讲越南语的优势，从事边境贸易活动；还有部分村民利用京族独特的民族风情资源，积极发展旅游业。边境贸易和旅游业改变了万尾村京族人的生活。目前，万尾村近90%的农户都告别了过去低矮的茅草房，住上了钢筋水泥混凝土的楼房。[①] 家家都有了电视机、固定电话、移动电话、自行车、摩托车等，生活总体上达到小康水平。部分家庭开始添置洗衣机、空调等高档家电，过上了富裕的生活。

案例3－1　一个普通村民的经济生活状况

（根据2010年5月对ZXF的访谈记录整理）

ZXF，男，64岁，万尾村村民

我这辈子都生活在万尾岛上，因为文化水平低，更没有什么其他的出路，一直在村里做海（海上作业，包括浅海捕捞和深海捕捞等）。但一辈子做同样的事情，生活条件大不一样。这个事情我想了很久，后来我才知道是共产党的政策好，改善了我们老百姓的生活条件。

说起我们这里的生活条件，和过去几十年相比，那可是一个天上，一个地下啊！过去我们这里连饭都吃不上，拿一些鱼去岛外换一点点稻米、红薯等。因为少，所以基本上都是煮粥来吃。饭都吃不上，别的可想而知了。可改

① 资料由东兴市京岛风景名胜区管理委员会旅游管理股副股长李世东提供。

革开放以来，我们的生活一天天好起来。你也看到了，万尾村到处都是高楼平顶房，家家户户都有摩托车，有些都买小汽车了。我们全家6口人，与过去相比，生活水平大大提高了，以前想都不敢想的东西现在我们村都有了。你看我们家，前两年盖了一个3层小洋楼，今年又刚刚买了一辆小汽车，自行车就有3辆，摩托车就有2辆。当初我坚决反对买小轿车，可是现在是我儿子做主，他说做生意，有辆车很多事情都方便很多。要知道，我们年轻的时候，这里的交通很不方便，村民们赶集要等到退潮后才出得去。

第二节　万尾村经济发展历史回顾

1949年以前，万尾村大体上处于半自然经济状态，以捕捞为主的浅海渔业是万尾村京族人当时最主要的谋生方式。从定居万尾岛到1949年中华人民共和国成立，万尾村京族人这种“靠海吃海”的生计模式一直没有发生太大的改变，捕捞业收入是万尾村京族人家庭收入的主要来源。有关调查表明，1949年以前江平一带绝大多数京族家庭每年的生活费用中有70%以上依靠捕鱼①，而以万尾村的实际情况来看，捕捞业对于家庭经济的贡献极有可能要超过这一比例。因为当时的万尾岛是一座孤岛，与陆地的距离较之巫头、山心两岛更远，除渔业以及极少量的自产粮食之外基本上没有其他生计来源。过分依赖捕捞业的生

① 中南民族事务委员会、广西省民族事务委员会：《防城越族情况调查》（内部资料），1954，第196页。

计方式，导致万尾村村民的生活来源很不稳定，村民的生活条件普遍不好。根据村民的介绍，1949 年以前，万尾村京族人的住房多数是四面透风的木板房，房内阴暗、潮湿，卫生条件很差。在饮食方面，由于岛上的粮食产量较低，村民家庭的粮食储备普遍不足，主要依靠卖鱼换来的粮食，能保证家庭每日吃上两餐红薯稀饭就已经很不容易了。在穿着方面，大部分村民家里没有足够的条件为家人添置衣服，多数村民只是在成年之后才有寒暑不分的一至两套衣服。在交通方面，由于当时的万尾没有直通大陆的道路，村民往往只有等到海水退潮之后才能从海滩往来大陆，来回一趟有时需要一整天的时间；若是“水期”（汛期）则更麻烦，很多时候不得不半夜就起程。

1949～1954 年，京族地区开展了农业土地改革和渔业民主改革，万尾村的私有制经济得到了一定程度的发展。1949 年冬，京族地区建立了人民政权，此后的几年，万尾村的经济得以在一个较为安定的环境中稳步发展，村民生活有所改善。1952 年春，万尾村开展了大规模的土地改革运动，逐步实现了村民耕者有其田的愿望。不过，土改虽然使万尾村的村民分得了土地，但村民的生活仍然比较贫困。由于分到的田地不多（人均不足一亩），加上万尾岛的田地产量普遍不高，因此大部分村民家庭的缺粮情况依然较为严重，村民平常只能以红薯、玉米、芋头等杂粮充饥，只有在年节之时才能吃到米饭。1953 年初，万尾村进行了渔业民主改革，渔业生产有所发展，为以后万尾村渔业和农业的社会主义改造打下了一定的基础。

1954年初，万尾村开始渔业、农业的社会主义改造，在村民自愿的基础上成立了互助组。互助组一般采取渔业与农业相结合的方式进行，它的成立，初步整合了万尾村渔业、农业生产的劳动力资源，生产效率有所提高。1955年夏，万尾村着手建立初级合作社，此后不久，又成立高级社。1957年，人民公社成立，万尾村经济过渡到社会主义集体经济。

1957~1983年，“以粮为纲”的农村产业政策促进了万尾村农业生产的发展，渔业生产则退居次要地位。1957年人民公社成立后，在“以粮为纲”的思想指导下，万尾村的农业生产尤其是水稻生产受到重视，参加大队和生产队的农业生产劳动成为万尾村成年劳动力的主要劳动任务。与此形成鲜明对照的是，在20世纪60年代的大部分时间里，渔业生产被认为是资本主义的“尾巴”而受到压制。然而，由于万尾村的水田面积较少且多为沙质地，产量普遍较低，因此在1971年围海造田完成之前，万尾村的粮食不能自给，村民生活困难。

1983~1989年，家庭联产承包责任制的推行使渔业生产得到恢复和发展。1982年，万尾村开始落实家庭联产承包责任制，至1983年全部完成。村民从此可以自主决定自家的劳动安排，渔业生产开始得到恢复性发展，生产工具和生产技术也有了较大提高，村民收入逐年增加。

1989~1996年，边境贸易和市场经济发展迅速，边境贸易成为主导产业。1989年春节期间，越南芒街镇的商人不顾当时政府的禁令，蹚过北仑河（中越界河）进入我国广西东兴镇采购商品，由此拉开了中越边境贸易的序幕。

在此后的几年里，万尾村村民凭借万尾岛地理位置的优势以及京族人在语言方面的便利，积极参与中越边境贸易，边境贸易一度成为村里的主导产业，村民家庭的经济收入也因此得到较大幅度的提高。在此期间，万尾村的渔业生产仍然有所发展，旅游服务业因金滩旅游区的开发而迅速兴起，而农业生产从这一时期开始淡出村民的生活，从事农业生产的村民逐渐减少。

1996～2004年，万尾村的产业经济开始向多元化的方向发展。1996年以后，为了进一步规范我国与周边地区的边境贸易活动，国务院有关部门先后下发一系列规范边境贸易活动的文件。中越边境地区的边境贸易从此进入了一个新的发展时期，万尾村的边境贸易也由此结束了曾经的混乱局面，开始步入一个稳步发展的阶段。近年来，万尾村的产业结构调整进展顺利，海水养殖和海产品加工发展迅速，渔业生产逐年提高，边境贸易得到进一步的规范和发展，旅游服务开始成为部分村民的职业，产业多元化发展趋势逐渐明朗。①

第三节　产业经济发展

一　产业结构

特殊的地理位置使得万尾村具有不同于其他地区的经济结构。万尾濒临海洋，有丰富的海产品资源，如青鳞、

① 周建新、吕俊彪等：《从边缘到前沿：广西京族地区社会经济文化变迁》，民族出版社，2007，第41～43页。

赤鱼、墨鱼、石斑鱼、季母、鲨鱼、鲈鱼等700多种，其中经济价值较高的有200多种；此外还有沙虫、螃蟹、贝类等多种海产品。20世纪90年代年中期以来，随着海产品加工业以及海水养殖业的发展，海蜇、对虾等成为万尾的主要海产品。

以海洋捕捞为主要形式的海洋渔业是万尾的传统产业，而以水稻、红薯种植为主的农业生产则成为经济补充。与此同时，鱼产品加工、小额商业贸易等也作为一种副业，成为一小部分万尾家庭的生计。1991年以后，中越两国关系正常化发展，凭借地理位置、语言以及民族文化认同等方面的优势，万尾京族人在原有的“靠海吃海”的基础上形成了“靠边吃边”的新型经济发展模式，并以此带动海水养殖、海产品加工、旅游餐饮服务业等产业发展，万尾村的产业经济开始朝多元化的方向发展。

近几年来，万尾村的旅游业发展十分迅速。以旅游服务为主的第三产业也取得了较快发展，从而进一步壮大了万尾村的经济实力。如今走在万尾村的大街上，超市、网吧、休闲吧、餐饮店、家具店、建材店、通信营业厅等一应俱全（见表3-1）。作为一个旅游景区，万尾村的交通条件较普通农村发达：每天两班直达首府南宁的大巴车；早上六点半至晚上八点半，村中有开往东兴市区的公交车；此外，村中还有全天开往江平镇的面的和出租车；在万尾村的范围内，村民还可搭乘三轮摩托车前往各村民小组。许多游客刚来时都在感叹这里的发展和城镇一样。

表 3－1　万尾村各类服务摊点统计

名称	数量	名称	数量	名称	数量
开发办	1	贸易公司	2	移动服务点	2
警务室	1	饭　　店	43	联通服务点	3
农村信用社	1	酒　　店	11	电信服务点	1
邮电服务点	1	美体中心	3	寄卖行	1
京族文化培训基地	1	发　　廊	8	福利彩票售卖点	1
京族歌圩	3	干 洗 店	1	网吧	4
京族剧场	1	娱 乐 城	3	游戏厅	2
幼儿园	2	超　　市	7	饼屋	1
小学	1	商　　场	1	冰屋	1
中学	1	美食长廊	1	淡水浴室	7
卫生所	3	商　　店	40	茶庄	1
药房	6	牙科诊所	1	扎啤城	1

二　渔业生产的发展

渔业，是京族经济的生命线。1996 年以前，京族以浅海捕捞为主，仅有个别渔民从事深海捕鱼。1996 年以后，随着中越贸易逐渐规范化，部分有足够资金和经济头脑的村民及外来投资者在村中投资发展海水养殖业和海产品加工业。两个新兴产业的兴起，使得渔业生产的需求大幅上升，万尾村的渔业生产也由原来的浅海捕捞方式向多元化、集约化、规模化的方向发展。

在海水养殖方面，一年一度的海蜇加工，使村民获得可观的收入。而对虾养殖，这几年规模逐渐缩小。由于它要求相对比较复杂的养殖技术，因此村民不敢轻易去养殖，一般是外地商人在万尾村投资养虾。妇女和老人有时也从事挖沙虫、扒螺等滩涂作业。

（一）海洋捕捞

海洋捕捞，即出海打鱼，是万尾村传统的渔业生产方式。1978 年以前，由于航海工具简陋且没有机动引力，村民只能在万尾岛附近海域作业，作业方式主要有拉网、放鲨鱼网、放墨鱼笼等。拉网、塞网、刺网、渔箔等大型渔具，虽然生产效率高，但由于投资大，且需要多人甚至几十人共同作业，非单家独户所能经营，一般是由几户、十几户人家合伙购买或承租，以共同所有、合伙使用的方式进行生产。“网头”是这种传统生产方式的主要组织者，他们与“网丁”一起劳动，在生产劳动中主要起组织、协调作用，在产品分配上和“网丁”一样，没有特权。随着当地经济的发展以及现代捕鱼工具的出现，万尾村一些传统的捕鱼方式正在逐渐消失。不过，拉网这种被认为是“最原始”的生产方式如今在万尾村的渔业生产中仍然得到保留。目前，从事拉网作业的主要是中老年人，他们共同出资买渔网并一起参加劳作，所捕到的鱼平均分配。

20 世纪 80 年代以后，当地村民对竹排进行了改装，在竹排上加装了柴油发动机并在底座加上塑料泡沫，大大提高了竹排的航行速度以及运载能力，从而提高了渔业生产能力。然而，当时受“以粮为纲”产业政策的影响，投入的人力、物力过少，渔业生产发展比较缓慢。1983 年实行家庭联产承包责任制后，村民的经济收入才不断提高。目前，出海打鱼也是部分中村民的主要职业，是其主要的经济收入来源。

案例3-2　万尾村家庭生计模式情况

（根据2010年5月对LZQ的访谈记录整理）

LZQ，男，京族，55岁，万尾村村民

以前我们是用位导（是他们前些年用来辨别方向的仪器）来辨别方向，大概一两千块钱，现在我们都买指南针了。我们打鱼一般都是一天，有时候也一天一夜。一般我们都是早上四点钟出门，晚上回来；偶尔也晚上撒网，天亮时回来。我每天和老婆一起出海打鱼。我们这边基本上一家一个竹排，全家劳动力一起去出海。我家今年捞海蜇得了5万多（元），刚开始是1个海蜇5元或7元，后来多了就一个两三元。这海蜇可以捞3个月，我们就是捞出来给厂家，我们自己没有海蜇加工场。因为加工海蜇需要很大的地盘，做海蜇加工的，一般都是外地人，本地也有，但还是外地的多一些。每年到捞海蜇时，就有一些广东的商家来找我们，一般是不管海蜇的大小，一个5元，我们一般一天可得500元，有时候得1000元的情况都有。每年收购海蜇的老板并不固定，下一年哪个老板给的价高我们就卖给哪个。这几年我们都不养虾了，因为养这个虾一两年的收益都静止不动的，赚得太少；再说虾也得病，养不了。现在改养鱼与沙虫了。养虾一般是3月份放苗，要分开养，八九月份就可养得。竹排是我们自己做的，光竹排就得7000元。我出海打鱼有20多年了，也有20多年不种地了。以前种地时，除了种水稻，还种番薯。种地主要是用来自己吃的。后来，我们把地承包给别人养虾，近海的田给的价就高一点。我们是把整个村小组的田全部承包给别人，然后再把钱分到每一户，每家可分到一两千元，而且是每年都给那个钱。在这之前，大概 1992 年，我们也有地给别人征去，搞开发旅游的，1 亩地 2000 元左右，所以我们感觉还是承包给别人养虾比较划算。

出海打鱼是一项很辛苦的职业，也是万尾京族人的传统职业，需要投入万余元购买竹筏、排尾机、网等捕捞渔具，且要忍受风吹日晒，大部分青年人不喜欢从事这种职业，多是 40 岁以上有家庭的中年人从事。年轻人多选择经商，诸如开餐厅或其他旅游服务业，或者做边贸，没有别的出路时才有部分人出海打鱼。

拉网捕鱼是浅海捕捞的另一传统方式。拉网捕鱼是靠近陆地作业，生产较为安全。在组织形式上，拉网一般以 20～30 人为一组，男女均有，以 50 岁左右的男性和妇女为主。拉网捕鱼的方法，先是用船只在浅海渔场周围撒网将鱼群围成一个半圆形的包围圈，然后众人从网的两端，将围住的鱼群拉上岸。由于海滩并无明显界限区分游客区和捕鱼区，因此每当村民在岸边拉网，许多游客都会围观，感受京族传统的生活方式。

在万尾村挖沙虫和扒螺是一种主要由妇女和儿童从事的劳作，因为这两种作业方式对体力的要求不高，但需要耐心，比较适合妇女和儿童。在万尾岛的东面，有丰富的浅海生物资源，浅海滩涂近万亩。因为沙虫、螺的食用价值和经济价值都相对较高，所以成为万尾村村民捕捞的重点对象。

挖沙虫是万尾村京族传统的浅海作业方式。沙虫是一种环节动物，经济价值高，主要生活在海底泥沙和礁石的缝隙当中。挖沙虫一般用一种专用的锹，这种锹只有普通铁锹的一半大小，轻便、灵巧，可挑可挖。挖沙虫要“看天看地看纹路”，最好是吹东南风或西南风的季节，因为沙虫喜欢天气晴朗时出来觅食。干的沙虫一般是一斤四五百元，而活的沙虫一般是一斤二三十元。吃沙虫时，要小火将其慢慢炒成金黄色，这是万尾村村民款待客人的一道佳肴。

扒螺是万尾村京族人家一种辅助性的浅海渔业生产方式（见图3－1）。相对于挖沙虫而言，扒螺的技术要求低得多，捕捞的季节性也没有那么明显，但作业时间会因季节的不同而有较大差异。有时遇到水期不合，扒螺的人往往不得不在夜里出海劳作。

图3－1　扒螺

案例3－2 出海打螺情况

（根据2010年5月对MFQ的访谈记录整理）

MFQ，女，44岁，万尾村村民

我弟弟做海很多年了，原来是在北海那边做，后来那儿不好做，就跑来这里。他刚开始也是给人打工，现在才开始有自己的渔船，雇工人出海捉螺。一个竹排挺贵的，要两万多。给工人的钱不多，大部分是外地来此打工的。刮风下雨天都不能出去的，浪大、水浑也都去不了，这时候下去都抓不到螺。他们出一次海的时间不长，早上去，下午一两点就回来了；有时不好抓，到晚上七八点才回来。打鱼是晚上去。抓螺很苦的，但没有打鱼赚得多。抓螺的品种很多，都是要人下海去捡，价钱是收螺的老板定的。这些老板赚很多的，像福建花甲螺，他们卖给老板一块钱，但老板可能卖给餐馆就要三四块。

出海抓螺的话，我弟弟与四个工人一起出发，一人开船，另外的人要下海去抓螺。如果是电鱼，也需要下海抓，我弟弟以前也是在船上装有这种装置，有时候还会带枪下海打。一艘船连同设备要四五万呢。

鲨鱼网是20世纪80年代以前万尾村主要的捕鱼工具。鲨鱼网并非只捕捉鲨鱼，村民主要是为了捕捞大鱼而添置。鲨鱼网一般要到离万尾岛十多海里的海域使用，体力消耗大，因而在机动船只普及之前往往只有青壮年男性从事这一海上作业。目前，鲨鱼网作业已淡出了万尾村渔业领域。

此外，过去万尾村村民也曾设笼捕鱼。这是一种以逸待劳的捕鱼方式，通常要到离岛稍远的海域放墨鱼笼。墨鱼的产卵时节一般在每年的开春之后，渔民开船到墨鱼活动频繁的海域，把笼投入海中，静待墨鱼入笼。而那些正待产卵的墨鱼，常常会误以为鱼笼正好是栖身产卵的好地方，便钻了进去。一位村民介绍说，如果要是雄性墨鱼先入笼，一般就是 1 笼 1 条，而如果是雌性墨鱼先入的话，则往往会有七八条，有时候是十几条，所以在过去，这种捕鱼方式是收获颇丰的。放墨鱼笼一般都是前一天傍晚之前投笼，第二天清晨收笼，收完再放。目前，这种捕鱼方式也不多见。

自 1993 年万尾村的旅游业开始起步后，外地客流开始涌入村中。为了满足游客的餐饮需求，部分村民开始经营饭店和大排档。由于邻海，该村的餐饮业以“游客点菜”或“加工游客自己买来的海鲜”为主，这样的经营方式催生了一批“海鲜经纪”。“海鲜经纪”通常是几个人合作。当出海捕捞的渔船收获后，他们会驾船到海中从渔民手中购买海鲜，再运回岸边。每天早上 8 点到 10 点，海岸边就会出现繁忙的交易场面（见图 3－2）。每当“海鲜经纪”的渔船靠岸，等待已久的餐馆老板都会以最快的速度到船上选购。选到自己满意的海鲜后，经过过秤和记账，大家迅速将产品带回店中养着。由于海鲜类产品讲究新鲜，要求采购的人速度要够快才能及时将海鲜放进店里的海水养殖缸。这样一来，有些人就不会及时付钱。不过万尾村做餐饮生意的多是本地人，大家彼此熟悉，稍后再付钱是常见的事情。2010 年 5 月“海鲜经纪”收购价格见表 3－2。

图 3－2　中间商在岸边售鱼

表 3－2　2010 年 5 月“海鲜经纪”收购价格

单位：元/斤

名称	墨鱼	鱿鱼	鲨鱼	力鱼	沙箭鱼	马鲛（大）	马鲛（小）	白饭	苍鱼（1.5 斤以上）	苍鱼（1.5 斤以下）
价格	15	12	11	2	6	16	5	5	30～40	10～20

案例 3－3　“海鲜经纪”

（根据 2010 年 5 月对 RSX 的访谈整理）

RSX，男，37 岁，万尾村村民

出海打鱼的人很辛苦，在海上辛苦了十多个小时，上岸了还要收网，没有精力去卖鱼了，所以我就做这种中间的生意。他们（出海打鱼的人）以前是早上四五点出发，现在是晚上十一二点出去，早上回来。捕鱼的一般是早上出发，捕螃蟹、其他的都是晚上去，早上回来。晚上出海的，一般是下午四五点就出去，在海上过夜，到第二天早上五六点，收网回来。我们和这些打鱼的关系都是固定的，有一些是亲戚，有一些是熟客。我是1998年开始做这个的，在万尾村像我这样什么都收的，有两个人；岸上也有其他一些收购商，但不像我们什么都要，什么都收。收上来的鱼，我们一般卖给饭店老板，部分拿到菜市场卖，卖的价钱比我们收上来的价钱高一两块。不过，东兴那边也有人过来我这里拿货然后再到东兴卖，我们称他们为过客。他们一般都是我们的老客户，跟我们拿货拿了一两年的。

我们家有6个人，老爸、老妈、老婆还有两个孩子。收购这个一年一般能赚几万块，如果开销大的话，就没有钱了，省着用的话就还能存一点儿。现在我感觉在万尾村做海鲜、大排档、旅游开发这一块比较好。

这里5月份是封海期，封海期只有螃蟹等近海捕捞的海产品。我们这里好多年不种地了，因为搞渔业的收入高，种地的人越来越少了，地就容易荒，虫鼠多，也没有药，所以慢慢地种不了了，就更加不种了。

（二）海水养殖

海水养殖是20世纪90年代中期以来万尾村的新兴渔业生产方式，也曾是万尾村的支柱产业之一，过去有近1/3的村民家庭从事这一行业。万尾村的海水养殖主要是对虾，也有个别户曾在小海湾利用网箱养殖石斑鱼等经济价值较高的鱼类。但2010年5月笔者再去调查，发现养虾这一行业渐渐萧条。因为养虾需要很高的技术，而且虾病较多，养殖成本太高。目前，主要是广东的厂商在万尾投资养虾，本村的人养虾的已不多了。

1. 对虾养殖

20 世纪 90 年代以后，一些村民把自家低产的盐碱田挖成水塘来养殖对虾。若村民自家对养虾没有兴趣，其所属村民小组的组长就会组织村中这类家庭，让他们将家中的低产盐碱田承包给外地厂商，所得租金由村小组分给村民，一般每家可得 2000 元。由于当时来万尾村养虾的外地商人较多，因此收入不错，村民们亦愿意将土地出租。

对虾每年可以养两季，多以水塘为养殖场所。当海水涨潮时，养殖户用抽水机抽入海水，并冲入淡水将其调到合适的盐碱度，以作为虾苗生长的水源。虾苗多来自本地的虾种场，而养虾的饲料则需要从外地运入。由于虾苗、虾饲料等都需要购买，养殖技术要求较高，因此对虾养殖成本高、投资风险大，但收益也较高。也正是因为海水养殖的高风险性，万尾村近些年来从事海水养殖的家庭数量有所下降，2004 年万尾村从事海水养殖的有 180 户，但 2010 年这一数字已大幅减少。据当地一些村民所说，在 2003 年以前，养虾的利润超过 50%，而如今，已没有这么高的利润了。村民认为这几年养虾赚得很少，有时候连续一两年都赚不到钱，所以大家渐渐都不养了。

2. 网箱养鱼

2000 年以后，一些村民开始在万尾岛西部的浅水海湾利用网箱进行养鱼。养殖的品种多以石斑鱼等经济价值较高的鱼类为主。由于养殖面积有限，万尾村网箱养鱼的产量一般不高，年均产量多在 20 吨以下。如今，利用网箱养鱼的村民也很少了。

（三）海产品加工

万尾村海产品种类丰富，海产品加工也由来已久。在20世纪90年代以前，加工的主要是咸鱼、鱿鱼干等保质期短的海产品。由于受到销路与加工技术等多方面因素的制约，当时的海产品加工业并不发达，属于渔业的附带生产，多用于与山区农民换取稻米、木薯等，没有多大的经济效益。

20世纪90年代中期以后，万尾村开始了大规模的海产品加工业，以季节性的海蜇加工为主。海蜇捕捞的旺季一般在每年的春夏之交，因此每年的4~5月份是万尾村海蜇加工的高峰期。2010年，该村参与海蜇加工的家庭已由2004年的100户增至120多户。海蜇加工场的场主以外地商人居多，工人主要以青年女子为主，她们一般来自万尾村以及附近的农村，也有来自更远的地方（见图3-3）。加工场收购万尾村村民所捕获的海蜇，在万尾村加工之后再运销广东等地，也有少部分在当地销售。海蜇的收购价随市场行情而定，2010年海蜇的收购价一般是3~7元/斤。

案例3-4 一个外地人在万尾村的加工海蜇经历

（根据2010年5月对MFQ的访谈记录整理）

MFQ，女，44岁，现在“海上海”旅馆当清洁工

我是柳州人，去年8月份，弟弟在这儿出海抓螺，我过来找弟弟，顺便在这儿做工。我春节后开始做海蜇，昨天才来这里做工，一起做海蜇的有本地人。老板娘当初也和我一起做，我说我做完海蜇就没工做，她说帮我找。她在海边卖贝壳，没有时间看店，所以就找我了。

加工海蜇很辛苦的，你看我的手指甲已经掉了几个。海蜇刚从海里上来的时候很毒的，碰到皮肤都会起红点，我们都要戴好几个手套，当地人还会戴纱巾来保护皮肤与手指甲，我不习惯戴，所以指甲都脱落了几个。也有部分人的皮肤适应海蜇毒性，就戴一个手套，连袖套都不戴。

做海蜇是按个数算钱，做“捞花”是5毛，“帮顶”是3毛，我们一天一结账。要是有风、下雨出不了海就做不了。每天多的话，有100多块钱，有时候一天可拿300多块，1天1个钟头都有10多块。累倒不是很累，就是指甲受不了。一个厂里的工人不是很多，大家有不同的分工，大概10~20个。我们处理得不干净，他们还会再请人来处理干净才能卖出去。今年做海蜇挺赚钱的，我们做完海蜇又去打包装。外地老板来货，我们又帮他们打包装，那种比做海蜇还赚，基本上一天都有200元赚，大前天我就赚了130多块钱。这里做海的，钱好赚。

图3-3　海蜇加工

（四）渔业生产工具的发展

1. 渔船

20 世纪 70 年代以前，以人力、风力为动力的竹排或木船是万尾村渔业生产的主要航海工具，行进速度较慢，活动范围较小，渔民捕鱼到达最远的地方，是一个被称作“白须”的礁石岛，该岛离万尾岛 30 海里左右。70 年代以后机动船只开始出现在万尾村的渔业之中，但只有生产队才有足够的财力购置。1983 年落实家庭联产承包责任制之后，轻便灵活的机动小竹排成为万尾村渔民主要的航海工具。而传统的手摇小木船、小竹排则逐渐淡出万尾村的生产活动。

2. 渔网

渔网是万尾村渔民的主要捕鱼工具。有适用于普通浅海鱼类捕捞的“通用”渔网，如拉网、塞网等；也有适用于某一鱼类的“专业”渔网，如鲨鱼网、鲎网、蟹网等。万尾村的渔网几十年来在种类上没有太大变化，只是在规模和质量方面比过去有了较大幅度的扩大和提高。原先的渔网依靠手工编织，一般较为短小，最长的不超过 100 米，而短的则往往只有十几米。20 世纪 70 年代以后逐渐有了机织的胶丝渔网，有的长度达到几百米，质地也比过去的渔网好很多。只是由于这种渔网要花钱买，收入较低的家庭根本无法承担这笔开支，只有生产队才买得起。1983 年以后万尾村的经济发展较快，村民收入不断提高，普通渔民家庭逐渐开始有能力购置大型渔网。

3. 其他捕鱼工具

除了规模大小不一的渔网之外，万尾村民还有沙虫锹、螺耙、墨鱼笼等滩涂和浅海作业工具。这些工具的主要使用者是妇女，在机动船只普及之前，妇女一般不出远海捕鱼，而更多地从事浅海以及滩涂作业。目前，在万尾村从事挖沙虫、扒螺等渔业生产的村民已经不多。

（五）渔业产品

在20世纪80年代以前，万尾村的海洋资源是比较丰富的，渔业产品和种类也比较多，一年当中不同季节的鱼产品的品种有所不同，产量相差也较大。万尾村渔业生产有旺季和淡季之分，旺季在农历的二月至七月，而八月至次年一月为淡季。万尾村的渔业产品以鱼类为主，有墨鱼、鱿鱼、鲨鱼、鬣鱼、力鱼、仔鱼、沙箭鱼、玉鲫鱼、高鳍鱼、马鱼、白贴、马鲛、黄盎、大眼、白饭、鲈鱼、苍鱼、浪随鱼、齐鱼、兰刀鱼、银鱼、沙针鱼等40多个品种。万尾村也出产少量虾、蟹、贝类，但产量不高。虾类主要是一种当地人称为“南虾”的细小虾种，产量较少；贝类主要有文蛤螺（亦称车螺）、白螺、红螺、火筒螺等，主要产自万尾岛东北面的浅海滩涂；蟹类主要有花蟹、青蟹两种。近20年来，进入万尾岛海域的捕鱼船只逐渐增多，捕鱼工具越来越先进，从而造成过度捕捞。其结果是该海域的渔业资源遭到较为严重的破坏，渔业产品的品种和产量不断减少。不过，20世纪90年代中期以来实施的休渔制度使情况有所好转。

1996年以后，万尾村的海水养殖业和海产品加工业发展较快，促进了全村渔业生产的发展，海产品的产量大幅度提高，种类也有所增加。海水养殖的品种目前主要是对虾，也有石斑鱼、青蟹等。海蜇是近10年来万尾村海产品加工的主要原材料。海产品加工业的迅速发展，使海蜇成为万尾村浅海捕捞目前最为重要的海产品。从开春到4月中旬是海蜇生产的高峰期，在好的年景（如海蜇丰产、收购价格较高等），一个夫妻搭档从事海蜇捕捞的家庭可以从海蜇捕捞中得到3万~5万元的经济收入。

（六）渔业生产组织的变化

1949年以前，万尾村渔业生产在生产的组织上，以家庭为单位或小规模的劳动协作为主。1949~1957年，万尾村渔业生产在方式和组织形式上没有太大改变，只是随着互助组、低级社、高级社等群众性生产组织的成立，集体生产的力量得到进一步的整合和加强。更多的人参加集体劳动，从而使渔业生产的规模有所扩大，产量有所提高。然而在20世纪60年代，在“以粮为纲”的产业政策引导下，万尾村几乎全部的成年劳动力都投入到农业生产当中，村里的渔业生产基本上处于停滞状态。村民捕鱼只能偷偷摸摸地进行，捕到的鱼也不敢拿去卖。

20世纪70年代，以集体劳动为主要形式的渔业生产主导着万尾村的经济生活，生产队成为渔业生产的组织机构。70年代初，万尾村各个生产队从信用社贷款买船、买网发展渔业生产。当时每个生产队都有机会买到一艘大船出海捕鱼。生产队里的男劳动力一般都上船出海，而妇女和老人留在岛上种田。当时的渔船可以装载16个人左右，每次都要在海上作业10多天。在村民们看来，当时的捕鱼方法其实“很简单”，无非就是晚上在大船上用灯光吸引鱼群，然后用小艇撒网把鱼群围住后将其捕获。捕到的鱼即刻用盐腌好装箱，返航时再把它们卖给当地供销部门设在谭吉岛上的水产品收购站。渔船出海，一般要带足一个月左右的淡水，船上的人不能随便洗澡，因为淡水不能带得太多。

1983 年落实家庭联产承包责任制，万尾村的渔业生产以家庭为单位实行单干，生产队里的大船也就不再发挥作用，生产队（村民小组）也无力组织大规模的渔业生产。然而，尽管渔业生产的集体力量被分散，但由于生产的责、权、利比较清晰，万尾村的渔业生产还是得到了较快发展。目前，万尾村的浅海捕捞业和海水养殖业在生产组织上仍以家庭为主。在渔业生产的旺季，也有个别家庭因人手不足而与别人搭档出海作业，以劳动协作为特点的拉网捕鱼作为一种传统的生产组织形式仍然得到保留。①

三　边境贸易

由于地理位置的特殊性，万尾村一直以来都与越南进行着贸易活动。新中国成立之前，村中已有不少村民到越南芒街等地经商。20 世纪五六十年代，尽管国内政策对边境贸易多方打压，但中越边民之间依然没有中断贸易往来。1989 年春节期间，越南芒街的大小商贩，不顾当时政府的禁令，肩挑背扛当地的农副产品，涌入与其只有一河之隔的东兴镇，将街上的商品抢购一空，拉开了中越边境贸易

① 周建新、吕俊彪等：《从边缘到前沿：广西京族地区社会经济文化变迁》，民族出版社，2007，第 51 ~ 55 页。

的序幕。伴随着中越边境贸易的重新恢复，万尾村民开始做起了边贸生意。

由于与越南一方的京族人在语言、生活习俗方面较为相似，彼此之间的信任度较高，再加上地理位置上的便利，万尾村京族人在这场边境贸易大潮中占有天时、地利、人和的优势，边境贸易曾一度成为万尾村村民的主要职业，一些人在贸易中迅速致富。在边境贸易中，我国出口的商品以食品、工业产品、建筑材料为主，有布匹、成衣等轻纺产品，电风扇、洗衣机、电冰箱、电饭煲等家电产品，瓷砖、玻璃、油漆、水泥等建筑材料，饼干、啤酒等食品；也有摩托车、自行车、柴油机和其他机电设备。进口的产品以农副产品、工业原材料和海产品为主，如香蕉、杧果、绿豆、芝麻、花生、茶叶、椰子油、木材、家具、煤炭、矿石、橡胶、鱼类、海蜇、椰子糖、绿豆糕等。①

1996 年以后，为增强民族团结，繁荣、稳定边疆，巩固和发展同毗邻国家睦邻友好关系，国务院、对外贸易经济合作部、海关总署等部门先后下发了《国务院关于边境贸易有关问题的通知》《关于进一步发展边境贸易的补充规定的通知》等文件，对我国同周边国家和地区的边境贸易进行规范管理，万尾村的边境贸易自此进入一个比较规范的平稳发展阶段。目前，万尾村从事边境贸易的村民有 200 人左右，以到谭吉岛、白龙岛等地从事煤炭贸易为主，也有部分人到芒街贩卖海鲜和日用小商品。

---

① 广西东兴市边境贸易管理局编《东兴市边境贸易情况简介》，2002。

案例3-5　煤炭生意情况

（根据2010年5月对LHB的访谈记录整理）

LHB，男，34岁，万尾村村民

我们这里做煤炭生意的人寥寥无几。做煤炭生意属于一种有钱人的游戏，因为需要很大的资金来拿货。此外，做这个煤炭生意，还需要在越南有稳定的人脉资源，有稳定的供货量，否则交易量上不来，利润就上不来。正因为诸多因素的限制，有人做了几个月、几年都没有发展，也有人遇到什么资金问题就做不下去。总的来说，这是一个风险较高的行业，除了需要资金以及人脉资源做后盾之外，更重要的还是一个观念以及胆识的问题，一般人有钱也不敢介入。

做这个煤炭生意经常会遇到一些意外情况，生意场上变化莫测，什么情况都有。拿我来说，刚开始做还挺顺利，到了越南那边认识了一些重量级的客户，上货量很大。但最近有一些越南本地的有钱人也开始加入到了这个行列，增加了行业竞争。我们做煤炭生意都是以老客户为准，新的客户一般不考虑，所以好多人的客户都是雷打不动的，这也算是行业潜规则吧。跟越南人也是，需要层层的关系，你如果不是身在其中，很难看得透彻。

目前，万尾村村民中有200多人从事边贸生意[①]，对越南的边境贸易是京族人的主要从业项目之一。经济学家指出，语言是贸易中最有效的交际工具，与说相同语言的人最容易发生直接的贸易关系。京族人与越南的主体民族

① 数据由村主任苏明芳提供。

“越族”在语言文化上相互认同，在同等的情况下，经商的京族人与越南商人不存在语言障碍，彼此之间沟通没有困难。因此，越南人做生意喜欢与京族人直接联系，而且也比较信任京族人。改革开放后，随着中越关系的发展，边境贸易日渐升温，京族人发挥精通越语、有亲戚朋友在越南居住、了解越南情况的优势，充当边贸经纪人、中介人。①

四　旅游

（一）京岛旅游开发管理办

万尾拥有着秀丽的海岛风光，加上京族人独特的风俗习惯，1990 年以后，京族三岛成为当地旅游开发的热点。1992 年，为适应边境贸易发展的需要，加快边境地区的经济发展，原广西防城各族自治县在东兴镇成立东兴经济开发区，并将京族地区所在的江平镇一带划入开发区的管辖范围。1993 年，东兴经济开发区在万尾岛设立京岛旅游开发区，对万尾岛进行旅游开发，国内外的游客也随之纷至沓来。1995 年 8 月 31 日万尾金滩被列为自治区级风景名胜区之后，吸引了众多的游客慕名而来。2006 年，万尾金滩被评定为国家 AAA 级旅游景区，更是推动了当地旅游业的发展。

如今的万尾村正在进行哈亭广场建设，这是防城港和东兴两级市委、市政府的重大决策，旨在让一年一度的哈节有一个举办场所，做大做强哈节品牌，推进金滩旅游发

① 程成：《80 年代以来京族的从业取向》，《广西民族研究》1999 年第 3 期。

展。广场选址在哈亭对面，规划用地面积117亩，计划投资2000万元。广场的建设从2009年11月份正式启动，在2010年哈节前完成。作为哈节的举办场地，广场的设计风格融入了京族的民俗风情，突出了京族地区繁荣、富裕、团结、祥和的主题。建设的主要内容：用于社会文化活动的庆典集会场地硬化、雕塑（包括内湖、喷泉）、绿化景观、附属用房、配电供水及公共卫生等相关设施。建设的规模：项目建设用地117.546亩（78364.23m^2）；铺砌广场砖块36000m^2；种植草地2400m^2（包括各种灌木、乔木等风景树，制作雕塑等）；内湖等8000m^2；广场周边道路6600m^2；配套用房约1248m^2；供排水及配电等。京族哈节广场的建成，将成为传承和弘扬哈节文化，展现京族人民新生活、新形象，不断提高京岛影响力、知名度和美誉度的亮丽名片。①

京族旅游开发区的建设，直接推动了京族地区旅游服务业的发展。为了满足当地旅游业发展的需要，万尾村一些先富起来的京族人开始在岛上建设旅馆、餐馆等，从而使万尾岛的旅游设施不断得到完善。旅游业的发展，不仅增加了岛上居民的经济收入，同时也解决了部分村民的就业问题。

（二）旅游服务业

1. 宾馆

万尾村伴随旅游发展起来的旅馆有16家，其中星级旅馆有2家——金滩大酒店与京岛大酒店，其余都是家庭旅

① 资料来源于东兴市京岛风景名胜区管理委员会。

馆。金滩大酒店于2001年开业，是村中最早开业的星级宾馆。私人家庭旅馆则比星级宾馆更早，在1998年就有。家庭旅馆规模比较小，一般有14～25个房间，雇清洁工，其工资大致为一个月800元。

案例3-6　一家宾馆的简单情况

（根据2010年5月对HYP的访谈记录整理）

HYP，37岁，万尾村村民

我们这家宾馆的全名是东兴市民政局宾馆，该宾馆隶属于东兴市民政局，名字也是他们定的。这片地是属于东兴市民政局的，用这个宾馆挣的钱养福利院的老人。这个宾馆1996年就已经建好，当初也计划开业，但一直没有什么旅客，正式开业是在2003年。起初东政宾馆承包给一个江西的老板，但这个老板后来又开始忙福利彩票，然后就转手给我。我们这个宾馆有32个房间，还有可以容40个人的会议室。这儿有时候顾客很多的，像“五一”或“十一”黄金周，这个宾馆的床铺都不够用。有时我们这儿还有外国人，所以我们就在大堂接待处这儿也装上了几个时钟，调成北京时间、越南时间、纽约时间，方便这些游客。我们这儿还雇了一个清洁工，每个月给她800元。我们这里的卫生绝对是可以的，清洁工每天打扫，而且只要人住过了，客人一走，我们都拿去消毒的。

2. 餐馆

目前，万尾村的餐馆各式各样，种类齐全，但海鲜大排档居多，饭店提供的来料加工服务也吸引了不少游客。

案例3－7　万尾村的餐饮业

（根据2010年5月对LHD的访谈记录整理）

LHD，男，29岁，万尾村村民

我们这里一般是周末比较忙，然后是天热的时候或者节假日。这个店是今年“五一”才开的，原来我们也是在这个地方做（餐饮），不过是休闲吧，主要是烧烤，还卖啤酒、果汁和咖啡。做休闲吧的时候，我们请的都是越南那边的师傅，用的咖啡原料和水果都是越南的，所以生意还算不错。咖啡店开了一年后，我们几个人又想开餐馆，所以就把原来的休闲吧改成餐馆了。

现在这里的大厨师是我们广西这边的人，原来在广东开过饭店，手艺不错，所以我们聘请过来。还有我堂哥，我们三个人一起合股开，赚的钱大厨占30%。这些员工的工资是一个月800元。我们这个场地是700平方米吧，包括前面的（沙地）。做餐馆也是不容易的，前三年就别想赚，能不赔就是好的。这里什么东西都很贵，所以我们的海鲜至少要赚一倍，才能周转过来。我们这里商业用电也很贵，1度电1.1元。

此外，还有海滩游泳服务点（太阳伞）96家。这种生意一般都是本村人做，外地人或者不是金滩所属小组的人不可以做。另有工艺店8家，以及提供淡水冲浴的服务点，等等。

（三）旅游宣传

京岛旅游开发办负责旅游的宣传工作，发宣传册，还

有表演团前去全国各地进行宣传，曾去往贵州、广东、广西等地。搞旅游宣传的资金来自防城港市。宣传册以“风情京岛，浪漫金滩”为名，其中包括京族风景名胜区简介，比如京族哈亭、京族哈节、京族博物馆、万鹤山湿地公园、南国雪原、红树林自然保护区、独弦琴、南疆林业界碑、京族美食、荷塘风光园等旅游项目。现简单介绍如下。

京族风景名胜区简介

京岛风景名胜区位于中国大陆海岸线的最西南端——广西东兴市江平镇的京族三岛（巫头、山心、万尾），俗称“京族三岛”，东临珍珠港，南濒北部湾，西与越南隔海相望，是全国海洋民族——京族唯一的聚居地，是广西乃至环北部湾区域最具发展潜力的旅游景区之一。

京岛风景名胜区面积 24.6 平方公里，属亚热带气候，年平均气温在 22℃，最高 32℃，最低 10℃，年平均日照量超过 2100 小时，冬暖夏凉，海风清爽宜人。区内 15 公里长的天然优质沙滩（金滩），集沙细、浪平、坡缓、水暖于一身，负氧离子含量高，可同时容纳 5 万人进行海浴和沙滩运动。岛上绿树成荫，海防林带多达 4000 亩，白鹤栖息数以万计。

京岛风景名胜区京族文化气息浓厚，民俗风情纯朴奇特，列入中国首批非物质文化遗产名录的京族“哈节”，更是京族风情的精华展示。区内景点众多，有“京族博物馆”“京族哈亭”“荷塘风光”“南国雪原”“万鹤山湿地公园”“红树林自然保护区”“中心浴场”等为代表性的著名景点，是集观光、休闲、度假、康体、运动于一身的区域性国际滨海旅游胜地。

京族哈亭

传说哈亭是专为祭拜“镇海大王”而修建的。今天的哈亭是京族人民举办哈节、祭祀祖先、祭神灵和民间娱乐、议事的公共场所，是京族三岛的标志性建筑。哈亭，专司唱哈的亭子。京族三岛都建有哈亭，风格大同小异，规模不相上下。建筑形式已由过去用竹木为桩柱，以茅草盖顶的简易哈亭变为钢混结构的宽敞楼阁。圆圆红柱，弯弯亭角，屋顶双龙戏珠，亭内雕龙画栋，既古朴典雅，又别具特色。

京族哈节

哈节是京族人民的传统节日，“哈”即京语“唱歌”之意，因而哈节又称为“唱哈节”。在哈节上，京族群众穿上传统的民族盛装，各家拿出最好的酒菜，聚集在一起，载歌载舞，热闹非凡。2005 年京族哈节列入我国首批非物质文化遗产名录。年年岁岁唱哈祭神，世世代代留传至今。特别是从 2008 年至今已成功举办了两届防城市京族哈节，中央电视台和广西电视台聚焦报道，各方嘉宾、游客云集，哈节已成为名副其实的集现代性、广泛性、开放性、兼容性、国际性为一体的大型旅游文化节庆活动。

京族博物馆

广西东兴京族博物馆暨东兴京族生态博物馆占地面积 26 亩，建筑面积达 3000 平方米，是一座以收藏、保护、研究、征集、展示京族物质与非物质文化遗产的专题性民族博物馆。馆内陈列有“大海是故乡——广西东兴京族文化展”，展览运用翔实的资料、艺术的构思和科技的手段，通过实物、场景、图片、灯光、音像来展现京族古朴而浓郁的民族文化。

万鹤山湿地公园

万鹤山湿地公园是宁静而祥和的鹭鸟天堂，这里栖息着4万多只野生白鹭及其他鸟类。在这如诗如画的人间仙境里，一只只美丽的白鹭翩翩而至，形态清秀俊逸，羽毛洁白玉润。它们在湿地间或舞姿翩翩，或安然地“独立朝阳理雪衣”，让人不由生出丝丝爱意。

南国雪原

“南国雪原”位于京岛风景名胜区巫头岛东南面，与万鹤山湿地公园相邻。京族三岛属沙砾冲积岛屿，其中万尾岛以金沙为主，而巫头岛则以银沙为多。在这里，因受海风和林带等地形地貌因素影响，在四季葱茏的林海中，不规则地隆起一片片大大小小的白沙丘。这些白沙洁白如银，晶莹剔透，远远望去，酷似北国茫茫雪原，因而得名“南国雪原”。

红树林自然保护区

红树林自然保护区位于北部湾西南海岸，范围是从东兴的北仑河口到江山半岛，于2000年批准为国家级自然生态保护区。保护区的连片红树林面积为1200多公顷，是中国大陆海岸线最大连片的红树林之一。红树林既是海岸生态环境保护的屏障，又是防风、保堤、拦浪固沙的海底长城，有“护岸卫士”的美誉。

独弦琴

京族有一种最珍贵最古老的传统乐器——独弦琴，又称“飘琴”。京族传统乐器独弦琴独具特色，于2006年走进中央电视台，成为传播京族文化的响亮品牌。它是一弦制的一种古老乐器，以大竹管、红木为琴体。其属于拨弦乐器，音色幽雅清柔，婉绵如诉，极富感染力。

南疆林业界碑

为了纪念多年来林防建设的伟大成果，进一步宣传保护海防林，扩大国内外影响，2000 年国家林业局决定在我国南北两端建设海防林南北界碑各一座。北端界碑在吉林省丹东市，南端界碑建在东兴市万尾海防基地林带。南端界碑于 2010 年建成，碑高 16 米，占地 30 亩。碑体的三个翼板形同汉字的“森”字，托起的球体象征地球，意喻着通过人工造林建设沿海防护林体系，才能保护好地球，改善地球的生态环境，抵御沿海自然灾害，从而达到唤起人们环保意识的目的。

京族美食

京族美食品种丰富，海产品种类繁多，风味独特，有“京族三宝”之称的风吹饼、米粉、海蜇最为著名，生猛海鲜更是新鲜到“从海里跳到锅里”的程度，令无数前往京岛的游客大快朵颐。

荷塘风光园

当你踏进万尾岛，首先映入眼帘的是生机盎然的十里荷塘。畦连畦，洼连洼，垌连垌，片连片。自西向东望，绿映海角；由东向西看，碧涌天涯。每到夏、秋荷花盛开之时，十里荷塘中，万朵红霞争奇斗艳，大有“采莲南塘秋，莲花过人头”之盛况。①

游客大部分来自贵州、钦州、南宁，还有香港、北京，以及国外。一位来自北京的游客说他是从朋友那得知这个旅游点，来了之后感觉海水不够干净，有点脏（由于那几天刚下过雨，而且海水正在退潮），而且他并不了解这里是

① 资料来源于东兴市京岛风景名胜区管理委员会。

京族聚居区。

五　商业

1949 年以前，在万尾，虽然也有人到钦州、北海以及越南的芒街等地经商，但他们的商业活动主要限于防城、东兴一带，贸易地点散布于江平、东兴、芒街（越南）、那梭、防城等地圩市。1949 年以后，随着对外交往的增多，商业活动范围也逐渐扩大，但一直到 1989 年春季以前，主要的商业活动，仍然集中在防城、东兴一带地区。1993 年以后，随着京岛旅游区的开发建设，万尾岛上的流动人口逐渐增加，村民陆续开始在村里开店经商，万尾村的商品贸易进入了一个新的发展时期。目前，万尾村有菜市、超市、水果摊、休闲吧、糕点屋、建材涂料店、家具店等，门类齐全，商品丰富，极大地方便了万尾村村民的生活。

案例 3－8　水果摊的经营状况

（根据 2010 年 5 月对 LXS 的访谈记录整理）

LXS，男，30 岁，湖南人，现在万尾村经商

我们在这里（万尾村）开这个店，租金一个月 500 元，感觉还挺贵的。以前是一个月 350 元，2008 年涨到 500 元。我在这里卖水果差不多两年了，原来在深圳打工。我在外面这个摊位一个月另外还要收 50 元（主要是垃圾清理费），此外，一个月的电费也要两三百元，这些费用加起来还是挺多的。外地人来赚钱不容易。

平常主要是我在这看摊，如果有事的话就让老婆过来。这个摊子不大，一个人就可以照看的过来。这个小摊的生意，时好时坏！虽然海边的游客多，但我们是外地人，是

不让你过去做的。本村人一般在海滩那边撑伞卖小商品，所以海滩那边的生意都是本地人在做，靠近海滩的小卖部卖的饮料呀，矿泉水呀，都很贵的。

这边也有好多人和越南做生意，因为京族话就是越南话，他们和越南人沟通没有障碍。语言优势很重要，我们外地人语言不通，所以都做不了这些生意。我来这里有6年了，做这个水果生意一年多。之前我去过广东、湖北、云南、贵州等地，都是做一些小本生意，但都发展得不行。我一个人跑来跑去，后来来到这里，并在这里成家了，就留下来了。

我的果摊过年过节时候的生意最好，夏天游客多的时候生意也不错。这里的人有点不同，过节时，水果都是一箱一箱来买。我一般去防城、江平，有时候还会去东兴进货。水果的品种主要根据季节和销售情况来决定。夏天热，我这西瓜就卖得快一点，好卖一些。有时候我也根据价位还有季节来卖。我认为这个水果和水一样，是每天都要用的。我这儿也卖大米、啤酒、水、饮料等，这些一般都卖给常客。我还卖木炭，主要是有些人搞烧烤会用到。

六　农业

长期以来，农业生产是京族人“靠海吃海”生计模式的一种有效补充。京族人从事农业生产的历史较短，他们的农业生产技术尤其是水稻种植技术主要是从汉族同胞那里学来的。[①] 1949 年以前，由于成年男子大部分从事渔业生

① 参见广西壮族自治区编辑组《广西京族社会历史调查》，广西民族出版社，1987，第 7 页。

产，妇女和老人成为农业生产的主要劳动力。

万尾村种植的农产品主要有水稻、红薯、芋头等。但由于岛上的耕地多由盐碱地改造而成，土壤的含沙量较高，不太适合农作物的生长，因此产量一直比较低。1983年落实家庭联产承包责任制以后，村民家庭的生产重点开始向渔业转移，农业生产有不断萎缩之势，特别是20世纪90年代中期以来，农业生产基本上处于停滞状态，一些低产田被当地村民改造成水塘进行海水养殖。越来越多的田地被抛荒，而从事农业生产的村民也越来越少，农业生产的耕地面积和粮食产量也很少。一位村民表示，若同组的村民有一家不种地，其他人家也会慢慢地不种。土地不耕种，很容易荒废，甚至还会招来虫鼠，这样荒废的土地无法再种，所以最后大家索性都不种地了。大家普遍认为，种地辛辛苦苦也赚不了几个钱，不如打鱼赚钱来得快。所以目前万尾村的村民较少进行农业生产。

近几年来，由于万尾村引进莲藕新品种，加强种植管理，2009年京岛1500多亩莲藕喜获丰收。村民通过农业产业调整，利用闲置的盐碱田，引种“鄂莲系列”莲藕。经过两年的试种证明，该品种的莲藕在万尾金滩种植成功，2009年又增加种植了200亩，亩产在1250公斤以上。[①]

七 其他产业的发展

（一）手工业。万尾村手工业生产以制作当地人渔业生

① 消息来自广西农业信息网，

产中所不可或缺的木船、竹排为主。2000 年以来，由于当地渔业生产对竹排的需求量增加，万尾村一些技术较好的师傅开始在村里建竹排加工场，招收学徒并雇人生产竹排。万尾村的竹排，除主要在本地销售之外，还远销广西合浦、北海以及广东湛江等地区，一些关系广的场主甚至把他们的竹排和木船卖到了越南清化等地。

（二）交通运输业。1949 年以前，万尾京族人有人以到东兴、防城以及越南芒街帮货主“担担”（挑东西）谋生，这种谋生方式因 1950 年以后政策的限制而逐渐消失。人民公社时期，京族地区的生产大队曾成立过运输（船运）专业队，往返北海、合浦、东兴等地从事货物运输，主要运输建筑材料、渔产品等，但业务较少。1970 年以后，京族地区以机动车辆为运输工具的交通运输业才逐渐有所发展。由于地处滨海地区，当地的道路建设相对滞后，一直到 1989 年以前，交通运输业的发展都较为迟缓。1989 年以后，边境贸易的发展促进了当地交通运输业的发展，购置货车、客车从事交通运输业务的京族人不断增多。据统计，目前江平镇从事交通运输业的专业户共有 396 户，从业人口 782 人，年产值 4197 万元，其中有 80% 以上的运输户主要活动在万尾、山心、巫头等京族人聚居地。[①]

综上所述，在万尾村传统的产业结构中，以浅海捕捞为主的渔业生产一直占据着主导地位，而农业生产则作为一种辅助性的产业存在。20 世纪 90 年代以来，边境贸易、旅游服务开始进入万尾村的经济生活，促进了万尾村经济的发展。1996 年以后，万尾村的海水养殖业和海产品加工

① 数据来自广西东兴市江平镇政府，2007 年。

业发展迅速，目前已成为该村的支柱产业，从事这两个行业的家庭有300户，约占全村家庭总户数的30%。与此同时，以旅游服务为主的第三产业也取得了较快发展，从而进一步壮大了万尾村的经济实力。

第四节　收入和消费

一　收入

经济产业多元化，使得万尾村京族人的收入来源也有多种渠道。渔业生产是他们最为稳定可靠的收入来源。1996年以后，随着海水养殖业的兴起，渔业生产得到了有效的恢复和发展，村民家庭收入稳步增长。目前，万尾村超过1/3的村民家庭仍以渔业生产为主业，中低等收入村民家庭每年有一半以上的收入来自渔业生产。商业也是部分村民家庭的收入来源之一。1989年以后的几年间，中越边境贸易异军突起，迅速成为万尾村经济的主导产业，村民家庭的大部分收入都来源于此。1996年以后，由于从事边境贸易的村民纷纷转向渔业和旅游服务业，村民家庭从商业上得到的收入急剧下降。目前，从全村的范围来看，商业的经济贡献只占村民家庭全部收入的两到三成。1993年以来金滩旅游区的开发建设带动了旅游服务及相关行业的发展，旅游服务成为万尾村部分村民家庭经济的收入来源之一。目前，旅游服务及相关行业所带来的收入，约占全村经济总收入的一到两成。农业是万尾村的副业，20世纪90年代中期以来，由于渔业、商业、旅游服务业的发展，收益相对较低的农业生产逐渐淡出当地村民的经济生活，依靠农业生产来维持生活的村民家庭越来越少。目前，农业生产所带来的收益已不足万尾村经济收入的10%。

二 消费

万尾村京族人经济生活的变化较为突出地表现在他们的消费方式上。目前，村民以家庭为单位，其消费情况可以分为村民家庭的日常消费、节庆消费、教育投资等几部分。

（一）日常消费

村民家庭的日常消费主要包括衣着消费、饮食消费、住宅建设、交通与通信费用等。

1. 衣着消费

1990年以来，随着村民家庭收入的不断增加，时尚服饰开始进入村民的日常生活，经济条件较好家庭的青年男女，相当注重衣着打扮。若单从日常的衣着服饰上看，万尾村大部分京族人与普通城镇居民已经没有明显的区别。

2. 饮食消费

村民仍以大米为主食，鱼、肉类的消费已接近附近城镇居民的消费水平。在饮食习惯上，早、中餐一般是大米稀饭或者红薯粥，村民对晚餐比较重视，菜肴通常比较丰盛，男人们偶尔也喝一些酒。万尾村一个普通村民家庭（4～6人）每月的伙食开支在300～800元，每日三餐均有鱼、肉，多数村民家庭的生活已接近小康水平。

3. 住宅建设

1990年以后，随着村民家庭收入的不断增加，修建水泥楼房的村民家庭逐渐增多。如今，全村约95%的村民家庭拥有楼房，人均居住面积达到或超过50平方米。一些富裕家庭的楼房建得十分别致，室内装修很好，各种家具以及家用电器一应俱全。

4. 交通

1996年后，万尾村开始出现客运服务，极大地方便了村民的出行。目前，万尾村中有到江平镇的便捷的短途客运服务，而到东兴市的公共汽车每隔30分种即发一趟。小轿车在2000年以后也开始进入村民的日常生活当中，成为富裕村民家庭的代步工具。

5. 通信

随着电话在当地的普及，20世纪90年代以后，万尾村使用电话的村民家庭逐年增多。万尾村京族人的家庭，大部分都装有固定电话，手机几乎是京族青年的必备之物。而村民用于通信方面的消费，也与日俱增。

（二）节庆消费

节庆消费也是家庭开支中的一部分，包括年节消费、婚庆消费、享乐性消费等。首先，在年节消费方面，在万尾村，一年当中比较重要的节日有哈节、春节和中元节等，其中又以哈节最为隆重，春节次之，中元节又次之。消费的费用与节日的隆重程度大体相当。村民家庭在哈节期间的消费因人而异，一般人家的消费金额在300～600元，而亲戚朋友较多的富裕家庭则往往消费近万元。村民家庭春节期间的消费也大大增加，吃、穿、用等方面的开支逐年攀升，普通家庭在春节期间的开支仅在吃的方面就超过2000元，消费量大有超过哈节之势。中元节也称“七月节”，在万尾村也算比较大的节日。村民过节的形式相对简单，内容以吃喝为主。如今生活好过了，鱼、肉餐餐都有，花 100 多元钱办一桌酒菜对村民来说是再平常不过的事情。其次，在婚庆消费方面，随着人们生活水平的提高，村民的婚礼开始办得比较隆重，彩电、冰箱、洗衣机、摩托车等逐渐成为嫁妆的重要组成部分，用于婚礼方面的开支也逐渐增加。最后，在享乐性消费方面，万尾村村民家庭中家用电器普及率比较高，电视普及率已达 100%，有线电视接入率为 72%。此外，在工作之余，年轻人也会约上三五好友，到村里（街上）的酒店、茶馆聚会，或唱歌，或跳舞，不仅可以愉悦身心，也可以增进感情。

（三）教育投资

目前，部分万尾村的村民认为，孩子读书太多作用不大，不如学点技术。加之近几年大学生“就业难”问题成为社会大众的普遍认知，村民对教育的重视程度有所降低。一些家长认为读完初中或高中就没必要再继续读下去，只要能识字、会算术，就可以在村里做生意。做生意对文化水平的要求并不高，也不需要什么学历。尤其是实行义务教育之后，家长普遍认为孩子上学都不花什么钱。所以当前万尾村村民在教育上的投资在家庭开支中占的比重不是很大。

第五节　公共设施

万尾村地处沿海、沿边的交通要道，渔业发达，边贸活跃，京族生活水平较高。目前，“金滩”作为京族旅游度假区不断吸引外地的游客，大大拉动了当地旅游服务业的发展。总体来说，京族的城镇化程度不断提高。被划入新农村建设试点范围之后，万尾村公共基础设施建设不断完善，诸如人饮工程、水利基础设施、道路交通和文化基础设施等项目正在建设当中，部分项目已经基本完成。

2008年，政府投入180多万元建设万尾村文化活动中心（京族歌圩）及哈亭周围硬化、绿化、亮化等工程。万尾村的宾馆、饭店等设施以及大部分村民家里都已经安装了自来水。

京岛风景名胜区成立以来，共建有进港大道、民族大道、中心大道和环岛路四条主干道。进港大道长500米，民族大道长10000米，中心大道长500米，环岛路长7000米。四条主干道的建筑结构为20厘米道层，30厘米水泥沙砾稳定层，8厘米贯入式沥青墙石层、2厘米2层式粗级配沥青，22厘米水泥砼面层。万尾村市场路和十三组村道共1050米水泥路刚刚竣工。

1993年以来，政府共投入近3亿元，对京岛风景区的基础配套设施进行建设，路网框架基本形成，供电、供水、排水、通信设施基本具备。目前，在京岛注册、投资建设的单位达60多家，投资超过2亿元。近年来，围绕深入开展城乡清洁工程和创国家AAAA级景区建设，万尾村修建了民族路、环岛路、中心大道、哈亭路；在民族路安装了路灯，在景区主要道路上种植了椰子树；观海平台已完成主体工程建设；游客服务中心、景区大门等工程正在施工，京族生态博物馆已于2009年7月29日正式对外开放。

第六节　生态环境与可持续发展

随着万尾村村民生活水平的提高和全面建设小康社会脚步的加快，特别是当前京族旅游度假区逐渐升温，村民迫切要求改善生活环境和村容村貌，开始注重村庄规划建设，加强环境治理，解决农村脏、乱、差的问题。全村响应镇政府的工作要求，先后成立村级领导小组，明确责任人，制定村级“城乡清洁工程”实施方案及工作制度。通过拉横幅、贴标语等形式，大力宣传“城乡清洁工程”，并组织干部、党员、学生及部分村民对村委办公楼、学校、村道、村民住宅区等进行重点整治，清理杂草、垃圾及路边临时厕所。村委会希望通过这种办法建立长效机制，保持生态环境可持续发展。

万尾岛旅游开发区内的环境卫生由京岛旅游开发区管理委员会负责。2010 年，京岛开发区管委会安排 9 名清洁工，每名清洁工每月 800 元工资，负责海滩、几个主干道（包括民族大道、中心大道），还有环岛路以及哈亭周围的主要景区、景点的卫生。目前，这种卫生管理体制已初步建成。

此外，万尾村身居海岛，主要以海洋捕捞为生，除了要每年严格执行禁海期的规定外，还要考虑自身生态保护、环境可持续发展的问题。人畜饮水和灌溉一直是京族人的老大难问题，如今自来水管的架设初步解决了万尾村村民的生活用水问题，但是农业用水问题还没有得到很好的解决。2009 年，万东村海堤以及涵洞闸板均被台风袭击，出现多处塌方。总之，岛上可贵的淡水资源以及防风护堤均

有赖于树林植被。万尾村既沿边又沿海，拥有十几公里的海岸线，1700 多亩的海林带，其中护风林带 1200 亩、红树林 500 多亩。这片绿色林带对万尾村的环境保护来说是至关重要的，如果没能管理好这片绿色林带，人民群众生命财产会随时受到威胁。但是近年来，当地环境污染严重，又得不到很好的治理，这 500 多亩红树林已经开始大片枯萎。为了更好地保护村民的生命财产安全，促进生态环境可持续发展，这片红树林应该按照国家有关规定加强管理和保护。

第四章　社会发展

第一节　社会结构

一　社会结构的变化与其趋势

近年来，万尾村村民的经济收入主要来自浅海捕捞、海水养殖、海产品加工和运销、汽车运输、旅游餐饮服务、边境互市贸易、竹排修造等，村民的收入稳步增长。在当地经济发展的同时，社会结构也发生了一些变化，这主要表现在如下两个方面。

第一，新阶层出现。家庭联产承包责任制实施之后，特别是改革开放之后，首批有经济头脑的村民依靠辛勤劳动带头致富，如今在岛上有的已经建起了高档的宾馆、酒店、海蜇加工厂、造排厂等。一方面，良好的投资氛围吸引了来自广东、海南、福建、山东等地的人来此投资建厂，进行贸易；另一方面，万尾凭借自己的经济实力也吸引了远近各省的打工者前来务工。目前，万尾村常住人口 4659 人，外来务工人口将近 4000 人。这个新阶层的发展壮大在一定程度上缓解了京族私营企业劳动力缺乏的问题，促进了京族旅游业、服务业、捕捞业等的发展。

第二，贫富差距显现。2009 年底，万尾村人均收入 8237 元，比 2006 年的 5200 元增长了 58%[①]，达到了小康生活水平，其中部分致富带头人年收入在 10 万元以上。全村居民大多居住在新建平顶房和楼房中，但是仍有一部分人居住在老式石条房中，这部分人以老年人和外来务工人员居多，生活相对比较贫困。此外，村中还有少部分特困户、非法入境非法居留者、五保户等都不同程度存在生活困难的问题。值得一提的是，部分先富起来的村民纷纷投资建厂，修建宾馆、造排厂等，成为私营企业主，掌握了更多的社会资源。当前的京族旅游度假区位于万尾“中间村”（12～17 小组），由于地理位置与资源的因素，各村民小组之间的贫富差距也开始凸显。

二 劳动者数量、素质及结构变化

万尾村常住人口 4430 人，其中从事劳动生产的人员数量占村中常住人口的 2/3 左右，全村村民的总体受教育水平不高。在万尾“中间村”12～17 小组的 1328 人中，从事劳动生产的人员有 900 人左右。在已有的有关学历的登记中，文盲 2 人，小学学历的 166 人，初中学历的 362 人，高中学历的 18 人，中专学历的 13 人，大专学历的 1 人。其中，多数人仅完成小学、初中教育，教育水平偏低。然而，所从事的职业与学历之间的联系并不大。村中很多人虽然是小学毕业，受教育水平不高，但靠辛勤劳动而发家致富。特别是在一年一度的海蜇捕捞期，只要勤劳肯干，平均一个月一个人就可以收入上万元。

① 数据来自万尾村村委会，2010 年 5 月。

目前，万尾村村民陆续开办了不少海产品加工厂，并有部分村民建立水产养殖场。这些均需要专业的技术支持，因为在当地没有成熟的经验，所以村委多次举办“成人职业技术培训班”，得到了村民的广泛响应。可以看到，万尾村村民虽然不重视学历，但相对注重与经济生产直接挂钩，能迅速带来经济效益的生产技能、专业技术的学习。村民虽然在自身发展上并不注重学历与教育，但是在子女的教育方面，部分家长在经济条件改善之后，对子女的教育期望值有所提高。据京族学校校长反映，村中很多富裕起来的家长会选择送孩子出去读书，希望后代能够接受更好的教育。

三　各阶层之间的相互关系及其变化

依照万尾村目前的现实，村里人可以划分为七个阶层：管理者阶层、私营企业主阶层、专业技术人员阶层、个体工商户阶层、农渔业劳动者阶层、无业闲散阶层和新阶层（外地民工）。管理者阶层主要包括村委办公人员、上级驻派人员等。这部分人员有固定的上班时间，领取稳定的工资，经济收入居万尾村中上游，社会地位相对较高，并经常与村民打交道，接触频繁。私营企业主阶层在万尾主要包括酒店老板、茶吧老板、海产品加工厂老板和造排厂老板等，一般拥有雇员几个到数十个不等。这个群体占总人口比重较小，但经济收入最高，与一般村民接触也相对较少。个体工商户阶层与专业技术人员阶层的身份在万尾村经常交叉重合，个体工商阶层中的个体养殖户均是专业技术人员，另外一部分的专业技术人员主要为私营企业主阶层雇用。这两个阶层的收入处于中游，算是万尾村的“中

产阶层”。在万尾，农渔业劳动者类似外来新阶层，这不仅体现在人数上的相差无几，更体现在劳动上主要都是出海打鱼、捕捞海蜇等。区别是外来新阶层没有土地，较少参与农业劳动。此外，他们流动性大，每年往返于万尾与故乡之间。他们的收入中等偏下，社会地位相对较低，娱乐时间会出入茶吧、粥吧等，但很少出入酒店、娱乐中心等高档消费场所。无业闲散阶层在万尾主要包括退休和丧失劳动能力的老人以及无业闲散的“年轻仔”。万尾村经济水平较高，丧失劳动能力的老人基本上都是老有所养，很少有生存困难。而闲散无业人员则是一个不稳定的人群，也是社会发展不稳定的因素。

总体来说，目前万尾村各阶层之间关系融洽，和谐共处，但也有影响其长期发展的因素存在。第一是私营企业主阶层经济收入最高，但是由于其经济活动的原因很少与当地人接触，社会关系有所疏远。这在客观上导致了贫富差距的产生，主观上又导致村民间心理不平衡。第二是外来新阶层带来的新问题。目前，万尾村外来务工人口接近4000人，这个新阶层本身素质参差不齐，再加上其流动性大，在一定程度上影响了京族的社会治安，也给当地公共设施带来了压力。第三是无业闲散阶层，其中的闲散“年轻仔”教育水平低，又不愿意和父辈一样从事比较辛苦的渔业作业，整天游荡于网吧、茶吧等场所，影响社会风气，成为扰乱社会治安的主要因素。

四　其他社会组织

（一）老年人协会

老年人协会（见图4-1）与京族歌圩同在一栋楼房办

公，乃是因为老年人协会的创建与京族歌圩有着密切的联系。一直以来，参加歌圩的一般都是老年人，他们通过这种方式聚集到一起，说说家里发生的事情，子女的养育问题，等等。2007 年，在上级政府的指导下，万尾村成立了老龄工作领导小组。该小组下设老年人协会、老年人体育协会等机构，并制定了规章制度。

老年人协会规章制度

一、入会条件：拥护中国共产党的领导，坚定社会主义信念，男年龄在 60 岁以上，女年龄在 55 岁以上者均可自愿报名入会，每人每年交会费 15 元。

二、会议制度：老年人协会会议每月召开一次，安排当月活动内容，总结上月的工作；每月召开组长会议一次。

三、学习制度：每周星期五为会员学习时间。会员参加学习不得少于两次。学习内容为党的政策、时事政治、老年法规、老年人保健等。

四、文体活动制度：每周一至周四全天安排文体活动，以自愿参加为原则。

五、纠纷调解制度：会员家庭赡养或其他家庭矛盾，老人要求进行调解的，不收调解费。

六、财务制度：协会设会计、出纳各一名。开支 100 元以下的由会长签字；100 元以上的由协会委员会研究同意方可开支；开支 1000 元以上的由协会会员讨论通过方可开支。账目每月向协会委员会报告，并将收支情况上墙公布，接受会员监督。

老年人协会现在共有 305 人，2008 年时有 200 多人，

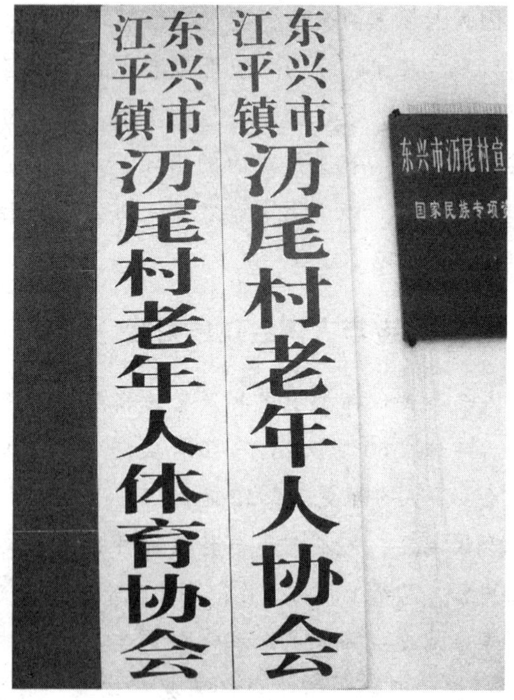

图 4-1 老年人协会

巫头和山心的老人都想加入该协会。在该协会成立以前，老人们聚集在漏水的茅草屋下聚集聊天，后来有了间平房，但是条件依然不好。2007 年东兴市民委投资建设京族歌圩后，万尾村的老年人协会在京族三岛中环境最好，活动场所宽敞明亮，设备齐全，所以京族的老年人都愿意加入该会。据会长郑日昌所说，老年人协会的收入主要是由会员的会费、茶水费、获奖所得奖金构成。如 2005 年，万尾老年人协会被评为先进单位，获得奖金 300 元；老年人协会的二楼是棋牌室，协会通过收茶水费补贴开支。老年人协会的日常开支较多，如会员生病，协会成员组织看望，并补贴病人 50 元/人；重阳节时，请人跳舞唱歌，还有会餐，共支出2万多元，其中1万元是一位会长的老乡赞助的，其余的钱是由东兴市税务局、工商局等单位支出一部分，剩下的由老年人协会支出；每月约100元的水电费；还有订报纸的费用。老年人协会每年都会组织会员外出旅游，如去北京、上海、天津等，一般是自费，只有协会干部每人才可减免150元。

老年人协会不仅让老年人有个聚集的去处，还丰富了老年人的晚年生活。同时，他们来到京族歌圩活动中心，能和其他老年人谈心，相互倾诉，在一定程度上缓和了年轻人与老人之间的关系，起到和谐家庭的作用。若有虐待老人的行为，老人也能到这里说给协会管理人员听，他们会帮其排忧解难。平时村委还会通过阅读文件、报纸的方式向老人宣传党的政策方针、法律知识，让他们回去告诉家人。在一定程度上，老年人协会把社会和家庭有机地整合起来，在丰富老年人业余生活的同时，也发挥了连接家庭与社会的纽带作用。

（二）“翁村”

解放前，京族内部存在一种以“翁村”为首的社会组织。“翁村”组织设有“翁村”“副翁村”“翁祝”“翁模”“翁宽”“翁记”等职位。“翁村”是乡长的意思，又称“哈头”、村长、亭长，是管理村中事务的老人。其职责是处理村内发生的一切事端，负责对外交际，筹办“唱哈”，执行祭祀仪式，召集会议，宣读和执行村规、村约，等等。属于“自然领袖”的“翁村”，在民国时期，部分“翁村”变成国民政府任命的乡长、保长、甲长，直接为反动派执行村约，其性质因此产生了变异。如村约第一条就是：“村民必须缴纳租税，服兵役，违者受罚。”在行政上，京族与汉族分离，同一个村的村民却有着不同的法令，这不利于两个民族的团结。新中国成立后，取缔了“翁村”制度，由村长取而代之，管理本村所有事务。“副翁村”又称副村长、副“哈头”，一般设1～2名，其任务是配合“翁村”的工作。

“翁村”之下还有几个专职人员，其中“翁祝”设两名，负责主持哈节期间的各种祭祀仪式。还有一个叫“翁模”，他专门管理“哈亭”的香火，是由“翁村”组织选出来的。据说“翁模”须人财两旺，子孙满堂。“翁模”任期三年，在未上任前，要为群众抬棺材，为神庙做杂工，如负责“唱哈”时的烧饭、挑水、扫地等。就职一年后就不用抬棺材了，期满三年便可晋升一级。还有一个叫“翁宽”，是专门看管山林的人，由选举产生，任期也是三年，期满晋升一级，如工作不称职，可由群众罢免。“翁记”，即文书，专门负责宗教活动及账目的收支，由选举产生，任期三年，群众不得任意罢免，期满可晋级。

1949年以后，“翁村”组织的权力也相应被削弱，至20世纪50年代后期被解散。1985年，万尾村重建哈亭，“翁村”组织也重新得到恢复，不过其职能仅限于管理村里的宗教事务。1990年以后，“翁村”组织得到当地政府的承认，该组织的名称被确认为“哈亭事务理事会”，不过当地人仍习惯称之为“翁村”。目前，“翁村”组织由7～9名村中长老组成，每四年选举一次，可以连选连任。“翁村”一般由居住在万尾的村民担任，但外出工作且有较高威望的退休回乡干部也可以担任。“翁村”组织目前主要负责组织哈节的各种活动以及哈亭日常事务的管理，其主要成员不定期开会议事。

负责各种民间宗教仪式的组织和实施的神职人员主要有“翁祝”、“翁模”（香公）、“师傅”（道公）和“降生童”等，以中老年男性为主。这些神职人员平时参加生产劳动，只是在“有事”的时候才担任重要角色。

第二节 婚姻

京族长期与汉族杂居，在生产生活方式以及传统文化、习俗等多方面相互影响，其传统的婚姻制度和家庭结构也与汉族有某些相同或相似之处。1949 年以后，万尾村京族人逐渐改变了依从“父母之命，媒妁之言”的传统结亲方式，自由恋爱而结合的家庭日渐增多。

一 认识方式

1949 年以前，万尾村京族人的婚姻多数由父母包办，依从所谓“父母之命，媒妁之言”。虽然也有一些青年通过自由恋爱而结婚，但需要得到双方父母的认可。万尾村的青年男女到了十三四岁，他们的父母往往就开始为其物色对象，一旦有合适的人选，双方的父母便力促其成婚。在万尾村的京族人当中，曾有过一种被称为“鸡对”的童养媳习俗，通过领养的方式来促成婚姻，不过 1949 年以后这种习俗已经消失。

1951 年我国实行婚姻法以后，京族青年择偶所受到的限制逐渐减少。20 世纪六七十年代，万尾村京族青年自由恋爱的现象已较为普遍。不过除非到了谈婚论嫁的程度，青年男女一般都不敢轻易公开恋爱关系。对于当时的京族

青年来说，尽管可以自由谈恋爱，但结婚还要听从父母的意见。由于此一时期万尾村的京族青年与外界接触仍然不多，因此一些青年男女找对象往往需要亲戚朋友介绍。1978年以后，随着经济条件的改善、观念的改变以及对外交往的不断增多，万尾村京族青年婚恋的自由度逐渐增加。

在万尾村京族人的婚姻缔结当中，介绍婚姻占大多数，在20世纪六七十年代结婚的夫妇主要是通过别人介绍认识结婚的。50年代以来，这种婚姻类型明显增多。同一时期，万尾村的包办婚姻大幅下降，从50年代到90年代，自由择偶人数逐渐增加，而万尾村的包办婚姻已基本上消失。

二　择偶标准

京族的年轻男女在选择伴侣时，以对方的人品、家境等条件作为参考。由于万尾村京族人以岛内、族内通婚为主，父母对同村或邻村未成婚青年的成长过程、家庭经济条件、人品等都比较熟悉，在为自己孩子选择伴侣时，他们往往都把上述因素考虑在内。父母在为自己的孩子择偶时，又因性别不同而持不同标准。为儿子选择媳妇，往往注重女方是否勤劳、孝敬父母；为女儿选择丈夫，则看重男方的家庭经济条件、人品等。

三　通婚范围

改革开放以前，由于地理位置的特殊性，万尾村与外界接触较少，一直是族内通婚。随着村中经济的发展、道路的贯通，做生意的村民多了，族际之间的通婚开始呈上涨趋势。此外，万尾村与越南隔海相望，且两国人民边贸往来频繁，使得跨国联姻平稳发展。

（一）族内通婚

万尾岛是一个孤岛，与外界联系少，所以京族绝大多数是在本村、本民族内部通婚，与邻近的汉、壮族通婚的很少。一般同姓不婚，严禁姑表婚。[①] 若有违反，必受到“翁村”父老的处罚，并要请村中父老饮酒说清才能了事。[②] 如今，我国婚姻法逐步完善，在很大程度上保证了青年人在婚姻上的自主权，摆脱了传统观念的束缚，万尾村京族人的婚姻正逐渐走向“法制化”的轨道。

（二）族际通婚

万尾村京族人虽长期实行族内通婚，但是近代偶有京族人与汉、壮族通婚的事情。在《简论京汉民族关系》中，作者韦家朝抽样调查了1949年前在万尾村结婚的24对夫妻，其中两对是京汉通婚，并且是京族外嫁汉族，其余的都是族内通婚。当时京汉两族通婚的情况十分少见，究其原因是京族人的经济水平低下，受到汉族人的“歧视”。就曾有汉族民谣：“千其千，有女莫嫁安南千；一日三餐不得食，皮黄骨瘦真可怜。”除经济原因之外，解放前还存在着京汉官僚阶层的不平等关系。新中国成立后，党和政府反对大汉族主义，大力宣传并严格实行民族平等的政策，并积极扶正少数民族政治、经济、文化方面的地位。

---

① 姑表婚，全称“姑舅表婚”，是指兄弟的子女与姐妹的子女即姑舅表兄妹之间互相缔结的婚配形式。舅父之子可以优先娶姑母之女，认为这是对当时姑母外嫁的一种补偿与交换。

② 广西壮族自治区编辑组：《广西京族社会历史调查》，广西民族出版社，1987，第45页。

20世纪50～80年代，有关部门抽样调查万尾村243对夫妻中的26对，这26对属京汉通婚，其中的23对是汉族妇女嫁给京族男子，其余3对是汉族男子上门。京汉通婚的比率上升到了10%，而外嫁汉族的妇女占京族结婚女子人数的20%。[①] 外嫁的京族女子所生孩子的民族成分填报的是京族，但实际上早已与汉族融合，比率应该更大。

1991～2001年，万尾村登记结婚的有69对夫妻，其中21对属京汉通婚，约占总数的30%。其中汉族女子嫁给京族男子的有19人，汉族男子上门的有2人。另外，京族与壮族通婚的有3对。

综上所述，京族经历了以族内通婚为主到族内、族际通婚方式并存的历史过程，不断提高的族际通婚比率直接反映出京汉两族相互认同，并已经在经济、生活等方面相互融合。

（三）跨国婚姻

随着中越两国经济上往来频繁，加之生活习俗相似，语言相通，跨国婚姻也多了起来。万尾村的跨国婚姻呈现妇女单向流动的特点，即当地的跨国婚姻以来自越南广宁、海防等地的妇女嫁入万尾村为主，而万尾村女子很少嫁到越南。据村民反映，只有较穷且在本地找不到媳妇的男人才会娶越南女子。只要万尾村的男人愿意给越南女方的家庭一两千元人民币，女方的父母便很乐意嫁女儿。因为越南边民的经济条件相对较差，若嫁到万尾村，经济上便多

① 韦家朝：《简论京汉民族关系》，《广西民族学院学报》（哲学社会科学版），2003年6月。

了一个依靠。江平镇派出所给出的数据显示，截至2010年5月，越南嫁入万尾村的妇女有42人。

四　婚姻关系的解除

20世纪50年代以前，万尾村京族人的婚姻多由父母包办，不完全是男女双方自愿的结合，因此夫妻不和甚至闹离婚的事情时有发生，不过真正离婚的不多。过去京族夫妻的离婚手续较简单，只要男女双方都同意，由男方写一张休书给女方作为凭证，便可离婚。双方一般到露天草坪上写休书，写完便把毛笔和砚台一起扔掉。倘若是女方提出离婚，则女方必须把丈夫送去的聘金和结婚时所花的一切费用一并退还；若是男方提出，则不必退还。[①] 离婚后，女方可另找对象，也可回到娘家住。假如女子没有生育过小孩，其父母便当她是未出嫁过的女儿一样对待。当时村民对离婚的看法，多是同情男方，认为是女方不安于管理家务，不能做到三从四德，没有教养才导致离婚的，进而轻视离婚妇女。[②] 如今，万尾村夫妇离婚需要按照法定程序“初审—受理—审查—登记（发证）”办理相关手续。虽然目前办理离婚的手续比20世纪90年代方便，家族中的人、村委和“翁村”也不会过问太多。但万尾村京族人对离婚还是心存疑虑，觉得离婚是一件“没面子”的事。一些人，尤其是妇女，即使对婚姻现状不满，也不敢轻易提出离婚。正因为如此，万尾村的离婚率一直较低。据有关部门统计，2001～2003年万尾村通过法定程序离婚的

---

① 《京族简史》编写组编《京族简史》，广西民族出版社，1984，第57页。

② 广西壮族自治区编辑组：《广西京族社会历史调查》，广西民族出版社，1987，第131页。

有2例，2003~2008年有3例，离婚率总体上保持相对较低的水平。

在万尾村，寡妇再嫁是遭人非议的。如有某一男子想娶寡妇为妻，该男子要给一些钱给寡妇的家公或叔伯，得到他们的许可后方可结婚。但是，寡妇不能在前夫的家里出嫁，而要走到外面的树林里或原野上，由男家送回家。村民认为，寡妇的命不好才克死丈夫，如果让她再在前夫家出嫁不吉利。

第三节 家庭

一 家庭结构

万尾村京族人以核心家庭为主，其次是主干家庭，另外还有其他类型的家庭，如联合家庭、单亲家庭和空巢家庭（见表4-1）。核心家庭指两代人组成的家庭，一般是由一对夫妇和他们未成年的子女组成；主干家庭指由未成年子女、父母、祖父母或曾祖父母组成的家庭。

表4-1 万尾村家庭类型统计①

单位：户

生产组	总户数	核心家庭	主干家庭	其他类型
十二组	55	34	13	8
十三组	52	31	11	10
十四组	57	29	14	14

① 周建新、吕俊彪等：《从边缘到前沿：广西京族地区社会经济文化变迁》，民族出版社，2007，第132页。

续表

生产组	总户数	核心家庭	主干家庭	其他类型
十五组	68	43	13	12
十六组	63	35	11	17
十七组	53	27	13	13
合　计	348	199	75	74

在万尾村，七八十岁的父母一般都有3个以上孩子。20世纪90年代，随着万尾村村民经济收入逐步提高，很多家庭盖起了钢筋混凝土楼房。大儿子分家后，老人一般会与小儿子居住，但也有部分老人愿意自己住在石条房里。妇女主任WSZ所说，她有4个儿子、1个女儿，儿子都住进了新房子，女儿外嫁。孩子们都很孝顺，也曾要求接她去新家养老，但是她不愿意。因为住在石条房里几十年了，换了新环境后会不习惯，而且平日饭菜的口味大家都不同，还是独自生活比较自由。

二　家庭关系

（一）家庭成员关系

总体而言，20世纪90年代以前，万尾村京族人的家庭关系比较融洽。万尾村的一些京族老人认为，由于当时的生产内容和工作方式比较固定，人员流动少，“人的想法比较少”，因此家庭关系比较好，年长者在家庭中的威望比较高，年轻人对老年人也比较顺从。1989年边境贸易恢复之后，一些年轻人做生意发了财，就不像过去那样对老年人言听计从了。一些老年人认为这也是他们愿意自己生活而不同儿孙一起过日子的主要原因。

就万尾村目前的情况而言，村民的家庭关系以夫妻关系为主线。据江平镇妇联的干部介绍，万尾村平均每年大致有两到三起家庭纠纷要求妇联帮助调解，经过调解一般都能劝和。另据万尾村妇女主任介绍，自 1991 年她主持该村妇女工作以来，15 年间只有 2003 年有两对因夫妻不和而离婚，大部分家庭纠纷都能在众人的协调中得到解决。

在万尾村，一些“有文化”的家庭为了“规范”家庭关系，还以各种格言、警句作为家训，用以规劝其家庭成员。以下是我们从 FYS 家中收集到的冯家家训。

婚姻家庭格言

了解：相互恋爱的基础　　盲目：家庭破裂的剪刀

诚实：男女结合的钥匙　　虚伪：双方结合的路障

忍耐：结合甜蜜的条件　　欺骗：夫妻不和的深渊

爱好：生活充实的调料　　猜疑：幸福家庭的坟墓

修养：家庭和睦的源泉　　淫乱：难以重圆的破镜

孩子：爱情忠贞的结晶　　暴躁：婚姻大闹的起点

勤劳：通向致富的正道　　打骂：伤害感情的毒药

体贴：百年好合的阶梯　　自私：自作自受的苦果

奉献：双方应有的姿态　　赌博：损人害己的陷阱

草率：男女相爱的大敌

婆媳关系

婆媳关系特别注意，改过即了，莫向外议。

各取所需应该反对，婆媳不合调解为消。

媳有过错晓之以理，

父女关系

父母双亲恩似海深，父母教诲谨记在心，
子女成人理为孝顺；求医诊治救死扶伤；
父母双亲尽力赡养，媳对婆翁应与女同，
不可弃妻虐待老人；前车后鉴将心比心；
父母有病精心侍奉，年老体迈筋疲力尽，
久病不愈坚持始终；健康状况经常过问；
上有父母下有子孙，夫妻情重父母恩深，
生儿育女历尽艰辛；父母有过婉言谏进；
衣食住行勿使受困，千方百计减少病痛，
不应吝钱刻薄双亲；婿过岳进父依子行。

兄弟姐妹关系

兄弟姐妹一母同胞，父母面前各尽其孝；
有贫有富有差有好；出嫁姐妹宽衣厚道，
自力更生尤为重要，人各自爱家道安好；
骨肉相煎不是好兆；成家立灶各操其劳，
姑嫂相敬是非稀少，互相帮助不可缺少；
互相爱护彼此关照；经济财产不争多少，
情同手足根系一条，勿比多寡风格求高；
贫不嫌弃富莫嫉妒；妯娌和睦谦让为要，
莫存依赖不经指靠，知进知止和睦永保。

治家良方

家庭之内和勤为贵，心齐力紧事业有为；
互帮互谅同德同心；欲求业睦全家共维，

和则得福勤则事遂，社会安定中华腾飞。

对父母言

为父母者要通情达理，莫为财利心散，
处事尚正不偏不倚；讲清道理，
妇择佳偶男求淑女，简明利弊；
溺爱娇惯有损无益；打骂作风坚决取缔，
父母行为胜以说明，遵婆爱媳正确领会；
封建习俗彻底抛弃；无尊无爱不合道理，
独爱无尊断意取心，勿伤子女勿揭短处，
关心爱护以女为例；指鸡骂狗更不可取；
辱骂讽刺其害无比，是非分明讲话据理，
袒儿偏媳于事无益；不能包办不能代替；
不可倚老压制子女，子女有过批评教育，
儿女婚事当自由主；启发诱导促使自励。

夫妻关系

夫妻之间恩重如山，荣辱与共利益相关；
欲求美满以诚为忠，推心置腹不欺不瞒；
猜疑敏感久则成患，朝花暮柳应该批评；
经济公开克勤克俭，大事相商小事自便；
一方有过耐心帮助，体贴照顾不可疏远；
白头到老同甘共苦，不爱照顾不被唆骗；
捕风捉影后果不善，互相帮助取长补短。

（二）家庭决策

京族的家庭组织是以父系家长制的小家庭为主，平均每户不超过5人。一般家里的重要事情由父亲做决定，比如盖新房、给孙子取名、处理家庭财产等。即便是在主干家庭中，当父亲还有劳动能力时，家里的决策大权依然由父亲掌管，直到父亲年纪大了，家庭决策权便交由儿子掌管。但在平日遇到问题时，儿子还是会和年长的父亲商量后再做决定。

案例4－1　家庭决策权的转交

LZQ，男，京族，55岁，万尾村村民

LZQ有2个儿子，大儿子在东兴市做石油生意，小儿子在万尾村做餐厅生意，两个儿子都已结婚，有两个孙子、两个孙女。他与小儿子LHD住在一起，平日去拉大网。

在LHD二十来岁时，LZQ送其到南宁的银行学校上中专。后来万尾村经济发展迅速，LZQ建议其回家发展，LHD便在万尾村做外贸生意，赚了些钱。LZQ平日靠拉网维持生计，积攒些钱财后便盖新房，买地、买材料、选地址。到LHD成家的年纪时，家人帮其介绍对象。一年后，他便与女友结婚。为了安定下来照顾家里，他在万尾村开了一家“踏浪吧”餐厅，做起了稳定的旅游周边服务生意。成家后的LHD每月拿出2000元作为家庭开支，其两个小孩（一男一女）由母亲和妻子在家照管。由于父母还具有劳动能力，现在家里的大事还是由父亲LZQ处理；而在LHD自己的小家庭中，则以他为主。

L2D现在身体逐渐衰老，以后在家养老不外出捕鱼时，家里的大小事情会渐渐由LHD处理。

从案例中可以看出，在儿子未成年以前，都是由父母决定家中的所有事情。儿子成家立业后，并有一定的能力支付家中开支时，家里的最终决策权就转交给了儿子。因为年轻人外出读书工作，文化水平较高，在工作几年之后，积累了丰富的生活经验，并具备了一定的经济能力。而这时的父母已年老，退而养老，照顾子孙。

（三）家庭中的性别角色

由于受到海洋渔业生产方式的影响，万尾村京族人在生产、生活上的性别分工是较为明显的。虽然人民公社时期的集体劳动在较大程度上消解了性别分工上的差异，但1983年落实家庭联产承包责任制之后，万尾村京族人传统的"男主外、女主内"的性别分工又重新得到恢复。现实的经济生活和京族的传统文化，共同塑造了万尾村京族人在各自家庭中的性别角色。目前，虽然因家庭劳动力的限制，在深海捕捞、海水养殖、海产品加工、海产品运销、汽车运输、竹排修造等行业中都有妇女的参与，但男性村民在这一类生产经营中往往起着主导作用。而从事浅海捕捞、滩涂作业、餐饮及旅游服务、商品零售的，则多数是女性村民。由于妇女在家庭经济中发挥的作用越来越大，她们的家庭地位也有了相应的提高，家庭成员间的关系渐趋平等。

自1996年以来，随着外地市场对海蜇的需求量不断增加，万尾村海蜇捕捞业有了较大发展。与之相关的海蜇收购、加工等劳动密集型行业的发展，为解决万尾村的剩余劳动力，尤其是妇女剩余劳动力的就业问题创造了条件。因为在当地人看来，女性劳动力更适合从事海蛰加工工作。加工鲜海蜇的妇女每月的收入在2000元以上，加工腌制成品海蜇的月收入在1000～1200元。从事海蜇加工，增加了当地村民的家庭收入，也在一定程度上提高了妇女在家庭中的地位。

过去，女性是不允许出海捕鱼的，即使是拉网，对于女性来说也有很多的忌讳。随着社会的发展，女性在经济上的地位得到了很大的提高。在万尾村的家庭里，丈夫在外劳作所获钱财一般大部分交由妻子管理，家中的日常开支、孩子的教育经费、父母的生活费都由妻子一一安排。妻子不但需要管理家庭事务，还需要务工，多数是做旅游周边的工作，类似的工作可以根据自己的情况安排时间，而且比较清闲，以便能照顾家庭。京族妇女织渔网见图4－2。

图4－2　京族妇女织渔网

三　生育

受中国封建思想的影响，万尾村许多家庭都希望生育男孩，认为只有男孩可以传宗接代，而女孩总归是要外嫁的。如果一个家庭中头胎生的都是女孩，他们会继续生。如果头胎是男孩，他们会想再生个女孩，也有只要一个孩子的。

过去，万尾村的妇女很勤劳，平日需操持家务，年轻的还需外出做买卖，在怀孕时也需正常劳作。虽然参加劳作，但孕妇不能移动自己的床，别人也不能坐孕妇的床，屋内外不能用锄头挖东西，这些都是怀孕期间的禁忌。平时她们吃酸、咸味的东西，如酸菜、咸鱼等，不吃油腥味及有刺激性的东西，因为村民认为这些东西能使胎盘增大，临产时产妇会很痛苦。生育过程中一般请接生婆到家中接生。

如今，万尾村的经济水平已大大提高，卫生条件已得到很大的改善。孕妇已经不在家中生产，一般会提前几天到江平镇上的正规医院进行住院观察，然后直接在医院生产，小孩出生后办户口也方便。这些举措大大提高了初生儿的存活率。同时，新农村合作医疗政策的推行，在一定程度上缓解了因生育带来的经济压力。

四　养老

当地有尊老敬老的传统，子女赡养老人是分内之事。总体上说，万尾村老年人的晚年生活是较幸福和自由的。同时，村委专门为老年人提供了娱乐场所，丰富了他们的日常生活。万尾村养老主要有三种形式。

第一，60 岁以上的老年人一般是和自己最小的儿子居住，平日老人在家带孙子，做些较轻的家务活。小儿子在外做生意，赚钱维持整个家庭的日常开支。在外自立门户的儿子、女儿在节日时，根据自身的经济情况，拿出一些零用钱孝敬父母。调查显示，大部分老年人最中意这种养老方式。因为老年人和小儿子生活在一起，平日能得到小儿子和儿媳妇的照顾，并且孙子能常陪伴膝下，带给他们很多快乐。这种养老方式在万尾村具有一定的普遍性。

第二，有部分老人愿意自己居住。儿子、女儿成家立业后，一般都组合成核心家庭，每人自立门户。而居住在老房子（一般是石条房）的部分父母不愿意和孩子们居住。这类老人更注重的是无拘无束的生活，所以会选择此种养老方式。

案例4－2　老人独居

WSZ，女，88岁，京族，前妇女主任

WSZ有4个儿子、1个女儿，其中1个儿子已经去世。儿子们都在外地工作，平日很少回家，女儿嫁在本村。20世纪90年代，她的孩子们都分家出去，各自建起了新楼房。由于WSZ独自居住，孩子们都要求赡养她，但是她一一回绝了。她说愿意自己居住，平时煮的饭菜也合自己口味。再者，因为身体欠佳，没有心思照管孙子们，她更喜欢自由自在的生活，没有牵挂。

当老人生病时，一般是女儿回来照顾，儿子们也会前来探望，给老人买补品。待老人恢复健康，女儿便回到自己家中生活。行动不便时，老人用的柴米油盐都由邻居帮忙购买；突发疾病时，也是邻里相互帮忙。儿子、女儿会在节假日给老人生活费，没有硬性要求，一般都是根据自

身的经济情况而定。WSZ 原是村委的在编工作人员，所以退休后能领取退休金，近两年是一年 2000 元左右。这在很大程度上减轻了孩子们的负担。生病所花的费用，孩子们都是平摊，老人也会拿出一点积蓄。

第三，孤寡老人在福利院度过晚年。东兴市福利院（见图 4－3）设在万尾村，于 2001 年成立，占地 20 亩，核定事业编制 3 人，医护人员 6 人。现居住在福利院的老人有 24 人，分别来自东兴、江平、马路三个镇。根据相关规定，只有 60 岁以上的老人经过申请、审批核查、公告、领证后才能到福利院养老。2009 年以前，东兴市每月补贴老人 170 元，如今已增至 200 元。此外，福利院每月还额外补贴 15 元。逢年过节，市政府、各单位、东兴市观音寺会前来慰

图 4－3　东兴市社会福利院

问，给老人带礼品。东兴市民政局与市共青团联合在万尾村福利院挂牌成立“东兴市青年志愿者服务基地”，志愿者会在节假日，为老人打扫卫生。笔者在村里常看到有老人外出拣废品，以换取零花钱。根据福利院的副院长所说，福利院规定是不让外出拣废品的，因为国家每月都发了补助，并且伙食和住宿市里都统一帮解决，但是没有办法控制这些老人外出，他们喜欢存钱，平日没事就出去走走，收集废品换钱。养老院里老人的生活见图 4－4。

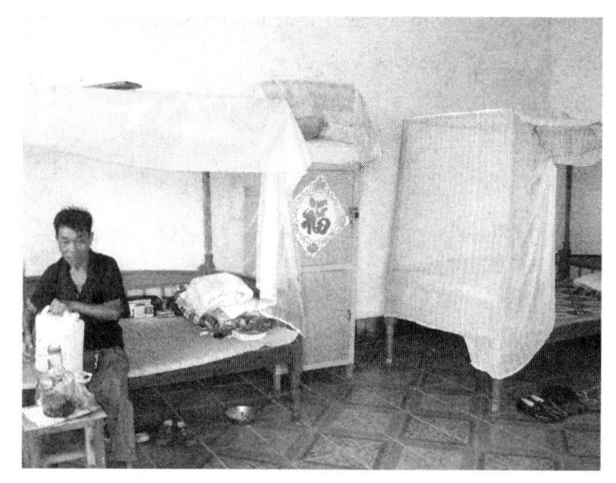

图 4－4　养老院里老人们的生活

五　分家

一般来说，女性是没有财产继承权的。当儿子分家时，父母会将家中的田地、房屋、生产工具等进行平均分配。除了将家中财产平分给儿子外，父母还会为自己留一份“养老田”。父母按照自己的意愿，选择一个儿子，跟其生活，“养老田”也随之由该儿子打理。但在父母去逝后，“养老田”归于父母留下的遗产之下，需要进行重新分配。父母去世时，由兄弟共同办理丧事，事后对于父母留下的遗产，一般根据兄弟各人对丧事负担的多少进行分配。这种财产继承的观念和做法，直到今天仍被延用。①

六　房屋

解放前，万尾村经济发展水平低，人均住房水平和住房建筑标准都很低。万尾村京族人的住屋可分为两大类。一类是保留着古老且具有民族特色的房屋。这种房屋全用竹木构建，以茅草或竹篾作壁（有的涂上泥土）；上盖茅草或瓦，用石头压着；屋的四角有四条木柱，用石头垫高离地五六寸许，里面以竹条或木条密排作地板，铺上草席。入屋脱鞋，全家坐卧饮食其上。由于渔民的住房面积比农民少，加之为了防风沙，所以这类住房偏狭长低矮，正面仅有一人高，室内没有明显的大厅和房间的隔断，厨房另设在住屋的旁边。另一类与当地汉族的房屋相同。这种房屋用砖砌墙，上盖瓦，再以砖压着，以防强风将瓦吹去。其状如金字，分单层和双层两种，全部建造样式和邻近汉族的房屋大同小异。在万尾村，每户人家在建屋时，特意在房屋四周留出许多空地，作为晒网和种菜之用。房屋周围一般都种植果树、竹林用来遮阴，还种植剑麻、万年青、仙人掌等有刺的植物作为篱障。②

解放后，农民、渔民的住房条件逐步改善。20 世纪 60 ~ 80 年代，国家实行住房制度改革，鼓励私人建房。这期间自筹自建的房屋增多，建房时多是相互帮工，自制土

---

① 广西壮族自治区编辑组：《广西京族社会历史调查》，广西民族出版社，1987，第 91 页。

② 广西壮族自治区编辑组：《广西京族社会历史调查》，广西民族出版社，1987，第 125 页。

坯，自采石料，一般都是使用就地开采的页岩作墙体材料。[①] 这类房子被称为“石条房”，其墙体石头多呈长方形，长在50厘米以上，宽超过20厘米；屋顶脊也是长石条构建成的，村民说这样的石条房能更好地防御风沙，即使有7级的大风，也不会刮倒。在80年代后，万尾村的生产发展和生活水平逐步提高，以前多为防风沙的低矮砖瓦房屋，现在基本是钢筋混凝土的楼房。这类楼房的建筑风格多属西洋样式，圆顶，屋檐四角往上翘。还有的楼房的样式跟现在汉族的住宅基本相同。在建筑风格上，各户虽有不同，但每户人家的一楼一般都作为大厅和厨房，仅有几家住在一楼，多数人喜欢住楼上。大门一般都使用防盗门，入门便看见供奉的佛像，神台前摆满水果，两边插上蜡烛。每逢初一和十五，神台前的供奉物品会比平日丰富，多数是糖果。经济条件较好的人家会花几万元从越南购买一整套红木沙发、茶几、转弯桌放置在客厅显眼的地方。沙发分为两种，一种是独立沙发，宽约1米，长约1.3米，沙发的顶部和脚部都雕刻着吉祥物，多是龙的图案。一套沙发中有两张这样形状的独立座椅，并且摆放时两张座椅需正对着，茶几置于中间，茶几上一般都摆放着精美的茶具。另一种沙发属长形的座椅，约有4张独立沙发合并起来那么大，其上雕刻龙的图案。长沙发两边根据每户人家的布局结构，适当地放置一两个转弯桌。这样的家具摆放在客厅中，显得十分气派，彰显主人的大气与好客。据统计，万尾村独门独户的楼

① 《防城县志》编纂委员会编《防城县志》，广西民族出版社，1993，第444页。

房建筑占整个村住宅房屋的85%，其余的是砖瓦房和石条房。

七 家谱

过去，京族没有修家谱的习惯。自汉族杂居进来后，京族开始学习汉族修家谱。

以苏家家谱为例。苏姓是万尾村的大姓，历来有修家谱的习惯。但由于手抄本的家谱历经多年转移，已经残缺不全。2009年时，由SWF整理家谱，打印成册。苏家家谱分为封面、序、字辈、家庭成员及关系网、封底五部分。在苏家家谱的序言中，记载了苏家何时迁来万尾村、迁来万尾村的缘由等。

苏家家谱“序”

“家”，是华夏儿女人生一切社会关系的基础。“姓”，是标志家族关系的称号，是人们进行社会交往的必要条件之一，涉及千家万户，关系到每一个社会成员。以国为氏，形成苏姓。有关资料记载：西周初年（约公元前1000年），有苏氏后裔苏忿生被任命为寇（主管司法的最高长官），受封为国。公元前650年，狄人入侵苏国，苏国被灭。苏国亡后，族人为纪念故国便以苏为姓，形成苏氏。

据传，万尾京族苏氏家族祖先原居福建沿海，有九兄弟都靠打鱼为生，后来有三兄弟迁居台湾。还有三兄弟前往西南沿海方向打鱼。其中一个落脚钦州那丽地方，即现在分布在广西博白钦州等地的苏姓。另一个到现越南的广宁省先安、河桧地方，后来有人又迁回东兴竹山、松柏、牛梳岭地。我们的先祖漂流至现越南海防市涂山地方安居。16世纪时，苏福值夫妇随打鱼船，又漂流回福安，即现在的万尾岛。正如“京族史歌”中有，“年号洪顺三年间，先祖漂流到福安”，即1511年迁居此地，至今已有500年的历史。

我们京族苏姓的先祖苏福值夫妇（称第一代）迁居福安村至今，已到了第十一代了，现在发展至90多户人家，近400人。现把收集编写的《苏家家谱》，供苏家后人跟踪和了解。有错漏的地方，请每位族人纠正。

编写人：SWF

2010年元月吉日

近几年，新生婴孩已经不按照字辈来取名，原因有很多种。有的父母觉得该婴孩轮到的字辈，读起来不好听，便自行取名；有的人家都不知道轮到了哪个字辈，也就没有按字辈取名的意识。苏家也不例外，但是SWF本着让后世不忘本的观念，坚持补修家谱。

苏家家谱（记蚊子山苏家族谱流水簿）

亿　万　茂　庆　善　成　贵

联　芳　积　春　维　世　光

修　德　仁　仪　绍　远　泽

传　启　文　明　永　胜　倡

第五章　科教文卫

第一节　科学技术

一　传统科技的历史与现状

数百年来，万尾村的京族人积累了许多生产、生活知识，有效地促进了万尾村经济社会的发展。

海洋捕捞是万尾京族人的主要谋生方式，因此掌握海洋气候变化的规律至关重要。久而久之，万尾京族人形成了一套丰富的天文、水文等地方性知识。

（一）天文知识

过去航海技术并不发达，万尾京族人就利用历法和二十四节气来把握天气变化的特点，并又根据长期的生产经验总结出许多海洋气候知识，形成了许多谚语、歌谣，如：

“乌云接落日，不落今日落明日。”①

① 如果太阳落山时有乌云托住，则表示天快要下雨。

"鱼鳞天，不雨也风颠。"①

"风情未转西，三日又回归。"②

"古龙晒太阳，不久台风狂（到）。"③

"东边挂彩牌，白龙是禁界。"④

"南风送大寒，二月米粮干。"⑤

这些谚语朗朗上口，也易于理解和接受，十分有易于气象知识的传承。

（二）水文知识

万尾村京族人根据海水的涨落规律来安排渔业生产。当地人把海水的涨落周期称为"潮期"或"水期"。一个月有 2 ~3 个水期，每个水期 14 天（见表 5 -1）。

表 5 -1　万尾村的水期

月份（农历）	主水头（水期开始日）
正月、七月	初七、二十一
二月、八月	初五、十九
三月、九月	初一、十五、二十九
四月、十月	十三、二十七
五月、十一月	十一、二十五
六月、十二月	初九、二十三

① 鱼鳞天，即卷积云，当地人认为，一旦出现这种云层，天就会下大雨或者刮大风。

② 如果刮大风，风向又长时间不向西转，那么三天之后一定会有大风暴。

③ "古龙晒太阳"，是指在太阳下方有一条橙黄色带。

④ 如果东面天空上有彩虹出现，海上一定会有风浪，这时候出海不能超出白龙尾（半岛）海域。

⑤ 如果农历"大寒"那天刮南风，来年二月天气会变得很冷，渔民出不了海，捕不到鱼，生活会很不好过。

万尾人将一年中的渔业季节分为旺季和淡季。每年农历的二月到七月是渔业生产的旺季，而八月至次年一月为淡季。按照万尾人的经验，不管是旺季还是淡季，除了农历三月和九月有三个“水期”外，其余每个月均有两个“水期”。每个“水期”约有 14 天，前 7 天为涨水期，称为“上流水”，每天涨潮后的水位都比前一天高；后 7 天为退水期，每天涨潮后的水位都比前一天低，称为“减流水”。

（三）建筑技术

万尾村京族人利用独特的地理条件，就地取材，利用海边礁石建造石条瓦房。这种建筑技术盛行于 20 世纪四五十年代，村民们说，这种技术的产生主要归功于炸药爆破技术的引进。如今我们在村中依然可以见到一些石条瓦房（见图 5－1）。

图 5－1 万尾村的石条瓦房

石条瓦房的建造，主要有以下几个基本步骤。

（1）取材。村民利用爆破技术将海底的礁石炸开，利用人力、畜力搬运回来，然后经过加工开凿成形状规则的条石。

（2）造浆。充分利用当地的自然资源，将蚝蜊壳烧成灰代替石灰作浆。

（3）砌石。在挖好的地基上，砌石4～6米高。

（4）盖瓦。在屋顶盖瓦，这种瓦也是当地制造的，主要材料是本地黏土。京族人还将一块块小石条压在屋脊及瓦行之间，防止瓦片被刮走。

石条瓦房制作方法简单，同时美观大方，坚固耐用，可以有效抵御台风和暴雨的袭击。但是石条的获取及搬运不易，随着进港公路的修通，各种钢筋、水泥等建筑物资逐渐应用于万尾村京族人的房屋建筑之中，当地人更多地建造钢筋水泥楼房，石条瓦房逐渐减少。

二　现代科技发展

20世纪80年代以后，现代生产技术开始大量应用于万尾村京族人的生产和生活当中。目前，现代科技已渗透到村民家庭生活的各个方面。现代生产技术和信息技术等对万尾村京族人的日常生产和生活产生了巨大影响，也在一定程度上改变了他们原有的生产和生活方式。

1. 生产技术

科学技术的发展为人们日常生活带来了很大方便，科技的运用可以给人们带来较高的经济效益。

（1）海产品加工技术

晒鱼干、腌咸鱼是万尾村传统的海产品加工技术。在

当地人看来，这些技术算不上技术，只是把一时吃不完的鱼用盐腌好、晒干以便于长久保存而已。

每年的2月中旬到4月中旬是万尾村的海蜇捕捞时间。20世纪90年代以后，由于海蜇需求量剧增，海蜇捕捞成为当地渔业生产的一项重要内容，随之而来的是海蜇加工技术的快速发展。这种技术是从外面传入的，一开始是江苏和山东的商人过来投资，请当地人帮忙收购海蜇，然后自己加工，同时雇用当地人参与某些制作程序。后来慢慢地，京族人就学会了这门技术，不少本地人也开始投资办厂。

海蜇加工的技术并不复杂。第一步，是将海蜇分解为表皮、脖子、“大花”和“小花”几部分。“大花”和“小花”的价格最贵，因此要分开处理（见图5－2）。然后将其分别放到一个搅拌池中搅拌，以使大花和小花的绒毛脱离。这个过程需2～3个小时。绒毛的颜色发黄，分离后清洗过的“大花”和“小花”晶莹剔透，可以提高销售价格。第二步，把海蜇的各部分放入用粗盐和明矾配制的卤水中，盐可以让海蜇便于长期保存，明矾可以使之变脆，食用起来味道更好。盐要慢慢加，如果一开始盐的浓度太高，由于渗透压的作用，会使海蜇的水分流失，这样看起来就不饱满，口感也大打折扣。第三步，浸泡2～3天后，等到色泽和硬度都够了，就算是成品了。最后用塑料袋包装，每个包中都要先加入卤水，这样海蜇成品就可以保存3年左右。塑料包装的外面再加一个木盒子，这样可以方便运输。

（2）海水养殖技术

20世纪90年代以来万尾村渔业生产的发展，以海水养

图 5－2　“大花”和“小花”

殖业的兴起为代表。90 年代初，一些村民靠做边贸生意先富了起来，其中有经济头脑的一部分人运用现代科技开展了诸如养虾、养螺、培育虾苗等技术含量较高的项目。这比原来那种由自然条件决定的海洋捕捞有着更强的自主性。海洋捕捞有鱼汛期与闲置期之分，而人工养殖则有效地避免了这一点，能够提高经济效益。以养虾为例，村里放养的虾主要有南美白虾和斑节虾。在万尾村，虾子一年可以放养三季，每季 60～90 天。其中，第一、三季养斑节虾，第二季养南美白虾。主要虾料有大海、玉海等品牌，长势好的虾一季下来 30 多只就够一斤，差的 60 多只一斤。1998～2000 年成虾最好卖，可以卖到 30 元/斤。2005 年万尾村的斑节虾每斤 18 元，但最高时每斤高达 50 元。从某种意义上讲，应用现代科学技术进行海水养殖，能给万尾村京族人带来比传统的捕捞方式高得多的经济收入。当然，养虾也有风险。如果技术跟不上，不注意虾的疾病防治，虾就容易生病，而一旦发生病害就会损失惨重。这也正是村中许多人不再养虾的原因。如果技术掌握不好，利润就无法保证。

（3）捕捞技术

机动竹排的改进、快艇的引入都直接或间接地带动了万尾村渔业生产的发展。卫星导航系统的运用也在一定程度上促进了深海捕捞业的发展。以前渔民在一片海域发现鱼群，第二天还想去那个地方，只能靠感觉。而这种导航系统能够锁定地点，并保存在系统地图中。下次想要来到相同的地方，误差一般不会超过两米。这为渔业生产带来了极大的方便。还有，以前万尾人只能用螺耙和篓来捞螺，而这些只能等退潮的时候在浅滩进行。但自北海华神公司在这里设立了一个销售点之后，万尾人利用潜水器材就可以到七八米深的海水中捞海螺，大大提高了产量。一些外地人发现了其经济效益，也加入到捞海螺的队伍中来。

（4）造船技术

万尾村用于渔业生产的航海工具主要是一种本地生产的竹排。以前的竹排多以竹子和木头为材料，20 世纪 80 年代以后的竹排加装了柴油发动机并加入了塑料泡沫，大大提高了竹排的航行速度，运力也大为增加。经过改装之后的竹排不仅可以进行浅海作业，还可以进行较远距离的海上作业。

造排的制作过程大致是：第一步，选择长短粗细合适的木头和竹子，将其去皮，基本保持原来的粗细；第二步，把凿好的木头和竹子捆绑好做成船的两弦，涂油防水；第三步，用凿得平整的木头做船底，再用塑料包好白色泡沫做船底下面的浮垫；第四步，根据船的大小装发动机，大船装两个，小船装一个，更小的则不需要装发动机。

总的来说，造排的技术并不复杂，主要靠工人的经验。竹排厂的工人多数是年龄比较大的本地人，有多年的造排经验。厂长在选择工人的时候，也主要选择那些具有京族人的优良传统、能吃苦耐劳的人，以避免因工作态度问题而影响竹排质量的情况发生。一般造排厂都会为工人安排较为灵活的工作时间，忙的时候全部上班，闲的时候可以不来。

2. 信息技术

在交通、通信条件欠佳的时代，万尾村京族人“交通基本靠走，沟通基本靠吼”，足见当地村民在出行和沟通上的不易。过去，“网头”通知村民一起去海边集合拉网是靠敲帮子。20 世纪 80 年代以后，随着信息技术在当地的发展，电视、电话、手机以及互联网络在村里普及开来，为村民了解村外、岛外的情况提供了极大便利；同时，也为万尾村的村民之间以及村民与外界之间的信息交流创造了良好的条件。

（1）电话、手机

20 世纪 90 年代中期，电话、手机开始在万尾村出现，这在很大程度上改变了村民的生活。万尾村村民说，以前他们从村头到村尾找人商量事情，需要步行一个小时左右，而现在打个电话几分钟就解决了。村里有两个电信服务点，除可以提供电话通信服务之外，还提供天气预报、渔业信息、农业信息和手机杂志等短信服务，涵盖了农业技术、本地新闻、海洋捕捞、水产综合和水产养殖等多个方面。针对不同的客户，中国电信提供不同的服务。比如给出海打鱼的渔民提供船载电话，这样渔民在离岸 10 公里之内都可以与陆地保持联系。

（2）电脑网络

2000年以后，电脑网络技术开始进入万尾村。如今，村中有7家网吧，每家网吧的效益都不错。虽然网吧开业的时间只有两三年，但万尾村的年轻人对网吧的接受程度至少从表面上来看还是比较高的，“QQ”“e - mail”“网上冲浪”以及当下时兴的“QQ农场”这些新名词经常出现在万尾年轻人的口中。每逢周末，网吧里人头攒动，非常热闹。万尾村的年轻人认为，通过网络，他们可以更加方便地了解外面的世界，增加自己的信息量和知识量。但是，万尾村还缺乏健全的网吧管理机制，这种情况有待改善。

第二节　教育

1949年以前，京族地区没有真正意义上的正式教育，教育事业发展缓慢。1949年以后情况有所改善，但直至1978年，万尾村村民子女的上学问题一直没有得到很好的解决。20世纪50年代初，万尾人把位于万东自然村的康王庙改造成小学校舍，作为临时教学点。1958年春，根据上级教育部门的部署，遵照“教育必须为无产阶级政治服务，必须同生产劳动相结合”的指导方针，开始学习苏联教育经验，在“全面大跃进”思想指导下，掀起了全民办教育的浪潮。[①] 1964年，万东、万西分别开设小学，大概也受益于这次浪潮。这时万东开设了一至五年级，招收学生约250

---

① 《当代中国》丛书编辑部：《当代中国的广西》（下册），当代中国出版社，1992，第118页。

人，都是从村中挑选的有知识有文化的人来代课，属民办性质。后因校舍不足，四、五年级搬往万西。万西小学自1964年办校以来，由最初只开设一至三年级，逐渐扩大到五年制小学教育，办学规模也由最初的50人发展至260人左右。而万东小学在此期间还没有建立独立的小学教育机制。1978年以后，万尾岛上的小学高年级班级逐渐搬迁至万尾小学。万东小学（分校）只留下一、二、三年级，在1995年后全部并入万尾小学。万西分校只留下一、二年级。1997年，万西分校也完全并入万尾小学。

万尾村的村办初中始建于1968年，设初一、初二两个年级。村办初中开办至1982年，1983年以后迁至江平镇江平中学，直到1995年万尾中学建校后，1996年才搬迁至现址。除此以外，万尾村还在1968～1979年成立过村办高中（当时属高中二年制），开展中等教育。虽然办学设施较为简陋，生源有限，历届在校就读学生不过百人，但在这期间培养了莫振德等近十名大学生。1979年，万尾中学高中部撤销，并入江平中学，万尾村从此结束了村办中等教育的尝试。1978年以后，国家开始有步骤实行九年义务教育，万尾村进行了分级办学、分级管理等教育体制的探索，逐渐将中、小学的校址转移到了万尾岛的中心地带——现在的万尾（以前万尾岛只分万东和万西），归江平镇教育主管部门管辖。2003年8月，万尾小学和京族中学合并，更名为“东兴市京族学校”，直属东兴市教育局管辖。①

万尾村的成人教育以职业技术教育为主。1949～1980

① 周建新、吕俊彪等：《从边缘到前沿：广西京族地区社会经济文化变迁》，民族出版社，2007，第236～237页。

年，万尾村曾进行过针对成年人文化教育的扫盲工作。此后，随着村民文化水平的提高，扫盲工作就也再没有进行过。职业技术教育是万尾村成人教育的主要内容，村里现有一所名为“江平镇万尾村农民成人教育技术学校”的成人学校，村民称之为“农民技术学校”，学校有图书近100册。学校教员会不定期为农民提供一些农业养殖技术的培训。与此同时，学校还会定期聘请技术专家及自愿进行技术下乡支援的技术人才开展养殖业、加工业的专题讲座。此外，村里还成立了一个“江平镇万尾村经济能人协会”，为村民介绍交流成功经验提供条件。2008年之后，学校开通远程教育培训，每月为农民提供一次技术培训。

一　学校教育

（一）学前教育

万尾村现有两家幼儿园——京苗幼儿园和小天使幼儿园。

1. 京苗幼儿园

京苗幼儿园始建于2008年8月，现有学生140人（见图5-3）。园长姓武，毕业于南宁幼师学校，曾在东兴市实验学校学前班教过书。京苗幼儿园的班级分小小班、小班、中班、大班和学前班。在这些班级中，除中班有两个班外，其余各班都是1个。幼儿园的作息时间从上午7点10分开始，下午4点放学。

园中老师及工作人员共有9位，其中一位负责煮饭，一位负责打扫卫生，一位保育员。保育员主要负责小小班孩子们的吃饭问题。

图 5－3　京苗幼儿园

老师教学采用白话和普通话双语教学。刚进园的孩子中很少会说普通话，老师在上课时会先用白话说一遍，再用普通话做解释。经过两年的双语教学，大班的孩子们普通话已相当熟练。幼儿园的课程以认字、算术、古诗、音乐、读儿歌、跳舞为主，有时还有英语课。学前班的课程除了上述几项外，还开设绘画课程。

案例：5－1　京苗幼儿园的简要情况

（根据 2010 年 5 月对 WYZ 的访谈记录整理）

WYZ，女，27 岁，京苗幼儿园园长

我是南宁幼师学校毕业的，毕业后到东兴市实验学校的学前班教书，2008 年回到万尾开幼儿园。

幼儿园现在有 140 多个孩子，分小小班、小班、中班、大班、学前班几个班。小小班是 2 岁以下的小孩，万尾这种情况，父母也懒得带，有些小孩 1 岁多就送来了，才刚会走路，还不是很会说话。小小班主要教他们念儿歌和古诗，我们只要帮他们带好、喂好小孩就行了。在这里，整个幼儿园的伙食都是一样的，我们会将食物搞得很碎，适合他们吃。小小班的孩子年龄太小，需要保育员和老师帮忙喂饭。其实很多孩子来这一段时间后，他跟大伙一起，受影响后就会自己吃。要是在家里，这些小孩都是要大人喂的，现在在这里都是自己吃，进步很大。小小班有 12 个学生，有 3 个人管，一个阿姨、一个保育员、一个老师，我也经常去帮忙。因为这个班的孩子年龄太小，比较难带，尤其他们刚来时会哭，所以收费比其他班的一个月要高三四十块，

小班的孩子是 2 ~ 3 岁。平常学数字、生字的笔画、简单的生字，老师们一笔一画手把手地教。上课时一般讲普通话，不过万尾这边有一些小孩习惯讲白话或者京族话，我们这边有些老师不会讲京族话，所以刚开始是白话和普通话一起。到大班就可以完全用普通话了。我们偶尔也会上几节英语课，主要教一些简单的口语。把小孩集中到一楼让他们坐在一起跟光碟学。小孩跟着碟也不一定完全准确读出来，我们有时也要纠正发音。

我们幼儿园是按月收费，每生每月是 230 元；若家长要求园里接送孩子，学费是每月 260 元。我这里的老师不全是万尾人，我们是在村里贴广告招聘过来的。

当初刚开园时，也担心招的学生太少。万尾这里有点怪，冷天时学生会少，可能家长怕小孩冻着吧。但以前没办班幼儿园时，我想不到会有这种情况，因为城市都不会发生这种情况，城市一年四季都一样。可能冬天这里人少，收入也少了吧。寒假和暑假，我们这个幼儿园也会开着，寒假一般是春节前 10 天放假。

2. 小天使幼儿园

小天使幼儿园成立于 2002 年，教学用地 700 平方米，户外学生的游乐场地是 1000 平方米；内设小小班、小班、中班、大班、学前班，其中小小班是 2 个，总人数为 170 人左右。

学生上午 9 点开始上课，到下午 4 点放学。考虑到小孩子的习惯，一节课的时间为 20 ~ 30 分钟。每天上午 10 点到 10 点半，孩子们会在老师的带领下做幼儿体操或跳舞蹈。

孩子们中午要午休，下午 2 点半起床。

学生用的教材一般是延边出版社或者教育科学出版社的书，诸如识字教材《快乐识字》，教学生动手学会画画的教材《绘画》以及增加生活常识的《生活小帮手》《小小厨房》，还有其他扩展学生的视野的教材如《让我告诉你》《我的心情》。教材内容趣味丰富，让学生在轻松愉悦中学会好多东西。

小天使幼儿园有 8 名工作人员，其中 6 名老师，1 名清洁工，1 名厨师。有一位老师基于业绩和工龄，工资达到了 1000 元，其余人员的工资差不多一个月 800 元。并且根据工作表现的好坏设有奖金。小天使幼儿园教师的基本情况见表 5 -2。

表 5 -2　小天使幼儿园教师的基本情况

单位：岁

班　别	教师姓名	毕业学院	年龄
小小班	FXL	小学教师	50
小　班	LZZ	高　　中	40

续表

班　别	教师姓名	毕业学院	年龄
中　班	LCL	钦州学院	20
	WL	合浦师范	18
大　班	RLM	合浦师范	19
学前班	WLP	钦州学院	29

小天使幼儿园也是按月收费，每月每生260元。

案例5－2　小天使幼儿园

（根据2010年5月对HYP的访谈记录整理）

HYP，女，37岁，小天使幼儿园园长

2002年，我的一个朋友在万尾村办了小天使幼儿园。大约办了一年多的时间，可能因为学生太少的原因吧，整个园才十几二十人，我朋友就不想做了。那个时候，我女儿正在上幼儿园，老公在万尾村的中学教书，而我自己在外面做服装生意。因为我们夫妻都比较忙，所以女儿都没时间照顾。经过考虑，我决定把幼儿园接过来做，这样也可以照顾自己的孩子。

接手以后，情况不是很乐观。幼儿园的生源太少了，如果要继续办下去，就要想办法扩大生源。那个时候孩子的父母都认为在幼儿园学不了多少东西，而且学了也没什么用，还不如待在家里呢。所以很多人都没有让孩子上幼儿园的想法，有些家长甚至还把已经送来幼儿园的小孩带回家。在我接手后，我采取了家访的方式，到一些有幼儿的家庭了解情况。起初做家访时也是很困难的，有些家长不愿意跟你说话，爱理不理的，但我还是坚持去做。家访的内容主要是告诉家长一个道理：其实小孩子是学得越早越好的。刚开始一些家长也是不理解，我就跟他们说："你要看得起我，信任我，你就把孩子送过来。然后你再比较上过幼儿园的和没上过的孩子，看哪个更好。"

家访做完后，幼儿园里的学生开始多了。现在，我们这儿是一年比一年人多，我也没必要进行家访了。除了家访，我还到其他地区的幼儿园去参观，看他们的办学和上课情况，吸取经验。我们这个幼儿园在东兴市都是有些名气的，像市里办的书法、画画比赛，我们这儿经常得奖的。我们去开会，经常会得到表扬的。村里的哈节或者其他公共活动，我们这儿的小朋友都出节目的。

最初接手时，我没有请到多少老师。原来的老师都是高中毕业或教过幼儿园的。2006 年，我开始到一些师范学校里招聘老师过来。我们这些老师的普通话都还可以，像小班的小朋友刚进来时还不会说普通话，一年下来基本上也会听，中班基本会说了，大班基本上听和说都没问题的。我们这里的小孩基本上都是本地的，巫头村和山心村各有一个幼儿园，但他们的环境不是很好，所以那边的家长想让孩子过来我们这。但考虑到安全问题，我们决定不收了。

二 义务教育

东兴市京族学校始建于 1952 年，时称"万尾小学"。2003 年 8 月，东兴市为加快京族地区教育事业的发展，将东兴市京族中学和万尾小学合并，组成一所九年制寄宿民族学校，并改名为"东兴市京族学校"。其是全国唯一一所以京族命名的民族学校，教学服务范围涵盖整个京族三岛。

学校占地面积31082.2平方米，建筑面积9469平方米，校园绿树成荫，芳草遍地。现有教学班22个，在校生1056人，京族学生598人，占学生总数的56.6%；有教职工60人，专任教师56人，其中京族教师19人，大专学历35人，中学高级教师1人，中学一级职称24人，初步形成了一支专业基础扎实、教学经验丰富、爱岗敬业、无私奉献的教师队伍。学校各种教学设施基本完备，有综合楼1幢，教学楼2幢，学生宿舍楼1幢，教师宿舍楼2幢，食堂1幢，篮球场2个，小型运动场1个；配备有多媒体教室3间，电脑室4间，物理、化学实验室各1间，仪器497种，图书室藏书1.5万册。教学设备基本能够满足教学活动的需要。

东兴市京族学校还有两个学前班，学前班的人数表5-3中并未显示出来。另外，除了七年级和八年级为三个班之外，其他年级都为两个班（见表5-3）。小学部于2007年在三年级开设英语课。四年级起开设越语、信息技术课。越语课使用的是世界图书出版社出版的教材，四年级到六年级仅用一本书，学的是基本越语；七年级到八年级是对越语更深一层的学习。

我们访问一位小学主任时，他说：“一般来说，这儿的学生都是在村里学校读小学、初中。仅有少数成绩优秀的小孩到外地，如防城港读中学，这样的学生不多，约8~10个。其实我们这里的教育水平跟市里面差不了多少，学生能到外面读高中还是不错的。村里中学没有高中，学生要上高中需到东兴或者防城港。”

表 5－3　东兴市京族学校各班人数情况

班级 年级	一	二	三	四	五	六	七	八	九	总计
1	54	50	44	48	42	50	43	45	50	
2	54	54	42	46	43	48	38	41	48	
3							40	42		
合　计	108	104	86	94	85	98	121	128	98	922

东兴市京族学校有教职工 60 人，专任教师 56 人，其中京族教师 19 人，大专学历 35 人，中学高级教师 1 人，中学一级职称 24 人。现任教师当中，男性 38 人，女性 18 人，其中京族 19 人，汉族 25 人，壮族 9 人，瑶族 2 人，黎族 1 人（见表 5－4）。

表 5－4　东兴市京族学校 2010 年春季学期教职工花名册

序号	民族	性别	籍贯	出生年月	参加工作时间	何时何年毕业院校	所学专业	学历	职称
1	京	男	东兴	1968. 11	1990. 09	2005. 06 广西大学	中文	本科	小中高
2	壮	男	防城	1963. 04	1987. 09	1996. 06 广西教育学院	英语	大专	中一
3	京	男	东兴	1970. 06	1991. 07	2006. 06 广西师大	中文	本科	小高
4	汉	男	东兴	1951. 07	1971. 09	1986. 07 钦州师专	中文	大专	中一
5	瑶	女	东兴	1975. 09	1995. 07	西华师范大学	汉语言文学	本科	小高
6	壮	男	防城	1969. 09	1992. 07	1992. 07 广西民院	中文	大专	中一

续表

序号	民族	性别	籍贯	出生年月	参加工作时间	何时何年毕业院校	所学专业	学历	职称
7	汉	男	东兴	1975.09	1996.09	2006.06 广西师大	中文	本科	中一
8	京	男	东兴	1951.03	1972.09	1985.07 防城师范	普师	中师	小高
9	汉	男	东兴	1956.07	1976.09	2000.7 防城师范	普师	中师	小高
10	汉	男	东兴	1974.07	1997.09	1997.06 广西大学	林学师资	本科	中一
11	汉	男	防城	1979.09	2001.09	2001.07 钦州师专	数学	大专	中二
12	京	男	东兴	1978.10	1999.09	2007.01 玉林师院	中文	本科	小一
13	汉	男	东兴	1980.09	2002.09	2008.02 广西师大	物理	本科	中二
14	壮	女	防城	1978.10	2000.09	2005.07 苏州科技学院	数学	本科	中一
15	京	男	东兴	1980.05	2000.09	2003.07 钦州师专	计算机教育	大专	小一
16	汉	男	东兴	1975.12	1996.09	2005.06 广西民院	体育	本科	中一
17	汉	女	灵山	1974.09	1997.09	2005.06 广西师院	政史	本科	中一
18	京	男	东兴	1952.09	1973.09	2000.07 防城师范	普师	中师	小高
19	壮	男	东兴	1957.08	1977.09	2000.07 防城二职	普师	中师	小高

续表

序号	民族	性别	籍贯	出生年月	参加工作时间	何时何年毕业院校	所学专业	学历	职称
20	京	女	东兴	1963.06	1981.09	1991.07 防城师范	普师	中师	小高
21	汉	男	东兴	1972.10	1996.09	1996.08	体育教育	大专	小高
22	京	女	东兴	1967.10	1991.09	2004.07 钦州师专	中文	大专	小高
23	汉	男	东兴	1976.01	1996.09	1996.07	物理	大专	中一
24	汉	男	东兴	1973.05	1992.09	1992.07 钦州师范	普师	中师	小高
25	汉	女	东兴	1975.12	1999.09	1999.07 桂林教育学院	英语	大专	中一
26	汉	男	东兴	1976.09	1999.09	1999.07 钦州师专	地理	大专	中一
27	汉	男	东兴	1975.01	1998.09	1998.07	体育教育	大专	小高
28	京	男	东兴	1977.10	1999.09	1999.07 广西体专	体育教育	大专	中二
29	瑶	男	东兴	1978.03	2000.09	2006.12 广西师院	中文	本科	中二
30	汉	男	东兴	1979.05	2001.09	2001.07 钦州师专	中文	大专	中二
31	汉	男	东兴	1978.09	2001.09	2001.07 钦州师专	英语	大专	中二
32	汉	女	东兴	1980.11	2004.09	2004.06 广西师院	化学	本科	中二

续表

序号	民族	性别	籍贯	出生年月	参加工作时间	何时何年毕业院校	所学专业	学历	职称
33	京	男	东兴	1984.10	2001.09	2009.01 湖北师范学院	物理学教育	本科	中二
34	汉	男	东兴	1981.09	2002.09	2002.07 钦州师专	中文	大专	中二
35	汉	女	东兴	1980.08	2002.09	2008.01 广西民族大学	英语	本科	中二
36	汉	女	浦北	1982.10	2003.07	2004.06 广西教育学院	教育管理	本科	中二
37	壮	男	防城	1973.07	1995.01	1995.07 玉林师院	体育教育	大专	中二
38	京	男	东兴	1973.06	1992.09	2003.07 钦州师专	中文	大专	小一
39	京	男	东兴	1979.08	1999.09	2004.07 钦州师专	中文	大专	小一
40	京	男	东兴	1978.01	1999.09	2004.07 钦州师专	英语教育	大专	小一
41	汉	女	东兴	1980.09	2000.09	2004.07 钦州师专	美术教育	大专	小一
42	壮	男	东兴	1979.09	1999.09	2004.07 钦州师专	英语	大专	小一
43	京	女	东兴	1977.09	1999.09	2004.07 钦州师专	中文	大专	小一
44	京	男	东兴	1981.07	2000.09	2000.09 钦州师专	中文	大专	小一
45	壮	男	上思	1980.04	2001.09	2001.01 玉林师院	中文	本科	小一

续表

序号	民族	性别	籍贯	出生年月	参加工作时间	何时何年毕业院校	所学专业	学历	职称
46	京	女	东兴	1983.03	2001.09	2005.07 钦州师专	中文	大专	小一
47	京	男	东兴	1980.05	2001.09	2009.01 西华师院	小教大专	本科	小一
48	汉	男	东兴	1982.09	2001.09	2005.07 钦州师专	中文	大专	小一
49	京	女	东兴	1884.02	2002.09	2008.01 中央广播电视大学	现代文员	大专	小一
50	京	女	东兴	1982.10	2001.08	2004.09 钦州师专	美术教育	大专	小二
51	汉	男	东兴	1982.09	2004.09	2004.06 钦州师专	中文	大专	中三
52	壮	女	上思	1973.12	1995.07	1995.07 广西师范学院	地理	本科	中一
53	汉	女	防城港	1984.10	2007.08	2007.07 湖北孝感学院	数学与应用数学	本科	未评
54	汉	女	桂林	1987.03	2009.08	2009.07 钦州学院	英语教育	大专	未评
55	壮	女	钦州	1986.11	2008.07	2006.07 桂林师专	英语教育	大专	未评
56	黎	男	东兴	1985.01	2005.07	2005.07 钦州师专	综合理科	大专	未评

资料来源：东兴市京族学校教务处，2010 年 5 月。

东兴市京族学校的教师大部分来自防城或者东兴，也有个别来自钦州浦北或者防城上思县的。学校里老师的工

资看教学成绩，也看工龄，一般刚毕业出来也有一千七八百元。老教师的工资一般为3000元，这是最高的了。

案例5－3　东兴市京族学校的学生情况

（根据2010年5月对SWM的访谈记录整理）

SWM，男，31岁，京族学校中学部教师

自从实行义务教育后，学校辍学的学生基本没有。实行义务教育后有好的一面，也有不好的一面。好的一面是学生辍学减少了；不好的一面，这不仅在我们万尾的学校存在，到处都是这样，就是学生的学习动力降低了，因为他们没有了升学压力。但是老师的压力并没有减轻，因为学生不学的话，老师就得想方设法让他们学好（就是自己跟自己比较，自己跟别的老师比较）。如果自己教育出来的学生不好的话，那老师在学生和家长心里也就留下了不好的印象。教好的话，将来学生考上大学了，我们自然也能赢得家长和学生的尊重，同时也可以收获一份骄傲。

万尾村经济比较发达，有好多人认为不一定读好书才有出息。家长并不是很重视学生的学习。他们认为并不一定读好书才能赚到钱，京族有钱人比较多，把自己的生意做好就可以了，所以部分村民对教育不够重视。

我们这里把学生送到外地读初中的情况不多。有些有钱的，把孩子送到哪里的都有；也有一些送出去了，又送回来，这种情况很多。每一个学期都有一两个转出去，然后又转回来。一般都是在外面待不下去了，也没有父母带，在外面东逛西逛，钱花光了，父母管不了，所以又转回来了。

我们学校在教学方面取得了一定的成绩，在东兴市有一定的知名度。我们这里的学生每年都会有市区前几名的，平时参加各类竞赛也都有获奖的。学生毕业后读高中的多，一般去东兴或防城读高中，也有少部分人去上技校。

学校老师的业余活动较多，平时妇女节呀，或者清明节呀，还有我们学校的运动会，等等。我们老师也举行篮球赛，一般都是校与校之间的比赛。为了参加这种比赛，校内也进行训练。有时候我们校与校之间互相听课交流。当然，教育局有一些什么活动我们也去，如果安排到语言科，我们语文科的老师都去听课学习。

京族学校自1995年以来取得了一系列的荣誉。1995～1997年京族中学中考综合评分连续三年名列东兴市第一；1999年、2000年分别获东兴市教委中考成绩二等奖；2000年获防城港市中考优秀奖；2002年获东兴市中考集体一等奖；2001年获防城港市体育局、教育局“参加全区第九届运动会特别贡献奖”，获国家体育总局“全国群众体育先进单位”奖；2002年获自治区民委、自治区体育局“广西壮族自治区少数民族体育先进集体”称号。2005年，初三年级的吴幸燕参加全国初中数学竞赛，获得三等奖；初三年级的梁华曾参加第十五届广西中小学生奥林匹克竞赛，获得物理、化学两科三等奖，2005年，该生考上中央民族大学附属高中。京族学校还在市级、县级体育活动、科目竞赛、民族舞蹈大赛中获得多项奖励。

第三节　文化建设

一　文化传承

京族传统文化主要通过家庭教育、民间宗教及节庆仪式、村规民约等方式传承。

潜移默化的家庭教育是万尾村京族人传承其民族传统文化最基本的方式。传统的风俗习惯、待人处事的方式方法以及传统的生活、生产知识，都是在家中长者或者族人的言传身教中得以传承的。万尾村地处海边，村民以渔业生产为主，在生产、生活上形成了许多与海有关的禁忌，如有关出海的禁忌，有关对妇女的禁忌及对妇女生育的禁忌，等等，都是家庭中长者口传教育的内容。又如京族妇女的育儿习俗中，就要求妇女坐月子期间一家人都不得碰别家的竹排，以免给人带来坏运气。这些生活常识及伦常教育一般采取口传的方式，由上辈传给下辈。

万尾村的各种民间宗教及节庆仪式是传统文化传承的重要途径。万尾村的民间人士，往往通过组织各种民间宗教及节庆仪式，来增强万尾村京族人对于传统文化的感性认识，使之深入人心，进而实现传统文化的传承。

带有强制性约束力的村规民约也在一定程度上促进了京族传统文化的传承。在万尾岛，至今保存有成文的村规民约。村规民约的内容涵盖了生产、生活的许多方面，虽然在1949年以后，这些村规民约的作用有所减弱，但其仍然对村民的行为起到一定的约束作用，尤其是以碑文形式确立的有关保护山林、禁止偷盗及赡养老人等方面的规定，对当地社区的稳定和传统文化的传承至今仍有相当大的促进作用。

“村老”（村中长者）、以“翁村”组织主要成员为代表的万尾村民间宗教人士、民间艺人以及一些退休回乡的老干部，是万尾村京族传统文化的主要传承者。

“村老”在万尾村享有较高威望，他们把传统文化的传承融入对晚辈日常的教育之中，较为注重言传身教。

“翁村”及其他民间宗教人士主要通过各种宗教仪式来实现京族传统文化的传承。此外，“师傅带徒弟”是万尾村民间宗教人士传授传统“专业”宗教知识的主要途径。

在万尾村，由于民间艺人较少，他们多被视为京族传统文化的符号。这些民间艺人除在当地表演京族传统民间艺术之外，还不时应邀到全省各地演出。新老艺人之间的技艺传授，主要通过“传、帮、带”的方式。

万尾村退休回乡的老干部由于见识稍广，对于京族传统文化的理解往往有其独到之处。相对于其他类型的文化传承人而言，这些老干部更加注重对年轻一代京族人进行传统文化教育，热衷于收集和整理相关的文献资料。

万尾岛的自然景观以及独具特色的京族传统文化，随着万尾金滩旅游度假区的建成而广为人知，吸引了众多的国内外游客。然而，经济发展对当地传统文化的冲击是巨大的，京族传统文化正面临着新的考验。而为了适应此一形势的需要，万尾村京族人也正在采取相应的措施，以保护他们的民族传统文化，使之得到更好的传承和发展。

手手相传是万尾村京族人传承其传统文化的重要方式，而20世纪90年代以来，京族文化的传承也受到相关政府部门的重视。为保护京族传统文化，使之成为当地的旅游资源，地方政府加强了京族传统文化的宣传力度，对于京族歌圩、万尾哈亭等公共设施也出资资助。

地方精英对于京族传统文化的传承较为热心。他们在京族语言、文字、歌唱技艺的传承上，采用了一些正规教育的方式，如通过办培训班的方式来达到传承的目的。2000年以来，京族语言文化的传承正面临着前所未有的困难。万尾村里虽有防城港市政府资助建立的“广西防城港市京族文化培训基地”，但学员寥寥无几。为改变这一窘境，退休干部苏维芳在2003年下半年开办了一期“喃字培训班”，据说共有14人参加培训，取得了一定的效果，但学员多数为老人，年轻人较少。苏维芳说，虽然这种情况他早就预料到，但仍然还是感到有些遗憾。2004年，由万尾村委牵头，以苏维芳为主要负责人，开办了一期“京族哈妹培训班”。“哈妹”大都是从万尾、山心、巫头召集而来，但主要是万尾人，学员大多是30多岁的妇女。为鼓舞学员的学歌热情，相关机构还为学员发放补贴。2005年初，苏维芳开办了一期“越语培训班”，有10多个学员，学习时间为2个月。“越语培训班”晚上上课，每晚学2小时。学习内容从简单的字母，元音、辅音等开始，而后再学翻译。“越语培训班”有专门的教材，教学内容与日常生活较为贴近，苏维芳还根据学员的个人情况进行针对性辅导。参加培训的学员主要是做生意的人，学习的动机多是为从商时便于与越南人交往。

2000年前后，万尾村的老人组织成立了自己的歌圩——“京族歌圩”，并约定每月农历逢十是京族歌圩的歌圩日。目前，逢歌圩日赶圩已成为万尾村及周边村庄京族老人的一种习惯。当地老人认为，这一惯例性的歌唱活动，正在形成京族歌唱传统的传承机制。“歌圩会”开办数年来，受到了市政府、文化局、民政局各单位的资助，其也是外来旅游人员参观驻足的一个景点。而一年一度的哈节唱哈节目也都在这里组织排练的。

万尾村的东兴市京族学校作为京族人才的培训基地，同时也被赋予了传承京族传统文化的职能。京族学校实施双语教学，从小学四年级起开设越语课程，按主修课学时授课，聘请专职教师教学。此外，该校还开办了“民族特长班”，以使具有民族文艺特长的京族学生得到更好的培养。并且民族特色的传承也已列入了学校的工作目标。东兴市中长期工作目标如下。

（1）教学常规管理。

（2）民族学校特色建设。

（3）培养学生健全人格，经常性的法制、健康和安全教育。

（4）学校领导、教师的培训，继续教育。

（5）教育教学课题研究。

案例5－4　东兴市京族学校对民族文化的传承所做的努力

（根据2010年5月对SWM的访谈记录整理）

SWM，男，31岁，东兴市京族学校中学部教师

我们学校的民族特色，一个是京族语言，还有一个就是独弦琴。

我是山心人，毕业之后就来这里，已经6年了。我是钦州师专毕业的。我们这里是四年级到八年级安排越语课，从小学开始学初级的，是一个基础，学生认识一下，刚开

始接触嘛。现在我们叫京语，不叫越语，原来定的课程叫越南语。基本上教材是越南语教材，但是现在有些就定成京语，因为我们是京族嘛。其实京族话与越南话是一样的。

每个年级安排越语课，基本上是一个班一周一节课。学生虽然本身是京族，但是在平常交流中是说白话的。原因是父母不讲京族话，或者父母有一方讲，有一方不讲，包括在社会上，在工作环境中也是说白话。

独弦琴是学生自己学的，选修的，由苏春发老师教授。但是独弦琴没有什么文字教材，不好教，是靠言传身教，所以我们老师也没有这个能力。但是我们学校也有计划，请外面的老师来帮忙搞班，目前在筹划阶段，还没有具体实施。

另外，学校体育活动或者业余活动时也有一些项目，比如竹竿舞。杨副校长负责管理学校的文艺，就是培养有特长的学生，有这方面兴趣爱好的学生。如果有些领导过来，要我们学生出节目，我们平时都是有训练的。

二 文化建设与管理

目前，万尾村还没有专门的文化馆，相关事务由东兴市设立的京岛风景名胜区管理委员会来处理。为挖掘、整理、推介京族传统优秀文化，使京族文化风情游真正形成产业，使农民通过新的旅游产业化项目实现增收，管委会致力于推动新农村建设的五个方面协调发展，进一步完善万尾风景名胜区景点建设，提高旅游的吸引力和竞争力。2006 年，管委会申请专项资金，在哈亭对面路口建设了具有民族特色标志的门楼一座，在哈节之前顺利完工。同时，在哈亭的右侧修建了一座京族歌圩。在金滩边上，建成京族风景名胜区美食长廊，推出各类京族传统特色小吃。建成京族历史人物杜光辉雕像一座，京族历史文物园三座。其中第一座为京族历史文化介绍馆，陈列内容由有关专家学者、民间长老共同搜集、整理并撰写。第二座为京族传统生产、生活用具陈列室。陈列物品由采集原始工具与模拟制作相结合，主要由村委会、哈亭民间事务组负责。第三座为京族古老木柱、竹栏平铺房屋，由市建设局根据历史资料进行设计。2008～2009年，建成京族博物馆暨京族生态博物馆一座，已于2009年7月29日举行开馆仪式。京族博物馆暨京族生态博物馆是国家扶持人口较少民族发展项目，也是广西生态博物馆“1＋10”工程的重要组成部分。其占地26亩，建筑面积3000平方米，是一座以收藏、保护、研究、征集、展示京族物质与非物质文化遗产的专题性博物馆。管内常设基本陈列《大海是故乡——广西东兴京族文化展》，展览运用翔实的资料、艺术的构思和科技的手段，通过实物、场景、图片、音像来展现京族古朴而浓郁的文化。

为丰富村民的精神文化生活，村委会积极建设民族历史文化活动场所。村中目前有1个京族剧场，有3处歌圩。一个是每月农历逢十以通俗山歌对唱为主，一个是每周六以京歌对唱为主，各有特色，歌声不断，大大吸引了兄弟村歌手和海外归国侨胞的积极参与。

为提高老年人的生活质量，万尾村于2004年5月25日成立老年人协会，现有会员300多人，占全村60岁以上老年人的50%。协会自成立以来，组织机构健全，管理制度规范。协会在东兴市老龄委和江平镇老龄办的指导下，各项活动开展得有声有色、红红火火，充分发挥了老年人在

精神文明建设中的作用。村党支部和村委会加强对民间组织的领导，充分发挥老年人协会的作用，以此来维护社会稳定，利用他们弘扬民族文化和传统美德。几年来，无论是会员或歌友患病或去世，老年人协会都派人去他们家进行慰问。子女虐待老人的事情在当地没有出现过，邻里之间团结和睦，社会公德、公民道德得到改善。

此外，在重大节日或传统节日，村中都进行各种文化娱乐活动。2010 年春节期间，万尾村连续 11 个晚上举行了专场采茶剧演出。京族歌圩还进行一年一度的先进歌手评选和颁奖活动，大大地丰富了地方文化生活。

第四节　医疗卫生

一　传统医疗

1949 年以前，万尾岛没有现代意义上的医疗设施，村民生病主要求助于当地巫医。当地巫医会给病人开一些草药，因为它的作用较为有限，对于一些难以治愈的急性病和传染病无能为力，所以其更多的是给病人以一种心理上的安慰。20 世纪 50 年代初，广东省民族卫生工作组到江平地区巡回治病，并成立了卫生所，为京族人民免费治疗。此后，京族地区现代医疗事业的发展较为迅速，医疗条件也逐步完善。

二　现代医疗

目前，万尾村有 3 家卫生所，4 个药店，还有 2 个门诊。除治疗当地村民的常见病之外，还开展疫苗接种、儿童打预防针宣传、孕妇产后探视等业务，目前接种的疫苗主要有小儿麻痹症疫苗、脑膜炎疫苗、乙肝疫苗、结核疫苗、麻疹疫苗等。疫苗接种大大降低了相关疾病的发病率，保证了村民的身体健康和生活质量。

（一）医务人员队伍建设

目前，大部分医务人员主要分为两部分：一部分是当地医专院校毕业的年轻人，他们获得了从业资格证书，具有一定的临床经验，当地百姓也颇为放心；还有一小部分是没有经过专门培训的中医，这部分从业者大多跟随当地老中医学习了多年，具有丰富的经验，特别是对一些慢性病、疑难杂症有自己独特的治疗方法。对此，当地政府采取一种灵活的措施，组织他们进行培训，然后统一考试，考试合格获取乡村医生资格证的可以继续行医。

（二）地方病防治

肝病以及消化道疾病是万尾村村民的常见病，当地的医务人员认为，这些疾病，主要是自然环境和当地人的饮食习惯造成的。

京族三岛自然条件优越，属于亚热带气候，年平均气温在 21.5～23.3℃，年降雨量 1300～2700 毫米，空气湿润宜人，适合人们生活和居住。然而，由于岛上缺乏足够的淡水资源，当地人的日常用水主要依靠打井。由于水井深度不够，水质较差，容易引发各种消化道疾病。贫乏的水资源致使当地人较易患肝炎以及消化道疾病，有不少村民死于消化道癌变。

京族以大米、玉米为主食，红薯、芋头为杂食，肉食以鱼、虾较多，水果、蔬菜四季常有，这样的饮食结构有益于人体健康。然而，一些村民喜欢吃酸菜、咸鱼，又常常过量食用虾、蟹、鱼等海鲜，这种饮食习惯时常导致村民患上疟疾和消化道疾病。

针对这两种致病机理，当地政府采取了行之有效的解决办法。一方面。拨出专款建设人畜饮水工程，安装了近8000米的自来水管道，目前万尾村95%左右（有些家庭仍然喜欢用水井取水）的村民家庭都用上了自来水，这在很大程度上减少了村民肝病和消化道系统疾病的发生；另一方面，建成万尾村农贸市场，供应各种新鲜蔬菜，在很大程度上改善了村民的饮食结构，减少了地方病的发生。

（三）医疗与疾病防治制度

20世纪90年代以来，万尾村的医疗基础设施得到较大的改善。政府对此极为关注，并已初步建立了一整套与传染病预防相结合的医疗体系。

当地政府较为注重医务人员的培训，对于考核合格的从业人员，授予其诊所传染病防疫资格，并发给相应的工资补贴。

当地根据国家政策推出了村民可自愿加入的农村合作医疗制度，从而为杜绝一些常见可预防传染病的发生创造了条件，也减轻了老百姓因为看病贵而带来的经济负担。当地居民交纳10元（5元纳入家庭账户，5元纳入大病统筹）办理新型农村合作医疗明白卡后（五保户、特困户、军烈属、残疾人等民政救助对象可以免费享有合作医疗服务），就可以享受到如下便利：第一，到东兴市各医疗单位就诊，心电图，B超，血、尿、大便三大常规按20%减免费用，家庭账户基金可全家合并使用，每次按30%报销，用完为止（自行保管发票，年终到镇新农合办一次性报销）；第二，在各镇卫生院治疗费用可报销40%，在东兴市人民医院、市妇幼保健院住院治疗可报销20%，在东兴市以外医疗机构住院治疗费用可报销15%；第三，孕妇在东兴市各医疗单位正常分娩的一次性补助为100元；第四，一般情况下全年住院费用可报销3000元，重大疾病最高可报销10000元。

在2009年东兴市又实行了新的农村合作医疗（简称“新农合”）政策。新农合参合对象主要有：①户口在东兴市的农村居民及农垦、华侨、林业、劳教系统的农林场和各社区中属于农业人口的居民；②户口不在本市但长期居住在本市的农村居民。新农合每人每年基金总资款为100元，其中个人交20元，中央政府、自治区政府、防城港市政府、东兴市政府共配套80元。农民缴交参合款标准为：①以户为单位每人每年一次性缴交20元，其中16元作为个人门诊看病报销用，用完为止，4元作为住院、大病统筹金；②由镇、村干部和村医下村进户收缴，或自行到村委、镇农合办缴交。2009年报销比例比2008年有了提高。①2008年在东兴各镇卫生院住院治疗费用可报销75%，2009年可报销80%（除了50元起付钱、非设定检查项目的检查费用及自费药品费用外）；2008年在东兴市人民医院、市妇幼保健院住院治疗费用可报销45%，2009年可报销50%（除150元起付钱、非设定检查项目的检查费用及自费药品费用外）；2008年在东兴市以外国营医疗机构住院治疗费用可报销35%，2009年可报销40%（除200元起付钱、非设定检查项目的检查费用及自费药品费用外）。②全年住院费用可报销达10000元，重大疾病的最高可报销及补助两项补偿达30000元。患者出院后向镇农合办提供下列材料办理报销：①疾病诊断证明书；②有效发票；③合作医疗证；④户主身份证或户口本；⑤长期、临时医嘱单复印件（或费用清单）；⑥病历复印件（东兴市外医院就诊及外伤病人）；⑦到东兴市以外医院（非营利性）住院的，还需提供东兴市辖区医疗机构出具的转院证；⑧到东兴市外出务工人员住院的，同时要提供当地单位或居委会证明，并在住院3天内报原籍乡镇农合办备案；⑨同时参加商业保险的要提供在商业保险机构报销后的发票复印件，加盖保险公司公章（在报销前需提供原件核对后，再到保险公司报销）。[①]

一般村民生病，小病可以到村里面的卫生防疫站就诊，大病则去东兴市医院就诊，村民的就医需求基本可以得到满足。

① 《2009年度新型农村合作医疗要点宣传问答》，由万尾村卫生所提供。

第六章　民族与宗教

第一节　民族

万尾村村委会管辖着3个自然村，共有23个村民小组，1132户。据江平派出所统计，截至2010年5月，万尾村常住人口有4659人。岛上的主体民族为京、汉、壮、瑶四个民族，其中京族占全村人口的95%。

一　万尾京族

（一）族源

关于万尾村京族人的来源有很多种说法，如史料记载的从涂山迁徙而来，还有民间传说的蜈蚣精的故事。老一辈人也有自己的说法，还有口口相传的迁徙歌。

1. 史料记载

村民保留的清光绪元年（1875）的乡约中，就有“承先祖父洪顺三年贯在涂山，漂流出到，立居乡邑，壹社贰村，各有亭祠……”的记载。洪顺是16世纪中叶越南封建王朝的年号，洪顺三年，相当于我国明朝正德年间，即1511年。由此可推算出万尾京族的迁入距今已有500多年的历史了。①

2. 民间故事

上述是京族迁徙至此的文献收集。在京族民间还流传着“蜈蚣精的故事”，它讲述了京族三岛的由来。很久以前，这一带是一片汪洋大海，海中有一只蜈蚣精，吞食过往的渔民，荼毒生灵，附近渔民苦不堪言。一天，有渔民一家三口出海，又被蜈蚣精吸住船底，动弹不得。夫妇俩非常惊慌，但他们的小孩非常机智。他叫父母把船上的3个南瓜煮得滚烫，然后丢入海中。蜈蚣精以为是船上的人跳海逃生，便一口吞了下去。三个滚烫的南瓜下肚，当场把蜈蚣精烫死，尸体也断成三段，变成三个岛。尾巴变成的岛叫万尾，头部变成的岛叫巫头，中间心脏部分变成的岛叫山心。这就是京族三岛的传说。这个传说反映了京族人的世界观：蜈蚣精就是海上自然灾害的化身，其自然原形可能是恶鲨之类，其兴风作浪综合了海上风灾浪害的特征，这是自然灾害的“妖化”。但有些学者认为蜈蚣精的故事并不能很好地解释“万尾”的“万”字含义。“万尾”的“万”，原先是带有“氵”字旁的，至今也仍然有人使用这一写法。但由于电脑在当地的普及后，人们无法在电脑上输入有“氵”旁的“氵万”字，图其方便，以“万”字取而代之。万尾村的村名由来，更加科学的解释是“万”字的繁体字形与汉字的“湾”字比较相近，而且在当地的粤话方言中，“万”与“湾”的发音也极为相似。所以“万尾”就是“湾尾”，“万尾”的实际含义应是“海湾之尾”。

① 广西壮族自治区编辑组：《广西京族社会历史调查》，广西民族出版社，1987，第3页。

3. 迁徙歌

京族的祖先从越南涂山迁徙而来，所唱的歌曲记录了当时迁徙的原因和生活方式等。

迁徙歌

京族祖先几个人，因为打鱼春过春；
跟踪鱼群来万尾，孤岛沙滩不见人。
万尾岛上鱼虾多，打鱼生产有门路；
落脚定居过生活，找到这处好海域。
大家住定好几年，娶妻生子不搬迁。
九头山上到万尾，路程迢迢八九千。
做了海来又种田，父生子来子生孙。
鱼米之乡好生活，山贼海贼来连连。
……　……

诗歌中提到，京族的祖先跟着鱼汛来到孤岛上，当时的海岛荒无人烟。但是岛上的鱼虾等海产品极为丰富，能改善渔民的生活，于是祖先几个人便决意留在岛上。这一生活就是好多年，并在此地娶妻生子，后来还有了孙子。他们主要从越南的九头山过来，路途十分遥远。来到此地后主要是捕鱼，还兼顾种田。山贼和海盗见他们生活富裕，便经常来抢劫，使得渔民生活艰难，整日担惊受怕。

（二）姓氏

迁来京族三岛的京族是巫头的刘姓、阮姓。据一位90岁的老人HX叙述，当时岛上全无田地，大家都以捕鱼为生，生活十分艰苦。但在涂山时更加艰苦，因而大家都愿意前来这里住。往后，经过京、汉两族人民的辛勤开拓，驱除了毒蛇野兽，开辟了田地，建立了家园。

京族共有 30 个姓氏，其中人数最多的是刘姓，共 96 户，占京族总人数的 20.09% 左右；最少的是郑姓，只有 1 户。在万尾村，有黎、杜、吴、高、阮、黄、孔、苏、武、龚、何、李、范、杨、罗、裴等 16 个姓氏。他们迁来的年代都不清楚，只有杜姓比较明确，有 9 代了。

根据山心的老人所说，刘姓从越南涂山迁来，定居山心已有 13 代，但从他所提到的刘姓班辈（锦、文、延、辉、有、振、扬、维、生）来推算，则只有 9 代，有 300 年的历史。巫头的阮文龙说，他们是从越南涂山迁徙过来的，至今也有 10 代。万尾乡以苏姓人口最多，苏姓也是从涂山迁徙过来，先到白龙尾，再转到万尾，至今已有 9 代（班辈是福、贵、延、光、辉、善、权、维、世），从未回过涂山拜祖。从班辈分析上，我们可以得出京族的源流可能是：（1）迁来此地最早约在 350 年前，最晚的一批亦有 150 年的历史；（2）大部分从隔海的涂山（北部湾海防附近一个海岛）迁来；（3）定居地点的先后次序大致是寨头→山心→巫头→万尾，这可能与这三个大沙岛形成的先后次序有关。①

据民间传说，涂山黎姓夫妻俩和他们的 3 个女儿，最先来到万尾岛。当时万尾岛杂草丛生，只能在海边搭棚居住。但因这里鱼类很多，方便捕鱼，不久，他们就回涂山去召唤同乡一起到此生活。接着，杜姓、吴姓、武姓、阮姓等

---

① 广西壮族自治区编辑组：《广西京族社会历史调查》，广西民族出版社，1987，第 80 页。

四户，也因追捕鱼群迁来万尾。几年后，又有苏姓、梁姓及其他姓氏迁来，人口逐渐增加。

二　族群关系

现今，除京族外，万尾村还居住着3个民族，分别是汉族、壮族和瑶族。经过几百年的交往，族群关系经过曲折而漫长的历史演变，目前形成了平等互助和谐共处的新型民族关系。

（一）京族与汉族人的关系

1949年以前，京族常受到汉族人的歧视和压迫，京族人被汉族人称为“安南仔”“安南婆”，京族人都不敢穿自己的民族服装，不愿意承认自己是京族人。这种情况的出现，多是生产力低下、民族权利得不到保障等因素造成的。

万尾村京族人的主要生产方式是出海捕鱼，他们打到鱼后就由妇女拿到江平镇上去卖，或跟汉族人换木薯、粮食等。而汉族人善于种植水稻、木薯、玉米等农作物，品种丰富，产量高，收入高。汉族人还善于做生意，他们出资购买渔网、竹排等渔具，然后租给京族渔民，京族渔民打到鱼后就按事先商议好的价格卖给这些“东家”。

族群关系的好坏与否，一方面是各族群内部因素所致，另一方面受到当时国家政策的影响。尤其在民国时期，统治阶级执行错误的民族政策，对各少数民族实行强制同化，各少数族群在政治上得不到与汉族同等的地位。[①] 在1948

① 李远龙：《族群地位变迁论——以广西防城港市为例》，《吉首大学学报》（社会科学版）2005年第3期。

年年底，万尾村的村长、副保长，勾结白龙尾的惯匪，假借共产党之名，抢劫村民财产。当时正是过年期间，其他村的村民家家户户宰猪过年，其乐融融，万尾的京族却是妻啼子哭，凄凉万分。①

1952 年中央访团来到万尾宣传民族平等政策，两族人民都认识到了民族团结的重要性，思想转变了，其间的矛盾纠纷也就纷纷落幕了。不仅如此，万尾村还成立了京族自治乡，保障了京族人的利益。在修水库时，汉族人优先把水让给缺水的京族人民，将水圳直修到海岛上，两族人民还共同修建了可灌溉农田的"东兴水库"。他们不仅用劳动筑起了一座高大的堤坝，也筑起了牢固的民族友谊。到了 21 世纪，随着国家加大少数民族地区扶持力度，京族人民的生活水平与汉族已不相上下，两族人民相处甚好，相互来往做生意，相互通婚，孩子在同一所学校上学，共同学习京语，共同谋发展。

（二）与壮族的关系

防城县的壮族有两种，一种属土著壮族，原名为偏族，多居住在山区，少数散居在江平、松柏等乡镇；另一种是东汉初期随伏波将军马援前来平定交趾而留驻此地的壮族（马留人），多居住在靠近县城的地方，受汉族影响大，已被汉族同化。②

民国时期，壮族各支系由于安土重迁，思想相对保守，

---

① 广西壮族自治区编辑组：《广西京族社会历史调查》，广西民族出版社，1987，第 135 页。

② 《防城县志》编纂委员会编《防城县志》，广西民族出版社，1993，第 46 页。

地位稍低于汉族。但是他们相对瑶族和京族来说，不管在经济还是阶级上又高一个层次。壮族人的生活习俗与汉族人已大同小异，觉悟也较高。汉族人对壮族人无太大歧视，瑶族和京族人对其也都较友好。现居住在万尾村的少数壮族人多来自防城、东兴县城。东兴市京族学校有 56 个教职工，其中 9 人是壮族，7 人来自东兴和防城，2 人来自上思，文化水平都在大专以上。民族平等政策的良好实施，使得各民族相处融洽。

第二节　宗教

京族信仰多神，其民间信仰是在原始宗教基础上，糅合了道教、佛教而形成的。万尾村，乃至防城县未有道观、佛寺，多是神庙。京族信仰的神灵大多与海洋密切相关，如镇海大王、海公、海婆等；同时，京族也崇拜祖先和民族英雄。

一　道教与佛教

当地人称执行法事的道士为“师傅”，是道教中的“正一”派，而汉族则信奉道教中的“茅山”派。“正一”派与“茅山”派最大的区别就是“静”与“跳”。“正一”派做法事时，静坐念经，而“茅山”派则击鼓跳跃。

过去，若是村民患病，家人便去请“降生童”；若是怀疑病者的“魂魄”已经飘走，家人则需请师傅作法赎魂。具体做法是师傅用一根小竹子，竹子末端缠着一个篮子，篮子里面有一把剪刀、10 根线、病者的一件衣服。师傅举起小竹子并摇晃篮子，口中喊道：“回咯！三魂七魄回来咯！”家人也随着喊同一句话。

老人和小孩患病做的法事形式虽相同，但意义不同。老人的法事需要做“十保”，意思是将邻近身体强壮的兄弟姓名写在一张红纸上，作为“保证人”，然后当天焚烧。再将病者的生辰八字写红纸上贴于神龛，族内各家再送来少许粮食。而小孩的是“盘花根”之意。

1930～1935年，从钦州来了一位身披佛袍，脚穿布鞋、布袜，剃光头不受戒的和尚，名叫陈化玄。他在防城镇宣传佛教，教青年打坐、读经。镇上的汉族和少数京族人都受到了佛教的影响。

二　民间诸神

京族民间诸神中，最有民族特色的为哈亭诸神。亭中以镇海大王为主神，高山大王、广达大王、安灵大王和兴道大王为副神，合称“五位灵官”（见图6－1）。其中兴道大王和广达大王是祖先神，他们与自然神各司其职，共同构筑一张全方位的“保佑网”，一起接受村民们的拜祭。

哈亭是万尾村的主要宗教活动场所，也是“众村”（即“村社民众”）的权力核心“嘎古”（即“村老”）们议事以及向“众村”宣布要事的场所。

（一）镇海大王

镇海大王全称“白龙镇海大王”，传说蜈蚣精断成三段，分别成了山心岛、巫头岛和万尾岛。每年农历二月以及哈节，三岛的京族民众各自择日赴白龙半岛的镇海大王庙祭拜。汉族也有神仙斩妖除魔的传说，有些学者认为京

图6－1　哈亭“五位灵官”

族祀奉的镇海大王是跟汉族在长期接触后，由汉族的镇海大王演变而来的，这符合民间信仰习俗的发展规律。

（二）高山大王

高山大王也称高山神，全称“高山神邪太上等神”，是位管辖山林的神。传说山神的数量很多，每位山神都有自己的地盘。山神在自己的势力范围之内权力至高无上，所有的动物、植物以至一石一土都要服从山神的号令。山神也经常帮助人们剿灭贼寇，人们又称之为“征战大王”。因此，虽然中越两地的哈亭均供奉高山大王，但他们已非同一位神，而是人们各自生活所在地的保护神了。在万尾，高山大王另有自己的一座庙宇，这是哈亭里供奉的几位神祇中唯一在本岛立庙的大神。

（三）广达大王

全称“圣祖灵应广达大王”，又称“圣祖灵应庆泽大王”。

（四）安灵大王

全称“点雀神武安灵大王”，又称“点雀神武英灵大王”。传说古时候有位大神经常下来救助受苦受难的人们，但总是来无影去无踪。人们为了感谢他的恩德，合资修了一座祠堂来拜祭他，却苦于不知道这位神仙姓甚名谁，于是在祠堂的祭坛放了一筛豆子，请求神谕。结果第二天早上，豆子上面出现了几只鸟爪子一样的脚印和几根白色的羽毛，人们便把这位神仙称为“点雀大王”，茶古郡尊为“白点雀大王”。用豆子求神谕的方法，也就是传统巫觋之术中的“豆乩”，人们相信通过这种方法所得到的在豆子上显现的图案或文字，就是神的喻示。据说此神祇是掌管人们精神灵魂之神。

（五）兴道大王

兴道大王又称“陈朝上将”，全称“陈朝上将救封兴道大王”。13 世纪越南陈朝国公节制兴道王陈国峻，他是越南人民家喻户晓的民族英雄。在他的率领下，越南人民阻止了元朝的三次入侵（1257 年、1285 年、1288 年）。击败了忽必烈所统御的蒙古大军，增强了越南人民的民族自豪感。广达大王、安灵大王、兴道大王都是京族迁居中国前原居住地村社保护神（一般一个村社奉祀一个保护神）。京族祖先由越南不同地区陆续迁居中国，将各自原来村社的保护神带来了，加上在三岛定居后，把三岛开辟神镇海大王、山林神高山大王、土地神等多位神灵一起供奉于哈亭，形成了融合京汉文化的多神奉祀局面。

除了哈亭供奉的“五位灵官”，民间还有保佑生产生活方面的诸神。

（六）祖灵

各家厅堂迎门正壁设神台供奉祖灵，称“祖公棚”。逢年过节、添丁、婚嫁等喜庆事，村民会烧香上供。同姓而共祖的（血缘较近的），年节聚集长房的家中，一起祭祖。如父母逝世满三年（如今一般改为一年），于周年忌日，将设于“祖公棚”左侧的逝者灵位之香火，合并到“祖公棚”的香火中去，并撤去灵位，称为“合炉”（又称“上台”）。三岛京族诸姓民众无宗祠，“祖公棚”（特别各姓长房的）和山心哈亭“本村诸家先灵”位，乃宗祠习俗之变异。

（七）玉皇大帝

民间信其有，但无神位。

（八）灶君

民间把灶君看作玉皇大帝派驻各家监察凡间的神，他将凡人的是非功过报告玉皇大帝。村民一般把灶君供于灶头，也有供于厅堂的。农历腊月二十三，村民用筛子盛托供品（其中必有糯米、糖、粥）祭之，让他向玉皇大帝为主家多说“甜话”，把“坏事、坏话”漏掉。除夕接他回宅。灶君上天期间，人们说话做事可以随便，“百无禁忌”。

（九）天官、土地神

天官为福神，土地神为家宅与地方守护神。京族在庭院与厅堂相对之处，设一砖石供台，高一米多，上层供天官，下层供本家土地，以守护一家之地。京族还敬奉本境土地（有大有小，大者守护一村之地，小者守护一村中之一角）。万尾岛本境土地称“莫大将军”“黄马将军”“白马将军”。传说莫大将军得神仙指点，起兵反抗封建王朝，黄马将军、白马将军为其部将。三人战死于万尾岛，因蚂蚁搬土垒坟显灵，被奉为土地神。京族敬奉天官、土地神是受道教影响，但将天官与土地神合供于家宅，显得别具一格。

（十）观音、三婆

观音、三婆是妇女保护神、送子神。巫头岛灵光禅寺供奉观音，万尾、山心、红坎等地三婆庙供奉观音、柳行公主和德昭婆。以农历二月十九、三月初三、六月十九、九月十九的祭祀为盛事。妇女在四个祭日的前一夜，在庙里诵经守夜。在京族丧礼“做功德”法事中，设观音莲座。

（十一）田头公

民间传说田头公考上状元，在朝廷做了官，但他和妻子感情很深，每晚都骑着飞马回家。妻子怀孕后，婆婆却冷言冷语说：海岛长了无花果树，不曾开花也结果。后来，媳妇在田头公回家时，藏起他的朝靴作证。第二天一早，田头公找不到朝靴，便把太阳关着，用黑泥糊在脚上充作朝靴骑飞马回朝，赶到金銮殿才放出太阳。皇帝查出他关了太阳，将他砍头。他捧头按放颈上，骑飞马回乡。一路上问牧童、村姑，牛吃了草，人割了葱，还能不能再长，他们答能长。回到家问母亲，鸡割了头还能不能再活，母亲答死了，田头公一听，头就掉下地，死了。妻子梦见丈夫嘱咐她每天杀一只鸡浸在大油缸里，浸够360只，日后自有妙用。妻子醒来天天照做。母亲发现油缸里长满蛆虫，烧一锅开水将虫烫死。妻子又梦见丈夫嘱咐她将虫埋于屋前土中，醒来又照做了。屋前土里长出两枝青竹。皇帝坐轿游山玩水，来到田头公家门口，轿杠断了，命令轿夫砍竹做轿杠。轿子抬到一座桥上，轿杠断了，皇帝跌进水里溺水而死。这天正是八月十五，田头公从这一天起，做了田间保护神。京族这一天祭田头公，祈求他保佑禾苗丰收。到十月初十食新米节，收了新谷又祭田头公，感谢他保佑禾苗丰收。①

（十二）海公、海婆

万尾京族渔民在出海的渔船船头设海公、海婆神位，在出海前焚香祷告，祈求丰收和海上平安。万尾京族渔民拉大网捕鱼前，先拜海公、海婆。每年腊月二十至二十八，同一个网组的网丁们聚集一处，由“网头”主持“做年晚福”祭祀仪式，祈求海公、海婆保佑来年出海平安和丰收。

（十三）杜光辉

杜光辉是万尾岛杜姓“降生童”所奉祀的“祖师神”（见图6-2）。杜光辉，万尾岛京族人，1850年生，曾率京族民众参加刘永福的黑旗军，抗击法国侵略军。民间传说他曾撒黄豆于石板山路，从而让穿着皮靴追来的法军滑倒在地，接着进行伏击，最后打败法军；他又曾被法军困于悬崖，但

① 苏润光等编《京族民间故事选》，中国民间文艺出版社，1984，第13页。

他攀藤下崖，最后反败为胜；也曾被法军俘获，被放逐于无人孤岛，却得到越南渔民赠送柴刀，砍竹扎排，孤排渡海，回到祖国，重新投入战斗。其晚年在家乡办学。

图 6－2　京族英雄杜光辉

（十四）佛、十殿阎王、羽林大神、金刚大神、至德尊神

佛、十殿阎王、羽林大神、金刚大神、至德尊神是京族丧礼“做功德”法事中所敬的神。“做功德”法事中，法坛挂佛法僧之宝与十殿阎王神像。主家为亡灵向羽林大神买阴间住宅“柳车”（在棺罩扎起的一座竹架纸糊的楼房），金刚大神、至德尊神做买卖成交的证人。法师自称道教正一派，做法事却挂佛和十殿阎王像，佛、道、巫三位一体。羽林大神等三大神均由法师装扮，另一法师代孝主与羽林大神讨价还价，最后由代孝主买“柳车”的法师宣读“柳车契”，并由金刚大神、至德尊神画押做证后，将契贴于

“柳车”门上，用法刀划开柳车大门，孝主用香火在“柳车”上点穿几个洞以作记号，阴宅买卖便告成交。[①]

以上万尾京族哈亭诸神和亭外诸神共21位。总的看来，京族信仰的民间诸神可分为三大类别：其一，镇海大王等神，于哈节在哈亭享祭；其二，佛、十殿阎王等神，于丧礼“做功德”法事中享祭；其三，海公、海婆，在渔船出海、拉大网、“做年晚福”时受祈祷或享祭。由此可见，祈求海上平安、渔业丰收是京族民间信仰习俗之核心。然而，随着渔船由小木船、小竹筏发展到机器船，以及国家气象台加强了对气象（包括台风）的预报，海上渔业生产的安全系数较之以前加强，再加上万尾村经济、文化、科学的日益发展，村民祀神佑福祛灾活动日趋减少了。

---

① 过伟、韦坚平：《京族民间信仰与神谱初录》，《广西大学学报》（哲学社会科学版）1992年第1期。

第七章　风俗习惯

第一节　服饰

京族服饰朴素无华，简洁秀丽，与当地的气候、地理环境、生产生活相适应。京族人的服饰在新中国成立前后有着较大的变化。在解放前，京族人穿着京族特有的类似唐装的服饰，但由于受到汉族的影响，着装多与汉族人相同。改革开放后，国家提倡民族平等，京族人重新树立起了民族自豪感。在申请非物质文化保护的时期，京族人更加注意到了本民族文化的可贵之处，民族精英外出开会时，时常穿着京族服装，把京族文化传递到他乡。

一　解放前的服饰

1949年以前，万尾村京族男子的服装以长衫和长裤为主。当时万尾村京族男子留短发，穿窄袖对襟褐布平膝长衣，上衣为无领、无扣的长衫，颜色以淡蓝、浅青为主，也有浅棕色。下身多是宽大的黑色长裤，束腰带。成年妇女的头发扎成“砧板髻”，两侧留“落水”，耳挂银环。上身内穿菱形的遮胸布，外穿窄袖侧向开襟的白色或浅绿色的紧身无领“唐装衫”，配以既长又宽的黑褐色裤子。

在举行仪式或者出席较为正式的场合时，无论男女都要加穿一件长及膝盖的外套，女士外套多以粉、绿、天蓝、白色为主，男子还要戴一顶黑色的“头箍”（一种圆顶礼帽）。

由于解放前生产力低下，京族服装多数是织棉布，但有透气耐磨的作用。因为男女都有食槟榔的习惯，所以男子服装在腰间（或肚前）加挂一只布袋。布袋有两大隔，外层秀有花纹图案，里层装有槟榔、烟草等。袋子两边穿有一条用作腰带的绳子。而妇女则是在腰间系一条通带，也用来装槟榔、染（黑）齿药。[①] 在妇女外出时，时常会戴着笠帽，笠帽用竹签编制而成。竹签削得像牙签一般纤细，像灯芯一般轻，用干葵叶均匀地铺在帽面上，然后再精密地缝起来。笠帽的带子更是五颜六色，能衬托出京族妇女的白皙肤色。

二 服饰的变化

1949 年以后，万尾京族人的服饰与周围地区的汉族、壮族人逐渐接近。这时的京族服装，沙质的部分一般织得比较薄，质地细软，正面光滑，穿起来凉快（见图 7－1）。目前，部分老年妇女仍然习惯盘发，但妇女的头发都比较短，用一种名为“盘头巾”的发饰盘在头上，若不细看，还以为是真头发盘起来的发髻。妇女外出时，依然喜欢戴笠帽，因为笠帽能很好地遮阳，且较一般的棉布帽透气性好。除每年哈节举行祭祖仪式时，“仪仗队”的成

① 吴德盛、罗长山：《越南京族传统服饰文化》，《广西教育学院学报》1996 年第 4 期。

员仍穿着经过重新设计的民族服装（礼服）之外，万尾村京族人在日常穿着方面与附近地区的城乡居民已无太大差别。

图 7－1　京族服装

为了保护京族文化，在哈节时，表演人员多穿京族服装。这些服装各式各样，颜色艳丽，并根据角色的不同，在服装上表现出各自的特色。例如，通唱的服饰。通唱主要负责主持哈节的祭神仪式，他的服装为玫红色，是有领子的长衫，并且圆形图案遍布整套衣服，右侧开胸，有四枚棕色的纽扣，其中一枚紧扣脖子处，一枚扣在腰间，通常是大襟虚掩住小襟。衣服配有道公款式的帽子，帽子后有金色“鸡尾”，帽子的边缘用闪光金色的布料包边。在这些京族服装里，哈妹穿的衣服款式比较多，有的呈新绿色，立领边缘用大红色金色布料包边，通身遍布白色圈点。衣服有四枚红色纽扣，最上面一颗紧系脖子处，最下面一颗系腰间。从第一颗纽扣开始往腋窝两边呈“八”字展开的胸前装饰，是用大红色和银色闪光布料缝制，袖口也用同种布料包边，整套衣服呈现哈妹活跃的气质。

京族的服饰多与哈节有关，而哈节是京族最为重大的宗教活动，京族服饰在一定程度上表现了京族的宗教信仰。例如，在哈妹穿的服装上，常绣有花卉图案，是京族民间崇拜的反映，表现了京族人热爱自然、保护自然的生态意识。

第二节　人生礼仪

一　婚姻习俗

1. 对花屐

当双方情浓到可以谈婚论嫁的时候，便会通过家长，分别去找“蓝媒”上门求亲，同时还会给对方送去一只描有花草等彩色图案的木屐。决定双方男女能不能结成良缘，最后还要看男女双方对换的花木屐是否配对。对换花木屐时，由男女双方各准备一只花木屐（左脚或右脚均可），交由“蓝媒”代为接收。在“蓝媒”传歌引线时，如果男女双方相互递送的彩色木屐合在一起正好是左右一双，那么

这对情侣就算是“天意有缘”了；如果不配对，两只花屐都是左的或都是右的，那么便是“命相不合”，无缘相守一生了。

2. 合年生

将男女双方的年庚请“算命”（星土）来推算，以决定双方之命可否成为配偶，称为“合年生”。若命相合，则将媒人送来的女方年庚暂存；不合，则交由媒人退还。

3. 定彩头

经“算命”推算出男女之命相合之后，即将女方年庚置于主公神案上，以验其征兆之凶吉，称为“定彩头”。验征兆之吉凶的时间，在万尾村一般是1～7天，或者7～12天。在这段时间内，如有家畜死亡或碗碟破烂等不如意的事情发生，则认为不吉利，将年庚交由媒人退还。若这段时间相安无事，则认为祖先默许，可以成婚。

4. 议聘礼

男家推算双方之命相合，且定彩头又吉利后，便告知媒人，向女方家商议聘礼之事。所议内容一般都是酒、米、鸡、猪肉等礼物及若干身价钱。

5. 报命好

在聘礼之事商议好后，男家便开始将酒米、猪肉、槟榔挑送至女方家，称为报命好，即纳吉之礼。

6. 送日子

联亲后，便可择吉日进行认亲。主要是请“算命”择定迎亲日期和“开容”日期，并用红纸列单记上；同时送给女家猪肉一块、槟榔一包，称“送日子”。如女方认为婚期太急，便退还日子单；如认为婚期可以，则收下日子单。认亲后便可按原定的日期“迎亲”。在迎亲之前，男方要准备猪肉100斤、米酒200提（一提等于4两）、米7斗和一些蜡烛、鞭炮及聘金等，并将这些物品送到女方家。女方的嫁妆主要是蚊帐、衣服、箱子、衣柜等日用品。

7. 拜神

结婚前夕，新郎家里要捧出一托盘的槟榔和360块铜钱的封包，到哈亭去拜神。由哈亭香公敲3遍鼓，以示明天某家要迎亲，让全村人知道。

8. 迎亲

在迎亲前一天（或当天上午），要请能说会唱的人伴新郎到女家正式认亲。新郎在这天身穿长衫礼服，头戴毡帽，脚穿布底鞋（或皮鞋）。到女家后，要先拜女家祖公，拜四拜；再拜岳父母，拜三拜。礼毕，新郎将槟榔敬岳父母和叔伯婶母，半跪，头向左侧，不能正视，然后叔伯赠予封包。

迎亲时，新郎一般不出场。先由一男童到女方家报“时辰到了”，说一些可以出门的吉利话。这时根据迎亲时间，女家进行祭祖。祭祖完成后，新娘便放声大哭（在这3天前，新娘要哭出嫁，第一天哭叹父母养育之恩，第二天哭叹叔伯兄嫂教育帮助，第三天哭叹姐妹友情，这就是所谓的“哭朝”）。之后，其母亲经人扶出到正厅坐稳，由夫妇齐全、有子有女的同族人用线为新娘夹除容毛（脸上的汗毛），并擦香粉，俗称“开容”。这时，女方屋前的林间道上，设置三重悬灯挂彩的榕门，牵以彩带拦阻迎亲的贵客。第一道关卡由歌童把守，第二、三道由成年歌手把守。当男方歌手来到时，必须以歌叩门，直唱到对方满意后，才得过关。三道关卡都经对歌叩通以后，紧闭着的大门才徐徐敞开，迎客进家。这时，双方歌手又唱着吉祥的礼歌，入席饮宴。宴罢，新娘身着红色花纹的短衣和黑色裤子，以红色丝巾遮脸，由兄弟背出家门，然后新娘照例给一个红封包，背者即返入家门。新娘徒步行至男家，不坐花轿。新娘出门以后，女方的歌手又在迎亲路上设下三道关卡，用红布条拦住。男方歌手唱赢一次，拿下一条红布条，便算通过一道关卡。只有全都唱赢了，才会让迎亲的人将新娘领走。这时，迎亲的人和送亲的人，每行一步停一回，每停一回对一轮歌。在途中，如见亲人或村人要停下哭一阵子，如遇到水井，要停下来投些钱币，队伍不能路过哈亭。因此，尽管新郎和新娘同在一个海岛，两家相距只有几十米远，都要绕着村中绿荫小道转悠，唱到傍晚，新娘方能进入男家。

9. 拜堂

双方送亲迎亲队伍到男家后，便鸣放鞭炮，新娘与新郎双双拜祖公，俗称拜堂。拜堂时向祖公拜四拜，向父母拜三拜，然后捧槟榔敬父母和长辈、众宾客。由男家聘请一位多子女、有公婆、丈夫在世的妇女来帮助铺席子和挂蚊帐，同时说着吉利话，最后由新娘给她一个红包表示谢意。新娘拜堂以后，由伴娘扶着送入洞房。当天晚上由女家同来的相好姐妹二三人陪伴新娘睡一晚。这天晚上，男女双方的歌手边饮酒边对歌，你唱我和，此起彼伏，通宵达旦，热闹非凡。不少青年男女也加入对歌行列，通过这一活动，物色自己的意中人，然后到海滩、丛林去“踢沙”“摘木叶”，开始他们的甜蜜之路。

10. 回朝

新娘到男家后的第三天，男家准备好两托盘（6斤）染红的糯米饭、两块猪肉、两只鸡，由新郎新娘带往新娘家拜见岳父岳母，住一晚后便回男方家，这叫回朝。在万尾岛，隔天就要回朝，每次都是白天去岳父岳母家，晚上回来；而在山心岛，新娘是在第三、五、七、十二天都要回娘家住一个晚上，新郎不用去。直到完成这一步，整个婚礼才算结束。

到了20世纪，万尾村京族人的收入水平大大提高，与外界的沟通不断增加，再加上电视等传媒的宣传，一部分年轻男女的婚姻仪式开始从简，摒弃了以往的合年生、拜神等婚俗。但是开容、回朝等重要习俗现今仍保留着。

二　生育习俗

分娩前，需要一位妇人占算生育时产妇坐卧的方位，产后产妇的衣服同样需要依照分娩时的有利方位来晾晒。产妇分娩时坐在一张矮凳子上，产后还需饮一匙5岁小孩的小便，据说这样有利于产妇恢复身体健康。如遇到难产，家人就会求神禳鬼。求神禳鬼主要有两种方式：一种是用一根绳子绑在一只猪身上作为记号养在家里，若是产妇平安无事，便以这头猪来敬神；另一种是难产时，请师傅（道公）来画一道符（名曰“催生符”），再将这道符用火烧化放在一杯水中，让产妇饮尽，认为这样便可顺利生产。

婴孩出生后，用竹片将婴孩的脐带割断，再用温水给婴孩洗澡。同时将婴孩的出生年月日拿来请人算命，称为“定根花”。如果算出命不好，则需要认人、物、神作为契爷，称为“认契爷”。“认契爷”时，婴孩需另取一名字，例如认黄姓人为契爷，则命名为黄生、黄养、黄保；认木、石为契爷的，则命名为木生、木养、木保或石生、石养，石保；认观音为契爷的，则命名为观生、观养、观保。婴孩出生3天后，家里要杀鸡祭祖，称为“做三朝”。婴孩出生数天后，婿家把酒、鸡、米、姜等物送至岳家，俗称“报姜”。之后，岳家便定日期通知族人，由产妇之母（俗称外家头）带领族中妇女、儿童挑选鸡、米送给产妇，俗称“送羹”。过了几天，产妇之母又送一些红色的有花纹的衣服给婴孩，有的还送一些米，但这种礼节并没有硬性的要求。

三　寿礼

万尾村的村民对老人都怀有一颗尊敬之心，他们认可老人的权威，认为老人说话公道、了解村中的各项事务，所以在村中看到子女为老人祝寿是很平常的事情。一般上了七八十岁的老人，子女们会为他们在饭店置办酒席。酒席的桌数根据老人的岁数来安排。例如，80岁的老人过生日，子女便会摆上8桌酒席；若是90岁，便需摆9桌。并且只有在岁数刚好为整数的时候才宴请乡亲，带零头的岁数一般都是在家里吃饭庆祝。

四　丧葬

京族人对父母很孝敬，因此父母的丧事甚是隆重。当父母去世后，做子女的都要修斋，俗称“做功德”。修斋长则三个昼夜（大斋），短则一晚（小斋）。京族的丧事仪式，不论贫富，基本相同，其有以下8个程序。

（1）报丧。父母离开人世后，孝子需要请道公帮忙算日子，只有重丧日才能放声哭出来，并到各族内报丧。若是母亲病逝，还需派一人去外家报丧；凡是非正常死亡的，都要经过外家人验尸后才能入殓封棺。

（2）抹身更衣。孝子需用热水给死者擦身，然后为死者准备一套丝制或麻制的新衣服，用香火在衣服上穿几个小孔，再由子女为死者穿上。男尸需戴一顶黑布帽子，女尸用黑布包头，腰间系一条白腰带，脚穿黑布尖头靴。擦身后的水，用一个新的瓶子盛好，待出殡时将此水倒入林中。

（3）入殓封棺。更衣后，由孝子把死者抬到祖厅内铺好的草席上，以死者生前用过的蚊帐盖着，经道公作法后，由兄弟们把棺柩横置祖厅，棺头朝东，用一两块砖垫起，之后才能把死者放入棺内。死者口中含有银圆或铜板及少许白米。尸体外盖外家送来的一块布，表示死者离开阳间，最后由道公封棺。

（4）动鼓修斋。封棺后，丧家选择日期请道公前来安坛，修斋作道。坛内挂起许多神像，道士鸣锣、敲铙，家人及亲戚坐在旁边齐声念经。若是打“大斋”，则在封斋时，丧家要杀猪备酒举宴。若是死于非命，在散斋前一夜，要在地上堆一个柴堆，长约 6.7 米，高约 0.7 米，纵火焚烧，师傅将灵位捧到胸前，直跨而过，俗称“过火炼”。在打斋期间，亲友们也纷纷前来吊丧。散斋后，将死者灵位安置在祖厅左侧，朝夕焚香，以饭菜祭祀，谓之“守孝”。到年终，请道士来做法事，将灵位捧到祖先神案上，并将灵位所插之香，移插至祖先香炉内，与祖同祭，谓之“上台”。待满 3 年后，将灵位及孝服焚烧，换上新装，谓之“脱孝”。

（5）出殡。由道公选定出殡的时辰。出殡时先将棺柩放在一个专门的木架上，俗称“脚踏龙尾”，然后由 6 人抬棺出殡。出门后，长子以布带牵着棺柩走在前面，所有孝男孝女都穿着白色衣服、戴着孝帽，随着棺柩一路上哭着走。棺柩每抬30多米远，孝男即从棺后跑到棺前，躺在地上，让抬棺的人跨过去，表示孝顺父母。

（6）埋葬。埋葬的地点由师傅选择，坟穴由族兄们去挖，须按师傅选定的方向，并在师傅以左脚踏在地上做挖穴的仪式后，其他人才能开始挖。否则，据说会引起“重丧”。穴挖好后，师傅手牵一只以绳绑着脚的小鸡，在穴内踱来踱去，谓之“开穴”。然后，棺材放在穴内，再由师傅用口咬伤小鸡的冠，把血滴在棺柩的四角，孝子撒一些泥土在棺上，然后由“伕力”盖土起坟。孝子向坟内三跪九叩后，孝女以衣角包回少许泥土，放至死者床底，谓之“要福”。

（7）复坟送饭。葬后第三天，孝子备三牲及香纸于墓前哭拜，再以新泥填坟，俗称“复葬”。

（8）拾骨重葬。这是因葬地不好而开坟拾骨，重新移葬。开坟时，拾骨忌见天，故要用伞遮住，用布把骸骨抹干，放入瓶内，拿回放在村边的草棚里，待择好地以后再葬。[1]

第三节　节日习俗

一　哈节

哈节，又称“唱哈节”，是为了纪念海神公的诞生，是

① 广西壮族自治区编辑组：《广西京族社会历史调查》，广西民族出版社，1987，第49页。

京族一年一度最隆重、最热闹的节日。京族人以海洋渔业生产为主，信奉海神，他们要到海边把海神迎回哈亭敬奉，祈求人畜兴旺、五谷丰登。

新中国成立后，在“左”的思想影响下，万尾的哈节一度停止，哈亭被拆，神像被毁，许多用“字喃”写的书籍都被当作迷信书籍而付之一炬。哈节直到 1959 年才有所恢复，但也仅限于在哈亭内举行简单的拜祭活动。1962 年，著名作家田汉来到京族三岛，写下了“哈亭只惜清规在，欲唱情歌不自由”的慨叹。十一届三中全会以后，尊重民族传统文化的民族政策才使哈节得以恢复和发展。到 1985 年，哈节的各项活动基本恢复正常。2009 年，东兴市委为了扩大哈节的规模，在哈亭对面建设京族哈节广场，2010 年 7 月竣工。该广场投资 2000 万元，建设用地 117.546 亩，其中草地面积 24000 平方米，内湖 8000 平方米，配套用房约 1248 平方米。该广场建成后，哈节的“万人餐”以及各项表演就不会再像以前那样出现场地过于狭小的局面了。

（一）哈节的来源

“哈”是京语译音，含有“歌”、“请神听歌”和“吃”的意思。关于哈节的来源，在京族三岛有很多美丽的传说，影响较大的有纪念歌仙说和镇海大王说两种。

传说古代有位歌仙，到京族地区以传授歌舞为名，动员京族人民起来反抗统治者。其高亢的歌声，悠扬的曲调，深受京族人民喜爱，但不幸在一次斗争中牺牲。后来，人们便修建哈亭，以唱歌的方式纪念这位歌仙，世代相传。这样日久天长，便形成了哈节。

从万尾京族老歌手阮进余所唱的《岛史歌》中，我们

可以了解到万尾哈节来源的另一种说法：当年的京族人民从越南迁居过来，近10年没有举行拜祭活动，结果连年人畜不宁，海事不顺。后来，村民经过共同商讨之后，在农历六月初一那天拉了一头猪到海边许愿。倘若他们能够从此安泰，出海丰收，便把猪杀了祭神。愿许下之后，村民连续9天出海均获丰收，人畜也逐渐安宁，于是便在初十那天杀猪还愿。从此年年如此，相沿成习。

这一说法虽然带有一些民间传说的味道，但它不仅说出了京族人民初来时生活的艰苦，亦说明了当时生产力低下的京族人民在变幻莫测的大海和不可预知的灾难面前，期望通过这类原始宗教信仰和仪式活动，满足生产生活需要的心理。而且亦隐约提示了在他们迁来之前便有这些拜祭习惯存在的事实。

（二）祭祀仪式

哈节的祭祀过程大抵可分为迎神、祭神、乡饮和送神四大部分。在迎神之前还有序幕——大清洁活动。农历六月初六是万尾哈亭固定的清洁日。这一天，全村各家都要派一个人到哈亭参加大扫除，工作便是清理哈亭周围和村里大小庙的杂草，给哈亭前面的池塘清淤，疏通水沟等，让哈节有一个洁净的环境。

1. 迎神

六月初九中午时分开始迎神，全村集队举旗撑伞，抬着神座到海边把镇海大王等神灵迎回哈亭。迎神队伍由身着礼服的专职迎神人员、万尾村的普通民众及回乡人员组成，以翁村、翁磨为领队，年轻的翁祝抬着镇海大王的“专坐”——大龙椅紧随其后。翁祝之后是身着艳丽民族服装的哈妹，以及普通民众。迎神队伍从哈亭出发，一路上彩旗飘飘，锣鼓喧天，鞭炮齐鸣，十分气派。迎神队伍首先要到海边向着海对面白龙半岛上的镇海大王庙请神，然后再把高山大王从后山的庙里迎回哈亭。

2. 祭神

六月初十是大祭日，万尾村人以猪头、鸡等祭品祭拜五位神灵。每次祭拜之前要由翁磨诵读祝文，众翁祝听翁村号令向神灵敬茶、敬酒。此后数日，每日中午均小祭一次，直至送神。万尾村京族人哈节的祭神程序如下①。

（通唱）序班。鸣钲鼓。执事者各司其事。祭员与执事各诣盥洗所。盥洗。帨巾。陪祭就位。祭员就位。上香进宝帛。礼迎神鞠躬拜。跪四。兴平身。

（通唱）行初献礼。

（引唱）诣酒樽所。司樽者举觅。酌酒。司爵者奉爵。诣大王神位前。跪。进爵，献爵。俯伏。兴。平身。复位。分献读祝。

（引唱）司祝者奉祝。诣读祝位。跪。

（通唱）皆跪。

（引唱）转祝。读祝，俯伏兴拜二凡平身。复位。

（通唱）行亚献礼。

（引唱）诣酒樽所。司樽者举觅。酌酒。司爵者进爵。诣大王神位前。跪进爵。献爵俯伏。兴。平身，复位。

（通唱）分献行终献礼。

① 中南民族事务委员会、广西省民族事务委员会：《防城越族情况调查》（内部资料），1954，第162～163页。

（引唱）诣酒樽所，司樽者举觅，酌酒，司爵者奉爵。诣大王神位前。跪进爵。献爵。俯伏。兴。平身。复位。

（通唱）分献。

（通唱）饮福。

（引唱）诣饮福位。跪。饮福。受胙。俯伏。兴拜（凡二）。平身。复位。

（通唱）礼辞鞠躬拜（凡四）兴。平身。司祝者人类祝，司宝帛者焚宝帛。

礼毕。

3. 坐蒙（乡饮）

京语称为“ngi mâm”，即“入席”。20 世纪 40 年代以前，万尾的乡饮时间为 2～3 天不等，白天是酒菜，晚上是糖果糕点。6～8 人一组，每次 2～3 人轮流出菜，称为“rac”。入席的性别、年龄有明确的规定，男子年龄不低于 18 岁，而女子不能入席，只允许在哈亭外面听“哈”。入席的座位有等级之分，根据修建哈亭与筹备哈节时出资的多少定为高级、中级、低级、白丁、大力五个等级。《京族简史》中记载：“每年的唱哈节，都有不少贫苦的京族人民被迫典当田地，卖儿鬻女，甚至终生负债、倾家荡产。而无钱入席的人，则沦为夫役，不仅要挑水煮饭，侍候富人，而且还要抬神扛棺，做最低贱的苦役，受尽了欺凌和压迫。”哈亭外厅左右偏殿筑有三级由低到高的地台，入席的男子便按照自己在哈亭中的等级和年龄长幼在其中就座。如今重建起来的哈亭已没有了高低地台之分，只是按照辈分分席，而且一户人家只出一人参加“乡饮”，对已经富裕起来了的京族人来说，承受这种负担绰绰有余。

“rac”一般为正午12点。届时村里的成年男子、邻村的京族代表、上级机关的领导、在外地工作的本村人，聚集一堂，高声谈笑。祭神完毕，选出村代表，举杯祝愿全村和睦、平安发财，感谢“桃姑”几天来的精彩表演，并宣布明年哈节的陪祭人名单。明年的陪祭人必须推出一名代表上场表演节目，宾客之间竞相邀歌，歌声、掌声、喝彩声，此起彼伏，气氛甚为热烈。“乡饮”过程中，“桃姑”还演唱哈歌，跳“天灯舞”，哈哥演奏独弦琴等。

4. 送神

送神是哈节的最后一道程序。六月十五晚，“桃姑”继续唱哈贺神，跳“天灯舞”。万尾的送神时间要选好“吉时”，或在“十四”，或在“十五”，通常都是在晚上进行。过去送神时不许人们在外面路上走动，有“回避”的意味。但现在人们的信神观已经淡化，送神归送神，玩耍归玩耍，也没那么多顾忌了。其过程大致是时辰一到，陪祭们把关了几天的“梁”搬开，送神返“宫”，“桃姑”跳“花棍舞”①。舞毕，整个哈节便告结束。茶古郡的“送神”是在哈节的第三天，举行完仪式后，读送神词，打开“关梁”，送神返“宫”，这样就结束了哈节的所有内容。

① “花棍舞”是在哈节送神之后，由一位“桃姑”在哈亭中殿外所跳的一出独舞。其舞有驱邪赶鬼、确保人畜平安之意。“桃姑”随着一疏一密的鼓点，不断舞动手中的花棍，动作变化灵活，令人眼花缭乱，应接不暇。结束时“桃姑”将花棍抛出亭外，据说谁能接到花棍谁就能吉祥幸福，不孕妇女接到更能怀孕生育。

哈节期间各种活动的日程安排

(2009年)

农历六月初八，准备工作。

上午8：00，组委及工作人员接待外宾；9：38，挂牌仪式（国家非物质文化遗产——京族哈节；京族字喃文化传承研究中心）

下午，后勤工作人员做好亭内外工作。

农历六月初九，迎神。

7：30，组委及工作人员全部到位；9：00，迎神队伍做好准备工作；9：08，升旗、奏国歌；10：18，哈节开幕仪式；12：00，祭神仪式；12：30，万人餐（贵客就餐）；12：40，文艺节目；19：30～20：30，哈妹唱歌；20：30，文艺晚会。

农历六月初十，大祭日。

10：00，山歌会；11：00～12：30，祭神仪式（大祭拜）；13：30～16：00，哈妹唱歌；19：30～21：30，哈妹唱歌；20：30，文艺晚会。

农历六月十一，小祭日。

10：00～15：30，山歌会；11：00～12：30，祭神仪式；13：30～16：00，哈妹唱歌；19：30～21：30，哈妹唱歌；21：00，文艺晚会。

农历六月十二，小祭日。

10：00～15：30，山歌会；11：00～12：30，祭神仪式；13：30～16：00，哈妹唱歌；19：30～21：30，哈妹唱歌。

农历六月十三，乡饮。

10：30乡饮；11：00，祭神仪式；14：00～16：00，文艺节目；16：00，散席；19：30～21：30，哈妹唱哈；晚上，政府在大码头舞台举行文艺晚会。

农历六月十四，送神。

10：30，出筵席（乡饮）；11：00～12：30，祭神、哈妹唱哈（文艺节目、祝酒、新老陪祭员）16：30，散席；19：30～22：00，哈妹唱哈；22：09，送神。

农历六月十五，新贺。

京族地区的节日，除传统的哈节外，还有许多与当地汉族大同小异的节日，如春节、清明节、端午节、中元节、中秋节，等等。

二　除夕与春节

受汉族的影响，除夕与春节是一年当中仅次于哈节的重大节日。每年从腊月二十开始，各家便陆续到哈亭“还福”（还愿），感谢众神一年来的保佑。除夕这一日，家家户户把菜肴和白糍饼做好，等到中午，全家人集中于哈亭供奉三牲（鸡、肉、鱼）祭拜诸神，回家后再祭拜自己的祖宗。吃过团圆饭后，家家户户要守夜到零点才能睡觉。正月初一早上，大家纷纷拿香烛到井边去烧拜和“买新水”（即取水），各家欢聚一堂，这一天不到别家去做客拜年，也闭门谢客。初二以后走亲访友，初三至十五“过小年”，备三牲（鸡、肉、鱼）拜祖。

三　端午节

在五月初五早上，家家户户先祭祖，中午合家聚餐吃糯米粽，饮雄黄酒，小孩额头挂着雄黄，家门前插艾叶，基本与当地汉族相同。

四　中元节

当地又称七月节，即盂兰盆节。每年七月十五这一天主要是祭拜祖先，并烧些纸衣、金银元宝给祖先，还用三牲祭祖。

五　中秋节

中秋这一天很是热闹，大家煮糯米干饭、糖粥，做“风吹饼”。另外，还买些猪肉和月饼，到傍晚合家吃团圆饭，接着，年轻的男女唱哈赏月。[①]

六　食新米节（十月初十）

这是庆祝秋季丰收的传统节日。在农作物收获后的第一天，人们都闭门吃新米，祝贺本年丰收并祈祷来年丰收。[②]

第四节　饮食习俗

一方水土养一方人。京族人一般都以杂粮煮稀饭为主食，做法是将玉米、红薯、鱼头等，切粒或切成小块混在稀饭内。若逢打鱼或收成好，才有干饭吃。逢年过节，京族人都喜欢吃糯米饭或糯米汤粥。京族人的饮食习惯与当

---

① 《防城县志》编纂委员会编《防城县志》，广西民族出版社，1993，第651页。

② 广西壮族自治区编辑组：《广西京族社会历史调查》，广西民族出版社，1987，第48页。

地的气候等因素有关。风吹饼、鲶汁、京族米粉、槟榔等都是京族人最喜爱的传统食品。

（一）风吹饼

风吹饼是京族人招待客人必不可少的一道点心。风吹饼以糯米为主要原料，饼质轻、薄、脆，外观呈圆形，因“风都可以吹动”而得名。风吹饼的制作方法比较简单：首先把糯米打成糯米浆，用竹片编制成一个圆盘，把米浆经纱布过滤在竹盘上，均匀地撒上黑芝麻，加上适当盐；而后放在太阳底下晒干，一般晒干的程度是 6 ~ 7 成，而不是全部干透；最后放在木炭上进行烘烤，木炭烤出来的饼十分香脆。

现在的风吹饼分为两种，一种是生的，即未经过烘烤的；另一种是成品，直接可食用。生的风吹饼是本地人买回去，自己进行加工，具体方法是把饼掰成小块，放在油锅里炸，吃时别有一番风味。可直接食用的风吹饼一般都是卖给游客尝鲜，或者本地人用来招待客人。

（二）鲶汁

鲶汁，亦称鱼露，是京族人餐桌上的调味品。鲶汁的加工方法较为复杂：先将小鱼与海盐按照 1∶3 的比例拌匀，放入塑料大缸或者瓷缸中进行腌制，腌制的时间为一年左右。一年后，打开鱼缸底部的漏管让鲶汁流出来。一道的鲶汁杂质比较多，因而需要放回缸中重新过滤。鲶汁分为 3 种成色，即“头漏汁”“二漏汁”“三漏汁”。“头漏汁”呈橙红色，是第一批滤出来的鲶汁，为鲶汁中的极品。第二次滤出来的鲶汁称为“二漏汁”，呈黄色，色、香、味都次于“头漏汁”。“三漏汁”的做法与前者相同，只是品质更差。

（三）京族米粉

京族米粉是外来客人必点的一道美味佳肴。其主要成分是大米，做法是先将大米磨成米浆，过滤后放在一块长方形的竹片模型上，在晴天时将其晒至5～6成干后，便卷起来。有雨的天气不适合制作米粉。一卷米粉有1斤多，卷成一个圆筒，用绳子系好储存。米粉需要食用时，用温水浸泡半小时，切成丝，加虾米、螺肉、鱿鱼、豆豉、青菜爆炒。这道菜口味鲜美，面质柔韧而有劲道，十分美味，是京族一道别具特色的佳肴。

（四）槟榔

过去，京族妇女大都喜欢吃槟榔。槟榔略大于橄榄，呈黑色，晒干后可当作零食吃。槟榔在入口时会有种呛鼻的烟熏味，故吃时一般掺以蒌叶和石灰少许，在经咀嚼后，汁液会把牙齿染成黑色。现在万尾京族人对于槟榔的喜爱不如过去，不过街道边仍然随处都可以买到槟榔。

（五）吸烟

几乎每家每户都有一个竹水烟筒，有些家里则用一个据说是越族特有的“烟煲”，其外形像一个盅，里边放一些水，盖上开有两个小孔，一孔放烟丝，一孔插一个小竹管，通过竹管来吸烟。如今，用水烟筒的多是老人。改革开放后，年轻人则买成品卷烟，吸食比较方便。

第八章　文化艺术

第一节　语言文字

一　京语

京族的民族语言，即京语，属越南语北部方言。在语言学划分上，京语属汉藏语系壮侗语族，但未定语支。京族有声母28个，韵母104个，元音分长元音和短元音，韵尾有鼻音和塞音，按越语以声调的高低升降来说无论舒声或促声总共只有4个声调，无法区分，只能以尾音别之。在语法方面，京语的基本语序是“主语＋谓语＋宾语”，其修饰词组以名族为中心，除数词和量词以外，其余修饰成分都放在中心词背后。在发音上，与越语基本相同，与越南人在日常交流上无太大障碍。改革开放后，京族与外界交流频繁，大多数村民都会讲粤语和普通话，但是老人基本不会讲普通话，只能讲粤语。

二　字喃

喃字，又称“字喃”，译为“南国文字”，是历史上京族祖先为记录自己的语言而借用汉字和仿照汉字字形创造出来的方块字，多在京族歌本和宗教典籍中使用，如《京族传统叙事歌集》中包含的《宋珍歌》《金云翘新传》等长篇叙事歌，均是以京族字喃书写的，是京族民间文化的重要载体（见图 8－1）。字喃的出现既是出于社会的需要，又是出于宗教、文化、政治和生活的需要。

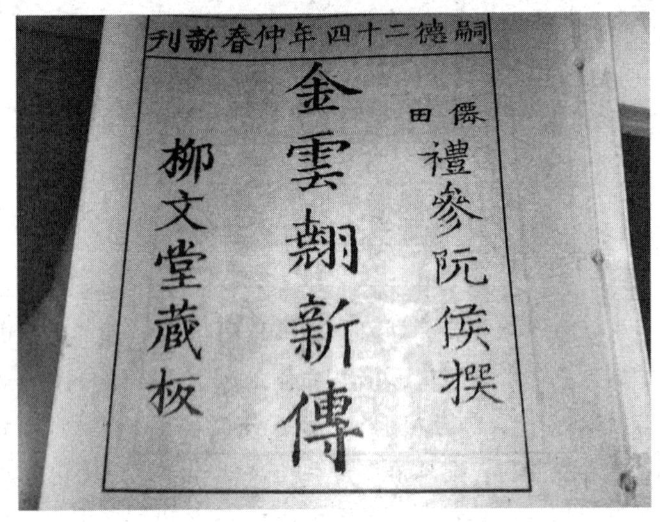

图 8－1　《金云翘新传》喃字歌本封面

在字喃产生之前，汉字已经在越南使用了 1000 多年，而且一直是越南官方文字。越语音有 7000 多个语音，字喃（包括借汉字）有 37000 多个，其中约有 2/3 是借汉字，即借汉字读越语音；还有 1/3 是喃字，约有 12000 字，一般每个读音有 4～5 个字，多的一个音有 10 多个字。如（D）一音多字，堂、镗、棠、螳、糖、唐、塘、溏、搪（借汉字）、傏、唐、糖（喃字）共 12 个字，因此读认起来比较困难。字喃的造字方法有三种。

（1）形声法，它是把两个汉字合成一个字喃，其中一个汉字表音，另一个表义。如“［巴＋三］”，读音为“巴”，意义为“三”。

（2）假借法，是借用一个汉字来表示与之读音相近的字喃，如借用“固”来表示“姑”的含义。

（3）会意法，也是用两个汉字组合而成，如用“［天＋上］”来表示“天”等。

由于字喃的造字方法与汉字息息相关，因此要读懂字喃必须先学汉字。学习汉字本就已经十分困难，而字喃较之汉字更为繁杂，且须用更多的字元才能表达意义，因此在京族地区，字喃一直未能得到推广，仅用于记载族谱和抄写“唱哈”的歌本。在万尾村，懂得字喃的人相当少，一般都是民间宗教人士，使用场合也仅限于宗教仪式。

字喃从产生起，一直是在夹缝中生存。一方面，越南由于对先进的汉文化的依赖而继续将汉字定为官方文字，对字喃一直不够重视；另一方面，字喃复杂难学，也不利于普及。因字喃的这种生存困境，京族人感到了应对其加以保护的迫切性。苏维芳说，如果字喃消失，京族就没有自己的文字了。字喃不是白话、越语、汉语，是京族存在的血脉，所以字喃的保护迫在眉睫。目前，万尾村的民族精英们正在积极抢救字喃。鉴于京族的诗歌、古籍，都是用字喃记录，从2006年开始，苏维芳就开始考虑成立一个字喃文化研究中心。经过3年的努力，2009年6月，经文化部门批准，万尾在哈亭挂牌正式成立了“京族字喃文化传承研究中心”。此中心由10名成员组成，其中6人是京族三岛每个村的哈亭亭长和一个懂字喃的老同志。苏维芳是书记，苏凯是宣传部副主任，另有一位负责管理经费。这个研究中心打算将散落在民间的字喃书籍汇集成册，进行翻译，并电子存档，这将有效缓解字喃的流失。除此之外，该研究中心还向教育部申请将字喃作为一门新课程加入当地中小学校。

第二节　民间文学

京族人民有自己的悠久文化传统，他们在长期生活实践中，创造了不少优美动人的民间歌谣、谚语格言、历史传说和神话故事，以褒贬善与恶，树立社会道德风尚，总结生产生活经验，表达男女间的纯真爱情，等等。京族传统民歌，内容丰富多彩，是京家生活不可缺少的部分。如果按内容，它可分为叙事歌、礼俗歌、情歌、劳动歌、文化文艺歌、道德教育歌、儿歌，此外还有京族特有的“哈歌”、海歌……反映京族海岛生活的情歌和海歌有较高审美价值，它们表现出的对爱情的追求与迷惘，具有浓郁的滨海气息。吟唱在沙滩海湾、红树林里的这些京族情歌、海歌，不仅有大陆情歌的酸甜苦辣，还夹杂有北部湾习习海风中扑面而来的海水味道。京族情歌微妙地刻画了青年男女恋爱时猜疑、急迫的心情和小伙追求姑娘的坚定决心。而对爱情中的不测风云，分手情人则用京族民歌唱出他们的伤心，以至“草死鱼跳”的感天动地……如果说这些京族成人的情歌、海歌过于沉重，那么京家少儿的童谣则天真烂漫，单纯如湛蓝的海空。京家的儿童，一方面像他们的父母一样勤劳；另一方面又无忧无虑、天真烂漫地游戏，活泼可爱地吟唱自己的儿歌。①

---

①　摘自《京族字喃传统民歌集》前言。

一　民间歌谣

“歌唱”在京族中表达为“哈”，它既指作为哈节仪式内容的唱哈，也指各种场合中的聚会对歌活动。唱哈是哈节中必不可少的内容，由“翁村”组织请来当地有名的哈哥、哈妹在哈亭里演唱。在“文化大革命”期间，唱哈曾一度停止；20 世纪 80 年代后，唱哈又得以复兴。一些老歌手组织歌圩，过去的歌手齐聚在茅草屋里娱乐。2009 年 5 月，东兴市民族事务局利用国家民族专项资金给万尾村建筑了一栋 2 层的“万尾村宣传文化活动中心歌圩”（见图 8－2），会长为郑日昌，他兼任老年人协会会长，副会长是王永贵。从 2010 年开始，每逢周日组织歌圩，山心、万尾的老人都来参加（见图 8－3）。除了每周末组织歌圩活动，“万尾村宣传文化活动中心歌圩”还在每年的年初一至初三夜对外开放，由政府资助买糖果。

图 8－2　京族歌圩

图 8－3　老年人在歌圩唱歌

据村支书苏明芳说，老年人比较喜欢唱歌，以前都是自发地组织到一起唱歌。当时唱歌的场所比较简陋，是茅草屋。万尾村经济发展后，村委把歌圩这项活动纳入文化部门管理，引导老人们开展活动。

2009 年以前，歌圩四五天开放一次，即农历逢十和周六开放。2010 年后，因小学部在歌圩活动中心旁，为避免影响孩子正常上课，歌圩便改为周日开放。歌圩活动中心的成立，便于通过老人用歌声来传承京族的文化，同时还可以给老人解闷，丰富他们的日常生活。每逢歌圩，山心、巫头的老人们便齐聚万尾村唱歌，因为京族三岛中万尾村歌圩场所的环境最好。老人们从早上 9 点钟开始唱歌，一直唱到下午 3 点左右。歌圩会场的管理人员给所有老人免费提供午餐。唱歌的老年人不一定需要有文化，可以是文盲，他们唱歌的内容不定，想到哪里就唱到哪里，把心里无言的情感唱出来。唱歌时一般不用汉语，而使用当地白话。

除了歌圩，哈妹唱哈也是京族歌唱的一种形式，但哈妹唱哈主要作为哈节仪式的内容，而不是在各种场合中的聚会对歌的活动。培养一个具有高水平的哈妹需要付出很大的努力，“哈妹”的挑选也十分讲究。据苏维芳说，解放前，万尾村只有一个哈哥，是从越南请来的，两个哈妹是本村京族人。解放后万尾村便对哈妹进行培训，当时共有13个人，其中有5人是万尾人，其余的来自巫头和山心。由于哈妹的人数少，对哈妹的条件开始放宽。当时的哈妹没有年龄限制，而现在的哈妹年龄要求在25～45岁，最理想的是35岁左右。因为太年轻的女人不愿意学，35岁左右的女人基本已婚，且各方面已稳定。

2003年时，苏维芳组织培训哈妹。据苏维芳说，当时山心来了几个哈妹，培训几天便走了，因为家里的丈夫不愿妻子抛头露面。2009年时，苏维芳又组织两次哈妹培训，主要是用“以老带新”的模式培训新哈妹，第一批是1月份，第二批是5月份，每次培训30～50天。由哈亭理事会补助哈妹每天20元的误工费，还报销从巫头、山心来的哈妹的往返路费。老哈妹没有文化，不知道唱词的意思，在2002年的时候，苏维芳寻得一本《京族哈节唱词》，由识字的人教授哈妹歌词的意思，以便更好地让哈妹向观众诠释歌曲。

京族传统民歌可分为叙事歌、礼俗歌、情歌、劳动歌、文化文艺歌、道德教育歌、儿歌等。

（一）叙事歌

《忆万尾族史》是一首叙事诗歌，记叙了京族人从越南涂山迁徙到万尾的过程，并阐述了当时人民是如何辛勤创立家园的。

京家姐妹与兄弟，且听传唱古代史。
先祖原籍在涂山，打鱼来到福安地。
初来岛上无田地，海环岛沿林茂密。
鹿鸣猿啼声入耳，鸪叫猩吻添愁绪。
故土远隔千万里，生根开花在此地。
初来不足一百人，靠海为业来度日。
吃住全在小船里，日挡太阳夜遮雨。
凌晨出海晌午回，狂风暴雨经常遇。
后在海边建草房，遮风挡雨有保障。
为躲贼人来打劫，砍树开路进岛上。
林中扎寨隐盗贼，一寨三村上下中。
上村有姓黄与高，姓裴姓武住相同。
中村有姓杜与梁，姓苏姓武戚与共。
下村有姓阮和龚，姓吴罗孔出入同。
父生子来子生孙，生活温饱心安稳。
富庶声渐远扬传，有钱就数京族村。
匪盗闻讯常来抢，牵牛抓猪把人夺。
遇到海产欠丰收，无田无地难生活。
多人迫得把家离，只为富人出体力。
离乡别井因家穷，外出为人当奴役。
一年四季辛苦干，到头还是两手空。
生活负重如牛马，奔波劳碌苦难中。
男人日夜去捕捞，搏风击浪为生活。
时常遇上海贼船，抢鱼抢网把人捉。

如遇海产好收成，苛捐杂税多花样。
封建时代不平等，富了财主民遭殃。
当官没有穷人份，捉丁充军年年送。
人穷就是命运苦，为了子女做苦工。
终年番薯芋头粮，荒月更是苦难尝。
读书儿童无处去，幼小便要把家当。
京族村邑无学校，没有文化被人笑。
封建歧视小民族，汉京不和经常闹。
京族辛酸味难尝，有如乌鳢入蟹篮。
越想心是越悲伤，只因贫穷才苦难。
麻包是被草当席，木屐孔上系山藤。
男人没裤只遮布，女人裤带束网绳。
缺吃少喝人见离，衣衫褴褛被人讥。
京族人民苦生活，教子教孙不忘记。
有如滔滔大海水，溢满滴滴血泪史。

（二）婚礼歌

婚礼歌以四句一首为常见，也有两句、六句、八句或若干句（双数）为一首的。上句为六言，下句为八言，民间俗称上六下八或唱六八。其押韵也很有特色，即第一句最后一字与第二句的腰（也是第六字）押韵，称为“六六腰韵”；第二句的末字（即第八字）与第三句的末字（即第六字）押韵，称为“八六脚韵”。如此连环相扣连接下去，称为“环链韵”。如《婚礼歌》①：

① 邓如金：《京族民歌的艺术特色》，《民族艺术》1993 年第 4 期。

祝贫四姓父母，
双方结义和睦相亲；
祝贫四姓结亲，
选得吉日成亲万代。
祝贺四姓相逢，
桃兰桂茴开共一家；
祝贫四姓亲家，
媳贤婿好爹妈得养。

（三）情歌

情歌歌词在表现手法上，以时间、数字或方向等为顺序，依次引发歌词内容。如《情歌》：

一思二想三望情，
四等五待六来寻；
思思想想妹走来，
见面见人不见心。

（四）劳动歌

京族人生活在海边，主要从事打鱼生产，在劳动时把心情融入歌曲内。如《摇船歌》：

艄公啊！你睡我摇，我睡你摇。
桅高帆稳，锚重缆韧。
艄公哟，饭吃一碗怎能饱？
船摇一橹怎能赶别人？

脚步不稳船不快，
脚步太重怕船脱钉。
自己掌舵又拉帆绳，
无人庠水摇橹船难行，
独自驾船直了又横，
姑娘为什么不来帮情人？

（五）文化文艺歌

在京族中，老人喜欢唱歌，每周都要聚集到一起唱歌。如《老翁聚亭听歌谣》描写了老人唱歌的情景：

村中银发一老翁，
迈步出门小孙从。
试问意欲何处去，
哈亭听歌乐无穷。
脚行官步着长袍，
纸扇轻摇戴礼帽。
众人早聚龙殿处，
老翁聚亭听歌谣。

（六）道德教育歌

京族是一个尊老爱幼的民族，人们常把父母的恩情编成歌曲，用诗歌传唱做父母的艰辛。

父辈栽树儿乘凉

儿从幼时父育起，供薪拜读圣贤书。
人之初为启蒙始，欲儿聪慧兼达理。

日后祈靠祖恩佑，官至尚丞为尔曹。
承蒙师教增学识，父辈栽树儿乘凉。
悬梁刺股得父持，更是念义谢恩师。
进贡为官达为书，赴考及第天下仕。
有志成名春榜举，殿前金榜耀眼时。

父母话儿记在心

父育儿恩如泰山，母义养儿如泉涌。
一心敬孝严慈恩，为儿必有反哺心。
儿女要想长成人，谆谆教诲心中存。
女儿勤守家务事，织布刺绣本事真。
男子学习勤吟诗，攻读史经赶科试。
日后成才报家恩，璞玉发光成人时。
自强之志立心头，功名勿弃债莫愁。
人有成就天护佑，百倍威智显英豪。
父母育儿莫负心，逢运际会题榜金。
有志之人应深记，功成铁棒磨为针。

（七）童谣

京族的儿歌内容丰富，表现了儿童的天真烂漫。如《儿歌》：

爬上山，去玩耍，我们大家来采茶。
跑下河，去玩耍，我们大家把螺扒。
螺儿甜，螺儿大，装满筐儿带回家。

二　谚语格言

京族是一个靠海为生的民族，在他们口口相传的谚语格言里，多是关于渔业与劳动生产方面的常识。

（一）关于渔业方面

1. “一日东风三日雨，三日东风冇米煮”

意思是六月天气一刮东风就下雨，下雨渔民无法出海；如果连刮三天东风，渔民不能出海捕鱼，便没有钱买米，吃饭便成大问题了。

2. “朝北晚南半夜西，渔民出海冇辛凄”

意思是早晨刮北风，晚上刮南风，半夜刮西风的时候，第二天的天气一定好，那么渔民出海则不会辛苦、凄凉。

3. “南风送大寒，二月米粮干”

意思是按照农历，“大寒”时如果刮南风，出太阳，天气不冷，到来年二月一定会冷，渔民出不了海，捕不到鱼，就断了粮了。

4. “六月来西北，毒过老番贼”

意思是六月天，如果刮起了西北风，必有暴风雨，这样的天气对渔民威胁很大，往往打翻渔船，所以说比“老番”——帝国主义，还要狠毒。

5. “三月‘三三’，风猜滥滥”

意思是据老农判断，三月初三、十三、二十三这几日一定刮大风。

6. “晴天海浪响回东，东海龙王把财送”

意思是在万尾晴天的时候，如果海浪向西拍击，天气一定非常好，海流正常，对捕鱼有利。

7. “东边挂彩牌，白龙使禁界”

意思是如果天空东部有彩虹出现，则天气一定不好，不宜出海远行，尤其以白龙尾那里的海浪最大，船只都难以通过，可以说是生命的禁区。

（二）关于农业方面

1. “春天冇有三日寒”

意思是立春之后，天气逐渐回暖，北风不能连刮三日，不再有连续多日的寒冻天气出现。

2. “春露催禾出，霜降催禾黄，禾怕寒露风，不怕重阳雨，就怕十三阴”

意思是“春露”时，禾苗已出，“霜降”时，禾苗已黄，在“寒露”时一定要防冻，因为禾在这些日子怕寒风袭击。九月初九时有雨对庄稼很好，但十三是阴天就不利庄稼了。

3. “雨淋春牛头，七七四十九”

意思是打春如果有雨，则雨将连下49天。

4. “春北如虎，猛如雷”

春天时刮起北风来，其来势浩大，像虎，像雷。

5. “清明暗，山水不离川”

是指清明那天若是阴天，则接下来的日子雨水会很多。

6. “十一、十二彭祖忌，十三、十四水流急”

农历六月十一、十二是彭祖的忌日，十三、十四两天都有大雨。

7. “立冬过三朝，地上冇青苗”

意思是在农历立冬后三天，因天气转寒的缘故，草木都已凋零，地上看不到绿色的植物了。①

---

① 广西壮族自治区编辑组：《广西京族社会历史调查》，广西民族出版社，1987，第43～44页。

三　民间传说与民间故事

京族口头流传的民间故事和神话传说，内容丰富，情节生动，既有关于动植物的寓言，也有来自生活中的故事，如对机智人物的传颂，等等。这些民间传说和故事，表现了京族人民不畏艰险、勇于与灾害做斗争的精神；同时也体现了京族人的自然观和社会生活的整体状态。

（一）京族三岛的传说

关于京族三岛起源的传说，民间有多种说法，有人认为京族三岛的形成与神仙有关，有人认为是镇海大王将蜈蚣精斩为三段而成。京族三岛的形成与神仙相关的故事是这样的：

> 传说有天夜里，北部湾的海面上风平浪静，远处有三艘渔船在捕鱼。忽然乌云密布，有经验的老渔民知道台风就要来临了，于是他们急忙返港，但是由于台风来得太急，他们被海浪翻下船，一群鲨鱼围向他们。正在渔民与鲨鱼搏斗的紧急时刻，有位仙人用宝剑挥向海面，吓跑了鲨鱼。仙人又用宝剑在海面上划了三个圈，一会儿便冒出三堆白沙，慢慢地这些白沙变成了三座海岛。渔民们向海岛奋力游去，终于爬上了沙滩。沙滩上的喷泉水质很清澈，那儿的鸟儿会给他们送五谷，从此他们就在此安居乐业，繁衍生息。这就是如今的“京族三岛”，也有人称它们为神仙岛。

（二）动植物的起源传说

京族人世代生活在海边，气候适中，雨水充沛，这里生活着各类动植物。但在以前，人们对动植物的生长特性并不是很了解，于是产生了关于这些动植物的各种各样的神话。

《山榄探海》讲述了海底红森林的来历：

> 在北仑河畔的十万大山中，生长着红山榄、白山榄、黄山榄、黑山榄，人们称他们为“山榄四兄弟”。
>
> 有一天，山王神来到三岛游览南海，他看到海面光怪陆离，回去后他便问“山榄四兄弟”有谁敢去探秘。红、白山榄都争着要去，山神王便嘱咐他们不要贪玩。
>
> 兄弟俩来到南海，被绚丽的风光吸引住了，便玩了起来。水宫听说有远客到，便让海族兄弟们带着山榄兄弟俩到处游玩，海龙湾还让珊瑚姐妹与他们成了亲。
>
> 山神王不知等了多少年，总不见红、白山榄回来，便派黄山榄和黑山榄前去打听，结果发现红、白山榄已经在海国扎根了。山神王知道后大发雷霆，带领着草木兵马前来攻打忘本的红、白山榄。水宫的虾兵们密密麻麻地把海面封住，墨鱼又领兵施放烟幕，使山神王方向不明。山神王只好退到岸边施神术，让海水掀起狂风。红、白山榄的子孙们扑来迎挡风浪，在他们难以支持住的时候，一群群彩色的贝壳、海螺把山神王兵将们围住，山神王以为红、白山榄已被巨浪掀

翻，被海潮淹死了，可是收兵一看，红、白山榄仍然长得十分茂盛，山神王无可奈何，只好退兵回去。

从此以后，十万大山就只有黄山榄和黑山榄守山了；白山榄和红山榄变成了不怕风浪的海底森林，使大海变得更加绚丽迷人。

《鲎的故事》讲述了鲎鱼的来历：

有个渔家后生，从小就没有爹娘，也没有家业，他住在海边的茅屋里。一天晚上，他被一阵喷嚏声惊醒，寻声而去发现海滩上有一尸体，死者鼻孔里穿着一根草。他把草拔去，埋葬了死者。

晚上，后生梦见死者钻出了坟地，送了张老鼠皮给自己，还说肚子饿的时候可以披上老鼠皮，它便可以弄来食物。梦醒后，后生发现手上真的有张老鼠皮。过了几天，后生太饿了，便披上了老鼠皮，结果他变成了一只老鼠，窜向财主家。在财主家，他窜进了财主女儿的房间，跳到案上，姑娘欲赶老鼠，却发现老鼠会说话。于是后生跟姑娘讲述了自己的经历，并表达了对姑娘的爱意。两人便私下过了一段夫妻生活，后来财主女儿怀孕了，被财主发现，却抓不到人。财主便在女儿房间的走廊上撒下石灰，但只发现老鼠脚印。财主生疑，在一天晚上看见老鼠进了女儿房间后，便在门缝偷听。正在后生与姑娘交谈时，仆人闯进门抓住了来不及披上鼠皮的后生。后生被拷打，姑娘被财主用竹排推下海去。一只老鹰飞过财主家看到后生被毒打，便叼起后生飞走了。后生醒来，发现自己躺在海滩上，听到远处有女人哭泣，他便循声望去，看到是财主的女儿，他便奋不顾身地游向竹排，耗尽了他所有的力气。当他最后一次靠近竹排时，姑娘看见后生，万分惊喜，当海浪即将夺走她的丈夫时，她立即跳下海与后生紧抱在一起。这时，竹排被海浪卷走了，他们俩永远地沉入了海底。

从此以后，海里就有了总是双双抱在一起的鲎。

（三）生活故事

京族民间故事《金仲和阿翘》讲述了一个富家小姐不嫌贫爱富、对爱情始终如一，终于得到真挚爱情的故事：

王翠翘是一个员外的女儿，长得漂亮，又善弹唱。有一年清明节，她和妹妹王翠云到郊外踏青，看见一座年久失修的“谭仙”孤墓，哀叹不已，翠云觉得很奇怪，说她浪费眼泪。这个时候，恰逢金仲骑着白马，带着两三个随从前来。金仲对翠翘一见钟情，不知不觉地跟着翠翘姊妹走。由于金仲是翠翘小弟王官的同学，所以一直不敢明白表态，渐渐害起了相思病。

有一次，一位丝商带着几匹蚕丝借宿王家，因贪图翠翘的美貌，就诬告王员外侵占他的财产，翠翘逼不得已，只好卖身妓院，赔偿那商人的损失。翠翘沦落为妓之后，意图自杀，后来碰到一个将领徐海替她赎身，甚至愿意为她放弃打下来的大片天下，可惜他自己先死了。到了最后翠翘不肯再当妓女，去到钱塘江边跳江。有个道士很早给翠翘算过命，算准她 15 年后会跳钱塘江自杀，预先雇了两艘渔船，专门在钱塘江等候，然后用渔网把她给捞起来，带到庙里去安顿。

> 而那位金仲，后来到钱塘江边要替翠翘招魂，道士告诉他："人又没死，你招什么魂啊？"于是带金仲去庙里找到了翠翘，两人终成眷属。①

《宋珍和陈菊花》讲述了一个富家小姐不嫌贫爱富、对爱情始终如一，最终得到美满婚姻的故事：

> 相传宋湘夫妇（京族）年近半百才得一子，取名宋珍。全家靠种田为生，不幸连年灾害，租税重重，年老的宋湘受尽了生活的折磨后，终于病死了。剩下宋珍和母亲每日捡柴度日。
>
> 有一年冬天非常寒冷，宋珍无法上山砍柴，家中又无粮，只好出门乞讨。但是天寒地冻，行人稀少，不觉走到一间庙前，他便入庙避寒。这时，富豪陈付有之女陈菊花与婢女翠环乘轿到庙里烧香。见一青年伏地而睡，经询问后才知道是家境贫寒的宋珍，于是陈菊花便赠送银两给宋珍，两人便攀谈起来。善良、美丽、勇敢的陈菊花不贪富嫌贫，与穷书生产生了爱情。
>
> 宋珍一腔抱负，回家后日夜攻读，争取金榜题名。这期间，陈菊花的父母让其嫁给知县的儿子张守仁，此人平日行为放荡，不思上进，且陈菊花心有所属。婚期将至，陈菊花思念成疾，翠环见他们两人感情如此真挚，便建议小姐离家出走。她们主仆二人趁深夜家人熟睡，从后花园逃去了宋珍家。接下来的一年时

① 陈益源：《广西民间故事〈金仲和阿翘〉的采录与研究》，《广西民族学院学报》（哲学社会科学版）2003年第2期。

间里，陈菊花在宋珍家帮助婆婆料理家务，宋珍每日刻苦攻读。正逢考期，宋珍变卖了所有家产作为路费赴京赶考。就在陈菊花送宋珍赶考的返途中被陈家仆人发现，菊花被迫回家与张守仁成婚。宋珍高中状元，皇帝要招他为婿，但宋珍拒绝了，说宁愿辞官不愿弃妻，皇帝大怒，但听完宋珍与菊花的经历后大为感动，收其为义子。在宋珍回家的路上，听路人说陈菊花变心了，要嫁给张守仁，但宋珍细想，自己和菊花如此相爱，菊花肯定是被逼婚的。宋珍化装成平民探听了消息，并看到菊花在后花园泪流满面地祈祷，他便明白了事情的真相。宋珍回去换上状元衣服，命卫士把陈家包围。陈付有闻宋珍考中状元，万分慌张，宋珍将张知县与陈付有定罪。从此宋珍跟母亲与菊花欢聚一堂，感情更为浓厚。

第三节　民间曲艺

一　乐器、乐曲

独弦琴在京语中被称作“旦匏”，亦称“独弦匏琴”，流行于广西防城港市的京族三岛，具有独特的民族风格和浓郁的南国色彩。作为京族古老的民间乐器，早在 8 世纪，它就已流行于缅甸、越南和东南亚各国。唐贞元十八年（802），南亚骠国（今缅甸）向唐王朝进献乐舞，其中就有独弦琴。

《新唐书·南蛮传·骠传》记载：“独弦匏琴，以斑竹为之，不加饰，刻木为𩋚首，张弦无轸，以弦系顶。”原始的独弦琴，是用一段毛竹筒（长 1 米，直径 12～15 厘米）的多半边做琴体，开口部分朝下，在竹筒表面纵向挑起一条细而长的竹皮为弦。经过不断流传和改进，独弦琴逐步增加了竹制弦弓和葫芦形共鸣器，发展成今日的形制。

独弦琴最初只为诗人吟诗伴奏，后来发展为歌舞伴奏或与其他乐器合奏（尤常与洞箫一起演奏）；如今多用于独奏，亦可参加重奏或为歌舞伴奏。在民族乐队中，独弦琴往往作为色彩性乐器使用。

独弦琴的结构较简单，由琴身（共鸣箱）、摇杆、弦轴和琴弦组成。琴身长 105 厘米，多用木材制作（仍有少数竹制），是不规则的长方盒形。右端为琴首，高 8 厘米，宽 12 厘米。左为琴尾，高 6.5 厘米，宽 8 厘米。琴身由面板、底板和两块侧板胶合而成。侧板采用红木或花梨木等硬质木材制作，面板和底板使用桐木或松木薄板，面板表面呈拱形。琴的首端留有方形缺口，既是出音孔，又便于安装琴弦。采用木制或机械弦轴，横置在琴首内，固定于两侧板之间，旋柄突出侧板之外。

摇杆用牛角或竹制成，杆的上部呈弯弓状，故又有“弦弓”之称。杆的下部穿一个装饰用的无底葫芦，呈喇叭形。摇杆下端垂直插在琴的尾部。

琴弦使用钢丝弦，一端缠绕在弦轴上，另一端通过葫芦口系于摇杆的下部。小葫芦还能起到音箱共鸣的作用。在越南，独弦琴还叫葫芦独弦琴，就是因为这个葫芦形是用小葫芦去底做成的。如今，在我国大都用木材来制作了。演奏独弦琴时，把琴平放在桌面上，坐着弹奏；也可以把琴放在双腿上。右手拿拨子，与小指配合，触拨琴弦各泛音点，手掌外侧轻触弦的 1/8 ~ 1/3 处，发出泛音和基音的复合音。左手则通过推拉摇杆，改变琴弦的张力，使之发出高低不同的音来。拉摇杆时，琴弦张紧，则发音升高；推摇杆时，琴弦松弛，则发音降低。

独弦琴的右手技巧有弹、挑，连续弹挑的话可演奏出类似琵琶“滚”奏的效果。左手则灵活多变，可以演奏出多种装饰音效果，技巧有揉弦、推、拉、拉揉、推揉、打、撞、摇、颤音、滑音等。

揉弦：左手小指轻扶琴杆，左右均匀摇动，发音如同拉奏乐器的揉弦效果。

拉：左手扶琴杆向外拉，使琴音升高。

推：左手扶琴杆向里推，使琴音降低。

拉揉：拉与揉相结合。

推揉：推与揉相结合。

打：右手拨弦后，左手大拇指向外轻击琴杆一下。

撞：右手拨弦后，左手食指向内轻击琴杆一下。

摇：打与撞结合运用。

颤音：连打。

上滑音：右手拨弦后，左手拉动琴杆。在谱中需标明起讫音。

下滑音：右手拨弦后，左手推动琴杆。①

独弦琴的传统独奏曲有《高山流水》《骑马》等，创作独奏曲有《激战边陲》《渔村晨曲》等。《过桥风吹》是京族民歌之经典，在京岛人人会唱。其歌词通俗而富有情趣：

---

① 独弦琴的资料由东兴万尾村村委提供。

相爱脱衫相送，回家撒谎过桥遇大风。
风吹了，风吹了，风吹无影又无踪。
相爱脱葵笠相送，回家撒谎过桥遇大风。
风吹了，风吹了，阵阵风把帽吹向天空。
相爱把戒指赠送，回家撒谎洗手掉水中。
冲到深处黑咕隆咚，顺水推到龙宫。

歌词非常简单，却表达了青年男女互相爱慕的纯朴感情。其由四个乐句构成乐段，商调式，五声音阶为主，多在五度、三度跳动。全曲节奏平稳，旋律优美、流畅。此曲在国内外演出时，赢得了广大观众的喜爱，人们把它视为京族人民生活的诗意结晶。①

独弦琴的琴声已漂洋过海，很多海外人士对独弦琴产生了浓厚的兴趣。京族的唐小媛曾应邀参加过雅典奥运会闭幕式的演出，获得了阵阵掌声。为了传承并发扬具有京族特色的独弦琴，目前，万尾村村委成立了学习独弦琴兴趣小组（见图 8－4），由苏春发②任顾问，阮志成为组长；并在中小学校开办假期培训班，由苏春发亲自教学。

二　戏曲、舞蹈

京族戏剧简称“嘲戏”。京族地区“嘲戏”的传统剧目有《阮文龙英勇杀敌》《等新娘》。《阮文龙英勇杀敌》讲述的是法国侵占越南后，到处抓人，征收苛捐杂税，人民生活艰苦。阮文龙组织群众奋起反抗，在出征前与妻子告

① 由万尾村村委提供资料。
② 苏春发，广西壮族自治区非物质文化遗产项目——京族独弦琴艺术代表传承人、京族民间独弦琴演奏家。

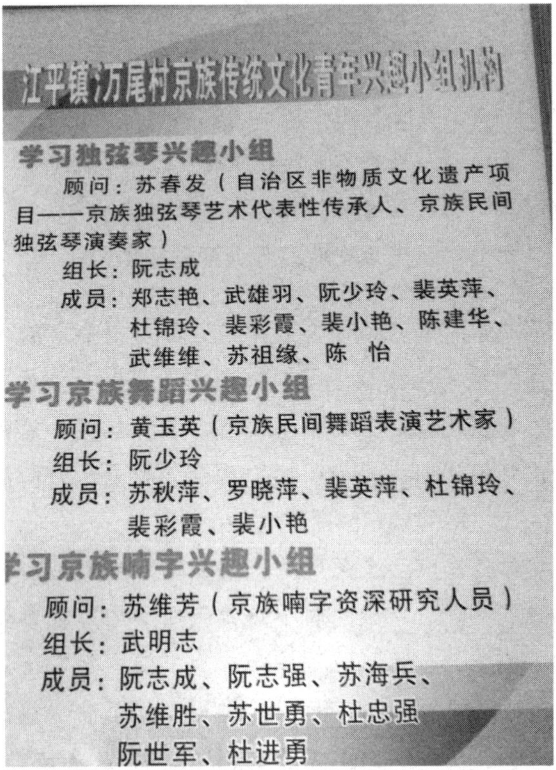

江平镇万尾村京族传统文化青年兴趣小组机构

学习独弦琴兴趣小组

顾问：苏春发（自治区非物质文化遗产项目——京族独弦琴艺术代表性传承人、京族民间独弦琴演奏家）

组长：阮志成

成员：郑志艳、武雄羽、阮少玲、裴英萍、杜锦玲、裴彩霞、裴小艳、陈建华、武维维、苏祖缘、陈 怡

学习京族舞蹈兴趣小组

顾问：黄玉英（京族民间舞蹈表演艺术家）

组长：阮少玲

成员：苏秋萍、罗晓萍、裴英萍、杜锦玲、裴彩霞、裴小艳

学习京族喃字兴趣小组

顾问：苏维芳（京族喃字资深研究人员）

组长：武明志

成员：阮志成、阮志强、苏海兵、苏维胜、苏世勇、杜忠强、阮世军、杜进勇

图 8－4 学习独弦琴兴趣小组

别，他的妻子鼓励他安心前往。《等新娘》主要描写京族地区青年男子结婚的盛况。京族原有男方到女方家等新娘的习俗，等到男女双方亲属齐聚，摆花对答。这个剧目主要是描写这个对答的过程。

京岛剧院位于万尾村村委办公楼下的村务公开栏旁，正面直看，只见铁皮搭成的拱形大棚子，两边各有一所砖砌的小房子，房子是用来做演出后台的（见图 8－6）。台下密密麻麻地排列着齐膝高的长石条凳子，分为左右两边，正中间是一个单人可通过的过道。据苏明芳所说，剧院是表演场所，以前是用来放电影的，现在一般是村内举办活动时才会利用剧院。如2000年，中国农业银行防城港分行举办的“东兴市人民政府服务‘三农’送戏下乡巡回活动”就在此剧院举办。

京族人民在长期的发展过程中，创造了绚丽多彩的文化艺术，形成了本民族优秀的文化传统。京族的传统舞蹈大致分为两类，“哈节舞蹈”便是其中之一，如“进酒舞”、“进香舞”、“灯舞”和“花棍舞”这些舞蹈都是穿插在哈节礼仪活动中的，属于传统的仪式歌舞。它们程式严谨，动作规范、细腻、别致，民族风格浓郁，是京族最具代表性的传统舞蹈。

图8－5　京岛剧院

“进香舞”“进酒舞”是在迎神回亭后举行祭祀仪式时，在主祭上前给神上香、进（敬）酒的过程中，由“桃姑”随着鼓点所跳的舞蹈。其主要动作是“轮指”和“躬身碎步”。“桃姑”通过优美端庄的舞姿和含蓄虔诚的神态，表现出对神灵的信奉和敬仰。

“灯舞”是在哈节“乡饮”的最后一天晚上表演的宗教舞蹈，但也表达了劳动人民的思想感情。“桃姑”身穿乳白礼服，头上顶着“头灯”，双手各托一盏“手灯”，随着鼓点节奏在哈亭中殿的神台前翩翩起舞。演员们一面相对转动手腕，一面纵横交错地穿插，红色的烛光与乳白色长衫交相辉映，构成明烛祭神的肃穆气氛。

“花棍舞”是在哈节送神之后，由一位“桃姑”在“哈亭”中殿外所跳的一种独舞。其舞有驱邪赶鬼、确保人畜平安之意。“桃姑”随着一疏一密的鼓点，不断舞动手中的花棍，动作变化灵活，令人眼花缭乱，应接不暇。结束时将花棍抛出亭外，据说谁能接到花棍谁就能吉祥幸福，不孕妇女接到更能怀孕生育。

另一种舞蹈是表现劳动人民日常生产生活的，如“摇船舞”，其表现了京族妇女要求出海捕鱼的强烈愿望。这一舞蹈由爷爷与孙女二人对舞。边舞边唱，一唱一答。爷爷劝孙女不要出海捕鱼；孙女则说妇女如何能干，一定要去，最后爷爷被说服了。

哈节舞蹈风格和律动的形成与京族人民的生活环境、民族性格和特定的祭祀内容有着密切的关系。过去，京族人民居住在偏僻的海岛上，以捕鱼为生，长年出没于波涛汹涌的大海之中，吉凶莫测。一遇险情，家人就焚香点烛，祈求神灵的庇护，并扶老携幼来到海边，盼望亲人的归来。当船排安全返回时，家人如释重负，擦干眼泪前来相迎，用涓涓细语和温存的问候来安慰亲人疲劳的身心。这样的特定环境和生产生活方式，形成京族妇女多情、温柔内向的性格，也孕育着京族舞蹈的特有风格。京族人民在拉网、补网的劳动中，都要运用手腕穿梭打结。在拉网时，由小指到食指依次抓紧网纲，双手交替回拉。长期的劳动生活形成了京族舞蹈“轮指”和“轮指手花”等手部动作和“躬身碎步”等步伐。她们把自己生活中具有重大意义的情感和动作再现在舞蹈中，既是满足自我观照的心理需要和自我认知的理性需要，又是为了向神灵请示和汇报。哈节舞者是在肃穆的祭祀气氛中面对神台表演的，充满着对神灵的敬畏和祈求之情，因而她们的动作谨慎而纤细，感情虔诚而含蓄；同时，这也是一种沟通人神的手段。

附　录

专题一　万尾村旅游开发

京族是我国为数不多的定居于海岛的民族之一。濒海而居这一因素在京族人的生活中发挥着举足轻重的影响。一直以来，独特的生存环境使得京族人的经济生活呈现以海洋捕捞业为主的特点，一些学者称之为“靠海吃海”。[1] 20 世纪 90 年代以后，随着中越边境贸易的复苏以及市场经济的蓬勃发展，边境贸易一度成为万尾村的主导产业，当地经济生活结构发生了从“靠海吃海”向“靠边吃边”的转变。

不论“靠海吃海”的传统渔业捕捞，抑或“靠边吃边”的边境贸易，都是京族人凭借海洋赋予的资源与优势选择适合自身条件的生计方式。1990 年，以万尾村金滩为中心的京岛旅游区的开发开始起步，历经近 20 年的开发与建设，如今的万尾村在旅游环境形成的过程中有了较大的变化，这主要体现在村容村貌的改变、基础设施的完善以及村民们对传统文化认识的提高。继海洋捕捞与边境贸易之后，

---

① 周建新、吕俊彪等：《从边缘到前沿：广西京族地区社会经济文化变迁》，民族出版社，2007，第 39 页。

旅游业有望成为京族一个新的经济增长点。

一　旅游开发与村容村貌

1993年以前，万尾村的道路几乎全是沙路，车子无法通过。村民的房子以石条平顶房为主，仅有少数人家盖起二层小楼。1993年起东兴京岛旅游开发领导小组办公室（简称“开发办”，下同）对京岛旅游区进行整体规划，投入5000万元资金完成了岛上民族大道、进港大道、中心大道、中心区供水管网等基础设施项目的建设。[①] 几条主要大道的竣工，实现了村中道路的大面积硬化，给村民及进岛游客带来了方便。中心大道、民族大道及环岛路上的环境卫生由京岛旅游区管理委员会（简称“管委会”，下同）负责管理。在这一范围内居住的村民每月交纳一定的卫生管理费用，标准为住户5元、摊位10元、餐馆50～60元。管委会于早上8点、中午2点、晚上7点派清洁工到民族大道、中心大道、环岛路、海滩浴场等地清理垃圾。村中市场的卫生由江平镇环卫站负责。除了这几处有专人负责卫生的区域外，其余地区的卫生则靠村民自觉维护。

除环境卫生外，为凸显万尾村民居特色以配合京岛旅游景区的开发建设，管委会对哈亭大门至哈亭沿途及民族大道上的楼房外形进行改造。从效果图上看，改造后的建筑有欧式建筑风格。

二　旅游开发与基础设施的完善

尽管万尾村是一个濒海渔村，但村中基础设施足以与

① 周建新、吕俊彪等：《从边缘到前沿：广西京族地区社会经济文化变迁》，民族出版社，2007，第62页。

一小镇相媲美。基础设施包括交通、邮电、供水供电、商业服务、科研与技术服务、园林绿化、环境保护、文化教育、卫生事业等市政公用工程设施和公共生活服务设施等。自20世纪90年代至今，万尾村有民族大道等主干道3条，医疗救助点3个，药店4间，农村信用社1间，电信、移动和联通的营业厅共6间，网吧7间，京族学校1所（含中小学）。除上述这些乡镇常见设施外，东兴市社会福利院也设在村中。村中拥有如此完善的基础设施，这在广西的农村地区是屈指可数的，而这一切在很大程度上得益于村中旅游资源的开发。走访卫生所、药店这类服务点的店主时，笔者发现大家的初衷都是希望能够在当地开发旅游的形势下，做点小生意。尽管店主们的初衷是为赚钱，但他们的行为为当地群众提供了许多便利。

尚未进行旅游开发前的万尾村与广西区内其他农村一样普通。伴随着旅游业的发展，随之而来的人流、物流、资金流等打破了原本相对封闭的社区平衡接待机制，促使其向新的平衡机制转型，这可视为民族旅游目的地的城市化。[①] 在土生土长的京族人和到此谋生的外地人看来，万尾村在基础设施、人口数量、文化、人们的生产生活等方面都在向具有乡镇特点的表现形态变迁，大家都说这里和一个小镇已经没什么区别了。

三　旅游开发与传统文化传承

在少数民族聚居地进行旅游开发的一个带有普遍性的难题是如何在追求经济利益的同时传承民族传统文化。在

---

① 参见刘晖：《旅游民族学》，民族出版社，2009，第146页。

京岛旅游景区开发的过程中，京族的传统文化资源是一个不可忽视的因素。据管委会旅游管理处副处长李世东介绍，京岛旅游的开发以保护民族传统文化和三岛的自然景观为主。整个景区以万尾村为核心，其规划分为“五区一带”，分别是入口服务区、京族渔家民俗体验区、大众海滨休闲区、高级旅游商务度假区、高尔夫运动休闲区和滨海度假游乐带。

2006 年，管委会申请专项资金，在万尾哈亭对面路口建设了具有民族特色标志的门楼一座。2009 年 7 月 29 日，京族生态博物馆正式对外开放。该馆是收藏、保护、研究、征集、展示京族物质与非物质文化遗产的专题性民族博物馆，馆内所有的文物均从京族三岛收集而来。透过科技手段、图片、实物以及音像资料，参观者可在其中领略到京族浓郁的民族文化。

如今，哈节不仅是京族人一年当中最为隆重的节日，更是万尾村的旅游黄金日。据村中经营家庭旅馆与餐饮业的村民说，哈节、“五一”和“十一”是当地旅游的高峰期，有时甚至出现旅馆供不应求的局面。也许是旅游带来的经济效益使得当地人意识到传统文化的重要性，传统文化如今已成为当地村民日常生活的一个重要组成部分，上至花甲老人，下至少年儿童，基本上都能说出哈节的来源以及节日当天的仪式过程。

尽管整个景区分为五大部分，但目前建设仅进行到第二阶段，呈现在游客面前较为完整的游览项目除海滨休闲区外，剩下的多与京族相关，如京族购物街、京族博物馆、哈亭等。因此，笔者认为目前景区中的旅游可归为民族旅游。徐新建先生认为：“民族旅游的内容包括以民族文化为特色的观赏活动、商品及服务，开发方式可以为建立民族旅游点（主体园、民族村）、开辟民族旅游线直至规划民族旅游区。”[①] 在民族旅游开发过程中，为吸引游客的目光，各种旅游商品和资源被商贩和宣传单位贴上了“京族”“特有”等能够展现民族特色字眼的标签。尽管这一过程是被动的，甚至其中一些内容并不像这些标签所描述的那般，但在向游客介绍、兜售或京族人自己被动了解的过程中，他们会逐渐适应外部对他们的描述，并接受，以至最终强化自己对本民族的认同和民族文化的再认知。

在这一认知的过程中，地方精英的作用是非常关键的。万尾村有一批人专门从事保护与传承民族传统文化的工作，尽管他们在当地旅游开发的过程中没有扮演设计师的角色，但他们的工作成为当地民族旅游中的一种资源。如村中最擅长独弦琴演奏的苏春发自 1994 年起就免费教授村中小孩子弹琴，如今京族学校的小学部还购买了大量独弦琴准备让他在课余时间教授小学生。独弦琴是京族特有的演奏乐器，可以说是京族的一个“招牌”。如今，村中越来越多的孩童开始学习演奏，这对传统文化的传承具有重要意义。若日后当地的旅游业发展到一定规模，还可组织一支专为游客表演琴艺的队伍。

四　旅游开发中存在的问题

总体而言，京岛旅游景区的开发是成功的，因为它使得万尾村向城镇过渡着。在万尾村谋生的外地人都在感叹这里和他们观念中的“农村”截然不同，宽阔的马路和完善的基础设施让这个村子初具小镇的规模。感叹之余，笔

① 刘晖：《旅游民族学》，民族出版社，2009，第 32 页。

者也发现当地旅游开发中存在的一些不足之处。

第一，京岛旅游景区的规划以保护民族传统文化为主，这意味着要保留民族传统文化的“原汁原味”，但在开发过程中部分设计似乎与此有所偏离。以哈亭大门至哈亭沿途中的楼房改造为例，作为哈节的重要活动场所，哈亭的建筑可谓独具民族特色，但沿途中的楼房改造凸显了现代化的建筑风格。1949 年前的京族传统民居为竹木结构的房屋，20 世纪 70 年代后石条房和砖瓦房取而代之，近年来家家纷纷新建南洋建筑风格的楼房。纵观当地房屋的演变，竹木结构和石条房也许是最能彰显当地特色的房屋，因此笔者认为哈亭沿道的房屋改造若能选择这类房屋，整体效果会比现代化房屋更好。

京岛旅游景区的中心是村庄，因此在景区规划的过程中，相关人员还需考虑到规划设计与当地生活“和谐共处”。我们无法阻止村民对现代化的追求，更不能强求村民为了配合旅游开发而住进经过改造的传统房屋中。这样一来，管委会在开发规划的过程中需将现代化因素与传统文化要素相结合，如运用现代建筑素材还原传统民居的外形，做到在不扰乱当地人生活的前提下为游客创造一个浓郁民族特色的景区。

第二，景区中对金滩的开发存在重开发、轻保护的现象。旅游景区的开发会对景区的生态环境造成一定的影响，因此，旅游规划要有利于旅游景区环境的保护，这是其出发点和归宿。作为一个滨海景区，海滩沿岸是重要的旅游资源，而相关部门对沙滩的卫生治理差强人意。万尾村供游人嬉戏的海滩以观海台为起点，向西延伸约两公里。已做硬化的道路上的环境由环卫工人负责打扫，而海滩上的环境则无人问津。一些游客将食品垃圾随意丢弃在沙滩上，对这一地段的旅游环境造成恶劣影响。针对这一问题，旅游管理处副处长李世东说他们正在考虑以何种方式解决，并有意制定相关的奖惩措施。对自然旅游资源的慎重，会延缓对旅游业的开发；而对资源的过度开发，生态环境容易失衡，景区建设又会出现问题。因此，较为合适的解决方法应该是在开发初期寻找两者的平衡点，走“保护—开发—发展—保护”的生态与经济双向良性循环的路子。规划是为了发展，保护与开发也同样是为了发展。

第三，景区的安全问题也值得关注。万尾村滨海景区遭遇的安全问题来自自然环境因素和人为观念因素两方面。在自然环境方面，海床的地形地貌对于游泳者的安全危害较大。若海床中有过度倾斜的地方，容易引起强力暗涌，这种情况就算是身手敏捷的游泳者亦难以应付。海洋中的一些生物对人体亦会造成一定危害，如海蜇。人为观念的因素主要是指相关部门人员及游客自身对安全问题的重视不够，从而出现思想上的麻痹与疏忽。

万尾村海滩的安全问题主要体现在三个方面。一是缺乏专供游人游泳的防护带，对当地情况不了解的游客容易游出安全范围。万尾村每个月均有两次水期，其中涨水期时，水位一天比一天高，海浪甚至可以拍上观海台。二是岸边缺乏相应的救助队伍和医疗站点。岸上的瞭望塔长期处于无人状态，游客安全缺乏保障，村中的医疗救助点多集中在距海滩一公里远的街道。三是海滩上的告示牌内容简单，对夜间下海的游人缺乏管理。海滩上仅有几块木牌提示游人游泳注意安全，寥寥数字，形同虚设。海边道路的路灯昏暗，正常情况下岸上行人难以看清海面情况，因此若夜间游客在海上出事亦难以察觉。诸多安全事故的发生皆源自相关部门的大意及游人的粗心，因此，加强当地海边安全措施和相关制度的制定刻不容缓。

第四，从东兴市和防城港市进入景区的交通便利，但景区内各个景点间的交通不便。管委会印制的旅游宣传册上介绍了景区内的相关景点有5个以上，村中的导览图上还为游客设计了精品旅游线路，但村中没有到达各个景点的公车。据村民介绍，当地的游客主要是来自广西和贵州等地，除几个黄金时段外，游客多选择周末过来游玩。在游客中，自驾游的人占多数，其次是学生群体。大家到此的目的多是下海游泳，许多人甚至不知道该景区内还有其他景点。出租车司机认为，由于游客不知道这些景点，而且多在周末过来，开通通往各景区的线路赚不到什么钱。此外，来此旅游的人多是自驾游，他们自己有车可以过去，没必要开专门线路。话虽如此，但零散的游客要是想去参观，则很不方便。而且从资源利用的角度来看，开发了景区无人游览，在某种程度上是种浪费。鉴于万尾村游客旅游时间的不连续性，相关部门可在周末或旅游黄金时段在村中开设定点出发的旅游公交，车型大小可依据游客规模而定。

京族三岛得天独厚的民族风情、自然环境和地理位置是当地经济增长的优势。有关部门应以民族旅游作为当地旅游开发的核心，打好“民族风情”牌，同时配合当地优势资源，充分利用人力资源，打造一个有自己特色的旅游景点。在开发的同时，相关部门还需将生态环境保护作为头等大事，坚持可持续发展路线，为三岛居民和游客创造一个良好舒适的生活环境。

海滩上的提示牌

专题二　宗教信仰与宗教事务管理专题调研报告

一　万尾村宗教信仰状况与分析

1949 年以前万尾村的民间宗教活动比较自由，各种宗教活动也相对较多。逢年过节，或者村民家里有红白喜事，一般都会举行各种祭祀仪式。1949 年以后，尤其“文化大革命”期间，万尾村的大部分庙宇被认为是搞封建迷信的场所而遭到拆除，各种形式的祭祀活动被禁止，师傅和“降生童”的活动受到严格限制，很多经书和法器被没收或者烧毁，民间宗教活动往往只能“转入地下”。但是当时村里还是有人私下里藏匿经书，逢年过节还是要举行各种不公开的宗教活动。当地一些京族人认为，神仙是保平安、保丰收的，如果不拜神，没有神仙的保佑，村民的收成就没有保障。

1978年以后，万尾村京族人的民间宗教活动逐渐得到恢复。1985年，万尾村京族人集资重建了哈亭，此后又陆续建了一些小庙宇，各种民间宗教活动逐年增多。一些神职人员的活动也日趋活跃。师傅们开始重新寻找和抄写所需的经书，从越南芒街、万柱等地购置各式法衣和法器。初时在当地做法事的师傅人数不多，做斋时人数不够，就到邻近山心、巫头或者越南芒街、万柱等地请师傅过来帮忙。

20世纪90年代以来，随着万尾村京族人的生产、生活基础设施的不断改善以及生活水平的不断提高，一些村民，尤其是青年村民参加民间宗教活动的热情较其父辈有所减退，但一些老年人以及中青年商人对于宗教活动仍然比较热衷。他们认为，拜神和拜祖公完全是出于对神和祖公的尊敬，也会得到他们的保佑。

目前，万尾村的许多京族人家，不管有事没事，都保持着每月初一和十五为祖公烧香的习惯，那些经商的人家尤其如此。京族人相信，只有对神仙、祖公保持孝心，才能得到他们的保佑。一些人家虽然很有钱，但他们说钱是暂时的，而子孙后代的“事业”才是长久的，不信神、不信祖公不行。

二　宗教对社会生活及教育的影响

万尾村京族人传统的宗教信仰，与其“靠海吃海”的生计模式有着密切的联系。

万尾村京族人对于自然的敬畏之心至今犹存，但随着生产技术的提高、经济条件的改善以及现代科学知识的普及，受过现代教育的年轻人对于自然现象的认识和理解逐渐变得“客观”和现实。随时可以掌握的气象信息，以及现代航行工具、通信工具在渔业生产中的广泛应用，使一些人对于“蜈蚣精”之类的“鬼怪”（幽灵）的恐惧有所减轻。一些有了卫星导航系统的年轻人根本不担心在海上迷失方向，用他们的话来说，就是“信神信鬼不如信自己”。

虽然万尾村京族人的经济条件有了较大改善，但他们把操办传统节庆和各种宗教仪式依然看作是继承和保持传统文化的一种责任和义务。与此同时，更多的人倾向于把这些活动看作是亲戚朋友聚在一起的理由，至少从表面上看是如此。

20 世纪 80 年代以来的改革开放，在相当程度上改变了万尾村京族人的某种封闭状态，使当地人有了更多机会接触外地人、外族人，一些岛外、国外的“先进文化”也随之而来。汉族人、壮族人的民间宗教意识，以及流行音乐、卡拉 OK、互联网和外国人的节日时尚等生活方式，给万尾村京族人传统的宗教信仰带来了较大冲击。一些万尾村的年轻人认为，哈节上唱的那些颂神的“哈”，咿咿呀呀的，听不懂是什么意思，不如流行歌曲好听，因此除非村里安排，否则的话他们是很少参加的。

三 万尾村宗教事务管理的考察与分析

以前，万尾村传统的“翁村”组织（又称“长老会”），不仅是民间宗教事务的组织者和管理者，而且还掌管村里的日常事务。合作化时期，“翁村”被解散，哈亭也被毁掉。1985 年，哈亭重建，“翁村”也重新成立，但是改称“万尾京族民间事务委员会”，主要负责组织万尾京族人的各种重大民间宗教祭祀活动。

目前，“哈亭事务委员会”由 7～9 名长老组成，每 4 年选举一次，可以连选连任。在万尾，负责各种民间宗教仪式的组织和实施的神职人员主要有“翁祝”“翁磨”“师傅”和“降生童”等，以中老年男性为主。这些神职人员平时参加日常生产劳动，只是在“有事”的时候才担任重要角色。

可以说，目前京族宗教事务的管理是一种松散的自我管理状态，没有专职人员，也没有国家固定经费。目前也面临一些困难和问题，比如哈节过程中的“唱哈”环节需要 6 个哈妹，但是目前会“唱哈”的均是年纪超过 60 岁的老人，因此寻找接班人迫在眉睫。

四　万尾村党员干部与群众对“政教分离”原则的认知

1949 年以后，国家权力的渗透、经济生活的变化以及外来文化的影响逐渐加深，影响了村民对宗教的认知，使当地人宗教信仰发生较大变化。

尽管国家意识形态无法从根本上改变一个族群的宗教信仰，但它所产生的影响是显而易见的，至少对于 20 世纪六七十年代的万尾村京族人来说是如此。国家意识形态影响的结果之一，便是在年轻一代京族人中“无神论”观念的衍生。当地的老人说，如今的年轻人很多东西都不信了，对祖公、神仙也不像他们的前辈那样毕恭毕敬。90 年代中期以来，当地政府出于保护京族传统文化的需要，每年都要拿出一定的经费，以捐款的形式资助万尾村京族人的一些“民间事务”。这种支持，强化了当地一些民间人士恢复、维持其宗教信仰的信心和耐心，同时也使国家意识不断渗透到当地人的宗教信仰体系当中。国家权力的渗透增强了当地人的国家意识，从而使一些国家符号得以植入到当地的一些宗教仪式中。2000 年以后，国旗、国歌在哈节仪式中的出现，可以认为是国家意识融入万尾村京族人的信仰体系的一种社会事实。

在这种背景之下，万尾村村民开始认识到宗教并不等于迷信，不再是洪水猛兽，人民有信仰宗教的自由。目前，虽然有了这种正确的认识和指导思想，但信仰宗教的人并没有增加，只有部分年纪大的村民在宗教中寻找个人心灵的慰藉和寄托。年轻人大部分接受了“无神论”的思想，树立了科学的世界观和人生观。

五　外来宗教渗透情况

1978 年以后，万尾村京族人的各种民间宗教活动逐渐得到恢复。1985 年，万尾村的京族人集资重建了哈亭，此后又陆续建了一些小庙宇，各种民间宗教活动逐年增多。目前，万尾人的宗教活动基本上包括祖先崇拜、村神崇拜和自然神崇拜三种。这三种最初均是祖先从越南带来的，在定居京族三岛之后，也曾经融和当地宗教信仰而发生一些改变，比如借用了当地海神镇海大王作为主神，抛弃了本土观念中带不走的土地神。如今，一些神职人员的活动也日趋活跃。师傅们开始重新寻找和抄写所需的经书，从越南芒街、万柱等地购置各式法衣和法器。初时在当地做法事的师傅人数不多，做斋时人数不够，就到邻近山心、巫头或者越南芒街、万柱等地请师傅过来帮忙。这也是万尾宗教活动与越南所保持的唯一联系。

随着京族人生活水平的不断提高，整个京族地区出现了其他宗教，比如基督教、天主教等。在江平镇就有一座基督教堂。但是在万尾村，目前还没有看到有村民信仰基督教，至于有没有传教人员来此传教则不得而知了。

总的来说，万尾的宗教活动还保留在原始宗教的低级阶段，京族对外界宗教具有一定的排斥性，这种局面在一定时间内还将继续存在。

六　宗教对基层社会稳定与发展的影响

近年来，万尾村宗教活动在表面上似乎有愈演愈烈的倾向，尤其是每年的哈节声势浩大，吸引海内外游客来参观。这一方面是为了开发京族旅游，打造民族旅游度假区品牌的宣传策略；另一方面也是有关方面大力支持、运作的结果。这些活动本身和宗教没有多大关系，更不能说是宗教势力的崛起。可以说，目前宗教活动对万尾村的社会稳定和发展的直接影响主要是经济上的，而不是精神层面上的。

可以看到，万尾村的经济稳步发展，人均收入居同行前列。但是其经济增长遇到了瓶颈，必须寻找新的经济增长点。目前，配合国家的政策和地方的支持，京族人民似乎找到了一条新路子——挖掘民族传统文化，结合现代旅游开发来打造民族特色旅游品牌。京族首推哈节品牌的打造，而其他传统文化的保护和传承则略显滞后，这一方面是由于经费与人力缺乏，另一方面也略有急功近利、投机取巧之嫌。如今，京族旅游度假区已经获得了一定的知名度，每年吸引数十万人前来“金滩”旅游度假，初步取得了一些效益，尤其以万尾“中间村”获利明显。同时，我们可以看到，一些村民，尤其是青年村民参加民间宗教活动的热情较其父辈有所减退，只是老年人以及中青年商人对于宗教活动仍然比较热衷。甚至连唱哈的继承人都还没有落实，随时都有哈节无以为继的可能性。

七　教义宣讲内容调查

万尾村京族师傅所使用的经书据说有40多种，这些经书多用字喃写成，主要包括：

《三教正度实录全集》（京族师傅把佛教、道教和儒教统称为“三教”，该书是超度亡灵所用的经书，内容涉及丧礼中做斋度亡灵的全部过程及所用到的经文）

《神霄》

《度亡》

《各亡灵对联》

《接灵科》

《六根六结》（未满60岁去世的人要解罪）

《送小儿入花园》（未满12岁去世的人做斋用）

《十殿科》

《二圣科》

《安兵牒》

《召灵沐浴科》（为亡者净身入殓）

《解天官雷公科》（为遭雷击去世的人做斋，在打

雷的地方解雷）

《招魂叹文》

《进钱赎魂科》（有病痛的人解难的时候用）

《开方科》

《请佛科》

《忏悔亡经》

《接灵科》（招亡魂回来）

《汲水科》（到水井取水，烧茶祭佛）

《净厨科》

《发奏科》（禀报神灵）

《请经科》（请佛，禀报佛祖）

《咒食科》（做大斋，向饿鬼施舍）

《放灯科》（将纸灯放到海里）

《放生科》（买活的鱼或者鸟雀回来放生）

《请目莲科》（只为女性亡者做）

《请吔忏科》

《竖幡科》（做大斋的时候用竹竿立起大幡招魂回来）

万尾京族的民间宗教受到佛教、道教以及儒家思想的影响。如在《三教正度实录全集》中，多次出现“释迦佛祖”“太上老君”“南无阿弥陀佛”等神的名字；在《放生科》中也有“南无阿弥陀佛”“观世音菩萨”“摩诃萨”等神以及“愿以此功德普及于一切我等与众生皆成佛道”等字句的出现，表明万尾京族的民间宗教受佛教的影响较深。《神霄》的内容包括“奏禄科”“传度科”“请安将科”等六个科，经文中有“道弟子”“道教”名称的出

现，又表明万尾京族的民间宗教含有道教成分。不少做斋的经文中都提到了父母养育子女的艰辛，教导参加做斋仪式的人们要懂得尊敬父母、孝顺长辈，儒家思想的影响由此可见一斑。

万尾村民间宗教经书《神宵》手抄本

现在万尾村师傅做仪式所用的经书，如《三教正度实录全集》《神霄》等，大多是从邻近的山心村、巫头村或者越南芒街、万尾柱等地的京族师傅那里抄录或者复印的，多数经书用字喃书写，也有一些经书加注了现代越南语的拼音文字。

万尾师傅早先所用的经书都是手抄本，20 世纪 90 年代随着复印机在当地的普及，一些师傅开始采用复印的经书。近年来，为了保护京族的民间传统文化，一些当地的退休老干部也开始着手收集、整理京族民间宗教的经书。不过，由于经书的使用范围较为有限，加上懂字喃的人不多，经书的留传面临着一些现实困难。

八　对策与建议

我国的宗教政策主要体现在几个方面：第一，公民有宗教信仰的自由，可自主选择是否信教，选择教派；第二，尊重和保护宗教信仰，不歧视，不强迫；第三，保持宗教活动的独立自主，不受外国的任何途径的支配和控制；第四，引导宗教与社会主义相适应。在万尾，宗教活动基本上与国家政策是相一致的，没有任何形式的违背。当前万尾村村委为老百姓办实事，一切以提高农民经济收入为出发点，其宗教节日哈节也被当作旅游开发的品牌推出。总体来说，这是与社会主义发展相适应的，给当地经济注入新活力的同时，也创造了效益，在一定程度上解决了哈节以及相关宗教活动所需的经费。但是值得考虑的一点就是，把哈节作为品牌推出可以短期内做出品牌效应，提高京族的海内外知名度，但是对游客来说，哈节本身并没有足够的吸引力和卖点，不能带来大量回头客，带动京族旅游的可持续发展。因此，有必要在这个节骨眼上加快与旅游相配套的公共设施，以及相应的硬件设施建设，真正让来此旅游的顾客满意，提高回头率。只有这样，哈节的品牌效应才能长期保持，给当地旅游带来效益；同时，也给哈节本身的发展解决经费问题。

后　记

“天皇皇，地皇皇，无边无际太平洋；
左思想，右思量，出路（希望）在何方？
天茫茫，地茫茫，无亲无故靠台郎；
月光光，心慌慌，故乡在远方。
朋友班，识字班，走出角落不孤单；
识字班，姊妹班，读书（识字）相联伴。
姊妹班，合作班，互信互爱相救难；
合作班，连四方，日久他乡是故乡。”

这首歌唱的是“南洋台湾姊妹会”的外籍新娘识字班，歌者是黎氏玉印，越南人。从歌声中我能感受到这个时代的人或多或少都要经历的漂泊无依之感，然而感受更多的却是一种热爱生活、积极向上的乐观心态。在京族三岛调查了数月之后，我深深为京族人民的性格特质所打动：他们有着族群迁徙的独特经历，有着“日久他乡是故乡”的族群认同，却依然顽强保留着最初的语言“京语”和文字“字喃”。这样一个族群始终体现着一个海岛族群的乐观特质，始终保持着族群自身的智慧与信仰，亦在国家建构的过程中坚守族群最后的“无形边界”。正因为如此，我将本书的名字定为《日久他乡是故乡》，以期能够概括京族人民的心理状态以及他们历尽沧桑之后所表现出的乐观洒脱的民族个性。

本书的写作得益于诸多人的帮助。首先要感谢中国边疆史地研究中心给予课题组一个机会来深入了解这样一个内涵丰富的民族，并给予了精神上和物质上的支持。尤其感谢广西项目协调人冯建勇博士及中国社科院中国边疆史地研究中心李方研究员等有关专家，他们对本书提出了许多宝贵意见，保证了本书的质量。

感谢我的导师周建新教授，他多次审阅书稿并提出了诸多宝贵意见和建议。还要感谢他多年来在治学之路上对我的关心和帮助。

感谢田野报道人吴朝燕等（应个人要求隐去姓名），他们轮流陪同我走街串户，不厌其烦地充当解说员兼翻译，并给我提供了一间简陋而整洁的房间，供我休息与整理资料。同时也要感谢江平镇镇政府所提供的大力协助，以及万尾村村委所给予的诸多方便。本书的最终完成有你们很大的功劳。

感谢师妹蒙秋月（负责第二、四章的写作）与黄静（负责第五章的写作），她们担任了本书部分章节的写作。她们的民族学工作热情以及严谨的写作态度都深深感染了我，并让我钦佩。最后感谢师兄吕俊彪教授及师妹雷韵博士，他们给本书稿提出了大量指导意见。

本人才疏学浅，书中内容难免有错漏，欢迎各位读者朋友们批评指正。

祝愿美丽的“京族三岛”更加美丽富饶！祝愿京族人民更加幸福！

郝国强

2011 年 11 月 19 日写于科技楼 401

图书在版编目（CIP）数据

日久他乡是故乡：广西东兴市江平镇万尾村调查报告／郝国强，蒙秋月，黄静著. -- 北京：社会科学文献出版社，2018. 6

（当代中国边疆·民族地区典型百村调查. 广西卷. 第三辑）

ISBN 978 -7 -5201 -1497 -4

Ⅰ. ①日… Ⅱ. ①郝… ②蒙… ③黄… Ⅲ. ①农村调查 - 调查报告 - 东兴 Ⅳ. ①D668

中国版本图书馆 CIP 数据核字（2017）第 240117 号

当代中国边疆·民族地区典型百村调查：广西卷（第三辑）

日久他乡是故乡

——广西东兴市江平镇万尾村调查报告

著　　者／郝国强　蒙秋月　黄　静

出 版 人／谢寿光

项目统筹／宋月华　范　迎

责任编辑／范　迎　吴良良

出　　版／社会科学文献出版社·人文分社（010）59367215

地址：北京市北三环中路甲 29 号院华龙大厦　邮编：100029

网址：www. ssap. com. cn

发　　行／市场营销中心（010）59367081　59367018

印　　装／三河市龙林印务有限公司

规　　格／开 本：889mm × 1194mm　1/32

印 张：8. 125　插 页：0. 125　字 数：180 千字

版　　次／2018 年 6 月第 1 版　2018 年 6 月第 1 次印刷

书　　号／ISBN 978 -7 -5201 -1497 -4

定　　价／198. 00 元（共 4 册）

中国社会科学院中国边疆研究所 **厉声 主编**

当代中国边疆·民族地区典型百村调查：**广西卷（第三辑）**

分卷主编：**周建新　冯建勇**

六架屯的石牌（罗柳宁摄，2009）

俯瞰长垌街（雷韵摄，2011）

长垌村老房子（杨静摄，2011）

长垌村小学大门（罗柳宁摄，2009）

校园一角（雷韵摄，2011）

放学回家的孩子们（杨静摄，2011）

伐木中的老人（杨静摄，2011）

长垌村篮球队参加长垌乡农民迎新年篮球赛（罗柳宁摄，2009）

中国社会科学院中国边疆研究所 厉声 主编

当代中国边疆·民族地区典型百村调查·广西卷（第三辑）

瑶山新视野

——广西金秀瑶族自治县长垌乡长垌村调查报告

罗柳宁 等◎著

社会科学文献出版社
SOCIAL SCIENCES ACADEMIC PRESS (CHINA)

“当代中国边疆·民族地区典型百村调查”

总序

深入实际、开展国情调研，是中国社会科学院肩负的重要科研任务，也是中国社会科学院履行好党中央、国务院赋予的“思想库”“智囊团”职能的重要方式。中国边疆省区占国土面积的60%以上，边疆区情及当地的民族社会调研（边疆调研）是中国国情调研的重要组成部分。正如一位边疆工作者所说：不了解少数民族，就不了解中华民族；不了解边疆，就不了解中国。1983年中国社会科学院中国边疆史地研究中心建立后，特别是1990年以来，一直将边疆调研作为学科研究的重点之一。

2004年，中国边疆史地研究中心承担国家哲学与社会科学基金特别项目“新疆历史与现状综合研究”（简称“新疆项目”）。2006年，中国边疆史地研究中心牵头，立项开展“当代中国边疆·民族地区典型百村调查”（简称“百村调查”），作为此特别项目的子课题。“百村调查”以新疆为重点，在全国新疆、西藏、内蒙古、宁夏、广西五个民族自治区和云南、吉林、黑龙江三省基层地区同时开展，共调查100个边疆基层村落。调查工作在“新疆项目”领导小组和专家委员会指导下，由“百村调

查”专家委员会暨编委会组织实施。在中国边疆史地研究中心主持拟定的调查大纲框架下，发挥每个省区的优势，体现各自的特色。

本项目的实施得到了边疆地区各级地方党政部门的支持。首先，调查工作注意与地方党政部门的相关工作衔接、听取意见，在实施调查之前，主动向各级党政部门汇报情况，听取指示和意见。其次，调查组主动让各级党政部门了解调研的全过程，在调研过程中出现问题时及时向相关党政部门请示。再次，调研阶段成果和最终成果的副本同时提供地方党政部门参考。

“百村调查”的调研主题是：改革开放30年来中国边疆基层村落的民族社会和经济发展的历史与现状。具体内容包括：乡村概况、基层组织、经济发展、社会生活、民族、宗教、文教卫生、民俗风情等。项目调研的时间是：2007～2008年（资料下限至2007年底或适当延长）。

“百村调查”的调研对象为：100个具有典型意义与特色的中国边疆基层村落。课题以基层乡、村两级为调查基点，大致每个省区选择2个地州，每个地州选择1～2个县，每个县选择2个乡，每个乡选择2个村。新疆共调查22个村，其他地区均为13个村（辽宁、吉林、黑龙江以东北边疆为单元，共调查13个村）。调查点的选择要求：

(1) 本地区社会稳定与经济发展中具有典型意义的基层乡和村。

(2) 存在边疆现实政治、社会或经济发展的热点、难点问题。

（3）与20世纪50年代全国边疆民族调查能有一定的衔接。

“百村调查”采取学术调查与现实政治相结合的方法，以社会人类学入村入户调研方法为主，同时关注现实政治、社会与经济发展中的热点、难点问题：一般共性调查与专题专访调查相结合，在一般综合性调查的基础上，选择好专访或专题调研的“切入点”——总结经验与完善不足相结合，在总结各项工作经验的同时，善于发现问题和提出解决问题的对策与建议。调研注重入户访谈和小范围座谈的专访调查。在一般性问卷和统计资料收集的基础上，注重对基层干部、群众典型、教师、宗教人士等特定人员的专题访谈，倾听和收集他们对基层社会稳定与经济发展的看法、意见和建议，形成能说明问题的专访或专题调研报告。

“百村调查”的成果形式分为调查综合报告与专题报告两大类。

（1）调查综合报告：依据大纲规定，撰写有关乡村经济社会等发展状况的综合报告，课题结项后分期公开出版。专题报告及调查资料可以公开发表的，在篇幅允许的情况下，作为附录附在综合报告末尾。

（2）专题报告：内容较敏感、不适宜公开出版的专题报告，集成《专题报告集》，内部刊印。

“百村调查”主编　厉声　谨识

2009年8月25日

目录

CONTENTS

图目录
FIGURE CONTENTS

表目录

TABLE CONTENTS

序　言
FOREWORD

中国社会科学院中国边疆史地研究中心“当代中国边疆地区基层社会与经济发展典型调研”项目，是一项涉及广西、云南、西藏、新疆、内蒙古、宁夏、吉林等7省区100个村寨的大型调研项目。广西壮族自治区作为中国西南边疆少数民族聚居省区，此次调查共选点13个，主要集中在广西沿中越边界一线的各民族边疆村寨，个别分布在非边境县市。

在中国近现代发展史上，对于边疆地区的关注，主要出现在19世纪末20世纪初。当时的中国边疆地区，在英、法、俄等帝国主义势力蚕食鲸吞下，出现了普遍的危机。边疆危机唤起了中国民众尤其是知识阶层对边疆的关注。20世纪30年代，以“边政”概念为核心，以“边疆民族”为主要研究对象，一批学者对中国边疆尤其是西南边疆地区进行了调查研究，形成了一批成果。但关于中国边疆地区大规模的社会与经济发展调查项目，过去还未见诸报道。如果仅仅从大规模的社会调查活动考虑，新中国成立后的国内各民族社会历史调查活动，与边疆研究的关系才开始密切起来。

20世纪50年代，根据党中央和国务院的部署，国家有关部门在全国范围内进行了大规模的少数民族社会历史调

查，其中也对广西各民族社会历史发展情况进行了全面的调查。当时的调查主要关注的是少数民族社会历史发展状况，之后形成了《广西壮族社会历史调查》（7册）、《广西瑶族社会历史调查》（9册）以及苗族、京族、侗族、仫佬族各1册，仫佬族、毛南族合1册，彝族、仡佬族、水族合1册等系列调查成果，1954年由广西省民族事务委员会编印。那次调查为广西少数民族地区的社会、经济、文化发展起到了重要的推动作用，也为后来的学术研究积累了大量的历史学、民族学、人类学和社会学资料。

与少数民族社会历史调查不同的是，此次由中国社会科学院边疆史地研究中心推动的“边疆百村调研”项目，主要是从边疆学的角度考虑，突出边疆、村落和现实发展状况三个要点，期望通过深入的田野调查，面向中国边疆农村地区，真实反映现实的中国边疆村寨客观发展状况，为国家宏观把握边疆发展现状，构建和谐、安全、富裕边疆提供参考。此次调查虽然并未把少数民族因素作为关键的内容考虑，但由于中国历史上形成的边疆社会人口结构，决定了调查的内容必定要涉及大量的少数民族村寨。因此，广西的调查和全国其他边疆地区的情况一样，包含了大量的少数民族村寨。

进入21世纪后，中国西南边疆社会稳定、经济发展、人民安居乐业，广西与全国各边疆省区一样，在社会、经济、文化等方面都发生了巨大的变化，尤其是经济社会进入了快速发展阶段。在现代化、全球化迅猛发展的今天，地处祖国南疆最前沿的广西，有着沿边、沿海，面向东南亚的地缘优势，在中国边疆地区具有重要的不可替代的独特战略地位，是巩固边疆、发展经济的前沿，也是面向东盟、走向世界的前沿。面对现代化进程中广西边疆地区发生的巨大变迁，此次进行的边疆现状调查非常必要，且意义重大而深远，既可以为推进广西各民族的社会进步、经济发展、文化传承提供参考依据，同样也可以为后人积累宝贵的阶段性历史资料，为国家和地方政府部门提供决策参考。这不仅仅是一项科研工程，也是一项德政工程和国防工程。

2007 年，自从接受了此项课题后，我们感到任务光荣、责任重大。作为广西高校的科研人员，承担这项国家社科基金特别项目，我们责无旁贷。为了很好地完成这次任务，真正开展一次边疆地区集体调研活动，在项目开展之初，我们曾多次组织相关人员专门进行讨论研究，制定了详细的工作方案，组织了精干的队伍，保证了项目的顺利实施。

广西调查项目课题组成员主要由广西民族大学教师组成。项目主持人为周建新教授；成员有王柏中教授、郑一省教授、甘品元副教授、吕俊彪副教授、覃美娟馆员、郝国强讲师、罗柳宁助理研究员。另外，由周建新、王柏中、郑一省、甘品元、吕俊彪等牵头组成 5 个调查小组，组织研究生参与调查工作，并分头组织实施。参与调查的研究生有严月华、农青智、寇三军、蒋婉、张小娟、肖可意、刘萍、马菁、唐若茹、钟柳群、黄欢、陈云云、胡宝华、雷韵、黄超、谭孟玲、周春菊等。

中国社会科学院边疆史地研究中心派翟国强和冯建勇两位同志担任广西调查项目协调人，他们为项目的启动、实施和结题发挥了积极作用。广西调查项目整个调查工作的开展，大致可以分为三个阶段：第一次田野调查时间为 2007 年 7 月 ~9 月；第二次调查时间为 2008 年 1 月 ~2 月；

补充调查时间各小组自由安排，大致在 2008 年 7 月 ~2009 年 10 月。

为了彰显本次典型调查写作的特色，根据中国社会科学院边疆史地研究中心的要求，我们非常重视调查视角与写作主线。要求调查一定要有边疆学的视角，要以典型村寨为单位进行调研；对于人口较多的村寨采取以村委会所在地为主要调查点，通过具体点的调研反映出整体的特征；务必着重描写边疆村寨的政治、社会、经济和文化现实内容；写作重点要特别关注改革开放以来广西边疆村寨发展的变化；在完成调查报告的基础上，要同时完成一定数量的研究报告，要有一定的理论分析和科学研究。在调查报告的写作方法上，我们不仅要求有现实地方志的描述，有数字统计和图表展示，也要有民族学、人类学田野个案的访谈，同时兼顾纵向历史的阶段性特征，使调查报告不仅具有一般资料集和地方志的性质，又通过研究报告的形式，将边疆地区现实存在的突出和敏感问题反映出来，以引起国家和地方政府部门的重视。

在调查选点方面，我们从全局考虑，以点代面，遴选有特色、典型性的村寨，尽可能凸显边疆区位、地方文化和发展水平特征。经过多次讨论，我们确定了以下调查点：广西东兴市京族万尾村，广西宁明县明江镇洞廊村，广西凭祥市友谊镇礼茶村，广西龙州县金龙镇横罗村，广西防城港市企沙镇华侨渔业新村，广西大新县宝圩乡板价村、下雷镇新风村，广西那坡县城厢镇达腊村，广西靖西县龙邦镇其龙村，广西环江县下南乡玉环村，广西金秀县长垌乡长垌村，广西百色市右江区龙川镇六能村，广西南宁市江西镇杨美村等 13 个调查点。确定以上调查点的根据主要有以下几点。

（1）边境沿线村寨。广西有 8 个边境县（市、区），我们特意在每个边境县市选择了 1～2 个调查点，如大新县下雷镇新风村距离边界线仅数百米，沿边公路从村落中间穿过。

（2）民族村寨。广西有 12 个世居民族，我们选择了若干民族特色鲜明的边疆村寨，既突出了边疆特点，也表现了民族特色，如那坡县城厢镇达腊彝族村寨，那里的白彝文化特色鲜明，受到政府和学术界的广泛关注；我们也选取了个别非边境地区民族村寨，如环江县下南乡玉环毛南族村寨。

（3）经济发展特色村寨。广西各民族村寨经济发展模式不同，发展阶段不同，如以边贸为主发展起来的东兴市京族万尾村，总体发展水平较高，而以农业和旅游为主的大新县宝圩乡板价村发展水平一般。

（4）华侨移民村落。20 世纪 70 年代，广西境内接受了大批归难侨民，建立了一些华侨农场，他们对边疆地区的稳定具有特殊影响。因此，我们特意选择了防城港市企沙镇华侨渔业新村作为典型个案。

经过全体成员两年多的共同努力，本项目在规定时间内顺利完成。整个项目在锻炼队伍，培养新人，积累成果等方面取得了一定的成绩。本人虽然是广西项目负责人，但在整个项目的完成过程中，本人主要是指导，绝大多数写作任务都是由各调查点主持人组织完成的。在课题调研过程中，本人曾多次亲自带领课题组老师和研究生前往田野点调查，进行工作布置和安排。在调研过程中课题组老师和研究生不畏艰难困苦，深入边境一线，走访干部群众，

进行细致调查研究，求真务实，收集了大量的第一手材料，保证了本课题的顺利完成。在此，谨向课题组全体成员表达我个人的敬意和衷心的感谢！

广西调查项目的顺利完成，也凝聚着中国社会科学院边疆史地研究中心全体同仁的心血。中国社会科学院边疆史地研究中心厉声主任、李国强副主任非常关心项目的进展情况，曾于2007年、2008年两次组织人员来广西检查指导工作。研究中心的于逢春、李方两位研究员，也给予了大力支持。广西项目协调人冯建勇同志，对广西卷的所有书稿进行了认真审阅，并提出了修改意见等。在此，谨代表课题组全体成员表示衷心的感谢！

本套丛书广西卷的13个村落材料，由于进行田野调查的时间不完全统一，因此各分册中使用的年度统计截止数据也不完全统一，有截至2007年、2008年的，也有截至2009年上半年的。调查报告中出现的敏感问题访谈，依照学术惯例，我们隐去了访谈者的姓名，但对于一般内容和访谈，都遵循了客观真实记录和描述的原则。对于调查报告中使用的照片，凡涉及个人肖像权的，均征得了个人的同意。由于调查时间的限制以及撰稿人学术背景差异等原因，丛书中难免存在一些不足，望读者批评指正。

周建新

2009年8月11日于南宁

第一章　概况

广西金秀瑶族自治县地处广西中东部的大瑶山，是全国最早成立的瑶族自治县。第六次人口普查数据显示，金秀瑶族自治县共有人口152212人，其中瑶族人口为52970人，占全县总人口的34.8%。长垌乡长垌村位于金秀瑶族自治县西南部，坐落于长垌河谷，村委员会办公楼修建于长垌河边。长垌村由长垌、古方、三角、龙庞、中村、新村、六架、面北、瓦窑9个自然屯组成，分11个村民小组进行管理，村民分属3个不同的瑶族支系。

第一节　金秀瑶族自治县概况

一　地理位置

金秀瑶族自治县位于广西壮族自治区中部偏东的大瑶山主体山脉上，地跨东经109°50′~110°27′、北纬23°40′~24°28′。金秀县东邻蒙山县，东北接荔浦县，西北接鹿寨县，西靠象州县，西南与武宣县接壤，南部与桂平市及平南县毗连。境内东西横宽62.4公里、南北纵长93公里，总面积2518平方公里。金秀县城金秀镇，距离自治区首府南宁市415公里，距离来宾市212公里。群山环抱中的金秀县城（见图1－1）。

图1－1　群山环抱中的金秀县城①

长垌村村民委员会办公楼坐落在长垌屯，依山傍水，风光秀丽（见图1－2）。

二　自然环境

金秀大瑶山，又称大藤瑶山，从荔浦、蒙山、平南、桂平、武宣、象州、鹿寨等县（市）的平原和丘陵区中间拔地而起，南北长150多公里、东西长数十公里。大瑶山呈东北—西南走向，是南岭西部、广西弧形山脉中部偏东的一座大山。金秀瑶山中，海拔1300米以上的山峰有60余座，山体高大险峻、景色秀丽。最高点圣堂山，海拔1979米，为广西中部第一高峰，万亩广袤的变色杜鹃林、鬼斧神工的怪石，是大瑶山的一张名片。

大瑶山拥有广西面积最大的天然水源林，包括4万公顷的原始森林在内，面积为10.578万公顷，是广西最大的水

① 此图由金秀县民族局提供。

图1－2　坐落在青山秀水间的长垌村

源山。从东北部的天堂岭到西南部的圣堂山、五指山，林海万顷，犹如蟒蟒苍龙，延绵百余公里，异常壮观。大瑶山广阔的森林，具有“降雨能蓄，干旱能吐”的天然调节水源的作用，每年涵养水源近26亿立方米，通过大小29条

河流，从金秀县中心向四周呈放射状分别流入周围7县（市），最后汇入柳江、浔江和桂江。大部分河流落差大，水量足，中下游可以放木排，水力资源蕴藏量达26万千瓦。长垌乡境内的长垌河、滴水河水利资源丰富，近年引进外商投资开发水电站2座，其中金发电站已于2007年7月发电投产，年产值40万元。

大瑶山地处南亚热带与中亚热带交汇处，具有海洋性气候的特点和亚热带山区气候的性质。这里山高谷深，日照少，雨量多，湿度大，为广西多雨地区，空气湿度在70%左右。全县气候温凉，四季如春。这里最高气温一般不超过30℃，最低气温一般不低于零下4℃，全年气温平均17℃，即使是“三伏天”，仍凉风习习。长垌村的人家很少安装电风扇，且夜晚睡觉还要加盖棉被，是理想的避暑胜地。

三　物产资源

金秀瑶族自治县气候温和、降雨量充沛、土地肥沃，适宜植物的生长和动物的繁衍。由于山峻水险，林密箐深，历代封建统治者鞭长莫及，加之数百年来各族民众的培育养护，自然环境人为破坏较少，因此保有丰富的林业、水力、物种、矿产、旅游等得天独厚的自然资源。

大瑶山林区生长有亚热带针叶林、常绿阔叶林、季节性雨林、次生落叶阔叶灌木林、常绿阔叶灌丛、落叶阔叶灌丛林等，是一个天然的植物物种资源宝库。广袤的森林使得大瑶山成为广西最大的“天然绿色水库”，在涵养水源、保持水土、调节气候、保持生物多样性等方面发挥巨大的作用。大瑶山植物种类繁多，共有213科870属2335种，其中稀有树种38种，珍贵树种41种；属于国家二级保护的17种，一级保护的有银杉等7种，银杉种群数量之多，为世界第一；特有稀有树种有桫椤、野茶树、篦子三尖杉、猪血木、福建柏、白豆杉、香花木、紫荆木、五针松、小叶红豆杉等36种。

这样一个得天独厚的自然环境造就了广西最大的天然野生动物园。大瑶山中有陆栖脊椎动物373种，其中属于国家保护野生动物的有46种，瑶山鳄蜥、金斑喙凤蝶等4种动物为国家一级保护野生动物。在两栖动物中，比较珍贵的有大鲵和棘腹蛙。山中的鸟类，有稀有的灰斑角雉，还有广西新记录的白眉地鸫、栗头希眉、黑颜凤眉、灰腹地莺、冠纹柳莺等。此外，还有一种被当地瑶族群众称为“雪鸟”的候鸟。这种鸟在每年的霜降至立冬节气从北方飞来，栖息在金秀瑶山之中，过了立冬又成群结队飞走。“雪鸟”还是当地瑶族群众款待贵客的一道名菜，在长垌、罗香、大樟、六巷等乡更为著名。

大瑶山地质古老，结构复杂，矿产资源具有种类多、分布广、品位高等特点。有关资料显示，金秀瑶族自治县已发现的矿点和矿化点105处。其中较有价值的铁矿2处，水晶矿5处，铜矿7处，铅锌矿4处，钨、锡、锑矿3处，金银矿2处。此外，还有锰矿2处，云母、长石矿3处，磷矿5处，黄铁矿9处，石煤4处，彩色大理石、花岗岩、石灰石等多处。这些矿藏，具有矿石品位高、质量好、埋藏浅、易采易选、交通方便的特点，便于开采利用。矿产品硫酸钡含量在80%～90%，比重4.3以

上，为国内同类产品中的优质品，主要销往美国、日本、德国等地。长垌乡矿产资源丰富，主要有铁、铜、铝、锌、重晶石、石英石、花岗岩等。其中花岗岩已探明储量为320万立方米，可产“金秀红”“金秀交”两种。铁矿储量已探明的约为11万吨，远景估测120万吨，极具开发价值。

金秀大瑶山盛产金秀灵香草、八角、绞股蓝、茶叶、香菇、木耳、生姜、中草药材、甜茶、油桐、油茶、棕衣、竹笋等名贵土特产品。灵香草早在清朝年间就出口海外，是制造高级香料的重要原料。金秀县的八角林年产干八角2000吨以上，2001年金秀县被国家林业局命名为“中国八角之乡”，八角成为农民脱贫致富的“摇钱树”。金秀绞股蓝富有防治癌变和清热解毒功效，有“绞股蓝之王”“南方人参”的美誉。产于罗香乡罗运村白牛屯的白牛茶，以其绵香、甘冽、回味悠长、消除疲劳而闻名，在清朝年间，平南官府曾以白牛茶进贡皇帝。大瑶山林区盛产的杉树、松树和毛竹，肉桂、罗汉果、蜂蜜等也是久负盛名。长垌乡的土质属于山区黄壤，加之雨量丰沛，非常适合林木的生长。村民在山上大量种植杉树、松树、八角树、甜茶叶，使得环抱着长垌村的群山终年苍翠欲滴，而林业也成为村民家庭生活的重要支撑和提高收入主要来源。

得天独厚的生态环境、错综复杂的地形、绚丽宜人的风光、产量丰富的物产资源赋予了金秀瑶族自治县宝贵的旅游资源。林海万顷、犹如蟒蟒苍龙的天堂岭、圣堂山、五指山是金秀县旅游资源的一张名片，地方化、民族化、山区化和公园化的金秀县城以其小巧玲珑的身姿、清洁静雅的风貌、“四季如春”的气候以及独具特色的瑶族风情和它周围金秀、白沙、六拉、昔地4村富有民族特色的瑶族村寨建筑，吸引着越来越多的国内外游客，赢得了“小桂林”的美称。长垌乡主要的景点有圣堂山风景名胜区和滴水河峡谷漂流，还有古占村民俗风情表演等。目前，长垌乡的红壶圣水景区、滴水河风景区以及三合屯、同王屯“观光旅游瑶家乐”生态民俗村正在建设中。

第二节　长垌乡及长垌村概况

长垌乡地处金秀瑶族自治县西南部，东南面与罗香乡交界，西面与象州县大乐乡相接，南面与六巷乡相邻，北面与金秀镇相连，总面积213.35平方公里，辖长垌、平孟、道江、桂田、滴水、镇冲、平道7个村委员会。乡政府驻地长垌村，距金秀县城28公里，自然环境相对封闭。

“八山一水一分田”，是长垌乡自然环境的典型概括，即山林多、田地少，小河多、大河少。这里云雾多、日照少，气温较低，夏季凉爽，冬天常有冰雪。全乡现有耕地9755亩，其中水田6582亩，土质属于山区黄壤，雨量充沛，森林覆盖率高达89.3%，是金秀瑶族自治县西南水源林核心区。全乡下辖长垌、平孟、道江、桂田、滴水、镇冲、平道7个村委共54个自然屯，2008年总人口为5795人，其中瑶族人口占比高达95.20%，有盘瑶、山子瑶、茶山瑶、花篮瑶等4个瑶族支系，主要讲瑶话、桂柳话、壮话。农业和林业是长垌乡的主要产业。全乡粮食生产以水

稻为主，旱禾、玉米为辅，支柱产业是林木、八角与茶叶。近几年，乡党委政府致力发展茶叶和中草药材等新兴农业，乡里现有的7家工业企业，涵盖木材加工、发电、茶叶加工等行业。2008年全乡财政收入226.39万元，人均净收入为2315元。

一　自然环境

长垌村坐落在长垌河河谷，处于崇山峻岭的环抱中，与外界的联系相对闭塞。这里山高林密，气候温和，空气清新，年平均气温在17℃左右，夏季凉爽怡人，终年棉被不离床。

全村林地有9804亩，水田有510亩，旱地有490亩。这里气温低、雨雾多，山间水凉，一年只能种植一季水稻，虽然产量不高，但是完全能够自给。辅助种植有玉米、旱禾、木薯、红薯等作物，能够满足家庭食用，但多数是作为喂养家禽家畜的饲料。

长垌村的土质属于山区黄壤，再加上丰沛的降雨量，非常适宜林木的生长，森林覆盖率高，保留了大量原生状态的水源林。村民还在山上大量种植杉树、松树、八角树、茶树，使得环抱着长垌村的群山终年苍翠欲滴，而林业也成为村民家庭生活的重要支撑和提高收入主要来源。灵香草、绞股蓝、八角、茶叶、香菇、木耳、灵芝、笋类等是长垌村的土特产品。

二　村屯概况

长垌村共辖9个自然屯，合计11个村民小组，村委会的办公楼坐落于长垌河河边。长垌村每一个自然屯就是一个村民小组（队）[1]，由于长垌屯的户数较多，因此又将全屯人数分为长垌一队（屯）、长垌二队（屯）。长垌河是长垌村的母亲河，长垌村的长垌屯、古方屯、新村屯、中村屯的小部分、六架屯的一部分沿着长垌河河岸两旁平坦开阔的地域建村。2006 年，三角屯和龙庞屯搭新农村建设的东风，也从“地无三尺平”的山上陆续搬迁到了长垌河河边。如今，村中尚有面北屯、瓦窑屯和中村屯的大部分以及六架屯的小部分村民在山上定居。各自然屯均已通电、通水、通屯级路，住房一半为砖瓦结构（含楼房），一半为泥土结构。

1. 分布

居住分散是大瑶山村寨分布的一个显著特点，两个相邻的自然屯之间往往需步行一个小时方能到达。长垌村各自然屯的分布情况大致如下：长垌屯坐落在长垌河南岸；三角屯、古方屯与长垌屯隔河相望，坐落在长垌河北岸，在滩浅水缓处，村委大楼对面的古方屯村民可以直接蹚水到河对岸的长垌屯，2009 年底，从古方屯直接到村委员会的小石桥修建完成；从长垌乡政府大院向西走约 800 米，就可以看到从山上旧址搬迁到长垌河边的龙庞屯新址；绕过长垌乡变电站，上坡走 200 米就到达新村屯；经过长垌乡变电站后，一直向前走，能够看到新村屯外面一大片的水田，长垌屯、三角屯、古方屯、新村屯的田地就集中于此，是全村最为集中连片的稻田，仰仗着长垌河水的滋养，也是全村最肥沃的土地；从长垌乡政府大院向西走约

① 按照村中的官方说法，他们习惯将自然屯称为“村民小组”。但鉴于 20 世纪 80 年代以前“生产队”的存在，大家又习惯地将村民小组称为“队”。文中一律采用“村民小组”这一名称，下同。

3 公里，就能到达最西端的六架屯；中途爬山至半可到达中村屯集中区域，中村屯有几户人家已经搬至山脚下；从长垌乡政府大院向东走，经过三角屯、古方屯后，继续走约 1 公里可到达金发水电站，金发水电站后面的山上可以看见几户人家（当地人称为小面北），此处还需步行约 2 公里的盘山屯级路（2003 年修通）才能到达半山腰的面北屯（当地人称为新面北）；由面北屯再走约 3 公里的盘山屯级路，就是长垌村最东端的瓦窑屯，也是长垌村海拔最高的自然屯（见图 1－3）。可见，长垌村村民南北交流不过就是一条河的距离，而瓦窑屯和六架屯之间的东西交流却需要两个小时的步行时间。

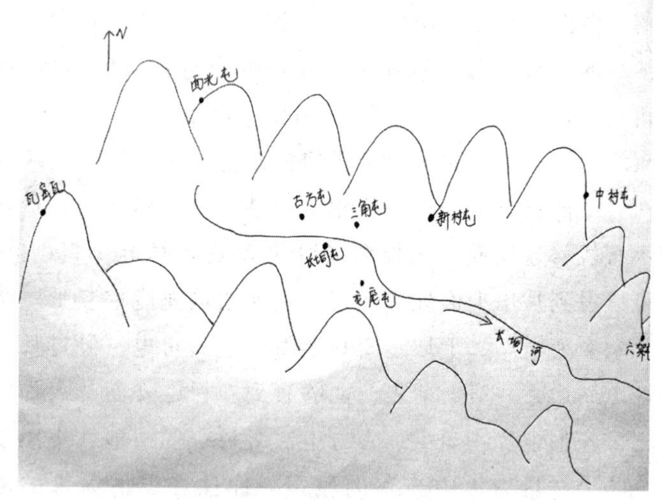

图 1－3　长垌村村落手绘①

据图 1－3，我们大致可以了解长垌村各自然屯的分布

① 该图由长垌村村主任庞贵斌提供。

状况。以长垌屯为中心，古方屯和三角屯与其隔河相望；龙庞屯距长垌屯有500米的路程；新村屯距长垌屯有1公里的路程；中村屯到长垌屯需步行2公里，其间还需翻过一座山坡；六架屯和面北屯距其有3公里的山路，其中从面北屯到长垌屯还需翻过山坡；瓦窑屯是距离长垌屯最远的一个屯，约6公里的山路。

2. 长垌集市

长垌集市长约120米，村民平时的买卖交易就集中于此。1994年，长垌乡政府在此基础上规划筹建长垌乡规划区，长垌村各自然屯以及平孟、镇冲、桂田、滴水等行政村一些经济条件较好的村民陆续在规划区内购地建房。如今，长垌乡派出所、卫生院、中心小学、林业站、信用社以及中国电信、中国移动和中国联通三大通信公司在长垌屯都建有营业厅。2000年，长垌乡政府为了繁荣长垌市场，沿着长垌河修建了一排商铺，规定农历逢五、十是圩日。

第三节　人口概况

著名社会学家费孝通先生曾说过："世界瑶族研究中心在中国，中国瑶族研究中心在金秀"。金秀瑶族可分为盘瑶、茶山瑶、花篮瑶、坳瑶和山子瑶等5个支系。5个支系在县内呈大分散、小集中的分布格局，其中以盘瑶分布最广，县内11个乡镇均有分布，其中以金秀、长垌、忠良、三角、大樟等乡的人数最多；茶山瑶分布于忠良、三角、罗香、长垌等乡，主要集中于长垌乡；花篮瑶分布于罗香、长垌、六巷等乡，以六巷乡最为集中；坳瑶分布于罗香、

六巷、大樟等乡，主要集中于罗香乡；山子瑶散居于长垌、三江、三角、罗香、六巷等乡。

一 长垌乡人口概况

长垌乡内有盘瑶、山子瑶、茶山瑶、花篮瑶四个瑶族支系，主要讲瑶话、桂柳话和壮话。盘瑶主要分布在长垌乡的道江、平道、长垌、镇冲、桂田等村；茶山瑶主要居住在长垌乡的长垌、平道、道江、滴水等村；花篮瑶主要分布在长垌乡的镇冲、桂田等村；山子瑶主要居住在长垌乡的平道、滴水、平孟、长垌等村。长垌乡内坳瑶人数很少，主要是从罗香乡的罗香村、大樟乡的大樟村等地嫁入长垌乡长垌村。而壮族和汉族人口多集中在长垌乡长垌村，他们其中的一些人，父辈多是在新中国成立初期从邻县迁来支援瑶山建设的；另一些人则是从外地嫁入或入赘，有些人由于迁入的时间较长，身份证上已经改为了瑶族。在长垌乡政府供职的工作人员，较少是长垌乡本地人，有来自武宣县、象州县的汉族和壮族干部。也有从桐木镇、七建镇调来的壮族干部，还有从来宾市前来挂职的汉族干部，他们笑称自己是“进山瑶”，俨然与大瑶山融为了一体。

根据第五次人口普查数据，2000 年长垌乡管辖下的 7 个村委员会 54 个自然屯 1365 户共 5117 人。

2008 年长垌乡管辖下的 7 个村委员会 54 个自然屯 1617 户共有人口 5795 人①，其中瑶族人口占比高达 95.20%（见表 1－2）。

① 数据由长垌乡派出所提供，含流动的外来人口和户数。

表 1-1　2000 年长垌乡人口数分布

单位：人

<table>
<tr><td colspan="3" rowspan="2">家庭户
总人口</td><td colspan="7">家庭户</td></tr>
<tr><td colspan="4">男</td><td colspan="3">女</td></tr>
<tr><td colspan="3">5117</td><td colspan="4">2793</td><td colspan="3">2384</td></tr>
<tr><td colspan="3">0～14 岁</td><td colspan="3">15～64 岁</td><td colspan="3">65 岁及以上</td><td>户口本地
住在本地</td></tr>
<tr><td>总</td><td>男</td><td>女</td><td>总</td><td>男</td><td>女</td><td>总</td><td>男</td><td>女</td><td rowspan="2">4856</td></tr>
<tr><td>1162</td><td>593</td><td>569</td><td>3551</td><td>1948</td><td>1603</td><td>404</td><td>184</td><td>220</td></tr>
</table>

表 1-2　2008 年长垌乡各村委所辖自然屯及总户数①

单位：户

<table>
<tr><td>村委</td><td>自然屯</td><td>户数</td><td>村委</td><td>自然屯</td><td>户数</td></tr>
<tr><td rowspan="12">镇冲村委
12 个自然
屯 179 户</td><td>大进屯</td><td>13</td><td rowspan="7">平孟村委
7 个自然
屯 125 户</td><td>马安</td><td>28</td></tr>
<tr><td>六棉屯</td><td>26</td><td>浪冲</td><td>20</td></tr>
<tr><td>王雷屯</td><td>16</td><td>平孟</td><td>10</td></tr>
<tr><td>平安屯</td><td>15</td><td>六力</td><td>9</td></tr>
<tr><td>岭岔屯</td><td>18</td><td>同王</td><td>19</td></tr>
<tr><td>那办屯</td><td>7</td><td>三合</td><td>21</td></tr>
<tr><td>立新屯</td><td>7</td><td>古友</td><td>18</td></tr>
<tr><td>六社屯</td><td>7</td><td rowspan="5">平道村委
5 个自然
屯 153 户</td><td>平道</td><td>52</td></tr>
<tr><td>冲口屯</td><td>35</td><td>岭美</td><td>27</td></tr>
<tr><td>大俄屯</td><td>6</td><td>古占一屯</td><td rowspan="2">57</td></tr>
<tr><td>红冲屯</td><td>20</td><td>古占二屯</td></tr>
<tr><td>六蔑屯</td><td>9</td><td>罗汉</td><td>17</td></tr>
</table>

① 数据由长垌乡乡政府提供，不含流动的外来人口和户数。由于人口和户数的增长，有些相邻的两个自然屯其房屋已经混杂在了一起。

续表

村委	自然屯	户数	村委	自然屯	户数
滴水村委7个自然屯192户	滴水屯	44	道江村委5个自然屯186户	道江	57
	溶洞屯	43		平办	30
	新安屯	32		古堡	42
	芝俄一屯	14		向阳	26
	芝俄二屯	9		屯西	31
	田盘屯	13	桂田村委12个自然屯260户	龙华	28
	王峦屯	37		河岔	30
长垌村委11个自然屯270户	长垌一屯	28		邓岭	19
	长垌二屯	26		高兰	42
	古方	17		新排一屯	19
	面北	18		新排二屯	20
	瓦窑	15		桂田	28
	龙庞	35		南州	11
	中村	31		新坪	9
	新村	22		长垌尾	12
	六架	34		大扼	36
	三角一屯	24		田头	6
	三角二屯	20			

二　长垌村人口概况

（一）户数

从长垌村委提供的人口数据来看，2008年长垌村共有270户1031人，2009年长垌村新增户数较2008年多了12

户，共有282户；人口数1032人，比2008年多1人，变化不大。据长垌村委主任介绍，新增的12户主要是出于经济利益上的考虑。如长垌二屯的一家四口两个儿子分别立户，以期获得更多的屯内集体效益分红，但实际上这一家四口仍住在同一个屋檐下。还有一些家庭虽然自立门户，但没有分家，主要是缺少盖房子的资金。2009年长垌村新出生9人，死亡6人（古方屯1人，三角一屯1人，长垌一屯2人，长垌二屯1人，龙庞屯1人）（见表1－3）。而据长垌乡派出所提供的数据，2008年长垌村总人口数为1138人，总户数是305户，这实际上已经将在长垌开发区买地建房的非长垌村住户纳入了长垌村的日常管理，所以长垌派出所提供的数据与长垌村委不一致。长垌村委也直言，户数的增多与变化给他们的日常统计工作带来不便。

表1－3　2008年长垌村人口基本情况①

单位：人，户

项目＼村屯	人口			劳动力			出生			死亡			户数
	男	女	合计	男	女	合计	男	女	合计	男	女	合计	
六架屯	66	69	135	49	43	92		1	1	1		1	34
三角二屯	41	44	85	27	29	56	1		1				20
古方屯	31	30	61	15	14	29					2	2	17
瓦窑屯	32	30	62	21	20	41							15
龙庞屯	60	65	125	30	42	72				1		1	35
新村屯	39	37	76	24	21	45							22

① 该表由长垌村委提供。

续表

项目 村屯	人口			劳动力			出生			死亡			户数
	男	女	合计	男	女	合计	男	女	合计	男	女	合计	
三角一屯	55	40	95	39	28	67	1		1				24
中村屯	59	46	105	48	33	81					1	1	31
长垌二屯	62	47	109	43	32	75					1	1	26
面北屯	34	36	70	26	19	45							18
长垌一屯	60	48	108	37	28	65	4		4				28
合计	539	492	1031	359	309	668	6	1	7	2	4	6	270

注：劳动力统计是指男性 18～60 岁；女性 18～55 岁。

从表 1－3 数据反映的情况看，2008 年长垌村 9 屯 11 个村民小组 270 户 1031 人，共有劳动力 668 人，其中男性劳动力 359 人，女性劳动力 309 人。目前，当地劳动力并不缺乏，但人口老龄化的趋势日渐凸显。

2009 年长垌村外出打工人数有 140 人，这相对于前几年数量偏少，主要是受到了全球金融危机的影响。2008 年初在广东、浙江一带务工的人员纷纷返乡，与超过 240 人的劳务输出高峰期形成了鲜明对比。长垌村村民依靠劳务输出增加了建造新房的资本积累，目前全村已经建造楼房的户数（包括一层砖房）有 134 户，已经超过全村总户数的一半，其中三角屯 42 户、龙庞屯 33 户、六架屯 8 户、面北屯 11 户、新村屯 2 户、瓦瑶屯 5 户、中村屯 7 户、长垌屯 22 户、古方屯 4 户。随着经济水平的不断提高，在未来几年，长垌村会进入一个建房的高峰期。

（二）姓氏

在长垌村，茶山瑶的人口数占据绝大部分，主要分布在长垌河河谷相对平坦的地域，而盘瑶、山子瑶则主要聚居在近河的山麓或山腰地带。长垌村的主要姓氏：三角屯以李姓为主，古方屯以陶姓为主，龙庞屯以庞姓为主，长垌屯以李姓、陶姓为主，新村屯以李姓为主，中村屯以李姓为主，瓦窑屯以黄姓、庞姓、盘姓为主，面北屯以盘姓、庞姓为主。

（三）语言

金秀瑶族自治县5个瑶族支系，在长垌村分布有3个。具体来说，面北屯、瓦窑屯、龙庞屯、六架屯以盘瑶为主，几个屯中的语言以瑶语为主；三角一屯和二屯以山子瑶为主，以山子瑶的方言为日常交际用语；中村屯的人自认为自己是瑶族茶山瑶支系，家中的户口本也注明他们的族属身份是瑶族。但其他屯的人认为中村屯的居民是从象州大乐乡搬迁过来的壮族，屯中通用壮话；长垌一屯和二屯、古方屯、新村屯以茶山瑶为主，语言以茶山瑶的瑶语为主（见表1－4）。

表1－4　长垌村各瑶族支系分布情况

长垌一屯	长垌二屯	古方屯	新村屯	中村屯
茶山瑶	茶山瑶	茶山瑶	茶山瑶	茶山瑶

龙庞屯	六架屯	面北屯	瓦窑屯	三角一屯	三角二屯
盘瑶	盘瑶	盘瑶	盘瑶	山子瑶	山子瑶

由于各支系语言有所不同，桂柳话成了长垌村通用语言。各屯的村民遇见时多用桂柳话问候，通晓对方族属语言的就用方言打招呼。若属于同一支系，大家则用支系的方言交流。部分中年人能听懂或会说一些壮话的日常用语。大多数年轻人因为去读书和打工的缘故，已经习惯说汉语，甚至有些在家里也和父母用桂柳话沟通。

（四）职业与知识结构

长垌村目前有非农业户口人数 12 人，占全村人口的 2%，其余都是农业户口。改革开放以前，长垌村农业人口生产生活形式牢牢地被田地与山林所掌控，外出从事非农行业的人数很少。近 10 年来，长垌村的农业人口已经有了明显的分化，不少人从旧有的土地关系中跳脱出来，或者说其生存已经不再完全依赖于田地与山林等生产资料。据不完全统计，2009 年年底，除长期外出打工人员外，目前长垌村农业人口中专门从事交通运输业的有 18 人，从事饮食业的有 14 人，从事农产品收购的有 6 人，从事美容美发业的有 2 人，从事建筑业的有 10 人，从事小百货经营买卖的有 8 人。

长垌村村民受教育程度多集中在小学和初中这一阶段，即使是国家普及义务教育的今天，当地年龄在 25 岁以下的年轻人当中依旧有 18 人以上在小学阶段就已经辍学。以龙庞屯为例，该屯至今接受完初中教育的人数不超 6 人，只有 2 人接受完中专教育。由于到桐木镇就读金秀县职业高中，学校会帮忙联系就业单位，所以现在长垌村的初中毕业生在升学时多考虑升入职高学习一门技术，而不是到金秀县城就读民族高中。

据村里老人说，1980 年以前，长垌村没有出过大学生，1980 年至今长垌村所出的大学生大概是 15 人（含在校生），而且多集中在最近 10 年，但具有本科学历的只有 1 人。目前，长垌村在校就读的大学生有 8 人（不包括函授）：六架屯 1 人，瓦窑屯 1 人，中村屯 1 人，三角一屯 1 人，长垌一屯 1 人，长垌二屯 3 人，而面北屯、新村屯、龙庞屯、三角二屯至今未出过大学生。村民受教育程度低，已经成为制约长垌村经济快速发展的瓶颈。鉴于此，长垌村委主任和村党支部书记目前正在桐木镇函授大学专科课程，而村委副主任郭谊已经从柳州工学院拿到专科函授的毕业证，现在接受本科课程的函授学习。

第四节 交通

一 历史上的对外联系

金秀瑶族自治县位于大瑶山区，大部分地区万山盘矗、谷深壁悬、山重水复，山道多回旋于冥岩奥谷之中。据《明史·记事本末》三十九卷记载，自古进出大瑶山，就有“悬蹬绝壁”“手挽足移”“十步九折”的说法。中华人民共和国成立之前，金秀县内仅有桂林到柳州的公路经过山外的三江、头排等壮族、汉族民众聚居的乡镇，而瑶族民众聚居区域则无车、马、船可通行，仅有羊肠小道与外界沟通。当时，金秀镇通往山外壮族、汉族地区的道路主要有 5 条，其中经济价值较大的有 2 条。第一条道路全长约 85 公里，是由金秀向东南，经罗孟、六竹、平林、大新、公也、古潭等地，出山到平南县思旺圩。金秀一带出产的

灵香草、笋干、香菇、木耳、药材等土特产品，90% 以上是经由这一条道路运出到思旺圩后，再转桂平市大湟口，由水路运往各地。第二条道路仅 40 公里左右，是由金秀向西，经田村、社村、美村、林香界、和平圩到达原属修仁县的桐木圩，便于瑶民出山购买粮食等生活生产用品，是金秀瑶族的金钱支出口。另外，在大樟乡花炉村王田屯至桂平紫荆乡之间，有一条号称“黄水商道”（出自《金秀瑶族自治县概况》）的山间小道，它不仅是大樟一带瑶、壮、汉各族群众与外地经济交流的必经之路，也是历史上桂中与桂东南联系的交通要道。

二　公路建设

金秀瑶族自治县成立后，大瑶山民众逢山开路、遇水架桥，开山劈岭，沟通了山内山外，使大瑶山区壮乡瑶寨旧貌换新颜。1955 年春，桐木经七建至头排的公路全线通车。1957 年，金桐公路建成通车，结束了金秀县城不通公路的历史。1992 年金秀至忠良公路的建成，标志着瑶山乡乡通公路的目标实现。1994 年，金秀头排二级过境公路的建成使用，开启了金秀建设高等级公路的历史。1995 年，金桐公路铺筑沥青路面，通往县城的公路实现了全线“黑色化”。2000 年建成的北通道金秀至荔浦修仁公路，使县城的出口公路由建县时的一条增至四条，彻底甩掉了“交通死角”的帽子。2003 年实现了金秀主干线公路全部二级化。2007 年 9 月开工的金秀至平南的二级公路，于 2010 年 5 月通车，极大带动了金秀县旅游业的发展。

改革开放后，金秀县根据各族群众“想致富，先修路”的愿望，构思了“以路促林，以林富县”的发展蓝图，加大交通事业的投入。同时，通过扶贫、以工代赈等多种渠道筹集资金，实施“村村通公路”大会战，使金秀县公路建设得到更大发展。目前，全县 11 个乡镇 73 个村通了公路，村通公路率达 93.6%。形成了以国道 323 线头排至八里塘，省道 20134 线仁里至头排，县道金桐线、金新线、金修线、刘马线为主骨架四通八达的公路交通网络。“昔日出门要爬坡，今日招手有车坐”，交通基础设施的建设，带动了交通运输业的蓬勃发展，形成了以桐木镇为中心的集散货物运输网络。“瑶山路通百业兴”，公路交通的飞速发展大大促进了金秀县社会经济的发展，加快了大瑶山脱贫致富的步伐。

三　出行路线

长垌屯距离县城有 28 公里的盘山公路，汽车正常行驶需 1 小时 20 分钟。金秀县汽车站附近有私人面包车到达长垌屯，最晚的发车时间是下午 5 点。县城内每天有一趟往返南宁市琅东站的快班，早上 7 点半从金秀发车，下午 2 点从南宁琅东站返回。

此外，当地人亦会选择从县城乘坐快班到柳州，再转车去别地。长垌村民说，坐私人面包车到达桐木镇后，再转往柳州市或南宁市，在时间的安排上就宽松些。目前正在修建的金秀县城至平南县城的“金平”二级公路就经过长垌村，建成后全柏油化的二级公路，使长垌村村民乘车出行至金秀县城的时间缩短到最多半小时，村民与外界的沟通更为便利。山区里盛产的灵香草、绞股蓝、八角、茶叶、香菇、木耳、灵芝、笋类等土特产品走出“深闺”指日可待。

四　路面状况

从柳州经鹿寨县的寨沙，取道金秀县的头排、七建、桐木，这一路地势平坦，车流量也多，烟尘滚滚。穿越桐木镇闹市区后，行驶至金秀县城的二级路途中，一路地势逐渐抬高，车辆要绕行的弯道也逐渐增多。虽然是盘山二级公路，但是路面很平整，新铺轧的沥青泛着和山体相融合的光，悬崖边上的护栏也重新加固加厚。这一路车流量明显减少，甚至有时 5 分钟才看到一辆车迎面而过，路面没有了烟尘，天空更加清朗。在金田村口拐入三级路（目前无水泥硬化路面），经由道江村、平道村，到达长垌村。在途中可以直接经过路边的古占屯，这是展现瑶家民俗风情的一个村寨旅游景点。

从长垌村向东走可到达桂田村，向西走可到达镇冲村；从长垌村一直沿三级路向南行驶，经滴水村、平孟村后，就到达长垌乡境域最南端的圣堂山。这是金秀县的地标，也是对外宣传的一张名片。长垌村村民说，每年的春节、“五一”和“十一”黄金周期间，经常看到有自驾车旅游者因为三级路的路面状况不佳而陷入困境。游客要么以为长垌村这里就是圣堂山风景区而开车驶入，要么是迷路了而进村问路，旅游者对这里糟糕的路况和路标的缺乏抱怨不已。九拐十八弯的盘山路，狭窄的路面，再加上泥泞湿滑、凹凸不平的路面状况，若不是经常往返于此的本地司机还真是难以驾驶。山路上的车队（见图 1－4）。

金秀县政府也意识到道路交通的不畅是阻碍县域旅游经济发展的瓶颈，目前正在投资建设“金平”二级公路，这是该县历史上投资最大的工程项目。2010 年 5 月“金平”

图 1－4　山路上的车队

二级公路全线通车。路面平坦、弯道少、全柏油化的二级公路，不仅极大便利了公路周边乡镇居民的出行以及物流的运输，也吸引了更多的游人和自驾车爱好者到圣堂山游览，加快了长垌乡其他潜在旅游资源的开发。

第二章　政权建设

改革开放后，特别是近10年来，大瑶山的基层政权建设得到进一步巩固和完善，基层民主也在日益扩大。长垌村基层政权建设紧紧围绕着建立和健全充满活力的基层群众自治机制而展开，继续推进政务公开、村务公开，切实保障基层群众依法行使选举权、知情权、参与权、监督权，探索契合村情的民主管理制度，加强推进民主法治村的创建工作，在实践中摸索和提高基层民主管理水平和服务水平。

第一节　基层组织建设

一　村委员会

长垌村村委员会作为村民自我管理、自我教育、自我服务的基层群众性自治组织，是宏观与微观、下行力与上行力、被动控制与主动参与的交汇点。它一方面需要办理本村的公共事务和公益事业、调解民间纠纷、协助维护社会治安；另一方面在长垌乡政府的指导和支持下，也要承担协助长垌乡政府开展工作的义务，及时向上级主管部门反馈村民的意见与想法。

（一）办公地点的设置

长垌村村委员会办公地点设立在长垌屯内，隅于长垌河边，组建于1993年。组建初期，村委的办公地点是一座60平方米的泥房，后在上级政府的资助下，长垌村在原办公室地点上推倒旧房，重建新楼，于1996年10月正式启用（见图2－1）。现在的村委员会办公楼是一栋上下两层的楼房，建筑面积为160平方米，内外墙全部坯灰刷白。楼内配有卫生间，设有办公室和会议室各两间，卫生室、图书阅览室、科技文化活动室、生殖健康咨询服务室、治安办公室、接待室各一间。2008年底长垌村村委员会办公室配置了一台电脑，还购买了打印机、数码照相机，开通了网络，

图2－1　长垌村“两委”

不仅有利于上级政府的各种文件和会议精神的传达与基层各种信息的采集和反馈，也极大方便了村委与外部世界的沟通和各种种养资讯的获取，更有利于办公形式的规范化和程序化。

（二）村委员会的成员及分工

长垌村每3年举行一次村委选举大会。2008年7月11日，经过全体村民投票选举，长垌村产生了第五届村委员领导班子。目前，长垌村村委员会设有正副村委主任各一名，具体分工如表2-1所示。

表2-1　长垌村第五届村委员会主要成员及其主要工作

职　务	姓名	出生年份	所在屯	主要工作
村委主任	庞贵斌	1976	龙庞屯	负责农业、林业、企业、土地、招商引资、调解、治安工作，联系三角一屯、三角二屯、瓦窑屯、面北屯、龙庞屯
村委副主任	郭　谊	1983	长垌二屯	负责统计、民政、扶贫、团组织工作，联系长垌一屯、长垌二屯、古方屯

注：村党支部书记李兆华负责党建、计生、武装工作，联系中村屯、六架屯、新村屯。

长垌村现任村委主任庞贵斌是龙庞屯的盘瑶，村委副主任郭谊是长垌二组的茶山瑶，村党支部书记李兆华是新村屯的茶山瑶。在此之前，六架屯的盘瑶黄金财在村“两委”担任主要职务34年，古方屯的茶山瑶陶向东、长垌一屯的茶山瑶冯爱华、中村屯的茶山瑶李汉书、三角屯的山子瑶黎显章、新村屯的茶山瑶李兆华都曾担任过村委员会的主要职务。这些村干部所来自的村屯和所属的瑶族支系成分都说明，长垌村“两委”的负责人并非都由长垌村当地人口最多的自然屯或人口占绝对优势的茶山瑶人来担当，这正是瑶族各支系地位平等的一个体现。

另外，负责监督第五届村委员领导班子工作的有6位委员，他们是李小川（女，古方屯人，茶山瑶）、赵福才（六架屯人，盘瑶）、邓家宏（三角一屯人，山子瑶）、冯爱华（女，长垌一屯人，茶山瑶）、李荣林（中村屯人，茶山瑶）、黄金福（瓦窑屯人，盘瑶）。

2008年底，除了长垌村以外，长垌乡其余行政村的村党支部书记和村委主任的任职都由同一人担任，而长垌村从第二届村委员会换届选举开始，就已经取消了这一制度。对此，现任村委主任庞贵斌认为：“在长垌乡，长垌村的公益林亩数最多，公益林补助款也是最多的。为了有效地监督财务的支出状况，这几届的支书和主任都是分别任命。”

长垌村村委员会成立之初，第一任村委员会主任黄金财在这一职位上做了32年，直至退休。随后上任的村委员会主任仅做了一届，就由现在的村主任庞贵斌接任。庞贵斌表示，在村委任职的时间最好是两届以上，这样才能逐渐熟悉村里的工作，越做越好。在村“两委”都较长时间工作过的李兆华也说：“三年一换，刚熟悉就换掉了，三年家里的田地林地的农活全都丢了，如果落选了就得回家，什么都没有了，这肯定没有什么干劲。带情绪的人什么材料都不留给下一任，下一任工作难度就大了。”

附1 村委学习制度

一、实行以自学为主，集中学习为辅的学习制度。

二、集中学习每月第一、第三个周五下午集中进行。对上级召开的重要会议和重要文件精神及时组织学习。

三、在学习内容上，集中学习以政治学习为主，主要学习邓小平理论、十七大精神和江泽民同志关于“三个代表”重要思想的论述；业务学习以自学为主，联系自身的工作实际，学习有关业务知识和法律法规。

四、根据上级安排参加有关政治和业务培训，鼓励村委人员参加各种形式的函授、自学考试、成人高校等再教育活动，提高自身素质。

附2　村委会工作制度

一、集体领导、分工负责制度。需由村委会集体研究决定的问题，须有主任、副主任和2/3以上委员参加，经应到会成员半数以上的通过，方能做出决定；属于个人分管工作，要切实负起责任。

二、碰头会议制度。村委会每月召开一次碰头会，村委会成员相互沟通情况，协商工作。

三、办公会议制度。村委会每月召开一次由全体成员参加的办公会议，必要时扩大到下属委员会负责人、村民小组长和其他有关人员。办公会议内容为汇报、检查、研究有关工作。

四、向村党支部汇报工作制度。村委会一般每月要向村党支部汇报一次工作，日常工作中的大事、要事，要及时主动向村党支部汇报。

五、向村民会议或村民代表会议报告工作制度。村委会每年至少向村民会议或村民代表会议报告一次工作，并接受与会人员的咨询，对有关问题做出解释。报告要形成书面材料，并归档备案。

六、村干部值班制度。每天要有一名村干部值班，保持和上级党委、政府及各部门的沟通和联系，处理好当天发生的事务，并做好记录工作。

附3　财务管理制度

一、村财务要严格执行账、钱分管制度。会计管账不管钱，出纳管钱不管账，非出纳人员一律不得管理现金。每年应由乡有关部门进行一次财务年度审计。

二、村一切财务开支必须按照规定的批准权限进行审批，并实行“一支笔”签字。500元以内的开支经村党总支书记审核同意后，由村委主任审批；500～2000元的开支，由村“两委”研究决定，村委主任审批；2000元以上的开支，由村民代表会通过，村委主任签批。手续不完善的开支，出纳员不准付款，否则责任自负。

附4　村委员会的主要职责

一、组织村民学习、宣传、贯彻宪法、法律、法规和政策，教育和帮助村民履行法律规定的义务，维护村民的合法权益。

二、召集和主持村民会议、村民代表会议，并向会议报告工作，执行村民会议和村民代表会议的决议、决定，主持日常村务，保障村民自治章程和村规民约的实施。

三、支持和组织村民发展经济，并做好各项服务工作。

四、教育村民执行土地利用总体规划、基本农田保护

规划、村镇建设规划和资源生态、环境保护规划，依法管理属于村集体所有的土地、山林、水田和其他财产。

五、管理本村的公共事务和公益事业。

六、协助政府开展合作医疗、救济救灾、拥军优属、婚姻管理、计划生育、“五保户”供养等工作。

七、调解民间纠纷，协助乡政府和有关部门做好社会治安综合治理工作。

八、开展社会主义精神文明建设活动，破除封建迷信、消除宗族观念。

九、教育村民加强民族团结，互相帮助，互相尊重。

十、向乡人民政府反映村民的意见、要求和建议。

十一、履行好法律、法规规定的其他职责。

附5　村民会议和村民代表会议制度

为了加强对村民会议和村民代表会议的管理，特制定如下制度：

一、村委员会每年召开一次村民大会，向村民总结汇报工作，布置下一步工作，讨论决定本村其他重大事务。

二、村委员会每年召开村民代表大会一次，组织代表学习党的政策和上级文件，村委员会干部向村民代表表述讨论本村的工作计划。

附6　上班考勤制度

一、全额定工村干部全脱产八小时工作制度。作息时间参照上级机关干部作息时间确定，并享受国家法定节假日。在国家法定节假日期间，安排干部轮流值班。

二、实行请销假制度。因故不能上班必须履行请假手续。村级党组织书记、村居委会主任请销假，由乡级党委批准；其他村级干部请销假，由村党组织书记或村委主任批准。

三、实行农忙假制度。村级干部每年享有15天农忙假期。申请农忙假要以书面假条报乡级党委批准。农忙假应每年都安排，当年不安排的，第二年不能补休。

附7　村委公开内容

一、财务收支情况。

二、村集中土地、山林、水田等有关情况。

三、专项工程集资及支出情况。

四、计划生育指标安排及执行情况。

五、征用土地和宅基地审批情况。

六、村干部的工作目标、任期目标和完成情况。

七、其他涉及村民利益的重大事项。

附8　主任职责

村委会主任在党支部的领导下，主持本村工作，其主要职责是：

一、认真贯彻执行《中华人民共和国村民委员会组织法》，坚持依法治村，做到民主决策、民主管理和民主监督。

二、组织实施乡政府下达的经济、教育、建设税收、优抚、扶贫、社会治安和计划生育等工作任务，并将完成情况报告政府。

三、在正确分析评估当地资源，在集中多数群众意见基础上，组织制定和实施本村经济、社会发展年度计划和长远规划。

四、组织和帮助村民发展生产，选择致富项目，并在资金、技术、信息等方面做好服务工作，千方百计帮助村民脱贫致富。

五、重视发展村办经济，增加村集体经济收入，努力为村民办实事，增强村委会的凝聚力。

六、组织村民学习政治、法律、文化和技术，普及九年义务教育，提高村民的政治、思想和科学文化素质，做好村民的社会福利和保障工作。

七、勤政、廉政，倾听群众呼声，积极向上反映群众意见，为村民解决一些实际问题。

八、定期召集村民和主持村民代表会，制定发展规划，汇报财务收支或各项工作的进展情况，通过村委会有关规定，向代表会议提出选举或罢免建议。

附 9　副主任职责

协助主任工作，主任外出由主任授权主持全村工作，做好由自己负责管理的工作，对所负责工作的重大问题及时向主任提出处理意见。

附 10　委员职责

做好由自己负责管理的工作，经常检查所负责的工作贯彻执行情况，并向村委会和乡政府有关部门汇报。

附 11　村民小组长职责

一、管理本组的公共事务，组织群众兴办本组的公益事业。

二、组织本族群众发展生产，完成上级人民政府布置的各项工作任务。

三、管理好本组包括山林、土地和其他公共财产，掌握具体数据。

四、建立健全财务制度，管好、用好集体资金。

五、管好本组山林、土地及其他项目的承包合同。

六、组织本族群众学习和开会，向群众宣传宪法、法律、法规和国家政策，宣传社会主义思想，开展精神文明建设活动。

七、宣传优生、优育、优教知识，做好计划生育服务工作。

八、抓好本组的治安防范工作，维护农民的生产生活秩序。

九、调解组内纠纷，促进内外团结。

（三）酬劳

按照规定，长垌村“两委”主要负责人实行坐班制度，重要的节假日实行轮值制度，办公时间和乡政府的公务员相差无几。若是外出办事不在岗位则要填写事由，家里的田地与山林只能在双休日打理。村干部的工资由金秀县财政局统一发放，支书和主任每个月 1400 元，副主任每个月领 1200 元。其余村委成员和各村民小组的组长每年可从村

委会领取一次酬劳。2009 年以前，这些成员的酬劳是每年 100 元，2009 年增至 300 元。村主任庞贵斌说："村委委员和小组长虽算不上村里正式的干部，但是他们的工作相当烦琐。尤其是村民小组长，他们在日常组织村民生产、协调村民纠纷、参加村委工作会议和向本屯村民传达会议内容等方面做了很多细致的工作。哪怕是多 100 元的数额，也能给予他们多一些安慰。"因此，村委会希望能够从村委管理的公益林补助中拿出一部分来提高他们的酬劳，这一提议将提交长垌村村民代表大会商量决定。长垌村各村民小组组长名单见表 2－2。

表 2－2　长垌村各村民小组组长名单

村民小组名称	姓名	性别	出生时间	文化程度	政治面貌
面北屯	潘志官	男		高中	
瓦窑屯	黄金福	男	1972.6.26	初中	党员
六架屯	赵福才	男	1975.3.26	初中	党员
中村屯	李晔春	男	1955.3	高中	
长垌一屯	余卫宁	男		高中	
长垌二屯	李　庆	男	1959.10.18	初中	党员
龙庞屯	盘文金	男	1969.5.7	初中	
古方屯	陶志刚	男	1969.1.17	初中	
新村屯	莫家龙	男	1964.9	初中	
三角一屯	李勇军	男	1963.8.10	初中	
三角二屯	黄佩文	男	1966.1.10	初中	

二　党团组织

农村基层党组织深入广大农村、农民中间，代表着党的形象，是农村各种组织和各项工作的领导核心，是贯彻落实科学发展观的组织者、推动者、实践者。加强农村基层组织建设，事关广大农村乃至整个国家发展改革稳定的大局，是新时期党的建设的重大任务，把农村基层党组织建设成为实践科学发展的坚强堡垒是努力的目标。金秀瑶族自治县旅游局党支部还与长垌乡长垌村党支部开展联谊活动，共建党内和谐，推动长垌乡长垌村党支部各项工作的开展与完善。

（一）新一届支委的产生

2008年7月11日，长垌村支部委员会举行换届选举，由47名党员选出新一届长垌村党支部成员（见表2-3）。

表2-3　长垌村党支部成员情况

姓　名	职　务	所在村屯	民　族
李兆华	支部书记	新村屯	茶山瑶
庞贵斌	支部副书记	龙庞屯	盘　瑶
李小川	委　员	古方屯	茶山瑶
赵福才	委　员	六架屯	盘　瑶
邓家宏		三角屯	山子瑶

（二）发展党员的情况

长垌村共有党员56名（包括外地转入），每人每月交纳2元党费。2008年5月四川汶川发生地震后，长垌村党支部于5月24日召开支部会议，动员党员交纳特殊党费，共收到1843元。长垌村平均每年有2名预备党员转正，同

时还吸收一批入党积极分子。

长垌村党员的年龄结构趋向于老龄化，多集中在55～65岁这一阶段，25岁以下的党员和入党积极分子都没有。从党员受教育程度来看，仅有6人具有高中或中专学历，1名大专学历（已经退休），多数党员的文化程度只有小学（部分只念到了小学三年级）。尽管表格里有20人填写的是初中文化，但是仅有一半真正读完初中。从党员来自的村民小组看，远离村委的中村、瓦窑、六架、面北等自然屯人数较少，入党积极分子更少。随着农村体制改革的不断深入，农村基层广大党员越来越难以适应新农村建设形势的要求。农村党员老龄化现象严重，无法起到党员的先锋模范带头作用，且有一定文化程度的年轻村民基本是常年在外务工，培养新的年轻入党积极分子和有作为的农村后备干部工作难度大。

2009年10月25日，在长垌村全体党员再次集中学习科学发展观的会议上，针对目前长垌村党员带领群众致富的本领不高、发展农村经济能力不强这一现状，不少党员提出，要发挥党员先锋模范作用，就要加大对长垌村党员的教育培训力度，利用公共资金建立学习费用分担机制，鼓励农村干部参加学历教育进修。有的党员还提出，必须落实好长垌村党员的知情权，要把镇情、村情通报工作作为支部大会重要内容之一，定期向党员通报。支部书记还交代各位党员，要特别注意引导回乡务农的学生、退伍军人、乡镇企业从业人员、外出务工人员等优秀的农村青年积极主动地向党组织靠拢。

（三）党员中的致富能手

如今，长垌村党支部已通过“党员先锋工程”、“党员中心户”和“党员科技示范户”等，发挥本村党员在宣传农村政策、执行计划生育、发展农村经济、扶贫帮困、调解民事纠纷、兴办公益事业等方面的带头作用，几名党员在带领群众致富方面得到了村里村外的赞扬。

案例2－1　长垌村的致富能手

长垌村党员致富能手首推黄金福。他生于1972年，盘瑶，初中毕业，如今是瓦窑屯的队长。2003年瓦窑屯修了屯级路，在此之前，瓦窑屯经济发展缓慢，农用车都无法进入。而黄金福却在2000年建成了瓦窑屯里第一座砖楼，这件事成了长垌村甚至是长垌乡的传奇，至今还让人津津乐道。黄金福种养勤快，一天就能捡5袋八角，用马驮回家中。他学习了电焊技术，积累下建房的资本。为了节省人力，他买回了几千块钱的钢丝索，在当时不通路的瓦窑屯两山之间架起钢索，将建筑材料运至瓦窑屯对面山。利用钢丝索吊建材，硬是建成了外墙装修、青瓦盖顶的三层楼房，这在当时整个长垌村算是最漂亮的房子（见图2－2）。后来他又将钢丝索拿到别处卖掉，还赚到了钱，大家都夸他有经济头脑。

他建房用钢丝索的事一传十十传百，在整个长垌乡都有名。建完房子后，他带领瓦窑屯人种橙子、种石岩茶，还组建了自己的建筑队，到桐木镇、三角乡、忠良乡等地搞建筑。大家都挺佩服他，瓦窑屯人就力挺他当队长。

除黄金福外，长垌村党员致富能手还有在罗香乡开电子游戏机室的新村屯的队长莫家隆；1982年退伍的长垌一屯的队长李庆，他开了一家冰室和中草药店，修建了长垌乡唯一的KTV茶座；三角屯的黄金明开酒场兼养猪，开手机充值的门面；古方屯的陶向东自己有两辆面包车，带着本屯年轻人跑运输。虽然从积累金钱的多寡程度去评议，他们的富足程度无法与大瑶山外的致富带头人相比，但是这些本土瑶族党员在带领群众致富的道路上的确起到了示范性的作用。

图 2－2　瓦窑屯黄金福的“钢丝房”

（四）所获荣誉

1997 年 12 月，长垌村党支部被中共金秀瑶族自治县委员会授予“五个好”党支部的称号；2006 年 6 月，长垌村党支部被中共金秀瑶族自治县委员会评为“保持共产党员先进性教育活动先进集体”；2009 年 7 月，李兆华被评为金秀瑶族自治县优秀共产党员（见图 2－3、图 2－4）。

（五）团支部活动

最近几年，长垌村外出务工的年轻人不断增多，村团

图 2－3　长垌村委会荣誉奖状

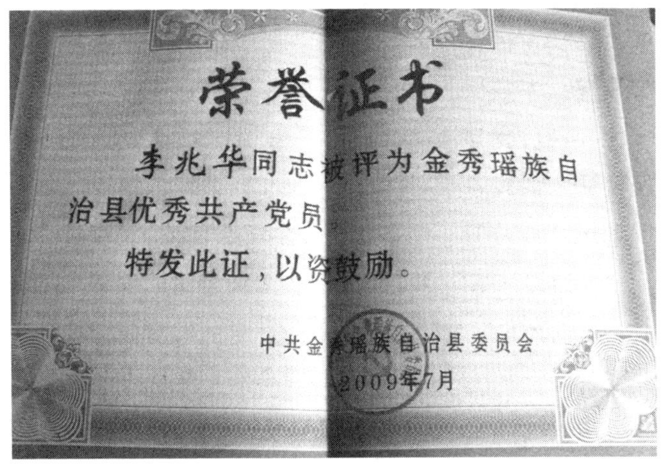

图 2－4　优秀党员荣誉证书

支部开展集体活动受到了影响。在村委副主任郭谊的提议下，2009 年由长垌村团支部动员广大村民，组建了长垌村文艺队和篮球队。

2006年，长垌村团组织荣获“金秀县优秀团支部”的称号。2009年9月，在参加金秀瑶族自治县庆祝中华人民共和国成立60周年农村文艺会演中，长垌村代表队的舞蹈“大地飞歌”荣获三等奖。2009年12月在长垌乡农民迎新年文艺会演中，长垌村代表队的两支舞蹈都获得二等奖。长垌村篮球队在2009年12月举办的长垌乡农民迎新年篮球赛上获得了第二名。

三　干部培养

在《中华人民共和国宪法》和《中华人民共和国民族区域自治法》中对少数民族干部问题的相关原则和精神等政策措施的支持和保障下，广西瑶族干部的成长越来越迅速。

2000年到长垌村委做村主任助理的陶王莉从湖南林业学校毕业后，恰逢广西开展大中专毕业生村官试点，她在长垌村委一干就是8年。2008年陶王莉参加公务员考试到长垌乡民政办做民政助理，她的事例也激发了长垌村有志青年对未来的规划。

2010年6月12日，长垌村委主任庞贵斌和长垌村党支部书记李兆华第一次参加了金秀县公务员录用的考试。在此之前他们已经在金秀县桐木镇函授行政管理的专科课程，虽然还没有拿到毕业文凭，但符合招考条件。虽然两人的笔试成绩没有过关，但是他们表示若有机会仍然愿意尝试。

第二节　村民自治

村民自治，简而言之就是广大农民群众直接行使民主权利，依法管理自己的事情，创造自己的幸福生活，实行自我管理、自我教育、自我服务的一项基本社会政治制度。村民自治的核心内容是“四个民主”，即民主选举、民主决策、民主管理、民主监督，因此，全面推进村民自治，也就是全面推进村级民主选举、民主决策、民主管理和民主监督。

一　民主选举

（一）村民代表的产生

村民代表先由各村民小组推选产生候选人，再经由村民代表选举委员会组织全体具有选举权的村民选举产生。长垌村村民代表的年龄多集中在40岁左右这一年龄段。这些村民代表在其所在的自然屯都是“说得上话”的人，与周围的农户关系融洽，乐于助人，关心农事生产，关心村里的发展，有良好的口碑。

在长垌村第五届村民代表名单里，除1名汉族和2名壮族代表外，其余均为瑶族。在村民代表中，女性代表有12人，占代表人数的34.3%。

（二）村民代表大会的召开

2008年7月5日，长垌村召开第五届村民代表大会。根据长垌村选民的提名，村委会公布了主任与副主任候选人的名单。按照上级的选举方案，今后的村委干部至少要有一名女性，而且年龄必须在35岁以下，至少具备大中专文化程度。根据上级党委对村委干部的配备要求和审查结果，长垌村共有蒋仪、蒙彩连、李翠、郭谊4人符合要求，她们全作为村委副主任的候选人。根据长垌村的实际

情况，代表们一致同意在村委设立1个投票站以及向长垌屯、古方屯、面北屯、瓦窑屯、三角屯、龙庞屯、新村屯、中村屯、六架屯派出9个流动票箱。会议最后，主持人申明长垌乡选举定在7月11日，希望村民代表回去转告选民，让全体选民都能投上神圣的一票。

（三）新一届村委员会的产生

2008年7月11日，选举正式开始。长垌村共有选民865人，发出选票865张，收回选票865张，其中有效选票823张，废票42张。本次选举应选主任1名、副主任1名、委员3名，选举结果如表2－4所示。

表2－4　长垌村第五届村委会选举结果

当选人姓名	当选职务	得票数	是否候选人	性别	年龄	文化程度	政治面貌	原任职务
庞贵斌	主　任	462	是	男	31	高中	党　员	村民小组长
郭　谊	副主任	482	是	女	25	中专	群　众	—
冯爱华	委　员	572	是	女	42	高中	党　员	—
李荣林	委　员	546	是	男	46	初中	群　众	—
黄金福	委　员	482	是	男	36	初中	群　众	村民小组长

7月11日这一天，除了诞生新一届的村委员会以外，长垌村9屯11组的村民小组长也一同产生（名单见表2－2），他们将配合村委会开展各项工作。

二　民主决策

村级民主决策的内容是与农民群众切身利益密切相关的事项，如集体的土地承包和租赁，村委员会的设立，撤并和范围调整，集体资产处置，村干部报酬，村公益事业的经费筹集方案和建设承包方案等。民主决策的事项要符合党的方针和国家法律法规，不得有侵犯村民人身权利、民主权利和合法财产权利的内容。笔者根据长垌村村委会提供的会议记录，选录了几项能够体现村中民主决策的内容。

1. 公益林管护员的工资补助问题

长垌村有着长垌乡面积最大的公益林，关于公益林管护员的工资问题，有村民代表提出，依照每亩一元的标准付给管护员工资，村委会每年分别支付给队长和委员 150 元和 50 元。经过商议，这一方案得到了代表们的一致同意。

2. 三求工程问题

2009 年 7 月，长垌村委开始实施求技、求乐、求知“三求工程”，着手村里球场、戏台、文化室的搭建。经过村民代表商议决定，戏台的建设费用由财政出资 25000 元、村委会出资 25000 元，8 月 25 日民族化的戏台落成。戏台前的灯光球场早在 2000 年就已经建成，在做好亮化工程的议题上，代表们对工程的设计、资金的支出没有提出异议。

3. 关于办公楼的易址问题

为了把不显眼的村委办公地点迁至戏台旁边，以方便村民办事，前两届村委会就有将办公地点易址的想法。新一届村委会也想把搁置已久的村委会迁置项目尽早解决，于是在 2009 年 7 月 21 日召开了村民代表大会，讨论拍卖旧村委楼的价格问题以及新建村委楼的资金问题。但是绝大部分村民代表投了反对票。最终村委办公楼的地理位置不变，而戏台旁边的空地建起了村文化室。

三 民主管理

乡村民主管理是指村委员会在“民主、公平、公开”的原则下，科学地将管理思想进行传播，协调村民各种行为以达到管理目的的一种管理方法。作为少数民族村寨，长垌村的民主管理不仅具备普通村庄的特征，同时其还运用瑶族石牌制度规范村民的日常生活，受到了村民的认可。

（一）各项规章制度的制定

经过村民代表大会的商论，围绕着长垌村公共生活领域制定出如下制度：科技文化活动室管理制度、卫生室工作制度、图书阅览室管理制度、生殖健康咨询服务室工作制度、农民文艺队设备管理制度、农民文艺队活动制度、灯光篮球场管理制度、农民篮球队活动制度、长垌村计划生育管理制度、人口管理员工作职责、基层协会工作制度、村计生协会会长职责、村专职副会长和秘书长职责、计划生育协会工作职责、计划生育村民自治领导小组工作职责、村人口与计划生育领导小组职责、村民小组人口管理员职责、中心户长工作职责、妇检制度、计划生育图书专柜使用制度。

（二）各自然屯的村规民约

“石牌大过天”，这是金秀瑶族民众相当熟悉的民谚。历史上瑶族石牌制渗透在瑶民生产生活的方方面面，规约着他们的一言一行，调整规范个体之间的关系。中华人民共和国成立后，“石牌大过天”这种瑶族传统民间习惯法的观念虽有所松懈，但并未被彻底遗弃。20 世纪 80 年代初期，在大瑶山腹地传统瑶族石牌制以村规民约的新面貌出现。最初这些村规民约规范的只是森林防火、树木砍伐等有限范围，后来在这些条款、公约的基础上不断延伸所规范的领域。由于这类贴近瑶民生产生活的村规民约作为国家法令的有益补充，在现实问题的处理上比国家法令更易操作和简练高效。在各级基层政权的重视与支持下，这种村规民约的制定在瑶山各村寨迅速推广开来。

在长垌村最先制定村规民约的是六架屯。1990 年年底，六架屯的晒谷场上树立起了一块大石牌，虽然石牌上的条令大多已被风雨剥蚀得模糊不清，但是它对一个人的成长起到了模塑的作用，至今仍然吸引着关注瑶族石牌制的学者前去调研。当时，六架屯为村民的行为举止立石牌的事例很快就被长垌村其他自然屯效仿，至 1991 年初，长垌村下辖的各自然屯都有了自己的村规民约。虽然没有像六架屯那样将各项条款逐一刻在石碑上竖立起来，但各屯的条款内容与六架屯比较相似，只是在规定事情的具体罚金多寡上有区别，它们为营造良好安定的社会氛围和秩序做出了贡献。至今在村委保存的旧档案中，还能找到几份早些时候的村规民约记录。其罗列的内容，与当时所处的历史环境相符，比如提到巩固家庭联产承包责任制的成果，在群众中流传“要回祖宗山林水田”的思潮，等等。比较各自然屯村规民约的异同，不难发现，在改革开放初期，队与队的土地纠纷、祖宗山林归属、群众要求公开村公所的账目、农民要交土地承包费、党员要做好群众的思想工作等，都一一反映在各屯的村规民约上。

笔者找到了长垌村部分屯于 1991 年立下的村规民约。

附1　三角屯村规民约

为了维护本村的社会秩序、增进团结，经全体村民讨论，特制定本公约，希各自遵守。

1. 凡是盗伐国家、集体、他人的木材、竹子和竹笋的，除退回赃款赃物外，另按价值处以3倍的罚款，每根竹子或是笋子罚款5元，偷一个果子罚款0.5元。

2. 凡是盗窃各种农作物的，除退回赃款赃物外，另加罚款5倍。

3. 凡是盗窃菜类的，按每个罚款2元。

4. 凡是盗窃他人鸡、鸭、猪、狗及家禽的，除退赃款赃物外，另加3倍的处罚。

5. 凡是盗窃他人的家具、农具、电具，除退回赃款赃物外，另加罚款2倍。

6. 凡扒窃他人的现金、存折的，除退回赃款外，另加罚款100元。

7. 凡是破坏他人的农田、水利设施，造成一定经济损失的，除赔偿损失外，另加罚款30元。

8. 家禽牲畜糟蹋他人作物的，经双方协商，赔偿损失。如是故意的，除赔偿损失外，另加2倍赔偿。

9. 凡打架斗殴或是故意殴打他人，致使他人受伤的，除犯刑法和给予一次性赔偿医药费和误工费外，另加罚款100元。

10. 通奸、发生不正当两性关系，破坏他人家庭团结，罚款3个40（即40斤米、40斤酒、40斤猪肉），男女同等处罚，给全队喝教育酒。

11. 拒不交纳集体承包费，罚款50元。

12. 不许乱占他人的承包地界，违者除所退回地界外，另罚款10元，并付给处理人员的误工费，每人每天5元，罚款限期在一个星期内交清。若抗拒不交者，可加罚款，并由执行小组采取强硬措施以物抵押。

13. 处理违法人员所得的罚款现金，40%奖给调解人员作为误工费，30%奖给揭发或检举人员，30%留给生产队作公共积累。

14. 集体的荒山地、队里发包的，任何人不得随意侵占，违者每亩罚款100元。

15. 经群众举报，证据确凿的违约事件，执行小组不处理的，每起按应处罚等价、罚款执行小组人50%。

16. 凡处理违约人员，需要召开群众会议，不参加会议和会后议论的罚款50元。

17. 无故骂人和无理取闹，造成他人家庭和人与人之间矛盾的，罚款50元，并付给处理人员误工费每人每天5元。除罚款外，给被冤枉人洗脸费20元。

18. 凡有外村和本村需要进入本村地界内起建房屋的，或者打砖石瓦菜，必须经村民讨论通过。如有任何个人自己做决定的，则每平方米罚款5元。

19. 本协议公约人员是：黎显章、李家毫、李玉兰、李勇年、李秀加、李向阳、李兵等7人。

20. 本公约自一九九一年元月十日起执行。

三角村委全体村民

附2 龙庞屯村规民约

1. 凡是盗我国家、集体、本村他人竹子的，除退回赃款赃物外，另按价值罚款1~5倍。

2. 凡是盗窃各种农作物的，除追回赃款赃物外，另罚款1~5倍。

3. 凡是盗窃菜类的，每斤罚款2~5元。

4. 凡是盗窃家禽家畜的，除退回赃物赃款外，另罚款1~5倍。

5. 凡是盗窃家具、农具、电具的，除退回赃款赃物外，另罚款1~5倍。

6. 凡扒窃现金、存折的，除追回赃款外，另罚款10~100元。

7. 凡破坏水利设施、通信、广播设备，造成一定经济损失的，除赔偿损失外，另罚款30~200元。

8. 家禽、牲畜糟蹋他人农作物的，双方商量限期赔偿损失，超过日期罚款20~50元。

9. 辱骂他人不听劝告的，罚款5~20元。

10. 凡是打架斗殴或者故意殴打他人的，除一次性赔偿医药费和误工费外，另罚款20~200元。

11. 为盗窃分子窝藏赃物赃款的，罚款30~50元。

12. 犯流氓、侮辱妇女、发生不正当关系的，处罚3个36（米36斤、酒36斤、猪肉36斤），男女各出一半，供全队吃团结饭、喝教育酒。

13. 不按时交纳集体承包费的，罚款5~50元。

14. 做地不许乱占他人地界，如乱侵占他人地界的，除退回所占的地界外，另罚款10~50元。

15. 处理违法人员所得的罚款现金，30%奖给调查调解人员作为误工费，40%奖给揭发检举人员，30%留生产队。

16. 凡是违反本村的村规民约的，按上述条款处理。

17. 违反村规民约的处罚由本村队干部执行。

随着时间的推移，十几年前制定的村规民约在内容表述、处罚方式与数量定夺上显然已经跟不上形势的变化。为此，长垌村订立了新的村规民约，这是各自然屯村规民约的“集大成者”。细看每一条款对事情的界定，对比十几年前的变化，既反映出了整个中国社会经济社会发生巨变的时代的特色，又兼顾大瑶山本土的地方特点。它像是一个总则，模塑长垌村人应有的整体风貌，突出作为群体成员所具备的责任感。而各自然屯的条款则像是细则，雕琢个体的言谈举止和品行气质。

附3 长垌村村规民约

1. 每个村民都应该学法、知法、守法，自觉维护法律的尊严，懂法、用法，依法办事。

2. 村民之间应团结友爱、和睦相处，不打架斗殴，不酗酒滋事，不侮辱、诽谤他人，不造谣惑众、搬弄是非。

3. 爱护公共财产，不得损坏水利、道路交通、供电、通信、生产等公共设施。

4. 加强野外用火管理，严防山火发生，家庭用火做到人离火灭，不留火灾隐患。

5. 提倡社会主义精神文明，移风易俗，反对封建迷信及其他不文明行为，不听、看、传淫秽书刊、音像，不参加邪教组织，树立良好的民风、村风。

6. 红白喜事坚持“喜事新办、丧事从俭”，破除陈规旧俗，反对铺张浪费，反对大操大办。

7. 积极开展文明卫生村建设，搞好公共卫生，加强村容村貌整治，搞好房前屋后绿化，美化环境。严禁随地乱

倒乱堆垃圾，修房盖屋余下的垃圾碎片应及时清理，柴草、粪土应定点堆放。

8. 建房应服从村屯建设规划，经村委会和上级有关部门批准，统一安排，不得擅自动工，不得违反规划或损害四邻利益。

9. 村民之间要互尊、互爱、互助，和睦相处，建立良好的邻里关系。

10. 邻里纠纷，应本着团结友爱的原则平等协商解决，协商不成的，可申请村委调解，也可以依法向人民法院起诉。树立依法维权意识，不得以牙还牙，以暴制暴。

11. 遵循婚姻自由、男女平等、一夫一妻、尊老爱幼的原则，建立团结和睦的家庭关系。

12. 严格遵守计划生育政策，自觉实行计划生育，提倡晚婚晚育、优生优育；遵照诚信计生协议履行各种职责，不参加诚信计生小组的育龄群众，按计生政策法律法规重点管理。

13. 父母应尽抚养、教育未成年子女的义务，禁止歧视、虐待、遗弃女婴，破除生男才能传宗接代的陋习。子女应尽赡养老人的义务，不得歧视、虐待老人。

四　民主监督

民主监督在长垌村最突出的表现形式就是村中的村务公开栏（见图 2－5）。通过村务公开栏，村民可以了解到长垌村计生工作、村庄财政等情况。村务公开栏每个季度更新一次内容。

（一）政务公开

政务公开是将村委会的工作内容公开化，通过张贴的方式让村民对其工作进行监督。长垌村政务公开的内容包括计划生育、财务开支、决策公开等内容。

图 2－5　村务公开栏

附 1　长垌村 2009 年 9 月计划生育政务公开栏

（张贴在村务公开栏里的原稿）

一、人口出生情况：

中村屯：冯驰敏　冯金美　2009. 9. 3　生育二孩　男　计划内

长垌一：李建　张秀　2009. 9. 29　生育一孩　女　计划内

新村屯：赵有斌　李玉　2009. 9. 17　生育二孩　女　计划内

二、节育情况：

长垌二：冯强　盘慧玲　2009. 9. 20　放环　县服务站

三、新婚情况：

六架屯：庞文才　冯金萍　2009. 5. 21　双方均属初婚

长垌一：李建　张秀　2009. 4. 15　双方均属初婚

古方屯：黄宏覃　赵丹　2009. 4. 7　双方均属初婚

中村屯：李建　覃应传　2008. 12. 22　双方均属初婚

长垌二：陶国栋　王再兴　2009.4.7　双方均属初婚

长垌二：陶志健　卢玉秀　2008.12.2　双方均属初婚

四、死亡情况：无

五、持证怀孕情况：

三角屯：李玲萍　计划内二孩

面北屯：赵丽花　计划内二孩

六、领取独生子女情况：无

七、领取一次性奖励扶助情况：无

八、违法生育及社会抚养费征收情况：无

九、计划生育“七个不准”长期公布

（二）财务监督

长垌村的财务收支情况每季度公示一次。

附　2009年1月3日财务公示

财务公开	上期结存：244254.26元 本期收入：12535元 其中： 1. 县交通局支付涵洞清理：200元 2. 收到杨八山承包费：170元 3. 二级路占用林地砍杉树：300元 4. 收到3个月房租：450元 5. 二级路补征用地补偿：11415元	本期支出：26658.7元 其中： 1. 召开会议餐费：396元 2. 支付电话费、电费：73.7元 3. 付村干3人补助：8737.5元 4. 村干到县办事费：190元 5. 村民2009年参加新农合费：8870元 6. “关爱女孩”捐款：100元 7. 冯文周退出管护员支付：1000元 8. 购买办公用品、电脑等：6739.5元 9. 订费、订报：552元
	本期结存：230130.56元	

（三）民主测评

村委会的民主测评工作是加强村委会建设、巩固民主选举结果、促进村委会干部队伍建设的重要措施。民主测评的对象是村委会成员，测评内容包括法律政策观念、组织领导能力、民主作风、廉洁自律、团结协作、为群众办事、工作成效等方面。民主测评由民主测评委员会小组负责，先由村委会成员述职，再由民主测评小组的领导分别与述职人员进行谈话，对其工作进行评价。

2009 年 12 月 30 日，长垌村委举行干部民主测评会。会议由副乡长黄韬霖主持，县、乡两级新农村建设指导员以及村委 3 个主要成员分别述职，各屯的队长、副队长到场监评。

述职结束后，副乡长黄韬霖逐一找各屯的队长、副队长谈话，让其评价述职者一年来工作的成效并提建议，每个人谈话的预计时间是 5 分钟。但是实际谈话的时间远远超过了原来的预设，看得出来这场测评会绝对不是走过场。每个人具体的谈话内容，笔者无法得知，但是他们在会议室里彼此之间的公开交谈，态度中肯（提出的批评建议会在后面章节提及），充分行使他们的民主监督权利。庞贵斌和郭谊是第一次进入领导班子，对于自己第一年的村委工作成效有些紧张。毕竟基层群众言谈举止的“天然去雕饰”与“原生态”真是很考验一个干部的心理承受能力和心胸的开阔度。这足以证明开展基层农村工作的艰辛以及瑶族群众较高的民主监督意识。

附 村主任庞贵斌2009年度述职报告

各位领导、各位代表：

现将我这一年来的工作总结如下。

我在乡党委政府的正确领导下，按照村委年初制定的经济发展计划和工作目标计划，克服困难，认真贯彻落实上级部门部署的工作和任务。

一、积极做好各项行政性工作

1. 行政性工作千头万绪、错综复杂，面对各种困难，我们能够明确分工，责任到人，抓苗头、抓重点、抓落实，做到发现早、处理好，较好地解决一些民事纠纷问题。

2. 认真学习中央的有关“三农”政策，深入学习贯彻科学发展观，坚持每天阅读各种党刊、报刊，在不断学习中充实自己。

3. 扎实学习法律知识，增强我的依法办事能力。主要围绕着计生、民政、村建、国土、生态林保护和全面贯彻落实家畜防病条例切实开展家禽统防等工作。严格按照有关规定，我们干部严格把关，确保民政救济、救灾和低保物品能够及时发放到困难群众的手中。

二、林改工作是重中之重

我们认真开展宣传，发动群众积极配合林改工作组的工作。现我村委有6个屯已基本完成林改的绘图工作。我积极协助财政所做好2010年度新型农村合作医疗工作的宣传，以及农民参合费用的收缴。在我们的共同努力下，我村参合人数共计994人，参合率达96.3%。经我村委研究决定，继续帮助本村全体村民承担2010年度每人10元的参合费，村委共支付了8870元。

根据上级文件的指示精神，我村已经完成戏台及灯光球场的修复，总投入资金5万多元，还组建了自己的文艺队。村委共拨15.5吨水泥给三角、古方、长垌、六架、中村等屯，共计修复农田水利总长920米，解决了几十亩农田灌溉问题。

三、武装、治安、计生工作

1. 做好了一年一度的征兵工作。每年征兵前，我们都能及时对本村适龄青年进行摸底调查，动员适龄青年报名应征。

2. 切实加强社会治安综合治理，定时排查和化解民事纠纷。今年我村委共受理民事纠纷5件，调解5件，调结4件，成功率为80%。消除不稳定隐患，确保安全生产，无重大民事案件和刑事案件以及不安全事故的发生；同时，加强宣传冬季防火知识，增强村民的安全防范意识。

3. 我能认真做好计划生育信息普查，我村无超生，无计划外生育，顺利通过来宾市工作组的检查。

以上是我一年来的工作总结，感谢全体党员和广大人民群众对我工作的支持，并请诸位给予批评指正。

附　村党支书李兆华2009年度述职报告

各位领导、同志们：

一年来，按照党委、政府的工作部署，认真学习党的方针政策和法律法规，严格要求自己，解放思想，实事求是，时刻不忘自己的权利和义务，在村“两委”班子成员的配合下，在全体党员和人民群众共同努力下，取得了各项事业的全面发展进步。现将一年来的工作和廉洁自律方面情况汇报如下。

一、加强学习，把握政策，不断提高自身素质。作为一名村支部书记，我深感责任重大，压力大。为此，我始终坚持学习，努力提高自身素质，努力做到工作学习两不误。我学习党的十七大精神，进一步坚定信念，认真学习贯彻科学发展观。我坚持廉洁从政，自觉接受群众监督，始终按照工作权限和工作程序履行职责，坚持公平、正直，不徇私情，珍视和正确行使党和人民赋予的权力。在林木、低保审批、村财务支出上，都能坚持原则，严守纪律，严格压缩非生产性开支，不应花的钱不花，做到勤俭节约。在生活中遵纪守法，无违纪行为。

二、党建工作方面。以建设社会主义新农村、构建和谐社会为核心，充分发挥村党支部领导核心作用和战斗堡垒作用，村党支部班子团结有力，民主气氛浓厚；同时，加强后备队伍建设，培养后备力量，今年发展了2名新党员，为党注入新鲜血液，为我村的发展培养和储备人才。

三、计划生育方面。坚持不懈地抓好计划生育，提高计生工作整体水平。今年，本人与村“两委”一班人高度重视计生工作，搞好计划生育政策的落实，着力建设科学健康的生育文化，抓好重点人群的教育管理，深入学习掌握计生方面的政策法规，确保“四项手术”100%落实，孕检率达100%，出生率达到上级要求。在年内无计划外生育，顺利通过来宾市计生工作组的检查验收，确保计生工作健康、稳固发展。

四、调解工作。今年，我村加大村级各种矛盾排查工作，构建和谐稳定的社会环境。稳定是社会健康全面发展的前提条件。在信访中做到早协调、早解决、早备案、早上报。全年村委共受理民事纠纷五起，调解成功四起，成功率达80%。

五、存在的问题。第一，在思想上对学习还不够重视，总觉得平时工作忙没有时间，缺乏学习自觉性。学习满足于现状，对政治、经济、文化、科技、法律等方面的知识了解得还很少。有时学，也是阅读报纸和参加一些业务方面的培训。第二，在工作方法上还不够细，遇到问题不够耐心，工作有忽冷忽热的毛病。针对这些问题，我一定在今后工作中，认真学习历届老同志的好作风、好方法。平时多读书，在工作中虚心接受群众的批评。

各位领导、各位代表，乡党委组织的这次民主测评，实际上是请大家对我这一年来的工作进行客观的评价。为此，我请求大家继续支持我，我将在今后的工作中努力工作，大胆探索。我相信自己一定不辱使命。

谢谢大家。

附　村委副主任郭谊2009年述职报告

各位党员、村民小组组长、村民代表：

你们好！元旦佳节即将来临，在此我先向大家致以节日最诚挚的问候。

一年来，我认真学习实践科学发展观，与村干部统一思想，以团结务实、积极进取，认真落实各项工作为主。在各级领导的关心支持下，坚持以邓小平理论、“三个代表”重要思想为指导，深入贯彻落实科学发展观，全面贯彻落实党的十七大精神，努力学习、开拓创新、奋发向上。自觉服从组织各项安排，较好完成各项工作任务。现将2009年的工作总结如下。

我村“两委”干部坚定政治立场，发挥团结互助精神，勤政廉政，提高办事工作效率，以“谁主管，谁负责”为原则，落实各项村务工作，为村民办好事、办实事。

一、能够团结同志，关心集体，顾全大局，有良好的修养和道德情操。注重实践创新，履行副主任职责，配合村主任认真做好各项中心工作。

一年来，工作上服从领导，团结同志，能够做到与同志密切合作，互相帮助。自己也不断在理论和实践上提高自己的思想认识。注重实践创新，履行副主任职责，配合村主任认真做好各项工作。以日常工作为中心，努力完成乡党委、政府分配的各项工作任务。一年来，我积极工作，履行村计生专干的职责，做好各项计生工作，同时通过上级领导计划生育检查。并做好2009年度新型农村合作医疗的宣传，及农民参合费的收缴。在与村委干部的共同努力下，我们长垌村农民参合率达98.3%，较好完成了农民参合费的收缴工作。还完成了民政和统计部门的各项工作。同时把危房改造工作落实完成，把乡民政发放的救灾救济物资及时发放到困难群众的手中。还做好了2010年农村低保户调查登记和填写申请表的工作。

二、勤奋苦干为民办实事。今年“三八”国际妇女节，在时间紧、任务重的情况下，为了丰富我村全体妇女的文化生活，让她们过一个愉快的“三八”妇女节，我组织全村妇女开展了游园活动和拔河比赛。在整个活动过程中体现我村妇女和谐共处，提高了她们对集体观念和团队精神的认识。我得到了群众的一致好评。同时，在今年2月27日，组织我村青年农民篮球队到县里参加广西第二届农民篮球比赛。

在今年6月份，根据来宾市文件精神和工作部署，为科学指导和引导我乡“求乐、求知、求技”，在文化惠农工程基础设施的规划和建设上，我下足了功夫。为顺利开展“三求”工程的建设，我村委积极响应上级党委政府的号召，按照要求建设了一个标准篮球场和文艺舞台。有了篮球场和文艺舞台，我村群众生活变得丰富多彩。篮球队和文艺队的组建，能够更好地发挥灯光球场和文艺舞台的作用，同时也丰富群众业余生活。

三、不断加强自身学习，提高思想认识。在县乡党委、政府的正确领导下，在村“两委”的共同指导和帮助下，经过这一年工作磨炼，我在思想上和工作上有了很大的进步，不仅让自己的工作能力有了提高，也让自己对农村工作有了更深的认识，扩大了知识面，提高了自己的工作水平和与群众沟通的能力。同时也存在不足。村委今后要加强实施政务公开、村务公开和村民自治，保证人民群众依法行使民主权利。坚持依法理财，规范农村集体资产管理，加强财务管理检查制度，防范集体资产流失。

所以，在今后工作中我将继续努力，用十七大精神武装自己的头脑，积极投身到构建和谐社会、建设新农村中去，更好地服务于我们的新农村建设，努力提高农民收入。发挥团队精神，帮扶弱势群体，进一步关心老人、妇女、儿童和残疾人士，解决与群众生活密切相关的问题，改善和美化村民居住环境，为提高人民生活水平而努力奋斗！

以上是我一年工作述职，有不足之处，请各位领导和代表们批评指正。

附　乡级新农村建设指导员陶王莉 2009年度述职报告

尊敬的各位领导、同志们：

你们好！我是长垌乡民政办公室民政助理陶王莉。2009年，为响应县委及乡党委的号召，我驻长垌村任指导员。一年来，在乡党委、政府的正确领导下，在长垌村“两委”的支持和配合下，我坚持解放思想，开拓创新，努力学习，联系实际，贴近生活，贴近群众，深入调研，积极工作，认真履行工作职责，较好地完成了各项工作计划和工作任务。现在，我对自己一年来派驻长垌村委会的工作、学习、生活等情况进行述职，请各位领导、各位代表进行审议。

今年1月以来，为了尽快进入新农村指导员角色，我查阅大量关于新农村指导员的文章及工作方法经验、先进事迹，等等，结合自己多年农村工作的经验制定出工作计划，确定工作目标，把思想和行动统一起来。

一、调查摸底，探索发展农村生产力的新途径

长垌村是长垌乡政府所在地，各个自然屯都通了公路，交通较为便利，下辖的自然屯有长垌、古方、三角、面北、瓦瑶、新村、中村、龙庞、六架等9个，现有272户1032人。村里早已实现户户通电、通有线电视，有近221户拥有电视、电话（含移动电话）。上半年有69人享受农村生活最低保障，有贫困人口180人，有残疾人5人，五保户及孤寡老人11人（含乡敬老院9人），有2名退休老干部，有30户是危房户，目前已为本村申请危房改造10户，争取上级扶助改造资金15万元，现已全部建设完成。发动群众做了5个沼气池，完成了全村今年的沼气池建设任务。全村农

户以种植八角、杉木、甜茶等经济作物和外出务工为主，目前全村外出务工人员达113人，占全村人口10.95%，村民人均纯收入有所提高。长垌村没有集体企业，没有支柱产业，这几年都是靠几百亩集体水源林的收入来维持村委日常办公消耗费用。由于本人曾经是长垌村的村官，而且多年联系长垌村，对村里的基本情况十分了解。我与村领导分析了村里的现状、经济发展中存在的问题，探索经济发展思路，制定出长垌村经济发展的规划，引导村民从故步自封型向开放型发展。

二、加强对弱势群体的帮扶

通过调研，我认为长垌村这样的山区小村受自然条件及群众发展意识的限制，照搬照抄别人的成功经验显然是行不通的。要发展，保持社会稳定是根本；关注民生，“以人为本”，更是党的十七大和十七届三中全会精神中最为关注的话题之一。在过去的一年中，作为驻村指导员，我经常下到各家各户，为群众宣传党的各项方针政策，做好各种纠纷的排查和调解工作，特别是在今年金平二级公路建设中，发生了很多征地补偿问题，如果有协调不下的，指导员和村委干部往往就要出面调解，尽量把矛盾消灭在萌芽状态，确保了农村公路建设的顺利进行，维护了本村的社会稳定。同时，作为驻村指导员和乡政助理，我对长垌村特困群众最低保障调查和监督进行核实，对本村的低保对象进行调查后，才给予确定，并监督好各种低保资金和物资都能按时发放到群众的手中。2009年下半年长垌村享受农村低保增至71人。11月份，低保标准从668元提高至1196元。我和村干部通过大量的调查核实，确定2009年12月至2010年6月全村享受低保为180人。今年6月还从民

政部门争取1000斤大米救助计生困难户4户，救助残疾儿童2名、特困女学生2名、特困党员2名，让群众真正得到实惠，使他们更加感觉到党和政府的温暖。

三、开展宣传教育活动，促进精神文明建设

建设社会主义新农村，是妥善解决“三农”问题、统筹城乡发展、建设小康社会的重要发展方略，也是人口计生工作面临的新课题、新任务。人口计生工作一方面要继续认真落实好计划生育的各项目标任务；另一方面要立足全局，立足发展，处理好各种关系，让计生工作在不断创新中发展。我县已制定并实施有利于人口计生工作，有利于计生家庭的“奖励、优惠、优先、扶持、救助、保障”等政策，使计划生育工作真正惠及群众。村领导班子认真落实独生子女和双女户父母奖励政策，建立独生子女户新型合作医疗补助制，逐步建立起有利于计划生育的社会保障制度。鉴于此，驻村工作队积极深入村屯做好宣传工作，在一定程度上激发农民按照国家政策自觉规范生育行为的积极性、主动性，达到妥善解决有关人口问题的目的，不断促进长垌村社会主义精神文明建设。今年的本村计生工作，区间内的13例对象中已经动员2对二孩结扎，10个一孩中有9个放环，占任务的84.61%。

四、做好基层党组织建设

为了进一步加强长垌村的基层党组织建设，我配合村“两委”成员，及时完善和归档好本村的村民会议、村民代表大会和村“两委”议事规划的决策程序，认真落实和健全村务公开制度，努力打造党员先锋模范作用，不断把优秀的、年轻的农民吸收到党组织当中。今年共培养入党积极分子2名，发展正式党员2名，不断扩大农村党组织队伍。

五、存在的主要困难和突出问题

近年来，在长垌乡党委、政府及上级部门的关心和支持下，长垌村经济基本实现了长期、快速、稳定的发展，农民的生活水平也得到了很大的提高。但是调查表明，制约全村经济发展的瓶颈以及影响农村稳定和持续发展的因素依然很多，社会主义新农村建设还有很多的新问题和情况亟待解决，新农村建设任重道远。

1. 群众的思想意识落后。由于地处山区，群众的科学发展意识不够高，“等、靠、要”的思想严重，农业创业精神不足，有能力的富裕农户帮扶奉献精神不高，对政府依赖性强，法律意识和政策意识淡薄。

2. 农业产业结构调整程度低，经济发展不平衡，农业产业经营科技含量不高，产业结构单一，特色产业和产品太少。由于受地理、气候等不利因素的影响，农业产量不高，生活、生产成本投资大，群众增收路子窄，增收难度大。

3. 农村经费严重不足。长垌村的农业总体是粗放生产，没有形成规模效应和集约效应，在农作物种植和畜产品养殖方面都存在盲目效仿、低水平发展、科技含量低、附加值不高、竞争力较弱的问题。总体上说，免征农业税后，农村的基础财力得不到保证，上级各部门下拨的经费很少，无法维持村组织机构运转所需财力，农村基础设施和农业产业结构调整的力度不够，资金存在严重缺口，导致一些产业结构调整项目无法开展。

4. 农村劳动力素质普遍偏低。农民在思想上普遍存在“小富即安”心理，缺乏干大事、创大业的开拓进取、创新精神。在文化素质方面，农村居民受教育程度普遍偏低，

稍有文化的村民绝大部分外出务工，农业生产劳动力素质下降，对新事物、新技术缺乏认识，接受新事物、使用新技术的能力受阻，导致种地只能粗放经营，不能集约经营，打工只能卖苦力，严重制约了农民的增收。

5. 基层组织建设依然薄弱。随着农村体制改革的不断深入，农村基层广大党员干部难以适应新农村建设形势的要求，主要表现为：一是农村党员老龄化现象严重，无法起到党员的先锋模范带头作用，且有一定文化程度的青年村民基本是常年在外务工，培养新青年入党积极分子和有作为的农村后备干部工作难度加大；二是干部创新意识不强，部分党员干部工作作风过于行政化，思想僵化，工作被动；三是带领群众致富本领不高，大多数农村干部文化素质偏低，又疏于学习，对发展农村经济的带动力不强。

六、突出重点、扎实工作，充分发挥指导员作用，为本村经济发展服务做好下一步打算

党的十六届五中全会明确提出：“建设社会主义新农村是我国现代化进程中的重大历史任务，要按照生产发展、生活宽裕、乡风文明、村容整洁、管理民主的要求，扎实稳步地加以推进。”结合党的十七大和十七届三中全会精神，经过深入调查，本人认为长垌村建设社会主义新农村的当前发展思路是：努力推进和实现农村产业结构调整和创新，发展特色产业；加强对农民素质的培养，形成“有文化、懂技术、会经营”的新型农民，实现农民知识化；引导群众树立适应社会主义新农村建设的思想观念和文明意识，倡导移风易俗，崇尚科学、健康向上的生活方式。

经过这一年来的努力，结合本职工作，围绕新农村指导员职责，我做了一些积极有益的工作，但距组织要求仍

有一定差距，存在不足之处。主要是驻村时间精力不够到位，引导工作做得不够全面，发展项目得不到全面落实。由于我单位的特殊情况，管理人员有限，特殊的管理任务指定性强，任务压力较大；同时，本人又要参加各种政治学习，很难集中精力做好指导员的工作。为此，我深感惭愧和不安。我将继续努力，做到对农村工作有一个全新的、真实的认识，在工作和生活上有明显的转变。对我个人的成长来说，一年的新农村指导员经历也是一次难得的体验，希望今后还能够继续为长垌村的建设做出更大的贡献。以上是我的工作述职，说得不对的请领导和同志们批评指正。

第三节　法制建设

一　平安村建设

为进一步加强社会治安综合治理，创建安定和谐社会，长垌村在上级党委、政府的直接领导下，积极推进平安家庭创建工作，在全村 9 个自然屯 11 个村民小组全面开展建设平安长垌（村）活动。在建设平安长垌活动中，长垌村建立健全了综合治理组织机构及各项综合治理制度，制定了严密的治安防范措施，深入扎实地开展普法宣传活动，并及时调解各类矛盾纠纷，把问题、矛盾解决在基层。各个自然屯通过开展平安创建活动，强化了村民懂法学法意识、安全防范意识、健康文明意识、和睦相处意识、男女平等意识，全村社会政治稳定，治安秩序良好，做到了“看好自己的门，管好自己的人，办好自己的事”，维护了良好的社会秩序。2008 年，长垌村共发生 8 起矛盾纠纷，经村委会调解后均得到圆满解决。

二　村人民调解委员会的建立

长垌村的社会治安情况良好，村民之间和睦相处。尽管如此，生活中的摩擦仍无法避免。据村委会提供的资料，长垌村常见的矛盾纠纷主要是土地与林权纠纷和家庭矛盾。产生矛盾的双方多为同村村民。近年来，随着当地山林的经济开发，部分纠纷的当事人亦有外来投资的老板。针对这类纠纷，村民习惯于向村委会求助解决，若村委会调解未果，则会交由长垌乡的司法部门处理。为此，村委会成立了人民调解委员会，并在各个屯设有信息收集员。2008年，长垌村人民调解委员会全年解决 8 起纠纷，2009 年全年解决 5 起纠纷。

三　通过司法途径解决村民纠纷

乡镇司法所是我国司法行政系统中最基层的职能工作部门，是基层执法组织的重要组成部分，担负着落实司法行政各项业务工作，向广大群众提供法律服务、法律保障和法制宣传等重要职能。长垌乡司法所位于长垌街上，长垌村村民之间若有经济方面的纠纷，多到司法所寻求解决。

2008 ~ 2009 年，长垌村各屯向长垌乡司法所寻求帮助的案例有 10 起，主要是土地纠纷、林地纠纷，以及本地村民与外来采矿公司间的经济利益冲突。

第三章　经济

长垌村坐落在山高林密的长垌河谷，与外界联系相对隔绝。中华人民共和国成立后，特别是改革开放的春风吹进大瑶山以来，家庭联产承包责任制的全面铺开极大激发了瑶族群众要脱贫、要致富的决心。由于山高水冷、气温低、日照少，一些农作物的生长受到制约，但是村民们不断改善农业生产条件，在稳定粮食生产的同时，大力发展林业生产和特色农业经济，使瑶山古老的传统农业呈现崭新的发展势头。村民们在山岭上大量种植杉树、松树、八角树、竹子、甜茶叶，使得环抱着长垌村的群山终年苍翠欲滴，而林业也成为长垌村民家庭生活的重要支撑和收入主要来源，成为他们手中的“绿色银行”。

第一节　长垌乡经济概况

2007 年，长垌乡经济发展态势良好，农业和工业总产值均较 2006 年有所增长。2007 年，该乡农业总产值 2152 万元；工业生产总值 639 万元；农民人均纯收入 2069 元；财政收入 149 万元；形成固定资产的招商引资实际到位资金 1250 万元；社会消费品零售总额为 675 万元。2006 年，该乡农业总产值 1906 万元；工业总产值 427 万元；农民人均

纯收入2315元；财政收入226.3894万元；形成固定资产的招商引资实际到位资金370万元。

2008年初，长垌乡遭受严重的雨雪冰冻灾害，对当年的经济收入造成较大影响。全乡受灾面积为14851.5公顷。长垌村雪灾面积18550亩，上级补偿30740元，受灾户数265户。长垌乡全年水稻种植面积为2891亩，其中种植中稻2576亩；水果总产量62吨；八角总产量447.88吨；甜茶总产量42.9吨。新种茶叶315亩。全乡肉类总产量243.34吨。这一年，乡里人工造林149亩，义务植树0.7万株，完成351.28亩退耕还地还林、141262亩国家级生态公益林、442.5亩自治区级生态公益林补助资金的发放，补发了2006年13477亩国家级生态公益林和442亩自治区级生态公益林补助资金。同时，乡政府加强林木采伐指标的发放工作，全年共发放12026立方米。长垌乡2007年与2008年各村人均收入一览见表3-1。

表3-1　长垌乡2007年与2008年各村人均收入一览

单位：元

村名 年份	长垌村	平道村	道江村	滴水村	镇冲村	桂田村	平孟村
2007	1910.77	2029.95	1758.87	1744.19	1971.56	1953.43	1983.30
2008	1711.35	2005.63	1566.08	1707.56	2921.47	1458	1744.16

相比2000年全乡人均纯收入1253元，2008年全乡人均纯收入达到2351元，几乎翻了一番。2009年，长垌乡经济社会发展的目标是：农业总产值2059万元，增长8%；工业总产值462万元，增长8%；财政收入260万元，增长15%；农民人均纯收入2547元，增长10%；固定资产投资

和招商引资增长 15%以上；人口自然增长率控制在 9‰以内。

第二节　农业

1952 年金秀瑶族自治县成立时，瑶山深处的农业人均耕地为 3.12 亩，其中水田 0.82 亩、旱地 2.3 亩。从 20 世纪 50 年代后期至 70 年代末，在国家“以粮为纲”的口号下，各地大量开垦荒山种植粮食。与此同时，当地人口也在增长，因此农业人均耕地面积较 50 年代初还要少，为 2.5 亩。从 20 世纪 80 年代起，国家为保护大瑶山的自然生态环境和林业资源推行退耕还林政策以来，农业人均耕地面积不断缩小。2004 年，农业人均耕地面积为 1.41 亩，其中水田 0.63 亩、旱地 0.78 亩。

一　土地生产关系的确立与稳定

20 世纪 80 年代初中国农村推行了家庭联产承包责任制，这是农村土地制度的重要转折，也是现行中国农村的一项基本经济制度。尚未实行家庭联产承包责任制之前，长垌村每户家庭有最多不超过 3 分的自留地。自留地上主要种植蔬菜、红薯、玉米等作物。家中的生产工具主要是锄头、砍柴的刀、耙子等，大的生产工具比如拖拉机等都属于集体。

1982 年，长垌村开始分田到户。分田主要采用抓阄的办法，主要参与人员是生产大队的队长、政治官员、会计、出纳、妇女主任和村民代表。划分田地的标准是全体村民一致通过的。主要标准就是把水田划分为早稻田、中稻田和晚稻田，早稻田和中稻田按上户口的人数每人平均分 3 分

和2分，晚稻田以总人口数平均分。旱地按肥瘦平分成两个等级，按总人口数分完后，再进行抓阄。山地的划分是按照一个山头、一个山头的来分，每个山头都按总人口数平均分，然后进行抓阄。分田到户中矛盾不断，但这样的分配标准和分配方法是经过大家同意的，不能随便更改。尽管有村民不满意，但也无能为力。分田到户也必然涉及集体劳动工具的分配。当时，生产力低下，集体的劳动工具主要是牛，牛的分配方法主要采用变相购买法，即每户派出代表进行抓阄，当抓到写有“牛”字的纸条时，按当时的市场价格折合成现金给集体。牛当时是劳动的得力助手，抽到签的农户一般都会买下。但如果不想要这头牛或者是没有购买能力，也可以转让给别的农户。

家庭联产承包责任制在大瑶山地区的全面铺开，按照肥瘦搭配的原则进行土地分配，包产到户，极大调动了瑶族民众发展粮食生产的积极性。在第二章提到的村规民约条款中，无不提到了土地承包关系，包括敦促农户向集体按时交纳土地租用金、强调承包农户的责任与义务、对不履行者的惩戒等内容，体现着时代的烙印。20世纪90年代中期，随着原有土地承包合同的即将到期，村民们之间因为土地承包关系未来发展的不确定性而产生各种纠纷，甚至有人公然叫嚷着要拿回祖宗原先耕作的相对平坦和肥沃的土地。在这样的背景下，土地承包关系的继续延持，关系到大瑶山地区的安定团结。土地承包关系稳定，打消了村民们思想上的怀疑与顾虑。例如，长垌村面北屯盘进星家的土地延期合同书上记录：

一、以原生产队为发包单位，简称甲方；本队承包土地的农户为承包方，简称乙方。

二、根据中发［1993］11号，桂发［1994］4号，国发［1995］7号和金发［1995］23号文件精神，为了稳定土地承包关系，增加农民收入，提高土地生产率，同意把水田4.3亩、林地60亩，继续由乙方分别承包，承包年限：耕地从1996年元月1日起延至2025年12月30日，林地从1996年元月1日延至2065年12月31日。必须按时完成国家公粮83公斤。必须按照规定水田不少于3元，旱地不少于2元，林地不少于0.5元向甲方交纳土地承包金。

长垌乡现有耕地9755亩，其中水田6582亩（据2007年的统计数字）。长垌村9屯11队水田总数512亩，旱地总数492亩，如表3－2所示。

表3－2　2007年长垌村11个队土地情况

单位：亩

村民小组	户数	水田	旱地
长垌一屯	28	54	52
长垌二屯	26	45	43
古方屯	17	48	46
面北屯	18	41	40
瓦窑屯	15	40	39
龙庞屯	35	47	45
中村屯	31	76	74
新村屯	22	35	33
六架屯	34	48	46
三角一屯	24	44	42
三角二屯	20	34	32
合计	270	512	492

从表 3－2 可以看出，长垌村 11 个村民小组水田与旱地的拥有量基本上是五五对开，水田每户将近 1.9 亩，旱地每户 1.8 亩。

二　生产工具

民国以前，瑶族的传统生产工具落后，一些人甚至还用牛角、竹子等为原材料制作工具。从民国开始，壮族、汉族地区的铁制农具大量流入大瑶山中心腹地，瑶族生产工具得到改进，对瑶族社会的发展起到重要的促进作用。在 20 世纪 80 年代以前，瑶族家庭常见的农具有犁头、木耙子、刮子、镰刀、禾剪、谷桶、斧头和柴刀。农业机械，如脱粒机和打谷机等作为公共财产，很少外借使用。山区瑶族群众在旱地种植上还是沿袭传统的刀耕火种生产方式：秋、冬季节大量砍伐山岭草木，然后风干后焚烧，获取草木灰，以待来年春天开垦，种植粮食作物。几年周而复始，土地肥力耗尽，只能另觅新地开垦。改革开放后，小型农业机械及加工机械在瑶族聚居的村落逐步得到推广，解放了劳动力，降低了劳动强度。刀耕火种这种破坏生态环境的传统耕作方式逐渐被淘汰。

20 世纪 90 年代，长垌村的农户还使用牛来进行田间耕作，后来发现饲养牛的弊端：本地只有春耕，一年一季稻，耕牛全年都需要专人照看，浪费时间；况且山岭遍种小八角树，放牛会吃掉或破坏八角树，引发农户之间的纠纷。随着“小金牛”等农业机械在水田耕作上的使用，耕牛的饲养逐渐成了长垌村的历史。现在长垌村再也见不到耕牛的踪影，市场上亦无牛肉可卖。“小金牛”是广西农村常见的犁田工具，外形不大，操作灵活。一台“小金牛”需要

3000 多块钱，少部分人家是一户一台，大部分是 2～3 户合买。部分居住在山岭的自然屯养有马匹，盘瑶聚居的六架屯、面北屯、瓦窑屯还有中村屯部分茶山瑶农户还利用马匹来驮物或犁田。也正是因为地形的影响，拖拉机、耕整机、排灌机、收割机等农业机械在长垌村拥有量较少。

三　农作物

长垌乡以单季稻和旱地粮食作物为主。20 世纪 50 年代以前，山区单季稻有大排谷、小排谷、园排谷、老红粳、石头粳、蚂拐粳、糯花粳等数十种，若风调雨顺，则亩产在200～250 公斤。60 年代中期主要推广种植圆头粳。进入 80 年代，单季稻地区也大面积推广杂交水稻，品种主要是汕优桂系列和朝阳十八选。随着不断培育和推广使用良种，单季稻的产量提高了 3～5 成。旱地粮食作物的种植，则有陆稻（旱禾）、玉米、木薯、红薯、豆类（黄豆、绿豆、青竹、豆红、黑豆）、芋头、小麦、荞麦、高粱、粟米等。

单季稻为一熟制。秋冬收割后，水田一般淹水泡冬，没有犁田过冬的习惯。部分近村水田冬种蔬菜、豆类、麦类等作物。金秀头排、七建、桐木、三江等乡镇基本种植双季稻，同时利用冬闲水田，大面积种植油菜、蔬菜以及绿肥作物。为了增加土地利用效率，在不断提高水田复种指数的同时，各地还积极推广先进生产技术，促进粮食的增产、丰产。20 世纪 50 年代以来，当地先后推广了大田起畦育秧、尼龙薄膜育秧、温室育秧。90 年代大力推广抛秧技术。此外，在合理密植，施肥，土壤改良灌溉等生产环节上都推广了新技术。

四　农业现状

长垌屯水田田块较小，肥力不足，零星地散落在长垌河河床和周边山麓或缓坡，生产不便，发展农业生产的先天条件与大瑶山余脉平原地区的壮族、汉族村落相比明显处于劣势。这里气温低、雨雾多，山间水凉，一年只能种植一季水稻，水稻品种与山外地区相同。杂交水稻的广泛种植，改变了以前瑶区群众粮食不够自给的历史。虽然单靠有限的水田带来明显的经济收益不太可行，但是大部分农户稻米生产完全能够自给的现状让老一辈村民很是满足，尤其是那些若干年前到过壮族、汉族村落借米的老人。由于地势平缓长垌河，长垌村冲刷出面积最大、最肥沃，单位面积产量最高的的水田，长垌屯、古方屯、新村屯、中村屯的责任田就集中于此（见图 3－1）。由于田块集中，灌溉便利，适宜机械化耕作，与其他自然屯相比，这几个屯的茶山瑶村民在水稻种植的生产劳作强度上相对较低。为了提高土地的复种指数，这块集中连片的水田曾经尝试种植双季稻，但是晚稻的生长抵挡不住“寒露风”的侵袭，只能作罢。据说，那些残留在田地里天生天养、能经受得住“寒露风”肆虐的“二苗米”（割下的稻穗茬重新长苗），口感特别好，村民们就当作冬闲田里的意外收获。冬天，水田里多种蔬菜、豆类等绿肥作物。旱地主要种植玉米、旱禾、木薯、红薯等作物，从前这些可是祖辈们赖以生存的口粮，而现在多用来饲养鸡、鸭、猪。少数人家拿出部分旱地种花生、黄豆，这也只是作为蔬菜种植的补充。长垌村各屯水田、旱地面积一览见表 3－3，2008 年长垌村粮食产量见表 3－4。

图 3－1　新村屯外长垌村最为集中连片、最为肥沃的水田

表 3－3　长垌村各屯水田、旱地面积一览

单位：亩

田地类型＼屯名	瓦瑶屯	面北屯	古方屯	长垌一屯	长垌二屯	三角一屯	三角二屯	新村屯	六架屯	中村屯	龙庞屯
水　田	40	41	48	54	45	44	34	35	48	76	47
旱　地	39	40	46	52	43	42	32	33	46	74	45

表 3－4　2008 年长垌村粮食产量

单位：斤

屯名＼类型	水　稻	玉　米
面 北 屯	4092	834
古 方 屯	24317	828
长垌一屯	30233	1154
长垌二屯	25615	1128

续表

屯名 \ 类型	水稻	玉米
三角一屯	13125	973
三角二屯	7411	700
新村屯	9001	846
龙庞屯	15996	1152
中村屯	30250	1136
六架屯	24420	1128
瓦窑屯	5098	700

长垌村人均水田仅 7 分，即使是这些有限的耕地，在最近几年，由于自然灾害的影响，也面临着被泥石流掩埋或洪水冲毁的危险。长垌村的龙庞和三角两个屯的水田受地质灾害影响最为显著，短期内难以恢复种植。2010 年 6 月，长垌河洪水泛滥，龙庞屯、三角屯农田又被黄泥掩埋，土地肥力在短期内难以恢复，其他自然屯的农田也遭到洪水冲毁。虽然政府的救济粮能够及时到位，但是土地遭到毁坏，村民们的内心还是很着急的。

第三节　种养经济

长垌村的种养经济发展呈不平衡状态，山上经济林木种植发展良好，但家庭养殖业不能在村中大面积开展。若能达到两者的共同发展，将大大有利于长垌村民家庭收入的增加。

一　林业种植

（一）林业“三定”[①]的制定

由于历史的原因，新中国成立前，大瑶山几乎所有可耕作的山地和水田都归“山主”[②]所有，而处于“山丁”地位的盘瑶与山子瑶，不仅没有水田，就连能够开垦的荒山也要向“山主”租种。“山主”与“山丁”围绕着不平等的土地与山林所有权展开的争斗从没有停止过。新中国成立后，1951 年订立的《大瑶山团结公约》首先打破了“山主”独占山林田地的特权。1954 年初，长垌村在各级政府的指导下，开始了土地改革，盘瑶和山子瑶第一次拥有了对土地的权利。人民公社化时期，曾经的“山丁”与“山主”共同参加集体生产劳动，记工分，实行按劳分配。1978 年党的十一届三中全会后，长垌村在改革春风的沐浴下，生产生活逐步恢复和发展。金秀坚持“以营林为基础，大力造林，普遍护林，采育结合，永续利用”的林业生产方针，发扬瑶族群众住山、吃山、爱山、建山的优良传统，提高金秀县林业生产的经济效益与社会效益。

改革开放后，金秀根据党中央相关政策，于 1982 年初

① 稳定山林权、划定自留山和确定林业生产责任制的简称。“三定”是 1981 年中共中央、国务院《关于保护森林发展林业若干问题的决定》中提出的林业政策。其主要内容有：①国家所有、集体所有的森林、林木、林地，个人所有的林木和使用的林地，以及其他部门、单位所有的林木，要确定权属，由县以上人民政府颁发林权证，确认所有权或使用权；②划给农户自留山（或沙滩、沙荒）用于植树种草，长期使用，种植的林木归农户所有，允许继承；③选择和确定林业生产责任制，把责任和报酬、整体利益与个人利益联系起来。

② 山主指茶山瑶、花篮瑶和坳瑶三个瑶族支系。

对原有集体化林业体制进行改革。凡是有条件的地方都放宽政策，除国有原始森林外，将各地山界林权全部落实到生产队，允许划出部分山林作为农民的自留山。自留山的林木永远归农民所有，且其子女享有继承权。同年9月，金秀在林区实行林业“三定”，这一政策使得金秀县林业得到了蓬勃发展。1982年底，这一政策在全林区得到落实，长垌村村民至今还享受着林业“三定”所带来的成果。

（二）水源林保护与林场发包、采伐

长垌乡地处大瑶山水源林保护区的核心区，生态环境是长垌乡立乡之本，保护好大瑶山这座“天然绿色水库”是长垌乡不引推卸的责任。因此，应加大森林资源管理力度，加强林业执法，切实抓好对公益林、水源林管护和森林防火工作；防止出现乱砍滥伐的现象，严厉打击蚕食水源林种植其他经济作物和各种破坏森林、野生动植物资源的违法犯罪行为，规范木材砍伐、运输、加工、销售等环节的管理；同时，加大宣传力度，努力提高群众爱护生态环境的意识和植树造林的积极性，做优做强生态产业。

2000年10月28日，长垌村村民代表围绕着村委土地承包合同签订实施方案、村委所有荒山林地承包办法、村集体林场发包问题、与林业站原定300亩林地承包合同履行情况、六晓山一带林地发包等问题展开讨论。村民代表经过协商后决定：荒山每年每亩承包金5元；杉木基地原有残林、八角幼林，残林估价不高的由承包者决定砍伐与否，再按合同签订的土地使用方式来经营承包的林地；残林估价高的，承包者砍伐后与村委三七分成。八角幼林则按照谁种植谁优先承包的原则，并与各队协商一致后再签订合

同。原水源林地带的土地问题，水源林一律不得发包。

长垌村有着长垌乡面积最大的公益林。在三角屯附近立着一块公示牌（见图3－2），上面标明了生态区位、管护面积、四至界线——东面，从朋录岭直下到长冲大岭脊直下到李春荣电站为界；西面，从水横冲大岭脊上到三角大岭出到三角顶下到瓦厂冲至长垌河为界；南面，由朋路岭以林业局苗圃场对面岭直下到水横冲经滴水河出到水横冲大岭为界；北面，以长垌河和长冲为界。管护责任人是盘志荣。2009年9月经过村民代表大会讨论，同意依照每亩1元作为管护员的工资。

图3－2　重点公益林管护区公示牌

长垌乡十分重视加强林木采伐指标的发放工作。最近几年是长垌村修建楼房的高峰期，村民们需要砍伐树木筹集资金必须先到村委会申请砍伐指标。其中，2008年全乡共发放12026立方米。面北屯分林到户时的老队长盘进星说，长垌一带的山林是1980年冬开荒，1981年种植旱禾，1982年开始种植杉树，1983年和1984年划分林地承包，

1980年以前就已经有村民小范围种植八角树。如果不是2008年初的那场冻灾，现在瓦窑、面北一带都是直径在30厘米以上的杉树，这可是村民们的“存折”，就指望着这些杉树能卖个好价钱。2009年5月，面北屯的盘志京向村委申请18立方米林木砍伐指标；6月，三角屯李荣安申请采伐5立方米；7月，六架屯的赵有信、黄通仁分别到村委申请采伐指标10亩和5亩。2010年，六架屯有10户申请危房改造的村民也申请砍伐树木的指标。这或许就是“绿色银行”的由来吧。

（三）林业纠纷与林改工作

中华人民共和国成立后，特别是改革开放以来，我国集体林业建设取得了较大成效，对经济社会发展和生态建设做出了重要贡献。集体林权制度虽经数次变革，但产权不明晰、经营主体不落实、经营机制不灵活、利益分配不合理等问题仍普遍存在，制约了林业的发展。为进一步解放和发展林业生产力，发展现代林业，增加农民收入，建设生态文明，国务院于2008年6月8日出台了《中共中央国务院关于全面推进集体林权制度改革的意见》（以下简称《意见》）。《意见》指出，要用5年左右时间，基本完成明晰产权、承包到户的改革任务。在此基础上，通过深化改革、完善政策、健全服务、规范管理，逐步形成集体林业的良性发展机制，实现资源增长、农民增收、生态良好、林区和谐的目标。

在第二章“法制建设”的相关内容介绍中，我们不难发现长垌村委乃至长垌乡司法所解决的群众纠纷案例多属于土地、山林纠纷，尤其以山林纠纷居多。随着大批林木的成材，农户责任山林地界四至的不明确以及缺乏原始图纸，围绕着林权的摩擦越来越多，林改工作的呼声也日益高涨。长垌村与象州县大乐乡9200亩的12山山林纠纷，已经持续了10多年。2009年5月上级政府决定划给象州8000多亩山林，只留几百亩给长垌村，村委马上找到县里相关部门，使其撤销了此项决定。2009年9月开始林业改革工作，现在进行的林改工作主要是重新勘界，清楚地标识林地的四至与界线，并在新的“林权证”上附图注明。目前，长垌村已经基本完成林改的自然屯有新村屯、长垌一屯、长垌二屯、古方屯、三角一屯、三角二屯。

（四）“绿色银行”的形成

长垌乡森林覆盖率高达89.3%，是金秀瑶族自治县西南水源林核心区。山区里盛产灵香草、绞股蓝、八角、茶叶、香菇、木耳、灵芝、笋类等土特产品。长垌村现有林地9804亩，平均每户36.8亩，八角、杉树等林业种植收入占农户家庭总收入很大一部分，对于瓦瑶屯、面北屯、六架屯、中村屯地势较高、水田拥有量少的农户而言更是如此。可以说，杉树、松树、八角树、竹子、甜茶树已成为当地瑶族群众手中的“绿色银行”。

1. 杉木

杉木是中国南方地区特有的速生商品材树种，其材质好、经济效益高，但生长期限较长，约需20年。1982年，村民们开始大面积种植杉木，随后大家发现，尽管杉木的经济效益高，但生长期限长，不能成为家庭增收的主要来源，遂增加八角种植量。杉木的砍伐一般是等到一定年限，但如果家里急需钱，迫不得已的时候，杉木也可以出售。

出售杉木没有特定的季节，但一般来说每年的三四月份杉木的价格是最高的，因为那个时候很多农户忙于种水稻，没有时间砍伐杉木，供一旦小于求，价格就上涨了。杉木的价格以立方米为单位计算，市场价格每年的波动幅度不是特别大，2010 年，每立方米杉木可以买到七八百元。木材老板会直接到村里与村民商讨价格，一经成交老板便派车和人协助村民砍木。

2. 八角

八角是长垌村村民家庭经济收入的主要来源之一，当地的八角以销售果实为主。八角对生长环境的要求较高，一般来说，要选择避风、地形起伏、灌溉条件较好的山区。八角幼苗不耐强光，每年需施肥、喷药 1～2 次。为达到丰产，每亩地的八角树应控制在 50 株以内。八角树苗在种下的第七年开始结果。由于八角的种植程序复杂以及种植时间较长，许多村民将大部分精力投入其中，反而很少管理水稻。长垌村从 1983 年开始种植八角，八角可以连续结果三四十年，于是村中有“一棵八角抵得一棵杉树”的说法。

长垌村的八角种植最初是效仿罗香乡。村民们看到罗香人种植八角并且有了盈利，也纷纷开始种植八角，而八角也确实成了他们经济收入的主要来源。针对长垌乡八角树普遍挂果少、产量低的情况，长垌乡于 2000 年进行八角林低产改造工作。乡里组织人员到桂林参加学习，并买回专供八角树生长的复合肥料，以新村屯作为试点，成功后再进行推广。全乡大范围的八角林低产改造已取得显著成效，如今长垌村的八角遍及山野，村中已经没有空地发展别的种植项目。成片的八角林遮住了阳光，使得间种的种类受限。但要砍掉已经种植几年或十几年的八角树以获取空地，村民又觉得可惜。因此长垌村的村民陷入经济转型的困境。如今长垌村仅剩下长垌河附近的冬闲水田能够利用。但是，这些水田已分到各户，每户只有几分田，难以进行经济生产，唯有全村共同商量进行集体经营方能带来经济效益。

虽然全村都有种植八角，也形成了一定规模，但是村民并没有组织起来，依然是一家一户的分散经营模式（见图 3－3），这使得长垌村的八角虽然名声在外，但在市场上并不占据主体地位，销售方式零散，没有统一的价格。收购八角的老板主要来自南宁和玉林等地，他们与个体农户商议价格，哪家价低便与他成交。尽管村民在价格上能与收购者进行商讨，但他们没有任何优势，老板选择价低的农户，出价高的农户很有可能出现未能及时将八角出手的情况。2006～2008 年长垌村各屯八角种植面积分布见表 3－6。

图 3－3　中村屯妇女在半山腰的晒谷场晾晒八角

表 3－6　2006～2008 年长垌村各屯八角种植面积分布

单位：亩

年份＼屯名	面北	古方	长垌	三角	新村	中村	六架	瓦瑶	总计
2006	320	360	572	680	230	380	370	370	3282
2007	320	360	572	680	230	380	370	370	3282
2008	450	390	880	680	380	440	450	420	4090

尽管 2008 年长垌乡遭遇冰冻灾害，但八角种植受影响较小。冰冻灾害毁了不少八角树，但一些已经结果的树木上的虫害也因此治愈，因此长垌乡的八角获得大丰收。这样一来，供过于求，致使干果的收购价格一种走低。往年，一斤八角干果的价钱为 3～3.5 元，按一斤生八角约晒得 2～3 两的干果计算，一斤生八角的价钱甚至不到 1 元钱。而 2009 年冰冻灾害造成八角产量下跌，仅生八角就可卖 2.5 元左右一斤。越晚出售的农户获利更多，不少农户为少赚了 2000 元而大呼后悔。长垌街有几个专门帮外地老板收购八角的村民，他们直言，买地建房的钱主要来自收购八角的差价。

3. 甜茶

甜茶是广西特有的一种野生甜味植物，主产于金秀瑶山，因茶含有甜味而得名。从古至今，金秀瑶族一直饮用甜茶并用其代替糖料加工食品和入药。甜茶生长于海拔 800 米以上的地区，喜低温气候，生长周期短，故长垌村民将其作为山地经济作物之一发展。

甜茶类似茶叶，味道微甜，但不含糖分，属于天然甜植物。甜茶除具有普通绿茶的功能外，同时还有防止心血管疾病、预防中风、防癌、预防牙齿疾病等药效，有益于人体健康。甜茶种植方法简单，成效快，只需种植一次，植株就会越来越多，面积逐年扩大，可以连续收获很多年。每年2～3月气温稳定于13℃以上时，甜茶发出新芽，并在宿根上长出新的株条。7月份高海拔山区气温在25℃左右，低海拔地区在30℃左右时，植株停止生长，枝叶基本定型，开始转入叶营养积蓄期和糖分转化期。11月份后，气温降至13～14℃，叶逐渐变黄，随之枯黄脱落，侧枝的大部分叶腋内开始形成越冬混合芽，植株进入冬眠状态。在宿根上萌发的新株条，于次年4～5月长出侧枝，翌年2月，侧枝上的越冬芽萌发，发出新梢，长出新叶，并陆续现蕾开花。果实于6月份成熟，呈橙红色或红色，味道甘甜。当天采摘下来的甜茶晒上一天，第二天就可以卖，非常方便。

虽然长垌村家家户户都种植甜茶，但规模没有八角和杉木的面积大。由于长垌村村民家中的土地都种上了八角和杉木，没有多余的土地种植甜茶，甚至有的村民因为没有山地，而把甜茶种在田里。村民一般是在八角苗刚刚种下时，在林中间种甜茶，选择和八角幼苗间种而不是杉木幼苗，是因为甜茶喜荫，而杉木长的比八角快得多。一般来说，最初几年的收成还是不错的，但随着八角树苗的长高，遮住了阳光，甜茶也很难再继续生长。2007～2009年长垌村各屯甜茶种植分布见表3－7。

表3－7　2007～2009年长垌村各屯甜茶种植分布

单位：亩

年份＼屯名	面北	古方	长垌	三角	新村	中村	六架	瓦瑶	龙庞	合计
2007	6	6	18	14	7	8	10	7	6	82
2008	7	7	19	15	8	8	11	8	7	90
2009	8	8	21	17	9	9	11	9	8	100

由村委会的统计资料还可知，2007～2009 年甜茶的总产量分别为 5400 公斤、4800 公斤和 6100 公斤。可见，长垌村的甜茶种植面积近几年在不断增加，但因为田地少，山上已种满八角和杉木，已经没有多余的土地种植甜茶，所以总的来说，甜茶的种植面积并不大。2008 年，甜茶的种植面积虽然比 2007 年多，但受到南方冰冻天气的影响，总产量没有 2007 年多。2009 年，长垌村的甜茶获得了丰收，价格最高时可以达到 16 元一斤。2010 年，甜茶的收购价最高达 9 元一斤。甜茶的销售方式与八角一样，都是收购商到村里收购。

4. 果树

长垌村曾于 20 世纪 90 年代中后期进行大面积的柿子种植。村委会选择中村屯作为实验点，希望由此能为长垌村打开一条新的致富道路。但由于缺乏种植经验，农户不善果树管理，中村屯的柿子结果少，且味道苦涩，折腾几年后以失败告终。中村屯李菊姣家在岭上的柿子林地到现在都还空置着。

如今，面北屯有 40 多亩的柑橘树，已经种植将近 10 年，是长垌村唯一的果林。果林的土地原是种植水稻，后遭洪水侵袭，造成田地高出河床以至于无法靠原来的沟渠引水灌溉，因此改种柑橘。果林结出的柑橘不甜，因此销量不好。面北屯的村民希望将果林砍掉，重新种上水稻。这样一来就要重新挖沟渠灌溉，初步预算要 6 万元。村委会一时间难以拿出这么多的资金，只能说服村民继续种植柑橘。长垌乡正在修建的金平二级公路，大量的泥沙被冲到长垌河，村委会希望能够借此抬高河床，到时就能够将果林重新还原成田地。

二　养殖业

长垌村的养殖业以猪、马、鸡、鸭为主，曾经村民家家养牛耕地，自从各家买了“小金牛”后，大家都不养牛了。

（一）猪

瑶族养猪非常普遍。家家户户每年都要饲养，少则一头，多则三五头。所喂的饲料多是浮萍、野生芋头、地瓜叶等，外加一些木薯、红薯等杂粮。所以，瑶族所饲养的猪生长周期长，一年下来也就100斤左右，但肉质弹脆，口感很好。在庄稼生长时，猪就用圈养；在秋冬农田空闲时，则是放养。瑶族的猪圈大多设在屋外，且距房子还有一定距离，这与壮族人畜同屋——楼上住人，楼下养猪的“干栏式”建筑不同。由于人畜分离，猪容易被偷盗，所以各村的村规民约都有禁止偷猪的条文。

1958～1961年，由于实行集体化，生猪饲养以集体为主。1962年起，金秀县贯彻执行中央制定的《农村人民公社工作条例（草案）》，家庭养殖业开始发展。1980年金秀县落实家庭联产承包责任制后，长垌村的生猪养殖稳步发展。

现在长垌村家家都养猪，大部分家庭仅养1～3头，只有极少数家庭大量养猪。长垌屯有17户养猪共30头，六架屯有18户养猪共25头猪，中村屯有11户养猪共20头猪，新村屯有9户养猪共12头猪，古方屯有3户养猪共5头。瓦瑶屯有10户养猪共15头猪，面北有2户养猪共3头猪，这两个屯的村民家家都养猪，但是危房改造户因为建房，就没有时间养。三角屯黄金明家因为开酒场，可用酒糟做

猪饲料，养有22头猪。除了黄金明，许多农户养猪主要是为过年，因此数量较少。

（二）马

长垌村的马主要集中在六架屯（5匹）、面北屯（5匹）、瓦窑屯（8匹）和中村屯（3匹）。这些村屯地势较高，交通不便，马成为当地主要的运输工具，有时还兼犁田。

（三）鸡、鸭

鸡鸭饲养在长垌村较普遍。村民养鸡主要用于招待亲朋、年节祭祀以及自己食用，几乎不出售；而鸭是为七月初七和中元节而准备。鸡鸭的饲养以放养为主，白天走在村中，随处可见觅食的鸡群；夜晚，村民会将鸡赶进鸡笼。瑶族虽有养鸡鸭的习惯，但由于粮食不多，很难大规模饲养，在许多节日里，村民都要到山外圩镇去买。

村主任庞贵斌曾经想在八角林里养殖瑶山土鸡。瑶山土鸡比一般的土鸡肉质鲜嫩，鸡蛋的味道也比普通土鸡的要好。目前金秀的市场上还没有人供应，村里的家庭也是少量养殖，因此村主任希望能够进行大范围养殖。不过，瑶山土鸡自然孵化率很低，需要技术支持，这对目前的长垌村来说是一个难题。

三　家庭种养项目的探索

在长垌村常常听到村民感叹瑶家寻找致富门路太难。2008年，长垌村民人均年收入在1500元左右。为增加村民家庭收入，村委会从20世纪90年代就开始进行家庭中央项目的探索，上文提到的柿子基地试点种植就是一个例子。同一时期，村委会还鼓励长垌、古方、中村和新村四个屯村民利用冬天闲置的农田种植萝卜。四个屯的土地肥沃，种出来的萝卜个大味甜，但由于市场信息不畅，交通闭塞，萝卜销售困难。许多农户眼睁睁地看着萝卜在地里腐烂。如今，这四个屯的村民在闲聊时还笑称今后再也不吃萝卜了，那段时间全家人已经吃怕了。此外，村委会还组织过种桑养蚕和养殖山羊等项目，但均以失败告终。

目前，八角、杉树、甜茶成为长垌村民的经济支柱，而外出打工是建房的重要资金来源。关于中草药的种植，扶贫办曾举办过香草、绞股蓝的学习班。但是村民们说，这些学习班只管教学，缺少产量的品质验收和市场销售方面的信息，而农户对于销售也不在行，因此兴趣不大。如今，村里种植药材的人几乎没有。村支书李兆华曾养过鱼，但因为水寒，鱼只能长到一斤左右。他又试验种野生石岩茶，因为没有技术，从山上挖来，用生根粉泡一晚再种植，倒是生出很多根，但很多在第二年春天就死掉了。很多人都说，种植石岩茶，年初插下去，半个月就生嫩芽，长势喜人，但就是生不了根，到了冬天就会死掉。村主任庞贵斌想利用八角林拉网围合盖鸡舍，规模养殖“穿毛鞋”的瑶山土鸡。但是瑶山土鸡自然孵化率很低，他苦于没技术、没资金和好的鸡种，单纯靠母鸡孵蛋这种小家庭不上规模的养殖是无法致富的。要想规模养殖，鸡种必须得好，首先要自然孵化取得一定量的优质鸡种，然后再进行人工孵化。这种瑶山土鸡比一般的农家放养土鸡还要鲜嫩味美，鸡蛋更小更好吃，目前长垌市场上是没有供应的，一般家庭也只是养两三只，本地人只有家里有坐月子的女人才会

向别人购买。

庞贵斌认为，若二级路开通以后，六架屯下游的红壶景区能够带动长垌经济的发展。红壶景区内有水库发电，同时发展观光旅游，在外地老板的投资下能真正地开发出来，带动本地旅游业的发展；还可以发展农家乐项目，如摘野菜、品野菜，体验民俗，购买瑶山土鸡，村民的生活肯定能有所改善。

平孟村三合屯是整个金秀县有名的石岩茶种植基地，距离长垌村也就10公里左右。为什么长垌村就推广不了种石岩茶呢？究其原因，一是没有种苗，二是农户不愿砍伐八角来种石岩茶。长垌村漫山遍野都是八角树和杉树，已经没有空地种石岩茶。尽管石岩茶可以间种在八角树间，但是八角树叶过密挡光，石岩茶就会死掉。种甜茶也不成规模，并不得价，来收购的人少。此外，尽管可以在八角林间种植甜茶叶，但一旦八角成林后，树叶遮住了阳光，甜茶也会死掉。2008年的雪灾压断了很多已经要结果的八角树，虽然很多农户在报数时，听起来是几千棵，但真正结果的并不多，不少农户的林地里种的都是只有一两年树龄的八角树。八角成林成荫后，会使间种的种类受到限制，没有充足的阳光，致使其要么收成差，要么死掉；可是，如果砍掉已经种植几年或十几年的八角树来获取空地，又非常的可惜。现在，长垌农民陷入了经济转型的困境。

如今的长垌，只有一年一季的冬闲水田能够做文章了，但是发展什么才好，需要有一个总体的规划。显然，一家一户只有几分田，单单一户的地肯定做不了，占了别人的田地又该如何处理，还需要大家共同商量。只有进行规模经营才能出效益。

长垌乡的其他村屯，如桂田村和三合屯，在乡政府和一些国家扶贫项目资助下，因地制宜，大力发展茶叶种植和养殖业，已经取得了较好效果。长垌村种养经济的形成自1980年的家庭联产承包责任制起，至今已30多年。村中的经济发展似乎陷入了两难的局面，正如村民们烦恼的一样：想要空地发展别的项目就要砍掉八角，但这是一个巨大的损失。因此，唯有通过上级相关部门加大对长垌村产业的调整力度，村民们才能突破局限，实现家庭增收。

第四节　商业

一　运输业

长垌乡地处山区，历来交通不便，严重制约了各村经济和社会的发展。1998年初，中共金秀瑶族自治县委和金秀县人民政府制定了《关于开展村级道路建设大会战的实施方案》，开始了“村村通汽车”工程建设。自治县采取上级拨款、群众集资和献工献料、以木换路、以工代赈等多种形式，大修乡村公路。到2004年底，金秀县77个行政村中，有72个村修通了公路。乡村公路总长378.94公里，形成了以县城为中心的公路交通运输网，促进了农村经济的全面发展。

随着交通情况的改善，长垌村的村民渐渐做起了交通运输的生意。如今，全村共有5辆大卡车、1辆中型卡车、9辆面包车、5辆农用车。这里的面包车主要是用来载客，开往桐木镇、腊河、金秀县城等地；而农用车多为自家使用，有时也会做些小生意。这里的卡车主要是用于运输长垌乡各村的土特产和杉木，每逢八角、茶叶收获的季节，

卡车的生意也会蒸蒸日上。如今，长垌村以及附近的平孟村、桂田村、道江村都进入了建房的高峰期，村民主要在桐木镇购买建筑材料。在二级路没有修好以前，从桐木镇到长垌村的车程少则两小时，这对卡车司机来说是一个商机。六架屯的冯文周正是瞅准这个机会，于2009年夏天向农村信用社贷款10万元，再加上自己在广东打工积攒的8万元建房资金，用来购买拉建材的重型卡车，这也是长垌村唯一的一辆重型卡车。

长垌村专营运输业的村民情况如表3-8所示。

表3-8　长垌村运输情况调查

姓　名	所在屯	汽车类型
冯文海	面北屯	农用车
盘志山	面北屯	面包车
黄元彪	瓦窑屯	面包车
邓东雨	三角屯	面包车
陶向东	古方屯	2辆面包车
黄　宏	古方屯	大卡车
陶　华	长垌二屯	大卡车
李　华	长垌二屯	农用车
余卫宁	长垌一屯	面包车
李智慧	长垌一屯	农用车
李昌华	长垌一屯	农用车
李　杰	长垌一屯	面包车
盘文明	龙庞屯	农用车、大卡车
李陶勇	新村屯	面包车
李卫平	新村屯	中型卡车
李达坤	中村屯	面包车
李俊松	中村屯	大卡车
冯文周	六架屯	大卡车

案例3-1　朴实的“农用车”

李华是长垌二屯的村民，今年40多岁。他从两年前开始做运输，自己有一辆绿色的农用车，平时主要运送建筑材料。

说起做运输的原因，李华笑笑说是因为年纪大了，体力工做不来（李华原本是伐木工人），看别人做运输有钱赚，就开始跑运输了。虽然现在跑运输做起来不容易，但他还是认为比伐木好。至于选择开农用车拉货而不选择面包车拉客，李华说是因为自己的性子急，做不来等人的事情。

两年前，李华听工友介绍桐木的农机学校可以学开车，就特地到桐木去学习开车技术。后来也在桐木考到驾驶证。拿到驾驶证后，李华在跑运输时以拉建筑材料为主，目前多为沙、石。因为人们一般在下半年做房子，故而他一般在8、9月的时候（据李华说8、9月天晴，做工的人多）跑的比较多，到过年后跑的次数就开始减少。从8、9月到过年前这段时间跑的次数不定，多是别人需要做工的时候就会通知他们帮忙运材料。

之前因为修二级公路，他就以替工程跑运输为主。因为比较近，一天拉个三四趟是很正常的。李华说，给工程跑运输的工钱是按天算的，一天大概挣350元。但因为工程队那边也会有大车在其他地方拉沙、石，因此他们跑运输也是“三天打鱼两天晒网”。比较忙的时候，一个月也可以挣一两千块钱。最忙的时候，通常从早上7点就要出门，晚上回家的时间不定，有时可能6点左右就回到家。早饭是自己在家吃，午饭工程队那边会管，如果是给私人跑运输，晚饭也会管。

李华还会修车，据他说是自己摸索出来的，一般一些小问题他都可以解决，如果自己解决不了的问题，通常会去桐木修理。汽油也是自己带回家加，在外面跑运输的时候，也会在外面的加油站加油。李华告诉笔者，8、9 月份的路比较好走，到了雨季，路滑的时候，都会带上一些工具做准备，如果路上车子陷到坑里面，要自己用沙子去填路，用铁锹把车轮撬出来。

长垌街上跑运输的人不少，拉建筑材料的人也不少，也有人是用大车拉的。但是相比之下，李华更愿意开农用车跑短途，因为短途车子耗油少，长途耗油比较多，而且也竞争不过大车。

二　集市

清乾隆五十一年（1786 年），金秀地区的瑶族石牌有这样一句话："善人买卖生意，有茶有食吃。"① 由此可见，在清朝中期已有商贩进入瑶山。咸丰以前，瑶族与壮汉族之间的商品交换，主要依靠汉族和壮族行脚商贩进行。商贩们在山外购买瑶族所需的布匹、食盐、金银饰器、火柴、煤油、犁耙等生产和生活资料，再凭借劳力挑进山，走村串寨兜售；同时收购当地的土特产和药材，挑出山出售。当时的交易多是物物交换，只有数量较大、售价昂贵的商品才用货币交换。这些商贩尽管在行商的过程中有过苛刻

① 《金秀瑶族自治县志》编纂委员会：《金秀瑶族自治县志》，中央民族学院出版社，1992，第 272 页。

的盘剥行为，但长期以来，他们因带来了大家所需的商品，还是受到瑶族群众的热情款待，因此在村规民约中才会有保护商贩的条款。

咸丰年间，桂林药店的老板请人带路进入金秀收购香草。渐渐地，瑶山内部的一些地区也开始有瑶族根据市场的需要，开店收购土特产。至解放前夕，除了收购土特产的商家外，还有豆腐加工、小食品加工、服饰杂货、银器加工、酿酒等商铺开张，这就慢慢形成了乡村集市。

长垌屯有一条120米长的街圩。1994年以前，长垌乡规划区还没有建成，长垌村赶集的人数有限，而附近平道村村民多到金秀县城，平孟村村民多到洛河乡，因此长垌街不太热闹。2000年以后，乡里对开发区进行了规划，附近村落中一些经济条件较好的村民渐渐前来此地，这里的街市才开始红火。各自然屯至今已在开发区买地建房的农户情况是：新村屯（3户），瓦瑶屯（无），中村屯（3户），长垌一屯（2户），长垌二屯（1户），三角屯（24户），龙庞屯（6户），古方屯（1户）。2000年，长垌乡政府为了繁荣长垌市场，沿着长垌河修建了一排商铺，还规定农历三、六、九是长垌圩日。但是由于全乡人口较少，外地客源也少，长垌圩日最终未能成形，至今沿河商铺也是空的。现在的长垌街买卖交易呈常态化，除了春节等重要的节日外，很少出现某个时日人流增多的情况。村民日常生活用品可以直接在长垌街的小商铺买到，大件商品一般到桐木镇或金秀县城购买，但大多数人出于距离的考虑更倾向于去桐木镇购买。目前，在长垌街上经营的有不少外村人，本地人从事饮食业的有14人、从事农产品收购的有6人、从事美容美发业的有2人、从事修理业的有2人、

从事小百货经营买卖的有 8 人。2008 年长垌村村民购家电或交通工具情况见表 3－9。

表 3－9　2008 年长垌村村民购家电或交通工具情况

单位：元

姓　名	所在屯	所购家电或交通工具	价钱
冯金斌	六 架 屯	摩托车	7000
庞文仁	六 架 屯	摩托车	5500
黄元东	瓦 窑 屯	摩托车、电冰箱	10000
盘志山	面 北 屯	五菱面包车	45000
陶向东	古 方 屯	五菱面包车	45000
李　杰	长垌一屯	五菱面包车	45000
李智慧	长垌一屯	二手农用车	14000
李陶勇	新 村 屯	五菱面包车	45000
陈　建	新 村 屯	机车	31000
李　华	长垌二屯	农用车	50000
黄金文	长垌二屯	拖拉机	7000

案例 3－2　米粉摊

自从开始修建二级路，大量施工人员住进了长垌街，长垌市场上的饮食业突然间红火起来，比如平时米粉摊点只有 3 个，现在一下子就多出了 5 个。从事餐饮业的都是长垌一、二屯的村民。

长垌一屯的李林，是从滴水村嫁入的山子瑶。李林的米粉摊是向长垌二屯的一对姐妹盘来的，姐妹二人原先在此做冷饮和米粉生意，因为要去广东打工才将店面转让。2008 年 5 月，李林花了近 7000 元，买下了原先的冰柜、米粉货柜和餐饮用具，米粉摊开张了。这是一个十分简易的摊位，没有水泥砖瓦，而是用毛毡搭成的棚子。

李林一家四口人，女儿 18 岁从桐木职业高中毕业，现在长垌邮电局做临时工，同时也在读函授大专；儿子 11 岁，在乡里的小学读六年级。丈夫黎荣于 2009 年 4 月开始在米粉摊不远处花了 4000 元盘了个摊位卖鸡。全家共有 8 分水田，如果不做生意，李林家里的收入全凭八角，一年下来也就三四千元的收入，想养活四口人很困难。如今好了，夫妻二人在长垌街上一年能挣 1 万多元。

李林的米粉摊有桂林米粉和螺蛳粉两种，都是 3.5 元一碗。米粉分干粉和湿粉两种，干粉每月要两大包，从桐木镇购买；湿粉（河粉）则是每天早上通过本地客运的五菱车从金秀县城带过来。除了米粉，她还卖冷饮，价钱也很便宜，都是 1 元一杯，有清补凉、菊花茶、珍珠奶茶。

2001 年，李林家盖了新房。李林说，若不是怕 100 多年的老土屋倒塌，也不会问很多亲戚借钱来建派出所后面这两层砖房（至今还没有刷外墙）。黎荣有四姊妹，有一个弟弟出了车祸，丧失了劳动力；而李林有七姊妹，因为亲戚多，借钱还算容易。如今，她家已经还完欠别人的钱，但信用社的贷款还没有还清。李林说："不做生意吃什么，我们这里够苦了，穷怕了。我现在就很爱听到别人说祝我发财之类的话，实在是还银行的钱还怕了。"

自二级公路修好后，从长垌村到金秀县城仅 30 分钟左右的车程，因此长垌村村民大多数时候都会到金秀县城购买日需品，原本刚红火起来长垌街又变得冷清，原本三个猪肉摊，又变成从前的轮流出摊。如今，长垌街上仍有人在做生意，有旅馆、杂货店（见图 3－4）、粉店、猪肉店、

服饰店（见图3－5)、蔬菜店等。经营者有本地的瑶族，也有外来的壮族、汉族。婚嫁是外地人来到长垌街做生意的一种手段，如一位在街上开服装店的壮族老板，刚开始时是因为做生意来到长垌，后来嫁到这里以后，就在街上买了一块地，做服装生意。

图3－4　长垌街杂货铺

图3－5　长垌街成衣铺

案例 3-3　烧烤小店

长垌二屯 40 多岁的陶平芳育有一女一子，两个孩子都在南宁读书。陶平芳在长垌街上开了唯一一个烧烤摊，只要不下雨都会出来摆摊，来光顾的大多是小孩子。

据陶平芳说，当初是她女儿建议她去做生意的。开始的时候她卖过果（水果），由于生意不好做，就改卖凉粉和烧烤。过去她热天的时候卖凉粉，到了冷天就卖烧烤。现在因为没多少人吃凉粉，所以只做烧烤生意。卖烧烤之前，除了跟别人学习烧烤外，她还准备了约 1000 元的烧烤用具，包括顶棚（在柳州要的）、烤炉（在当地请人焊制）、桌椅等。因为不同的人有不同的口味，陶平芳还准备了八九罐调料，有油、蒜蓉、辣椒等。原料是她请老板在金秀给她带过来的，带过来以后就放在自家的冰箱里，但一次也不敢要多。食物的进货价陶平芳认为还可以，如鸡翅是 13 元一斤，她卖的时候就 6 元一只，一个晚上可赚 30 元左右。

因为家远，每天出门的时候，陶平芳都尽量带多点食物出门。有的时候食物不够卖，有时候则会卖不完。说起生意怎样，陶平芳说生意还可以，可是修了二级路以后，路不通到长垌，来长垌的人少了，生意也不太好做了。

案例 3-4　发财致富的四兄妹

龙庞屯有 6 户人家的发财致富经在当地很有名，其中四人还是四兄妹。

黄金全（离异，前妻是岭美人，两个女儿跟着他，他现在还未再婚，人称“黄豆腐”），因为每天制作豆腐剩余

很多豆渣，所以他干脆在新龙庞养猪，豆渣可以用来喂猪。他的父母住在新龙庞屯，就帮他养猪。

盘文浦（35岁，黄豆腐的弟弟），主要是搞建筑，他爱人是长垌乡桂田村合岔屯人，现在县城开了个卖衣服的店面，小孩也在那里读书。

盘文明（45岁），他爱人是桐木人，20世纪90年代中期开始在长垌街卖烤鸭，生意非常红火，做了几年之后，就花了4万元买了一辆农用车搞运输，结束了长垌街的烤鸭摊。后来他再添置了一辆7万元的中型卡车，2009年又卖掉它，换了一辆16万元的大卡车。他爱人还在长垌开发区自家的一楼开了个门面，主要是卖米和杂货。现在夫妻俩已经累积了超过20万元的存款，算得上是长垌村9个自然屯的“首富”。

盘玉琼（40岁），主要是做八角和木材的收购。因为盘玉琼的口碑好，很多外地的大老板打钱到她的账户上，请她代为收购。

此外，还有另两户人家，分别是庞福兴（50岁，从金秀县城附近的刘村六仁屯来龙庞屯上门）和妻子庞贵珍（50岁）专门从事中草药的收购和买卖；以及黄云珍（35岁，从长垌乡桂田村高兰屯嫁来龙庞屯），在出嫁时，父母分给她与哥哥一人一半山林，20世纪90年代后期那里的八角树连年大丰收，又能卖个好价钱，所以收入相当可观。

第五节　乡村建设

改革开放以来，各级人民政府为改善金秀瑶族自治县广大农民的生活质量和生产条件，在大力发展教育、科技、文化等社会各项事业和扶贫致富的同时，不断进行乡村公路、水电、人畜饮水等农村基础设施建设，实施农村通电、通水、通电话、通公路、通广播电视的“五通”工程，使广大农村面貌发生了深刻的变化。

一　概况

2000 年，长垌屯内部道路全面实现水泥硬化；2003 年，长垌屯至面北屯、瓦瑶屯全线通车；2005 年，长垌屯至中村屯、六架屯全线通车；2010 年 5 月开通的从金秀至平南的国家二级公路经过长垌村，为长垌村的村民提供了极大的便利。2003 年，瓦窑屯通高压电，结束了长垌村没有完全通电的历史，据说通电当天，全屯比过年还要热闹。长垌村最早一批使用固定电话的村民是在 1998 年前后，此后固定电话逐步得到普及。手机在 2003 前后在村民中开始普遍使用。自从长垌乡政府开通网络后，在乡政府周围的三角屯（1 户）、古方屯（2 户）和长垌屯（7 户）也跟着开通网络。长垌街上还有一间网吧和两间游戏机室（老板都是金秀镇人），平常这里都是年轻人休闲娱乐的地方。

2009 年 6 月，长垌村根据来宾市下达的文化惠农工程基础设施的规划和建设，以“求乐、求知、求技”三求精神为指导，建设了一个标准篮球场和一个文艺舞台。两个场地的建成丰富了长垌村民的业余生活。同时，为构建和谐的新农村，村委还组建了篮球队和文艺队。

二　建房热潮

（一）老房屋的结构

长垌村过去的住房以黄泥屋为主，如今有部分人或建起

砖房，或在长垌街上买地起房。但长垌一屯、二屯村民的住房仍以黄泥屋为主，不少房屋已有几十年，甚至上百年的历史。一些上百年的房屋因破损严重，主人已另觅住处。

几处年代久远的黄泥屋为两层，方形结构。外墙均以黄泥做原料，三角屋顶铺以瓦片，屋顶留有几片空处铺“亮瓦”（玻璃），便于采光。正面墙外用木头搭制出一个与墙面平行的简易走廊，可用以堆放农具等。门窗皆以木为原料制成，门上除把手外，另用一根小木棍或绳索横拴把手，形成老式的门闩。门前有一平整的石台阶，台阶上可堆放柴火、晒八角等。有些屋子门前还有一个小院落。屋内格局分明，进门为正厅，抬头即可看见屋顶。正对大门的墙上放有祖宗牌位（或香炉），下方放有电视柜、电视，左右两侧的墙边摆放木质沙发或椅子、农具等。天冷的时候，也会在正厅摆上火炉，或在正厅避风处挖一火坑烤火。正厅两侧各有耳房，多供老年人居住。屋内靠墙处有一木梯通向二楼，和墙外一样，用木板制成一个简易的走廊连接二楼的两个房间。厨房、厕所等建在房屋之后。长垌屯老房子见图 3 –6。

图 3 –6　长垌屯老房子

过去，盖一间房子大概需要一两个月的时间，建筑材料都可以从山上寻到。从山上人工挑下筑墙用的黄泥，一层一层砌进固定好的两个夹板中，待其完全干透，就将夹板拿开继续往上固定，再将黄泥一层一层砌进夹板中，如此反复，直到一堵墙建好为止。之后，用从山上砍伐下来的木头做成梁横撑在屋顶，门和窗也镶在预留的位置。以前，同村村民搭建房子，其他人会主动过来帮忙，主人家只要准备好饭食招待过来帮工的人即可。在完工的时候，会预留几片瓦片由主人亲自放上空出来的位置，寓意主人拥有房子的所有权。如今，建房子的时候，若是主人邀请，其他人也会过去帮忙，但已经不再像过去一样主动帮工。这主要是因为现在多是请工程队帮忙。再者，其他人也不知道主人是否愿意要其过去帮忙。

（二）新房屋的建设

现在，长垌村已出现了不少砖房，大多集中在三角屯、古方屯、龙庞屯和长垌街上，多数是一层房，当然也有少量两三层的房子（见图3－7）。房内结构与过去所住的泥房大致相同。屋内多是在墙上刷了一层水泥，并没有过多的装修。长垌街上的房子多为2～3层。第一层多用于堆放农具、杂物等，楼上住人。龙庞、三角两屯以一层的砖房为主，且房屋都没刷外墙，露出砖块。在长垌一屯、二屯，住房仍以泥房为主，鲜有砖房。

部分村民手中已经有一定资金却不肯建房，建筑材料费用高是其中原因之一。从桐木镇拉建材到长垌，需要4个

图 3-7 长垌街上的砖房

小时，运费比材料费还高。外面 0.1 元多一块砖，运到这里就 0.4 元多，远的就是 0.6 元多一块了，夸张的说法是一块砖一斤米。可以说，大多数人不是不想建房，而是实在无法负担费用。若不是泥房即将倒塌，有些人家是不会去建的，2~3 万元连建一层四五十平方米的房子都不够。普通农户单纯建一栋 70~80 平方米的砖房，包括人工伙食至少要准备 5 万元。除了两三户不愿意向信用社贷款，而问亲戚朋友借钱外，其他大部分人家都是向银行贷款 2 万元以上。龙庞屯的大部分住户只建起了一层砖房，而且是向农村信用合作社贷款，1 万元一年需要 900 多元的利息，年利率 9%，一季度要交一次利息，利息成为大部分人家的沉重负担。村落里很多人为了还银行利息外出打工，本金现在基本上还无法还上，只是为了利息奔忙。2008 年长垌村新建房屋情况见表 3-10。

表 3-10 2008 年长垌村新建房屋情况

单位：万元，平方米

屯 名	户 主	层 数	投 资	面 积
新村屯	李兆华	两层半	11	215
古方屯	陶胜荣	两层半	15	300
古方屯	黄金钊	两层半	23	280
长垌一屯	李 明	补建三层半	17	200
三角屯	黄佩文	补建三层半	11	100
三角屯	李金勇	补建三层半	8.5	100
瓦窑屯	黄金福	补建三层半	6	82
瓦窑屯	黄元才	一层	7	92
龙庞屯	庞文峰	一层	5	96
	庞秀娇	一层	4.4	92
	庞福金	一层	5.5	118
	盘志香	一层	4	91
	赵莲英	一层	4	90
	冯文才	一层	4.1	92
	盘文贵	一层	4.3	95
	盘文莆	一层	4	91
	冯春仁	一层	4.1	90
	黄爱英	一层	4	90
	黄金元	一层	3.2	76
	盘金才	一层	4	91

2009 年，由于有 10 户人家属于危房改造的范围而需要重新建房，当年长垌村全村已经建造楼房（包括一层砖房）的有：三角屯（42 户），龙庞屯（33 户），六架屯（8 户），面北屯（11 户），新村屯（2 户），瓦瑶屯（5 户：2000 年 1 户，2004 年 1 户，2007 年 1 户，2009 年 2 户），中村屯

(7户)，长垌屯（22户），古方屯（4户）。这已经包括了在长垌街买地建房的农户。

1994年长垌乡开发区建设，各自然屯至今已在开发区买地建房的农户情况是：六架屯（无），面北屯（2户），新村屯（3户），瓦瑶屯（无），中村屯（3户），长垌一屯（2户），长垌二屯（1户），三角屯（24户），龙庞屯（6户），古方屯（1户）。长垌村进入建造楼房的高峰期，2009年底报名参加2010年危房改造的农户，单是六架屯就有10户。

三　危房改造

长垌村过去的住房以泥房为主，一旦进入雨季，由于雨水冲刷，房屋很容易出现坍塌。且由于房屋建设时间久远，有的已有上百年的历史（已无人居住），少的也有三四十年历史，外墙上多有裂缝，存在很大的安全隐患。2009年，广西危房改造的第一期工程开始启动，长垌村根据危房改造工作的各项要求，计划对村内各屯的危房进行分批改造。长垌村村委会在各村民小组大力展开宣传工作，但是由于农户心存疑虑，特别是除长垌一、二屯以外的其他自然屯，认为村委驻地的自然屯属于优先考虑对象，而长垌一、二组的村民则认为扶贫工作更倾向于照顾其他村屯，所以长垌村报名参加第一期危房改造的户数并不多。危房改造名单的确定程序是：先由困难户提出书面申请，填写农村危房改造农户纸质档案表；其后，经村民代表会评议拟定名单，由村民代表签名；工程完成后，经验收，要填写“农村危房改造户房屋验收表”。根据这一程序，2009年危房改造10户，其中面北屯8户，六架屯2户（见表3-11）。在长垌乡第一期危房改造的名单上，笔者发现，无论是道江、平孟，还是桂田、滴水等其他行政村，危房改造的住户并不倾向于村委会驻地的自然屯，长垌村也是如此。

表 3-11　2009 年度危房改造名单

单位：平方米，万元

屯	户　主	层　数	面　积	投　资	开工日
面北屯	盘志官	2 层	88	8	已开
	盘文印	3 层	62	10	
	黄元军	2 层	65	8	
	赵成军	3 层	60	12	
	盘志京	2 层	80	14	
	盘文飞	1 层	68	3	
	盘志进（外）	2 层	70	8	
	盘进星（外）	2 层	80	8.53	
六架屯	陈　飞	2 层	95	8	6 月份开
	冯琴芳（外）	1 层	80	5	

在长垌村，面北屯危房改造有 8 户，主要原因是这里近期发生过几次山体滑坡，农户的生命财产受到威胁。2009 年长垌乡各村危房改造的户数见表 3-12。

表 3-12　2009 年长垌乡各村危房改造的户数

单位：户

行政村名称	户　　数
道江村	18
滴水村	8
长垌村	10
桂田村	7
镇冲村	2
平道村	2

2009年，金秀瑶族自治县长垌乡农村危房改造项目专用资金补助的总额为63万元。12月18日，该项目发放了第一期的资金，共36.96万元。长垌村共有10户人家获得补助，每户人家获得8800元人民币。看到面北屯、六架屯的农户切切实实拿到了危房改造款，心存疑虑的农户打消了犹豫的念头，长垌屯的个别村民代表甚至埋怨村委会没有把危房改造的事项说清楚，令村委干部很是委屈。

随着2009年第一期危房改造工程取得良好收效，2010年金秀县农村危房改造工程继续推行。金秀县以“争取国家支持一点，自治区级补助一点，市县补助一点，农户自筹一点，社会捐助一点”为办法，多渠道筹集资金。申请危房改造的每户家庭获中央财政专项资金补助6000元，自治区、市、县三级按照1:0.4:0.6的比例配套，即按自治区出5000元，市出2000元，县出3000元的标准再给每户补助10000元。其余的改造资金则由农村改造户自己承担，以及投工投劳解决。在制定具体补助标准时，要注意体现对农村计划生育家庭，特别是农村独生子女家庭和双女结扎家庭的照顾。此外，要按重点保障和特殊辅助的要求，优先照顾居住在一级危房中的残疾人家庭。资金按照审批补助额度预支付10%的补助金，动工后预付30%，主体工程完成后支付50%，项目经县人民政府对房屋验收合格后付清余款。

四　社会主义新农村建设

长垌村的社会主义新农村建设试点设在龙庞屯与三角屯。在龙庞屯新村口立有公德碑：

由于受公元2006年“7.16”特大洪水灾害袭击，

我村发生严重的地质灾害，造成全村16户房屋无法原地居住，生产生活受到了严重影响。为重建家园，在九三学社广西区委会，金秀县政协，统战部的多方联系和帮助下，争取到谭玉娟等香港同胞及海外侨胞的慷慨解囊，于公元2006年9月，捐资1.6万元人民币和粮食，衣物一批，资助我村灾民选新址重建家园，其慷慨之举，惠泽瑶族同胞，造福社会，公德千秋，于此立牌，以彰其公德，感召世人。

金秀瑶族自治县长垌乡龙庞村

2007年3月23日立

这块功德碑彰显着龙庞屯社会主义新农村建设的成果。但是，龙庞屯以及三角屯目前的困境也反映着新农村建设有待解决的问题。龙庞屯旧址见图3－8，龙庞屯新址见图3－9；三角屯旧址见图3－10，三角屯新址见图3－11。新址村民对村中各种设施的满意程度见表3－13。

图3－8 龙庞屯旧址

图 3－9　龙庞屯新址

图 3－10　三角屯旧址

图 3-11　三角屯新址

表 3-13　新址村民对村中各种设施的满意程度

单位：%

	满意		没意见		不满意	
村　庄	龙庞屯	三角屯	龙庞屯	三角屯	龙庞屯	三角屯
道　路	40	60	0	25	60	15
公　厕	0	0	0	0	0	0
垃圾处理	40	60	0	10	60	3
污水处理	40	60	0	30	60	10
绿　化	40	40	10	60	50	50
文体设施	0	0	0	0	0	0

龙庞屯旧村由于地质灾害已经无法住人，在还没有搬迁时就有 6 户在长垌街开发区买地建房，搬迁了 27 户人家在龙庞屯新址，还有两户人家因为实在没有钱又不肯向信用社贷款就继续住在半山腰的旧址上。原来的龙庞屯，上去一次都要喘大气，重物全靠肩挑。

从三角屯旧址上搬迁下来的住户，现在有 18 户在长垌河边三角屯新址建房，24 户在长垌开发区建房。还没有进行新农村建设以前，已经有 10 户在长垌开发区买地建房；2006 年新农村建设以后，陆续有 14 户到开发区买地建房。

瑶族各支系的丧葬问题是长垌村推动社会主义新农村建设工程的过程中遇到的一个大问题。新一届村委会曾经想租用某一个山岭，将 9 屯 11 队的过世者集中安葬在那里，但是遭到了六架屯、瓦窑屯、面北屯的盘瑶村民代表的强烈反对。因为这三个盘瑶村落距离行政村屯较远，且各自有集中埋葬的山岭。而现在龙庞屯的新址，距离最近的住户只有 15 米，竟然有长垌一、二屯的三四十副空棺材。

五　基础设施建设

（一）道路

长垌屯的屯级道路建设十年来取得了一定成绩，各屯均实现道路水泥硬化；2010 年 5 月开通的从金秀至平南的国家二级公路经过长垌村，为长垌村的村民提供了极大的便利。但总的来说，长垌村交通设施落后的现状并未得到多大改观，大部分屯与屯之间依然是泥土路，一到下雨天，道路泥泞不堪，村民苦不堪言。长垌乡蒋副乡长以及村主任庞贵斌认为“要想富，先修路”，在未来的几年，打算修建一条长垌村至象州的公路，使长垌村的交通更加便利。

（二）电

20 世纪 70 年代初期，古方屯旁边设置了一个小型发电装置，这只是专门供应长垌乡政府的用电，长垌村的长垌、古方两屯可以直接受益，但还无法照亮长垌屯的农舍。后来长垌屯通了高压电，古方屯旁边的这个小型发电装置就以 1 万元的价格卖给了别人。村主任记得很清楚，1989 年的时候龙庞屯从邻村山里的小型发电站拉出了一条电线，然后他家就买了龙庞屯的第一台黑白电视机，当时他家挤满了龙庞屯的男女老少。瓦瑶屯和面北屯地势最高，通高压电的时间更晚。瓦瑶屯的赵媛说，2003 年她爷爷在世时，还特地在日历上标注出瓦瑶屯通高压电的日子。

为充分开发和利用金秀县丰富的水力资源，金秀县人民政府历来重视小水电建设，鼓励和帮助各地建设小水电站，把它作为改善群众生活、带动经济全面发展的富民强县工程。到 1989 年底，金秀县共建起小水电站 2550 处，其中农村联产和个人办 2545 处，2.45 万户（占农村总户数 91.04%）居民用上了电；当年底，经自治区验收，金秀县达到国家规定的农村初级电气化各项指标，成为全国第一批初级农村电气化 100 个县之一。从 1999 年起，金秀县投资近 3000 万元，历时 2 年，对农村电网进行改造，使农村用电更为稳定和安全，降低了电价，农民得到了实惠。

2000 年左右，长垌村开始对当地农民进行农网改造。村主任庞贵斌介绍说，农村电网改造前电价为每度 0.9 元，最高时达每度 1.2 元，而且电压极不稳定，还会时不时的停电，村里人只能用电来照明，做饭、洗衣、看电视想都不敢想。电网改造后，电价降低到夏季每度 0.54 元，冬季每度 0.6 元。村民家庭电磁炉、电饭锅等一应俱全。村民对此很满意。村里每个月 20 ~ 25 号进行抄表工作，然后所有数据录入电脑，村民下个月初交电费。像六架屯等几个比较远的屯可以推迟一个星期抄表和缴费。

（三）人畜饮水

人畜饮水直接关系到群众的切身利益。长垌村的人畜饮水问题很大。据村主任庞贵斌介绍，长垌村从1998年开始就关注人畜饮水，开始引水进户的工作，2005年开始加快人畜饮水工程建设。经过多年努力，长垌村的饮水工程有了不小的进展。但这么多年来由于种种原因成效并不明显。现在，村民还是直接饮用建立在山上的压水池里的水。压水池就是一个用钢筋混凝土建成的约100立方米的圆形池子，水池一般选址在有流水经过并且水流大的地方，要不然压力不够。水池建成后，再接管到户。建压水池的资金有的地方是村民集资，有的地方是政府修建的。比如古方屯，就是村民集资建的压水池，而且有专门的人管理这个压水池。使用该压水池的村民每使用1立方米的水要交0.1元水费，收缴上来的水费用来维护压水池。而使用政府资助的压水池没有专门的人进行管理，也不用交水费，但一到下雨天，压水池就容易坏，这给村民以及牲畜的饮水带来极大的不便。

另外，压水池里的水直接用于人畜饮水，并没有经过多少净化处理，所以存在很大的安全隐患。可以说，在未来很长的一段时期内，人畜饮水工程依然是长垌村非常艰巨的任务之一。

（四）通信设施

1998年，固定电话进驻长垌村。起初，安装电话的费用（包括电话、电话线以及安装费等全部费用）是800元，此后安装费用不断减少，到了2001年的时候就已经降低至二三百元。平均每个月的固话费用一般是二三十元。不过，后来随着手机的普遍使用，固话的使用量不断减少，主要是老年人仍在使用。

手机因其方便携带，从2002年开始在村民中普遍使用，但最初的信号不是特别好，接打电话时断时续。现在，村民普遍反映，信号不错，但是移动的信号要比联通的信号要好些，所以村民选择移动的比较多。由于手机的使用率很高，因此除了老人和孩子外，其余村民几乎人手一部手机，而且手机的更换速度也越来越快。

据了解，除了固话和手机这种最普遍的通信手段之外，信件也是长垌屯与外界联系的方式之一。长垌屯有一处邮局，紧邻长垌小学，可以办理邮政特快专递、信函、快件、异地存储等业务。

（五）沼气建设

长垌村的农户主要是烧柴火兼用电，饭可以用电饭锅煮，做菜则烧柴火，2000年以前使用沼气的很少。长垌村家庭如今烧菜做饭仍然以柴薪为主，兼用电。柴薪主要用来烧火炒菜，电则主要用于电饭锅煮饭。

政府大力推广沼气的使用，主要原因是使用沼气既环保，又节能。首先，使用沼气需要人畜的粪便做原料，这样就能将人畜的粪便有效利用起来。其次，使用沼气能减少树木的砍伐，可以保护生态。最后，通过利用牲畜的粪便作原料，可以避免牲畜随地排泄，这样本村卫生状况会更好。

2009年，由于农村危房改造，因此新增的沼气池较多，全年村中使用沼气的户数就增加了12家（见表3－14）。目

前，长垌村共有29户人家正在使用沼气，沼气池的分布情况是：长垌屯3个、面北屯3个、瓦瑶屯8个（养马最多，粪便充足）、中村屯1个、新村屯4个、六架屯4个、古方屯3个、龙庞屯1个。龙庞屯新址因为房屋间距小，猪舍都无法搭建，所以即使农户想使用沼气，也没有条件。

表3-14　2009年长垌村新建沼气的家庭户主姓名

村　屯	户主姓名	备　注
长垌二屯	李卫国	
面北屯	盘进星，赵才军，盘印文，赵成金，盘志京	
龙庞屯	赵有佳	
六架屯	黄金朝	
新村屯	李卫勇	
古方屯	陶向东	
三角屯	黄金明，李进球	李进球是三角屯新址的第一家；黄金明家住开发区，因家中经营酿酒生意，利用酒糟养了很多猪，故建有2个沼气池

沼气池的使用与农户的养猪、养马直接相关。没有足够的人畜粪便，建设再好的外观池，也产生不了足够使用的沼气。

在2000年以前村民安装沼气通常是外出观看整个安装过程后回村依样画葫芦。这种做法很容易因为规格不对等原因出现气不足等问题，导致大家对沼气的使用失去信心。因此，在2000年以后安装沼气的人都需要持有施工证。

如今，长垌乡仅有50%的家庭安装了沼气。为了鼓励村民安装沼气，政府还会给安装沼气的人家一定的补贴，并在长垌街设立一个沼气服务网点，由三角屯的黄金明负责（见图3－12）。

图3－12　沼气服务网点

案例3－5　长垌村的沼气师傅

三角屯的黄金明今年38岁，在长垌街上设有沼气服务网点和养猪场。他从2000年开始从事沼气建设，虽然没有考沼气施工证，但因为技术过硬，是县里面认可的沼气师傅，如今正带着一个徒弟。走进沼气服务网点，就能看到墙上挂着的沼气池安全管理常识、管理制度、收费标准、维修标准以及维修服务价格表。

说到开始做沼气的原因，黄师傅说是当时去荔浦走亲戚，见到每家每户都在用沼气，很好用。刚开始做沼气的时候，并不顺利，主要是因为没有技术。为此黄师傅专程到荔浦去请教当地的沼气师傅。

黄师傅告诉笔者，村里面做沼气的师傅不少，但专业的沼气师傅只有他一个。很多人都是“半桶水”，做出来的

沼气都不过关，不少人白花了钱，导致很多人都不愿意做沼气。村里使用沼气的人约有40%，做好后能用的只有20%。对于不愿使用沼气的农户，黄师傅打算给他们免费维修，希望通过这个方法，使剩下的60%的人都使用沼气。

据黄师傅介绍，做一个沼气主要有6个步骤。第一步，要农户自己挖一个圆柱形的沼气池，池子的大小有规定，即直径3米，深1.6米。挖好后盖上盖子，盖子上留下一个气管口；第二步，捣混凝土，将混凝土捣成一个内有8立方米空间的空心球，放入池中；第三步，做一个3立方米的水压箱，水压箱和池子相隔20厘米；第四步，做一个直径至少为20厘米，长至少为2米的进料管；第五步，在进料管之上建猪栏和厕所，使人畜的粪便可以通过进料管进入沼气池；最后一步则是用吸气管连接沼气池口和厨房。

黄师傅说装沼气的时候，会告诉主人要注意的问题，同时也会叫主人去他家里的墙上看注意事项。他打算每个村打印一份使用须知，让他们自己看。使用的时候，如果遇到什么问题，可以自己讨论解决。黄师傅特别提醒，沼气池内的气体是有毒的，因此如果要维修沼气池，需提前几天把上面的盖子打开，等池内剩余的沼气自然挥发，绝对不可以用明火点燃剩余气体。

在装沼气的费用方面，根据黄师傅介绍，首先是农户自己出700元的人工费和2000元的材料费。安装时，政府会给农户提供灶具和吸气管。当农户试用过，确实好用，合格了，会由林业局能源办给农户发补贴，即450元人工费和980元现金。

黄师傅说做一个沼气一年就可以回本（和用木柴烧火相比）。沼气可以用来煮饭做菜，还可以用来烧水洗澡，很方便，而且还节约能源，保护环境。因此，他对沼气未来的发展是很有信心的。

附1　沼气服务网点职责

一、农村建设的后续服务。即：沼气日常维护和安全使用与宣传工作。

二、普及农村沼气使用知识和推广农村沼气专业实用技术，推进农村沼气建设的进程。

三、开展多种形式的培训活动，提高沼气用户科学文化程度和农村沼气建设的日常使用管理能力。

四、定期或不定期检查、处理农村沼气使用方面所出现的故障问题和安全隐患，并提出处理方案，为农村其他农户日常使用沼气提供保障。

五、组织沼气用户，开发综合利用技术，充分发挥沼气的综合利用效益。

六、配套供应沼气用材。

附2　沼气池安全管理一般常识

一、建沼气池的能源、生态、社会、经济效益：

1. 建一座8立方米的沼气池，在保证发酵原料充足的前提下，能解决3~5口人之家的基本生活用能（照明、煮饭、煮菜、热水供应）。

2. 一座沼气池每年可保护4~5亩的森林资源免遭砍伐，这对保护生态平衡起到积极的作用。

3. 每座沼气池可节约砍柴工日60~80个，使大量的农民从繁重的砍柴劳动中解放出来。

4. 沼气建设推动村改房、改路、改厕、改厨房，村庄面貌焕然一新。

5. 沼气综合利用使农业增产、增收，生产成本降低，农民安居乐业。

（1）水稻浸种，每亩可增产30公斤左右；（2）沼肥种果，每亩增产10%左右而且明显改善果的品质；（3）沼肥种菜，产量高、品质好，这种无公害蔬菜上市价格好，供不应求；（4）沼液养鱼，可代替鱼的饲料，也可以喂猪等，降低养殖成本，提高农户收入，能改良土壤，普遍适用于农业生产的种养项目。

6. 沼气建设可减少疾病传染流行，改善环境卫生，使厨房干净整洁。

二、使用、管护沼气池注意事项：

1. 沼气池快速运转

在原料充足的情况下，最好不要进草料，8立方米沼气池第一次进料为鲜猪牛粪3000公斤左右，浓度为8%；若需加草料的农户，草料必须铡碎，并在池外堆沤发酵15～20天，粪草比要大于5∶1。在装原料的过程中，要从正常运转两个月以上的沼气池或贮粪坑底层取出20～30担料液作接种物加入沼气池内，加速料液发酵。进完发酵原料和启动用的接触物后就可以加水，沼气池内料液量达池容85%～90%，不能超过池容积的90%。

2. 日常管理

（1）沼气池进、出料口必须及时加盖，避免人、畜误入沼气池。

（2）勤进料和出料。做到每天进多少新料出多少旧料，先进料后出料，使料液始终保持正常水位，防止料液过多溢出水压间和影响气压。

(3) 经常观察气压表，发现异常要及时检查导气管与活动盖口、输气管道、开关和气压表等处，要尽快修补、更换或排除管道中的积水。

附3　沼气服务网点收费标准

沼气服务网点的收费遵循服务人员和受农户（会员）相互意愿。以下的收费标准是作为市场运行时的指导参考价，具体收费根据服务人员的技术服务工作量和当时的市场价格决定（详见服务价格表）。

一、新建沼气池

服务人员帮农户建设沼气池，先与农户签订承建合同，沼气池建成后，按照《农村家用水压式沼气池质量检查验收标准》进行验收，经验收合格，农户按合同一次性交清建池费用。每立方米标准池容的参考价格为70元。技术施工人员根据沼气池难易程度并经受服务农户的同意在5%的上下幅度调节。对会员农户按8折优惠收取施工费。

二、上门服务

农户邀请技术员上门服务的，按农户接受的工作量和工作难易程度收取服务费，技术员上门服务最低收费为5元/次。向会员农户提供沼气炉具维修服务时只收取炉具配件、零配件成本费，不再收取手续费。

三、清理沼气池

1. 沼液、沼渣的清理：对沼气池沼液、沼渣进行清理按200元/次收取，会员农户按8折优惠。

2. 沼液、沼渣生态肥的供应：对用户进行沼液、沼渣的供应按每车30元（1立方米）收取原料费，超过1公里的，超过部分运费再按3.5元/公里收取，会员农户8折优惠。

四、沼气配件的供应

服务网点为农户供应价格优惠、质量可靠的沼气配件产品。

五、服务网点运行管理费的收取和管理

1. 每新建一座沼气池，服务网点负责人在技术人工费中提取10元作为管理费，其他有偿服务按每次服务费收入6%收取管理费，每座沼气池按15元/年向农户收取会员服务费，所收管理费和服务费应用于服务人员工资奖金、咨询服务、技术培训、现场指导等日常工作运行开支。技术人员收入分配实行多劳多得制度。技术人员在服务收入中按规定交纳服务管理费后，余下部分归自己所有。

2. 服务费的管理：会员费和管理费由承包服务网点的技术负责人收取和管理，确保该服务网点的正常运行服务。

附4　沼气池验收标准

为了使沼气池正常、安全使用，制定如下验收标准：

一、沼气池池型要求：推广建设全自治区推荐的五种先进池型中的双管道水压式自动排渣沼气池。

二、沼气池各部位尺寸严格按照技术资料图纸要求施工，进料口、出料口必须高出活动盖底线25~30厘米，做好沼气池的蓄水圈，蓄水圈保护盖、出料间盖、水压间盖必须在同一水平面。

三、试水、试压必须按规定进行，试水24小时内水位下降不超过3厘米，试压24小时内压力表下降不超过2厘米，水柱为不漏气、不漏水，达到这个标准的沼气池密封性为合格。

四、卫生厕所、灶台、沼气水压间盖、活动盖盖板、沼气炉具、沼气池使用管理说明书必须随主池完工配套完善，在建池的同时水压间盖板上刻写统一规定的标志。

五、每座沼气池必须要有活动盖、蓄水圈盖和水压间盖。

六、管道布置必须平直，防弯扁、防漏气，具体有如下几点要求：

(1) 系统各部件安装的位置正确，做到适用、美观、安全。

(2) 管道要平直，管径始终保持圆形，截面积不变，不漏气。

(3) 室外的管道必须埋地，并用硬质保护物包好，以5%坡度平直下埋，在坡度最低处安上积水瓶，室内管道用钢钉夹扣固定在墙壁上。

七、主池容积 8 立方米，各部位尺寸严格按图纸要求施工。

八、在倒制沼气池盖板的同时，帮农户倒制好 1.5 米（长）×0.6 米（宽）×0.06 米（厚）的案板并在上表面贴瓷砖。督促农户按要求进行改厕。

附 5 沼气池维修服务价格表

单位：元

序号	维修项目	非会员价格	会员价格
1	旧池裂纹处理	120	96
2	输气管道漏气处理	20	16

续表

序号	维修项目	非会员价格	会员价格
3	水压间裂纹处理	60	48
4	更换脱硫器	10	8
5	更换玻璃罩	5	0
6	更换灯纱罩	5	0
7	沼气灯维修	10	0
8	沼气灶维修	10	0
9	更换气水分离器	10	0
10	更换脉冲开关总程	8	0
11	更换电池盒总程	8	0
12	沼气池清渣	200	160
13	病池诊断	20	0
14	沼气池保养咨询	10	0
15	更换沼气开关	5	0
16	更换沼气池导气管	30	24

六　电器化

在走访的过程中，笔者在村民家中最常见的生活电器就是电视和电饭锅，几乎家家都有。通过国家的家电下乡补助政策以及随着村民购买能力的提升，也有不少家庭购买了洗衣机、电磁炉甚至电脑，但这样的家庭在村中毕竟不是多数，一般拥有这些电器的家庭比较富裕。但村中也有家庭几乎没有家用电器，一般这样的家庭收入比较少，特别是空巢老人家庭。

“广播电视村村通”工程是新中国成立以来，全国广电系统实施的投入最多、时间最长、覆盖面最广、受益人数最多的一项系统工程。2002 年，金秀县开展了“村村通广播电视”工程，农村广播电视覆盖率在 95% 以上，极大地丰富了农民群众的文化生活。

十一五期间，金秀县投资 80 万元建成光纤机房，接通自治区光网，使电视节目由 26 套增加到 33 套，并且提高了电视信号的传输质量；采取国家、县乡财政和受益群众三个一点的办法，投资 156 万元建成 78 个“村村通”广播电视村点，而长垌村就是其中之一。据村主任庞贵斌介绍，2009 年长垌村开始进行“村村通广播电视工程”，2010 年就已经基本完成了这一工程。信号接收器的使用可以使村民收到 54 个台，解决了全村群众看电视难问题。该工程的实施对长垌村的精神文明建设、科学文化知识的普及、农民素质的提高、扶贫工作的改进、居民生活水平和生活质量的提高都发挥着重要的作用。村民对于“村村通广播电视”工程的实施很满意。

七　旅游业给村庄建设带来的影响

目前，金秀县提出了“生态立县、旅游强县”的工作思路，以建设“瑶族圣都”为中心，加强县城民族化、山城化、公园化的建设力度，完成了亮化规划、环城生态绿色景观规划、金秀河净化和美化项目可行性研究报告，并启动了乡镇新开发区和旧城改造的工作。

金秀县依托大瑶山的资源优势，重点突出了“圣山、圣水、圣都”的特点。从 2003 年起，投资 1200 万元，建设了圣堂山、莲花山、银杉公园等景区。金秀充分利用“世界瑶都”特有的浓郁的瑶族风情和灿烂的瑶族文化，将大瑶山生态民俗文化旅游和自然生态保护并举，使“金秀大

瑶山生态民俗文化旅游区”成为广西重点建设的精品景区之一。

长垌村的旅游业因为交通、旅游资源的稀少等原因并不十分发达，但位于金秀县城西南隶属于长垌村的圣堂山（又称圣塘山）逐步得到开发并开始声名远播。据了解，1996年以前的圣堂山开发只是小打小闹，并没有形成规模，1996年以后才形成一定规模，特别是2010年金秀到平南二级公路的修建完成，为圣堂山的交通提供了极大的便利。圣堂山与县城直线距离20公里，总面积150万平方公里，最高点海拔1997米，为广西第五高峰，桂中第一高峰。山上群峰林立、古木参天，特别是在1500米以上顶坡有世上罕见的万亩变色杜鹃（红岩杜鹃），间有珍贵的福建柏。每年5月，杜鹃花竞相开放，吸引着越来越多的游客，为长垌村的经济发展贡献颇多。长垌乡蒋副乡长介绍说，今后长垌村旅游业的发展除了继续打响圣堂山的名声外，在以后几年将开发位于六架屯的圣堂湖景区，并以此为中心逐步开发长垌村的其他旅游业；并且打算修筑一条长垌到象州的公路，进一步改善长垌村的交通条件，吸引更多的游人到长垌来。

第四章　社会发展

2008 年，金秀投资 274 万元用于基础设施建设，完成贫困村屯级公路建设 8 条共 42.2 公里，独立桥 2 座，人畜饮水工程 2 处；村委会所在地和 3 个自然屯修通了村级公路，自然村通车率 33%，7 个村民小组解决了饮水困难的问题；适龄儿童入学率达 95%，九年义务教育完成率达 90%，8.1% 的劳动力接受了农村干部实用技术培训。

第一节　社会保障

长垌村的自然条件恶劣，可利用的资源较少，全村石山面积 6428.6 亩，占村庄总面积的 14.3%；全村耕地大部分是缝地，零散分布，易涝易旱，产量低且不稳定。整个村庄的基础设施建设落后，2010 年，全村还有 1 个自然屯不通村级路，72 户 269 人饮水困难。全村未解决温饱的有 86 户（含低保 49 户）271 人；初步解决温饱，但不巩固返贫的有 61 户 243 人。

一　长垌村最低生活保障情况

农村居民最低生活保障是对农村家庭人均纯收入低于当地最低生活保障标准的家庭，按当地最低生活保障标准

给予救助的制度，是在农村特困群众定期定量生活救济制度的基础上逐步发展和完善的一项社会救助制度。

2008 年，国家“八七扶贫攻坚计划”名单中，广西共有 28 个贫困县，金秀瑶族自治县就是其中之一。2008 年，金秀投资 274 万元用于基础设施建设，完成贫困村屯级公路建设 8 条共 42.2 公里，独立桥 2 座，人畜饮水工程 2 处；投入 95 万元扶持贫困村重点产业开发，其中种植水果 1000 亩、茶叶 1000 亩，八角低改 1.75 万亩；完成贫困农户茅草房改造 106 户，完成贫困村沼气池 225 座，发放贴息贷款 50 万元。

根据长垌村的实际情况，凡家庭人均年收入低于 1129 元的家庭，按当地最低生活保障标准给予救助。长垌村最低生活保障标准分为 A、B、C 三级，A 级为家中有老弱病残，每月救助 60 元；B 级为家中劳动力不足，每月救助 50 元；C 级为家庭负担较重，无力承担基本生活，每月救助 40 元。根据这一标准，长垌屯有 8 户享受低保（见表 4－1）。2009 年上半年，长垌屯共有 4 户 11 人享受民政部门的农村最低生活保障，下半年户数增加至 5 户，共 14 人。2009 年全屯共发放救济粮 590 公斤①。

二　扶贫工作

金秀县每年都有扶贫工作组到长垌村考察村里的贫困情况。扶贫工作组改善了长垌村的基础设施建设、修建人畜饮水工程、修筑村级公路，解决了许多民生问题。2009 年，

① 数据源于长垌村社会主义新农村建设指导员陶王莉于 2009 年 12 月 30 日做的工作述职报告。

表 4－1　长垌屯 2009 年 12 月～2010 年 6 月农村居民最低生活保障对象登记情况

单位：人，元

姓　名	性别	家庭人口	致贫主要原因						上年人均纯收入	所属屯
			因病	因残	年老体弱	生存条件恶劣	缺乏劳动能力或劳动能力低下	其他		
冯秀萍	女	3						√	600	长垌一
陶国真	男	3						√	600	长垌二
李春兰	女	3						√	700	长垌二
余　金	男	3	√						800	长垌一
陶志勇	男	3						√	958	长垌一
余怡毫	男	2			√				900	长垌一
陶国平	男	3			√				900	长垌一
李立英	男	6		√					950	长垌二

金秀县扶贫工作组为长垌村新修了古西水利工程，全长 33 米，满足了长垌村村民生活和生产用水的需求。

根据长垌村目前的贫困情况，2010 年长垌乡长垌村委会结合本村的实际，制定了长垌村 2011～2020 年扶贫开发规划意见，主要任务有以下 6 个。

（1）农民增收。农民人均收入的年平均增长率，高于全县平均增长水平的 4%，在 6% 以上，未解决温饱的贫困人口解决温饱，90% 以上的人口稳定解决温饱。

（2）基础设施建设。村委会所在地通三级公路，片区通村级公路，解决大部分群众交通难问题。

（3）社会发展。村委会有办公室、培训用房和卫生、计生服务室，同时要实现村村通电话和广播电视。

(4) 生产发展。人均有3亩以上稳产经济林，户均年出栏肉猪10头以上，人均发展1.5亩以上经济林作物。

(5) 生态环境良好。森林覆盖率在92%以上，10%农户建有沼气池。

(6) 提高劳动者的素质。9个自然屯各有一个农民技术员。

附1 城乡居民最低生活保障审批程序

1. 户主书面申请并提供相关证件。

2. 填写申请表。

3. 村（居）委会入户调查。

4. 公布预保对象名单。

5. 乡（镇）复核。

6. 县级民政部门审批。

7. 公布保障对象名单。

8. 发证并兑现低保金。

附2 农村五保审批程序

1. 本人申请或村民代表提议。由本人向村委员会提出申请，因年幼或者智力残疾无法表达意愿的，由村民小组或者其他村民代为提出申请。

2. 村委会评议。召开村委会会议对申请人进行民主评议。村委民主评议认为符合条件的，在本村范围内公示，并将评议意见和有关材料报送乡（镇）人民政府审核。

3. 乡（镇）审核。乡（镇）人民政府提出审核意见，并将有关材料报送县民政局审批。

4. 县民政局审批。县民政局做出审批决定，行文下发乡（镇）民政办。

5. 落实“五保”待遇。对批准给予农村“五保”供养待遇的，乡（镇）民政办发给“农村五保供养证”。

附3　救灾物资领取条件

1. 必须是遭受了自然灾害影响的灾民。自然灾害是指干旱、洪涝、风雹（包括龙卷风）、地震、低温冰冻、雪灾、病虫害、山体滑坡、泥石流等，人为因素引起的灾害事故不属于自然灾害。

2. 必须存在衣、食、住、因灾治病等生活困难。

3. 没有能力克服上述生活困难的家庭。

三　敬老院

长垌乡敬老院创建于2004年，位于长垌村三角屯旧址的山脚下（见图4－1、图4－2）。目前，敬老院有13位老人（4男9女）、院长和1名管理人员，敬老院的老人都是由长垌乡各个村委送过来的，通常是没有子女的老人和有智障的人，主要是桂田村、道江村、平道村的老人。桂田村的一个残疾老人和他智障的儿子自敬老院成立以来就住在里面，敬老院现今没有接收过长垌村的老人。老人的伙食费和管理人员的工资都是由乡民政局支付，另外，每逢过年过节，当地政府都会为老人送去米和油。据敬老院管理人员李军介绍，去年过年的时候，当地政府为他们送来了300斤大米和油。

敬老院中的老人平时主要通过种菜、养家禽来打发白

图 4－1　敬老院大门

图 4－2　敬老院全景

天的时光，有时老人们也会看电视，了解国家大事。敬老院门前搭建有南瓜棚，夏天天热时，老人们就聚集在瓜棚下纳凉。长垌村冬天气温会低至零下 5℃，老人冬天一般都围在火塘旁取暖、聊天。

敬老院成立了院务管理委员会，按照管理经常化、制度化、规范化、民主化的要求，不断加强和完善内部管理，积极打造民政工作的亮点和品牌。在完善硬件基础上，以细化管理、落实制度为主，提升敬老院内部管理水平。

附1　敬老院的工作管理条例

（一）检查监督、民主评议院长和工作人员的工作。民主评议一般半年进行一次，评议结果可作为创优争先的依据，并做好详细记录。

（二）检查规章制度执行情况，讨论财务开支、行政管理等事项，协助院长做好管理工作。

（三）对照检查供养人员管理制度执行情况。

（四）院务管理委员会实行定期议事制度，一般一个月不少于一次，遇重大或特殊情况随时召开会议。

为了保障院里老人的个人安全，给老人们创造一个安全和谐的生活环境，敬老院制定了安全保卫制度。院里成立安全小组，由院长及工作人员组成，院长担任组长全面负责，副组长协助具体抓落实。在管理院内人员安全方面，做好外来人员登记、值班情况登记和院民外出登记，加强值班保卫工作，夜间查房，节假日应安排值班，定期组织安排检查，发现问题并及时解决。在安全防火方面，敬老院相应配置了必要的消防器材，工作人员能够正确掌握使用；在食品安全方面，加强食堂管理，确保食物的清洁、卫生，保证院民和工作人员的身心健康，防止食物中毒事件的发生。在日常生活方面，老人不准擅自更换灯泡或擅自接电，以防造成触电事故；不准吵骂、打架，以防造成摔伤事故；不准在床上躺着吸烟，不准私自生火，以防造

成火灾等事故；不准过量饮酒，以防造成醉酒伤人等事故；不准体弱、有病的老人单独上街，以防病倒途中或遇车祸；不准私自外出，外出做到请假，佩戴院民身份牌，并说明去向，以防走失；不得私自购买农药等有毒物质类和易燃易爆物品，不准私自购买或私藏刀具、铁棍之类。

附2　敬老院院民守则

1. 自觉遵守纪律，不违反制度。
2. 搞好院内团结，不互相争吵。
3. 提倡互助友爱，不无事生非。
4. 服从院内管理，不擅自外出。
5. 爱护院内财产，不损坏公物。
6. 确保院内清洁，不乱丢杂物。
7. 保持室内整洁，不乱放物品。
8. 注意文明卫生，不随地吐痰。

附3　敬老院工作人员岗位责任制

1. 热爱本职工作，廉洁自律，事业心强，爱岗敬业，以院为家。

2. 尊重“五保”老人，互尊互爱，想为院民所想，急为院民所急。

3. 抓好庭院经济发展，除上级保证院民基本生活费以外，庭院经济纯收2万元以上。

4. 工作人员团结协作，献计献策，使院民度过幸福的晚年。

5. 工作人员在值班时间里失职造成不应出现的事故要

追究责任，赔偿经济损失。

敬老院从为老人提供优质服务做起，从关心老人们的衣、食、住、行做起，让老人们老有所医、老有所养、老有所乐，保证老人们度过幸福安详的晚年。敬老院的工作人员视老人为亲人，不怕苦、不怕累、不怕脏。平时，对老人精心服侍，细心照料，认真做好端饭倒水，清除污物等工作。老人们快乐地在这个温馨的大家庭里生活、休闲娱乐、度过晚年，有效地促进和形成了全村弘扬敬老爱老传统美德、倡导健康文明生活方式、共享快乐和谐生活的良好社会风气，推动了当地和谐社会的建设。

第二节　婚姻与家庭

一　婚姻

（一）通婚范围

金秀瑶族五个支系都流行过内婚制，只是表现形式和实施程度上略有差异而已。

相比较而言，盘瑶、山子瑶、坳瑶的支系内婚制稍弱，因为他们之间历史上曾互相通婚；而茶山瑶的支系内婚姻则较为严格，不愿与他族通婚。新中国成立以后，茶山瑶内通婚的现象已经逐渐消失。如今，长垌屯内有道江村的山子瑶姑娘嫁入，也有桂田村的山子瑶青年入赘，更有坳瑶姑娘嫁给茶山瑶。历史上，瑶族与壮、汉两个民族之间的通婚个案非常少，如今这种情况已经出现。在长垌村最能体现瑶族与其他民族友好通婚的事例便是

六架屯石牌头人陈飞。他的父亲是入赘的汉族，因此陈飞有汉族血统，如今却被选为六架屯的石牌头人，这足以证明瑶、汉民族之间的壁垒已被打破。然而，受语言和生活习俗等方面的限制，瑶族与其他民族的通婚仅限于金秀县内，与金秀县以外的民族通婚还是比较少。

在长垌村，瑶族上门女婿并不会受歧视，而且这里的姑娘也愿意留在父母身边，不愿意外嫁。长垌街“蒋家炒店”的老板李卫国就很大方地说自己就是桂田村的山子瑶，来长垌这里“嫁”给他老婆蒋斌艳。

（二）婚礼过程

婚礼是人生中最重要的仪式之一。茶山瑶传统的婚礼通常要经过说媒、提亲、迎亲、酒席与回门五大步骤。以茶山瑶为例。

1. 说媒

茶山瑶传统的婚姻从恋爱方式到结婚仪式无不体现出一种文明、古老、自由的特质。男女到了十八九岁就可以恋爱。家里的大人通过媒人说亲来帮助子女寻找合适的对象。媒人通常是村中较年长的女性，并十分了解当地青年男女的基本情况。由于当地男女在婚前都有公开的社交自由，所以大部分青年男女都是通过自由恋爱来缔结婚姻的。

若男女双方准备在一起，那男方必须在媒人的陪同下到女方家说媒，并向女方家人介绍自己家的基本情况。如女方父母同意这门亲事，就允许其将女方的生辰八字和男方的生辰八字一同找道公进行合命。若两者的生辰八字合适，然后男方再到女方家提亲。

2. 提亲

提亲的手续比较简单，由男方家的几个人择日到女方家提亲，提亲时男方一般要带上15斤米和15斤酒。提亲的主要目的是告知女方家长合命的情况及商量迎亲的日子。

3. 迎亲

道公订好结婚的日期后，由男方家人或媒人前去通知女方，婚礼一般都是在农历十一月或十二月进行。迎亲前一天，男方亲属到女方家送去15斤米、15斤酒、30斤肉和一只鸡作为聘礼。婚礼当天，新郎在家，由家中两个父母健在且年龄一大一小的人去接亲，瑶语称其为“牙骤”。女方家派出两个未婚女性送亲，二人与新娘年龄相仿，被称为“同伴”。天蒙蒙亮时，新娘在“牙骤”和“同伴”的陪同下出嫁。路上若遇河流和桥，新娘要由女伴背着过去；途经村庄遇见孕妇，新娘需打红伞或花伞遮掩，避免见到孕妇，以防不吉利。

午饭以前，新娘一行人必须到达新郎家。等待已久的鼓乐手用唢呐和锣奏起欢快的民族传统婚礼乐曲，新郎新娘在大厅拜过祖宗后就能入席。酒席的菜肴是在村里人齐心协力的帮助下准备的，一般有鸡、鸭、炸鱼、扣肉、鹅、排骨、牛肉和一些青菜。

4. 回门

婚后第三天，新郎陪同新娘带上活鸡和腊肉回娘家。女方亲友在这段时间要请新人到家吃饭，活鸡和腊肉是新人送给亲友的礼物。新人离开回家时，亲友们会将收到的礼物中的一部分反赠给新人。

二　家庭

（一）家庭类型

考察一个社区的社会关系，特别是村寨社区的社会关系，一般选择从婚姻家庭形式入手。在传统农业社会中，虽然人际关系的构建和组成并不复杂，但作为个体在经济能力和社会地位的独立性体现上是很微弱的。其必须依赖家庭进而依赖从属关系更大的农村社区。

长垌屯的家庭结构主要以核心家庭与主干家庭为主。核心家庭又称夫妇家庭，指父母与未婚子女共同居住和生活，还包括由夫妻组成，及仅有父或母与子女组成的单亲家庭。主干家庭是指父母（或一方）与一对已婚子女（或再加其他亲属）共同居住和生活。在长垌村，大的家庭分家后，老人和哪个子女更合得来，就选择与哪个子女居住，构成主干家庭。没有与老人同住的家庭就组成了核心家庭。随着现在建房热潮的兴起，核心家庭的形式越来越普遍。

（二）家庭关系

1. 决策

家庭决策主要指夫妻或长辈对家庭事务做出决定。决策的范围主要包括子女的婚事、家庭经济收入开支、教育子女、盖房子等。在长垌村，许多家庭由年长的父母与年轻夫妻组成，但家庭决策权并不固定在某人手中。倘若子女尚未成家，家庭决策权均由父母掌握。当儿子成家后，有的家庭中，由于父亲在家庭中的威望较大，家庭的主要决策权还是在父亲手里；但有的家庭，父母会逐渐将家庭决策权转交给年轻的夫妻，让他们慢慢地开始承担家庭的重任。

案例4－1　“家里都由他做主”

李玉梅家住长垌村经济开发区，是土生土长的长垌人。她结婚后，丈夫家分了家，公公跟他们一起生活，家庭的主要经济来源是靠夫妻俩白天在外给人做工，家里还有几分田，种了八角、沙树等经济作物。公公每月有退休金，但不负担家里的生活费用。李玉梅有一个女儿，现在长垌中心校读四年级。李玉梅告诉笔者，家里的大事一般都由丈夫来定，因为他是家里的顶梁柱，是家里的主要经济支柱。没分家之前，家里都是公公说了算，如今分家了，看着儿子娶老婆建立自己的家庭，公公也渐渐地将家里的决策权移交给他，丈夫也觉得身上的担子更重了。家里大小事务和重要决定，丈夫都会拿主意。但总的来说，家庭决策时还是比较民主的，若遇盖房之类的大事，丈夫会选择与公公一同商量后再决定。

2. 养老

长垌村大部分家庭分家后，老人都跟合得来的子女一起生活，由他们养老。嫁出去的女儿与自立门户的儿子平时没有义务给老人零花钱，若老人生病住院，子女们还是会平均分担医药费的。如今，由于参加了新型农村合作医疗，老人们看病的负担也减轻了很多。

长垌村还有部分退休老人，他们有退休工资，可以支付家庭生活费用。子女平常也会给父母一些零花钱。龙庞屯的赵凤莲老人（见图4－3）今年68岁，有3个女儿。大女儿和小女儿都在外地工作，二女儿嫁在本村，家离老人家不远。小女儿在外地贷款买房定居，屯里的老房留给二老居住。老人说，家里孩子长大了都想去外面发展，外面社会要用钱的地方多，自己有退休工资就不麻烦她们了。老人的工资除了做生活费以外，有时还要帮小女儿还房贷。逢年过节，女儿们回来看父母，会给老人零花钱，但是老人通常都不会收。

图 4－3　赵凤莲夫妻

3. 分家

分家，在农村是一个家庭中比较重要的大事。这是因为它涉及家庭财产的再分配以及分家后小家庭所要承担的责任与义务。

在长垌屯，分家有两种情况。

第一种情况，家中的子女到了结婚的年龄，父母就会为家中的男孩准备一间房，作结婚用。若父母无法为他盖新房，就会在家为其隔出一间房子。同时，父母将家中的财产平均分给儿子们。分家以后，村中没有特别规定孩子们要给父母赡养费。这主要是根据个人的经济收入情况或者是孝心来决定的。

第二种情况，等家中的子女结婚后，无论是已婚的、未婚的，父母都将家里的财产平均分给每一个子女，让子女自立门户。父母对家中的子女一视同仁，儿子和女儿都可以平均分到家里的财产。财产分配小到家里的锅碗瓢盆，大到家里的田和山林。分完家后，父母寄附在某个儿子家中生活。父母可一起寄附同一个儿子，也可以各自去寄附一个儿子，这都由父母自己选择。

长垌村经济开发区的李光文老人告诉笔者，他有6个孩子，去年刚分家。老伴与三儿子生活，他选择和老大一起生活。老人将家里的田地、山林、八角和杉树平均分给6个孩子。如今，他和老伴的生活所需全由老大和老三负责，若遇生病，医药费则由6个孩子共同承担。老人的大儿媳告诉笔者，现在村里大部分老人都参加了新型农村合作医疗，看病的负担比以前轻多了。

第三节　生育

一　生育习俗

当地传统的生育观念是一对夫妇只要两个孩子，实行“一脉单传”，一个留在家里继承“香火”（传宗接代），一个出嫁或“上门”为赘。最理想的生育是一男一女，男的留在家里，女的出嫁。但生男生女并不能人为决定，有的家庭两个男孩，有的家庭则两个女孩。如今，村民都认为男孩女孩都一样。如果家中有两个男孩，长子在家承

嗣，次子可以“上门”为赘；若有两个女儿，长女招婿入赘，继承“香火”，所招之婿，务必改从女姓，另一个外嫁。

茶山瑶这种开明的生育观念体现了人类节制生育、有序发展的良性循环和生育美德，它的形成与其生活环境有密切联系。大瑶山山高谷深，地形复杂，所能开辟的水田有限；又因山区气温较低，稻谷产量不高，每年生产的粮食只能养活一定数量的人口，如果家庭人口不断增多，就会过穷日子。如果一家生两三个或者更多，分家产时势必会你争我夺，甚至互相仇杀。为了保持家庭的稳定、社会的安宁、民族的健康生存，他们采取了只要两个孩子，实行“一脉单传”的方法来控制人口的增长。[①]

在长垌村，妇女通常生完孩子后，家里的老人都会给产妇洗一种由72种瑶族山上的草药泡制而成的药水澡。这种药水洗了之后产妇会慢慢恢复身体，并且今后不会留下产后后遗症，对产妇的身体非常有益，相传瑶族几百年前就会用这种方法了。至今这种传统还在村里相传，这就是瑶族特有的“瑶浴”。

二　计划生育

（一）概况

瑶族有着相对强烈的男女平等思想，与汉族农村男尊女卑的传统观念不同，男女双方的权力不会因为性别的差异而不同，这是大瑶山具体的生活环境所定。作为山地民

① 刘保元、莫义明：《茶山瑶文化》，广西人民出版社，2002，第129页。

族，瑶族在最初迁徙到深山时，自然环境极为恶劣，人口的增加在某种程度上成为一种生存负担。因此，茶山瑶在历史上就已经开始使用一些草药控制人口。鉴于此，国家在推行计划生育政策时，在大瑶山地区并没有受到太大的阻力。

2008 年，长垌村出生总人数为 49 人，计划内出生人数 46 人，计划生育率 93.88%。结扎 30 例，放环 35 例，领取独生子女证 35 本，年度兑现独生子女保健费 4200 元，征收社会抚养费 4.48 万元，人口和计划生育工作获来宾市人口计生目标管理责任制考核先进单位奖。2009 年，长垌村出生总人数为 75 人，计划内出生人数为 75 人，计划生育率到达 100%。结扎 2 例，放环 4 例（见表 4－2），领取独生子女证 7 本。长垌乡的计划生育工作被评为 2002 年度人口与计生目标管理三等奖、2005 年度人口和计划生育工作计生线目标管理二等奖、2005 年度人口和计划生育工作党政线目标管理一等奖。

表 4－2　长垌村 2009 年度出生情况及妇女手术情况统计

单位：人

项目 单位	2009 年度出生情况									2009 年度手术情况					
	一孩			二孩			多孩			合计	结扎	放环	皮埋	人引	取环
	男	女	计划内	男	女	计划内	男	女	计划内						
长垌二	1	1		1	1		1			2	1	4			
长垌一	1		1	1											
古　方															
三　角	2	1	3							1		4			

续表

项目 单位	2009年度出生情况									2009年度手术情况					
	一孩			二孩			多孩			合计	结扎	放环	皮埋	人引	取环
	男	女	计划内	男	女	计划内	男	女	计划内						
面北										1					1
瓦瑶															
龙庞															
新村		1	1	1		1				2	1		1		
中村	1		1												
六架		1	1							2		4			

注：数据由长垌村村委会2009年6月5日统计。

（二）长垌村村委计划生育工作

长垌村实行计划生育包干责任规范管理制度。这一制度由村支书李兆华、村委主任庞贵斌和计生专干郭谊三人负责。每个屯设有人口管理员，及时向村委计生干部反映屯中情况。各屯人口管理员的主要工作职责是做好人口和计划生育教育工作，解答群众的政策咨询，做好群众的说服和动员工作，协助乡（镇）政府征收社会抚养费。同时，他们还要掌握所辖屯中的育龄群众结婚、怀孕、生育、避孕和生殖健康的情况，及时组织已婚育龄妇女参加每季度的妇科检查，动员应落实节育措施或政策外怀孕对象落实长效节育措施和补救措施。除此以外，他们还要督促、协助村民及时办理独生子女优待证、生育证、流动人口婚育证明和农村奖励扶助等有关手续。长垌村村委计划生育协会领导机构见表4－3。

表4－3　长垌村村委计划生育协会领导机构

职　务	姓　名
会　长	黄金财
副会长 秘书长	陶向东 李兆华
理　事	李汉书 赵福金 黄金明 黄金福 覃兴桂 盘文贵 陶志强 黄海忠 盘志京

附2　村级计划生育专干的职责

1. 认真贯彻执行国家的计划生育法律、法规和上级对计划生育工作的指示。

2. 执行上级下达的本村人口控制指标，确保完成本村人口计划。

3. 调查掌握本村育龄夫妇避孕节育情况，动员和帮助已婚育龄夫妇落实节育措施。

4. 调查、了解和及时上报本村人口计划生育，做好凭证生育工作。

5. 负责本村人口生育统计和信息工作，管理本村人口

与计划生育有关档案。

6. 负责本村计划生育避孕药具的管理和发放。

7. 调查和处理本村有关计划生育的信访工作。

8. 建立政务公开制度，公布生育指标、人口出生情况、节育措施落实情况，接受群众监督。

9. 关心育龄夫妇的生产、生活和生育情况，协助上级做好术后回访工作，密切干群关系。

10. 完成本村党支部和村委领导以及上级交给的计划生育有关任务。

附3　计划生育协会会员职责

1. 宣传国家的计划生育法律、法规。

2. 带头实行计划生育，优生优育。

3. 带头勤劳致富，帮助群众共同致富。

4. 带头为育龄妇女搞好生产、生活和生育服务，密切联系群众，做群众的知心人。

5. 实行民主监督，为各级计划生育机构提供信息。

6. 发挥监督作用，帮助各级计生部门和计生协会搞好廉政建设，纠正不正之风。

附4　协会的工作任务

一、组织会员带头学习计划生育方针、政策法规，带头实行计划生育。

二、经常深入地开展计划生育宣传教育、引导和帮助群众自觉地实行计划生育，积极开展有利于育龄妇女的活动。

三、带领群众践行计划生育的各项规定，为育龄群众办好事、办实事、排忧解难。

四、参与计划生育民主管理和民主监督，维护育龄群众的正当权益，发挥党和政府联系群众的桥梁、纽带作用。

附5　协会的活动制度

一、定期召开理事会，研究工作、交流情况。

二、充分发挥理事、会员的特长，为群众办好事、办实事，进一步增强协会凝聚力。

三、密切会员同育龄群众的关系，架起政府与群众沟通的桥梁。

四、定期培训，学习人口理论，避孕节育、优生优育等科学知识。

五、对工作成绩突出的理事和会员进行奖励。

长垌村的工作一直得到上级的肯定，被评为1995年度计划生育工作先进单位，2001年度计划生育工作先进村委，2007、2008年度计划生育工作先进村委。

为保证村中的计划生育能够顺利进行，长垌乡实行了工资福利挂钩的制度，唯有完成了计生工作，乡、村干部们才能领取全额工资。长垌村村委计划生育协会组织规范管理网络见图4－4。

（三）生育现状

近年来，长垌村严格实行计划生育政策，据乡计生技术服务所所长吴金美介绍，2009年长垌村出生人口为75

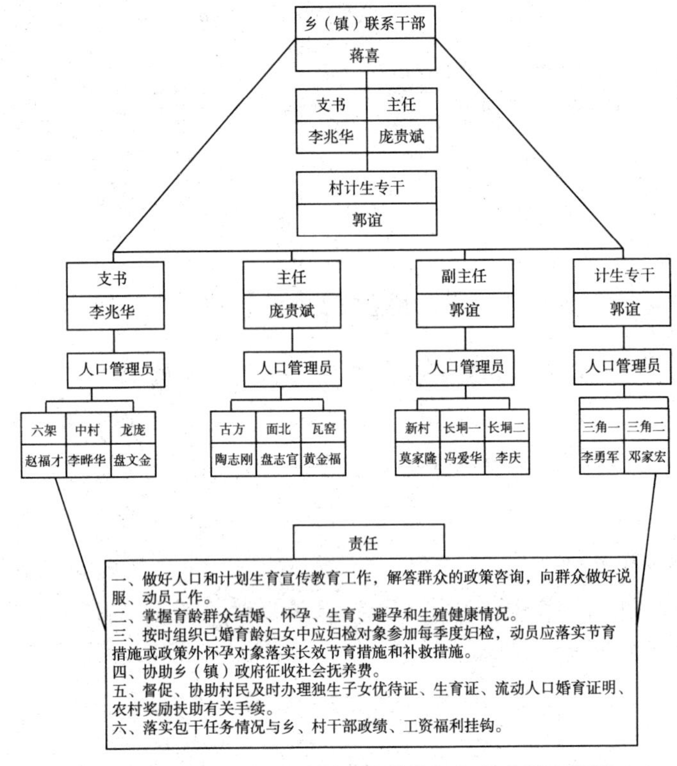

图 4－4　长垌村村委计划生育协会组织规范管理网络

人（男 42 人、女 33 人），纯女户 17 户，独生子女家庭 11 户（男 8 人、女 3 人），2010 年长垌村出生人口为 75 人（男 34 人、女 41 人），纯女户 22 户，独生子女 22 户（男 8 人、女 3 人）。长垌村新出生人口数保持平稳，而 2009 年、2010 年结婚的人数也在逐年增加。2009 年长垌村村委人口和计划生育工作动态跟踪管理一览见表 4－4。2010 年金秀县长垌乡（镇）长垌村村委已婚育龄妇女基本情况汇总见表 4－5。

表 4-4　2009 年长垌村人口和计划生育工作动态跟踪管理情况

基本情况：本村委总户数 227 户，总人口 801 人，已婚育龄妇女 150 人，其中双女户 11 户，妇检对象 61 人，领取独生子女证人数 7 人

项目/单位	姓名		安排生育时间		怀孕开始时间														预产期	婴儿出生情况		落实手术时间			流动情况		包村责任人		备注
	男	女	一孩	二孩	政策内	政策外	1	2	3	4	5	6	7	8	9	10	11	12		时间	性别	放环	结扎	人引	时间	地址	乡计生专干	村计生专干	
长垌一	陶学江	廖菁英		2007.3.7	√			√												2009.8.26	男		2009.2.20						验证
三角	李富	李凤梅	2008.7.10		√					√										2008.12.7	女								
长垌一	陶小龙	盘晓丽	2007.10.11		√				√											2008.11.28	男	2009.3.28							
三角	盘李蒋	陈玉萤	2008.10.21		√					√										2008.12.15	男								
六架	赵才斌	庞丽萍	2008.6.2		√					√										2008.12.22	女	2009.5.10							
中村	覃升	徐卫莲	2003.12.15		√					√										2008.12.24	男								
三角	李甲峰	张燕兰	2008.3.6		√				√											2008.11.13	男	2009.3.20							
新村	苏世光	黄美球		2008.6.4	√						√									2009.1.25	男		2009.5.18						
新村	李陶勇	李国	2007.4.4		√							√								2009.2.5	女								
新村	李世勇	韦珍	2007.3.4		√				√											2007.11.13	女	2008.10.20							
六架	冯金彬	庞丽梅	2007.10.30		√											√				2008.6.7	女	2009.3.2							
古方	黄金钊	陶丽娜		2008.4.25	√												√			2009.7.30	女								
古方	陶周	王俊秀		2007.9.2	√													√		09.8.26	女								
龙庞	庞贵富	方齐芳	2009.4.7		√			√												2009	女								

续表

项目/单位	姓名		安排生育时间		怀孕开始时间														预产期	婴儿出生情况		落实手术时间			流动情况		包村责任人		备注
	男	女	一孩	二孩	政策内	政策外	1	2	3	4	5	6	7	8	9	10	11	12		时间	性别	放环	结扎	人引	时间	地址	乡计生专干	村计生专干	
六架	庞文峰	赵红梅	2008.4.2		√																								
长垌二	冯强	盘慧珍	2009.3.1		√									√						2009.4.30	女								
三角	赵斌	吕淑玲	2008.9.16		√																								
中村	李剑	覃应纪	2009.2.17		√															2009.6.27	女								
面北	黄通金	盘丽红	2008.12.27		√																								
新村	赵有斌	李玉		2008.5.23	√																								
中村	陈钟锋	严日明		2006.6.10	√																								
龙庞	庞福明	盘红芳		2008.	√																								
中村	冯驰敏	冯金美		2008.5.29	√																								
面北	黄元军	赵丽芳		2008.12.28	√																								
长垌一	陶国栋	王再兴	2009.5.19		√																								
六架																													
长垌一																													
长垌二																													
六架																													
三角																													

表 4－5 2010 年金秀县长垌乡(镇)长垌村已婚育龄妇女基本情况

单位:人

项目/单位	总户口数	总人口	已婚育龄妇女数	其中已婚妇女育龄情况						新婚未领证	持证未怀孕	现孕数	领取独生子女证数	节育情况							2010 年出生情况									2010 年手术情况							女性初婚人数	死亡人数
																					一孩			二孩			多孩				结扎							
				无孩	一孩	二孩	其中纯二女	多孩	其中多孩纯女					合计	男扎	女扎	其中纯二女户结扎	放环	皮埋	药具	男	女	计划内	男	女	计划内	男	女	计划内	合计	合计	其中纯二女结扎	放环	皮埋	人引	取环		
合计	239	951	175	11	49	111	15	5	1	7	2	2	7	158	1	110	11	30	0	17	2	1	3	7	1	8	0	0	0	14	8	0	4	0	0	2	5	10
长垌一	27	115	25	2	10	14	2	0	0	0	1	0	2	23	0	13	3	5	0	5	0	0	0	1	1	2	0	0	0	2	1	0	0	0	0	1	1	2
长垌二	24	102	17	2	3	13	1	0	0	0	0	1	0	16	0	11	2	2	0	3	0	0	0	1	0	1	0	0	0	1	0	0	1	0	0	0	0	0
古方	21	80	11	1	3	8	1	0	0	2	0	0	0	9	0	5	2	2	0	2	1	0	1	1	0	1	0	0	0	1	1	0	0	0	0	0	0	1
三角	33	127	23	2	5	15	2	1	0	2	0	0	0	21	0	15	1	5	0	1	0	0	0	1	0	1	0	0	0	1	1	0	0	0	0	0	2	1
北	16	55	10	0	0	9	0	1	1	0	0	0	1	10	0	10	0	0	0	0	0	0	0	2	0	2	0	0	0	2	2	0	0	0	0	0	0	2

续表

项目/单位	总户口数	总人口	已婚育龄妇女数	其中已婚妇女育龄情况						新婚未领证	持证未怀孕	现孕数	领取独生子女证数	节育情况							2010年出生情况									2010年手术情况							女性初婚人数	死亡人数
																					一孩			二孩			多孩				结扎							
				无孩	一孩	二孩	其中纯二女	多孩	其中多孩纯女					合计	男扎	女扎	其中纯二女户结扎	放环	皮埋	药具	男	女	计划内	男	女	计划内	男	女	计划内	合计	合计	其中纯二女结扎	放环	皮埋	人引	取环		
瓦窑	15	49	9	0	1	8	1	0	0	1	0	0	0	9	0	8	0	1	0	0	0	0	0	1	0	1	0	0	0	1	1	0	0	0	0	0	0	1
龙庞	27	97	16	1	5	9	2	1	0	0	1	1	1	13	0	10	1	2	0	1	0	0	0	0	0	0	0	0	0	2	0	0	1	0	0	1	0	1
新村	18	70	13	0	4	9	0	0	0	0	0	0	0	13	0	10	1	1	0	2	0	0	0	0	0	0	0	0	0	1	1	0	0	0	0	0	0	1
中村	28	120	19	0	8	9	1	1	0	0	0	0	2	16	0	10	0	6	0	0	0	0	0	0	0	0	0	0	0	1	1	0	0	0	0	0	0	1
六架	30	136	32	3	10	17	5	1	0	2	0	0	1	28	1	18	1	6	0	3	1	1	2	0	0	0	0	0	0	2	0	0	2	0	0	0	2	0

统计时间:2010 年 9 月 30 日

吴金美所长告诉笔者，现在村里年轻家庭的生育观念跟过去不同了，生男生女都一样，也没有了“传宗接代”的传统思想，重男轻女的观念淡薄。但在部分主干家庭中，若根据国家政策可以生两个孩子，头胎是女孩，家里还是希望第二胎生男孩。

（四）存在的问题

金秀瑶族自治县的总面积约2500平方公里，人口还不到15万人，地广人稀。在广西以至全国范围内的评比中，金秀县连续7年获得各种计生工作模范的荣誉。但是，计划生育工作连续取得荣誉的同时，也带来了不可估量的负面影响。

第一个负面影响就是劳动力严重缺乏。金秀县全县约12万农业人口，占总人口的87%。现在金秀县的农业生产还远远达不到全国制定的机械化标准，相对粗放的农业生产状况需要投入较多的劳动力来承担具体的劳作，否则就不堪重负。盘瑶在历史上的生育控制不如茶山瑶和花篮瑶，但还是形成一定的节制生育观念，现在的计划生育政策在观念和技术上支持或强化他们的生育传统，便利了实施控制的具体途径。盘瑶村屯实施计划生育政策的初期，由于与他们的生育传统没有过多不相融或相悖的条款，六架屯、瓦窑屯、龙庞屯、面北屯村民在具体行动的表现上还是顺应计划生育政策的深入实施的，但是最近五六年这些盘瑶社区的人口出生率的下降在某个时期也引起村里老人的恐慌，六架屯、瓦窑屯的某些盘瑶家庭出现劳动力严重匮乏的现象。再加上外出务工潮的出现，空巢家庭在数量上的扩大，年迈老人就不得不承担全部的生产劳作。然而，因为年龄的关系，这些老人显然已经不能胜任山地繁重的劳

作，这直接导致了家庭农业收入的减少。2008 年春节期间，由于受全球性经济危机的影响，打工人群大批返乡，这里的老人表现出来的喜悦与经济收入减少的现实情况相矛盾，这不能不说是生产劳动力缺乏的生动写照。

第二个负面影响是生育人口素质的下降。按照政策，生育第二胎唯一合法的只有双瑶家庭，汉族和壮族都被排斥在瑶族的婚姻系统之外。内婚传统以及相对封闭导致就近结婚现象的出现，大量的近亲结婚导致了下一代劳动力素质的下降，因此村民愈加贫穷。老人们介绍说，长垌村里因近亲结婚而出生的孩子几乎都不健康，大概有 7 个这样的情况。邻里发生争执时孩子的缺陷必成为攻击的利器，孩子的父母在人前说话都显得底气不足。还有少年说，老师生气时会对成绩差且难以管教的学生说“你父母可是兄妹”这样的话，这也能看出在长垌乡一带瑶族近亲结婚的家庭还不少。长垌乡主管计生工作的干部则认为，合适的解决办法应是将广西计划生育条例中合法生养二胎的“双瑶”条件改为瑶汉或瑶壮或其他瑶族与他民族的婚姻结合，这样能有利于不同民族、不同村屯的交流，也有利于新生人口素质的提高，但长垌村人认为这种想法在具体实施上困难重重。地区经济发展不平衡和明显的收入差距，是瑶族和其他民族通婚的直接障碍。

人口出生率下降、劳动缺乏，还与外出务工潮有关。毋庸置疑，劳务输出确实给劳力过剩的山区带来了就业和收益，当地村民生活得到一定的改善。但是，在偏远、贫困的大瑶山腹地深处，姑娘出去，一般都是择郎外嫁，年轻男子娶不了媳妇，人口连年出现负增长。这种现象不仅影响人口的再生产，也会引发一定的社会问题。

第五章　民族与宗教

第一节　民族

瑶族是一个国际性的民族，足迹遍布世界各地，其中大多数居住在中国。由于瑶族频繁迁徙，因此其又有“中国吉普赛人”之称。瑶族有自称和他称，自称大多与本民族语言有关，一般有勉、伕勉、董本尤、炳多尤、布努、努努、布诺、东诺、甘迪门、金门、土尤、标曼、拉珈、优嘉、谷岗优、粪等；他称大多与其民族崇拜、生产方式、服饰、居住等有关，如盘瑶、过山瑶、茶山瑶、蓝靛瑶、红瑶、花篮瑶、白裤瑶、山子瑶、坳瑶、平地瑶、东山瑶、西山瑶、八洞瑶、排瑶、背篓瑶等。各个瑶族乡或以山，或以洞，或以坪为名，同样体现出了其山居民族的特征。而且，从瑶族的他称来看，如东山、西山、过山、茶山、山子、坳、洞等字眼，也体现了瑶族自古以来与山结下了不解之缘。

一　概况

金秀瑶族自治县的盘瑶、茶山瑶、花篮瑶、坳瑶和山子瑶等 5 个支系称呼，实际上是壮、汉等族根据大瑶山 5 个

支系瑶族不同的居住环境、服饰、语言等特征，而给他们贯以不同的称呼（在各支系瑶族内部和各支系瑶族之间，又有不同的称呼）。茶山瑶自称“拉珈”（“拉”意为人，“珈”为山，“拉珈”是指住在山上的人），“茶山”是金秀瑶山中北部一个历史地名，茶山瑶是以住地而得名的。在封建王朝统治时代，茶山瑶、花篮瑶、坳瑶因男女均留发结髻，故又被统称为长毛瑶。

2008 年，金秀瑶族自治县全县总人口为 154200 人，瑶族人口 53198 人，占总人口的 34.5%。其中，茶山瑶 18781 人，占全县瑶族人口的 35.3%。2008 年，长垌乡管辖下的 7 个村委员会 54 个自然屯 1617 户共有人口 5795 人，其中瑶族人口占比高达 95.2%。长垌乡内有盘瑶、山子瑶、茶山瑶、花篮瑶 4 个瑶族支系，主要讲瑶话、桂柳话、壮话。长垌村的瑶族以茶山瑶、盘瑶和山子瑶为主，其中茶山瑶的人口略高于其他两个支系，分布在长垌屯、古方屯、新村屯和中村屯；盘瑶分布在六架屯、面北屯、瓦窑屯、龙庞屯；山子瑶则集中在三角屯。

二　来源

瑶族的历史源远流长。学术界对于瑶族的族源主要存在四种意见。一种意见认为，瑶族源于古代的“山越”，其始居地在今江苏和浙江一带，而会稽山（浙江绍兴）和南京十宝殿（店）是主要的发源地；另一种意见认为，瑶族源于汉晋时期频见于籍载的“长沙武陵蛮”，其原始居地约在今湖南的湘江、资水、沅江流域和洞庭湖沿岸地区；还有一种意见认为，瑶族源于古代的“五溪蛮”，其原始居地在湖南、贵州之间。有一部分学者则认为，前述三种意见各有所得，并不能绝对化，因为瑶族的来源是多元的，即不仅有“长沙蛮”“武陵蛮”“五溪蛮”成分，也有“山越”成分。目前，“长沙武陵蛮”之说代表了学术界的主流意见。①

瑶族不是金秀地区的土著民族，从当地瑶族保存的祖先名册、石牌条文、歌书、民间传说等资料可以看出，瑶族各个支系进入大瑶山的时间和路线各不相同。

1. 茶山瑶来源

“茶山”是金秀瑶山中北部一个历史地名。由此可见，茶山瑶是以居住地而得名。茶山瑶自称“拉珈”，“拉”意为人，“珈”意为山，“拉珈”意为住在山上的人。茶山瑶入山路线，主要有三条：从湖南迁入；从广东迁入；从贵县、象州、浔州（桂平市）迁入。

元末，湖南为朱元璋与陈友谅争夺天下的战场，百姓无法安生，只好迁徙。茶山瑶的祖先正是在这时南迁的。他们经过全州县、荔浦县及原修仁县等地，由北部和西北部方向陆续进入金秀。

长垌村的陶姓祖先在进入金秀瑶山之前曾分别住过贵县、象州、浔州等地，后来再迁入金秀，而在此之前源于何处则没有记载。这一支茶山瑶进入金秀瑶山已有18～20代，估计已有500年的历史。

2. 盘瑶来源

盘瑶因信奉盘王（盘瓠）而得名。盘瑶的妇女从前戴的帽子用木板做成，故又被称为板瑶。盘瑶自称“棉”或

① 杨圣敏主编《中国民族志》，中央民族大学出版社，2003，第384～385页。

“勉”，意为人。盘瑶在历史上曾有三次较大范围的迁徙：第一次在南北朝时期，盘瑶从洞庭湖畔迁至湖南西部；第二次在宋代，盘瑶迁至湖广交界及广西北部一带；第三次是在明朝初期和中期，盘瑶进入广西中部，部分流入越南、泰国、老挝等东南亚国家。

3. 山子瑶来源

山子瑶以佃耕山地为生而得名，自称“门”，意为人。山子瑶迁徙情况，在族内说法不一，但都肯定祖先曾住广东韶州府猪仔巷（又称猪鸡巷、珠玑巷），后来经广西武宣、桂平、平南等县陆续迁入金秀县境内。从山子瑶保存的祖先名单和先祖葬地看，山子瑶迁到金秀瑶山，已有200多年的历史了。

因时间久远，大部分村民已说不清自己的祖先究竟是从哪个地方迁入。

三　姓氏

瑶族各支系之间、瑶族与其他民族之间的相互影响和通婚造成民族融合，因此瑶族的姓氏较多。

金秀茶山瑶人口较多的大姓有苏、陶、莫、刘、金、全、钟、龚、田、兰和龙；盘瑶现有的主要姓氏为盘、黄、赵、冯、庞、郑、李和邓；山子瑶的大姓有李、盘、黄、邓、赵、郑、蒋、冯和谭。而在长垌村，长垌屯以李姓和陶姓为大姓；古方屯以陶姓为主；新村屯和中村屯以李姓为主，这些都是茶山瑶的村屯。盘瑶的龙庞屯以庞姓为主，瓦窑屯以黄、盘、庞三个姓为主；面北屯以庞、盘两姓为主。山子瑶为主的三角屯以李姓为主。

过去，瑶族取名字很有讲究。名字多为三个字，中间的字代表辈分。瑶族还有过父子连名制，即本人名字中的第一个字为父辈名字中的最后一个字。除此以外，进行度戒的人还会有法名。随着时代的发展，瑶族的名字已不像曾经那般复杂。如今，两个字的名字在长垌村也很常见。

四　语言

金秀瑶族主要使用三种语言：勉语、拉珈语和炯奈语。长垌村的瑶族主要使用其中两种。盘瑶和山子瑶操“勉”语，属汉藏语系苗瑶语支；茶山瑶操“拉珈”语，属汉藏语系壮侗语族侗水语支。瑶语与汉语、苗语、侗语、壮语关系密切，所以与汉、苗、侗、壮等民族之间的语言交流障碍较小，不但会讲本民族的语言，而且还会讲与其毗邻而居的其他民族的语言。如金秀瑶族有5个支系，其瑶语分属侗壮语族侗水语支、苗瑶语族瑶语支、苗语支，这里的瑶族除讲本支系的瑶语外，不少人还会讲别的支系的瑶语和壮语、桂柳话、粤方言等。

在长期的生活中，瑶族与壮族和汉族人民的交往密切，在语言上也受到了一定的影响。若同一支系的瑶族交谈，大家多使用本支系的语言；若不同支系的瑶族碰面，知晓对方语言的就会用这种语言与对方打招呼，语言不通的则用广西通用的桂柳话交谈；瑶族与壮族之间用桂柳话、壮话或瑶话交谈。如今，村中许多孩子开始学习普通话，在生活中也会用普通话交流。长垌二屯的李林说，他们夫妻俩属不同支系，一个是茶山瑶，一个是山子瑶，话都不同，她公公是来长垌屯上门的壮族，家庭成分复杂，只能说桂柳话，所以两个孩子在家里都说桂柳话。李林的女儿还能听懂一点茶山瑶话，但儿子是一点也不会，家里希望他慢

慢学习。长垌一屯“蒋家炒店”老板蒋斌艳是茶山瑶，丈夫李卫国是滴水村王峦屯的山子瑶。李卫国因从小在以茶山瑶为主的村庄读书，他能用茶山瑶话与别人对话。但他们的孩子不会瑶话，夫妻在家与孩子主要说普通话和桂柳话。

案例5-1　通晓五种语言的老人

长垌村68岁的赵凤莲老人是一位比较传统的盘瑶老人。尽管平常穿着和壮、汉民族无异的服装，但是头上还戴着传统的盘瑶花帽。

老人说自己知晓五种方言：当地两个支系的瑶话、平南县的白话、壮话还有桂柳话。集体化时期，各个民族的人聚在一起做工，时间长了就会相互学习对方的语言，增进了解。当时大家都是年轻人，所以语言学习也比较快。平常到其他民族家去做客，自己也会入乡随俗，跟着他们一样说方言。老人常常很得意地说：“别人很难骗到我的，因为我什么话都会说。在壮族的摊子买东西，我跟她们说壮话。他们都很奇怪，觉得我像壮族，但我又说自己是瑶族。”

五　服饰

茶山瑶男子的传统服装由唐装上衣、腰带、头饰组成。唐装上衣按照里穿和外穿分为白色和黑色两种，白色为里穿的衣服，黑色为外套，腰间缠绣花腰带。男子头上留有发髻，插5~7支银饰，并缠花色头带，下装裤子与汉族无异。女子的传统服饰（见图5-1）随着居住地域不同而有所变化，长垌一带的女子服装为裤装，上衣开胸无领，腰间缠白色、黑色、蓝色和蓝黑色共同编制的腰带，腰带两端绣有各色花纹。裤长过膝，下面有绑腿，绑腿上绣有花纹，穿时用花带扎紧。女子头饰因年龄的不同又有所变化。当地女子喜欢留长发，少女头上不戴银板，而是将其围在头旁边，形成三角形，再用花带系好，头发上插银质发髻。妇女头顶上平列3条弧形大银板。无论少女还是妇女，平常都爱戴耳环和手镯，逢年过节还会戴上项圈和银牌。如今，长垌村村民的穿着已和汉族无异，都是现代服装，不过许多人家里都有民族传统服装，留着民族传统的重大节日穿。如2009年六架村举行山歌节，长垌各个支系的瑶族村民会穿着自己的民族服装前去参加。

图5－1　长垌村茶山瑶女子服饰

茶山瑶传统服饰一般是手工制作，因此造价高，一套至少要1000元。如今，许多家庭会为女孩子准备一套传统服装作为嫁衣，但过年过节穿民族服装的人不多。长垌村中很少有人会做茶山瑶的传统服装了。长垌村的盘瑶对自己的服饰保留相对要比茶山瑶好，一些盘瑶老人还会戴传

统服饰的帽子，但身上的穿着已和汉族无异。从桂田村嫁来的盘瑶冯桂珍，今年 60 岁。老人从 13 岁时开始戴帽子，一直就没再脱过，头发一直是剃光的。

六　民族关系

长垌村的茶山瑶自解放前就居住于河流平原一带，占有大量的水田；山子瑶和盘瑶则居住在偏僻的山腰，没有水田，主要靠开荒种粮为生，有些地区的村民甚至还租别人的土地盖房子。2006 年，以盘瑶和山子瑶为主的龙庞屯和三角屯迁至长垌河河边，但其余的盘瑶和山子瑶村屯仍然居住在半山腰。

（一）新中国成立以前

新中国成立以前，居住地域的不同导致的经济和政治上的不平等以及统治阶级的挑唆，使得瑶族支系内部往来较少。由于茶山瑶所占的地理位置较好，因此盘瑶和山子瑶多向他们租赁土地。“种树还山”是瑶族偿还地租的一种形式，即山子瑶和盘瑶向茶山瑶租荒山开垦，在种玉米和旱谷的同时还帮他们种一些经济林木。不过，山子瑶和盘瑶之间的往来相对于茶山瑶频繁，两个支系间的居住情况相似，因此大家常常互相帮工，逢年过节相互请客。

（二）新中国成立以后

新中国成立初期，历史上形成的生产关系严重影响了瑶族内部各支系间的团结。党和政府开始派出宣讲团到瑶区宣传新中国的民族政策，为新时期的民族关系奠定了良好的基础。

1.《大瑶山团结公约》[①]

1951年以来，分管瑶区的各县人民政府派出工作队深入瑶区宣传党的民族政策。1951年3月26日，象县东北乡（今长垌乡）人民政府召开乡代表大会。经过各族代表协商，运用瑶族传统的石牌形式，订了以团结生产为主要内容的8项决议。1951年8月20日，中共中央和中央人民政府派来的中央访问团来到大瑶山，广西省人民政府决定利用这次机会，在金秀召开大瑶山各族代表会议，订立《大瑶山团结公约》。

附1　大瑶山团结公约

我大瑶山各族各阶层人民，自解放后，在中国共产党、毛主席领导教育下，大家认识到，过去各族及民族内部不团结的原因，是国民党反动派和极少数坏瑶头挑拨离间所造成的。因此，今后大家必须互相谅解，不计旧怨，共同在中国共产党、毛主席和人民政府领导下，亲密团结，并订立《团结公约》6条，共同遵守不渝：

（1）长毛瑶（今茶山瑶，下同）为表示团结，愿放弃过去各种特权，将以前公私荒地，给原住瑶区各族自由开垦种植，谁种谁收，长毛瑶和汉人不再收租，过去种树还山者不退，未还者不还。

（2）荒山地权归开荒者所有，但荒芜1年以上，准由别人开垦。杉树山砍后，如隔一年不修种，则该山地可自由开垦，谁种谁收。水田荒芜5年以内者，经别人开垦后，

① 金秀瑶族自治县概况编写组：《金秀瑶族自治县志》，中央民族学院出版社，1992，第152页。

3年不收租；荒芜5年以上者，可自由开垦，谁种谁收。

（3）老山原杉树、香菇、香草、竹、木等特产，仍归原主所有，不应偷取损害；但无长毛瑶培植特产之野生竹木地区，可自由栽培香菇、香草。

（4）经各乡各村划定界之水源、水坝、祖坟、牛场不准垦殖；防旱防水之树木，不准砍伐；凡放火烧山，事先各村约定日期，做（修）好火路，防止烧森林。

（5）除鸟盆（大森林中的捕鸟工具）附近外，山上可自由打鸟。各地河流，准自由钓鱼、放网，但若放麸闹鱼（放药毒鱼）应互相通知邻村集股作份，不作份者，只能在界外捡鱼。

（6）瑶族内部，原有水田的租佃关系可由双方协定，但不须超过主一佃二租额。除地主富农外，有力自耕者，可收回自耕，但不须换佃。

以上公约，如有违犯或纠纷，由各族各阶层人民选出代表成立各级协商委员会调处，并会同各级政府按情节轻重处理。凡住在我大瑶山人民（包括汉人），均须遵守。各乡各村可依本地情况另订具体公约，但不得与本约相违背。本公约修改权，属于大瑶山各族各界代表会议。

大瑶山各族代表会议订立

公元1951年8月28日

《大瑶山团结公约》的制定解放了生产力，推动当地生产高潮的出现，但在执行过程中，个别方面表现出来的特权势力阻碍了《大瑶山团结公约》的推行。1953年2月，大瑶山瑶族自治区（县）人民政府全面检查《大瑶山团结公约》订立一年多来的执行情况后，召开瑶老座谈会和区、乡干部大会，将瑶族区域山权、租佃关系等问题的处理办法具体化，制定出《大瑶山团结公约补充规定》，使《大瑶山团结公约》更为完善，进一步加强了民族团结，促进了生产力的解放。

附 2　大瑶山团结公约补充规定

我大瑶山各族人民一年多来，在执行《大瑶山团结公约》中，加强了民族团结，发展了生产。我们为了彻底贯彻团结公约精神，圆满解决具体实际问题，特根据目前实际情况，本着有利团结有利生产的原则，作如下补充规定：

第一条，关于种树还山问题：

1. 订有批约者，以批约为准，已退批约者为还山，未退批约者为未还山；已还者不退，未还者不还。

2. 没有订批约者，或订有已遗失者（指种树者失批约），原则上按谁种谁收，如双方争执时，双方亲自到区人民政府报告。在不伤民族感情原则下协商处理。但根据历史社会情况，应多照顾种树者。

3. 承批人向出批人批山岭开荒种地而出批人去种树，不管有无批约，由双方协商处理，按双方所出劳动力多少来分树。根据历史情况及社会情况，应多照顾开荒者。

第二条，关于山权问题：

1. 为当地各族人民公认历来没有开垦而树木戊林的叫老山。若该老山可以培植土特产，则不准开荒。各族人民可以自由到老山培植土特产，并加以保护。但为了避免彼此猜疑，可以协商划分地区各自培植。

2. 开伐过之山现已成林者，可根据当地情况在保护森

林与水源原则下，由政府领导通过当地各族代表，划定若干森林区封山育林，但为了解决靠种地为生的贫苦群众要求，经区人民政府批准，可在林区开荒。

3. 水源发源地由政府领导通过各族代表划定水源范围内之林木不应砍伐，以免损坏水源，不利灌溉。除此之外不得乱扩大水源范围，限制开荒。

4. 牛只应有专人看管，不得乱放。牛场地点大小由当地人民政府协同代表，根据牛只多少和需要，协商划定牛场范围，但牛场不要过宽过多。

5. 村边附近的柴山归该村所有，不得借口生产而在村边柴山开荒。

6. 开荒时石头滚到别人田、地、水沟、坝的应由开荒人负责搬开，坏者修理，并注意不让泥土冲到别人田里。

第三条、关于瑶区内部租佃关系问题：

租佃关系应根据发展生产提高生产积极性的原则，其租额规定应由双方协议。原则上以每亩产量在500斤以上者，租额不超过主一佃二；300斤至500斤者不超过主一佃三；300斤以下者不超过主一佃四。如原租额低于此规定者照旧不变，并以解放后1951年每亩产量为准，双方订立新批约按批约交租，今后佃户加工加肥所增产的粮食，全归佃户所有。如因灾情减产，双方协商，按灾情损失轻重酌情减免。

1953年2月24日

新中国成立以后，在中国共产党的民族政策指引下，长垌村开展了民族团结运动，消除了历史上遗留下来的民族隔阂。茶山瑶将以前种树还山时的杉木退给盘瑶和山子瑶，还将村边的柴山交给他们管理，同时将自己的水田和山地分给盘瑶和山子瑶。1955 年成立高级社以后，各支系内部的联系更加紧密，茶山瑶向盘瑶和山子瑶传授耕种经验，而山子瑶和盘瑶则向茶山瑶传授种植经济林木的技术。在生活上，瑶族各支系彼此之间相互帮助，相互通婚。

至今，在村委保存的旧档案中，还能找到几份珍贵的原始记录。其中的内容，显示当时所处的历史环境，比较各自然屯村规民约的异同和特别突出的条款，不难发现，在改革开放初期，队与队的土地纠纷，误解祖宗山林的问题，比如前面提到的巩固家庭联产承包责任制的成果，在群众中流传“要回祖宗山林水田”的思潮，等等，都影响着长垌村瑶族各支系的团结。

（三）族际交往的态度

1. 对他族方言的态度

历史上，生活在山里的瑶族需要副食品、日用品，而山外汉族、壮族需要木材、土特产。这种需求决定了他们彼此在生存方式上特别是在经济联系上要相互依赖。历史上，尽管瑶族对山外汉族抱有怀疑和恐惧的心理，但对于汉语方言接受较快。频繁深入大瑶山的汉族、壮族小商贩可能就是汉语方言较早传播者，而频繁到山外赶集的瑶族则可能是汉语方言在大瑶山较早的学习者和使用者。如今，随着交通的便利，长垌村里的语言运用也发生了微妙的变化。瑶话不再是村中主要的语言，在年轻人之间以及长辈与年轻人之间，柳州话已经成为主要交流语言。

柳州话是桂柳官话的一种，主要在柳州市及其周边地区使用。柳州话是长垌村最有影响的方言，村中完全不会柳州话的人口比例很小。在一些家庭里，柳州话甚至还成

为家庭主要交流用语。长垌村村民的柳州话主要是通过与当地的壮、汉民族交往而习得。长垌屯内60岁以上的男子表示年轻时常去壮族村寨做工，并与在壮族村寨相结识且交谈甚欢的人“打老同”（同年龄的异姓兄弟），这是他的柳州话能“说得溜”的真正原因。年长的女子通晓柳州话的比例也很高，但相对于男子，她们相对内敛，刚与陌生人接触时大部分都会表示只会说些简单的柳州话，但时间长了才会放开地说。如今，村里上至老人，下至孩童都能够说柳州话。他们解释说，现代社会里很多用词只能用柳州话才能表达得清楚或是表达得更加形象，用瑶语就不知道如何表达。在年轻人中间，柳州话的使用频率高于瑶语，这说明新一代的瑶族已经在内心认可汉语方言在大瑶山的重要地位，其作为谋生手段，成为每个人必须掌握的语言。有意思的是，长垌村的茶山瑶和盘瑶、山子瑶交流时，虽然3个支系的语言存在差别，但不影响直接交流，有时候双方还是直接采用柳州话沟通，这种情况在青少年中更具有普遍性，这种选择也更具有情景性。

汉语方言的强大影响力以及瑶族方言使用者日益减少也引起了当地一些瑶族的担忧。在长垌村一带还有一些没有主动放弃瑶话者，用他们自己的话就是“不会说瑶话的就是假瑶族”，“柳州话讲得正不正宗没有关系，反正你会讲就没有人能够‘呛’你”。从这些话语里我们还是能够看到盘瑶对自己本民族语言的尊重与珍视，同时也反映他们在对待汉语方言“工具化”的选择。一些邻近民族杂居区的瑶族由于人数、经济实力均处于弱势，表面的主动“汉化”倾向只是一种生存策略选择。一些学者将这种现象称为民族身份的丧失，实际上是瑶族主动消除族际边界的生活智慧。

2. 对穿着本族服饰的态度

民族服饰穿戴最能体现一个民族的特征，使其区别于其他民族或支系的边界变得更清晰，但也更容易招致其他民族的偏见。一个民族越想放弃本族服饰穿戴，越表明其模仿他族的举止行为的可能性越大，族际交往的愿望也越大，心理准备也越充分。因此，是否愿意穿着本族服饰，也在一定程度上反映族际互动的状况及族际交往的态度。

在长垌村，老年人穿民族服饰时最讲究，从头饰到绑腿都不落下。也有老人尝试着“混搭”的方式，即仅穿上衣，下装配搭普通裤子。中年人对传统服饰的态度不如老年人严谨，他们较为随意，喜欢尝试传统与现代服饰风格的混搭。而村里的年轻人在服饰的追求上与其他民族没有区别。老年人对年轻人服装上的变化持理解态度，毕竟年轻人常到村庄以外的社会活动，自然会接受外界的穿衣风格。但是，对于某些穿戴“前卫”的青年人，无论是老者还是中年人都会斥责的。

但这并不表示年轻一代放弃传统服饰。“同人同队，出外面就该有出外面的样子”，一些人认为在汉族或壮族地区穿着民族服装会招致他人过多的关注，不仅行动上不够自由，而且会让人产生生疏感。而另一些人则认为一套盘瑶服饰动辄上千元，造价实在太昂贵了，从外面打工回来的年轻人更是说“一套老服装够我现在穿一辈子的了”。也许这听起来是有些夸张，但是主动选择生活上的便利也是现代社会实用性法则在大瑶山的体现。尽管如此，长垌屯的中青年妇女还是在自己的柜子里留有一套崭新的“民族服装”，以待节假日或合适的时机拿出来穿一穿。虽然穿民族

服装的场合绝大部分是在节日或仪式上，但没有人明确提出自己不喜欢穿着瑶族服装。

七　石牌制

由于瑶族分散居住在深山冷谷中，历史上历代封建王朝的统治势力多鞭长莫及，未能将之纳入封建国家的行政范围。但为了维护瑶山的社会生活秩序，散居大山深处的瑶族自然形成了一套围绕着社老制展开的自我管理的村社组织制度。这个村社组织制度的运作，是由头人把有关维护瑶族社会生产、生活和保障社会秩序、治安的原则制定成若干具体条规，然后向参加石牌会议的群众“料话”，经参加石牌组织的各户户主表决通过后，再把它刻在石碑上，或写在纸上、木牌上并向群众公布，或通过口头传播，使全体石牌群众共同遵守，俗称“石牌律”或“石牌话”。经石牌头人提议，可召开石牌会议，俗称“会石牌”。

石牌的主要内容有：维护大瑶山区的社会生产活动；维护社会秩序和治安；维护婚姻家庭，保护妇女儿童；防御匪患和外族入侵；保护商贩的公平贸易。“石牌律”是瑶山的习惯法，在“石牌律”面前人人平等，谁触犯“石牌律”，无论地位高低，家庭贫富，均按石牌条文处理，所以瑶族地区普遍有“石牌大过天”的民谚，充分体现了石牌的权威性和平等性。石牌头人产生后，只要办事没有大的差错，村民就一直承认他，头人的身份可以保持到身死为止。但如果头人缺乏办事能力，或营私舞弊、损公肥私，那么村民就会将其罢免，另推他人担任石牌头人。

石牌组织的名称十分复杂，以石牌权力大小，分为“小石牌”“大石牌”，它们管理的区域和权限也有所不同，大小石牌合力维护整个大瑶山社会秩序的安定，保证各个村寨生产生活正常、稳步地开展。石牌制度在金秀瑶族自治县成立前已被国民政府的行政制度代替，但是由于它在瑶族社会中沿袭了几百年，因此其影响并没有完全从瑶族心目中消失。瑶族一直自觉地以石牌条规来制约自己的行为，可以说，大瑶山的生产活动和社会秩序处处渗透着石牌的精神。1951 年，瑶族人民还沿用石牌的形式，订立了《大瑶山团结公约》，增进了民族团结，促进了生产的发展。改革开放以后，各地还以石牌形式订立了大批村规民约，以传统石牌精神规范居民行为，对于保持社会安定，促进生产发展和社会主义精神文明建设，都发挥了积极作用。

目前，在长垌村仅有六架屯存有石牌（见图 5－2）。村主任庞贵斌告诉笔者，在六架屯村民仍依照石牌上刻的规

图 5－2　六架屯的石牌

约处事。最让他欣慰的是，在六架屯至今没有出现赌博等不良风气。

第二节　民间信仰

一　原始宗教

（一）自然崇拜

瑶族各个支系因居住条件和经济发展不同，其崇拜的对象亦不尽相同。以茶山瑶为例，从犁田到插秧都必须先由社老向谷神祈祷后才能开始进行。茶山瑶集体作股[①]进老山[②]砍伐香菇木时，必须在山里的大树蔸下竖一山神位（用石块代之），每年冬至日股员就备三牲、香烛等供品祈祷山神，求其保佑香菇免遭动物糟蹋。若有怀孕的家庭夫妻双方之一参加集体劳动或砍伐薪柴等活动，他们必须先行开工，大家方能劳动。他们认为若不如此，会触怒山神，在劳动过程中会出现工伤事故。此外，瑶族认为水有水神。凡是某家有人去世，由家里的媳妇领着几个亲戚妇女拿着香烛及钱币到河边“买水”回来为死者洗身，意为洗净了身体可以随仙人列入仙班。他们也认为谷有谷神，粮食是最宝贵的，来之不易，因此，他们特别敬重谷神。[③]

---

① 作股：参与作业的一种形式。

② 老山：未经砍伐过的原始森林，林青深茂，积年累月落下的木叶和野草经腐蚀，堆积地面，土质疏松肥沃，最适宜作物生长，故老山是上等土地。

③ 《金秀大瑶山瑶族史》编纂委员会编《金秀大瑶山瑶族史》，广西民族出版社，2002，第80～81页。

（二）祖先崇拜

瑶族人民都认为每个人都有灵魂，人死了灵魂不散。他们对祖先世代不忘，对祖先最为虔诚。祖先崇拜的对象包括共同远祖、家主、家庭祖先、开山祖。茶山瑶认为伏羲兄妹造人，是人类的祖先，也是他们的祖先。每逢重大活动，如石牌料话、社庙祭祀料话等，石牌头人和社老料话的头一句都是先念“自从盘古开天地，伏羲兄妹造人民”以纪念他们的祖先。还洪门愿，是茶山瑶最大的对祖先的集体崇拜仪式，还愿的目的在于祈求祖先保佑人口平安、谷米丰收、家畜兴旺。还洪门愿是由血缘较近的同组联合举行，有些地方 5 年一次，有些则 10 年或 10 多年一次。做公德也是茶山瑶一村或几村联合共办的一种祭祀超度亡魂活动。法事由道公主持，祭祀活动持续三昼夜。每个家庭还设有祖先神龛，这是祭祀家主、家庭祖先的地方（见图 5－3）。[①]

长垌村的茶山瑶至今仍保有祭祖的习俗，每户人家在正厅安置一个香炉或祖先神龛。据李佩英老人说，如今的祭祖仪式以各户自家祭祖为主，传统的集体祭祖仪式，如祭社，已经消失。当地最为盛大的祭祖仪式在除夕、清明、中元节进行。每逢节日，各家自行准备鸡鸭、扣肉等菜肴和米酒供奉祖先。祭祖形式大致相同，有些人家会根据自家习惯举行特别的仪式，如请道公作法。

---

① 《金秀大瑶山瑶族史》编纂委员会编《金秀大瑶山瑶族史》，广西民族出版社，2002，第 81～82 页。

图 5-3　祖先神龛

案例 5-2　沿河送祖先

李玉桂老人，今年将近 80 岁，茶山瑶，平日与人交流多使用拉珈语和桂柳话。老人熟知茶山瑶过去习俗和仪式。坐在火塘边，老人回忆起茶山瑶的习俗、仪式。老人不太会讲普通话，故而请长垌二队队长李庆做翻译。

茶山瑶认为过世的老人七月初七会回来，所以七月初七要祭祖。要给回来的老人准备好饭食，要杀猪杀鸡请他们吃饭，还要准备一些酒给老人喝。过去，家家都用自酿的米酒祭祖；现在，除了米酒还有雪碧、橙汁等饮料。

七月十四是送走祖宗的日子。过去，每家都会为祖宗准备纸衣裳，在这天烧成灰烬，用布包裹。七月十四的早上把这个布包放到河里，相当于把祖宗送走了。现在，家家还是会烧纸衣裳，只是都用塑料袋包。在河边送老人的时候既要烧香，又要放鞭炮。

长垌村许多家里会在墙上贴开国功勋的画像，最常见的是毛泽东、周恩来以及十大元帅的画像。老人们对这些画像非常崇敬。

案例5－3　请毛主席一起吃饭

李佩英老人（见图5－4），茶山瑶，现年72岁，家住长垌街。李阿婆家里也供有祖先香炉，置于电视柜下。阿婆家的墙上贴着毛泽东等人的画像，据阿婆说是因为他们这一代人很崇敬毛泽东。

图5－4　正在弹琴的李佩英老人

李佩英老人对毛主席的崇敬之情可不是几幅画像就能表达的，老人的经历让她坚信没有毛主席就没有新中国。在老人的记忆里，大瑶山解放前，土匪在村里四处横行，杀人抢劫是常有的事，她自己就曾被土匪狠狠地打过一个耳光。解放军进入瑶山后，村里才迎来了真正的解放。因此，每逢家里祭祖，老人都要“邀请”毛主席等人一起用餐。

（三）社庙

长垌村茶山瑶过去有社庙。古方屯的陶玉华老人说他们说的“社”，是指一块露天放置或盖上一层红布的石头。

过去，同姓人集体祭社，即陶姓拜陶姓的社，李姓拜李姓的社。本家祭社时，主持拜祭仪式的人被称为社主。社主由全社的人共同推选。据陶玉华老人讲，过去祭社有季节之说，只有到了指定的季节才会祭社。老人记得当祭社时，道公穿戴各色衣物在社前跳舞，具体的祭社季节已经忘记。

二　道教信仰

大瑶山的民间宗教，主要是道教和茅山教。大瑶山的道教活动，主要靠师公和道公。据 20 世纪 50 年代初统计，全县有师公、道公 349 人，仅金秀、白沙、六拉、昔地四村的茶山瑶，就有道公 52 人、师公 45 人。师公、道公占四村人口总数 11.88%，如果以男女各占一半计算，师公、道公占男丁人口的 23.76%。[①]

（一）洪门祭典[②]

洪门祭典，俗称“做洪门”，是茶山瑶一种重大民间宗教仪式。这一活动旨在消除野兽之害，祈求人畜平安。五

---

① 《金秀大瑶山瑶族史》编纂委员会编《金秀大瑶山瑶族史》，广西民族出版社，2002，第 82 ~ 83 页。

② 《金秀大瑶山瑶族史》编纂委员会编《金秀大瑶山瑶族史》，广西民族出版社，2002，第 86 ~ 88 页。

谷丰收。做洪门通常要许多年才举行一次，由血缘较近的同组联合举行。

祭典仪式十分隆重，要做三天三夜。首先要设神坛，神坛设在家里（即宗族主之家）。装神坛时，要挂许多神像，请他们降坛领筵，有大圣、北府、当山、虎相、梁王、吴王、雷王、甘灵圣、社王、陈宏谋、五郎、六郎、三元、三师、三界（冯三界）等诸神。神坛用五色纸装，分三个营盘，各营盘分别插刀剑及大小旗帜，上写星宿、日、月、虎兵、龙兵等名称，用120面小旗排插成阵，分为东、西、南、北、中五个门，互相通联，各门再用12支小旗插成一殿，共12个殿，每个殿代表一种动物，如某某飞鸟、某某野兽。此外，还有明利堂、金牛殿、玉皇宫等布置。在坛堂户外竖幡，把白布幡悬挂于约7米的竹竿上。师公们头戴面具，身穿法衣，着道裙，在神坛里边唱边念经、做法术、跳舞。每到一个殿，师公要按照该殿象征的动物进行模仿或学声音，或做动作。到代表老虎的殿时，师公要做法将“老虎”杀死，并把12面旗帜烧光，表示把一切害鸟害兽、凶神恶鬼一起驱逐，就可保五谷丰登、人畜安康。

洪门祭典师公要跳的舞蹈有女游舞、六郎舞、恋船舞、鸡公舞、催财马舞、杀吊猪舞等。洪门祭典非常隆重，男女老幼要着盛装，各家主都要备酒备肉，每家杀一头猪，重在50公斤以上；还要做粑粑、染红蛋等，宴请前来参加祭奠的亲朋，连续三天三夜。直到祭典完毕，亲朋才离去。立于三角屯新址旁的“泰山石敢当”见图5－5。

图 5－5　立于三角屯新址旁的“泰山石敢当”

（二）做功德[①]

做功德是茶山瑶举行的一种超度亡魂恶鬼的集体祭神仪式。做功德的规模和形式，有一村举行，也有数村联合举行。凡打算做功德的村寨，必须于当年在当地交通要道上的溪河上架设一座以杉木为梁的“功德桥”，以示“积阴功”、做好事，亦表示敬重神灵和超度亡魂之意。功德桥修好以后，还要补路，把凹凸不平的山道修好，这一切必须在做功德仪式之前完成。功德桥架成后，最后一道程序是给木桥上木夹，由道公操作，道公下钉时施展法术，任何人不得观看，据说如有人偷看被道公发现，这个人不久会病死。

做功德的祭坛在功德桥附近，法事由道公主持，师公也来帮助做法。神坛设在一个临时的大棚里，坛内正面挂三清画像（玉清、上清、太清）；对面挂救苦菩萨、九幽、朱陵像；左、右两侧挂道教天使的画像。棚外竖三幡：黄

① 《金秀大瑶山瑶族史》编纂委员会编《金秀大瑶山瑶族史》，广西民族出版社，2002，第 88～89 页。

幡通玉帝，红幡通太公（祖先），黑幡送孤魂野鬼。所祭的神多而复杂，共有几百个。坛内祭品有整猪 3 只、公鸡 3 只、鸡蛋 3 个，合为“九牲”，供上糯米饭团和香纸、蜡烛。仪式开始时，道公做法念经，师公击鼓跳舞，唱经书声、击鼓声、敲锣声、铃声交集在一起，热闹非凡。

做功德的仪式共 3 天。第一天，由 4 名道公主持祭坛“发奏”，击鼓、摇铃诵经，请天地诸神降坛领筵；第二天，由主持祭祀的道公、师公带男女老幼一起到祭坛外的田野上，绕“三幡”“行道”；第三天，由道公给祈祷消灾求福的男女老幼分发书写有各自生辰八字及祝愿字样的纸帖，称为“发帖”，其间跳“功曹舞”，此舞代表天界功曹、地界功曹、阳界功曹、水界功曹四位神仙，乞求四位神仙显灵，管天、管地、管山、管水，保护农田，年年风调雨顺，五谷丰登，百兽归山不伤害农田，六畜兴旺、百姓安乐。做功德时，各村各户都要邀请亲朋来参观，并备酒肉款待他们。前来参观的宾客都要给主人准备礼物。

陶玉华老人今年 85 岁，她说年轻时已经没有见过村里人做功德。李佩英老人也回忆，1949 年后就不曾再见当地人做功德桥，她也不清楚功德桥的具体做法，只是在儿时听老人说起从前的功德桥是用直径约 33 厘米，长约 30 米的木头做成。在老人的心里，“做功德”是善行，为家里人积福积德，因而她并不认为“做功德”是一种迷信。

（三）度戒

过去，茶山瑶的道公会有度戒仪式。此仪式必须有度师 1 人，祖师 1 人，引进 1 人，地师 1 人参与。师父选定吉日，以红纸写上受戒者的姓名、年庚，公之于众，经过一段

长时间（半年左右）的准备，主要是准备肉和酒，在吉日开始度戒。吉日是由道公选定的。用于祭祀的祭品主要有 2 头小猪、2 只公鸡、1 只项鸡、41 个鸡蛋，合计共 46 牲。此外，还有酒、茶、水、香、烛、纸，以及 30 公斤的糯米粑粑和 4 碗白米，3 块 6 毛银毫师钱以及 3 尺 6 寸的白布，这种白布主要用于架桥。度戒时间为 49 天，在此期间，受戒者不得与女性同房，要净身，不能食荤，不能外出，必须在房内学习经书、法术。度戒要经过学习道经和喝符水两道程序，要在度师的带领下游神坛，表示受戒者游历天上神界。

目前，长垌村茶山瑶已无本支系的师公和道公，因花篮瑶习俗和其相差无几，故要进行仪式（如家里有人过世）的话，需去请住在远处的花篮瑶道公（长垌街上有道公，但属于坳瑶，故茶山瑶群众极少到街上请道公）。

“文化大革命”以后，当地茶山瑶主要的传统习俗都已经失传，且没有再兴起的迹象，也没有人接受度戒，只有一些尚未经过度戒的道人。但是，当地人认为这些人是不合格的道公。

三　其他信仰

虽然长垌村茶山瑶的大部分传统信仰已消失，但仍有一些习俗、信仰被保留下来。

（一）“补粮”仪式

当地茶山瑶认为老人身体不好，是身体里缺少某种粮食所导致的。为了补回缺少的粮食，要请道公到家里做法（如今是请花篮瑶的道公）。作法后，可得知老人体内缺少哪种粮食。之后，家人根据道公的指示，给老人补上所缺粮食后，老人的身体就会康复。

（二）放花

过去，如果小孩晚上哭闹，睡不着觉，老人就会用红纸做成一朵花放在小孩的枕边。这样小孩就不再哭闹，能够安然入睡。

（三）拜庙

长垌原来有座庙，庙里面供奉观音和其他各神，庙的屋檐上雕刻着十分精美的龙形图案。也有人带着果、肉等祭品去庙里拜神。

“文化大革命”时庙被拆毁，庙里的神像都被村中一个精神病人丢到河里。“文化大革命”之后，庙再也没有重建，原来的庙址如今被开垦为菜地。对于庙里的神像，村民们并不认识，大家都是根据其外形对其称呼。陶玉华老人（见图5-6）回忆说：“庙里面有十来座像，大大小小，有的脸红彤彤，有的白白的。”老人告诉笔者，拜庙是有季节的（因为年代久远，老人对季节的记忆已经模糊）。过去

图5-6 陶玉华夫妻

由瑶王安排管理古庙的人。古庙管理者每到季节就通知大家去拜庙，这时每家都会派一个代表（一般是老人，年轻人对进庙的礼数不熟悉）带上水果、鸡、酒、香等过去。李佩英老人说，庙里还供奉刘三姐，以前大家还会把刘三姐的像从庙里抬出来经现在的长垌街走到六架屯。沿途的住户会准备红色或白色的茶花、香和一些食品放在门口迎接神像。

第六章　科教文卫

第一节　学校教育

中华人民共和国成立后，广西各级政府十分重视瑶族教育事业的发展，并采取了一系列政策和有效措施，在各个村寨开设学校，使瑶族适龄儿童能够就近上学。大瑶山腹地地广人稀、交通不便，一般村庄只有七八户、十多户人家，自然村之间近者相距十余里，远者数十里，对办学十分不利。金秀瑶族自治县成立后，为方便瑶族子弟入学，学校根据瑶山地理环境特点采取因地制宜的灵活措施，对那些学生极少的村屯，采取办复试班、巡回教学等办法，尽量做到小学生读书不出村屯。1980 年前后，各地又专门为边远山区瑶族子弟办寄宿制中小学、民族师范或民族班等，并先后成立各种瑶族职业技术学校。

一　金秀瑶族自治县的教育现状

2008 年，瑶族聚居区小学适龄儿童入学率为 99.68%，初中阶段入学率为 99.07%；小学辍学率为 0.52%，初中辍学率为 3.40%；小学升学率 99.58%，初中升学率（包括普通高中、职业高中等）69.38%。小学人均校舍面积为 6.77

平方米，中学人均校舍面积 8.44 平方米。师资配置情况如下：小学师生的比为 1∶13.54，初级中学的师生比为 1∶16.20，普通高中的师生比为 1∶13.66，职业中学的师生比为 1∶25.30。从以上数据来看，改革开放后，广西瑶族教育事业得到了很大的发展，金秀的学校教育事业从中也得到了很大的改善与提升。

金秀县目前有寄宿制学校 16 所，占全县各级各类学校的 19.75%。全县有中小学民族班 15 个，共 750 人；金秀民族中学在校学生超 2000 人。对瑶族学生的补助一般按照自治区少数民族生活补助发放标准：小学每生每学年补助 500 元，初中每生每学年补助 600 元，高中每生每学年补助 600 元。每年县财政对全县贫困寄宿生进行额外补助，小学生每年补助 100 元，初中生每年补助 150 元。金秀投入 270 万元建设了民族高中寄宿制学校宿舍楼，改善了学生的住宿问题，并投资 275 万进行县职校基础设施建设和设备教学添置，使之成为来宾市唯一一所拥有电子和数控两个自治区示范专业的中职学校。在危房改造和基础修缮上，金秀则安排 1000 万元用于维修县民族小学等 17 所学校。虽然金秀县的民族教育事业取得了丰硕的成绩，但是与周边平原地区县市的教育现状相比，其学校教育事业还任重道远。

目前，金秀县 6 所初中设在金秀镇、桐木镇、头排镇、忠良乡、罗香乡、大樟乡。撤销六巷乡、三角乡、长垌乡、三江乡中学。10 所中心小学设在金秀镇、桐木镇、头排镇、三江乡、忠良乡、长垌乡、罗香乡、大樟乡、六巷乡等 10 个乡镇。全县有寄宿制学校 16 所，长垌中心小学是其中之一。2008 年，全县共有在校学生 14870 名（不包含职校生），其中县高级中学 1556 名，初中 4182 名，小学 9132 名；在职教师职工 1493 名，其中高级中学 98 名，初中 385 名，小学 1010 名，这些教师职工中有聘用老师 100 名，工人 112 名。

二　长垌村的基础教育

笔者第一次去长垌村时，就听见 32 岁的司机小廖感慨地说：“大瑶山的一个乡都没有外面的一个村那么大，这里师资力量太差了，有钱的家庭都送孩子去象州大乐、金秀桐木、鹿寨、柳州读书。”小廖是金秀县城人，父母将他送到象州县城读初中。他认为：“在金秀中学的第一名在金秀县以外的中学就是一个中等生。金秀这个地方太穷了，泥土湿，难打砖，老婆都没有！所以好老师留不住的！”小廖的话多少有些偏激，但是，大瑶山深处的学校与周边平原地区学校的教育水平存在差距确是不争的事实。

（一）学校概况

长垌乡有 1 所中心小学，5 所村级小学。长垌乡中心小学建于 1964 年，在长垌乡长垌村，占地 3400 平方米（见图 6－1）。学校现有 4 栋教学楼（见图 6－2），其中一栋楼是 2006 年香港人苏金碧捐款建造的。此外，该校的学生宿舍占地 450 平方米，教师宿舍占地 551 平方米。学校共有 9 个班级（含学前班）。2009 年秋季学期，学校共有学生 434 人，其中 340 人为住校生；教职工 33 人，其中专职教师有 29 人，工人 4 人。

图 6－1　长垌乡中心小学大门

图 6－2　长垌乡中心小学教学楼

长垌乡中心小学的教室充足（长垌乡中学在前几年已经撤销，初中学生集中到县民族中学就读，原有校舍就归中心小学），有专门的图书、音乐、体育教室和学生阅览室。2009 年，该校争取到支教后援单位的资金扶持，完成了饮水工程和厕所改建工程，改善了学校的环境。学校的教育水平在全县属于中游水平，个别课目还排在全县一、二名。现在中心小学的各种硬件设施还是不错的。

办好教育是全乡人民的共同愿望，长垌乡在深入调查研究的基础上大胆撤并了一批教学点，优化教育资源配置。2003年以来，全乡所有的四年级以上的教学班以及部分一、二年级的学生全部归并到中心小学和道江小学。学校扩大了寄宿制办学的规模，综合办学质量不断提高，办学条件不断得到改善。几年来，学校始终坚持社会主义办学方向，注意加强学校德育教育和规范学校的常规管理，并结合实际建立各种规章制度，认真抓教育教学管理、教师管理、环境卫生安全和后勤工作的管理，加强检查、总结，使学校管理的各项工作逐步走向制度化、规范化、科学化的轨道。学校办学成绩显著，先后获得县教学质量优秀奖、来宾市小学毕业水平测试质量优秀奖、县德育先进集体等荣誉称号。

（二）师资情况

中心校的校风是严谨治学、开拓进取、拼搏创新、为人师表、博学善导、爱生如子。学校现有教学楼4栋，教室总面积为1178平方米，学生宿舍总面积为450平方米。乡中心小学现有教学班9个（包括学前班），学生360人，寄宿生240人。学校共有教职工33人，其中专职教师29人，工人4人，教师基本实现大专化，教师合格率为100%。但是，由于历史地理等因素的影响，加上该县是国家级贫困县，学校执行零收费后，办学经费更加紧缺，学校还有许多基础设施没有得到完善。全乡在编的教职工45名，退休2名，在岗43名，借调出去9名老师（借调至乡政府、县教育局、金秀镇小学、县小学、大樟乡中心小学）。学校缺

乏专职音乐教师、体育教师和英语教师，需要其他课目的老师来兼任。该校老师表示，因为没有编制，招不到刚毕业的正规师范院校毕业生，他们的教学压力很大。

（三）学生情况

长垌乡中心小学的学生都是来自全乡各个村的，主要是以瑶族为主，同时还有汉族和壮族的学生。截止到2010年，在校学生共228人（见表6－1），其中住宿142人。在校住宿的学生主要是家庭远且父母较忙。根据上级教委规定，学校免收学费和住宿费，只按当地生活水平向学生收取伙食费。据学校相关部门工作人员介绍，学校每年收取学生伙食费为每人500元，另外，过去国家还给寄宿学生每人每年补助500元。从2010年9月开始，国家给寄宿学生每人每年增加了170元的住宿补助。

表6－1　长垌乡中心校各年级学生、班级情况

单位：个，人

年　级	班级个数	人　数
学前班	1	31
一年级	2	50
二年级	1	30
三年级	1	24
四年级	1	33
五年级	1	26
六年级	1	34
合　计	8	228

为了让幼儿更好地适应小学学校生活，学校还专为乡

里的5~6岁的儿童设置了学前班，学费为每人每学期120元，伙食费为每人每月100元。长垌村人俨然把中心小学当成了幼儿园。很多年轻的家长外出务工，家中没有老人看管孩子，把未到学龄的孩子送到中心小来寄宿也是无奈之举。四五岁的孩子在学前班读两三年也不是什么稀奇事，把孩子交给中心小学的老师看管，总比让孩子在家里乱跑要强得多。许多幼儿家长希望长垌乡能建幼儿园，让孩子有个学习的地方，父母也比较放心。

（四）作息时间与课程设置

长垌中心校分为学前班和小学班，学前班主要开设的课程有语文、数学、音乐、手工、写字、常识、品德、故事、体育和舞蹈；小学班主要的课程有语文、数学、品德、体育、音乐、美术、健康和劳动。可以看出，语文和数学是该校的主要课程。中心小学黄元进副校长告诉笔者，1997年学校还开设了英语课，主要针对五、六年级的学生，课程主要内容是教学生英语入门知识。英语课的开设得到了全乡家长的一致好评，但由于学校师资力量不足，2008年英语课被取消。学校一个学期有两次考试，即期中考试和期末考试，其中语文和数学两门主课程由全市统一出题考试，其他学科的考试由学校自行出题。

2004年之前，因瓦窑屯和六架屯距长垌乡中心小学较远，故中心小学在两个屯设有一个教学点，招收当地一至三年级的学生。从四年级开始，这些孩子要到中心小学寄宿读书（见图6－3）。2004年，这一教学点取消，中心小学低年级的学生人数亦随之增加。除了日常的教学工作外，中心小学每天轮流安排两位老师负责寄宿学生的生活。学

前班与一、二年级的学生因年龄太小（见图6-4），一时间很难适应寄宿生活，老师们还要帮这些孩子洗澡、洗头、洗衣服、洗被子。现在老师最担心的就是学生的安全问题，比如遇上长垌河涨水，老师就要在学校守护学生。中心校的负责人表示，现在外面就业压力大，就业形势的严峻助长了读书无用思想的再次复苏，部分中学生还没有毕业，就中途辍学了。

图6-3　宿舍楼

图6-4　放学回家的孩子

三　长垌村的中学及高等教育

（一）中学教育

长垌村原先的中学现已撤销，之前村里的学生小学毕业后都在村里上中学，现在他们主要到金秀县读中学。2010年，长垌乡有5人考到金秀县的高中（面北屯1人、新村屯1人、长垌屯2人、三角屯1人）。

据了解，长垌村当地学生在县里读完初中后，大部分人继续读高中，也有一部分学生想学一门技能，选择读职业技术学校。以下是笔者对长垌经济开发区李阿姨进行访问的整理：

> 李阿姨是长垌经济开发区帮人卖种子的，她告诉笔者，现在村里的教育更好了，大学生也越来越多了，希望女儿能跟他们一样到外面去上大学。虽然村里很多孩子读到初中就去读职业技术学校，学一门技能，但李阿姨认为在这个社会，只有读书才能有好的发展。即使学一门技能将来可能好找工作，但现今社会需要有知识的人才，光靠一门技能是不行的，必须通过学习才能保证将来不被社会淘汰。

李阿姨的这些观点在长垌村也是很普遍的，大家都希望村里的孩子能到外面接受更好更高的教育，都希望村里上大学的人数越来越多。可以看出，随着当地经济的发展，村民的观念也慢慢地在改变，当地也越来越重视教育的发展。

（二）高等教育

改革开放以来，我国高等教育事业获得巨大发展，改

革取得令人瞩目的成绩，初步形成了适应国民经济建设和社会发展需要的多种层次、多种形式、学科门类基本齐全的社会主义高等教育体系，为社会主义现代化建设培养了大批高级专门人才，在国家经济建设、科技进步和社会发展中发挥了重要作用。

1980年以前，长垌村几乎没有出过大学生。1980年至今，长垌村出了15个大学生（包括在校生），而且多集中在2000年以后，其中已获本科文凭的有1人。目前，长垌村在校就读的大学生有8人（不包括函授）：六架屯1人，瓦窑屯1人，中村屯1人，三角一屯1人，长垌一屯1人，长垌二屯3人。而面北屯、新村屯、龙庞屯、三角二屯至今未出过大学生。2000年以来长垌村高学历人才辈出的原因主要有三个。

第一，随着当地经济的发展和二级公路的开通，当地村民的生活水平得到很大的提高，大多数家庭都可以负担家中孩子继续接受教育。当地政府也鼓励村里的学生考大学，到外面去接受更好的教育。

第二，父母的教育观念和受教育程度在孩子求学过程中起重要作用。长垌屯里少数获大专学历的父母相信知识改变命运。他们认为，在激烈竞争的社会里，学习知识就是掌握了竞争的资本，同时，知识分子也会受到其他人尊敬。屯里其他文化程度较低的父母对于自己年幼时因各种问题没能继续接受教育表示遗憾，如今生活条件好了，自然要为子女创造条件接受更好的教育。

第三，高学历意味着走出山村，这对于望子成龙、望女成凤的父母而言是非常光荣的。长垌村开发区的副食品商店老板娘庞玉梅告诉笔者，她的两个儿子前几年都考上了大学，现在已经毕业在外地工作了。说起两个儿子当年考上大学的事，她的脸上露出了灿烂的笑容。她认为孩子考上大学是为父母争气，为父母争光，对一个家族来说则是光宗耀祖。

案例 6－1　“孩子是我的骄傲！”

位于长垌乡中心小学对面小卖部的老板娘李娜，她有两个女儿，大女儿于 2008 年以 560 分的优异成绩上了国家一本线，考上了广西医科大学，至今这事都是全村人的骄傲。当然，作为母亲的李娜，向笔者说起她的大女儿脸上也带着骄傲、自豪的神情。

李娜说，自己的女儿从小就很独立，自初中起就一人在外地读书。女儿在金秀县城读初中，之后又到柳州读高中。李娜注重培养女儿的独立性，女儿在外读书的这几年里，生活上的很多事情她都放手让女儿自己去做。如读初中时，女儿申请学生困难补助需要办理一些相关手续和证明。李娜告诉女儿准备这些材料应该到哪些部门办理，让女儿一个人去准备这些材料，从而培养孩子的独立办事能力，学会凡事不依赖父母。这点在女儿考大学选专业上也得到了充分的体现。李娜的女儿现在在广西医科大学学的是临床专业。回忆起当年女儿选专业，作为母亲的李娜没有过多的干涉，而是尊重女儿的个人兴趣爱好。她说：“女儿对医学很感兴趣，常常向同学做医生的父亲请教医学方面的知识。在大学填报志愿时，我们没有过多地干涉她，她按照自己的兴趣和就业前景选择临床医学专业。”

提起女儿的成长和学习生涯，李娜可谓是百感交集，从中也能理解她对教育儿女的良苦用心。李娜是大专毕业，

这在当时乃至现在村里都是很少的，她一直认为她对女儿的教育跟她之前所受的教育是分不开的。她认为自己有义务为子女提供良好的学习环境。李娜从女儿很小的时候在教育方面就很用心了。在女儿6岁以前，李娜订阅了儿童杂志并常去书店买回学前教育的资料，在家教孩子认字。直到现在，只要是孩子们喜欢的、有用的书，不管多贵，李娜都会想办法尽量满足孩子们的需要。

李娜家的经济收入主要是靠这间小卖部，供两个孩子读书对于这个并不富裕的家庭来说的确是一个不小的负担。李娜告诉笔者，自从家里有了孩子，尤其是孩子长大后读书等各方面的开支，家里要添置什么物品时，都要考虑一下，而这几年家里都没怎么添置大件的物品，等孩子读完书后出来工作了再考虑家里的其他开支问题。目前，李娜还在为了供两个女儿读书每天辛苦地工作，但看得出来，就算再辛苦、再难，李娜都认为是值得的，因为她将女儿视为自己的骄傲。

四　存在的问题

长垌村村民的文化程度多集中在小学和初中这一阶段，即使是国家义务教育普及的今天，仍有上完小学就辍学的现象存在。以长垌乡龙庞屯为例，2008年，该屯有125人，其中完全受过初中教育的人数不超过6人，约占全屯人口的5%。至今龙庞屯只有两人通过接受中专教育而成为国家正式职工。由于到桐木镇就读金秀县职业高中，学校在学生毕业后能够帮忙联系单位，因此现在长垌村的初中毕业生在选择升学时多考虑升入职高学习一门技术，而不是到金秀县城就读民族高中。

村民受教育程度低已经成为制约长垌村经济快速发展的瓶颈。笔者在长垌街米粉摊与中心小学的陶老师交谈获知，长垌乡中心小学的师资的确紧缺，她除了教一个年级的语文课和体育课、担任班主任外，还要教另一个年级一个班的数学课，光是备课就要花去她不少时间。陶老师是长垌二屯人，2000 年中专毕业，学的是财会专业，但毕业后还是回到长垌乡中心小学做了一名小学教师。尽管教学任务重，但陶老师对自己的工作非常满意，毕竟现在外面那么多的大学生找不到一份有正式国家编制的工作，且金秀县许多优秀的教师还没有正式的编制。

尽管如此，笔者还是在某招聘网站上无意间看到了两份长垌乡中心小学教师的求职表。从履历表的情况来看，这两位教师在课堂教学和带班经验方面所取得的成绩的确不错。“人往高处走，水往低处流”，他们寻求更好的发展是没有任何争议的。但是如何留住优秀的教师，这是长垌村人口素质提高的一个不可忽视的问题。另外，六架屯和瓦窑屯教学点的撤销，会使一些适龄儿童延迟入学。

第二节　家庭教育

家庭教育是大教育的组成部分之一，是学校教育与社会教育的基础。家庭教育是终身教育，它始于孩子出生之日（甚至可上溯到胎儿期），婴幼儿时期的家庭教育是“人之初”的教育，在人的一生中起着奠基的作用。孩子上了小学、中学后，家庭教育既是学校教育的基础，又是学校

教育的补充和延伸。家庭教育是前辈向晚辈传递社会文化，开发智力，并使之掌握生产、生活所需要的基本技能的主要手段，是未成年人进入社会，成为社会人的准备。瑶族十分重视家庭教育，视其为“百年树人的根基”。其家庭教育主要表现为父母长辈对子女传授生活常识、伦理道德和家史家规等。[①]

一　生活常识教育

家庭长辈给孩子传授生活中的一般普通知识的教育，包括对动、植物的识别，简单的算数及图文知识。历史上，瑶族是个以山为伴的山地民族。千百年来，瑶族靠山吃山，以山为伴，以山为生，在崇山峻岭中开出一条求生发展之路，在这个过程中积累了关于自然界的常识。长辈会教孩子认识山上的一些动、植物及其特性，如哪种能食用，哪种植物有毒，等等。

瑶族教育儿童认识动物的方法主要是通过直观的教育法。孩子通过大人的日常教育，逐渐对身边的动、植物有了一定的了解，为今后认识其他的事物打下了扎实的基础。

二　伦理道德

瑶族伦理道德教育的内容十分广泛，包含待人接物、荣宗敬祖、尊老爱幼和勤劳节俭，等等。这些大都通过“火塘教育”的形式进行，使孩子树立行为规范。每逢家人

---

① 玉时阶、胡牧君等：《公平与和谐：瑶族教育研究》，民族出版社，2009，第36页。

围在火塘取暖或饭后闲谈时，大人都会教育子女要勤劳，不要好吃懒做；要诚实，不要骗人；不做亏心事，不偷盗；要敬老爱幼、赡养父母；要礼貌待人等。

当地人十分重视孩子的礼貌教育，小孩从懂事起，就在日常生活中不断被灌输以礼貌待人的教育内容，使孩子变成自觉的行动者。礼貌教育的内容涉及日常生活的各个方面，如教孩子如何认人和叫人，与亲戚、朋友及邻居打招呼等；还有在吃饭时，教孩子在餐桌上的一些礼貌行为和餐桌上的礼仪；等等。

由于长垌村的人不是很多，因此家家户户都比较熟悉，村里的村民每天都会到外面去晒晒太阳，或者是到别人家去串门闲聊，这个时候，大人就会带上孩子。在别人家时，会跟孩子说：“叫阿姨，叫阿公……”或者是告诉他们这是“某某阿姨”“某某奶奶”。虽然这是一种平常的举动，但这在孩子逐渐成长直至懂事的过程中非常重要。在不知不觉中，孩子就渐渐对周围的人有了一个大致的印象，知道了该如何称呼他们。这对孩子将来的社交能力的培养也大有帮助。

三　家史家规

老人说，瑶族人很好地继承了“不忘祖根”和缅怀老人功德的做法，老人家都会给家中的孩子介绍家族历史，从而让孩子从小就对自己家的历史有所了解，理解祖辈创立家业的艰辛和抚养儿女的辛苦；让孩子明白能过上今天的幸福生活就要通过自己的辛勤劳动；教育后代要继承先辈的传统，搞好家庭团结，当好家。同时，长辈也会让后代了解自己的族史，懂得民族的来历，如何辗转迁徙而来，

如何遵守家规、家教，让后代牢牢地记住自己的祖宗，增进孩子的民族认同感。

第三节 民间艺术

一 瑶歌[①]

金秀大瑶山，劳动中、行路上、火塘边、节庆时，到处都是瑶族的歌场。特别是逢年过节，村村寨寨摆起歌堂，男女老幼纵情歌唱，经常通宵达旦。瑶歌内容广泛，形式多种，有记述生产过程、总结生产经验的生产歌，有记述瑶族重大史实的立传歌，有青年男女谈情说爱的情歌，有以歌代词、互通音信的信歌，有便于记忆干支和五行的甲子歌，有诉说苦难生活的苦歌。还有不少叙事长歌，可连续演唱数昼夜。不少瑶歌还可以对唱、合唱。各支系的瑶族，都有不同形式的瑶歌，如茶山瑶的“香哩”“果拉”“留拉列”，盘瑶的“央央唱”、“边洪中”、“那罗离”、“西仁祖”（七任曲），花篮瑶的“离贯”“括架”“吉冬诺”，坳瑶的“大声歌”“尼王公里”，山子瑶的“里啦咧”“门中”，等等。

香哩，为茶山瑶的一种瑶歌，除在歌词的首尾有尊称别人的“香哩”或“岁雅”、“人嗳”等外，没有固定的格式。每首歌的句子长短、字数多少不拘，意尽歌止，运用极活泼自由，一般没有平仄韵律，但讲究排比和对偶。用瑶语唱出的“香哩歌”如行云流水，婉转悠

① 《金秀瑶族自治县概况》编写组：《金秀瑶族自治县概况》，民族出版社，2009，第238页。

扬，十分动听。

盘王歌，为盘瑶古典歌谣集成，各地称呼不一，又叫盘王书、大歌书、盘王大歌；有的地方边唱边以鼠干下酒，故又称为鼠干歌。不少盘瑶家庭存有盘王歌词汉文手抄本。有的盘王歌内容有30多段，近200个层次，3万余行，20余万字。盘王歌常在祭祀先祖盘王时吟唱，需几昼夜方能唱完。盘王歌以抒情为主，内容极其丰富，描绘了盘瑶社会发展历程，表达了盘瑶对宇宙万物、人类社会的见解。还有许多有关历史事件、恋爱婚姻、风土人情、农林业生产等故事夹插其中。盘王歌讲究韵律，押韵押调，以朴素的语言，显示出瑶族的艺术智慧。

在长垌村，很多老人都会唱瑶歌，瑶歌在他们看来是老祖宗传下来的宝贵财富。瑶歌的唱腔通常是固定的，唱词一般都是即兴的。瑶歌的内容有欢迎客人、歌颂爱情、祝福新婚等。

案例6－2　“欢迎你们来长垌！”

今年已经85岁的庞成文老人（见图6－5）看起来身体很健朗。老人是村里有名的会唱瑶歌的老人之一，得知笔者是第一次来到长垌村，于是即兴为我们唱了一首欢迎客人的瑶歌，让我们很是感动。老人告诉笔者，他现在没事的时候还经常唱瑶歌。老人小时候就会唱了，当时身边的人都会唱瑶歌，父母也会唱，自己就在这种氛围下自学瑶歌。老人学会了很多唱腔，渐渐地老人自己会根据生活环境和不同场景来编唱词。老人也很感慨，现在的年轻人都不愿意学瑶歌，都对瑶歌不感兴趣，会唱瑶歌的人越来越少了。

图6－5 唱瑶歌的老人——庞成文

二　舞蹈[①]

瑶族舞蹈种类繁多，历史上仅用于祭祀神灵和先祖。新中国成立之后，广大文艺工作者以瑶族传统舞蹈为主体，创造出许多反映瑶族现实生活的舞蹈，为瑶族舞蹈注入了新的活力。这些舞蹈富有浓郁的民族气息，动作简朴形象，舞姿矫健豪放。瑶族舞蹈一般以锣、鼓、胡琴、箫、笛、唢呐等配乐，亦有伴唱或自舞自唱形式。

师公舞，为茶山瑶系列舞蹈，包括洪门舞、三元舞、焚香舞、还花舞，以瓦鼓、皮鼓、小锣等伴奏。舞者所着道袍宽大舒畅，色彩斑斓，场面活跃热烈。三元舞分上中下三个程序。上元有散发、梳发、绞发、盘发、结发、整顶、洗手、照镜、倒水、起步、整头、洗耳、洗肩等动作；中元有扫神、洗胸、整腰带等动作；下元有洗膝、洗脚弯、

① 《金秀瑶族自治县概况》编写组：《金秀瑶族自治县概况》，民族出版社，2009，第240页。

扎绑带等动作。常以二人一组对舞。

跳盘王，是盘瑶传统舞蹈，常为祭祀盘王时所用。其舞蹈步法为步罡踏斗，以锁链罡步、三台罡步、七星罡步（统称“禹步”）为主。跳盘王的主要舞蹈，有上香舞、开坛上光舞、接师傅舞、接公圣舞、还愿舞、长鼓舞、捉龟舞、盘古兵舞。长鼓舞为盘瓠文化的重要标志，舞者 2 ~ 4 人不等，手握长鼓，边击边舞，动作协调整齐、激烈奔放。长鼓用泡桐木挖制而成，两头大中间小，长约 0.7 米，以山羊等兽皮作鼓面，用竹篾箍紧即成。

长垌乡于 2009 年 12 月 29 日，在由乡政府出资创建的长垌文艺舞台上举办了长垌乡迎新年晚会（见图 6 – 6），参加此次晚会演出的是周边 7 个村（滴水、道江、平孟、桂田、镇冲、长垌和平道）的村民。据了解，当时观看演出的村民络绎不绝，观众主要还是以长垌村的村民为主。此次晚会是由长垌乡村委主办，村民对这次晚会非常满意，希望以后政府还能为他们举办类似演出。

图 6 – 6　长垌乡农民迎新年汇演

第四节　科学技术

一　种养技术

长垌村委会每年都会组织村民进行种养技术方面的培训，如柑橘的种植、水稻种植、施肥、石崖茶的种植等。种养技术培训一般每年进行1～2次，每次一般为期2天。村委主任庞贵斌告诉笔者，去年村委会举办了一次“生态农业培训”，专门请广西农科院的副教授来讲课，参加培训的学员主要是各大队的队长和村里的致富能手。庞主任说之所以选这些人来参加培训，是因为：第一，他们在种养技术方面已经有了一定的基础，这样可以更快更好地学习种养知识，提高了他们的学习效率；第二，这些学员都是村里种植方面的能手，他们率先学好技术，今后在种植上，就可以起到带头作用，带领村里的其他村民共同致富。

此次培训的主要内容是推广新技术，教村民如何科学地种植水稻和施肥。为了提高种植的工作效率，村委会在村里推广抛秧技术。抛秧技术是20世纪60年代在国外发展起来的一项新的水稻育苗移植技术。与传统的插秧方法相比，抛秧具有省工、省力、省种子和秧田的优点。两个人一天就能完成一亩地的种植。抛秧前，大家将种子放在秧盘中，盖上薄膜进行育秧，大约25天以后就可以进行抛秧了。这时候的秧苗一般不超过30厘米。开始抛秧前要先耙田，在田里撒上碳氨，以提高土壤肥力。抛秧时，人需要站在水田中，倒退抛秧。

此外，村委会还向村民普及其他方面的技术知识，比如果树的管护技术。

附1　果树管护技术

（一）柑橘（含橙、柚、金橘）类幼龄树

以攻梢、保梢为主，次年未计划挂果的树可在9月中旬前放梢，次年计划挂果的树必须在八月下旬放秋梢。攻梢：在放梢前10天施以氮肥为主的水肥攻梢，梢长1~2寸时再施一次壮梢肥，结合病虫防治喷2~3次叶面肥。保梢：放梢前清除溃疡病等病枝，统一抹芽控梢，统一放梢，放梢后1~2天内喷10%的吡虫灵2500~3000倍液或20%甲氰菊酯2000倍液防治潜叶蛾，隔4~5天喷一次，连喷2~3次；用48%乐斯本800~1000倍液于粉虱成虫高发后7~10天喷洒，防治桔粉虱。

（二）柑橘类结果树

1. 继续做好后期以有机肥、磷肥为主的壮果肥，保持树势，提高单果重和果实品质。

2. 抓好黑蚱蝉、锈壁虱、疫病的防治，黑蚱蝉可于黑夜灯光摇树人工捕杀或隔15天喷2500倍液25%甲氰菊酯防治；锈壁虱要注意观察，初发期（每视野1~2头时或大果园个别果发挥时）喷20%三唑锡或托尔克1200~1500倍液防治；沙田柚在连续雨天后或初发期及时喷77%氢氧化铜600~800倍液防疫病。

3. 对结果多的沙田柚和习惯性少花无花橙类做好促花工作，通过控水、控氮、环割（9月中下旬~10月上旬）、断根或喷多效唑促花，25%多效唑可用300倍液在8月下旬~9月上旬喷一次，10月初再喷一次。

4. 初结果小树继续放好秋梢（参照幼龄树）。

5. 柑橘类果树注意检查黄龙病，及时砍除病株，抽梢期及时防治木虱，防止黄龙病蔓延。

（三）落叶果树

看树势8～9月适当施有机水肥，喷2～3次叶面肥保持树势，促进花芽的发育，防止叶片脱落；剪除、刮掉病虫枝叶、病斑，做好主干、主枝涂白，及时防治黑斑病、流胶病、轮纹病、黑痘病、霜霉病以及柿棉介等病虫。

附2　生姜怎样长期保鲜

1. 将生姜洗净后，刮去皮，放在黄酒或白酒里，用盖盖好，防止酒香溢出。这种办法可以长期保鲜。食用时，取出1～2片放在菜内，生姜用完后，浸姜的酒仍然可以利用。

2. 把生姜洗净，埋入食盐罐里，可以防止失去水分，不容易干瘪，能比较长时间地保持新鲜。

3. 将外表皮无伤，茎肥大的大块生姜，扳掉小芽，埋入潮而不湿的沙土或黄土中，可以长时间的保鲜。

二　信息技术

长垌村共有10户人家安装宽带网络，其中长垌屯7户，三角屯1户，古方屯2户。这些家庭都分布在乡政府的周围。2009年长垌村委会配备了一台电脑并开通网络。长垌街有一家网吧，两家游戏厅。

长垌屯蒋家餐馆老板娘蒋斌艳告诉笔者，现在村里上网的家庭逐渐增多，随着村里经济的发展和二级公路的开通，村民们开始对互联网有了进一步的了解，大家希望通过网络了解外面的世界，希望借助网络来了解农业方面的信息，促进当地经济的发展。蒋斌艳家前几年就买了一台电脑，放在餐馆大厅，夫妻俩空闲时就会上网。以下是笔者对蒋家老板娘进行访谈的整理：

> 蒋家餐馆的老板李卫国是土生土长的本地人，家里总共4口人，有两个儿子，大儿子读了初中后没继续读书，现在餐馆帮忙做事，小儿子在县里的中学读初中。妻子蒋斌艳家里有7分田和山林，田里主要种植稻谷，山上主要种些经济作物，如八角、沙树。随着村里经济的发展，他们家前几年到县城花了4000多元组装了一台电脑。蒋斌艳说现如今村里很多家庭都装了宽带，电脑在当地已经不是什么稀奇的事了。村里宽带上网都是通过电信公司，一年1200元。大儿子在家里使用电脑最频繁，主要是聊天、看电影和玩游戏；他们夫妻二人有时也会上网看看电视剧。

三　农业科技

（一）作物育种

作物育种，又称品种改良，其目标是高产、稳产、优质、高效。特定的育种目标要综合考虑当地品种的现状、育种基础、自然环境、耕作制度、栽培水平、经济条件等因素，并随生产的发展不断加以调整。

当地村民家中山林大都种有甜茶，甜茶的种子通常在长垌街边的种子商店就可以购买到，还有些村民会自己育种。笔者从当地村民那里了解到，他们通常在自己家开地

的时候，就可以育种。这些甜茶的种子都是野生的，不需要加工，直接将这些野生的种子播到地里，就可以种出甜茶了。

当地有些家庭种植玉米也会自己育种。通常玉米育种时，都会选择大颗的、饱满的玉米粒作为来年的玉米种子，将其晒干，放在家里的仓库里，来年播种的时候，在地里挖好一个一个的小坑，每个坑放两三粒种子即可。目前，长垌村的村民已经不育种了，都是在外面购买种子，因为育种的产量不高，且方法也不科学。

（二）肥料变化

过去，长垌村都是用农家肥，现在一律改为化肥。长垌村常见的化肥品牌有碳氨和福儿肥等。这类肥料配有说明书，使用起来方便。村民反映，与农家肥相比，市场上的化肥用量少，但效果比农家肥好，同时还能保证了农作物的产量，因此大家都愿意使用化肥。

（三）间种

长垌村最常见的间种作物是八角和甜茶。甜茶是一种喜阴的植物，等八角枝叶逐渐茂盛遮住阳光时，大家需要将甜茶移植。因此村民在角树苗未成林时，在林子里的空地种上甜茶，八角苗长大后就不种了。

第五节　乡村医疗

金秀大瑶山山高谷深，峰峦叠嶂，新中国成立前的很长一段时间内，瑶族生活在一个几近封闭的环境中。在长期的生产生活实践中，瑶族群众逐渐积累了丰富的草药知识。1952 年 5 月，金秀瑶族自治县成立之时，平乐专署派来医务人员，金秀才建起了第一所卫生院。

一　民族医药

较恶劣的自然环境催生了瑶族独特的医药理论。瑶医认为，人体五脏六阴，气血与疾病的发生和发展有着密切的关系。这些因素相互传导、相互演变，在感受疾病的程度，抗病能力方面部有着很主要的内在联系。如某一内脏有了病变，其相关的体表就有不同程度的表现。因此，瑶医的诊断方法以看（看面、鼻、口、唇、皮肤的颜色及病人的形态、体位、精神形态等）、问（问寒热、饮食、大小便和头身、胸腹等情况）、摸（摸触有关部位）、药物诊断相结合。

瑶医治疗的方法大致可分为内治和外治两种。

内治法是将药物用水或水和酒各半煎汤服用，或者是将草药用酒浸泡口服。

外治法又可分为药物外治和无药外治两种。药物外治是利用药物施于人体外表某部或患处，通过与皮肤和经脉穴位的接触而达到治疗的目的。无药外治为民间常用的治疗方法，最常见的就是针灸、刮痧、拔罐、针挑、放血等。[①]

长垌屯 70 岁的黄贵香老人草药知识丰富，是长垌村的瑶族医药“百晓通”（见图 6－7）。老人的母亲草药知识丰

---

① 《金秀瑶族自治县志》编纂委员会：《金秀瑶族自治县志》，中央民族学院出版社，1992，第 492 页。

富，她从小耳濡目染，对草药渐渐产生兴趣。老人从30岁开始跟着母亲学习瑶族的草药知识。在闲聊过程中，老人向笔者介绍了几种在日常生活中常用的草药。

图6－7　黄桂香老人

村里妇女生产后，通常会用一种由72种草药泡制而成的药水沐浴，这种药水主要由红背菜、以心保暖、药王、姜和马临安五种草药泡制的；治疗感冒的草药有罗汉果、山姜、上山虎、洗先桃；治疗头痛的草药有下山虎；治疗腰痛的草药有龙骨风、大白背、小白背、五澡金龙；治疗跌打的草药有九龙腾、下山虎、大转、石八针、金耳丸和红姜；治疗牙痛的草药有两面针；治疗胸腹胀痛的草药有灵香草。

老人告诉笔者一个常识：在草药中，带甜味的药是补药，苦味的就是良药。在草药的使用方面，男女用药都一样，基本上没有太大的差异。老人希望这些医药知识代代相传，造福子孙后代。她非常希望将自己的草药知识传授给儿女们，可是他们都对这个不感兴趣，都不愿意学。

二　医疗机构

长垌乡卫生院（见图6－8）位于长垌乡经济开发区，始建于1956年，现有职工6人，其中院长1人，办公室主任1人，医务工作人员4人。卫生院采取轮流值班制，24小时有人在岗，保证全天都能为村民提供医疗服务。该院被评为金秀瑶族自治县规范药房建设工作合格单位，中华人民共和国合格卫生院，其是广西新型农村合作医疗定点医疗机构，城镇职工医疗保险定点医院，金秀县城镇职工基本医疗保险管理中心。

图6－8　长垌乡卫生院

卫生院现在有16个科室，12张病床。院内配备B超仪器、X光机、肝道常规检测仪和尿液分析仪。据卫生院医务

人员介绍，来卫生院看病的主要是长垌乡附近的村民。由于院内设施条件有限，卫生院无法为病人做手术，只能治疗一些小病和接生等。通常春季、冬季或季节交替时是卫生院住院的高峰期，大部分都是感冒、发热病人。

长垌村民普遍反映卫生院的医疗水平有待提高，有医生职称的人不多。以前，村里妇女生产还会选择乡卫生院，如今公路开通后村民都到桐木镇或金秀县的医院了。现在村民到卫生院主要是看感冒这类常见病，大家表示尽管卫生院里也有一些医疗器械，但并不能满足大家的要求。因为卫生院平常很少有病人，有些药品未能及时补给。村主任庞贵斌记得女儿有一次因为感冒到卫生院看病，有些常见药卫生院里都没有，最后只能到金秀县城购买。

归结起来，长垌乡卫生院存在的问题主要有以下 4 个。

（1）卫生院医资力量不足。卫生院唐医生跟笔者说，他毕业于柳州地区卫生干部学校，1992 年毕业后分配到长垌乡卫生院工作，当时这里有 10 个职工。他在这里工作了 5 年，1997 年调到金秀镇卫生院，现在正好轮到他回来驻勤。虽然卫生院内有 8 个编制，但实际上仅有 3 个编制内人员为这里工作，包括 1 个医生和 2 个护士。其余 5 个编制内人员都被借调到金秀县疾病控制中心、金秀镇卫生院、金秀县妇幼保健医院、桐木镇医院、金秀县人民医院二门诊（院址在桐木镇），影响了现在卫生院正常医疗工作的开展。由于借调的人员还占着乡卫生院的编制，因此很难有新的医生或护士进来。唐医生认为，这种现象在小乡镇的教育和卫生系统内比较明显，但这种情况在较大的一些镇如头排镇、七建镇、桐木镇就较少。

（2）卫生院各科室形同虚设。卫生院的妇产科现在基本开展不了工作，村民如果想要做妇科检查或是孕妇要生孩子，包括计划生育方面的结扎放环，全要到金秀县城里去。据了解，乡卫生院的妇产科医生 2009 年 7 月调动到桐木镇医院去了，一直没有医生来填补这一空缺。同年 9 月 23 日有一个快要生产的孕妇被家人抬到了这里，卫生院医生最后只能建议她到金秀县城的医院去生产。

（3）卫生院医疗设备更新速度慢，仪器老化速度加快。近两年，卫生院引进了一批医疗硬件器械，如 B 超、激光治疗仪器等，但由于医院看病的人数在逐年下降，仪器使用率较低，机器老化的速度加快。

（4）卫生院医生进修学习机会较少。据了解，卫生院预防科蒋医生之前到县里的疾病控制中心培训，可是在培训期间，院里的相关工作没有人做，这对卫生院的影响很大。鉴于这种情况，之后卫生院就很少有医疗人员到县里去培训了。目前这种再深造的机会基本上没有了。

三　医疗制度

（一）历史回顾

合作医疗是县内农村人民群众在自愿、互助的基础上，依靠集体经济和农民自筹资金而办的医疗保健事业。参加合作医疗的群众个人，在本地医疗室就诊治疗，只交药费，免交挂号费；外出或到医院治疗，一般情况医药费自理，也有的执行部分减免或全免。

1969 年，全县 48 个生产大队中，有 47 个大队办起了合作医疗室，有脱产赤脚医生 61 人，不脱产卫生员 397 人，接生员 305 人。国家医疗单位对合作医疗给予物资和技术帮

助，以提高合作医疗的技术力量。1981 年以后，合作医疗制度已不再适应农村实际情况，因此逐渐解体。①

随着我国经济与社会的不断发展，越来越多的人开始认识到，“三农”问题是关系党和国家全局性的根本问题。而不解决好农民的医疗保障问题，就无法实现全面建设小康社会的目标，也谈不上共同富裕。因此，在农村建立新型合作医疗制度势在必行。

（二）新型农村合作医疗

新型农村合作医疗，简称“新农合”，是指由政府组织、引导、支持，农民自愿参加，个人、集体和政府多方筹资，以大病统筹为主的农民医疗互助共济制度。它采取个人缴费、集体扶持和政府资助的方式筹集资金，以自愿、受益和适度为原则，旨在解决农村广大农民因病致贫、因病返贫的老难题。这一制度于 2003 年开始在全国范围内逐渐推行。

2009 年，长垌乡全乡参合人数为 5441 人，已参合人数 4940 人，参合率为 90.79%，圆满完成了上级下达的参合任务指标。全年共计 962 人次获得新型农村合作医疗制度医疗救助，报销医药费 332876.63 元。长垌村 2009 年有 994 人参加了新农合，参合率 96.4% 以上。

案例 6－3　长垌村农户在参加新农合后获得的实惠

龙庞屯村民小组长盘文金的妻子黄金莲从瓦瑶屯嫁至

① 《金秀瑶族自治县志》编纂委员会：《金秀瑶族自治县志》，中央民族学院出版社，1992，第 497 页

这里。2009年11月她在柳州市工人医院做了第三次子宫手术，三次手术累计花费10万元，经新农合办报销了4.2万元。盘文金为了妻子的医药费，起早贪黑地去帮别人盖房子挣钱，2008年12月份面北屯刚验收的三处危房改造就是他建造的。村主任帮黄金莲写了大病补贴申请并送至乡民政部门，12月中旬县民政局给予了批复，得到了8000元的大病补贴。盘文金说，如果没有新农合的报销制度，他根本无法承担妻子三次手术的费用。虽然妻子还是过世了，但他对民政部门给予的大病补助很是感激。

2009年，长垌村除了龙庞屯的黄金莲外，古方屯陶瑞珍（心脏病，12月过世），长垌二队陶丽珍（肝癌）也享受到了新农合带来的好处。比如，古方屯陶瑞珍2009年2月13日填报的住院医疗总费用3669.36元，自费152.7元，符合报销总费用3516.66元，报销比例50%，实报金额1758.3元；2009年4月13日填报的住院医疗总费用483元，自费50元，符合报销总费用433元，报销比例80%，实报金额346.4元。

2011年，金秀瑶族自治县为巩固发展与金秀县农村经济社会发展水平和农民基本医疗要求相适应的、具有基本医疗保障性质的新农合制度，逐步缩小城乡居民的基本医疗保障差距，逐步提高筹资标准，让参合农民得到更多的实惠，增强新农合的吸引力，保持较高的参合率，县里制定了适合本县的新农合医疗筹资方案。筹资对象为凡是本县的农业户口居民（含外出打工、经商、上学的农村户口）均为参合筹资对象；当年出生已错过参合缴费期的婴儿随母亲纳入新农合保障范围（按一个人的标准执行），不得将

城镇居民及乡镇企业下岗工人等其他人员纳入参合筹资范围。

筹资标准为每人每年150元，其中参合农民个人缴费每人30元，中央补助每人60元，地方财政补助每人60元（区级财政补助每人37元，县财政补助每人23元）。筹资方式为农民个人缴费每人30元，各乡（镇）人民政府自行组织开展参合农民个人缴费工作。收缴形式可以多样化，不拘一格、因地制宜，可以采取以村民小组为单位集中收缴或进村入户收缴的方式进行；对农村低保对象、农村五保供养对象、民政优抚对象及其他民政救助人员，由民政部门全额代缴每人30元的参合费用；对独生子女、双女结扎等享受计生政策免费参合的人员，由计生部门代缴每人30元的参合费用；对享受免费参合的农村老党员，由组织部门代缴每人30元的参合费用。

附1　新型农村合作医疗知识简介

一、参合条件和参合办法：凡属农业户口的城镇居民均可参加，每人缴纳合作医疗费30元，以户为单位，一次性交清一年的参合费用。同时取消家庭账户基金，实行“门诊补偿＋住院补偿”模式。

二、报销时间：新农合的补偿是以年度计算，每年的住院报销当年办理，最迟不超过第二年的3月份。

三、办理报销补偿程序：实行出院即时结算制度，即参加合作医疗农民在我县各定点医疗机构诊治发生医疗费用后，出院时直接结算补偿费。

（一）普通疾病住院或门诊治疗的，带参合医疗证、身份证和户口簿，出院时，医院直接给予办理报销补偿。

（二）重症住院治疗的（不分县内、外），带参合医疗证、身份证、户口簿、个人申请书、户口所在地村委证明及转诊证明、住院发票、疾病证明和费用总清单到户口所在地乡（镇）新农合经办点审查，公示无异议后，再到县新农合管理中心审批，办理报销补偿。

（三）在县外住院治疗回来办理报销的普通疾病患者，持转诊证明、发票、疾病证明、费用清单、参合医疗证、身份证和户口簿，到户口所在地乡镇卫生院办理报销补偿。

（四）意外伤害住院的如实填写“新农合外伤住院申请补偿登记表”，持参合医疗证、身份证和户口簿、当次外伤住院发票、疾病证明、费用总清单等原件和病历首页复印件（加盖经治医院公章），到户口所在地乡镇新农合经办点审查，再到县新农合管理中心审批，办理报销补偿。

（五）参加商业保险住院治疗的，先结算医疗费用到保险公司办理保险，再凭保险公司签核的住院发票、疾病证明、费用总清单等复印件，带参合医疗证、身份证和户口簿；属普通住院的到户口所在地卫生院办理报销补偿，属重症住院、意外伤害住院的到县新农合管理中心办理报销补偿。

四、参合农民门诊补偿比例：普通门诊报销比例为30%，高血压（Ⅱ、Ⅲ期）、糖尿病、冠心病、慢性肾炎、甲亢、类风湿、肝硬化、结核病、肾病综合征等常见慢性非传染性疾病的门诊报销比例为50%，单日门诊补偿封顶额：乡级单日门诊封顶额为25元，村级单日门诊封顶额为15元。年封顶线：参合农民门诊统筹年度补偿个人封顶线为50元，家庭成员共享，达到封顶额后，门诊就诊费用全

额自付。每户补偿封顶额＝50×家庭参合人数；常见慢性病门诊补偿封顶线为每年600元；系统性红斑狼疮、尿毒症、再生障碍性贫血、白血病、血友病、精神分裂症、恶性肿瘤放化疗、重症地中海贫血、重症帕金森氏症、慢性肾功能不全透析治疗、器官移植抗排治疗、心脏换瓣膜术、血管支架植入术等特殊慢性病的门诊治疗按住院进行补偿，报销比例按疾病住院补偿的标准执行。

五、参合农民住院补偿比例：

（一）疾病住院补偿

1. 乡镇定点医疗机构住院起付线为100元，报销补偿比例为可补住院医药费用的80%。

2. 县级定点医疗机构住院起付线为300元，报销补偿比例为可补偿住院医药费的55%。

3. 县以上定点医疗机构住院起付线为500元，报销补偿比例为可补偿住院医药费用的40%。

4. 在县外务工的参合人员，因病需在当地住院治疗的，应电话报县新农合管理中心同意，原则上到当地非营利性医疗机构就诊，每次医疗费用在符合规定补偿范围内以500元为起付标准，超过500元部分按40%给予补偿。

5. 急需重病人抢救到就近医院，待病情稳定后转到定点医疗机构继续治疗，抢救期间的医疗费用符合补偿范围的，报销办法按本办法的门诊、住院规定办理。

6. 参加新型农村合作医疗孕产妇，住院分娩先执行国家专项补助，剩余部分再按住院补偿规定给予补偿；顺产原则上补助每例200元，应先执行国家专项补助，再给予新农合补助，但两项补助合计不得超过实际发生的医疗总费用。

7. 参加新型农村合作医疗，同时又参加商业保险的中、小学生等住院治疗的，先结算医疗费用到保险公司办理保险，再凭保险公司签核的复印件，回户口所在地乡镇卫生院按规定办理报销补偿。

8. 一年内住院补偿基金封顶线为35000元。

9. 参合农民到各级定点医疗机构住院治疗，年内住院可补偿医疗费用累计超过10001元的，按重症住院办理。需申请大病救助补偿，由本人提出申请，村委会出具证明，经乡（镇）新农合经办点审查，报县新农合管理中心审核、审批后，可补偿的住院医药费用达10001～20000元，按55%给予补偿；可补偿的住院医药费用达20001～40000元，按60%给予补偿；可补偿的住院医药费用超过40001元的，按65%给予补偿，但最高补偿金额不得超过35000元。一年内可补偿的住院医疗费用累计在10000元（含10000元）以下的，按照普通住院补偿计算。一年内可补偿的住院医疗费用累计超10000元的，按大病住院补偿计算。可补偿的住院医药费用是指住院总医药费用扣除非基本用药目录的药品费用、非设定检查项目的检查费用及起付线后的费用。

（二）意外伤害住院补偿

1. 不执行出院即时结算制度，所有的住院医疗费用由患者先行支付，再向新农合经办机构申请补偿。

2. 对有责任的各种意外伤害（如：交通肇事导致的他伤和自伤、刀枪伤、搏斗伤、在工厂或工地作业时负伤、帮工负伤等），新农合基金不给予补偿。

3. 对见义勇为或执行救灾救援等公益任务而负伤住院，按疾病住院补偿政策执行，申请补偿者须提供县级或县以上政府相关部门出具的情节证据。

4. 对无法判定有无责任的意外伤害，其住院医药费用中可补偿费用部分，按30%的比例给予补偿，封顶线为10000元。

5. 申请外伤住院补偿者须提供其参合医疗证、当次外伤住院医药费用发票、疾病证明、费用总清单等原件和病历首页复印件（加盖经治医院公章），并如实填写“新农合外伤住院申请补偿登记表”，供新农合经办机构调查备用。县新农合管理中心应到经治医疗机构、事发现场、相关执法部门和申请补偿者居住地进行必要的调查核实，排除责任外伤。

六、参合农民转诊需办理的手续：

（一）参合农民在县、乡定点医疗机构内住院治疗不需县新农合管理中心转诊审批。需到县级以上定点医疗机构就诊的，要办理转诊手续，不经批准转诊的，原则上不能报销（急诊、外地打工等特殊情况例外）。

（二）危重病人可先到就近医院抢救，但应在入院三天内电话告知县新农合管理中心，病情稳定后转到定点医疗机构治疗。

（三）因病到市及市以上定点医疗机构住院治疗的，持县级定点医疗机构转诊证明到县新农合管理中心审批，原则上到市、市级以上非定点医疗机构就诊不予补偿。

七、不能报销医药费的情形：

（一）服务项目类收费。

（二）病人住院用的生活费等无具体名称的其他费用。

（三）非疾病治疗项目治疗的费用。

（四）未经批准转诊到县以外的医疗机构发生的医疗费用。

（五）使用非《基本用药目录》的药品和开展非检查项目（由县级卫生行政部门定）的检查费用。

（六）报销手续不全者。

（七）其他按国家、自治区规定的不予报销范围的项目。

（八）具体以《新秀瑶族自治县新型农村合作医疗管理实施细则（2010 年修订）》执行。

附 2　长垌乡卫生院新农合住院报销流程

患者就诊→开具住院证→直补办公室按规定将住院患者信息输入电脑→每天下午 5 点将本院当天住院患者信息传送到县合管办→次日医院和管办人员到病房落实患者的真实性，并签名，在院内公示栏内对病人情况进行公示→出院时患者将手续交直补办公室，经审核后回补资金直补给患者，并由患者签字按手印，直补办公室将患者直补资金情况进行公示→直补办公室工作人员及时将患者出院信息送到县合管办，并定期将直补资金情况报县合管办→经县合管办复核公示→将回补资金拨付定点医疗机构。

四　生产

20 世纪四五十年代，长垌村的妇女都在家里生产。村里有一批产婆，她们中的一些人还能给村民看病，因此这群人也被称为医生。

有了身孕的妇女每天坚持下地干活，工作量并未减少，但也会不定期地到产婆家里做产检。所谓的产检，多是通过产婆听孕妇的叙述，然后凭经验断定胎儿是否健康。当

地人还有几种传统的方法判断腹中孩子的性别。一种方法是通过观察孕妇的肚子，若孕妇的肚子偏上或偏高，则认为是男孩；若孕妇的肚子偏下或偏低，则认为是女孩。还有一种方法则是看孕妇迈门槛时先跨哪只脚：若孕妇进门时先是左脚迈过门槛，则认为是男孩；若孕妇进门时先是右脚迈过门槛，则认为是女孩。临盆时间接近，孕妇开始全天在家待产。临产时，家人就会去请村里的接生婆来家中为产妇接生，产婆来帮忙接生时通常会带的工具有剪刀、酒精和手套。产婆接生是义务的，村民可以不用支付任何费用。产后坐月子，通常每天都要食用由 3 个鸡蛋、姜和糯米做的甜酒放在一起煮的补品，对孕妇恢复身体有很好的效果。同时，前面笔者提到当地专为妇女生产后沐浴的药水，这种药水通常是妇女在生产完后，洗 3 次即可，分别在生完当天洗一次，半个月的时候洗一次，满月的时候洗一次。妇女等到孩子满月了就开始下地干活，由于之前泡过了瑶族传统的药水，满月后妇女的身体就基本上可以恢复到怀孕前的状况了，这时再下地干活就不影响身体了。这种神奇的药水至今仍在使用。

如今，长垌村已没有产婆，妇女生产都去金秀县医院。随着医疗水平的发展和医疗设施的不断完善，村里的妇女怀孕期间都会定期到县里的医院去进行产检，临产时都会提前到县里医院住院待产。

第七章　节日

瑶族传统的保苗节、分龙节在当地茶山瑶中都不流行。相比之下，汉族的传统节日在当地节日中所占的比重更大，春节、端午节、中秋节等都是当地茶山瑶的节日。此外，当地的节日还有二月二、三月三、四月初八、社节、端午节、中元节、九月初九。最为隆重的节日是春节、三月三和中元节。茶山瑶历来重视对祖先的祭拜，春节、清明节和中元节同时也是其祭祖的重大节日，在这三个节日里，要杀猪、杀鸡、杀鸭等供奉祖先，给祖先上香。此外，二月二是为刚过世的人过的节日。

第一节　祭祖节日

一　春节

春节是茶山瑶最大的节日，家家户户杀猪、杀鸭，打“白糍粑”，做年糕，备足各种年货。茶山瑶过春节，从初一到十五，所有的人都休息，人人着盛装，尽情娱乐、唱歌、吹木叶，敲锣打鼓，热闹非凡。[①]

每到过年的时候，在外打工、学习的人都会回到村里。

① 《金秀大瑶山瑶族史》编纂委员会编《金秀大瑶山瑶族史》，广西民族出版社，2002，第73页。

人们从腊月二十七开始准备过年要用的东西。猪肉是茶山瑶过年必备的食物，过去一头猪能吃上一年。尽管现在生活好了，每天都能在街上买到新鲜猪肉，但许多家庭还是会养年猪。从腊月二十八开始，村里的杀猪声便不绝于耳。各家的年猪都是养了一整年的大肥猪，需要花上两天时间处理。除留下年三十晚上要做扣肉的五花肉以外，剩下的猪肉就切成条状，用盐和酒腌制做成腊肉挂在厨房的火炕上烘干，肥肉则用来榨取猪油。糯米粑粑也是茶山瑶过年时需准备的传统食品。将糯米蒸熟后舂碎，放进铺了蕉叶的簸箕里，蕉叶上还需抹点蜂蜜。随后，女人们手上也涂抹一层蜂蜡，防止糯米面团粘手。糯米面团被捏成小面团后，再用模具拍成饼状的粑粑。粑粑可以直接吃，也可以放置几天后在火炕上搭个铁架烧烤加热后再吃。糯米粑粑没有味道，许多人喜欢蘸着白糖吃，还可以蘸着辣椒吃。现在街上有现成的糯米粑粑买，过年过节时只需上街购买即可。

茶山瑶极为重视年三十晚上的祭祖，祭品主要有猪肉、白切鸡、白切鸭、扣肉和自酿的米酒，以及一些蔬菜、水果。祭祖由家里掌家男性给先人上香，家里某一成员（主要是老人）说上一句“一年到头啦，收成顺利啦，叫你们老人家回来吃一餐”之类的话。待祖先享用完酒食后，主人出门放上一挂鞭炮，之后一家人围坐在桌边享用年夜饭。

年三十晚上，村里有守岁的传统。一家人围着火炕一边吃糍粑、糖果和水果，一边聊天。午夜十二点一到，各家放鞭炮，之后就睡觉了。现在有些人会串门玩扑克。年初一大家都聚在家里，很少串门拜年，一些勤劳的人还会下田做工，但时间不长。年初二，村民开始到亲戚家串门拜年，大家会带一只活鸡（一般是阉鸡或者未生过鸡蛋的母鸡，拜年时忌讳带公鸡）、水果、糯米粑粑和鞭炮去拜年。到亲戚家后，先放鞭炮再进门。客人回家的时候，主家要回送腊肉和糯米粑粑。家里的长辈会给来拜年的小辈封红包，红包大小根据孩子和自己的亲疏关系来定，通常是5元或者是10元。如果小辈年纪较大，如20岁以上，红包会在50元左右。

过去，茶山瑶过春节的时候，会请家主给大家“料话”。所谓“料话”，就是以说唱的形式给大家讲讲过去。如今过春节时“料话”已经不是必须的内容。

正月十五，一些家庭还会做糯米粑粑，偶尔会有人做元宵，即把糯米搓成团，在里面放上白糖或者黄糖，或者什么都不放。过去在这天会吃猪腿，猪腿是年前杀猪的时候特意留下的。

二　二月二

二月二是茶山瑶给刚过世的家人过的节日。

若家里有人过世，会从当年的二月初二开始为其过五个节日（也有说做三个节日的），即当年的二月初二、七月初一，来年的二月初二和七月初一，以及第三年的二月初二。这五个节日相当于拜祭刚过世的人，过了第三年的二月初二就不再拜祭。之后就到年三十、清明和鬼节的时候作为先人一起拜祭。

在二月二这一天，主家会准备好大量的米、猪肉、酒、鸡、鸭等食物招待客人，客人带着腊肉或者是鸡鸭大清早就到主家帮忙。过去也会有人用袋子装上米，再用纸扎好禾苗送给主家，寓意过世的人在阴间也有粮食吃。在主家

给过世的亲人烧过香后，就开席。散席后，主人会在客人回家时将客人带来的肉、鸡、鸭等还一半给客人带走，以表感谢。

一般客人会在做第一个节日或是最后一个节日的时候带东西到主人家帮忙，其他的节日则是主家自己在家做。

三　三月三

三月三是清明节，为期半个月左右。其间，各家各户都会去给先人上坟烧香。

上坟用的供品有杀好的公鸡一只、猪肉、艾粑、水果、酒水等。上坟时，要先清理坟边的杂草，之后摆上祭祖的供品。除上香外，还要“插柳”，即把树枝和剪好的纸绑在一起插在坟边。上坟完毕，供品可带回家。到家后，先到祖先牌位处上香，再在门边插上香。

三月三除了要吃糯米粑粑外，还要吃艾粑。艾粑的做法是把从山上采回的艾草用沸水煮开，放入碱水，使其柔软，易于捣碎，之后就将其放入冷水中除味，等水变成绿色后再把糯米泡入水中，染成绿色后蒸成艾粑。做好后用芭蕉叶或其他叶子包好，既可用于祭祖，也可自家食用。

四　中元节

过去茶山瑶过中元节，会户户挂写着祖先名字的“目莲榜”，买些冥钱、香、猪肉和鸡、鸭作为祭品，在家祭祖。农历七月初七早上迎接已故的祖先回家，每日设贡品祭祀，直到七月十四晚上烧纸服、纸钱送祖先离家为止。家有死亡未满 3 年的祖先，在七月初一先“接回”供祭，同样也要过节。七月二十他们认为已故的祖先又要“回家”，于是又杀鸡鸭供祭。[①]

如今，中元节仍是当地茶山瑶重要的祭祖节日之一，主要的仪式也与过去无异。在七月初七晚上会给过世的先人做节日，到了七月十三这天把糯米粑粑做好，留待七月十四吃。七月十四早上各家准备好米饭、酒、鸡、鸭，“邀请”过世的先人吃饭。用于祭祖的米酒，过去是各家自行酿制，现在多是在街上买。

长垌屯的李玉桂老人说，以前他们是早上送先人们回家，现在则是晚上准备好米饭、鸡、鸭、肉、酒等请先人吃。待祖先们享用过晚饭后，各家到河边烧香、放鞭炮，将备好的纸衣、纸钱烧掉，用塑料袋（过去用芭蕉叶）包好放到河里，寓意送祖先们回家。

也有一种说法是，七月十四要把所有的鸭杀掉。据李佩英老人说，七月十四所杀的鸭，一部分用于祭拜祖先，另一部分则用于孝敬家中长辈，以表孝心。

第二节　其他节日

一　社节

社节，也称“吃社”，是瑶族集体祭社的节日。每年的农历二月是祭社的时间。每个屯里按照姓氏分为几个组进行祭社，过去受生活条件的限制，每组杀一头猪到社王庙祭社。每家派当家人（全为男性）参加祭社，先听社老“料话”，再进行集体聚餐，之后再分猪肉带回家。

---

① 《金秀大瑶山瑶族史》编纂委员会编《金秀大瑶山瑶族史》，广西民族出版社，2002，第74页。

二　四月初八——牛生日

四月初八这一天，据说是牛的生日，长垌村茶山瑶要做一种叫作“黑饭”的食物。将枫树叶捣碎后的汁液加一定比例的水混合，加入糯米浸泡。待糯米充分浸泡后就呈黑色，蒸熟就是“黑饭”。长垌二队队长李庆说这种“黑饭”是老人传下来的，据说有医学上的作用，既有益人体，又能杀死小孩肚中的蛔虫。关于“黑饭”的来历，在长垌屯里流传着这样的传说①：

从前，有个人上山砍柴，正在他砍好几捆柴的时候，遇上一只准备出山觅食的大老虎。饥肠辘辘的老虎见到砍柴人立即打起所有的精神，猛地扑过去。砍柴人本能地将手上的柴丢向老虎，拿起砍刀与老虎搏斗。他灵巧地躲过老虎的第一次攻击，老虎要把砍柴人当成自己的晚餐生吞活剥。只见那只老虎在砍柴人躲过它第一轮攻击后，绷紧了身子，发出饥饿的低鸣，在砍柴人反应过来之前又一次扑向他，尖利的虎牙在砍柴人的手臂上留下一道血痕。砍柴人随即发出一声惨叫。他紧紧握着手上的砍刀，小心地向老虎挪动，准备给老虎致命的一击。

浓烈的血腥味刺激了饥饿的老虎，仿佛看到了丰盛的晚餐，它灵活地扑向砍柴人，张口便咬，与此同时，砍柴人的砍刀也“唰”地砍向老虎。顿时血光飞溅，砍柴人的呻吟，老虎的哀号交织在一起。突然，

① 传说由长垌屯陶玉华口述，杨静整理。

砍柴人觉得腹部一痛，低眼一看，老虎的利爪深深地划破了他的腹部。鲜血从他的腹部喷出，飞溅到老虎的脸上，染红了周围的土地。砍柴人被老虎用前爪死死地按在地上。就在老虎张开血盆大口，准备享受它的晚餐时，一碗“黑饭”“砰”的一声打在老虎的头上。老虎低吼一声，瞬间离开了砍柴人的身体，转身朝密林深处跑去。

原来是一个道公正好路过，见到砍柴人命在旦夕，赶忙用法术做了一碗“黑饭”投向老虎。道公扶起躺在地上的砍柴人，作法给他把伤口处理好。砍柴人激动地感谢道公的救命之恩，并一再邀请道公到家里做客。道公微微一笑，说：“我常年云游四方，居无定所，也不必去了。这山上老虎多，你们常上山砍柴，很是危险。这样吧，我把这‘黑饭’的做法教给你。你在山上采集枫叶，把枫叶捣碎泡水，然后用这水来蒸饭吃，你把这方法教给大家，告诉他们每到四月初八做这‘黑饭’，以后上山就不怕老虎了。”

砍柴人回到村里，把从道公那里学来的“黑饭”教给村民。从此以后，村民每到四月初八就做“黑饭”，上山砍柴后再也没有被老虎袭击过。

三　端午节

五月初五是端午节。茶山瑶受到汉族影响，端午节的过法与汉族大致相同。这一天，家家户户会包粽子，但里面不放馅料。此外，家中大人还会找一种草药回来，与糯

米一起和好，做成糯米粑粑给小孩吃，据说小孩吃了以后就可以打蛔虫。

四　九月初九

过去茶山瑶老人在这一天要到田里割几棵禾苗，带回家后放入仓库，寓意家中五谷丰登，企盼来年是个丰收年。

附录一　长垌村经济社会发展对策与建议

罗柳宁

通过对长垌村的经济社会文化发展状况的总体考察，我们发现瑶族依旧延续和传承着传统的生活和文化模式，在生产方式的探索和转换上已经做好了一定的心理准备，在民族交往上已经能够逐步摆脱自我封闭的处境。这种变迁的步伐比较缓慢，尽管这有助于瑶族保存自身的文化，但也从另一个角度反映出其民族自信心不足。在仔细考量权衡各种措施实施的基础、实施的条件、实施的时机后，我们提出以下对策思路，期待引发相关部门进一步的思考。

一　加强扶贫攻坚的持续投入

长垌乡的其他村屯，如桂田村和三合屯，已在乡政府一些扶贫项目资助下，因地制宜，大力发展茶叶种植和养殖业，取得较好效果。长垌乡在认真落实好中央各项支农、惠农政策，保证中央对农民的直接补贴落实到位的同时，应该努力增强农民种粮的积极性，保障社会稳定和持续增加农民收入，加快公共服务向农村覆盖的步伐，逐渐缩小城镇和村屯的差距。为了加快新型农业社会化服务体系建

设，必须加大农业科技投入，加强农业科技创新成果推广和服务能力建设。加快推进特色农业规模化、产业化发展，积极引导群众调整林种结构，依托龙头企业，引导农民向中草药种植发展，探索一条林间套种药材的路子。

在长垌乡，必须抓好八角、茶叶、绞股蓝、石崖茶、中草药、灵香草、竹笋、香菇等一批土特产品的种植、低改及茶叶精深加工。发挥长垌村周围优势村庄的典型示范作用，将其优势产业向周围村庄推广。如三合屯森林有机茶和瑶医、瑶药种植示范基地建设，引导三合茶厂向生产高端茶发展，并以三合茶叶生产基地为中心，向周边村屯推广有机茶生产。

二　瑶族丧葬制度的改革

在长垌村，各自然屯都有自己的山头，盘瑶实行（三角一、二屯的山子瑶也基本相同）土葬及捡骨放金坛再择地埋葬（跟壮族的二次葬做法一样）的方法。茶山瑶则在自留地上把棺材放置地面，用竹枝在棺材两边搭架，盖上油纸或薄膜，露天放置四五年才捡骨放金坛再择地埋葬，而原来的棺材就直接在原地放置。长垌一、二屯的田地就在龙庞屯新址旁边，那里有 40 多副空棺材，还有四五副没有捡骨，最近的空棺距离龙庞屯新址最近的人家只有 10 米远，离他们的水田 5 米远。龙庞屯新址上的农户已经禁止长垌一、二屯再抬棺材放置在这里。

对于长垌一、二屯的做法，龙庞屯的农户意见较大，说是太不卫生。村民说，下大雨时，看到山上的水冲刷下来，连同棺材里的尸水一起冲到自家的水田里，很是恐怖。现在草长长了，掩盖了一些，原来新棺材在最初放置时，臭气熏天惹来无数苍蝇，让人恶心。草长得茂盛的地方，还有人在抓竹鼠时不小心踩破空棺材板。以前长垌屯有人出车祸死了，不能放在集中的坟地，就直接摆放在如今龙庞屯村口离变电站十几米的田地旁，搞得晚上经过的村民个个觉得脊背冷飕飕的。现在新村外的一大片田地，是新村屯、古方屯、长垌屯的，田地对面的河滩就集中放置这3个屯的棺材，肉眼就能直接看到。

村委认为，现在各地都在进行新农村建设，茶山瑶丧葬的旧习俗应该改一改，死人不应与活人争地，应该利用村里的公共经费，花2万元左右买下一块鲜有人去的山岭或荒地，把全村过世的人都集中安葬在那里，而且一定要用土埋的方式，而不应该将棺材直接暴露在地面上。现在长垌屯、三角屯、古方屯、龙庞屯、新村屯的村民也觉得葬俗应该趁着新农村建设而有所改变，但是六架屯、面北屯、瓦瑶屯、中村屯这4个自然屯的村民不同意该方案，因为他们有自己固定的坟山，再说这个坡地离他们的住处太远，将棺材抬到集中的地方过于耗费力气。

2010年1月20日长垌一屯有一位老人去世，家属还是按照茶山瑶丧葬的老规矩放置在龙庞屯新址旁自家农田的地面上，引起盘瑶群众不满。随着社会主义新农村建设的开展，在丧葬问题上，各支系之间的矛盾日益凸显，希望相关部门能密切关注这一点，不应该以“风俗是否要改，本族人说了才算”将事情推得一干二净，导致纠纷的发生。

三　继续改革新石牌组织，修改新石牌条款

新石牌是民族文化的传承，在内容上具有很强的地方性，当地政府应该积极改造其内容上与国家正式法规不一

致的地方，并不断发挥其在协调农村社区人际关系上的重要作用。石牌组织应充分利用当地资源，组织协调村里各项事业的发展。

因为石牌组织成员本身就是当地的村民，他们熟悉当地的情况，与其他村民关系密切，从而便于沟通信息，也容易得到村民的信任。因此，石牌组织在带动、安排村民进行道路、桥梁、人畜饮水、农田灌溉等公共设施的建设上，将会是最好的组织者和协调者。把石牌组织当作农村基层宣讲社会主义民族法制建设的载体和课堂，通过石牌头人定期的“料话”对社区成员进行法律知识的宣讲和普及，促进国家法规与民间法规的结合。可以利用石牌组织的具体行动，改变群众“等、靠、要”的思想，推动产业结构调整和各种养项目的探索和尝试。

附录二　广西农村种养经济的困境与出路专题报告

于玉慧

长垌村共辖 9 个自然屯。2009 年村中共有 282 户，1032 人；有水田 512 亩，旱地 492 亩，山地 9804 亩，总合计有田地 10808 亩。

长垌村田地信息表

单位：亩

	水　田	旱　地	山　地
户均数	1.82	1.74	34.77
人均数	0.50	0.48	9.50
总　数	512	492	9804

长垌村人口稀少，群山环绕，交通状况糟糕，2010 年 5 月金秀至平南二级公路的开通才稍微改善了长垌村的交通状况。这样一个基本“原始”的村庄，其农业可以说是广西农业发展的一个缩影，很有代表性。

一　长垌村的种养经济

种养经济的发展应考虑三个层面：第一，所处地本身

所拥有的资源，比如自然环境、土地资源、劳动力、技术等，是否为农业发展提供了天然的有利条件；第二，市场层面，即市场载体、市场主体是否为农业发展提供了有利条件；第三，体制层面，即政府对基础设施的建设和种植项目的引导、培训和销售等的工作，是不是为农业的发展提供了方便。

（一）长垌村的农业发展现状

这里的农业发展主要包括农作物的种植、经济作物的种植以及动物的养殖三类。长垌村的农业发展因受地形的影响主要表现在经济作物的种植上，所以种植经济是这三类中分析的重点。

1. 农作物的种植与收割

当地村民的主食是大米，长垌村村民一年仅种一季稻，以满足自家一年的口粮为准。旱地主要种植的作物有玉米、花生、红薯、木薯等，这些作物的种植主要是自己食用或者是做家禽和猪的饲料。由长垌村“八山一水一分田”的地理状况可知，农作物的种植并不是村民主要的经济来源。并且近十年，民工潮的出现对长垌村的影响不容小觑，村里几乎看不到青壮年劳动力，只剩下中老年人，村民们要么因为年老无力顾及田地，要么因为忙于林地而没有时间管理水田和旱地。再加上水田和旱地的面积少，经济收入少，所以村民对农作物的种植并不上心。

农户春耕时普遍使用的农业机械工具是“小金牛”，一台“小金牛”需要3000多块钱，少部分人家自有一台，大部分是2~3户凑份合买。部分居住在山岭的自然屯养有马匹，六架屯、面北屯、瓦窑屯还有中村屯部分农户还利用马匹来驮物或犁田。长垌村因为地形复杂以及人均水田少，拖拉机、耕整机、排灌机、收割机等农业机械在长垌村拥有量较少。

2. 长垌村种养经济概况

长垌村四面环山，山地面积9804亩，是水田和旱地面积总和的10倍左右。所以，山地经济作物的种植对长垌村的总体收入来说影响很大。村民主要种植的经济作物有杉木和八角，间种甜茶。长垌村的养殖经济主要以家养或放养的方式，养殖种类主要有猪、马、鸡和鸭等。长垌村大部分村民家里都养猪，村里仅有一两家养猪规模在二三十头，例如黄金明家。之所以养猪规模大，是因为自己家开了个酿酒厂，引以用酒糟作猪饲料。长垌村家家均养鸡、鸭。

根据长垌村村委会2006～2009年对本村猪、马、鸡每年的年末出栏总数和年末存栏的统计资料，再经过计算，我们可以得出下表。

长垌村养殖经济的出栏和存栏情况表

类型 / 年份	猪（头）		马（匹）		鸡（只）	
	年总出栏	户均	年末存栏	户均	年末存栏	户均
2006	766	2.72	40	0.14	3300	11.70
2007	726	2.57	41	0.15	3621	12.84
2008	292	1.04	40	0.14	3588	12.72
2009	263	0.93	35	0.12	2124	7.53

注：①猪和鸡主要用来食用，故只算年总出栏，而马只做劳动力，故只算年末存栏。

②对于鸭的出栏或存栏数，村委会没资料可查，但不影响总体分析。

（二）政府引导下的长垌村的种养经济

我国已确立市场经济体制，市场要稳定有序的发展离不开国家和政府的宏观调控，农村种养经济的快速并成规模的发展也离不开政府的支持。那么政府导向的种养经济在长垌村有哪些表现？其导致的结果有哪些？为什么会导致这样的结果？就这几个问题笔者走访了长垌乡专门负责农业的黄副乡长和部分村民。通过调研发现，地方政府导向与种养经济的发展目前尚存在诸多问题。

1. 政府导向的种养经济

在走访的过程中，笔者从部分村民中了解到自从分田到户以后，政府主要对长垌村的种植经济进行了引导。20世纪八九十年代政府先后号召村民统一种植王擘皮（音译）和衫银（音译）；2000年左右号召村民种植油菜；2002年号召村民等水稻收割后，在田里种植白萝卜。这几次号召村民多多少少有响应，但等成熟后，村民苦无销路。最近一次是在2010年年初，长垌乡政府和长垌村村委要在长垌村设置一个马铃薯试验点，号召村民种植马铃薯，但遭到不少村民的强烈反对。一次又一次号召的背后是市场价格较低和没有销路的无奈。

2. 村民对政府导向的种养经济的态度

以前政府导向的种养经济产生的不好结果，导致农民对当地政府失去了信任。当被问到“如果政府想在长垌村再搞一个试验点，号召村民同一种植的时候，你的态度怎么样”的时候，村民要么持观望态度，要么直接否定。笔者在访谈中收集了一些个案资料，体现了农民对政府导向的种养经济的态度。

访谈 1

女　55 岁　陶女士

……我们这边响应政府号召种植的，没有一次是成功的。政府号召之下，我们种植了以后，销售的问题就全靠我们自己，那种植又有什么用？那我们还不如种杉树，等个 20 年左右也可以赚钱。

那如果政府负责收购呢？

……收？政府是不会收的，政府的后续工作永远都做不好……

访谈 2

男　40 岁左右　桃卫民

……对于政府统一号召种什么，我可能响应也可能不响应，那要看种什么，有没有收益，政府能不能提供帮助，最重要的是要有人来收购。前几年政府让我们等稻子收割完后种白萝卜，我没种，有很多人种了，结果没地方卖，自己就腌萝卜干吃或者干脆不管它，烂在了田里……

访谈 3

女　50 岁左右　庞燕玲

……以前他（指老公）是村主任的时候，政府号召啥就种啥，村主任要不起带头作用，谁愿意种啊。现在就先看大家了，大家都种的话我可能也种，（但是）一定要能销出去。现在就算是想种，也没地了……

由这些访谈可知，农民对政府的种植导向因为以前的

失败而抱有怀疑态度。最重要的原因就是村民响应政府号召种植了某种经济作物后，没有销路，而且价格也不高。

3. 政府对政府导向的种养经济的解释

关于政府导向的种养经济的结果，长垌乡负责农业的黄副乡长认为这一措施的意愿原本是好的，但结果往往不如意，无论是对政府还是村民都造成了不好的影响。对于2010年年初在长垌村种植马铃薯遭拒的原因，他认为有以下几点：首先就是村民的觉悟不够高，这是最重要的，村民总觉得这是政府在搞形象工程，而非实实在在地为村民致富着想；其次，村民的“等、靠、要”思想严重，村民所有一切都要政府安排妥当，乡政府的精力和财力可能难以顾及；最后，村民因为前几次政府导向种植经济作物的结果，不敢再贸然尝试。当问及村民最关心的销售问题怎么解决时，黄副乡长认为乡里只负责组织、发动村民种植，而销售不由乡政府负责，这应该由县政府农业部门负责。

二　广西农村种养经济的困境

由上面对长垌村种养经济的大致描述，我们可以看出广西农村种养经济存在很多问题。

（一）农业经营环境差，基础设施落后

自然条件的限制。人类社会的任何行为都发生在一定的时空背景下，处于一定的自然环境之中，环境因素对农村经济的发展影响较大。长垌村处于群山之间，使得当地气温较低，再加上山多地少，所以农民收入主要靠经济作物的种植，而这些经济作物的选择必须与当地气候相适应，

比如八角和杉木，都喜欢湿润、温暖和多雨的地区，这在成为当地一个特色的同时，对其他经济作物的种植有很大的限制。村民们除了八角，就是杉木，除了杉木就是甜茶，而且甜茶大多是间种。八角结果需要7年时间，杉木成材则需要20年左右，短期经济效益不明显。

基础设施的限制。农村基础设施建设，对发展农村经济，提高农业综合生产能力，促进农民收入增加，具有重要的支撑作用。在基础设施中，道路、水利和人畜饮用水、电力以及能源等方面的建设对于农村经济的发展尤为重要。在长垌村，最突出的表现就是交通设施的落后，长垌村各个屯面积小，而且屯与屯之间距离较远，除了长垌屯和龙庞屯因为紧邻长垌乡交通稍微便利外，其他屯以及屯与屯间不通公路，道路崎岖不平。

生产力的落后尤其表现在劳动工具的简陋上。水田劳作靠“小金牛”，而且“小金牛”也不是家家都有，更别提拖拉机、耕整机、排灌机、收割机等农业机械了。旱地劳作和经济作物的采摘基本靠人工。当然，这些也是受地势和地形的影响。

（二）经济作物品种单一与田地稀少的矛盾

长垌村种植经济的类型，主要有八角、杉木和甜茶，品种较单一。这三种选择除了受自然条件的限制不得不种植外，还有个更为重要的原因就是田地稀少。由“长垌村田地信息表”可知，村民人均水田和旱地各为0.5亩和0.48亩，户均分别是1.82亩和1.74亩，而作为长垌村之最的山地，人均9.50亩，户均34.77亩，每户田地总和是38.33亩。作为长垌村经济收入支柱的八角和杉木占地面积

比较大，每亩八角种50株才能保证最佳收入。品种选择的多元化与田地稀少的状况使得村民陷入了两难境地：想要空地发展别的项目就要砍掉八角或卖掉杉木。这是一个巨大的心理挑战，主要有三个表现。

首先，观念保守，安于现状。长垌村自分田到户以来，农民就开始种植八角和杉木，至今已有二三十年。农民已经习惯了这样的种植模式。如笔者问一位村民："你为什么选择种八角？"他回答："我种八角都种了20多年了，不种八角种什么呀，八角开始结果后，年年都有收入。"可见，年年都有收入使得他们安于现状。

其次，农民承受风险的能力较低或者说没有。他们不知道砍掉种植了二三十年的这些经济作物，种植别的经济作物，是不是一定能获得更高的经济效益，甚至说是与原来经济作物相当的效益也不一定能保障。这种心理的存在，说明农民几乎没有承受风险的能力，所以倾向于保持不变。

最后，没有技术支持。二三十年八角等经济作物的种植，为农民积累了丰富的经验。换成别的作物，农民因不懂技术而不敢尝试。

（三）低加工率，低组织化，低规模

如前所述，长垌村的生产基本处于"半原始农业状态"，即处于半自产自销、自给自足状态。农作物的种植是为了满足自己以及牲畜的口粮。牲畜的养殖也是作为自己家逢年过节之用，而八角等经济作物的种植是为贩卖，赚取少量经济效益。所以说长垌村处于"半原始农业状态"。据了解，长垌村只有两个茶叶加工厂，但规模较小。这种"半原始农业状态"的生产模式，又怎么会有高加工率？没

有高的加工率，长垌村的农民只能处于收入的最低端。

长垌村的种养经济规模小。长垌村无论是经济作物的种植还是动物的养殖，都是一家一户的分散经营模式。作为长垌村经济支柱的经济作物的种植并没有形成规模，村民各自打理好自己的田地，莫管他人家。至于养殖业，由“长垌村养殖经济的出栏和存栏情况表”可知，每家也就养殖 2～3 头猪，马的数量平均每户 0.14 头左右。鸡的养殖数量是村里最大的，但只计算了年末的存栏量，出栏量因为没有数据所以没有统计，但可以看到规模也不是特别大。这种农业经营的零碎化意味着：单个农户的市场谈判的能力较弱，其他经济主体很容易在与农户交易中形成市场定价优势。在长垌村尤为这样，村民与下来收购的老板之间几乎没有谈判的优势，而且村民的出售价格不一。综合来看，分散的农户可以通过自发性合作形成“集体行动”，从而借助组织力量增强谈判能力并实现较大的经济利益。但从现实来看，我国农业经营的组织化程度仍然不高，农民难以通过组织力量来节约交易成本、分散经营风险、发现未来价格。

（四）政府导向的需要与矛盾

在农村，农民要想增收致富，不依靠政府的力量而仅仅凭借自己有限的生产要素和对市场规律的认识是不太容易实现的。村民整体经济水平的提高必须依靠政府发挥其重要的扶持、引导、协调和服务作用。政府导向的种养经济就是一个很好的帮扶工程，但这种帮扶工程对村民的作用往往不那么尽如人意，甚至产生了反作用。

如前所述，长垌村自分田到户以后，政府的帮扶工程

就一直在继续，但每次都以失败告终，而失败的原因村民和当地政府的解释是不同的。村民认为主要是因为政府的销路问题没有解决好；政府认为主要是因为农民思想落后，希望政府大包大揽一切，这是不现实的。由此，双方之间产生矛盾。村民不再相信政府的帮扶工程，甚至对当地政府失去了信心；政府则对他们放任自流，不管不问。

三　结论与建议

（一）加大基础设施建设

基础设施作为发展农村经济的基础，由于其具有公共产品属性和正外部性，在市场经济条件下，完全依赖市场提供难以满足农民的需求，因此其应是政府财政投入的重点之一。基础设施不仅包括公路、铁路、机场、通信、水电煤气等公共设施，即俗称的基础建设，而且包括教育、科技、医疗卫生、体育、文化等社会事业即“社会性基础设施”。针对种养经济，政府应主要做好公路的建设和科学技术的传播。俗话说：“要想富，先修路。”这对广西农村的发展来说更是金玉良言。广西的不少村庄像长垌村一样自然条件恶劣，远离交通干线，这给农民增收致富带来了巨大的阻碍。广西未来的农村发展，公路建设必须放在重要地位。交通条件的改善不仅方便了农村居民的出行，更重要的是对农村经济发展起到重要的推动作用。

农业信息的传播和农业技术的推广对推动现代农业的发展有着重要的意义，国家应注重对农村信息服务体系的建设和农业技术的推广。对此，政府可以建设专门的农业信息和技术推广中心，但是不能只是流于形式。据笔者了解，长垌乡政府和长垌村村委也会组织村民举办一些培训活动，但相当一部分村民对此并不关心，甚至都不知晓。即使参加过的村民也抱怨说培训只是发一个“没用的小本本”而已，并没有什么实质性的内容。培训应该增强明确性和实效性，只有这样，才能发挥其真正的作用。

（二）保护田地，发展特色经济

在调研的过程中，笔者不断从村民口中听到类似田地不多的话语。长垌村土地少的主要原因有以下三个：一是自然环境造就的，长垌村位于大瑶山，四面环山，山多，地少；二是因为随着长垌村近几年城镇化步伐的加快和新增人口不断增多，建设用地和宅基地挤占了不少的田地；三是因为山体滑坡等自然灾害频发，毁了大量的农田，但现在山体滑坡除了暴雨等自然原因外，乱砍滥伐等越来越成了主要原因。田地稀少，除了因为自然条件没法改变外，后两点通过农民和政府的努力是可以改变的。就土地管理制度而言，必须坚持严格的耕地保护制度，实施严格的节约用地制度。

发展特色经济是一种极具生命力的经济发展模式。在激烈的市场竞争中，有特色才有竞争力。在广西发展特色经济极具天然条件，特别是对旅游经济的开发。就长垌村而言，仅仅靠山吃山是不能走上致富之路的，因为山地稀少，要发展其他经济作为农户又不愿意冒风险。长垌村可以大力发展旅游经济，这里是瑶族聚居地，很有民族特色，而且四面环山，空气清新，夏季是避暑胜地，圣堂山景色优美，近几年吸引了越来越多的游客。另外，也可以发展绿色蔬菜，把村民的闲置水田和旱地利用起来，发展绿色

无公害蔬菜种植。

（三）组织方式的创新

经济组织制度建设在农业基本经营制度建设中处于基础性地位。农业组织方式创新应从三个层面展开：一是农户经营规模，必须通过土地制度的完善和政府的帮扶，发展适度规模经营，促进以小规模农户为主的格局，向以种养大户、家庭农场、农业企业为主的格局转变；二是农户相互关系，鼓励农民经济合作组织的开展，按照“农有、农治、农享”原则推动自发性经济组织的发展，帮助农户化解集体行动中的“参与约束”和“激励相容约束”问题；三是农户进入市场，打破农业生产资料和农产品加工流通领域的进入壁垒，引导农户在规模化、组织化的基础上走产业化道路，提高产品的加工率，使其生产从产中向产前和产后及其他相关环节延伸。

（四）政府和农户观念的转变

政府针对帮扶的种养经济，帮助农民应对市场的风险。农产品供求关系的改变，使农业生产的发展越来越受到市场需求的制约，今年看好的项目，也许明年市场行情变差，所以，政府要抓好市场体系建设，特别是大力发展多种形式的购销组织。

农户是独立的市场主体，也应是自主创业增收的主体。增加农民收入，不仅要“多予少取”，更要做好“激活”的文章。“激活”内容包括两方面。第一，激活“勤劳致富”的观念，村民过着“只求温饱，不求小康”的生活，这样的话，要想富裕，确实是不太可能的。第二，农民朋友，特别是贫困山区的农民，由于封闭、落后，想致富又怕担风险，这就要“激活”农户的“风险意识”，要让他们认识到，在市场经济的今天，要想创收致富是要承担一定的风险的。

总之，广西与中部和东部其他省份相比还有很长的一段路要走，特别是农村经济发展滞后。要想赶上甚至超过别的地方，就必须认清自己的问题所在，对症下药。

附录三　长垌屯茶山瑶文化变迁调查研究

杨　静

变迁是所有文化的特征之一，文化变迁是所有文化的特点之一，也是人类学文化研究的重要课题。所谓文化变迁，正如伍兹《文化变迁》中译本序言作者吴奈所说，“一般说来，文化变迁指文化内容和形式、功能与结构乃至于任何文化事象或文化特质，因内部发展或外部刺激所发生的一切改变”，“通常情况下，文化变迁多是缓慢积累以至临界质变的，但在特定背景下，也可能会发生剧烈迅速的变动”。①

广西壮族自治区金秀县长垌乡长垌村长垌屯的茶山瑶自进入大瑶山后，不断繁衍发展，在文化方面都发生了不少的变化。

一　情况简介

随着时间的推移，长垌村的茶山瑶文化发生了显著变

① 克莱德·M. 伍兹：《文化变迁》，何瑞福译，河北人民出版社，1989，第4页。

化，主要表现为新文化的衍生和旧文化的消失及演变。将其文化视为一个系统，则可以大致分为物质文化和非物质文化两个子系统。当地文化变迁正是在这两个子系统中发生。

二　长垌文化变迁

物质文化是一个民族文化体系中的表层结构（也称之为物态文化或显形文化），在与异质文化交流时，最容易接受其影响，也最容易表现出来，为人们的视觉所感受。有时是把异质文化中的某些特质吸收进来，和原有的文化特质结合成新的文化特质；有时则经过一定时期的发展，新的文化特质逐渐替代了旧的文化特质；有时则完全融合于异质文化之中。[①] 物质文化的变迁主要由社会环境和自然环境的变化所引起。社会环境包括人、文化和社会，即人与人的关系，以及由此而形成的文化碰撞、同化和社会变化。自然环境则包括自然的或是人造的。对物质文化的影响主要体现在人居住环境的改变，使得其生产方式、生活方式等发生各种变化。

非物质文化和物质文化相对，是人类在历史过程中所创造的精神文化，如自然科学、艺术、宗教、文字、语言、器具、风俗、道德、法律等。如果说物质文化是人类文化的表层结构，那非物质文化就是人类文化的深层结构，它展现的是一个民族传承的历史和依托，凝聚了一个民族文化的精华和历史的沉淀。相比于物质文化在社会、环境中

---

① 秦海燕：《文化人类学视野中的盘家瑶族文化变迁》，《河池学院学报》2005 年第 4 期。

的快速变迁，非物质文化的变迁速度相对较慢。但在和他族的接触中，受到他族文化的影响，本民族的非物质文化也会发生变迁，甚至消失。

（一）物质文化的变迁

长垌茶山瑶的物质文化变迁主要表现在衣、食、住几个方面。

1. 民族传统服饰开始失而复得，日常生活服饰为汉服所取代

服饰为人类社会最早的物质文化的表现形式之一，是一个民族的形象最为突出和直观的代表。同时，服饰也是民族文化中最为革命和活跃的一个元素，民族文化的变迁往往就是从服饰的变化开始的。服饰是随着社会环境和自然环境的变化而变化的，同时也会受到周边民族服饰的影响而发生变化。

茶山瑶的传统服装用青色、蓝色土布制作。男子服装上衣为对襟无领长袖衣，下着同色系长裤，腰部绑以腰带。衣襟的颈部至胸前绣有红色纹饰，纹饰为几何图案，多为十字绣法。袖口处绣有同样的纹饰。茶山瑶男子以白布包头，白布上绣有与衣襟处相同的纹饰。

女子服装为无扣右花边，穿时以右襟压左襟，用腰带系稳，有的还在腰带和衣服中间绑一个小围裙。下着同色系的长裤，过膝，另有脚套，方便做工。女子服装在领口、袖口、胸襟、腰带，以及脚套绳饰以色彩斑斓的挑花、刺绣，腰带和脚套绳上有珠子。茶山瑶女子的头饰分为两种，用以区别未婚和已婚。一种以红布裹成帽状，帽边饰以刺绣、彩珠等，帽上饰有弧形银版[①]，为已婚妇女的头饰。未婚少女的头饰与前者大致相同，只是将弧形银版改为平形银版。过去，女子着盛装时需戴耳环、银项圈（5个）、棱形龙头银手镯、戒指。戒指一副3个，同戴在中指上，里、外边者为细圈形，居中者为扁形。如今都已经失传。

如今，长垌村茶山瑶日常打扮与汉族无异，发式、穿着已无茶山瑶特色，日趋时髦、新潮，已不见穿着传统服饰的男女。笔者在冬季进入长垌村调研，在街上随处可见穿着大衣、羽绒衣、棉裤等现代服装的村民。这表明长垌村的茶山瑶已日趋与汉族一致。

笔者同样关注到，虽然茶山瑶的传统服饰有较长一段时间消失在村民们的日常生活中，但如今在长垌的茶山瑶几乎每家都会请人做一套传统服饰（多为女装），作为节日或喜庆时的穿着。有些中老年人外出旅游时，也喜欢带上自己的传统服饰。可见，相较于过去，传统服饰又重新开始获得当地茶山瑶的重视。

2. 已无民族特色饮食，日常饮食与汉族相似

一个民族的饮食习惯，往往与其所处的环境、社会有关，也和个人的喜好有关。从一个民族的饮食习惯，我们可以探求这个民族的发展足迹、生活习惯等。和服饰一样，饮食习惯也会在与异族的接触和碰撞中出现变化。随着汉族、壮族通过各种方式不断进入长垌村定居，以及本地的茶山瑶青年男女走出大瑶山打工，当地茶山瑶的饮食习惯已融入大量汉族的元素。如嗜酸食、辣食，好饮酒的习惯

---

① 弧形银版：用三块长约40厘米、宽约7厘米，重1～1.4斤的银板弯成弧形。如今多用铝板。

已经淡化，日常饮食与汉族无异，以大米为主食，好吃粉。过去逢年过节，家家户户要杀猪，做腊肉、腊肠，做糯米粑粑。如今在长垌街上随时都可以买到新鲜的猪肉和已经做好的糯米粑粑。

3. 建房材料发生变化，屋内陈设日趋时尚

过去，长垌村的茶山瑶住房以泥房为主，外墙均以黄泥为原料，三角屋顶铺以瓦片，屋顶留有几片空处铺“亮瓦”（玻璃），用以采光。正面墙外用木头搭制出一个与墙面平行的简易走廊，可以堆放农具等。门、窗皆以木为原料制成，门上除把手外，另用一根小木棍或绳索横拴把手，形成老式的门闩。门前有一平整的石台阶，台阶上可堆放柴火、晒八角等。有些屋子门前还有一个小院落。屋内格局分明，进门为正厅，抬头即可看见屋顶，两旁为耳房。如今虽有一部分茶山瑶仍居住在泥房中（以长垌一屯、二屯为主），但在古方屯和长垌街上居住的茶山瑶多住砖房。屋内格局与泥房相似，中间为正厅，两旁为耳房。但建筑材料已经从原来的黄泥、木头变为水泥、砖块等。无论是泥房还是砖房，屋内的陈设都发生了变化。电视机等家用电器已经普及，有些人家里还有电脑。过去在地上挖个坑烧柴的火塘虽仍存在，但不少家庭已经使用火盆烧木炭，有些人家已经有暖风机。

（二）非物质文化的变迁

随着时代的发展，长垌村茶山瑶除了在物质文化方面不断汉化外，在非物质文化方面也不得不面对汉化的挑战。

1. 通用普通话和桂柳话

长垌村茶山瑶操拉珈语，属汉藏语系壮侗语族侗水语支。拉珈语仍是本地茶山瑶使用的第一语言，虽然大部分人能在不同程度上熟练使用桂柳话。中青年人能基本使用普通话。

茶山瑶支系内交谈时使用拉珈语。在和其他支系交谈时，若懂得其所使用的语言，就以此交流；若语言不通，则用桂柳话交流；遇到汉族、壮族，则使用桂柳话。如今，村中的小孩普遍学习普通话。村中上了年纪的老人多使用拉珈语和桂柳话，较少老人懂得普通话。中年人能够使用拉珈语、桂柳话和普通话，青年人多使用桂柳话和普通话，小孩子日常则以普通话为主。

2. 石牌制荡然无存，现代社会政治组织成“领头羊”

过去，瑶族的社会组织中以瑶老制和石牌制为主，这两种民间组织形式的存在，保证了瑶族的生存，促进了瑶族的发展。同时，在面对共同的敌人时，石牌制又起到了凝聚各支系力量的作用。石牌头人是“石牌律”法的制定者和执行者。

过去，在当地茶山瑶中，瑶王和社老在生产生活中起着极为重要的作用。如瑶王要安排生产、维持当地秩序，社老要主持祭社活动。随着社会的发展，瑶王和社老逐渐淡出茶山瑶的生产生活，如今在社会政治生活中起主导作用的是乡村基层政治组织。

3. 婚姻制度出现新变化。

过去在瑶族地区讲究“鸡嫁鸡，鸭嫁鸭”，即瑶族只和本民族通婚。这种习俗直到 20 世纪仍然存在。现家住古方屯的陶玉华老太太说她年轻的时候仍是这样，瑶族只和本民族通婚，如果家中十分贫困的话，才会考虑与外族婚嫁。

如今，随着青年男女不断走出大瑶山，村民的交际圈

不断扩大，婚姻圈也随之扩大，“鸡嫁鸡，鸭嫁鸭”的说法已成为过去式。与他族自由通婚，既丰富了茶山瑶的文化体系，又使得其体系中的一部分逐渐消失。

4. 节日习俗逐渐转变，汉元素所占比重增大

瑶族传统的保苗节、分龙节在当地茶山瑶中已经不再流行。相比之下，汉族的传统节日在当地节日中所占的比重增大。茶山瑶至今仍重视对祖先的供奉，因而春节、清明节和中元节是他们最为重大的节日，尤其是春节和中元节。对于一些国家的法定假日，如国庆节，他们都很清楚。当地的节日中，吸收了很多汉族过节的元素，如端午节包粽子。保留下来的比较特别的节日有中元节的祭拜仪式和四月初八的牛生日，以及过节时所吃的糯米粑粑。然而，如今糯米粑粑也不需要自己动手做，只需上街购买即可。

5. 原始宗教主导地位坍塌，祖先崇拜仍然存在

和瑶族其他支系一样，过去茶山瑶奉信原始宗教，认为天地万物都有灵性。在山顶曾有座庙宇供人祭拜，过去是由瑶王安排好管理庙宇的人，每到季节就通知各家去祭拜。

与此相对，祖先崇拜在茶山瑶中仍然存在。在长垌村，每一户茶山瑶家里都会有供奉祖先的神龛，每逢春节、清明节和中元节都要祭拜祖先。如除夕要先祭祖才能吃年夜饭；清明节要上坟，回到家里要给祖先上香；中元节则是祭祖最盛大的节日。过去农历七月初七早上要迎接已故的祖先回家，每日设贡品祭祀，直到七月十四晚上烧纸服、纸钱送祖先离家为止。家有死亡未满 3 年的祖先，在七月初一先“接回”供祭，同样也要过节。这种习俗至今保留，但所烧的纸钱、纸服等已经改为到长垌街上买；过去用芭蕉叶包裹烧好的纸服、纸钱，如今也改用塑料袋。

三　变迁原因思考

文化变迁作为一种文化现象并不是一时的，世界上无论哪种文化，都永远处于变化之中。从文化发展的角度观之，文化变迁是文化发展的必然规律，是文化自身运动的必然结果。每一次的变化都不是无根可循的，在每一次的变化背后，都有着促使其变化的相关原因。

无论是物质文化还是非物质文化，究其原因，要么是由文化内部原因所引起，要么来自外部力量的碰撞。内部原因主要是构成文化的基本要素发生变化，表现在文化丛量的增减、新思想或新事物的产生、政治经济制度的变革、社会制度的变化等方面。霍默·巴尼特认为创新是所有文化变迁的基础，他说："任何在实质上不同于固有形势的新思想、新行为或新事物……所有创新都是一种观念或一群观念；但某些创新按其属性，必须仅存于心理组织中，而另一些创新则可能具有明显的和有形的表现形式。"

由此，可以认为，当一个社会中的个体成员以一种新的方式或思维面对其所处的环境时，变迁就已经开始了。但实质的变迁，仍要等到这一种新的方式或思维受到大部分人的认可和接受，并成为这一民族的特征时才会发生。

而外部力量则主要来源于他文化。他文化的传入，即文化的传播，会导致本文化出现一定变化。所谓传播，是指一个文化丛或文化物质向另一文化的扩张或转移所引起的两个文化之间的整合、采借的互动过程。传播具有一个选择的过程，有不同的速度，是互惠、双向进行的。同时，也受到两个民族接触时间长短、民族共同性，以及相对的

文化等因素的影响。换言之，面对外部力量时，人们能够对其做出相应选择，是全盘接受还是有选择接受或是排斥。排斥和接受，都取决于外来文化在当地的适用性、效用和意义，以及是否和当地思想体系等产生冲突。

基于上述认识与当地茶山瑶的文化变迁现象，笔者认为引起当地茶山瑶文化变迁的原因有以下 3 个。

1. 社会环境的变化是当地茶山瑶文化变迁的主要原因

在访谈过程中，笔者注意到当地茶山瑶常提及一句话，即“‘文化大革命’以后什么都没留下”。“文化大革命”之后，由于忙于恢复生产生活，所有在“文化大革命”中被破除的信仰都未得到及时恢复。随后又碰上改革开放的浪潮，不少青年男女走出大瑶山到外面打工。他们在打工的过程中，更多地接触到汉族的社会。社会环境和自然环境的改变，迫使他们为了更快融入外面的世界，不得不考虑如何去适应。为了适应这种变化，穿戴现代服饰、说普通话、过汉族的节日等都逐渐成为不可逆转的趋势。当他们在将外面的信息带回家乡时，也使得家乡的文化走向不可逆转的变迁。

2. 对传统的认识存在差距

村中的老年人常年生活在大瑶山中，思维模式已经定型，他们继承了古老的传统，自觉地遵从祖先留传下来的信仰、制度等。中青年人中，尤其是年轻人，有不少人走出了瑶山，或求学，或务工，外面的世界给他们带来现代化的冲击。在适应现代化的过程中，他们逐步远离本民族的传统，转而接受现代化所带来的各种新兴事物。

因此，对于传统，老年人多持肯定的态度。年轻一代，对于本民族的传统知道并不多，又接受过学校教育，或是出门务工，因而对此多采取不关心的态度，有的甚至简单地认为老年人所信奉的传统不过是封建迷信。而中年人则多处于这两种态度的中间。对传统认识的差距，致使传统——无论是物质文化还是非物质文化——在传承过程中出现断层。这成为促使当地茶山瑶文化变迁的原因之一。

3. 现代信息传媒工具助推变迁

目前，在长垌茶山瑶的家庭中，几乎每户人家都有电视机等常用家庭电器，有些家庭还装有电脑，并开通了网线。通过电视、电脑等现代信息传媒手段，当地居民即使足不出户也能对外界有所了解。这些现代传媒工具不仅打开了当地居民了解外界的门户，同时也激发了当地居民接触、走进外界的渴望。

此外，电话、手机等的普及也促使当地居民的生活方式发生改变。笔者从中既看到当地居民物质生活的改变，也看到其思想观念的转变。在长垌，移动、联通、电信都设有营业点，在营业点既可以办理相关业务，也可以购买手机。手机的快速更新换代，表明当地居民生活水平较过去有所提高，同时也反映了村民越来越愿意接受新事物。

各种家用电器和通信工具，为当地茶山瑶开辟了更多了解外界的途径。在了解外界的过程中，因对比而产生的距离感促使人们为不断缩短彼此距离而有意无意间放弃自身的行为，转而接受外界的价值观、道德观等。

四　结论和建议

文化的变迁促使我们思考如何保护传统民族文化，尤其是优秀的民族文化，对此，笔者认为可以从以下 3 个方面入手。

（一）政府应有足够意识保护民族文化

政府是社会资源的最大掌握者和分配者，同时代表着一个社会的主流声音，在民族文化保护过程中应充分发挥积极作用。笔者认为可以从以下几方面努力。

1. 承认文化的差异性和多元性，并给予各民族的文化尊重和包容

在长垌，生活着瑶族（茶山瑶、山子瑶、盘瑶）、汉族、壮族，各民族有着自己的文化。不同文化在一个空间共存，必然会出现融合和碰撞。作为政府，应该在保证文化多样性的基础上，对当地各种文化进行整合，充分发挥其引导作用。

2. 对民族文化进行特殊保护

可以把对民族文化，尤其是优秀的传统文化的保护纳入当地村规民约之中。如重建山顶的庙宇，并加以保护。此外，若有条件，也可以将当地的特色节日，如保苗节、盘王节等作为当地的公共节日。

3. 民族文化保护与发展并举

文化变迁是人类社会的必然现象，要阻止文化发生变迁是不可能的。面对这种现状，政府应该在保护民族传统文化的同时，在继承传统的基础上不断发展、创新。通过吸收外来文化，为传统文化注入新的生命，以此整合民族文化。

（二）群众应有足够意识保护民族文化传统

长垌村处在大瑶山的包围中，有秀美的风景、精致的传统服饰和刺绣，以及传统食品。因而在未来发展旅游业的时候，当地居民应有意识地在旅游业中利用这些特色产品。如利用长垌一屯、二屯废弃的古旧泥屋建成民族风情园。在保持其风格的基础上，对其进行修整后，可在里面展示瑶族各支系的服饰、刺绣等；也可以请村中会唱瑶歌的老人教游客唱瑶歌。另外，村中已有的饭店，可以茶山瑶风情画或当地传统为主题重新装修，并推出当地特色食品，让游客在品尝美食的同时了解当地的历史。

若能在开发民族文化资源的过程中保护民族文化，对文化的传承和发展也有益处。

（三）正确处理文化变迁和经济发展的矛盾

民族文化变迁过程中必然会和经济发展产生联系，处理这种联系中出现的矛盾已经成为最迫切的任务。

前面提到，文化变迁是由内部原因和外部原因引起的，经济发展就是其中一项外部原因。随着经济的发展，当地茶山瑶与外界的联系不断加强，经济上不对称等原因，促使当地人在有意无意间改变自己的行为去迎合外部文化，引进外界先进的技术，以期更快更好地提高当地的经济水平。然而，在这个过程中，即使经济水平得到提高，当地人的民族自尊心、自豪感却逐渐丧失。

因此，如何在发展经济的同时，重建当地茶山瑶民族文化价值观就变得更为迫切，而这需要经济发展的引导者具备高度的责任感和长远的发展眼光。

参考文献

[1] 金秀瑶族自治县志编纂委员会:《金秀瑶族自治县志》，中央民族学院出版社，1992。

[2]《金秀瑶族自治县概况》编写组:《金秀瑶族自治县概况》，广西民族出版社，1984。

[3] 金秀大瑶山瑶族史编纂委员会编《金秀大瑶山瑶族史》，广西民族出版社，2002。

[4] 玉时阶、胡牧君等:《公平与和谐: 瑶族教育研究》，民族出版社，2009。

[5] 杨圣敏主编《中国民族志》，中央民族大学出版社，2003。

[6] 刘保元、莫义明:《茶山瑶文化》，广西人民出版社，2002。

[7] 克莱德·M. 伍兹著《文化变迁》，何瑞福译，河北人民出版社，1989。

[8] 秦海燕:《文化人类学视野中的盘家瑶族文化变迁》，《河池学院学报》2005 年第 4 期。

后 记

长垌村是大瑶山腹地一个典型的瑶族聚居村落，这里居住着金秀瑶族五个支系其中的三支，无论是自然环境、村落政治建设、经济发展现状，还是文教卫生事业、民族关系、民俗文化变迁等，都能反映时代潮流的特征，更是当代大瑶山村落发生巨变的缩影。正是基于这些原因，我们将长垌村列入“当代中国边疆民族地区典型百村调研”广西篇的调查点之一。

在调查过程中，我们发现，如果调查报告只单纯涉及长垌屯茶山瑶的相关内容，将无法反映长垌村的盘瑶、山子瑶的社会经济发展状况，所以在写作中，也涵盖了长垌屯以外的其他自然屯相关内容，使得调查报告更具体详实地反映了大瑶山的变迁。

2008 年 7 月，本人到大瑶山进行田野调查点的甄选。2009 年 9 月，在同事兼好友李士坤的陪同下，前往长垌村 9 屯 11 组做详细调研，其间得到了金秀县民族事务局的大力支持与长垌乡政府给予的方便，得到了长垌乡文化站站长莫炳功、长垌村村主任庞贵斌、村支书李兆华、村副主任郭谊的大力配合与帮助。2009 年 12 月，本人再次前往长垌村做补充调查，与龙庞屯的赵媛、三角屯的李进求和李秀良、长垌屯的李林和李斌艳、长垌街的叶叔结下深厚友谊。在此，我向

他们表示深深的谢意！2011 年 1 月，广西民族大学民族学研究生雷韵、杨静、罗家珩、于玉慧四人到长垌村又一次进行补充调研，并完成了本书部分内容，特别是社会发展、民族宗教、风俗文化、科技培训等这些章节的写作，使得调查更为具体详实。本人对这四位同学充满感激之情。

本书绝大多数调查材料由本人调查获得，整个写作框架结构设计和大部分写作任务均由本人完成，雷韵负责整理与修改，杨静统稿。具体写作内容完成如下：第一章、第二章、第三章、第四章、第五章、附录一（罗柳宁）；第六章（罗家珩）；第七章、附录三（杨静）；第三章第二节、附录二（于玉慧）。

当然，我们也不能忘记“当代中国边疆民族地区典型百村调研”的策划、立项者——中国社会科学院边疆史地研究中心的贡献。特别向中国社会科学院边疆史地研究中心的各位领导，以及分管广西项目负责人冯建勇博士表示衷心的感谢！同时也向社会科学文献出版社的编辑表示衷心的感谢！

在此，本人还要郑重感谢导师周建新教授，感谢他给予的调研机会，以及三年研究生培养期间给予的悉心教诲！如果没有他的接纳与教导，本人也许现在还是南宁市普通中学的一名地理老师，根本谈不上以人类学、民族学的视角去观察他者不一样的人生。

就本书而言，有些地方还比较粗糙，需要修改的地方不少。我们将在今后的研究中继续完善这个工作，以期更好地回报所有给予我们调研帮助的朋友。

衷心祝福长垌村的明天能够像金秀县城一个在建楼盘“瑶山春天”一样——阳光明媚。

罗柳宁

2011 年 3 月 30 日

图书在版编目（CIP）数据

瑶山新视野：广西金秀瑶族自治县长垌乡长垌村调查报告／罗柳宁等著. -- 北京：社会科学文献出版社，2018.6

（当代中国边疆·民族地区典型百村调查. 广西卷. 第三辑）

ISBN 978-7-5201-1497-4

Ⅰ. ①瑶…　Ⅱ. ①罗…　Ⅲ. ①农村调查-调查报告-金秀瑶族自治县　Ⅳ. ①D668

中国版本图书馆 CIP 数据核字（2017）第 240131 号

当代中国边疆·民族地区典型百村调查：广西卷（第三辑）

瑶山新视野

——广西金秀瑶族自治县长垌乡长垌村调查报告

著　　者／罗柳宁 等

出 版 人／谢寿光

项目统筹／宋月华　范　迎

责任编辑／范　迎　吴良良

出　　版／社会科学文献出版社·人文分社（010）59367215

地址：北京市北三环中路甲 29 号院华龙大厦　邮编：100029

网址：www.ssap.com.cn

发　　行／市场营销中心（010）59367081　59367018

印　　装／三河市龙林印务有限公司

规　　格／开　本：889mm × 1194mm　1/32

印　张：8.875　插　页：0.125　字　数：197 千字

版　　次／2018 年 6 月第 1 版　2018 年 6 月第 1 次印刷

书　　号／ISBN 978-7-5201-1497-4

定　　价／198.00 元（共 4 册）

本书如有印装质量问题，请与读者服务中心（010-59367028）联系